학교도서관 교육론

학교도서관 교육론

송 기 호 지음

도서출판 태일사

서 문

사서교사는 어떤 교사인가? 에 대한 질문은 여전한 상황입니다. 사서직의 중재자 역할을 말하지만, 사서교사 개인이 교육과정 내에서 이를 실천할 방안을 마련하기도 쉬운 일은 아닙니다. 이 고민을 해결해 보려는 마음에서 사서교사 양성에 필요한 학교도서관 교과 교육론과 교재연구 및 지도법을 위하여 이 책을 집필하였습니다. 학습자 중심 교육을 지향하는 때에 학교도서관활용교육을 통해 교수-학습 방법을 개선하고 싶은 교과교사에게도 작은 보탬이 될 것으로 믿습니다.

제1장에서는 학교도서관 교육의 의미와 특징 그리고 학교도서관과 사서교사의 교육적 영향력을 살펴보았습니다. 제2장에서는 학교도서관 교육의 가치와 필요성을 뒷받침해주는 이론적 배경과 시사점을 알아보았습니다. 제3장에서는 학교도서관 교육 내용에 영향을 끼치는 다양한 리터러시를 발전 과정별로 사례와 함께 정리하고 학교도서관 교육과의 관계를 살펴보았습니다. 제4장 사서교사의 학교도서관 교육 운영은 학교도서관 교육을 설계, 운영, 평가하는 방법을 이해하고 적용할 수 있게 구체적인 내용과 사례를 담고 있습니다. 끝으로 제5장 협동수업 기반 학교도서관활용교육은 사서교사와 교과교사가 교과 연계 학습주제를 중심으로 협동수업을 운영하는 데 필요한 교수설계 절차와 방법을 사례 중심으로 제시하였습니다.

이 책은 사서교사의 교과 교육론 지도를 위하여 펴냈던 「통합 정보활용교육과정론」(오름디엘에스, 2009)과 「사서교사를 위한 통합 정보활용교육론」(태일사, 개정판 2020) 그리고 교재연구 및 지도법 강의를 위해 펴냈던 「학교도서관 교육과 협동수업하기」(한국도서관협회, 2018)의 내용을 통합하고 보완한 것입니다.

이 책의 사례는 학교도서관 교육과 학교도서관활용교육의 현장 적용을 위해 여러 연구자 및 사서교사와 함께 연구 책임자로 참여한 「독서를 통한 정보활용능력 가이드 개발: 초등학생용」(국립어린이청소년도서관, 2005), 「학교도서관에서 배우는 기쁨 아는 즐거움」

(교육부, 2010), 「도서관과 함께 영그는 자유학기제」(국립어린이청소년도서관, 2016), 「디지털 신기술 기반 학교도서관활용교육 방안 연구」(국가도서관위원회, 문화체육관광부, 2023)에 실린 내용을 참고하였습니다. 배움의 열정과 사명감으로 큰 깨우침을 준 함께 한 연구진의 노고와 소중한 배움의 시간을 잊지 않겠습니다. 그리고 부족한 원고의 편집과 출판을 위해 애써주신 태일사 김선태 사장님께 감사드립니다.

2025년 1월

송 기 호

목 차

제1장 학교도서관 교육과 사서교사

1. 학교도서관 교육의 의미와 특징 ·· 21
   1.1 학교도서관 교육의 의미와 유형 ·· 21
   1.2 학교도서관 교육의 특징 ·· 23
2. 사서교사와 교육과정 ·· 26
   2.1 사서교사가 교육과정을 안다는 의미 ····································· 26
   2.2 사서교사가 교육과정을 알아야 하는 이유 ····························· 28
   2.3 사서교사가 교육과정을 아는 것의 가치 ································ 31
3. 학교도서관과 사서교사의 교육적 영향력 ···································· 33

제2장 학교도서관 교육의 이론적 배경

1. 구성주의 ·· 39
2. 교과 교육학 ·· 41
3. 지식 생태학 ·· 43
4. 인간 발달 생태학 ·· 45
5. 다중지능이론 ·· 46

6. 통합 교육과정 ·· 51
7. 정보처리이론 ·· 58
8. 시사점 ·· 60

제3장 리터러시와 학교도서관 교육

1. 리터러시의 의미와 특징 ·· 65
   1.1 리터러시의 의미 ·· 65
   1.2 리터러시의 변화와 특징 ·· 66
2. 리터러시의 유형과 내용 ·· 70
   2.1 미디어 리터러시 ·· 70
   2.2 정보 리터러시 ·· 77
   2.3 정보·기술 리터러시 ··· 85
   2.4 디지털 리터러시 ·· 92
   2.5 미디어·정보 리터러시 ··· 102
3. 리터러시와 학교도서관 교육 ··· 112
4. 정보문제 해결모형 ··· 119
   4.1 의미와 구성 요소 ·· 119
   4.2 9단계 정보능력 모형 ·· 122
   4.3 자유 탐구 모형 ·· 124
   4.4 정보 탐색과정(ISP) 모형 ·· 126
   4.5 정보문제해결 6단계 모형 ··· 127
   4.6 지식 정보능력 개척 모형 ··· 131
   4.7 탐구기반학습 모형 ·· 135
   4.8 독서기반 정보문제 해결모형 ·· 138

제4장 사서교사의 학교도서관 교육 운영

1. 학교도서관 교육의 성격 ··· 147
2. 학교도서관 교육의 목표 ··· 149
3. 학교도서관 교육의 내용 ··· 150
4. 학교도서관 교육의 편성 및 운영 방법 ·· 158
   4.1 독립 방식 ··· 159
   4.2 침투 방식 ··· 168
   4.3 분산 방식 ··· 173
   4.4 흡수 방식 ··· 175
5. 학교도서관 교육의 설계 및 운영 ··· 177
   5.1 학교도서관 교육의 설계 ··· 177
   5.2 학습자 분석 ··· 180
   5.3 교수-학습 및 평가계획서 작성 ··· 183
   5.4 학습 내용 범위 정하기 ··· 186
   5.5 학습목표 기술 ··· 188
   5.6 평가계획수립 ··· 193
   5.7 학습 모형 선정 ··· 194
   5.8 교수-학습자료 개발 ··· 210
   5.9 학습지 개발 ··· 214
   5.10 교수-학습과정안 작성 ··· 237
   5.11 수업 운영 ··· 256
   5.12 평가 ··· 262
   5.13 피드백 ··· 276

제5장 협동수업 기반 학교도서관활용교육

1. 협동수업의 의미와 장점 ·· 283
   1.1 협동수업의 의미 ·· 283
   1.2 협동수업의 장점 ·· 285
2. 협동수업에 영향을 끼치는 요인 ···································· 286
   2.1 협동수업 저해 요인 ·· 286
   2.2 협동수업 활성화 요인 ······································· 288
3. 협동수업 유형 ··· 291
   3.1 사서교사와 교과교사의 연계 정도에 따른 구분 ······ 291
   3.2 참여 교과수와 시간표 편성 방법에 따른 구분 ······· 321
   3.3 교육과정 기반 접근법 ······································· 340
   3.4 교육과정 통합형 ·· 341
4. 협동수업을 위한 시간표 편성 ······································ 378
   4.1 고정 시간표 ·· 378
   4.2 변동 시간표 ·· 380
   4.3 묶음 시간표 ·· 382
   4.4 혼합 시간표 ·· 383
   4.5 대응 시간표 ·· 384
5. 디지털 신기술 기반 학교도서관활용교육 ······················· 385
   5.1 디지털 신기술과 교육 ······································· 385
   5.2 디지털 신기술 기반 학교도서관활용교육 설계 모형 ···· 389
   5.3 디지털 신기술 기반 학교도서관활용교육 설계 사례 ···· 410

📖 부　　록 : 초·중·고등학교별 통합 정보활용교육 지도안(예) / 435
📖 참고문헌 / 451
📖 색　　인 / 463

표 목차

〈표 1-1〉 학교 교육에서 다루는 지식(교육 내용)의 유형별 특징 및 예 ·················· 24
〈표 2-1〉 정보 탐색과정에서 개입 구역별 사서교사의 중재 및 교육 정도 ············· 41
〈표 2-2〉 다중지능별 특징과 선호하는 자료 및 활동 ··· 48
〈표 2-3〉 통합 교육과정의 유형과 특징 ·· 53
〈표 2-4〉 교과 간 통합 방법과 특징 ·· 53
〈표 2-5〉 교육과정의 조직 원리 ·· 55
〈표 2-6〉 교수-학습이론이 학교도서관의 교육적 위상과 통합 교육과정
         개발에 주는 시사점 ·· 60
〈표 3-1〉 미디어·정보 리터러시의 구성 요소와 연결성 ·· 68
〈표 3-2〉 미디어 교육을 위한 권고사항 ·· 70
〈표 3-3〉 미디어 리터러시 목표 및 내용의 학년별 도입 단계 ································ 71
〈표 3-4〉 미디어 리터러시 역량과 학교 미디어 리터러시 교육 성취 기준 ············· 72
〈표 3-5〉 미디어 리터러시를 구성하는 6가지 핵심역량 ·· 74
〈표 3-6〉 디지털 사회 미디어 리터러시 측정 문항 ·· 75
〈표 3-7〉 AASL과 AECT의 정보 리터러시 기준 ·· 82
〈표 3-8〉 도서관·정보·기술 리터러시 교육과정 내용 기준(캔자스주 교육부) ············ 87
〈표 3-9〉 디지털 리터러시 내용 체계(한국교육학술정보원) ······································· 93
〈표 3-10〉 디지털 리터러시 구성 체계의 학년 군별 학습활동 분류 ······················· 95
〈표 3-11〉 디지털 리터러시 내용 요소(국립어린이청소년도서관) ··························· 100
〈표 3-12〉 UNESCO의 교사를 위한 MIL 교육과정 준거 ·· 102
〈표 3-13〉 UNESCO의 글로벌 미디어·정보 리터러시 평가 준거 ·························· 103
〈표 3-14〉 광역광역시교육청 「미디어·정보 리터러시」교과 내용 체계 ··················· 109
〈표 3-15〉 광역광역시교육청 「미디어·정보 리터러시」교과 성취 기준 ··················· 110
〈표 3-16〉 도서관 이용교육 사례(초등학교) ·· 113
〈표 3-17〉 학교(교사) 수준의 창의적 특색 활동 교육 사례(고등학교) ···················· 114
〈표 3-18〉 Alameda 초등학교도서관의 도서관 리터러시 교육과정 ························ 115

〈표 3-19〉 CRLS 도서관 프로그램 학습자 역량 준거 ·················· 118
〈표 3-20〉 학습능력의 구성 요소와 내용 ·················· 120
〈표 3-21〉 정보문제 해결모형의 구성 요소별 내용 ·················· 121
〈표 3-22〉 학습과 정보능력 9단계 모형 ·················· 124
〈표 3-23〉 교수-학습을 위한 자유 탐구 모형의 구성 요소 ·················· 125
〈표 3-24〉 Super 3 ·················· 128
〈표 3-25〉 정보문제해결 6단계 모형(Big 6 Skills) ·················· 129
〈표 3-26〉 Pathways 단계 및 전략 ·················· 132
〈표 3-27〉 탐구기반 학습 모형과 정보문제 해결모형 간의 본질적인 차이 ·················· 136
〈표 3-28〉 탐구 과정 ·················· 137
〈표 3-29〉 독서기반 정보문제 해결모형의 단계별 활동 내용 ·················· 138
〈표 3-30〉 독서기반 정보문제 해결모형의 자기주도학습 적용(예) ·················· 139
〈표 4-1〉 법령에서 정하고 있는 학교도서관 교육의 내용과 방법 ·················· 151
〈표 4-2〉 기초학습기술의 내용 체계(예) ·················· 152
〈표 4-3〉 문제해결능력의 내용 체계(예) ·················· 156
〈표 4-4〉 역량 기반 도서관 정보 리터러시 교육과정 ·················· 161
〈표 4-5〉 독서 포트폴리오 수업 지도 계획 ·················· 167
〈표 4-6〉 유타주(Utah State) 중등학교도서관 미디어 핵심 교육과정 ·················· 169
〈표 4-7〉 학교도서관 교육과 교과 교육과정의 통합(예) ·················· 173
〈표 4-8〉 혼합 지도를 위한 학교도서관 교육과 교과의 주제 연계성(예) ·················· 175
〈표 4-9〉 학교도서관 교육의 편성 방식 ·················· 176
〈표 4-10〉 학습과제 유형별 성격에 따른 수업 전략 ·················· 178
〈표 4-11〉 수업의 명료한 구조화를 확인할 수 있는 지표 ·················· 180
〈표 4-12〉 학습자 분석의 범주와 알아야 할 정보 ·················· 180
〈표 4-13〉 독서 흥미 발달 단계별 주요 특징과 독서 자료 및 독서 활동 ·················· 181
〈표 4-14〉 교수-학습 및 평가 계획서(예) ·················· 183
〈표 4-15〉 인지행동 유형별 행위 동사 ·················· 188
〈표 4-16〉 정보문제 해결모형과 연계한 초등학교 과학 교과의 학습목표 기술(예) ·················· 190
〈표 4-17〉 ABCD 학습목표 기술에 도움을 주는 행위 동사 ·················· 192
〈표 4-18〉 ABCD 학습목표 기술(예) ·················· 192

〈표 4-19〉 학습목표에 포함된 행동 유형에 따른 적합한 평가 문항 ·················· 193
〈표 4-20〉 탐구기반학습의 주안점 및 모형 ·················· 195
〈표 4-21〉 생각그물을 활용한 주제 분석(예) ·················· 197
〈표 4-22〉 문제기반학습을 위한 학습설계 및 학습지(예) ·················· 198
〈표 4-23〉 학교도서관을 활용한 중학생 진로 교육 프로젝트 학습 모형 ·················· 199
〈표 4-24〉 David Ausubel의 선행조직자 모형을 이용한 강의수업 절차 ·················· 200
〈표 4-25〉 집단 강의수업 설계(예) ·················· 201
〈표 4-26〉 모둠 토론수업을 위한 학습설계(예) ·················· 203
〈표 4-27〉 모둠 토론수업 자기 평가표(예) ·················· 204
〈표 4-28〉 모둠 토론수업 평가표(예) ·················· 204
〈표 4-29〉 협동학습을 위한 수업 설계(예) ·················· 205
〈표 4-30〉 협동학습을 위한 학습지(예) ·················· 206
〈표 4-31〉 발표계획 점검표(예) ·················· 207
〈표 4-32〉 글쓰기 결과물 점검표(예) ·················· 208
〈표 4-33〉 글쓰기 결과물 상호 평가표(예) ·················· 208
〈표 4-34〉 모둠학습을 위한 학습설계(예) ·················· 209
〈표 4-35〉 모둠학습을 위한 학습지(예) ·················· 209
〈표 4-36〉 발표 결과 자기 평가표(예) ·················· 210
〈표 4-37〉 교수-학습자료 선정 절차 및 기준 ·················· 211
〈표 4-38〉 CARP 활용 수업자료(정보원) 평가 기준 ·················· 212
〈표 4-39〉 초등학교용 교과 연계 도서 정보 작성(예) ·················· 213
〈표 4-40〉 중학교용 교과 연계 도서 정보 작성(예) ·················· 213
〈표 4-41〉 고등학교용 교과 연계 도서 정보 작성(예) ·················· 213
〈표 4-42〉 교과서에 사용되는 글의 구조 유형 ·················· 214
〈표 4-43〉 줄거리 전개 노트(예) ·················· 216
〈표 4-44〉 내용 분석용 리포트 노트(예) ·················· 218
〈표 4-45〉 원인과 결과 분석하기용 학습지(예) ·················· 220
〈표 4-46〉 비교하기용 학습지(예) ·················· 222
〈표 4-47〉 대조하기용 학습지(예) ·················· 223
〈표 4-48〉 중심 생각과 근거 찾기용 학습지(예) ·················· 225

〈표 4-49〉 지식의 유형에 따른 그래픽 조직자 적용(예) ·· 226
〈표 4-50〉 정보 활용 과정에 맞춘 탐구노트용 학습지 개발(예) ······································ 227
〈표 4-51〉 정보 탐색 능력 자기평가용 학습지(예) ·· 234
〈표 4-52〉 정보활용능력 상호평가용 학습지(예 1) ·· 235
〈표 4-53〉 정보활용능력 상호평가용 학습지(예 2) ·· 236
〈표 4-54〉 단원 설계의 구성 요소 및 작성 방법 ·· 238
〈표 4-55〉 본시 수업을 위한 교수-학습과정안의 구성 요소 및 작성 방법 ··················· 239
〈표 4-56〉 교육 실습용 단원 설계 및 교수-학습과정안 작성(예) ································· 240
〈표 4-57〉 핵심역량 중심 교수-학습과정안 ··· 248
〈표 4-58〉 성공적인 수업 운영을 위한 교수법의 핵심 요소 ··· 256
〈표 4-59〉 교사의 후견인 역할 ··· 257
〈표 4-60〉 효과적인 설명 전략 ··· 258
〈표 4-61〉 효과적인 질문 전략 ··· 259
〈표 4-62〉 효과적인 교수법 점검표 ··· 261
〈표 4-63〉 학교도서관 이용 관찰 점검표(예) ·· 262
〈표 4-64〉 독서 활동 평가용 점검표(예) ··· 263
〈표 4-65〉 정보활용능력 평가용 설문지 ·· 264
〈표 4-66〉 정보활용능력 평가 결과표 도움말(예) ·· 267
〈표 4-67〉 탐구학습능력 평가 기준(예) ··· 268
〈표 4-68〉 핵심역량 자기평가지 ··· 269
〈표 4-69〉 학교도서관 프로그램의 영향력 평가 방법 ·· 270
〈표 4-70〉 객관식 문항의 유형별 특징 및 개발 시 유의사항 ······································ 271
〈표 4-71〉 서답형 검사 상황과 개발 시 고려할 내용 ·· 275
〈표 4-72〉 서답형 문항의 채점 기준(예) ··· 275
〈표 4-73〉 피드백 전략 ··· 278
〈표 4-74〉 피드백 내용과 좋은 피드백을 위한 제안 ·· 279
〈표 4-75〉 좋은 피드백(예) ·· 280
〈표 5-1〉 협동수업의 장점 ··· 286
〈표 5-2〉 협동수업 저해 요인 ··· 287
〈표 5-3〉 협동수업의 성공적 운영을 위한 학교장의 역할 ··· 288

〈표 5-4〉 통합 교육과정의 성공적 운영을 위한 교과교사의 역할 ·················· 289
〈표 5-5〉 자원기반학습에서 교과교사의 학교도서관 자원 활용 8단계 ·················· 289
〈표 5-6〉 관계성에 영향을 주는 협동 모델별 속성 ·················· 290
〈표 5-7〉 Doll의 학교도서관 교육 정보 봉사 4단계의 내용과 특징 ·················· 294
〈표 5-8〉 협동수업의 발전 단계 ·················· 295
〈표 5-9〉 독서기반 학교도서관활용수업을 위한 교수-학습 모형 ·················· 299
〈표 5-10〉 중·고등학교 독서기반 학교도서관활용수업 매뉴얼의
            교과별 구성 체계 및 학습 방법 ·················· 299
〈표 5-11〉 협동수업의 수준별 특징 ·················· 321
〈표 5-12〉 수업 참여 교과수와 시간표 편성 방법에 따른 협동수업 유형 ·················· 322
〈표 5-13〉 교육 공동체 구성과 협의 절차 및 내용(예) ·················· 331
〈표 5-14〉 통합 학습주제 중심의 교육과정 지도(예) ·················· 332
〈표 5-15〉 교육과정 기반 접근법 ·················· 340
〈표 5-16〉 교과용 도서 탐구 과제 분석을 통한 교육과정 지도 작성(예) ·················· 346
〈표 5-18〉 교과 연계 학습주제(통합 탐구 주제) 선정을 위한
            교육과정 지도 작성(예) ·················· 347
〈표 5-19〉 협동수업 초대장(예) ·················· 349
〈표 5-20〉 홍보 및 요구 조사하기 단계에서 사서교사 및 교과교사의 역할 ·················· 351
〈표 5-21〉 탐구 과정 자기 평가표(예) ·················· 354
〈표 5-22〉 학생용 학교도서관활용수업 만족도 평가지(예) ·················· 354
〈표 5-23〉 통합 교육과정(협동수업) 평가표(예) ·················· 355
〈표 5-24〉 교과 연계 학습주제 「매체」의 8차시 운영 계획(예) ·················· 358
〈표 5-25〉 교과 연계 학습주제 「매체」의 1차시 운영 계획 ·················· 359
〈표 5-26〉 교과 연계 학습주제 「매체」의 2~3차시 운영 계획 ·················· 362
〈표 5-27〉 교과 연계 학습주제 「매체」의 4~5차시 운영 계획 ·················· 367
〈표 5-28〉 교과 연계 학습주제 「매체」의 6~7차시 운영 계획 ·················· 371
〈표 5-29〉 교과 연계 학습주제 「매체」의 8차시 운영 계획 ·················· 375
〈표 5-30〉 에듀테크 유형 ·················· 386
〈표 5-31〉 공학기술 기반 학습 방법과 학습 환경 ·················· 387
〈표 5-32〉 에듀테크를 활용한 초등 과학 탐구기반학습(예) ·················· 388

〈표 5-33〉 디지털 신기술 기반 학교도서관활용교육 설계 모형 개발
전문가 의견(종합) ·· 390
〈표 5-34〉 디지털 신기술 기반 학교도서관활용교육 설계 시 고려할 사항 ············ 393
〈표 5-35〉 디지털 신기술 기반 학교도서관활용교육의 통합 교육과정 성격 ············ 393
〈표 5-36〉 통합 학습주제(교과 융합형 학습주제) 개발(초등) ······························· 411
〈표 5-37〉 파트너십 형성을 위한 교수학습 환경 분석표(초등) ····························· 411
〈표 5-38〉 학교도서관활용교육을 위한 공간 분석(초등) ····································· 412
〈표 5-39〉 분석 내용에 따른 도서관 자료 제공 내용(초등) ································· 412
〈표 5-40〉 협동수업 설계에 따른 도서관 제공 에듀테크 분석(초등) ····················· 414
〈표 5-41〉 학교도서관활용교육 신청서 ··· 414
〈표 5-42〉 역량평가 결과(초등) ·· 415
〈표 5-43〉 탐구 주제 만들기 분석과 학습지(초등) ·· 417
〈표 5-44〉 디지털 신기술 기반 학교도서관활용교육 1차시 수업지도안 ················· 419
〈표 5-45〉 디지털 신기술 기반 학교도서관활용교육 2~3차시 수업지도안 ············· 421
〈표 5-46〉 선택 도서 내용 분석 후 책 띠지 제작 활동지 ···································· 424
〈표 5-47〉 디지털 신기술 기반 학교도서관활용교육 학생 만족도 조사 결과(초등) ····· 431
〈표 5-48〉 디지털 신기술 기반 학교도서관활용교육 교사 만족도 조사 결과(초등) ····· 431

그림 목차

[그림 1-1] 교육을 위한 사회기관으로서의 도서관 ··················· 21
[그림 1-2] 학교도서관 교육의 유형 ··················· 22
[그림 1-3] 학교도서관 자원의 처리 과정 ··················· 23
[그림 1-4] 학교도서관을 이용한 상호작용 모습 ··················· 25
[그림 1-5] 사서의 정보 중재자 역할 모형 ··················· 27
[그림 1-6] 사서교사의 교수자 및 교수 파트너 지위 ··················· 29
[그림 1-7] 학교도서관 정보서비스의 범위와 내용 ··················· 32
[그림 1-8] 학교도서관의 교육적 영향력 ··················· 34
[그림 2-1] 비고츠키의 근접발달영역과 사서교사의 역할 ··················· 40
[그림 2-2] 교과학에서 지도하는 일반적 사고능력 ··················· 42
[그림 2-3] 교과 교육과 학교도서관 교육의 관련성 ··················· 43
[그림 2-4] 지식 생태학의 학습관 ··················· 44
[그림 2-5] 인간 발달 생태학의 다중계층구조 환경 ··················· 45
[그림 2-6] 다중지능을 이용한 초등학교 도덕 교과서 탐구 과제 분석(예) ··················· 50
[그림 2-7] 다중지능을 활용한 학습주제 재구성(예) ··················· 51
[그림 2-8] 통합 교육과정의 내용 조직 원리 ··················· 56
[그림 2-9] 학교도서관 교육의 통합적 성격 ··················· 57
[그림 2-10] 정보처리모형 ··················· 58
[그림 2-11] 정보처리모형을 적용한 초등학교 도덕 교과서 수록 매체 분석(예) ··················· 59
[그림 3-1] 리터러시를 보는 두 가지 관점 ··················· 65
[그림 3-2] MIL의 생태계: MIL의 개념 ··················· 69
[그림 3-3] 정보 리터러시를 갖춘 사람의 특징 ··················· 79
[그림 3-4] 연속체로서 정보 리터러시 ··················· 80
[그림 3-5] 정보 리터러시의 위계 구조 ··················· 81
[그림 3-6] ICILS 평가틀 ··················· 86
[그림 3-7] 리터러시와 학교도서관 교육의 관계 ··················· 112

[그림 3-8] ISP 모형 ·· 127
[그림 3-9] 정보문제 해결모형 전략을 활용한 글쓰기 프로그램 모형 ················ 131
[그림 3-10] 동물 서식지 망 ··· 134
[그림 3-11] 개인의 성장과 지식의 축적 ··· 135
[그림 3-12] 탐구의 나선형 구조 ·· 137
[그림 4-1] 학교도서관 교육의 내용 요소 ·· 152
[그림 4-2] 학교도서관 교육의 편성 및 운영 방법 ·· 159
[그림 4-3] 독립 방식의 학교도서관 교육 편성 ·· 160
[그림 4-4] 정보활용교육의 메타 교육과정 편성(뉴질랜드) ···························· 168
[그림 4-5] 통합 교수 모형 ·· 172
[그림 4-6] 혼합 지도 모형 ·· 174
[그림 4-7] 체계적 교수설계 모형 ··· 177
[그림 4-8] 체계적 학교도서관 교육 설계 모형(안) ······································· 179
[그림 4-9] 하위 기능이 없는 학습주제의 위계적 분석도 ······························ 187
[그림 4-10] 독립된 하위 기능을 포함한 학습주제의 위계적 분석도 ·············· 187
[그림 4-11] 종속기능과 순차적 하위 기능을 포함한 학습주제의 위계적 분석도 ······ 187
[그림 4-12] 하위 학습주제 선정을 위한 개념도 작성(예) ····························· 188
[그림 5-1] 협동수업의 의미 ··· 284
[그림 5-2] 협력 프로그램 설계 모형 ·· 292
[그림 5-3] Stanley의 통합 정보활용교육 모형 ··· 293
[그림 5-4] 협동수업의 발전 단계 ··· 297
[그림 5-5] 협조 수준의 연계 모형 ··· 297
[그림 5-6] 학습독서의 지도 순서 ··· 301
[그림 5-7] 협력 수준의 학교도서관활용수업 전개 모형 ································ 305
[그림 5-8] 협동 수준의 관계 모형 ··· 307
[그림 5-9] 교과 연계형 도서관활용수업 설계 전략 ······································ 322
[그림 5-10] 교과 연계형 협동수업을 위한 통합 학습주제 개발(예) ··············· 330
[그림 5-11] 교과 연계 학습주제 기반 통합 교육과정 개발 및 운영 절차 ········ 343
[그림 5-12] 수평 및 수직 스캔의 방법 ··· 343
[그림 5-13] 교과용 도서 탐구 주제 분석(예) ·· 345

[그림 5-14] 교과용 도서 탐구 자료 유형 분석(예) ·· 345
[그림 5-15] 통합 학습주제에 적용되는 정보활용과정 ·· 357
[그림 5-16] 교과 연계 학습주제의 활동 중심 세분화 전략 ····································· 357
[그림 5-17] 고정 시간표 기반 교과 연계형 학교도서관활용교육 모형 ···················· 379
[그림 5-18] 학습 자원의 유형과 교수자의 역할 ·· 385
[그림 5-19] 디지털 신기술 활용 교수-학습 기본모형 ·· 388
[그림 5-20] 디지털 신기술 기반 학교도서관활용교육 설계 모형 ···························· 392
[그림 5-21] 광고의 특징과 표현 분석 수업을 위한 슬라이드 자료 ························ 425
[그림 5-22] 책 띠지 분석 내용(학생 작성) ·· 426
[그림 5-23] 선택 도서 내용 분석 후 책 띠지 제작 활동지 작성(예) ····················· 426
[그림 5-24] 띠지 제작을 위한 캔바 사용법 추가 교육 ·· 427
[그림 5-25] 개인 폴더에 저장된 학생별 책 띠지 ·· 427
[그림 5-26] 패들렛을 활용한 책 띠지 감상하기(형성평가) ······································ 428
[그림 5-27] 책 띠지 전시회 관람 및 평가하기(추가 학습) ······································ 429

제1장

학교도서관 교육과 사서교사

1. 학교도서관 교육의 의미와 특징
2. 사서교사와 교육과정
3. 학교도서관과 사서교사의 교육적 영향력

> 사서교사는 교수-학습을 지원하고 개선하기 위한 학교도서관 프로그램을 책임지는 전문가이다.
> 사서교사는 전문성을 갖추고 모든 학교 공동체, 공공도서관과 더 넓은 커뮤니티의
> 모든 구성원과 함께 적극적이고 헌신적으로
> 학교도서관 프로그램을 계획하고 관리하는 사람이다.
> 네트워크 환경이 확산하는 상황에서 사서교사는
> 진화하고 있는 리터러시와 디지털 역량을 계획 및 교육하고,
> 학교도서관 설비와 프로그램을 운영하는 데 필요한 능력을 갖춘 훌륭한 리더여야 한다.
> 그리고 교사와 학생 모두에 대한 책임감을 가져야 한다.
> - IFLA의 「학교도서관 선언」(IFLA School Library Manifesto) 중에서 -

제1장 학교도서관 교육과 사서교사

1. 학교도서관 교육의 의미와 특징

1.1 학교도서관 교육의 의미와 유형

셰라(Jesse H. Shera)는 저서 「도서관학의 사회학적 기반」(Sociological Foundation of Librarianship)에서 문화의 구성 요소를 신념, 사회조직(기관)으로 나누었다. 그리고 도서관을 학교와 함께 지식(교육)이라는 사회제도를 이롭게 하기 위한 사회기관으로 규정함으로써 도서관의 교육적 역할을 역설하였다.

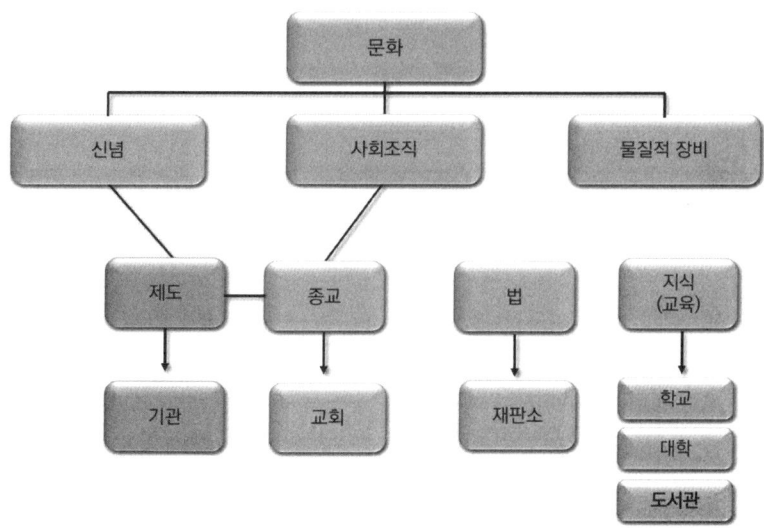

(출처: Shera, 1984, 53)

[그림 1-1] 교육을 위한 사회기관으로서의 도서관

도서관 교육(Library Education, Library Literacy)은 도서관이 사회교육이나 학교 교육에서 차지하는 비중이 매우 높고 중요하기 때문에 자료와 도서관에 대한 전반적인 이해는 물론 자료의 이용 방법과 기술을 가르치는 교육 활동을 의미한다(한국도서관협회, 1982). 따라서 학교도서관 교육(School Library Education)이란 교수-학습을 지원하고 개선하기 위하여 학교도서관 자원에 대한 전반적인 이해와 활용 방법을 지도하는 교육 활동을 의미한다. 상대적 지식관의 확산으로 학교도서관 자원을 활용한 학습자 중심 맞춤형 교육이 강조되면서 도서관 이용교육과 독서교육 중심의 학교도서관 교육이 정보활용교육(Information Literacy Education)으로 발전하였다(송기호, 2021). 그리고 명칭도 도서관 리터러시(Library Literacy), 디지털 리터러시(Digital Literacy) 그리고 미디어·정보 리터러시(Media Information Literacy) 등으로 다양화되고 있다.

학교도서관 교육은 운영 주체를 기준으로 '학교도서관에 대한 교육'(School Library Education)과 '학교도서관활용교육'(School Library Based Instruction)으로 나눌 수 있다. 학교도서관에 대한 교육은 사서교사가 학교도서관이 소장한 자원(자료, 공간, 사서교사 등)의 전반적인 이해와 활용 능력을 지도하는 활동이다. 이를 통해 사서교사는 교수-학

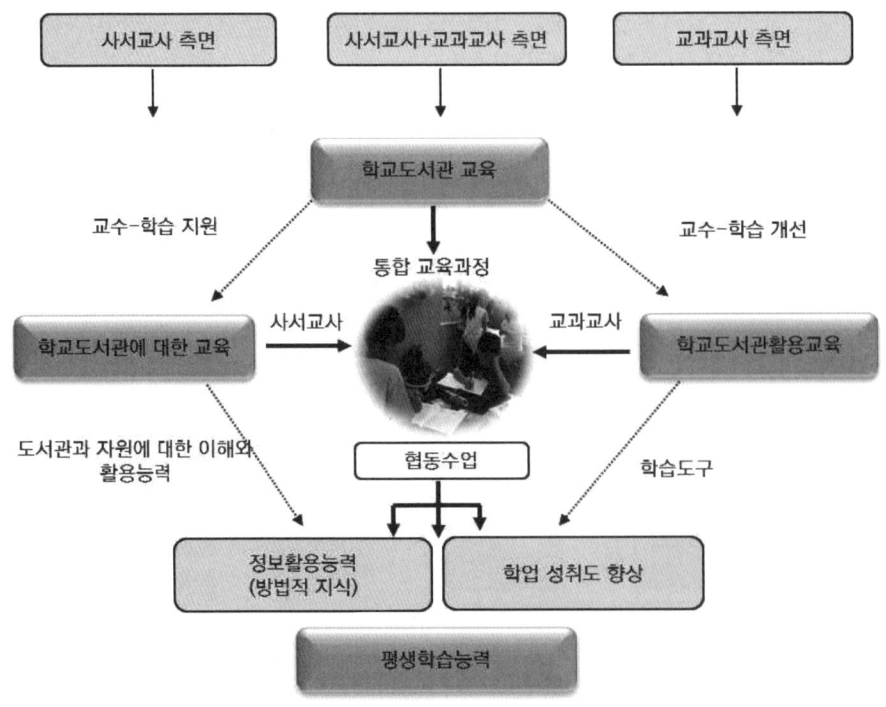

[그림 1-2] 학교도서관 교육의 유형

습을 지원하고, 이용자는 새로운 정보와 지식을 자기주도적으로 생산할 수 있는 정보활용 능력과 같은 방법적 지식을 배울 수 있다. 학교도서관활용교육은 교과교사가 학교도서관에 대한 교육을 통해 길러진 방법적 지식을 교과의 학습 도구(tools)로 활용하는 활동이다. 이를 통해 교수-학습 방법을 개선하고, 학업성취도 향상은 물론 평생학습능력을 길러줄 수 있다. 학교도서관 교육은 범교과적인 속성으로 사서교사와 교과교사가 방법적 지식을 교과의 학습주제와 통합(연계)하여 운영할 수 있다. 이 경우 학교도서관활용교육은 정보활용교육과 교과 교육이 연계된 통합 교육과정으로 운영된다. 학교도서관 교육은 교육과정 편성 방법(독립 방식, 침투 방식, 분산 방식, 흡수 방식)과 도서관 자원(사서교사)과 교과 교육(교과교사)의 연계 정도(협조, 협력, 협동)에 따라서 다양하게 운영할 수 있다.

1.2 학교도서관 교육의 특징

학교도서관 교육은 자원의 투입-처리-산출 과정을 거친다. 자원의 투입 측면에서 보면, 학교도서관 교육은 교사와 학생이 자료, 사서교사, 공간 등 도서관 자원을 교수-학습 매체로 활용하여 학생 스스로 자신의 문제를 해결하는 경험을 제공하는 자원기반학습(Resources based Learning)이다. 자료의 처리 측면에서 보면, 자료(매체)가 담고 있는 정보의 자주적인 활용을 바탕으로 학습자 중심 학습, 자기주도학습이 이루어지며, 교사와 학생의 상호작용을 촉진하는 협동수업이 가능하다. 그리고 산출 측면에서는 새로운 지식을 형성하는 데 필요한 사고력 신장이 가능하다는 특징을 갖는다. 인간의 사고능력은 정보 상

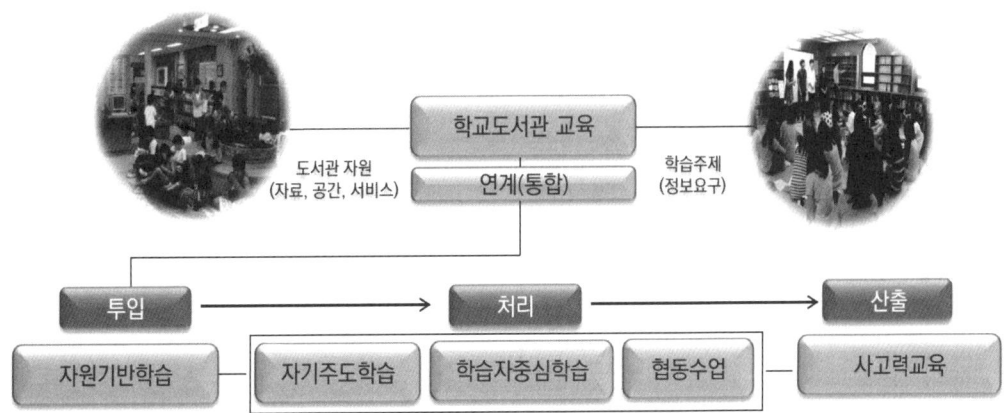

(출처: 송기호, 2018, 8의 내용 일부를 수정함)

[그림 1-3] 학교도서관 자원의 처리 과정

호 간의 관계를 파악하는 '사실적 사고능력', 정보의 내용과 구조에 대해서 추리하고 상상하는 '추리·상상적 사고능력', 정보의 내외적 준거와 타당성을 분석하는 '비판적 사고능력', 정보의 제반 추리 상의 형식에 대한 타당성 여부를 판단하는 '논리적 사고능력'으로 이루어진다(이민섭, 1993). 학교도서관 교육은 다양한 자료를 활용하여 체계적으로 문제를 해결하는 능력 즉 '논리적 사고력'을 길러주는 교육이라고 할 수 있다.

학교도서관 교육은 사실적 지식과 개념적 지식은 물론 방법적 지식과 메타인지 지식을 길러줄 수 있다. 우선, 도서관과 도서관 자원에 대한 전반적인 이해에 대한 교육 내용(기초학습기술)은 사실적 지식과 개념적 지식을 길러준다. 사실적 지식은 관찰을 통하여 입증할 수 있는 가능한 구체적인 단 하나의 본보기에 적용 가능한 지식이다. 예를 들면, '학교도서관은 다양한 교수-학습자료를 소장하고 있다.'는 것은 사실적 지식이다. 개념적 지식은 학교 교육을 통해서 배

〈표 1-1〉 학교 교육에서 다루는 지식(교육 내용)의 유형별 특징 및 예

지식의 유형		정의 및 특징	예
사실적 지식		• 관찰을 통하여 입증할 수 있는 구체적인 단 하나의 본보기에 적용할 수 있는 것 • 개념과 일반화의 틀을 만드는 개별적인 정보	• 학교도서관은 다양한 교수-학습자료를 소장하고 있다. • 학교도서관에서 독서를 할 수 있다.
개념적 지식	개념	• 사실적 자료를 분류한 결과에 따라 구상한 유목에 붙여진 명칭 • 유사점에 근거하여 유사한 대상을 같은 유목에 포함함으로써 개념이 형성됨	• 학교도서관은 또 다른 교실이다. • 학교도서관 자료를 활용하면 학습 주제 이해에 도움이 된다. • 독서 자료의 종류별로 독서 전략을 달리하면 내용 이해에 도움이 된다.
	일반화	• 두 개 이상의 개념을 연결하는 진술로써 사실과 달리 하나 이상의 요소를 포함하고 있으며, 예언의 기능을 함	• 학교도서관은 다양한 교수-학습자료 별 리터러시 전략을 활용하여 수업을 할 수 있는 새로운 교실이다.
절차적 지식		• 무슨 일을 하는 방법 • 연구 방법 • 기능, 기법, 방법, 전략을 사용하는 기술에 관한 지식	• 문제 해결의 절차와 실천 전략 (정보문제 해결모형)
메타인지 지식		• 스스로 자신의 인지과정과 학습 과정을 분석, 반성, 이해할 수 있는 지식	• 과제 해결 과정에서 텍스트의 내용을 정확하게 이해하기 위해 그래픽 조직자를 이용한다.

(출처: Gunter, Estes & Mintz, 2010. 40-44의 내용을 요약 정리하고, 학교도서관 측면에서 예시를 추가함)

우는 대표적인 지식으로 여러 사실적 지식의 공통점을 찾아 만들어내는 지식이다. 예를 들면, 학교도서관 자원에 대한 사실적 지식을 구분하고 유목화하여 만들어낸 '독서 자료의 종류별로 독서 전략을 달리하면 내용 이해에 도움이 된다.'는 개념적 지식에 해당한다. 학교도서관 교육은 도서관 자원을 도구로 활용하여 문제를 해결하는 경험을 제공한다. 이러한 경험을 통해서 학생이 습득하는 학교 지식은 자료가 담고 있는 정보(내용)를 활용하여 문제를 해결할 수 있는 정보활용능력과 같은 방법적 지식이다. 정보활용능력은 살아가면서 접하게 될 다양한 매체가 담고 있는 정보를 처리·활용하고 이를 토대로 새로운 지식을 생성하고 창출할 수 있는 실천적 방법적 지식(practical know-how knowledge)이다. 지식기반사회에서 강조하는 이러한 지식은 특정 학문의 틀이 관련되기보다는 여러 학문에 걸친 지식과 기능을 요구하는 특징을 지니고 있다(소경희, 2006). 특히, 방법적 지식을 습득한 학생은 스스로 자신의 인지과정과 학습 과정을 분석, 반성, 이해할 수 있는 메타인지 지식(Meta Cognitive Knowledge)을 형성할 수 있다.

학교도서관 교육은 자원의 활용 과정에서 상호작용을 촉진한다. 사토 마나부(佐藤學)(2011; 2016)에 따르면, 상호작용은 협동학습을 통해서 수업을 혁신할 수 있는 요소이다. 그는 배움이란 교재나 교구에 의해 매개된 활동이고, 교사나 친구와의 의사소통 활동이며, 그 과정에서 학생의 자기 내적, 실존적 실천을 통해 이루어진다고 보았다. 이러한 입장에서 학교도서관 교육은 자원 활용 과정에서 대상 세계와의 대화(세계 만들기), 타자와의 대화(친구 만들기), 자기 자신과의 대화(자기 만들기)를 촉진함으로써 자기주도적인 학습능력을 신장할 수 있다. 특히, 수업 중에 이루어지는 인쇄자료와의 상호작용은 디지털 경험에 함몰됨으로써 놓일 수 있는 '비판적 사고, 개인적 성찰, 상상, 공감'과 같은 인지과정 형성에 기여할 수 있다(Wolf, 2019, 31). 또한, 자원의 활용 과정(투입-처리-산출)은 사서교사와 교과교사의 상호작용(협동)을 촉진한다.

왼쪽 사진은 양감초등학교의 도서관 활용수업 모습이고, 오른쪽 사진은 숙명여자중·고등학교도서관 열람실 모습임

[그림 1-4] 학교도서관을 이용한 상호작용 모습

2. 사서교사와 교육과정

2.1 사서교사가 교육과정을 안다는 의미

IFLA(2021)의 「학교도서관 선언」(IFLA School Library Manifesto)에 따르면, 사서교사는 '교수-학습을 지원하고 개선하기 위한 학교도서관 프로그램을 책임지는 전문가'이다. 사서교사는 '전문성을 갖추고 모든 학교 공동체, 공공도서관과 더 넓은 커뮤니티의 모든 구성원과 함께 적극적이고 헌신적으로 학교도서관 프로그램을 계획하고 관리하는 사람'이며, '도서관협회의 회원'이어야 한다. 사서교사는 '학교도서관의 일상적 운영에 있어서 학교도서관 운영에 필요한 교육을 받은 적절한 사무직원과 자원봉사자의 지원'을 받아야 하지만, 사서교사와 사무직원의 자격과 역할은 '지역과 국가 수준의 법과 재정적 기반 내에서 예산과 교육과정 그리고 학교의 교수법'에 따라 다를 수 있다. 네트워크 환경이 확산하는 상황에서 사서교사는 '진화하고 있는 리터러시와 디지털 역량을 계획 및 교육하고, 학교도서관 설비와 프로그램을 운영하는 데 필요한 능력을 갖춘 훌륭한 리더여야 한다. 그리고 교사와 학생 모두에 대한 책임감'을 가져야 한다.

학교도서관 교육이 의미가 있으려면 사서교사가 교육과정을 안다는 것은 어떤 의미이고, 교육과정을 알아야 하는 이유는 무엇인가를 살펴볼 필요가 있다. 그리고 사서교사가 교육과정을 아는 것의 가치를 이해할 필요가 있다(송기호, 2013a, 26-33). 교사란 다음 세대를 이어갈 학생이 꼭 갖추어야 할 지식을 담고 있는 교육과정을 학생의 요구와 수준에 맞추어 재구성하고 적절한 방법으로 전달하는 전문가이다. 유명한 소설가나 과학자가 국어 교사나 과학 교사를 대신하도록 하지 않고 교원의 자격을 갖춘 자가 학생을 지도하도록 하는 이유는 배경 학문에 대한 전문성 못지않게 지식을 습득하는 학생과의 의사소통능력에 대한 소양을 중시하기 때문이다.

교과별 교육과정은 학생이 배워야 할 지식에 대한 기준이며, 학생과 교사가 소통하는 방법에 대한 최소한의 지침서이다. 같은 국가 수준의 교육과정 적용을 받더라도 학교마다 교사를 두는 이유는 지식을 받아들이는 학생의 수준과 요구 그리고 환경이 다르기 때문이다. 만약에 사실적인 지식의 전달이 교육의 본질이라면 온라인이나 영상교육만으로도 충분할 것이다. 그러나 교육이 학생의 개성과 자율적인 배움을 중시하고 갈등의 조절과 협동심과 같은 정의적 덕목의 습득도 중시하는 전인적 인간상을 추구하는 한 유능한 교사를 대신할 것은 없다. 교사가 교육과정을 이해한다는 것은 이렇듯이 학생의 수준에 맞추어 어떤 지식을 어떤 순서와 방법을 동원해서 전달할 것인가를 아는 것이다.

셰라의 지적처럼 사서는 봉사 대상인 이용자와 그 이용자가 속해 있는 집단에 대한 이해를 바탕으로 그들이 원하는 자료의 내용을 연계하는 중재자(intermediary)이다. 중재자로서 사서는 자료의 내용과 이용자 그리고 이용자가 속한 사회(조직)를 알아야 한다. 문제는 봉사 대상과 그들이 원하는 자료의 내용이 분화된다는 것이다. 관 종의 다변화와 주제 전문사서의 등장 이유이다. 따라서 사서교사가 이용자에게 봉사하기 위해서는 자료의 내용을 이용자의 요구와 수준에 맞추어 가려내 조직하고 적절한 방법으로 전달할 수 있어야 한다. 이것은 교사가 교육과정이라는 학교 지식의 표준에서 학생의 수준에 맞게 지식을 가려내 체계화하고 적절한 지도 방법을 강구하는 것과 다르지 않다. 차이가 있다면 교사가 이해하고 분석해야 하는 교육과정에 비해서 사서교사가 이해하고 분석해야 하는 자료의 내용이 광범위하고 포괄적이라는 것이다.

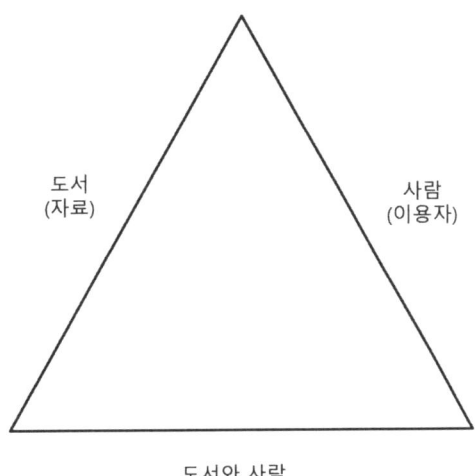

(출처: Shera, 1986, 28의 내용을 일부 수정함)

[그림 1-5] 사서의 정보 중재자 역할 모형

따라서 사서교사가 교육과정을 안다는 것은 두 가지 측면에서 의미가 있다. 첫째는 봉사 대상인 교사와 학생이 가르치고 배우는 학교 지식의 표준과 지도 방법을 안다는 것이다. 둘째는 교사와 학생의 요구에 제공할 자료의 내용과 적절한 제공 방법을 안다는 것이다. 학교 지식의 표준을 모르고 자료의 내용을 강조한다면 굳이 학교에 도서관을 둘 필요가 없다. 공공도서관이어도 충분하다. 학교 지식의 표준만 알고 자료의 내용을 몰라도 상관없다면 굳이 사서교사가 아니어도 된다. 학교도서관 담당교사 정도면 충분하다. 지식의 표준도 자료의 내용도 몰라도 된다면 학교도서관이 아니어도 학교도서관에 누가 있어도 상관없다. 그러나 학교도서관이라는 특별실이 교실에서 일어나기 힘든 특별한 배움의 장이라면 어떻게 해야 하는가? 지식의 표준에 담긴 내용과 방법으로 무장한 교사와 학생의 요구에 적합한 자료의 내용과 전달 방법을 이해하고 있는 사서교사가 학교도서관에서 함께 중재자의 역할을 수행하는 것이 답이다.

2.2 사서교사가 교육과정을 알아야 하는 이유

사서교사가 교육과정을 알아야 하는 근본적인 이유는 앞서 살펴본 것처럼 교사와 학생의 요구를 충족시켜야 하는 중재자로서의 직업적 소명을 완수하기 위해서이다. 이 외에도 교육과정의 변화와 학교도서관 교육의 속성 그리고 학교도서관 경영의 핵심 가치 측면에서도 그 이유를 찾아볼 수 있다.

2.2.1 교육과정의 변화 측면

오늘날 학교 교육과정은 상대적 지식관에 기반을 두고 있다. 상대적 지식관의 가장 큰 특징은 학습자를 존중하는 것이다. 즉 학생을 객관적 지식의 일방적인 수용자에서 다양한 해석이 가능한 자주적인 학습자로 인정한다는 것이다. 따라서 교사의 역할이 지식의 전달자에서 안내자로, 그리고 학생의 지식 형성에 도움을 줄 수 있는 환경의 조성자로 변화하고 있다.

이러한 학습자 중심의 교육관과 함께 분절된 교과 중심의 교육과정 운영이 전인성 개발이라는 교육의 본질적 목적 달성에 적절하지 않다는 반성이 일어나고 있다. 즉 학문 중심 교육과정으로는 현대사회의 특징인 지식의 폭발적 증가에 대비하거나, 학생이 학교에서 배운 지식을 활용하게 될 사회의 요구를 충족하지 못한다는 것이다. 따라서 인지적, 정의적, 행동적 영역이 통합된 학습경험을 제공함으로써 학교 교육이 추구하는 전인교육을 실현하기 위한 통합 교육과정(Integrated Curriculum)이 등장하였다. 교육과정 통합은 교육 내용 간에 존재하는 상호관련성을 바탕으로 교육과정을 연결 짓는 활동으로 각 교과의 지식이나 경험을 필요한 대로 가져다 학생의 흥미 중심, 문제 해결 중심, 주제 중심 등으로 구성한 교육과정이다.

　이러한 상대적 지식관과 교육과정 통합이라는 변화 속에서 학교도서관이 중요한 교육 환경으로 인식되기 시작했다. 그리고 사서교사는 학교 지식의 표준과 학습 방법을 담고 있는 교육과정에 대한 단순한 이해를 넘어서서 교과 교육과정과 교수-학습 매체인 도서관 자료의 내용 및 전달 방법 간 통합을 강구하는 리더이자 교수자 그리고 교수 파트너의 지위를 갖게 되었다.

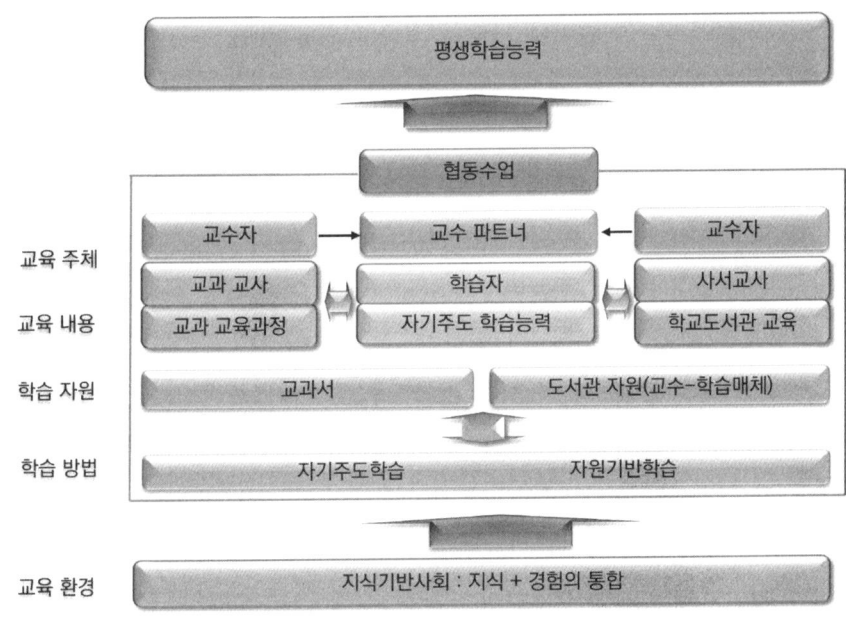

[그림 1-6] 사서교사의 교수자 및 교수 파트너 지위

2.2.2 학교도서관 교육의 속성 측면

　전통적으로 학교도서관 교육은 자료의 안내 및 제공을 바탕으로 한 이용자 교육 중심이었다. 그러나 상대적 지식관과 교육과정 간 연계성이 중시되면서 도서관 자료의 내용을 교과의 지식과 연계하는 방법에 관한 관심이 높아지고 있다. 나아가서 교과의 지식을 일상생활이나 다른 교과의 지식과 관련짓거나 스스로 지식을 탐구하는 절차와 전략이 강조되고 있다.

　이에 따라 더 적극적이고 능동적인 학교도서관 서비스가 필요하게 되었으며, 이러한 서비스를 정보활용교육으로 범주화하기에 이르렀다. 국내에서도 정보활용교육을 위한 교과용 도서 개발이 1995년부터 이루어졌다. 그러나 교과 교육과정과의 경쟁, 기존 교과의 권위주의라는 높은 벽, 배경 학문 공동체의 무관심 그리고 사서교사의 인식 부족 등으로 국가 수준의 교육과정에 포함되지 못하고 있다.

학교도서관 교육의 가장 큰 특징은 범 교육과정(Cross-Curriculum)이라는 것이다. 정보활용교육과 협동수업으로 대표되는 학교도서관 교육을 통해서 길러주고자 하는 지식은 특정 교과에만 한정되는 것이 아니라 모든 교과에 적용할 수 있다. 왜냐하면, 도서관 자료의 내용을 교과의 지식과 연계하거나 자료의 내용을 활용해서 스스로 지식을 탐구하는 방법을 지도하기 때문이다. 이러한 자기주도 학습능력을 학교에서 가르치는 지식(교육 내용) 측면에서는 방법적 또는 절차적 지식(procedural knowledge)이라고 한다. 그리고 학습기술(교육 방법) 측면에서는 간 학문적 기능이라고 한다.

학교도서관은 다양한 교과 지식을 담고 있는 교수-학습자료의 보고이다. 상대적 지식관과 교육과정 통합의 시대에는 교사와 학생의 요구에 맞추어 자료를 제공하는 수동적인 서비스가 결코 미덕일 수 없다. 교과 지식과 방법이 자료의 내용과 그 전달 방법을 지도하는 학교도서관 교육과 어떻게 통합 가능한지 능동적이고 적극적으로 다가서야 한다.

학교도서관 교육은 교실에서 교과서 중심으로 이루어지기보다는 도서관에서 다양한 자료의 내용과 연계되도록 설계된 교육과정이다. 따라서 일부의 우려처럼 사서교사가 학교도서관을 비워두고 교실 칠판 앞에 서 있을 염려는 없다. 아침 일찍부터 저녁 늦게까지, 주말이나 방학에도 누군가 오기를 기다렸다가 한두 권의 책을 대출하는 것이 사서교사의 참 모습인 양 비칠 염려도 없다. 학교도서관 교육은 학교 교육과정이 운영되는 시간과 기간에 맞추어 교실에서 하기 어려운 가르치고 배우는 활동을 담고 있는 통합 교육과정이기 때문이다. 바로 자원기반학습, 자기주도학습을 위한 교육과정이기 때문이다.

2.2.3 학교도서관의 핵심 가치 측면

핵심 가치는 조직의 경영자와 이용자가 공통으로 가지는 기대 역할로 서비스의 수준과 내용을 결정짓는다. 전통적인 도서관의 핵심 가치는 접근성과 정보 제공이며, 도서관 프로그램과 서비스 기준의 사명과 비전을 구성하는 중심 단어이다.

학교도서관의 핵심 가치를 가장 잘 담고 있는 국제 기준은 「학교도서관 선언」(School Library Manifesto)(IFLA & UNESCO, 1999; IFLA, 2021)이다. 이 선언이 담고 있는 핵심 가치는 크게 '교육, 협동, 접근성, 세계시민'이다. 교육이란 읽고 쓰는 능력, 독서, 문제해결능력 등을 길러주는 것이 학교도서관에 부여된 기대 역할이라는 것이다. 협동이란 이러한 기대 역할을 수행하기 위한 사서교사와 교과교사의 파트너십과 통합 교육과정 운영을 의미하며, 접근성이란 교내외 공동체와의 네트워크를 통해서 다양한 정보 매체와 서비스를 신속하고 공평하게 제공함으로써 교육 기회를 보장할 필요가 있음을 의미한다. 세계시민이란 학교도서관이 공정한 접근성을 기반으로 학생의 인권과 지적 자유 그리고 문화 다양성을 위해서 노력해야 한다는 것이다.

이를 위해서 사서교사는 교육과정과 학교도서관이 소장한 정보 매체만의 연계가 아니라 교육과정과 지역사회 공동체와의 연계 체계를 마련해야 하는 상황이다. 따라서 교육과정의 어떤 내용과 방법이 학교도서관만으로도 서비스할 수 있는지 알아야 한다. 그리고 어느 교육과정의 어떤 내용과 방법을 지역사회의 어떤 공동체와 연계해서 교사와 학생의 요구를 충족할 수 있는 공정하고 열린 접근성을 제공할 수 있는지도 알아야 한다.

2.3 사서교사가 교육과정을 아는 것의 가치

사서교사가 교육과정을 안다는 것은 마땅히 해야 할 일을 정확하게 수행함으로써 긍정적인 자아상을 마련하기 위한 전제 조건과도 같다. 직장에서의 성공과 인정은 단순히 많은 일을 하는 것이 아니라 부여된 기대 역할을 충족하는 데서 온다. 따라서 사서교사가 자신이 봉사할 대상인 교사와 학생의 활동을 담고 있는 교육과정을 이해하고, 자신이 제공할 자료의 내용과 전달 방법 그리고 양자의 연계 방법을 강구하는 것이야말로 성공과 인정 욕구 충족을 위한 지름길이다. 성공과 내외적 인정은 학교도서관에 대한 자료 보관실, 사서교사에 대한 자료 관리자라는 고정관념을 깰 수 있는 날 선 도끼이다.

또한, 사서교사가 교육과정을 안다는 것은 주제 전문성을 강화하는 것이다. 사서교사는 학교도서관을 경영하는 데 적합한 인력자원임을 의미하는 자격제도이다. 학교에 굳이 도서관을 두는 이유는 교육과정을 기반으로 운영되는 교수-학습활동에 대한 기여를 기대하기 때문이다. 사서뿐만 아니라 교원의 자격을 요구하는 이유는 교수-학습활동이라는 교원의 역할을 요구하기 위함이다. 사서교사에게 요구하는 교원의 역할이 자료의 열람 봉사나 자습실 감독 정도라면 굳이 사서나 교원의 자격이 필요하지 않다. 학교도서관을 이용할 때 효과적인 자원기반학습이나 탐구학습을 운영할 수 있는 전문성을 요구하는 것이다.

그리고 사서교사가 교육과정을 안다는 것은 적극적이고 능동적인 교육 정보서비스를 수행할 수 있음을 의미한다. 도서관 서비스를 구성하는 정보 제공과 안내는 [그림 1-7]에서 보는 바와 같이 점차 특정 주제 중심의 교과목 통합교육으로 수렴되고 있다. 학교도서관에서는 교육 정보서비스의 방향이 교과 교육과 학교도서관 교육의 연계성 강화로 나아가고 있다.

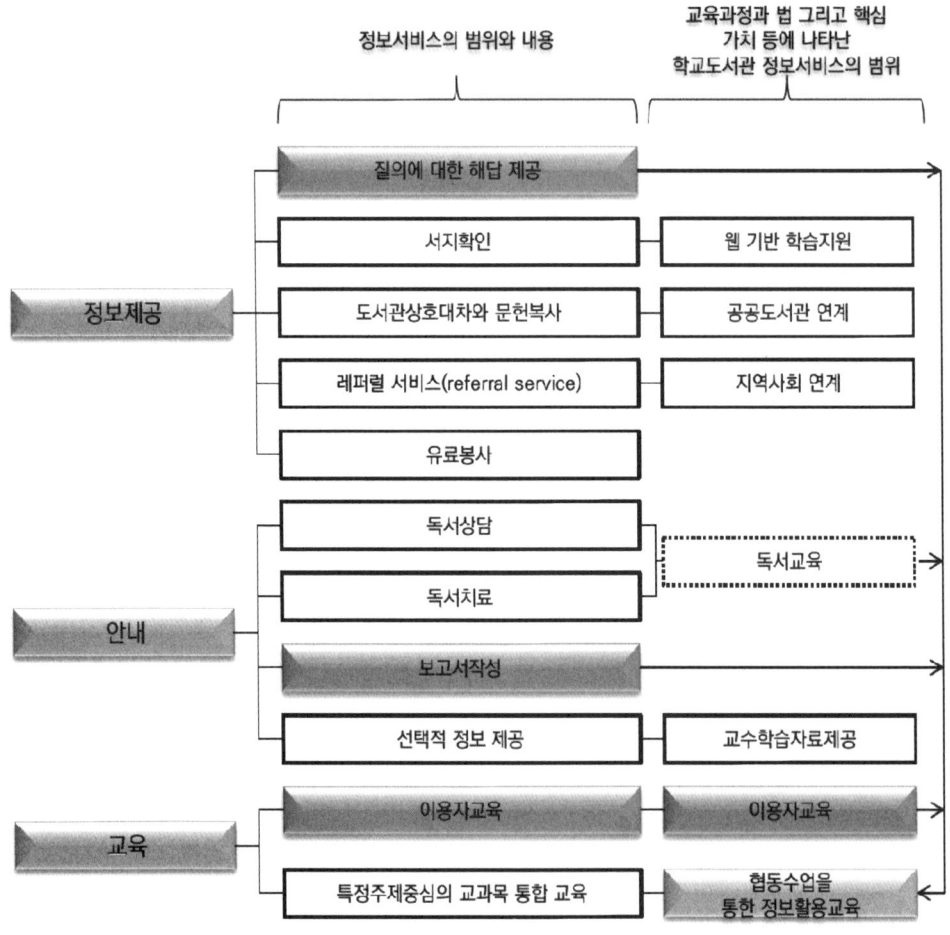

(출처: 송기호, 2013b, 55)

[그림 1-7] 학교도서관 정보서비스의 범위와 내용

3. 학교도서관과 사서교사의 교육적 영향력

학교도서관과 사서교사의 독서와 학업성취도 등에 대한 영향력 평가는 학교도서관의 지속 성장을 뒷받침하는 활동이다. IFLA(2015)가 발표한 「학교도서관 가이드라인」(School Library Guidelines)에서는 학교도서관 평가 방법을 '프로그램의 질, 프로그램의 내용, 프로그램의 영향, 이해 당사자의 인식 그리고 증거 기반 업무 평가'로 구분하여 제시하고 있다. 그리고 학교도서관 서비스 수요자인 학생, 교사, 학부모가 참여하는 '공동체 기반 평가' 방안을 제시하고 있다.

학교도서관의 영향력에 대한 연구 결과를 살펴보면, 사서교사와 같은 전문성을 갖춘 인력과 보조직원이 배치되어 학교도서관이 교육과정과 연계되어 운영되고 있고, 학생의 수준과 요구에 맞는 다양한 자료에 대한 접근성이 좋은 경우 학생의 학업성취도는 물론 자아 존중감 향상 등에 긍정적인 영향을 끼치는 것으로 나타났다. 특히, 주목할 만한 것은 학교도서관의 교육적 효과가 학생이 속한 지역사회의 사회·경제적 수준과 교육 수준에 상관없이 높게 나타나고 있으며, 취약 계층 학생의 읽기 능력 향상에 기여한다는 점이다.

ACER(Australian Council for Educational Research: 호주교육연구위원회)이 실시한 학교도서관 활성화와 사서교사의 교육과정 참여가 학생의 학습과 학업성취도에 끼치는 영향에 대한 연구 결과를 종합하면 다음과 같다(Lonsdale, 2003).

- 유능한 직원과 자료 그리고 예산을 갖춘 학교도서관이 지역사회 성인들의 사회·경제적 수준과 교육 수준에 상관없이 보다 높은 학업성취도를 달성하는데 기여한다.
- 도서관 자료를 교실과 실험실에 연결해 주는 강력한 컴퓨터 네트워크가 학생의 학업성취도 향상에 영향을 준다.
- 학교도서관 이용률이 높을수록 학생의 시험성적이 높게 나타난다.
- 사서교사와 교과교사의 학습단원 계획수립, 장서개발, 교사의 전문성 향상을 위한 지원 등에서의 협력관계가 학습활동에 의미심장한 영향을 준다.
- 정보 리터러시(Information Literacy)가 교육과정에 통합 운영될 때, 학생의 내용 파악 능력과 정보 탐색능력이 향상된다.
- 학교도서관은 학습과 관련해서 학생이 자아 존중감(self-esteem), 자신감, 독립심,

책임감을 키우는 데 긍정적인 영향을 준다.
- 학교도서관의 학업성취도에 대한 영향은 고등학교보다는 초등학교나 중학교에서 훨씬 높다.
- 풍부한 인쇄자료를 활용한 학생의 독서 활동 활성화가 이해력, 어휘력, 맞춤법과 글쓰기 능력을 향상시킨다.
- 도서관 자료의 대출 확대가 학급문고 대출에 비해서 독서력 향상에 기여한다.
- 학교서관과 공공도서관의 협력이 학생의 학업성취도에 긍정적인 영향을 준다.

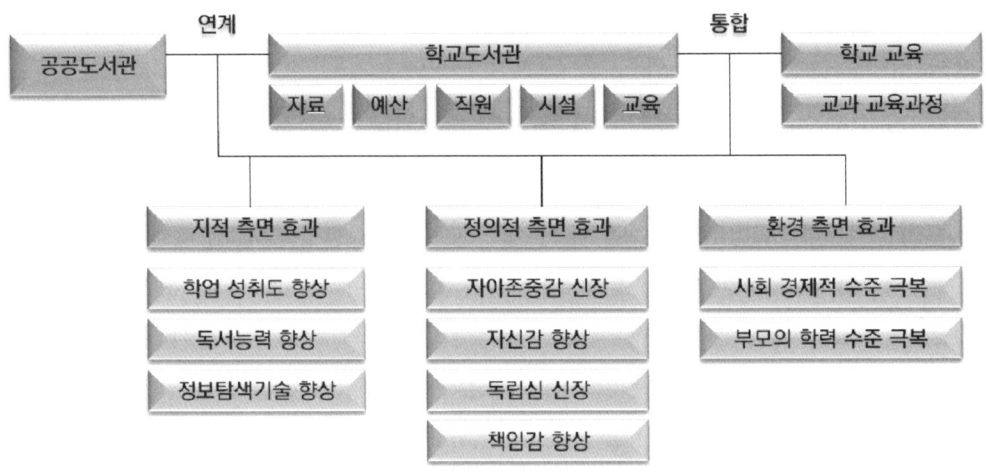

(출처: 송기호, 2018, 11)

[그림 1-8] 학교도서관의 교육적 영향력

미국에서 학교도서관과 사서교사의 영향력에 대한 지난 50년 이상 진행된 연구를 분석한 결과에 따르면(Martinea, 2024), 자격을 갖춘 사서와 함께 풍부한 자원을 갖춘 학교도서관을 이용할 수 있는 학생이 지속해서 학업성취도가 더 높은 것으로 나타났다. 이러한 결과는 학교도서관이 제공하는 다양한 독서 자료에 대한 접근성이 학생의 읽고 쓰는 능력 향상에 도움을 주기 때문이다. 펜실베이니아(Pennsylvania) 학교 평가 시스템 분석 결과 학교도서관에 유자격 전임 사서교사(Full-time Certified Librarian)가 배치되었을 때 고급 읽기 점수가 약 8% 높고, 시간제 직원이 추가 배치되면 9% 이상 점수가 높게 나타났다. 그리고 NCES 및 NAEP 점수를 활용한 전국 단위 연구에서도 사서교사가 배치되었을 때 점수가 더 높게 나왔다. 특히, 사서교사의 배치와 다양한 도서관 장서 접근성은 흑인이나 라틴계 학생 그리고 장애학생과 같은 취약 계층 학생의 읽기 점수 향상에 이바지하는 것으로 나타났다.

    노스캐롤라이나(North Carolina)주의 4년간 학업성취도 데이터 분석 결과(Wine et al., 2023)를 보면, 사서교사가 있는 학교에 다닌 학생의 수학 및 읽기 시험 점수가 그렇지 않은 학생의 수학 및 읽기 시험 점수보다 높게 나타났다. 그 이유는 사서교사가 있는 경우 충분한 자료를 갖춘 도서관에 손쉽게 접근하여 정기적으로 자료를 대출받아 활용할 수 있기 때문이다. 국내의 경우 권은경(2011)이 중학교를 사서교사가 배치된 학교, 사서교사는 없으나 도서관 운영이 활성화된 학교, 비활성화된 학교로 나누고, 도서관의 효과 인지도(학교생활에서 학교도서관이 차지하는 비중, 이용 빈도, 유익성, 이용 목적, 학교도서관활용수업의 효과 등)를 조사한 연구가 있다. 연구 결과를 보면, 영역 전체 평균은 5점 만점에 평균 3.24점을 기록했으며, 학교도서관이 독서 활동에 가장 크게 도움이 된다고 응답하였다. 운영 수준별 효과 인지도 평균은 사서교사가 배치된 학교는 3.37점, 활성화 학교 3.20점 그리고 비활성화 학교는 3.16점으로 나타났다. 또한, 사서교사 배치학교에서 학업성취도 및 정보활용능력에 영향을 주는 학교도서관활용수업 경험 및 빈도가 높게 나타났다.

    학교도서관과 사서교사의 교육적 영향력을 증진하기 위해서는 사서교사 배치, 전문성 신장과 함께 교과교사와의 협력 기회 제공 그리고 최신의 다양한 자료 확보를 위한 예산 지원이 중요하다. 그리고 사서교사 배치에 대한 정부의 책무성을 강화하고, 유자격 사서교사에 대한 정확한 통계 관리와 사서교사의 전문성 신장 및 교육적 활동(연수 및 협동수업 시수, 대출량, 학급의 주당 도서관 방문 횟수 등)에 대한 자료수집이 필요하다. 그리고 교육부나 교육청의 학교 평가 지표에 학교도서관 자원의 활용 정도를 포함해야 한다(Martinez, 2024).

    국내의 경우 학생수가 많고 학교에 투입되는 자원이 풍부한 대규모 학교 위주로 학교도서관 전담 인력이 배치되고 있는 상황이며, 학교도서관 서비스 역시 교육여건이 우수한 학교에서 매우 활발하게 이루어지고 있다. 따라서 교육격차에 놓이기 쉬운 도(道) 단위의 소규모 학교에 학교도서관 서비스 투입이 부족한 실정이다(강봉숙, 2023). 학교도서관 평가는 학교 교육과 이용자 서비스에 투입하는 자원의 학교 교육에 대한 영향력을 측정하는 데 모아져야 한다. 이를 바탕으로 학교도서관이 제공하는 교육 정보서비스의 정당성을 입증하고 학교도서관 예산과 입법 그리고 정책 마련의 근거를 제공할 수 있다.

제2장
학교도서관 교육의 이론적 배경

1. 구성주의
2. 교과 교육학
3. 지식 생태학
4. 인간 발달 생태학
5. 다중지능이론
6. 통합 교육과정
7. 정보처리이론
8. 시사점

> 지식 생태학은 지식을 상호작용을 위한 공유재로 인정한다는 점에서
> 학교도서관의 위상을 협동적 학습 공동체로 전환하는 데 도움을 준다.
> 그리고 개별 교과의 권위주의를 극복하고 교과 간 그리고 교사 간 협동을 통한
> 교육과정 운영 기반을 마련해 준다.
> 또한, 지식의 전달자보다는 생산자로서 교사의 역할을 강조하기 때문에
> 자기주도 학습능력을 지도하는 사서교사의 교육적 위상을 강화할 수 있다.

제2장 학교도서관 교육의 이론적 배경

1. 구성주의

듀이(John Dewey)의 교육사상에 뿌리를 두고 있는 구성주의(Constructivism)는 1960년대에 인지심리학의 영향을 받아 학습이론으로 등장했다(조세경, 2001). 구성주의에 따르면, 학습자는 외부에 존재하는 지식을 교사가 제공하는 자극(반복, 연습 등)을 통해 수동적으로 습득하지 않고, 개개인이 지닌 사회·문화적 배경을 바탕으로 주위 환경과의 상호작용을 통해 스스로 형성해 간다(한국교원대학교 초등교육연구소, 1999). 구성주의가 학교 교육에 끼친 가장 큰 영향은 학습자 중심의 교수-학습활동이다. 따라서 교사의 역할이 지식의 전달자에서 실제적이고 유의미한 학습 환경을 제공하고 학습자가 스스로 원하는 것을 배울 수 있도록 안내하는 역할로 바뀌게 되었다. 또한, 학습에서 협동과 상호작용의 중요성을 부각했다. 즉 학습자는 자기주도적인 학습 과정에서 동료는 물론 도서관을 포함한 학습 환경 그리고 다양한 학습자료와 상호작용을 하면서 지식을 형성한다는 것이다. 결국, 구성주의 입장에서 수업이란, 학생이 자기주도적으로 지식을 습득할 수 있는 학습 환경을 제공하는 것이다.

함명식(2002)은 구성주의가 학교도서관에 주는 시사점을 정보봉사의 측면과 교육 봉사의 측면에서 분석하였다. 정보봉사 측면에서 학교도서관은 전자도서관(디지털도서관) 구축을 통해서 학생의 주관적 인지 세계 형성과 사회적 상호작용을 통한 지식 구성을 돕는다는 것이다. 그리고 교육 봉사 측면에서는 학교도서관과 관련된 협동수업, 과제중심학습, 자기주도학습과 같은 다양한 교수-학습 방법을 연구하는 데 이론적 기반을 제공한다는 것이다.

특히, 비고츠키(Lev Semenovich Vygotsky)의 사회적 구성주의에 따르면, 학교도서관은 학습자 중심의 교육과정 운영에서 지식 습득에 필요한 상호작용을 제공하는 중요한 교실로서의 가치를 지닌다. 그리고 사서교사는 [그림 2-1]에서 보는 바와 같이 이러한 학습 환경 조성자일 뿐만 아니라, 학교도서관 교육을 통해서 학습 방법과 학습 정보를 학생의 교과 학습과 연계시키는 학습 촉진자 역할을 수행한다(송기호, 2013b).

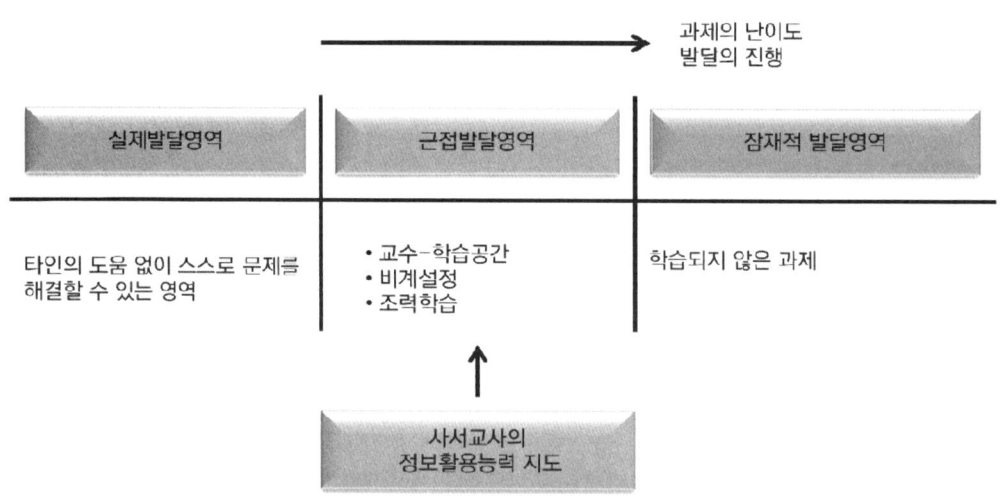

[그림 2-1] 비고츠키의 근접발달영역과 사서교사의 역할

쿨타우(Carol C. Kuhlthau)(1994)가 제시한 비고츠키의 근접발달영역 개념에 기반을 둔 개입 구역(Zones of Intervention)을 살펴보면, 사서교사의 학습을 촉진하는 중재자 역할을 구분할 수 있다. 개입 구역이란 각기 다른 수준의 지식과 정보 탐색과정에 놓여 있는 학생이 혼자서 해결하기 어려운 과정에서 사서교사가 제공하는 적절한 중재 수준을 의미한다. 제1개입 구역에서는 학생 스스로 문제를 진단하고 탐색을 수행하며, 제2개입 구역부터 제5개입 구역까지는 문제를 진단하여 결정한다. 제2, 제3, 제4개입 구역은 결과물 문제로 자료만으로 해결할 수 있는데, 제2개입 구역에서는 정확히 맞는 자료가 필요하고, 제3개입 구역은 여러 개의 적합한 자료, 제4개입 구역은 일련의 적합한 자료가 필요하다. 그러나 제5개입 구역은 과정의 문제로 사서교사는 학생과의 대화를 통하여 탐구, 구성, 학습, 적용 등의 과정으로 인도한다.

또한, 각 개입 구역에 따라 〈표 2-1〉에서 보는 바와 같이 사서교사의 중재 정도, 교육의 정도 또한 달라진다. 제1개입 구역에서는 자료 조직자로서 학생 스스로 탐구할 수 있도록 소장 자료를 조직하여 제공하므로 아무런 지도가 이루어지지 않는다. 제2개입 구역에서는 소재 파악자로 즉답형 질문에 개입하게 되며 오리엔테이션 수준의 지도를 한다. 제3개입 구

〈표 2-1〉 정보 탐색과정에서 개입 구역별 사서교사의 중재 및 교육 정도

개입 구역 (Zones of Intervention)	중재 정도 (Levels of Mediation)	교육 정도 (Levels of Education)	개입 (Intervention)
제1개입 구역(Z1)	조직자(Organizer) 학생 스스로 탐구할 수 있도록 소장 자료를 조직하여 제공한다.	조직자(Organizer)	셀프서비스 (Self Service)
제2개입 구역(Z2)	소재 파악자(Locator) 구체적인 질문에 답하기 위한 단일 자료를 탐색한다.	강사(Lecturer)	단일 자료 (Single Source)
제3개입 구역(Z3)	확인자(Identifier) 간단한 상담 후 주제 검색을 통해 여러 자료 확인 후 순서 없이 추천한다.	교수자(Instructor)	여러 자료 (Group of Sources)
제4개입 구역(Z4)	자문가(Advisor) 학생이 제기하는 문제의 접근 방식을 정하고, 여러 자료를 이용 순서에 따라 추천한다.	개인 교수자(Tutor)	연속적 자료 (Sequence of Sources)
제5개입 구역(Z5)	상담가(Counselor) 전 과정에 개입한다.	상담가(Counselor)	과정 개입 (Process Instruction)

(출처: Kuhlthau, 1994, 65; 박명규, 2004, 35의 내용을 정리함)

역에서는 기본적인 정보조사제공 봉사 수준의 개입이다. 따라서 단일 자료 제공이나 수업과 관련된 지도가 필요에 따라서 이루어진다. 이러한 지도는 연결되지 않고 한시적으로 행해진다. 제4개입 구역에서는 자문가로서 학생에 의해 문제와 접근방법이 제시되고, 그 결과로 확인한 자료들을 특정한 순서에 의해 이용할 것을 추천한다. 과제와 관련하여 통합된 특정 문제를 다루기 위하여 여러 자료를 순서대로 사용할 수 있도록 일련의 지도가 이루어진다. 제5개입 구역에서는 대화를 통하여 정보 탐색과정의 전략, 방법, 순서 등을 상담한다.

2. 교과 교육학

교과 교육학(Subject Matter Education)은 교육 활동의 내용을 구성하는 개별 교과를 어떤 목적을 가지고 어떤 내용으로 구성하고 어떻게 지도할 것인가를 연구하는 교육학의 한 분야이다. 최근에는 교사 양성 프로그램의 전문성 강화 방안과 맞물려 교과 교육의 성

격과 기능을 메타적 차원 또는 일상생활과의 관계로 이해하려는 움직임이 활발하다. 그리고 이러한 움직임은 학습자가 일상생활에서 경험하는 세계(정치, 경제, 산업, 종교, 예술 등)와 교과의 관련성을 분석하고, 교과를 가르치기 위한 매체, 자료, 기법에는 어떤 것이 있는가를 밝히는 데 주력하는 교과학(Subjectology)으로 발전하고 있다(이돈희, 1996). 교과학은 배경 학문이 제공하는 영역-특수적 교과 내용뿐만 아니라 학습자가 일상생활에서 갖추어야 하는 영역-보편적 제반 지식과 능력을 수용함으로써 학문 중심 교육과정과 생활 중심 교육과정 그리고 경험 중심 교육과정 상호 간에 연계를 강조한다. 교과학에서 말하는 학습 과정에서 가르쳐야 할 일반적 사고능력을 정리하면 다음 [그림 2-2]와 같다(이돈희, 박순경, 1997).

교육의 내용과 방법의 일상생활과의 연계를 강조하고 있는 교과학 측면에서 볼 때 학교도서관 교육의 핵심인 정보활용능력은 교과 간 학습주제의 통합과 일상생활의 문제 해결을 위해서 학생이 갖추어야 하는 '일반적 사고능력'에 해당하며, 사회·문화적 맥락에서 교과 교육과 상호관련성을 갖는다. 따라서 학교도서관 교육을 통해서 지도하는 정보활용능력은 영역-특수적인 방법적 지식임과 동시에 일반적 사고능력이라는 영역-보편적 성격을 갖는다.

교과 교육학이 학교도서관 운영에 주는 시사점은 학교도서관 교육이 제공하는 실용적 학습능력도 교육 내용이 될 수 있다는 점이다. 그리고 학생이 일상생활에서 특정 교과 영역이 아닌 범교과적으로 학습할 필요가 있는 사회적 현상을 학교도서관 교육의 내용 요소

[그림 2-2] 교과학에서 지도하는 일반적 사고능력

로 지도할 수 있음을 보여준다. 또한, 여러 교과에서 공통으로 다루는 학습주제를 같은 학문 주제의 고유한 학습기술이 아닌 정보활용능력과 같은 일반적인 학습기술을 활용하여 관련 교과교사가 협동으로 지도할 수 있음을 시사한다.

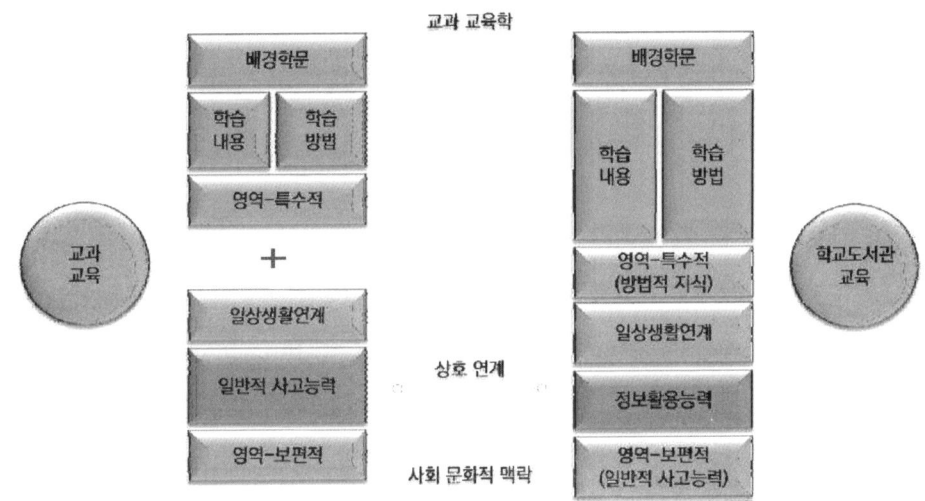

(출처: 송기호, 2020, 37)

[그림 2-3] 교과 교육과 학교도서관 교육의 관련성

3. 지식 생태학

지식 생태학(Knowledge Ecology)은 지식기반사회의 기본 자원이자 생명력인 지식이 갖는 특징을 흐름, 균형, 재생산, 성장 등의 관점에서 밝히고자 하는 학문으로 생태 철학(Ecophilosophy)에 기반을 두고 있다. 생태 철학은 현대 문명이 안고 있는 여러 가지 사회·문화적 병리 현상과 자아 및 정체성 상실 등의 문제를 해결하기 위해서는 생물 중심적인 세계관으로 전환해야 한다는 태도다. 즉 생태 철학의 자연관은 모든 존재가 상호연결망을 구성하고 있다는 것이다(문순홍, 2006).

지식 생태학의 지식 및 학습에 대한 해석(한숭희, 2001; 유영만, 2006a; 2006b)을 종합하면, 학문 중심 교육과정과는 차이를 보인다. 우선 지식을 단순한 축적물이 아니라 끊임없이 변화하고, 성장하고 소멸하는 유동체로 인식하고 있다. 그리고 이러한 흐름 안에서

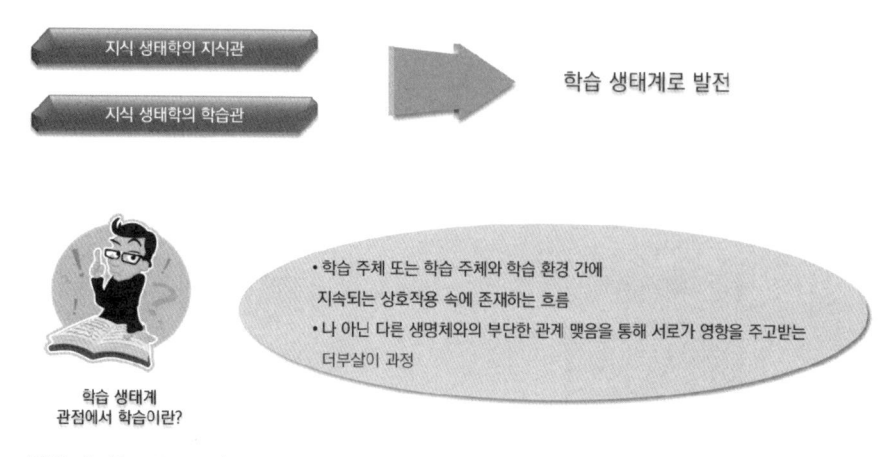

(출처: 송기호, 2020, 38)

[그림 2-4] 지식 생태학의 학습관

개별 지식은 상호관련성을 갖는 일종의 지식 생태계를 구성한다고 여긴다.

상호관련성에 기반을 둔 지식 생태학의 지식관과 학습관은 개체의 성장과 조직 공동체의 발전 관계를 설명할 수 있는 새로운 개념인 학습 생태계(Learning Ecosystem)로 발전하고 있다. 따라서 학습 생태계 관점에서 학습이란(그림 2-4 참조), 학습 주체 또는 학습 주체와 학습 환경 간에 지속하는 상호작용 속에 존재하는 흐름이며, 나 아닌 다른 생명체와의 부단한 관계 맺음을 통해 서로가 영향을 주고받는 '더부살이 과정'이다.

사토 마나부(佐藤學)(2003)는 그의 저서 「배움으로부터 도주하는 아이들」(學びから逃走する子どもたち)에서 '더부살이'를 '만남과 대화'의 개념으로 설명하고 있다. 그는 우선 산업사회 동아시아의 주입식 교육에서 이루어진 학습을 무엇과도 만나지 않고 아무런 대화도 없이 수행된 공부(工夫)로 규정하였다. 반면에 지식기반사회의 학습을 기초학습능력인 리터러시(literacy)를 기반으로 학생이 사물(대상 세계), 사람, 상황과 만나고 대화하며, 자기 자신과 만나고 대화하는 배움으로 구분하였다. 그리고 배움이란 사물과의 만남과 대화를 통한 세계 만들기, 타자와의 만남과 대화에 의한 친구 만들기, 그리고 자기 자신과의 만남과 대화에 의한 자기 만들기가 삼위일체가 되어 의미와 관계를 엮어가는 영속적인 과정이라고 정의하였다.

상호작용을 중시하는 지식 생태학의 지식관은 지식기반사회가 요구하는 교육적 지식과 일치한다. 지식기반사회에서 학교가 가르치는 지식의 가장 큰 특징 중의 하나가 상대성과 공존을 인정하는 '연성지식(Flexible Knowledge)'(강창동, 2003)이기 때문이다. 지식 생태학은 지식을 상호작용을 위한 공유재로 인정한다는 점에서 학교도서관의 위상을 협동적 학습 공동체로 전환하는 데 도움을 준다. 그리고 개별 교과의 권위주의를 극복하고 교과 간 그리고 교사 간 협동을 통한 교육과정 운영 기반을 마련해 준다. 또한, 지식의 전달자보다는 생산자로서 교사의 역할을 강조하기 때문에 자기주도 학습능력을 지도하는 사서교사의 교육적 위상을 강화할 수 있다.

4. 인간 발달 생태학

브론펜브레너(Urie Bronfenbrenner)(1995)의 인간 발달 생태학(Human Development Ecology)은 개인과 전체 환경을 분리하지 않고 연속선상에 놓고 본다. 인간 발달 생태학에 따르면, 인간 발달에 영향을 주는 환경은 세계를 구성하는 모든 수준에서 나오고, 각 환경은 다른 환경의 영향을 받는다. 인간과 상호조절하는 생태학적 환경은 러시아 인형 세트처럼 다중계층구조(겹 구조)로 이루어져 있어서 독립적으로 분리되지 않고 거미줄처럼 상호관련성을 띠고 있다. 다중계층구조 환경은 [그림 2-5]에서 보는 것처럼 발달 주체인 개인과의

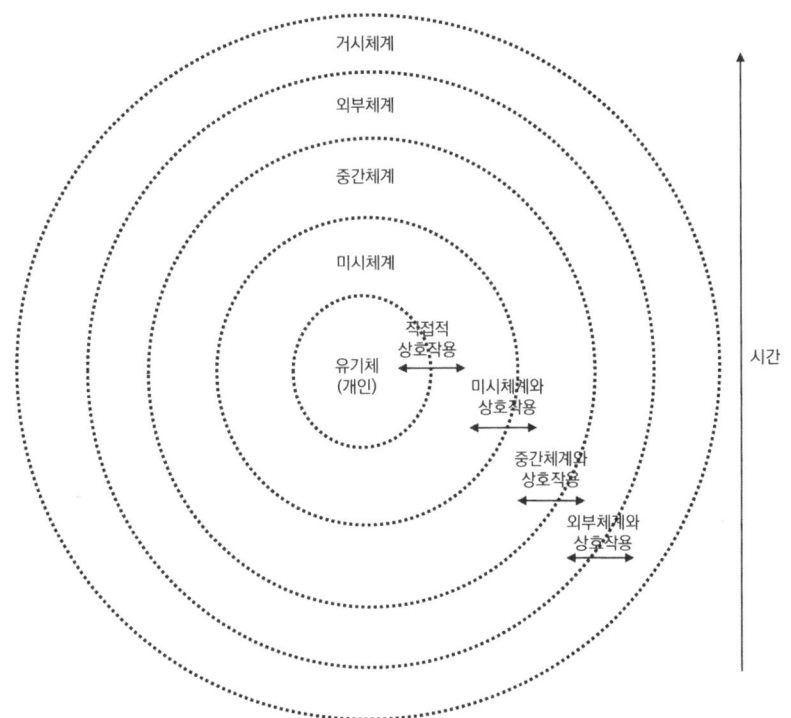

(출처: Bronfenbrenner, 1995)

[그림 2-5] 인간 발달 생태학의 다중계층구조 환경

거리가 가까운 순으로 미시체계(microsystem), 중간체계(mesosystem), 외부체계(exosystem), 거시체계(amcrosystem), 시간체계(chronosystem)로 구성된다. 따라서 인간 발달 생태학은 환경적 상호연결성이 개인의 지각과 행동 등 심리적 성장에 직접적으로 영향을 미치며, 인간이 다양하고 폭넓은 생태학적 환경의 영향 속에서 발달한다고 본다.

미시체계는 가정과 학교 등 발달하는 개인이 독특한 물리적·물질적인 특성을 가진 환경 내에서 경험하는 활동·역할 및 대인관계의 유형을 의미한다. 중간체계는 부모의 학교 참여, 부모와 교사의 관계, 부모와 자녀의 친구와의 관계 등 발달해 가는 개인이 능동적으로 참여하는 두 개 또는 그 이상의 장면들 사이에 존재하는 일련의 상호작용을 의미한다. 외부체계는 하나 이상의 환경으로 구성되어 있으며, 지방자치단체, 교육청의 활동과 같이 발달하는 개인이 참여자로 적극적으로 관여하지는 않으나 미시체계나 중간체계를 둘러싸고 있으면서 영향을 주는 환경을 의미한다. 거시체계는 주어진 문화 또는 하위문화 내에서 그것을 구성하는 미시체계, 중간체계, 그리고 외부체계의 형태와 내용이 나타내는 일관성을 의미하며, 동시에 그런 일관성에 기초가 되는 신념 체계나 이념을 의미한다. 시간체계는 시간에 걸쳐 일어나는 변화와 이로 인해 파생된 사회, 역사적 환경을 의미한다. 따라서 시간의 흐름에 따라 개인의 특성이나 성향이 변하고 그에 따라 개인의 발달 양상도 변한다(Bronfenbrenner, 1995).

인간 발달 생태학의 관점에서 학교도서관은 학생의 발달에 영향을 주는 미시체계(학교)의 구성 요소이다. 학생은 학교도서관 자원을 활용하여 개인적 요구와 학습 요구를 해결할 수 있다. 학교도서관이 학생의 발달에 적극적으로 기여하기 위해서는 학생의 요구와 수준에 맞는 다양한 자원에 접근할 수 있도록 교내외 조직과의 연계와 협력이 중요하다. 또한, 학교도서관 교육과 교과 교육의 연계를 통해 학생의 학습경험을 다양화할 필요가 있다.

5. 다중지능이론

가드너(Howard Gardner)(2007)는 지능을 실제 일상생활에서 어떤 상징 도구를 활용하여 중요한 문제를 해결하는 능력, 효율적인 물품을 만들어 내거나 특정 문화 상황에서 가치 있는 서비스를 제공하는 능력, 개인이 새로운 지식을 습득하도록 돕는 문제를 발견하거나 만들어내는 잠재 능력으로 정의하였다. 이처럼 다중지능이론(Theory of Multiple Intelligences)은 언어와 논리 수학적인 측면을 지나치게 강조하는 전통적인 지능 지수

(Intelligence Quotient: IQ) 검사에 대한 비판으로부터 비롯되었다. 즉 언어와 논리 수학 능력이 학교 교육에서 중요하게 여겨지고 있으며 학교 성적과의 상관성이 높다고 보지만, 이러한 지능과 성취만을 가지고 학교 밖에서의 성공을 예측하기 어렵다는 것이다. 따라서 다중지능이론은 인간의 지적 능력을 포괄적으로 파악하고 현실에 쉽게 적용하기 위하여 심리학, 신경생물학, 사회학, 민속학, 예술사, 인문학 등의 연구 결과와 다양한 인물의 전기를 탐색한 결과를 담고 있다(김혜온, 2009).

지금까지 알려진 9가지 다중지능 중 언어지능(Linguistic Intelligence)은 말로 생각하는 지능을 말하며, 아이디어를 표현하는 데 언어를 사용한다. 언어지능이 발달한 대표적인 인물로는 작가, 시인, 대변인, 아나운서 등이 있다. 논리·수학지능(Logical-Mathematical Intelligence)은 계산하거나 측정, 논리의 사용, 수학과 과학의 문제를 푸는 능력을 말한다. 주로 과학자, 수학자, 회계사 등이 이 지능에 많이 의존한다. 신체·운동지능(Bodily-Kinesthetic Intelligence)은 능숙하게 신체와 손을 사용하는 능력을 말한다. 무용가, 운동선수, 외과의사, 곡예사, 장인(匠人)은 신체·운동지능을 사용하는 직업이다. 시·공간지능(Visual-Spatial Intelligence)은 그림을 통해 생각하는 능력과 모양, 색깔, 크기 등으로 이미지나 디자인을 보거나 창조하는 능력을 말한다. 주로 건축가, 조각가, 인테리어 장식가, 재봉사, 만화가, 목수 등은 시·공간지능이 발달한 사람이다. 음악지능(Musical Intelligence)은 음률의 높이, 리듬, 음악의 색깔 등을 듣고 활용하는 능력을 말한다. 주로 교사, 작곡가, 숙련된 청취자 등이 이 지능을 잘 보여준다. 대인관계 또는 인간친화지능(Interpersonal Intelligence)은 다양한 방법으로 다른 사람을 이해하며 어울리는 능력을 말한다. 교사, 감독, 종교인, 배우, 사회복지사, 정치가 등은 이 지능을 많이 사용한다. 자기이해지능(Intrapersonal Intelligence)은 자신의 감정과 세상에서 자신의 위치를 이해하는 능력이다. 철학자, 심리학자, 극작가 등이 이 지능을 사용한다. 자연탐구 또는 자연친화지능(Naturalist Intelligence)은 자연 세계 내에서 식물의 성장이나 동물의 행동 그리고 암석, 구름 등의 패턴을 보는 능력이다. 주로 생물학자, 수의사, 암석 수집가, 환경주의자 등이 이 지능을 사용한다(Campbell, 2012). 그리고 실존 지능(영성지능)(Existential Intelligence) 은 나는 누구인가?, 왜 우리는 죽어야 하는가?, 삶의 의미란 무엇인가? 와 같은 통찰력이 필요한 의문에 관심을 갖는다. 따라서 다양한 실존 상황에서 자신의 위치를 파악하는 본능이다. 이러한 지능을 주로 사용하는 사람은 철학자, 성직자, 역사교사, 철학교사, 영감을 불러일으키는 연사나 작가 등이다. 실존지능은 전 연령층에서 개발할 수 있으며, 나머지 8가지 다중지능을 완성해 주는 지능이다(Connell, 2008).

〈표 2-2〉 다중지능별 특징과 선호하는 자료 및 활동

지능	핵심 성분	상징 체계	최고 수준의 발달 상태	발달적 요인	선호하는 자료	선호하는 활동
언어지능	언어의 소리, 구조 의미와 기능에 대한 민감성	• 표음문자 (예 : 영어)	작가, 웅변가 (예 : 버지니아 울프, 마틴 루터 킹), 기자	초기 아동기에 폭발하며, 노년기까지 견고하게 유지	잡지, 만화, 책, 종이, 연필, 컴퓨터와 프린터	십자말풀이 단어 만들기 놀이 기사 작성 편지쓰기 말하기 토론하기
논리·수학 지능	논리적, 수리적 유형에 대한 민감성과 구분 능력 : 연쇄적 추리를 다루는 능력	• 컴퓨터 언어 (예 : 파스칼)	과학자, 수학자 (예 : 퀴리 부인, 파스칼), 검사	청소년기와 성인기 초기에 절정에 달하며, 40세 이후에는 뛰어난 수학적 통찰력이 퇴조함	계산기 각도기 줄자 과학책 수학책 컴퓨터	도미노 체스 실험하기 수학과 과학 관련 소프트웨어 사용하기 유추하기
신체·운동 지능	자기 몸의 움직임을 통제하고 사물을 능숙하게 다루는 능력	• 수화, 점자	운동선수, 무용가, 조각가(예 : 제시 오웬스 마사 그래함, 오거스트 로뎅), 외과의사	성분 (강도, 유연성 등)과 영역(체조, 야구, 무언극)에 따라 다름	블록, 목공품 바느질감, 체조, 춤 배우, 무도에 대한 책	역할극 촌극 책의 장면 연출하기 연극을 위한 소도구 디자인하기 책의 등장인물 몸짓으로 표현하기 모션 시뮬레이션 게임과 같은 소프트웨어 사용하기
시·공간 지능	시공적 세계를 정확하게 지각하고, 최초의 지각에 근거해 형태를 바꾸는 능력	• 표의문자 (예 : 중국어)	화가, 건축가 (예 : 프리더 칼로 패이) 항해사, 조종사, 조작가	초기 아동기의 위상학적 사고는 9~10살 경에 유클리드식 사고방식으로 대체됨	색지, 펜, 낙서장 모형 점토, 인형, 퍼즐, 레고, 지구의, 지도, 카메라	사진 찍기 개념도 등을 활용한 요점 정리하기 인형극 삽화 그리기 가상현실 소프트웨어 사용하기
음악지능	리듬, 음조, 음색을 만들고 평가하는 능력 : 음악적 표현 형식에 대한 평가 능력	• 음악 악보 • 모르스 부호	작곡가, 연주자 (예 : 스티비 원더, 미도리), 지휘자, 가수	가장 조기에 발달하는 지능 흔히 신동들은 발달적 위기를 경험	CD 플레이어, CD 녹음기, 악기, 악보	자기만의 노래와 음악 작곡(작사)하기 음악 듣기 배경음악에 시(詩) 녹음하기

지능	핵심 성분	상징 체계	최고 수준의 발달 상태	발달적 요인	선호하는 자료	선호하는 활동
대인관계 지능 (인간친화 지능)	타인의 기분, 기질, 동기 욕망을 구분하고 적절하게 대응하는 능력	• 사회적 단서 (예: 몸짓과 얼굴 표정)	상담자, 정치지도자(예: 칼 로저스, 넬슨 만델라), 교사, 배우, 정치인	생후 3년 동안 매우 중요한 애착/유대	보드게임, 카드	협동집단 조직하고 참여 인터뷰하기 개인 교수 인형극
자기이해 (자기성찰) 지능	자기 자신의 감정에 충실하고 자신의 정서들을 구분하는 능력: 자신의 장점과 약점에 대한 인식	• 자아 상징 (예: 꿈과 예술 활동에서)	심리치료사, 종교 지도자(예: 프로이드, 부처님), 철학자, 심리학자	생후 3년 동안 매우 중요한 자아와 타인 간의 경계 형성	동기부여와 영감을 주는 책, 컴퓨터, 종이, 연필	반성적 글쓰기 소논문 쓰기 자서전 쓰기 일기 쓰기 일지 쓰기 스크랩북 제작
자연탐구 지능 (자연친화 지능)	자신이 살아가고 있는 환경 혹은 자연 세계에 민감하고 그것을 인식하고 분류하는 데에 탁월한 전문지식, 전문 기술과 그에 따른 문제해결능력	• 자연적 단서 (시각, 청각적 인식)	식물학자, 과학자, 정원사, 수의사, 해양학자, 지질학자, 동물원 관리자(예: 다윈, 윌슨, 오두본, 피터슨)	5~6세의 아동은 공룡, 자동차에 대한 관심이 많고, 감각적 지각, 관찰, 성찰, 물체 작동법 이해, 대상 분류, 패턴 확인 가능	환경 관련 책, 식물, 곤충, 애완동물 관련 책, 현미경, 확대경, 식물, 애완동물	식물돌보기 애완동물 돌보기 자연물 분류하기 동물의 주거지 연구하기 자연환경 관찰하기
실존지능 (영성지능)	우주에서 자신의 위치를 알아내는 능력. 삶과 죽음의 의미, 신체적 심리적 세계의 궁극적인 운명에 관심을 가지는 것	• 실존의 양태에서 자신의 위치를 파악하는 본능	철학자, 성직자, 역사교사, 철학교사, 영감을 불러일으키는 작가나 연사 등	전 연령층, 정서적 안정감, 사랑(자애), 공감, 정의감	철학, 종교, 역사 관련 자료	통찰력이 필요한 의문에 질문하기

(출처: Armstrong, 2022, 23-25, 50; Connell, 2008, 106-108, 122-128의 내용을 종합함)

다중지능이론의 핵심은 누구나 9가지 다중지능을 다 가지고 있고, 각 지능을 적절한 수준까지 발달시킬 수 있다는 것이다. 그리고 지능들은 복잡한 방식으로 함께 작용하며, 각 지능의 범주 내에서 지적인 사람이 되는 여러 가지 방법이 있음을 강조한다(Armstrong, 2022). 특히, 학교 교육과 관련해서 다중지능이론은 학교 교육과정에 존재하는 모든 교과가 학습자의 지능 개발에 공헌하기 때문에 전통적인 교과 교육에서 중시하던 언어적 지능과 논리-수학적 지능 위주의 특정 교과뿐만 아니라 모든 교육 활동을 중시해야 한다는 점을 강조하고 있다. 따라서 다중지능이론은 교과 중심의 교육과정 이외에 학교도서관 교육도 학생의 학습능력 신장에 이바지할 수 있는 중요한 교육 활동으로 존중받아야 한다는 근거를 제공한다. 그리고 학교 교육에서 학생의 다중지능을 계발하기 위해 다양한 자료와 활동(교수-학습전략)을 각 지능 유형별로 활용할 수 있음을 보여준다.

다중지능이론을 활용하면, 다음 [그림 2-6]에서 보는 바와 같이 교과서의 탐구 과제 해결 과정에 적용된 교수-학습전략을 다중지능별로 분석하여 협동수업에서 사서교사가 제공할 수 있는 교육 정보서비스의 내용을 도출할 수도 있다.

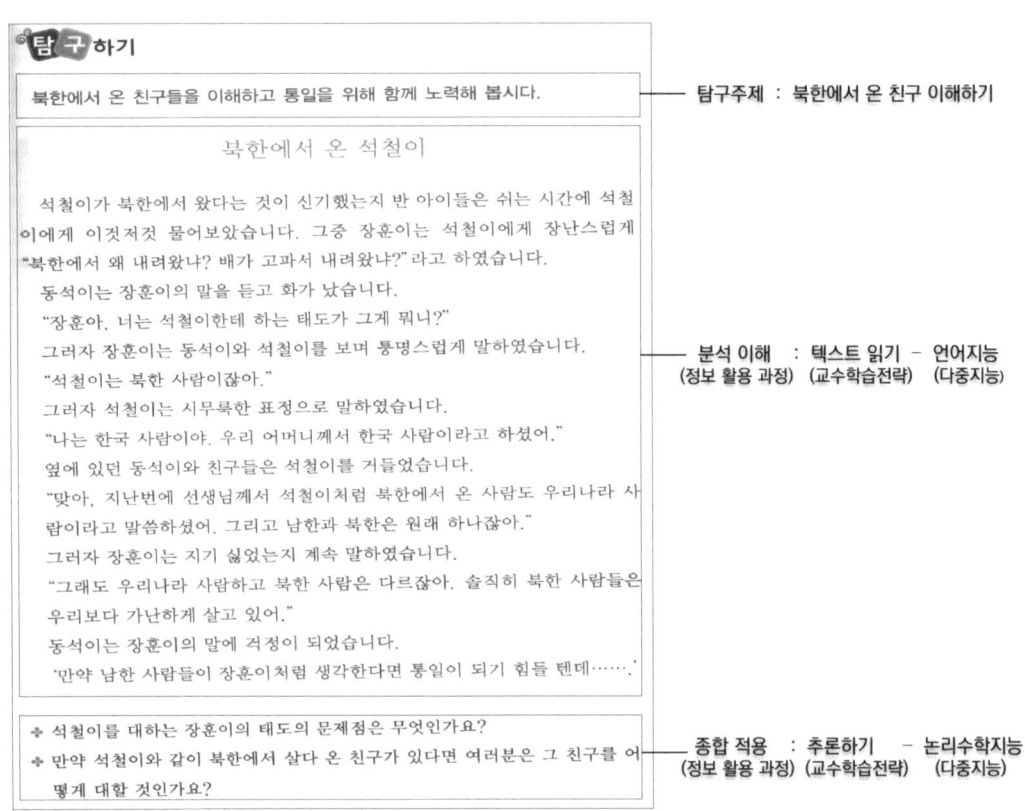

(출처: 노정임, 송기호, 유종열, 2017, 8)

[그림 2-6] 다중지능을 이용한 초등학교 도덕 교과서 탐구 과제 분석(예)

또한, 학교도서관 교육에 다중지능이론을 적용하면 학생의 지능 유형에 적합한 학습자료 개발과 도서관 환경 구축이 가능하다. [그림 2-7]은 다중지능에 따라서 학습주제를 재구성하여 수업에 다양한 교수-학습전략을 활용할 수 있는 분석 방법과 모둠 구성 방안을 제시한 것이다.

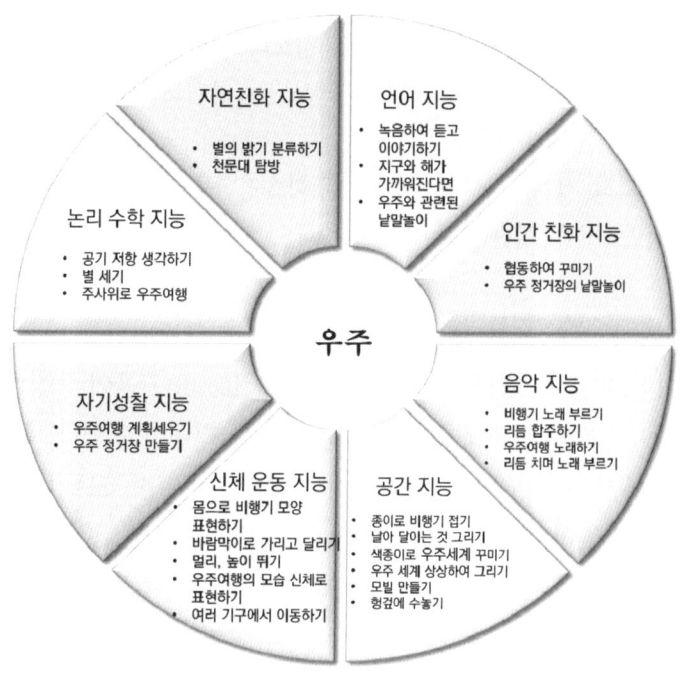

(출처: 박효정 외, 2006, 91의 내용을 수정 보완함)

[그림 2-7] 다중지능을 활용한 학습주제 재구성(예)

6. 통합 교육과정

통합 교육과정(Integrated Curriculum)은 학문 중심 교육과정에 대한 반성에서 비롯되었다. 즉 지나친 개별 교과 중심 교육과정 운영으로 종합적 사고능력을 갖춘 인간보다는 이분법적으로 사고하는 인간을 길러냄으로써 교육이 전인적 인간을 길러내는 데 실패했다는 것이다(명지원, 2006). 이러한 부작용은 학교에서 배우는 내용과 실제 일상생활의 격차를 벌리는 요인으로 작용하고 있다. 따라서 학습을 통해서 얻는 지식이 현실에서 부딪히는 문제 해결에 도움을 줄 수 있도록 하기 위해서는 다양한 교과들 사이에 존재하는 관련성을 이해하고 이를 적용해 볼 학습기회를 제공해야 한다(나장함, 2005). 통합 교육과정 등장 배경에 대한 학자들(Ingram, 1995; 이영만, 2001; 송민영, 2007)의 견해를 정리하면 다음과 같다.

첫째, 현대사회의 특징인 지식의 폭발적 증가에 대비하는 것이다.
둘째, 학습자가 학교에서 배운 지식을 활용하게 될 사회의 요구를 고려한 것이다.
셋째, 인간의 두뇌는 원래 개별적으로 주어진 정보라도 이들을 서로 연결해 처리하려는 경향이 있다. 따라서 개별 교과 교육과정보다는 통합 교육과정이 인간의 사고과정에 더 적합한 교육과정이다.
넷째, 인지적, 정의적, 행동적 영역들이 통합된 학습경험을 제공함으로써 학교 교육이 추구하는 전인교육을 실현할 수 있다.

결국, 교육과정 통합은 교육 내용 간에 존재하는 상호관련성을 바탕으로 교육과정을 연결 짓는 활동이라고 할 수 있다. 또한, 홀리스틱(Holistic) 교육이 등장하면서 통합할 수 있는 주제의 폭이 학습자와 관련성을 맺는 모든 것으로 확대되고 있다. 홀리스틱은 그리스어의 'holos(전체)'에서 유래한 말로 '홀리즘적인'이라는 뜻이며, 모두가 서로 이어져 있다는 것을 철학적 기초로 하고 있다. 따라서 인간과 인간의 관계, 인간과 자연 생태계와의 관계 등 '관계성'을 중시하며, 그 속에서의 조화와 포괄·통합성을 추구하는 교육이다(송민영, 2006). 이러한 측면에서 통합 교육과정이란 '각 교과의 지식이나 경험을 필요한 대로 가져다 학생의 흥미 중심, 문제 해결 중심, 주제 중심 등으로 구성한 교육과정'이라고 할 수 있다(이영만, 홍영기, 2006, 27). 분과 교육과정과 통합 교육과정을 비교한 연구 결과(김대현, 1993; 이영만, 2001)를 살펴보면, 통합 교육과정은 교육목표 측면에서 개인이 부딪치는 일상생활의 문제나 사회가 당면하는 문제를 해결하는 능력을 길러주는데 더 적합한 것으로 나타났다. 교육 내용 측면에서는 교과 간의 내용 중복을 피하여 학습자의 불필요한 부담을 덜어 주고, 교육 방법 측면에서는 학생의 수업 참여가 확대되기 때문에 흥미 유발은 물론 학습 전이 효과도 뛰어난 것으로 나타났다.

교육과정의 통합 유형은 무엇(배경 학문의 내용)을 누가(통합의 주체), 어느 수준(교과 간의 연계 정도)까지 통합하느냐에 따라서 교육 사조와 학자별로 매우 다양하게 나눌 수 있다. 일반적으로는 교과의 내용 체계를 구성하는 배경 학문의 연계 정도에 따라서 다 학문적, 간 학문적 그리고 탈 학문적 통합으로 구분한다. 그리고 개별 교과 간 연계 정도에 따라서 합산적, 기여적, 융합적, 기능적 통합으로 나눈다. 또한, 통합 교육과정의 개발 주

〈표 2-3〉 통합 교육과정의 유형과 특징

구분	통합 교육과정 유형	특 징
배경 학문의 연계 정도	다 학문적 통합	• 인구문제나 환경문제 등과 같은 학습주제의 해결에 개념, 절차, 방법을 달리하는 여러 학문이 동시에 참여하는 방법
	간 학문적 통합	• 개념, 방법, 절차를 중심으로 두 개 이상의 학문을 연결하거나 재구성하는 방법
	탈 학문적 통합	• 학생의 관심과 흥미를 중심으로 학습 내용을 선정하고 자유로운 표현 활동을 전개하는 방법
개별 교과 간의 연계 정도	합산적 통합	• 둘 이상의 교과들이 광역화된 교육과정을 형성하는 통합
	기여적 통합	• 개별 교과가 지닌 공통 요소(개념, 원리, 방법)를 상호 관련짓는 방법
	융합적 통합	• 연결 원칙, 공통 문제, 상호 관심 영역을 기반으로 하는 통합
	기능적 통합	• 개인의 흥미와 사회적 요구에 따라서 제기된 문제를 관련 개념이나 자료를 종합적으로 활용하고 표현하는 과정 중심 교육과정
개발 주체	국가 수준의 통합	• 국가 수준에서 개별 교과를 몇 개의 범주로 묶는 방법 (예: 바른 생활, 슬기로운 생활, 즐거운 생활)
	학교 및 교사 수준의 통합	• 학교의 필요나 교사의 재량으로 교육과정을 재구성하거나 범교과 학습을 위한 재량활동 교육과정을 개발하는 방식

(출처: 이영만, 2001; 이영만, 홍영기, 2006의 내용을 정리함)

체에 따라서 국가 수준과 학교 및 교사 수준의 통합으로 구분한다. 각 통합 교육과정의 유형별 특징을 정리하면 〈표 2-3〉과 같다.

포가티(Robin Fogarty)(1998)는 교육과정 통합 방법을 크게 단일 교과 내에서의 통합(단절형, 연관형, 동심원형), 여러 교과 간에 걸친 통합 그리고 학습자들 간의 통합(몰입형, 네트워크형)으로 나누었다. 이 중에서 교과 간에 걸친 통합의 방법은 계열형, 공유형, 거미줄형, 실로펜형, 통합형 등 5가지이며, 교과 간에 걸쳐서 존재하는 학습주제나 학습 방법(기능)이 있는 상황에 해당한다. 교과 간 통합 방법과 특징을 살펴보면 〈표 2-4〉와 같다.

〈표 2-4〉 교과 간 통합 방법과 특징

통합 유형	통합 방법 및 특징	모형
계열형	• 여러 교과에서 비슷한 단원을 지도할 때 여러 교과에서 다루는 주제의 지도 순서를 재배치하여 비슷한 단원을 이어서 혹은 병렬적으로 지도하는 방법으로 교육과정 통합 운영 초기에 적합함 • 개별 교과의 영역들은 그대로 유지되고, 유사한 아이디어들이 계획적으로 학습됨 • 학습 내용 이해를 돕고, 전이를 도와줌 • 교사들 간 타협이 필요함	

통합 유형	통합 방법 및 특징	모형
공유형	• 예) 문학 교사는 역사소설 읽기를 지도하고 역사 교사는 소설의 배경이 되는 역사적 시기를 지도하는 경우 • 두 개의 교과에서 중복되는 개념과 기능이 등장할 때 가능함 • 개별 교과에서 지도할 내용 및 활동을 확인한 후에 두 교사가 공유할 수 있는 내용을 찾음 • 공유할 내용을 묶을 수 있는 주제 선정이 중요함 • 손쉬운 교과 통합과 심화학습이 가능함 • 중복 개념과 기능을 찾아내기 위한 교사 간 헌신과 긴밀한 의사소통이 필요함 • 예) 사회 교사는 현장 학습을 지도하고, 국어교사는 답사 기행문 쓰기를 지도하는 경우 현장 답사 보고서 쓰기를 두 교사가 함께 지도함	
거미줄형	• 주제와 관련 있는 내용을 개별 교과에서 추출하여 통합하는 방법으로 다양한 학습 내용이 하나의 주제를 중심으로 재구성됨으로써 전체를 관망할 수 있는 광범위한 시야를 제공함 • 학생의 흥미 유발, 다양한 수업 활동, 통합적 사고능력 배양에 유리함 • 경험이 부족한 교사도 쉽게 운영할 수 있는 명료한 통합 방법임 • 주제 선정이 어렵고, 교과 본래의 지도 내용(영역)과 계열성이 희생될 수 있음 • 개념보다 활동에 초점을 맞출 수 있음 • 예) 주제 : 우리 고장의 환경 　　　사회-환경오염 실태, 국어-환경오염 예방 글쓰기, 미술-환경오염 예방 포스터 그리기	
실로꿴형	• 여러 학문이나 교과를 관통하는 학습 기능, 사고기능, 사회적 기능, 다중지능 등을 통합하는 메타 교육과정적 접근방법 • 개별 교과 내용을 뛰어넘는 사고와 학습 기능을 지도함으로써 학습하는 방법을 지도할 수 있음 • 교과의 고유한 영역이 침해받지 않으며, 학생들이 교과 지식을 일상생활에 전이할 수 있는 사고능력을 배양할 수 있음 • 교육과정 통합을 위해 모든 교사가 교과 간 내용 연계에 필요한 기술과 전략을 이해해야 함 • 예) 사고기능 중 원인과 결과 　　　국어, 사회, 과학 교과에서 원인과 결과에 해당하는 단원이나 제재를 선택하여 통합	
통합형	• 통합 대상이 되는 교과들을 혼합하는 방법으로 각 교과에서 중복적으로 다루는 기본적인 요소(기능, 개념, 태도)를 추출해서 통합 단원을 구성함 • 개별 교과 지식은 물론 전문적인 지식 형성에 도움을 주며, 수업에 대한 내적 동기유발이 가능함 • 교사들의 교과에 포함된 주요 개념과 기능, 태도에 대해서 숙련된 이해가 필요함 • 교과 진도 재구성, 다양한 수업자료 탐구를 위한 공동체 구성이 필요함	

(출처: Forgarty, 1998, 41-89의 내용을 정리하고 일부 수정함)

통합 교육과정을 개발할 때도 어떤 내용을 어느 수준까지 통합하여 지도할 것인가를 결정하는 내용 조직은 매우 중요하다. 일반적으로 교육과정의 내용 조직이란 교육목표 달성을 위해서 학습 내용을 어느 정도로 제한하고 어떤 원리에 따라 배열하느냐의 문제이다. 교육과정의 내용을 조직하는 두 가지 대표적인 원리는 수평적 조직(horizontal organization)과 수직적 조직(vertical organization)이다. 수평적 조직이란 교육과정 요소를 횡적으로 나란히 배열하고 조직하는 것으로 범위(scope)와 통합성(integration)이 대표적인 적용 원리이다. 그리고 수직적 조직이란, 교육과정의 요소를 종적으로 차례대로 배열하고 조직하는 것으로 계열성(sequence)과 계속성(continuity)이 대표적인 적용 원리이다. 이들 교육과정의 내용 조직 원리를 간단히 정리하면 〈표 2-5〉와 같다.

〈표 2-5〉 교육과정의 조직 원리

구분	수평적 조직		수직적 조직	
적용 원리	범위	통합성	계열성	계속성
의미	내용의 폭과 깊이	학습자에게 통합된 학습경험을 제공할 수 있도록 교육과정을 조직하는 것	교육과정이 적용되는 시간적 순서	① 교과 내용의 계속성 ② 동일한 수준(학교급, 학년 등)의 교과목 상호 간의 연속성 ③ 개인 학습자의 경험 안에서의 계속성
적용 원칙 또는 고려 사항	① 일반 교과와 특수 교과의 균형 ② 필수 교과와 선택 교과의 균형 ③ 단일 교과안에서의 지적, 정의적, 운동 기능적 영역의 배합	① 수직적 계속성 - 각급 학교 수준 간, 각 학년 수준 간 종적인 연계 - 고등학교 교육과 대학 교육의 연계 ② 수평적 연계성 - 개별 교과에서 배우는 동일 주제에 대한 다양한 관점에서의 지도	① 단순성 → 복잡성 ② 친숙성 → 미 친숙성 ③ 부분 → 전체 ④ 선수학습 → 다음 학습 ⑤ 역사 순 ⑥ 과거 → 현재 현재 → 과거 ⑦ 구체적 개념 → 추상적 개념	• ①, ② : 국가 수준의 교육과정 개발 • ③ : 단위 학교 수준의 교육과정 개발 • 개념발달, 정보처리발달, 대인관계의 학습 등 모든 측면에서 이루어져야 함
대표 이론			• Tyler의 조직 준거 • Taba의 누가 학습	• Bruner의 나선형 교육과정 • Gagne의 위계 학습

(출처: 곽병선, 1986, 347; 이성호, 1994, 379-384; 김혜련, 2005, 27-28의 내용을 정리함)

통합 교육과정을 개발하기 위해서는 수평적 조직과, 수직적 조직 이외에 교사와 학생이 공통으로 받아들일 수 있는 '공통성(commonality)'을 갖추어야 한다. 다음 [그림 2-8]을 살펴보면, 통합 교육과정의 구성 원리로 '범위'와 '계열성' 그리고 '공통성'이 어떻게 적용되는지를 알 수 있다. 먼저 수평 띠는 '범위'의 적용 원리로서 교과 학습 내용의 폭과 깊이를 나타낸다. 그리고 수직의 나선형은 '계열성'의 원리로서, 유치원에서 고등학교에 걸쳐서 학습 내용이 통합되고 재검토되면서 교수-학습자료로 구성됨을 의미하다. 마지막으로 둥근 원은 여러 교과 간의 개념, 기능, 주제, 소재 등이 서로 관련되어야 통합할 수 있다는 '공통성'의 원리를 나타낸 것이다. 즉 공통성이란 통합 교육과정에 참여하는 교과의 주제나 방법 사이의 관련성을 의미하며, 학습자가 어떤 교과의 아이디어를 다른 교과의 아이디어에 연계시켜 학습 효과를 향상하는 데 활용된다. 특히, 학습주제 중심의 통합 교육과정에서 공통성이란, 개별 교과에서 배우는 동일한 학습주제의 수평적 연계성에 기반을 두고 있다는 측면에서 수평적 내용 조직 원리인 통합성과 일정 부분 유사하다. 그리고 학습 생태계의 속성이 상호작용이고, 교육과정 통합의 의미가 교과 간에 상호관련성을 부여하는 활동임을 고려할 때 공통성은 연계성과 같은 의미로 사용할 수 있다.

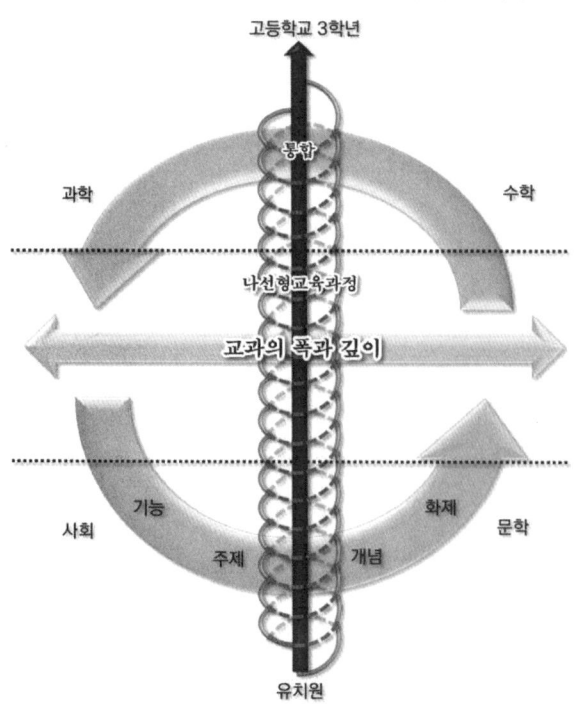

(출처: Fogarty, 1999, 3)

[그림 2-8] 통합 교육과정의 내용 조직 원리

학교도서관 교육의 중심인 정보활용교육은 정보활용능력이라는 방법적 지식과 영역 보편적인 학습기술로 범교과성을 지닌다. 이러한 범교과성은 정보활용교육이 도구 교과(tool subject), 통합 교육과정(Integrated Curriculum) 또는 범 교육과정(Cross Curriculum)의 위상을 갖도록 한다. 도구 교과로서 학교도서관 교육은 자기주도적인 지식 형성에 필요한 학습방법을 습득한 학습자가 이를 일반 교과의 학습주제를 배우거나 일상생활에 연계할 수 있도록 돕는다(송기호, 2020). 따라서 학교도서관 교육은 정보활용능력과 같은 방법적 지식을 중심으로 다른 교과와 통합하여 지도할 수 있다. 협동수업을 위한 통합 교육과정은 배경 학문의 연계 정도 측면에서 보면 간학문적 통합 교육과정에 해당한다. 그러나 학교도서관 프로그램에 정보활용능력을 적용하는 경우에는 학생의 관심과 흥미를 중심으로 학습 내용을 선정하고 다양한 표현 활동을 적용할 수 있기 때문에 탈학문적 통합 교육과정으로도 운영할 수 있다. 특히, 환경문제나 인구문제와 같은 범교과 학습주제의 해결에 절차와 방법을 달리하는 여러 교과가 도서관이 제공하는 방법적 지식을 매개로 통합할 때는 다학문적 통합 교육과정 운영도 가능하다. 개별 교과 간의 연계 정도 측면에서 보면 개별 교과가 지닌 공통적인 개념, 원리, 방법 등을 상호 관련지어 지도하는 기여적 통합 교육과정에 해당한다. 공통 문제나 상호 관심 영역을 기반으로 통합이 이루어질 수도 있기 때문에 융합적 통합 교육과정으로도 운영할 수 있다. 개발 주체 측면에서는 학교 교육의 필요나 교사의 재량으로 교육과정을 재구성하거나 학교도서관활용수업, 창의적 체험활동 등을 위해서 개발할 수 있는 학교 및 교사 수준의 통합 교육과정에 해당한다.

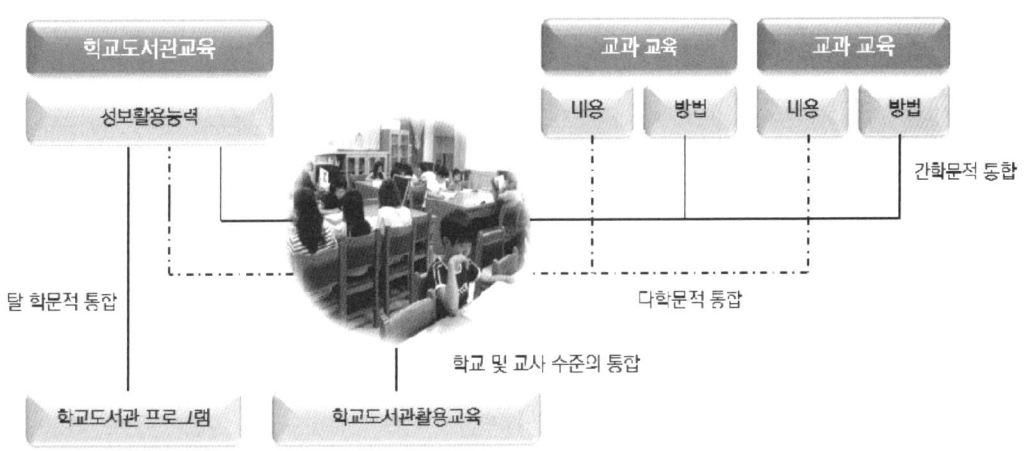

(출처: 송기호, 2018, 147의 내용을 수정함)

[그림 2-9] 학교도서관 교육의 통합적 성격

7. 정보처리이론

정보처리이론(Information Processing Theory)은 자극과 반응의 연결 사이에 존재하는 인간의 내적 과정(상징조작 과정)이 컴퓨터의 정보처리 방식과 유사하게 작용한다고 보는 인지심리학(Cognitive Psychology)에서 출발하였다. 즉 정보처리이론은 학습 과정에서 이루어지는 정보의 흐름을 컴퓨터가 작업하는 '투입-처리-산출' 방식으로 설명하고 있으며, 학생이 어떻게 정보를 처리하고 기억하는지에 초점을 두고 있다(이신동, 1994).

정보처리의 세 가지 단계는 [그림 2-10]에서 보는 바와 같이 수용 단계(receptive stage), 처리 단계(processing stage) 그리고 표현 단계(expressive stage)이다. 수용 단계는 어떻게 환경으로부터 감각 정보가 인간의 뇌로 들어오는지를 설명하고, 처리 단계는 인간의 뇌가 감각 정보를 어떻게 조직하고 기억하는지를 설명하며, 표현 단계는 뇌가 어떻게 근육에 메시지를 보내어 인간을 움직이게 하는지를 설명해 준다.

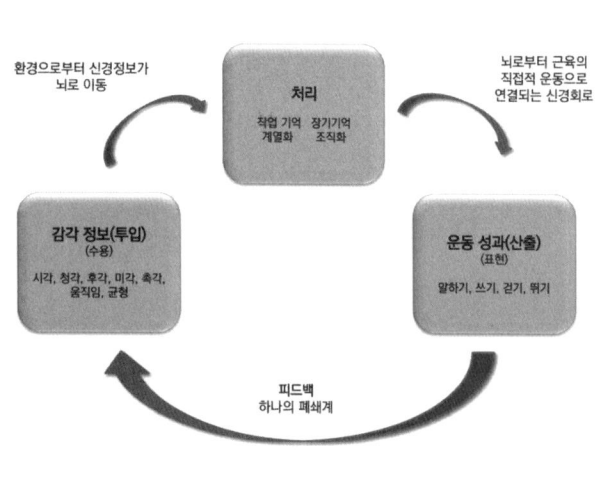

① 환경에서 자극이 인간의 감각에 영향을 준다.
② 인간이 인지하고 주의를 기울이는 내용이 작업 기억으로 이동한다.
③ 인간이 인지하지 못하거나 주의를 기울이지 않는 내용은 소멸한다.
④ 일단 정보가 작업 기억 안에 들어오면, 그 정보를 오랫동안 유지하기 위하여 반복 시연하면서 더 심도 있게 처리할 필요가 있는지를 결정한다.
⑤ 더 심도 있게 처리할 정보는 장기 기억 속으로 부호화된다.
⑥ 더 심도 있게 처리할 필요가 없는 정보는 대부분 잊힌다.
⑦ 장기 기억 속에 있는 정보는 필요할 때 인지적 반응을 할 수 있도록 언제든지 회상되어 이용할 수 있다.

(출처: Connell, 2008, 161-162)

[그림 2-10] 정보처리모형

교육적 측면에서 이 세 단계를 하나의 학습 회로로 생각할 수 있다(Connell, 2008). 즉 학습자는 학습 내용을 담고 있는 자료(매체)로부터 정보를 받아들이고, 이 정보를 정착

지식과 연결 지어 조직하고, 발표나 글쓰기 또는 신체적 활동 등을 통해서 새로운 정보를 표현하는 것이다(송기호, 2017). 정보처리이론을 정보활용교육에 접목한 유소영(2004)은 Big 6 Skills도 효과적으로 학습하는 과정을 제시했다는 점에서 정보처리모형의 하나로 보았다. 따라서 정보활용교육에서 사용하는 정보문제 해결모형은 교과 학습을 위한 학습 도구로 활용될 수 있으며, 자료가 담고 있는 정보의 비판적 활용을 통해서 자기주도 학습능력을 신장할 수 있다. 또한, 정보처리이론을 활용하면 다음 [그림 2-11]에서 보는 바와 같이 교과 학습에서 활용되는 매체(교수-학습자료)의 활용 절차와 내용을 분석하여 협동수업에서 사서교사가 제공할 수 있는 교육 정보서비스의 내용을 도출할 수 있다.

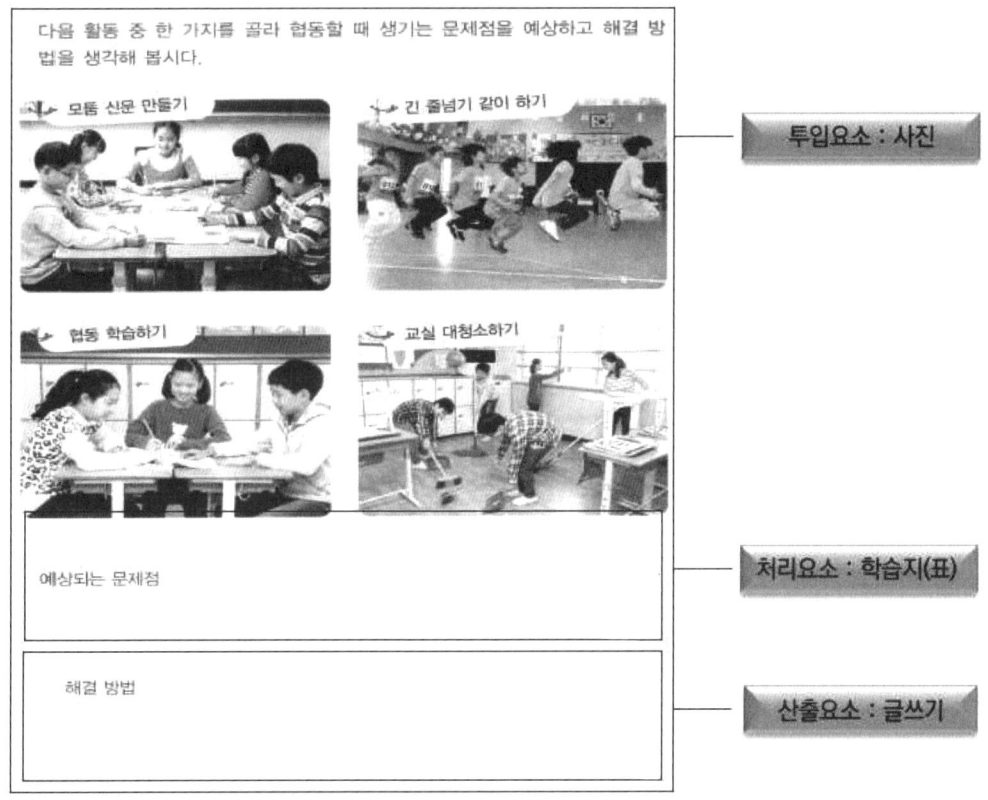

(출처: 송기호, 2017, 7)

[그림 2-11] 정보처리모형을 적용한 초등학교 도덕 교과서 수록 매체 분석(예)

8. 시사점

　이상의 교수-학습이론을 통해서 학교도서관은 상호작용을 통한 자기주도학습에 필요한 협동적 학습 공동체라는 점이 분명해졌다. 또한, 학교도서관 교육은 교과 교육과 일상생활을 연계하는 영역-보편적인 학습능력을 지도하기 위한 범 교육과정으로서의 성격을 갖는다는 점을 이해할 수 있다. 따라서 학교도서관 교육의 현장 부적응 문제를 해결하고 종합적 사고능력 신장에 이바지하는 방안으로써 교과 교육과 연계성을 갖는 통합 교육과정 개발이 필요하다.

　특히, 여러 교과에서 공통으로 다루는 학습주제에 일반적인 학습 방법을 적용하여 관련 교사들이 공동으로 지도할 수 있도록 하기 위해서는 통합의 기준이 되는 학교도서관 교육과정이 범위와 계열성 그리고 공통성을 갖추어야 한다. 통합 교육과정 운영에서 교사는 협동을 통해서 학습 촉진자의 역할을 수행하며, 학생은 다양한 상호작용을 통해서 자기주도적으로 지식을 획득한다. 위에서 살펴본 각 이론이 학교도서관의 교육적 위상과 통합 교육과정 개발에 주는 구체적인 시사점을 정리하면 〈표 2-6〉과 같다.

〈표 2-6〉 교수-학습이론이 학교도서관의 교육적 위상과 통합 교육과정 개발에 주는 시사점

이론적 배경	시사점
구성주의	① 정보봉사 측면 : 학교도서관은 다양한 물리적 자원을 교수-학습 과정에 제공하고 운영함으로써 학습자가 자주적인 사회적 상호작용을 통해서 지식을 형성할 수 있도록 돕는 교육적 역할을 담당함 ② 교육 봉사 측면 : 과제중심학습, 자기주도학습, 상황에 맞는 학습 환경, 지식의 구성과정, 협동수업, 교수설계 등을 중심으로 다양한 교수-학습 방법을 적용할 수 있음
교과 교육학	① 학교도서관 교육이 제공하는 실용적 정보활용능력도 교육 내용이 될 수 있음 ② 학습자가 일상생활에서 특정 교과 영역이 아닌 범교과적으로 학습할 필요가 있는 사회적 현상을 학교도서관 교육의 내용 요소로 활용할 수 있음 ③ 여러 교과에서 공통으로 다루는 학습주제를 같은 학문 주제의 고유한 학습전략이 아닌 일반적인 학습전략을 활용하여 관련 교과교사가 협동으로 지도할 수 있음
지식 생태학	① 기술 중심의 정보와 지식의 구성보다는 정보를 창조하고 사용하는 주체와 이를 둘러싸고 있는 문화적, 기술적 환경의 유기적 통합을 강조함으로써 정보통신기술 활용 중심의 정보교육 문제점을 극복할 수 있음 ② 학습자와 학습 환경과의 상호작용과 문제의식을 강조하는 학습관 그리고 지식의 흐름을 강조하는 지식관을 통해서 학교도서관이 중요한 교육환경으로 부각될 수 있음

이론적 배경	시사점
	③ 지식을 공유재로 인정한다는 점에서 개별 교과의 권위주의를 극복하고 교과 간 그리고 교사 간 협동을 통한 교육과정 운영 기반을 마련할 수 있음 ④ 지식의 전달자보다는 생산자로서 교사의 역할을 강조한다는 점에서 일반적인 지식 생산 틀인 정보문제 해결모형을 개발하고 지도하는 사서교사의 교육적 위상을 높일 수 있음
인간 발달 생태학	① 학교도서관은 학생이 도서관 자원을 활용하여 발달할 수 있도록 돕는 미시체계 구성 요소임 ② 학교도서관이 학생의 발달에 적극적으로 기여하기 위해서는 다양한 자원에 접근할 수 있도록 교내외 조직과의 상호작용이 중요함 ③ 학교도서관 교육과 교과 교육의 연계를 통해 학생의 학습경험을 다양화할 수 있음
다중지능 이론	① 학생의 지능 유형에 적합한 학습자료 개발과 도서관 환경 구축이 가능함 ② 정보에 대한 접근과 분석 및 표현 방법을 다양화함으로써 학생의 흥미와 수업 참여를 촉진할 수 있음 ③ 교과 중심의 교육과정 이외에 학교도서관 교육도 학생의 학습능력 신장에 이바지할 수 있으므로 중요한 교육 활동으로 존중받아야 한다는 근거를 제공함
통합 교육과정	① 교육목표 측면에서는 개인이 부딪치는 일상생활의 문제나 사회가 당면하는 문제를 해결할 수 있는 능력을 길러줄 수 있음 ② 교육 내용 측면에서는 교과 간의 내용 중복을 피하여 학습자의 불필요한 부담을 덜어 줄 수 있음 ③ 교육 방법 측면에서는 학습자가 학습의 주체로 참여한다는 점에서 학교도서관 교육의 자기주도학습을 뒷받침함
정보처리 이론	① 학교도서관 교육(정보활용교육)에서 사용하는 정보문제 해결모형을 교과 학습을 위한 학습 도구로 활용할 수 있음 ② 매체(도서관 자료)가 담고 있는 정보의 비판적 활용을 통해서 자기주도 학습능력을 신장할 수 있음 ③ 교과 학습에서 활용되는 매체(교수-학습자료)의 활용 절차와 내용을 분석하고 협동 수업에서 사서교사의 교육적 역할을 도출할 수 있음

(출처: 송기호, 2007, 92의 내용을 수정 보완함)

제3장

리터러시와 학교도서관 교육

1. 리터러시의 의미와 특징
2. 리터러시의 유형과 내용
3. 리터러시와 학교도서관 교육
4. 정보문제 해결모형

다양한 리터러시의 핵심은 미디어에 대한 지식을 바탕으로
미디어가 담고 있는 내용을 비판적 윤리적으로 활용하여
새로운 아이디어나 지식을 생산하고 의사소통에 참여하는 능력이다.
학교도서관 교육 측면에서 리터러시는 교수-학습활동에 투입하는
자료(미디어)와 자료가 담고 있는 내용인 정보를 활용하는 능력이라고 볼 수 있다.
이러한 능력은 협동수업을 통해 교수-학습을 개선하고 자기주도학습을 강화하는 역할을 한다.
따라서 리터러시와 학교도서관 교육의 관계는
교육과정에 투입되는 도서관 자원을 중심으로 도서관에 대한 것과
자료(미디어)에 대한 것으로 나누어 볼 수 있다.

제3장 리터러시와 학교도서관 교육

1. 리터러시의 의미와 특징

1.1 리터러시의 의미

학교도서관 교육은 리터러시(literacy) 대상인 도서관과 자료(매체) 그리고 자료가 담고 있는 내용을 도구로 활용한다는 점에서 다양한 리터러시와 관련성을 갖는다. 리터러시를 어떻게 정의할 것인가 하는 문제는 크게 불변론과 기능론으로 나누어 볼 수 있다(목영애, 2001). 불변론은 리터러시의 본질적인 요소인 읽기, 쓰기, 셈하기는 시대의 변화와 지역에 상관없이 동일하므로 결코 변할 수 없다는 견해다. 이러한 입장은 리터러시를 습득시키는 것이 교육의 본질이며 중심이어야 한다는 자유 교양주의 교육관에 영향을 주었다. 기능론은 리터러시의 선험적, 단일적 정의를 반대하고 사회·문화적 맥락에서 의미가 결정된다는 입장이다. 기능론적 측면에서 리터러시란 읽기, 쓰기, 셈하기라는 핵심 능력을 바탕으로 사회 구성원에게 요구되는 새로운 능력이 추가될 수 있다. 따라서 리터러시란 이해와

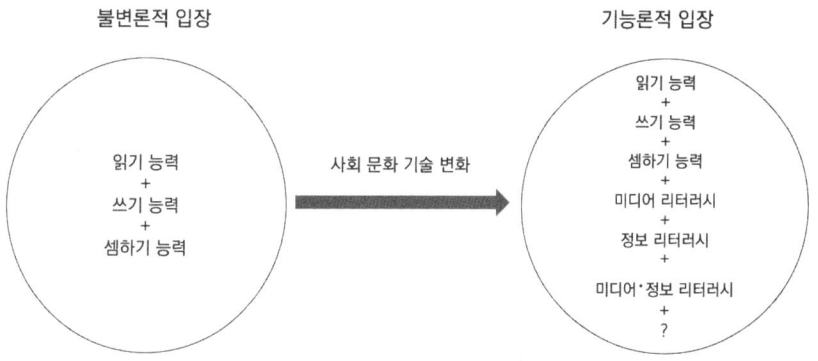

[그림 3-1] 리터러시를 보는 두 가지 관점

학습을 위해서 다양한 자료(매체)에 포함된 상징 체계를 해독(decoding)하고 내용을 이해(comprehension)하고 활용하는 능력을 의미한다(Stripling & Hughes-Hassell, 2003).

학교 교육에서 리터러시는 데이터와 정보의 홍수 속에서 참과 거짓을 구분할 수 있는 비판적 능력, 학생이 자신만의 의미(지식)를 구성할 수 있는 창의적 능력을 의미한다. 무엇이든 궁금한 것이 생기면 제일 먼저 찾아보는 인터넷 검색 사이트에서는 검색 결과를 복사하고 붙임으로써 궁금증을 해결할 수 있다. 그러나 이것을 지식이라고 하지는 않는다. 이렇게 얻은 것은 단편적이고 파편적인 정보에 불과하다. 진정한 지식은 머릿속에 들어와 자기화, 내면화 과정을 거쳐야 하고, 우리 삶에 반영될 수 있어야 한다(Mohr, Pötzl & Saltzwedel, 2012). 따라서 리터러시는 진정한 지식을 형성하기 위한 자기주도 학습능력이라고 할 수 있다.

1.2 리터러시의 변화와 특징

리터러시는 자료(미디어)와 그 자료가 담고 있는 내용에 따라서 그리고 내용을 표현하는 상징 체계의 변화에 따라서 변하고 있다. 3Rs, 시각 리터러시(Visual Literacy), 텔레비전 리터러시(Television Literacy), 컴퓨터 리터러시(Computer Literacy), 멀티미디어 리터러시(Multimedia Literacy), 정보·기술 리터러시(Information and Technology Literacy), 미디어 리터러시(Media Literacy), 정보 리터러시(Information Literacy), 디지털 리터러시(Digital Literacy), 미디어·정보 리터러시 등이 대표적이다.

최초의 리터러시인 3Rs는 5,000여 년 전 사마리아인(Samaritans)들이 읽기(reading), 쓰기(writing), 셈하기(arithmetic)의 필요성을 인식하고 배우기 시작하면서 시작한 이래 계속 이어지고 있다. 읽고 쓸 줄 안다는 것은 인류의 지식을 축적할 수 있고 또 그 지식을 시간의 흐름과 거리와 상관없이 전수할 수 있음을 의미한다. 특히, 읽기와 쓰기는 디지털 도구의 확산에 따른 상상력과 사고력 저하를 예방하고 자기주도 학습능력을 길러줄 수 있다는 측면에서 중요한 기초 리터러시로 인식되고 있다. 시각 리터러시는 1653년 코메니우스(John Amos Comenius)가 그의 저서 「Orbus Pictus」(Pictures of the World)에서 어린이를 대상으로 단어 학습을 위한 책을 소개한 것이 기원이다. 당시에는 아직 시각 리터러시라는 용어나 시각 리터러시에 대한 필요성은 제기되지 않았으며 시각 자료가 문자를 이해하는데 도움이 되는 보조 도구로 사용이 되었다. 시각 리터러시란 용어는 1968년 데

베스(John L.Debes)에 의해 처음 사용되었다. 그는 시각 리터러시는 여러 분야의 지식 이론 그리고 테크놀로지를 합한 것에 기초한다고 보았다. 이후 시각 리터러시란 이미지를 이해하고 사용할 수 있는 능력이며 이 능력에는 사고 학습 그리고 이미지로 표현할 수 있는 능력까지 포함하는 것으로 받아들여졌다. 텔레비전이 일반화되면서 텔레비전의 프로그램을 선별하여 시청할 필요성이 제기되었으며 텔레비전 리터러시가 등장하였다. 텔레비전 시청에 관한 비판의 대부분은 시청자가 수동적으로 텔레비전을 시청한다는 것이다. 이에 따라 텔레비전을 일명 바보상자라고 부르기도 하였다. 따라서 텔레비전을 능동적으로 시청하고 텔레비전을 통해 읽기 능력이나 시각 리터러시 능력을 증진하기 위해서는 텔레비전을 비판적으로 시청하고 수용하는 텔레비전 리터러시가 필요하게 되었다. 1980년대 초부터 개인용 컴퓨터가 일반화되면서 컴퓨터 시대의 막이 열렸다. 컴퓨터는 이용자 편의성에 기반을 둔 컴퓨터 하드웨어와 소프트웨어가 개발되면서 일반인에게 빨리 보급되기 시작하였다. 이러한 배경으로 인해 초기의 컴퓨터 리터러시는 컴퓨터의 작동과 컴퓨터의 사용법에 초점이 맞추어졌다. 이후 컴퓨터 리터러시는 컴퓨터에 대한 이해와 지식, 컴퓨터를 활용하는 능력 그리고 컴퓨터에 대한 태도 등을 포함하게 되었다. 텍스트와 단순한 그림을 위주로 한 컴퓨터 프로그램만으로는 사용자들이 만족할 수 없었으며 하드웨어와 소프트웨어 및 기타 관련 분야의 기술 발달로 인해 컴퓨터를 중심으로 그림 사진 동영상 애니메이션 다양한 오디오를 삽입하여 사용할 수 있을 뿐만 아니라 상호작용이 가능한 멀티미디어가 소개되었다. 멀티미디어 리터러시는 정보 커뮤니케이션 그리고 멀티미디어 테크놀로지가 통합되어 새로운 리터러시로 등장하였으며, 지금까지 학습자가 테크놀로지로부터 배우던 입장에서 비로소 학습자가 능동적으로 학습에 참여하며 테크놀로지와 더불어 배울 수 있는 환경을 제공해 주었다(한국교육학술정보원, 2006).

UNESCO는 1982년에 「그륀발트 선언」(Grünwald Declaration)을 채택하면서 미디어와 리터러시에 본격적으로 관심을 가졌다. 이 선언은 1970년대 후반 미국과 유럽을 중심으로 텔레비전과 같은 대중 매체의 영향에 대한 관심과 논의가 본격화된 것이 영향을 끼쳤다. 미디어 리터러시에서 강조한 미디어의 의식적 이용(conscious use)은 미디어·정보 리터러시에서 강조하고 있는 비판적 사고(Critical Thinking)와 맥을 같이한다. 이후 유네스코는 1990년 프랑스 툴루즈(Toulouse)에서 열린 콘퍼런스에서 미디어 교육 커리큘럼 및 교육 자료 관련 가이드 마련을 촉구하였고, 1999년 오스트리아 빈(Wien)에서 열린 회의에서는 미디어의 개념이 극단적으로 변하고 있는 점을 고려하여 텔레비전, 영화, 라디오 등만을 미디어로 제한하는 것에서 벗어날 것을 주장하기도 하였다(유네스코 한국위원회,

2022).

　UNESCO는 2003년 「프라하 선언」(Prague Declaration)을 통해 정보 리터러시를 '정보를 판별하고, 찾고, 평가하고, 조직하며, 효과적으로 활용하고 이용하는 능력'이라고 정의했다. 그리고 정보사회에 효과적으로 참여하기 필요한 전제 조건이자 평생교육에 있어 기본적인 인간의 권리라는 점을 밝혔다. 2005년 「정보 리터러시 및 평생학습에 관한 알렉산드리아 선언」(The Alexandria Proclamation on Information Literacy and Lifelong Learning)」을 통해 정보 리터러시가 인권의 일부임을 강조하고, 정부와 정부간 기구가 정보 리터러시와 평생학습을 정보사회의 필수사항으로 만들 것을 촉구했다.

　UNESCO는 2008년에 미디어 리터러시와 정보 리터러시를 융합한 '미디어·정보 리터러시'라는 개념을 소개했다. 그리고 2011년에 발간한 「교사를 위한 유네스코 미디어·정보 리터러시 교육과정」(UNESCO Media and Information Literacy Curriculum for Teachers) 통해서 미디어·정보 리터러시를 '미디어 리터러시와 정보 리터러시의 단순한 결합'이 아니라, '뉴스 리터러시, 도서관 리터러시, 디지털 리터러시, 게임 리터러시, 영화 리터러시 등 다양한 분야를 다 포함하는 개념'으로 설명했다. 그리고 2021년에 개정한 교육과정에서 '미디어 리터러시, 정보 리터러시와 함께 디지털 리터러시'를 주요 교육과정 요소로 다루고, 〈표 3-1〉에서 보는 바와 같이 이들 리터러시가 상하 위계 구조가 아니라 상호 연결성을 갖는다고 설명하였다.

〈표 3-1〉 미디어·정보 리터러시의 구성 요소와 연결성

정보 리터러시(Information Literacy)

정보요구 정의 및 표현	정보 탐색 및 접근	정보 접근	정보 조직	정보의 윤리적 이용	정보 전달	정보처리를 위한 ICT 기술 활용

미디어 리터러시(Media Literacy)

민주사회에서의 미디어 역할과 기능 이해	미디어가 기능(역할)을 수행할 수 있는 조건의 이해	미디어의 기능에 따른 미디어 콘텐츠의 비판적 평가	미디어를 활용한 자기표현과 민주적 참여	ICT 기술을 포함한 이용자의 미디어 생산에 필요한 기술의 검토

디지털 리터러시(Digital Literacy)

디지털 도구 사용하기	디지털 본질 이해하기	인공지능 이슈 평가하기	디지털 커뮤니케이션 증진	디지털 건강 관리하기	디지털 보안 및 안전 실천하기

(출처: 유네스코 한국위원회, 2022, 19)

결국 기능론적 측면에서 리터러시 생태계(ecology)는 [그림 3-2]에서 보는 바와 같이 다양한 리터러시가 상호 보완적인 연관성을 갖고 있으며 미디어·정보 리터러시로 수렴되고 있다.

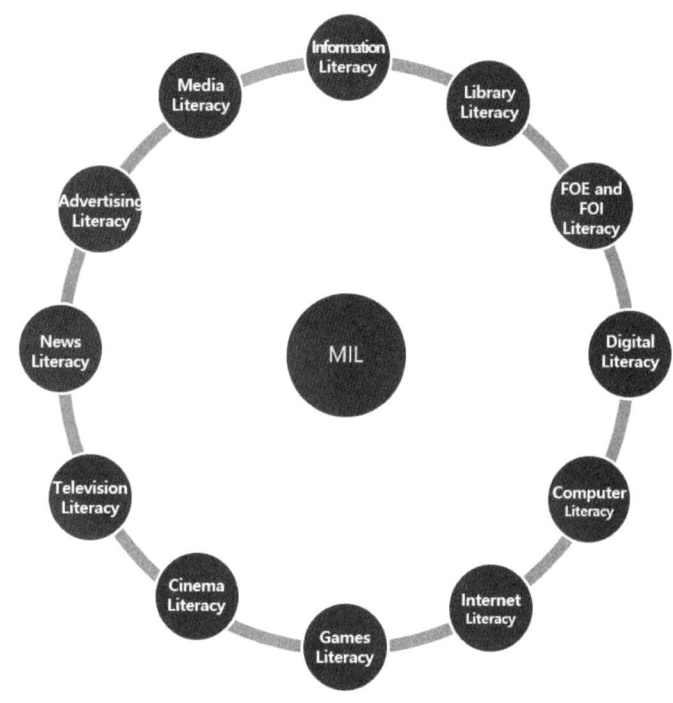

(출처: UNESCO, 2011, 19)

[그림 3-2] MIL의 생태계: MIL의 개념

UNESCO(2011)는 미디어·정보 리터러시를 인권 향유에 기여하는 도구로 보았다. 즉, 1948년 유엔이 공표한 「세계인권선언」(Universal Declaration of Human Rights) 제19조에서 이야기하는 '표현의 자유, 정보와 사상을 전파할 자유' 등을 완전히 누리기 위해서는 뉴스, 신문, 도서관과 같은 정보매체의 기능, 작동 원리, 한계 등을 이해하는 비판적 사고가 필요하며, 바로 미디어·정보 리터러시 함양을 통해 이러한 천부적인 인권을 지킬 수 있다는 것이다. 그리고 2021년 교육과정 개정 작업을 통해서 이러한 기조를 유지하면서 미디어·정보 리터러시가 '지속 가능한 평화를 달성하기 위한 도구'라는 시각을 추가했다(유네스코 한국위원회, 2022).[1]

---

1) 유네스코는 2012년부터 매년 미디어·정보 리터러시 글로벌 회의를 개최하고 있다. 2020년에는 '모두를 위한, 모두에 의한 미디어·정보 리터러시에 관한 서울 선언문: 디스인포데믹에 대한 저항'을 채택했다. 디스인포데믹(Disinfordemic)이란, 허위 정보를 뜻하는 'disinformation'과 바이러스의 대규모 확산을 뜻하는 'pandemic'의 합성어로 '허위 정보의 대규모 확산'을 의미한다(유네스코 한국위원회, 2024).

2. 리터러시의 유형과 내용

2.1 미디어 리터러시

미디어 리터러시는 잡지, 영화, 텔레비전, 게임, 인터넷, 휴대전화 등 새로운 미디어가 등장할 때마다 미디어의 유해 한 내용과 중독 등으로부터 아동과 청소년을 보호하려는 보호주의적 관점에서 발달하였다. 전통적으로 미디어 리터러시 교육은 미디어에 대한 접근과 비판적 이해, 미디어를 통한 창의적 표현 그리고 미디어를 통한 소통 능력을 길러주는 것을 강조한다. 유네스코 프랑스위원회와 유네스코(2007)는 「그륀발트 선언」의 4가지 미디어 리터러시 가이드라인을 구체화한 12개의 권고사항(Paris Agenda or 12 Recommendations for Media Education)을 채택했다.

〈표 3-2〉 미디어 교육을 위한 권고사항

그륀발트 선언의 4가지 미디어 리터러시 가이드라인	미디어 교육을 위한 12가지 권고사항 (Paris Agenda)
Ⅰ. 모든 교육 수준에서 종합적인 미디어 교육 프로그램 개발	1. 미디어 교육에 대한 포괄적인 정의 채택하기 2. 미디어 교육, 문화 다양성 및 교육 간의 연계 강화 및 인권 존중하기 3. 기초 능력 및 평가 시스템 정의하기
Ⅱ. 사회 영역의 기타 이해관계자에 대한 교사 훈련 및 인식 제고(提高)	4. 초기 교사 교육에 미디어 교육 통합하기 5. 적절하고 발전하는 교육학적 방법 개발하기 6. 교육 시스템 내 모든 이해관계자 동원하기 7. 사회 영역의 다른 이해관계자 동원하기 8. 평생학습의 틀 내에 미디어 교육 자리매김하기
Ⅲ. 연구 및 보급 네트워크	9. 고등교육 분야에서 미디어 교육과 연구 발전시키기 10. 교환 네트워크 구축하기
Ⅳ. 실천을 위한 국제 협력	11. 가시적인 국제 교류를 조직하고 만들기 12. 인식 제고 및 정치적 의사결정권자 동원하기

(출처: 유네스코 프랑스위원회, 유네스코, 2007)

정현선 등(2015)은 교육부 지원을 받아 수행한 「미디어 문해력(Media Literacy) 향상을 위한 교실 수업 개선 방안 연구」를 통해서 미디어 리터러시를 '미디어가 전달하는 정보나 문화 콘텐츠에 적절히 접근하여 이를 비판적으로 이해하고, 미디어를 활용하여 의미 있는 정보와 문화를 생산하고 전달할 수 있는 능력 및 윤리적이고 책임 있게 미디어를 이용하는 태도'로 정의하였다. 그리고 미디어 리터러시 교육 내용을 기초학습 요소와 이를 바탕으로 길러야 할 수행 능력으로 구분하고, 미디어 리터러시 목표 및 내용의 학년별 도입 단계를 〈표 3-3〉과 같이 제시하였다. 우선, 초등 저학년은 미디어에 접근하고 미디어를 체험하는 기초적인 학습 내용과 더불어 초보적인 수준의 의미 이해와 전달, 책임 있는 미디어 이용, 감상과 향유를 위한 목표를 설정할 수 있다. 초등 중학년은 미디어를 기능적으로 활용하는 능력, 미디어의 종류와 역할 이해를 중심으로 한 기초적인 지식 학습이 시작될 수 있다. 초등 고학년은 텔레비전, 인터넷, 스마트폰 등을 통해 일상생활에서 접하는 다양한 미디어 텍스트를 비판적으로 따져 읽고 사회·문화적 상황을 고려하여 이해하며, 모둠 협력 활동을 통해 미디어를 창작·제작하는 활동이 가능하다. 또한, 교과 학습 이외에도 학교 방송반, 홈페이지, 카페 등의 커뮤니티 등을 활용하여 뉴스, 동영상 등의 제작 활동을 하는 것도 가능하며, 다양한 교과 학습을 통해 미디어 리터러시를 함양할 수 있다. 그리고 중학교에서는 미디어로 인해 생겨나는 사회·문화적 현상과 문제를 조사하고 토론하며 대안을 마련하는 더욱 고차원적인 사고 활동이 가능하다.

〈표 3-3〉 미디어 리터러시 목표 및 내용의 학년별 도입 단계

미디어 리터러시 기초학습 요소 및 수행 요소		초등 1~2	초등 3~4	초등 5~6	중학교
기초학습 요소	미디어 체험	○	○	○	○
	미디어 지식		○	○	○
수행 요소	의미 이해와 전달	○	○	○	○
	책임 있는 미디어 이용	○	○	○	○
	감상과 향유	○	○	○	○
	책임 있는 미디어 활용		○	○	○
	정보 검색과 선택			○	○
	창작과 제작			○	○
	사회·문화적 이해			○	○
	비판적 분석과 평가			○	○

(출처: 정현선 외, 2015, 72)

한국언론학회(2018)는 4차 산업혁명 시대의 미디어 환경과 학교 교육이 추구하는 의사소통 및 지식정보처리 역량 등을 고려하여 학교 미디어 리터러시 교육의 역량별 성취기준과 구체적인 수업 사례를 다음 〈표 3-4〉와 같이 제시하였다.

〈표 3-4〉 미디어 리터러시 역량과 학교 미디어 리터러시 교육 성취 기준

미디어 리터러시 역량	학교 미디어 리터러시 교육 성취 기준	구체적인 수업 사례
1. 미디어 이용 능력	1-01 다양한 미디어 기술을 활용하여 자유자재로 자신의 생각을 발표, 표현, 제작할 수 있는 토대를 갖출 수 있다.	• 360도 카메라와 태블릿 영상 편집 앱을 활용하여 학교 소개 영상 만들기 • 패들렛(Padlet) 앱을 활용한 스토리보드 작성 의견 수렴하기
	1-02 자신의 목적에 적합하게 효율적으로 미디어에 접근하여 필요한 정보를 검색하고 선택할 수 있다.	• 구글 검색과 네이버 검색의 메커니즘 비교하기 • 검색엔진과 유튜브 검색, AI 스피커 검색의 장단점 비교하기 및 상황에 맞는 적합한 검색 방법 찾기
	1-03 미디어 대한 노출과 이용을 스스로 통제하고 조절할 수 있다.	• 나의 미디어 이용 현황 점검 및 나만의 미디어 이용 수칙 만들기 • 스마트폰 앱을 활용한 미디어 이용 조절 프로젝트
	1-04 자신의 생활과 목적에 맞는 미디어를 자유의지에 따라 자율적으로 선택하여 주체적으로 이용할 수 있다.	• 나의 미디어 이용 상황과 목적에 맞는 SNS 찾기 프로젝트 • 자율적이고 주체적으로 미디어를 선택하고 이용하지 못하고 있는 사례를 찾아 분석하고 대안 찾아주기
	1-05 양질의 미디어 정보와 문화 콘텐츠에 접근하여 감상을 통해 그 내용과 표현으로부터 심미적 감식안을 기를 수 있다.	• 내 인생 사진, 인생 드라마, 인생 영화 소개하고 그 이유 나누기 • 우리 학급이 함께 만드는 유튜브 동영상 50선 선정하고 함께 감상하기
	1-06 개인정보 노출, 사생활 침해, 사이버폭력 등 미디어 이용의 위협으로부터 자신을 보호할 수 있다.	• 미디어 속 나의 개인정보 노출 상태를 점검해 보고 보호 방안 모색하기 • 사이버폭력 대처 방법 실습 • 인공지능으로 인해 발생할 수 있는 개인정보 노출, 사생활 침해를 예측해 보고 그 대응 방안 모색하기
2. 비판적 이해 능력	2-01 비판적 미디어 분석을 위한 핵심 질문을 활용하여 미디어 메시지를 분석할 수 있다.	• 누가 메시지를 만들었는가? • 사람들이 메시지를 어떻게 달리 이해하는가? • 이 메시지에는 어떤 가치, 생활양식(라이프 스타일), 관점들이 반영되어 있는가? 또는 생략되었는가? • 이 메시지는 나의 주목을 끌기 위해 어떤 창의적 기법을 사용했는가? • 이 메시지의 전달 이유, 목적은 무엇인가?
	2-02 미디어에서 재현한 현실과 실제 현실의 차이를 이해하고 구분할 수 있다.	• 영화가 재현하고 있는 외모지상주의가 우리 삶에 미치는 영향 분석하기 • 뉴스가 재현하고 있는 4차 산업혁명과 우리 현실 비교하기
	2-03 미디어 정보와 콘텐츠가 생산되고 유통되는 산업적 특성과 사회·문화적 맥락을 이해할 수 있다.	• 만약 광고가 없다면 우리는 얼마의 돈을 지불하고 드라마와 인터넷을 사용해야 할지 예상해 보고, 무료로 미디어 서비스를 제공하는 이유 찾아보기
	2-04 미디어의 편향성과 상업성을 이해하고 합리적인 관점을 토대로 미디어가 제시한 정보의 사실 여부, 신뢰성, 편향성, 의도성 등을 판별할 수 있다.	• 가짜 뉴스 판별을 위한 가이드라인 만들기 • 정보 평가를 위한 질문 만들기

미디어 리터러시 역량	학교 미디어 리터러시 교육 성취 기준	구체적인 수업 사례
3. 창의적 표현 능력	3-01 상황과 목적, 맥락에 맞는 효과적인 미디어를 선택, 활용하여 창의적으로 표현할 수 있다.	• 상황을 주고 그 상황에서는 어떤 미디어를 어떻게 사용하는 것이 좋은지 조언해 보고 그 이유에 대해 함께 생각 나누기
	3-02 미디어 기술과 비판적 사고 능력을 바탕으로 일정한 미디어 표현의 관습에 따라 자신의 생각, 의견 등을 창의적 콘텐츠로 표현할 수 있다.	• 인공지능이 가져올 학교생활의 변화에 대한 영상 만들기
	3-03 반성적 사고를 통해 미디어 제작 과정을 성찰해 보고 이를 다음 제작 과정에 반영할 수 있다.	• 내가 만들어낸 메시지는 무엇인가? • 나의 메시지는 수용자에게 각기 다른 반응을 자아내는가? • 내가 만든 미디어 콘텐츠는 나 자신의 가치, 생활양식, 관점을 명확하고 일관성 있게 제시하고 있는가? • 나의 메시지는 포맷, 창의성, 테크놀로지에 대한 이해를 반영하고 있는가? • 나는 내가 말하고자 하는 것을 효율적으로 의사소통하고 있는가?
4. 의사소통 능력	4-01 미디어를 통해 다른 사람과 연결하고 관계를 맺으며 정보를 공유하며 소통할 수 있다.	• 원활한 소통을 위한 미디어 처방전 작성하기 • 아름다운 SNS 소통의 사례를 보고 소통 계획표 작성하기
	4-02 미디어 대한 비판적 이해와 창의적 표현 과정에서 생각과 의견 등을 나누고 협업하며 서로 다름을 인정할 수 있다.	• 포털 뉴스 댓글 작성 및 집단 지성을 활용한 댓글 달기 실습
	4-03 미디어를 통해 소통할 때 지켜야 할 원칙을 알고 실천할 수 있으며 갈등 상황이 생겼을 때 대처 방안을 알고 이를 실제에 적용할 수 있다.	• SNS 의사소통 약속 만들기 • 다문화 수용성 높이기 전략
5. 책임 있는 행동 능력	5-01 불법적인 미디어 이용을 하지 않으며 타인의 권리를 침해하지 않고 책임 있게 미디어를 이용한다.	• 나와 너의 소중한 저작권 지키기 • 유튜브를 통한 사이버폭력 예방 캠페인 • 디지털 시대의 무책임한 행동 찾아 보고 대응 방안 알아보기(거짓 콘텐츠 유포, 유해 콘텐츠 제작 및 유포, 중고나라 사기, 사생활 침해, 개인정보 유출, 저작권 침해, 무례하게 행동하기 등)
	5-02 정치·사회적 이슈나 문제에 대해 미디어를 활용해 적극적으로 의견을 교류하고 책임 있는 시민으로서 공동의 문제를 해결하기 위해 다양한 활동에 참여할 수 있다.	• 지역사회의 개선 사항, 자랑거리를 뉴스 형태로 만들어 지역사회 주민들과 공유하기 • 디지털 시재에 사회적 이슈에 참여할 수 있는 다양한 방법 알아보기

(출처: 한국언론학회, 2018, 95-98)

한편, 한국방송통신위원회(2020)는 미디어 리터러시를 '디지털 미디어 시대의 시민으로서 윤리와 규범에 대한 인식을 전제로 미디어에 대한 비판적 이해(critical thinking & understanding), 미디어 이용(use & affordance), 생산과 표현(production & expression) 및 적극적으로 소통하고 참여하면서(communication & participation) 자신의 미디어 이용에 대해 성찰하며 스스로를 보호하는 능력'으로 정의하였다. 그리고 다음 〈표 3-5〉에서 보는 바와 같이 미디어 리터러시를 구성하는 핵심역량을 '비판적 사고, 미디어 이용, 생산과 표현, 사회적 소통, 태도, 자기 보호' 등 6가지로 설정하고, '윤리와 규범'을 이 6가지 핵심역량에 기본적으로 반영되어 있어야 하는 속성으로 보았다.

〈표 3-5〉 미디어 리터러시를 구성하는 6가지 핵심역량

핵심역량	하부 역량	정의
비판적 사고	의도 파악	콘텐츠 제작과 생산의 의도나 의미를 파악하고 이해하는 능력
	정확성 검증	타당한 근거를 제시하고 있는지, 사실인지 등 콘텐츠의 정확성에 대한 파악 능력
	비교 이해	다른 사람 또는 사례 등과의 비교를 통해 정보를 수용하고 이해하는 능력
이용	일상 및 전문 정보 이용	공공서비스, 금융거래, 전자상거래, 일상 정보 및 전문 정보를 이용하는 능력
	필요한 서비스 접속과 정보 이용	선호 또는 필요에 따라 미디어, 플랫폼, 콘텐츠에 접속하고 이용하는 것으로 기술적 가용성(affordance)에 대한 이해와 이용 능력
생산과 표현	자신의 생각을 원하는 방식으로 제작하고 공유	미디어를 통해 자신의 생각을 자유롭게 제작하고 공유하는 능력
사회적 소통	의견 표명 및 토론	자신의 의견이나 사회적 관심사에 대해 의견을 표명하고 교류하는 능력
	윤리적 소통	윤리와 예절을 토대로 하는 소통
태도	미디어의 기능에 대한 주관적 판단	미디어의 기능에 대해 평가하고 인식하는 능력
자기 보호	미디어 이용에 대한 성찰과 미디어로부터 자신에 대한 보호	미디어 이용에 대한 지속적인 성찰과 긴급상황이나 사이버 범죄 발생 시 대처 능력

(출처: 한국방송통신위원회, 2020, 98)

또한, 한국방송통신위원회(2020)는 다음 〈표 3-6〉에서 보는 바와 같이 총 52개 문항으로 이루어진 핵심역량별 디지털 사회 미디어 리터러시 측정 문항을 개발하였다.

<표 3-6> 디지털 사회 미디어 리터러시 측정 문항

역량	문항	측정				
		1 전혀 그렇지 않다	2 그렇지 않다	3 보통이다	4 그렇다	5 매우 그렇다
비판적 사고	나는 내가 접한 정보가 타당한 근거를 제시하고 있는지 확인한다.					
	나는 내가 접한 정보의 전문성을 확인한다.					
	나는 내가 접한 정보의 출처를 확인한다.					
	나는 내가 접한 정보가 사실인지 아닌지 확인한다.					
	나는 내가 접한 정보에 숨겨진 의도를 확인한다.					
	나는 온라인에서 자료를 공유할 때 정보가 정확한지 확인한다.					
	나는 온라인에서 자료를 사용할 때, 자료의 출처를 밝히고 사용한다.					
	나는 내가 접한 정보가 제시하는 내용과 관련된 다른 정보를 찾아본다.					
	나는 일부 의견이나 정보보다는 다양한 의견이나 정보를 살펴본다.					
	나는 내가 접한 정보가 제시하는 내용과 관련된 다른 사례를 생각해 본다.					
	나는 나와 다른 의견이나 정보도 살펴본다.					
	나는 내가 접한 정보를 이해하기 위해 다른 자료를 함께 비교해 본다.					
이용	나는 온라인에서 각종 금융거래를 할 수 있다(인터넷뱅킹, 계좌 확인, 이체, 송금, 증권거래 등).					
	나는 온라인에서 필요에 따라 일상생활 정보를 이용할 수 있다(예: 날씨, 교통 정보 등).					
	나는 온라인에서 전자상거래를 할 수 있다.					
	나는 온라인에서 공공서비스를 이용할 수 있다(예: 민원서류 발급, 공공시설 이용 예약, 도서관 자료 이용, 보건소 이용 예약 등).					
	나는 필요한 서비스에 접속해 콘텐츠를 사용할 수 있다.					
	나는 미디어를 사용하여 필요한 정보나 자료를 찾을 수 있다.					
	나는 선호에 따라 플랫폼(유튜브, 인스타그램, 카카오톡 등)을 선택적으로 이용할 수 있다.					
	나는 온라인을 통해 전문 정보를 찾아 이용할 수 있다(예: 해당 분야의 전문가가 작성한 자료).					
	나는 필요에 따라 미디어를 선택해서 활용할 수 있다.					

역량	문항	측정				
		1 전혀 그렇지 않다	2 그렇지 않다	3 보통이다	4 그렇다	5 매우 그렇다
생산과 표현	나는 내가 원하는 방식으로 사진을 편집하여 완성할 수 있다.					
	나는 내가 원하는 미디어(온라인 플랫폼)에 동영상을 업로드할 수 있다.					
	나는 내가 원하는 방식으로 동영상을 편집하여 완성할 수 있다.					
	나는 내가 원하는 미디어(온라인 플랫폼)에 사진을 업로드할 수 있다.					
	나는 같은 메시지를 다양한 미디어의 특성(유튜브, 틱톡, 인스타그램 등)에 맞게 표현할 수 있다.					
	나는 미디어를 통해 내 생각을 표현할 수 있다.					
	나는 내가 원하는 동영상을 촬영할 수 있다.					
	나는 내가 원하는 사진을 촬영할 수 있다.					
사회적 소통	나는 온라인에서 정치, 사회적 이슈나 문제에 대해 적극적으로 의견을 교류할 수 있다.					
	나는 미디어를 통해 나의 의견을 전달할 수 있다.					
	나는 온라인에서 인간관계(인맥)를 유지할 수 있다.					
	나는 온라인 공간에서 사회적 관심사(공공 이슈)에 대해 의견을 표명할 수 있다(댓글 작성, 게시판 글 작성 등).					
	나는 미디어를 통해 중요한 이슈에 대한 토론에 참여할 수 있다.					
	나는 온라인에서 문제 해결 및 과업이나 과제 수행 등을 위해 타인과 협업할 수 있다.					
	나는 미디어를 통해 관심 있는 글이나 정보를 공유할 수 있다.					
	나는 온라인에서 타인과 소통할 수 있다.					
	나는 온라인에서 타인에 대한 비난의 글을 올리지 않는다(악플 및 비방글 게재).					
	나는 온라인에서 상대방에 대한 인신 공격적 언어(욕설, 비속어, 혐오 표현 등)를 사용하지 않는다.					
	나는 온라인에서 내가 작성한 글이 상대방의 기분을 상하게 하지 않는지 확인한다.					
	나는 온라인에서 윤리 및 예절을 잘 지키고 있다고 생각한다.					
	나는 온라인에서 의견을 제시할 때 상대방을 배려한다.					
	나는 온라인에서 타인과 소통할 때 상대방을 배려한다.					
	나는 스스로 유해한 내용을 걸러낸다.					

역량	문항	측정				
		1 전혀 그렇지 않다	2 그렇지 않다	3 보통이다	4 그렇다	5 매우 그렇다
태도	나는 미디어가 삶에 필수적이라고 생각한다.					
	나는 미디어가 우리가 직면한 많은 문제를 해결하는 데 해법을 제시한다고 생각한다.					
	나는 미디어를 통해 삶에 많은 도움을 받는다.					
	나는 미디어가 삶에 있어 유용하다고 생각한다.					
	나는 새로운 기술 및 제품에 잘 적응할 수 있다고 생각한다.					
자기 보호	나는 사이버폭력(디지털 성범죄, 허위 정보 유포, 언어폭력, 사이버 왕따 등)으로부터 자신을 지킬 수 있게 미디어를 이용한다.					
	나는 긴급(재난)상황 발생 시 어떤 미디어를 통해 정보를 찾아야 하는지 알고 있다.					
	나 자신의 미디어 사용에 대해 깊이 생각 해본다.					

2.2 정보 리터러시

정보 리터러시(정보활용능력)는 미국정보산업협회(Information Industry Association) 의 회장이던 주르코프스키(Paul G. Zurkowski)가 1974년에 국가 도서관·정보과학위원회 (National Commission on Libraries and Information Science)에 제출한 보고서인 「The Information Service Environment Relationships and Priorities」에서 처음 사용하였다. 이 보고서에 따르면 "정보 리터러시를 갖춘 사람은 정보자료를 적용하여 직무를 수행하도록 훈련받은 사람이다. 이들은 자신의 문제에 정보 해결책을 사용하기 위하여 일차 자료뿐만 아니라 광범위한 정보 도구를 이용하는 기법과 기술을 습득한 사람이다.[2]"라고 정의하였다.

국내에서 정보 리터러시는 사서교사를 위한 교과용 도서 「고등학교 정보와 매체」(김용철 외, 1995) 개발 과정에서 '정보활용능력'으로 사용되었으며, 교수-학습을 개선하고

---

[2] People trained in the application of information resources to their work can be called information literates. They have learned techniques and skills for utilizing the wide range of information tools as well as primary sources in molding information solutions to their problems((Zurkowski, 1974, 6).

촉진하는 방법적 지식으로 자리 잡았다. AASL과 AECT(1998a)는 정보 리터러시를 '학생이 자신의 학습문제와 일상생활에서의 문제를 다양한 정보를 찾아서 해결하고 그 결과를 적절한 방법으로 표현하고 전달하는 능력'으로 정의하였다. 뉴질랜드와 호주의 경우는 정보 리터러시를 갖춘 개인의 능력을 판단할 수 있는 기준을 다음과 같이 6가지로 제시하고 있다(Bundy, 2004).

- 정보의 필요성을 인식하고 필요한 정보의 특징 및 범위를 결정할 수 있다.
- 필요한 정보를 효과적이고 효율적으로 탐색할 수 있다.
- 정보와 정보 탐색과정을 비판적으로 평가할 수 있다.
- 수집한 정보나 생산한 정보를 관리할 수 있다.
- 새로운 지식을 생산하기 위해서 수집한 정보를 선행 정보에 새롭게 적용할 수 있다.
- 정보의 사용과 관련된 문화적, 윤리적, 법률적 그리고 사회적 쟁점을 이해한다.

UNESCO는 2003년 「프라하 선언」(Prague Declaration)을 통해 정보 리터러시를 '정보를 판별하고, 찾고, 평가하고, 조직하며, 효과적으로 활용하고 이용하는 능력'이라고 정의했다. 그리고 '정보사회에 효과적으로 참여하기 필요한 전제 조건이자 평생교육에 있어 기본적인 인간의 권리'라고 간주했다. 이후 UNESCO는 2005년에 발표한 「정보 리터러시 및 평생학습에 관한 알렉산드리아 선언」(The Alexandria Proclamation on Information Literacy and Lifelong Learning)」에서 정보 리터러시가 인권의 일부임을 강조하고, 정보활용능력을 갖춘 사람의 역량을 다음과 같이 5가지로 설명하였다.

- 자신의 정보요구를 인식한다.
- 정보를 찾아 질을 평가한다.
- 정보를 저장하고 회수한다.
- 정보를 효과적이고 윤리적으로 사용한다.
- 정보를 지식의 생산과 의사소통에 적용한다.

CILIP(Chartered Institute of Library and Information Professionals: 영국도서관 정보전문가협회)(2014)는 정보 리터러시를 '언제 왜 정보가 필요하며 어디에서 찾아 어떻게 평가하는지를 알고, 도덕적 방법으로 활용하고 공유할 수 있는 능력'이라고 정의하였다. 따라서 학생이 정보 리터러시를 기른다는 것은 다음과 같이 자기주도 학습능력과 사회적 책임감을 함께 갖추는 것이다.

- 정보가 언제 필요한가? 를 안다.
- 효율적이고 효과적으로 정보를 찾을 수 있다.
- 다양한 정보원(sources)이 담고 있는 정보를 평가할 수 있다.
- 획득한 정보를 처리할 수 있다.
- 의사결정과정에 정보를 활용할 수 있다.
- 다른 사람에게 자신의 생각이나 정보를 효과적인 방법으로 전달할 수 있다.
- 정보를 도덕적으로 이용할 수 있다.

이상의 논의를 정리하면 정보 리터러시는 '개인이 정보를 윤리적으로 활용하여 자신의 문제나 요구를 스스로 해결하고, 새롭게 생산한 지식을 의사소통에 활용할 수 있는 능력'이다. 따라서 정보 리터러시를 갖춘 사람은 [그림 3-3]에서 보는 바와 같이 자신의 아이디어를 표현하고, 논거를 개발하여 다른 사람의 주장을 반박하고, 새로운 내용을 배우고, 주제에 대한 사실이나 실제적인 증거를 수집할 수 있다. 그리고 학습 방법에 대한 학습을 통해서 새로운 지식을 생산할 수 있는 자기주도 학습능력을 갖출 수 있다.

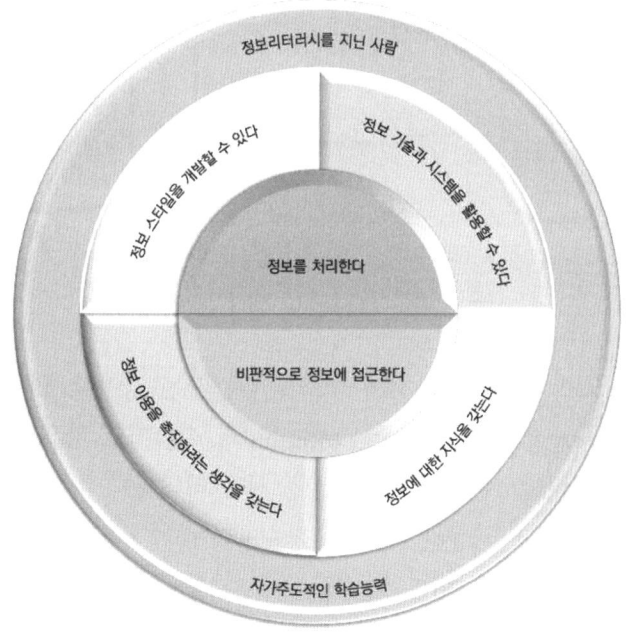

(출처: Breivik, 1998, 15)

[그림 3-3] 정보 리터러시를 갖춘 사람의 특징

정보 리터러시의 성격은 다음 [그림 3-4]에서 보는 바와 같이 연속체(continuum)라는 점이다. 연속체로서 정보 리터러시는 다양한 수준의 인간 노력에서 요구되는 역량 측면과 정보 리터러시 구성 요소가 엄격하게 선형적인 절차로 진행되기보다는 통합적으로 활용된다는 것이다. 또한, 학교 교육에서 정보 리터러시의 개발은 유치원 단계에서 시작하여 초·중·고·대학을 거쳐 평생교육 차원에서 성인 계속 교육으로 이어진다는 것을 의미한다. 연속체로서의 성격을 고려할 때, 학교 지식 습득 과정에서 길러진 정보 리터러시는 문제해결능력과 자기주도 학습능력 및 의사소통능력을 길러주고, 일상생활과 직업 환경으로 이어져서 평생학습능력 신장에 이바지한다.

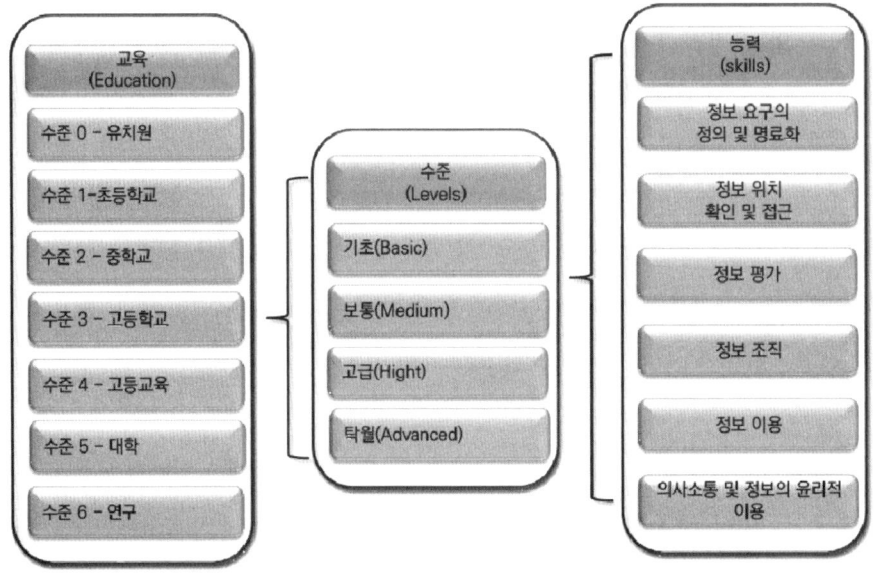

(출처: Catts & Lau, 2009, 17)

[그림 3-4] 연속체로서 정보 리터러시

정보 리터시의 또 다른 특성은 위계 구조를 갖는다는 점이다. Breivik(2005)는 정보 리터러시를 우산(Information Literacy Umbrella)의 손잡이로 컴퓨터 리터러시, 도서관 리터러시, 미디어 리터러시, 네트워크 리터러시, 시각 리터러시 등을 우산의 살(spokes)로 비유하였다. 따라서 정보 리터러시를 통해서 학습자의 비판적 사고능력을 길러줄 수 있으며, 다른 리터러시가 성취될 수 있다. Callison과 Preddy(2006)는 정보 리터러시의 위계 구조를 정보 유창성, 정보 탐구, 정보 리터러시, 미디어 리터러시, 정보능력(Information Skills) 및 도서관 능력(Library Skills)으로 구분하였다. 그리고 효과적인 정보 탐색과 분석, 종합 및 정보 표현 수단으로 활용되는 정보통신기술을 정보 유창성의 범위에 포함하였다. 정보 리터러시는 [그림 3-5]에서 보는 것처럼 인간이 의사소통에 사용하는 미디어 리터러시를 통합한 것이다. 의사소통능력은 기본적으로 인간의 사고능력을 바탕으로 말하기와 듣기와 같은 구두 의사소통과 독서(읽기)와 쓰기와 같은 기초 문해능력을 통해서 확대된다. 인간의 기억을 저장하는 미디어의 발달은 의사소통에 미디어 리터러시를 필요로 하고, 이를 바탕으로 새로운 지식을 생산하고 공유할 수 있는 정보 리터러시로 확대된다. 따라서 정보 리터러시를 신장한다는 것은 의사소통능력을 갖춘다는 것이다.

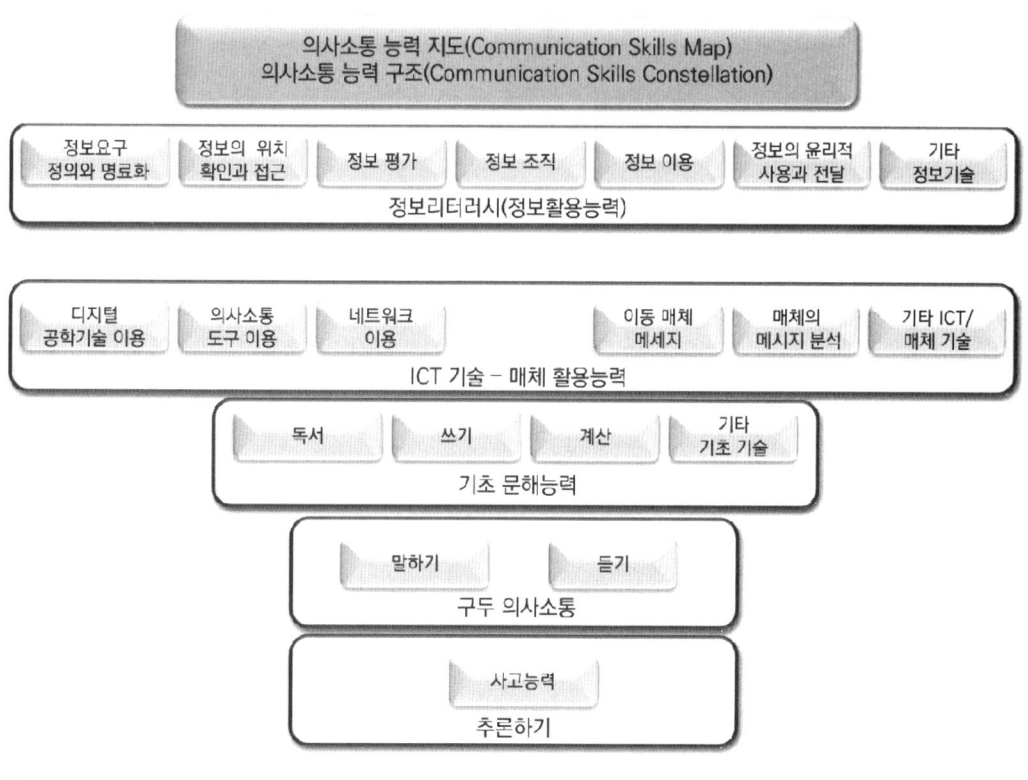

(출처: Catts & Lau, 2009, 18)

[그림 3-5] 정보 리터러시의 위계 구조

AASL과 AECT(1998a)는 「학생 학습을 위한 정보 리터러시 기준」(Information Literacy Standards for Student Learning)에서 정보 리터러시를 갖춘 학생은 자기주도 학습능력과 정보의 윤리적이고 책임감 있는 이용능력을 갖추게 된다고 보았다. 즉 정보 리터러시와 자기주도학습 그리고 사회적 책임감을 정보활용교육의 내용 요소로 제시하였다. 정보활용교육을 통해서 정보 리터러시를 갖춘 학습자는 자기주도 학습을 통해서 탁월한 학업성취를 보이고 평생학습의 토대를 이루어 책임감 있는 사회 구성원으로 성장할 수 있음을 설명한 것이다. 이 기준은 〈표 3-7〉에서 보는 바와 같이 정보 리터러시, 자기주도 학습능력 그리고 정보이용의 사회적 책임감 등 3개의 영역 아래 총 9개의 기준을 담고 있으며, 9개의 기준은 29개의 지표로 구성되어 있다. 그리고 29개의 지표는 초보(초급), 능숙(중급), 모범(고급)으로 구분되어 있어서 목표 달성 여부를 확인할 수 있다.

〈표 3-7〉 AASL과 AECT의 정보 리터러시 기준

• 영역 1 : 정보 리터러시 : 정보 리터러시를 갖춘 학생은

기준	지표	숙련도		
		초보	능숙	모범
1.1 정보에 효율적이고 효과적으로 접근한다.	1. 정보의 필요성을 인식한다.	정보문제 해결을 위해 추가 정보가 필요한 상황의 예를 들 수 있다.	정보문제 해결을 위해 추가 정보가 필요한지 결정할 수 있다.	정보문제 해결을 위해서 추가 정보가 필요한지 아니면 배경지식을 활용하여 해결할 수 있는지 판단할 수 있다.
	2. 정확하고 종합적인 정보가 지적인 의사결정의 기본임을 인식한다.	의사결정을 위해 정확하고 부정확한 정보와 완전하고 불완전한 정보의 사례를 선정할 수 있다.	의사결정을 위해 정확하고 부정확한 정보와 완전하고 불완전한 정보의 차이점을 설명한다.	정보의 정확성과 완전성을 바탕으로 의사결정의 우수성을 판단할 수 있다.
	3. 정보요구를 바탕으로 질문을 만든다.	필요한 정보를 알아낼 수 있는 포괄적인 질문을 최소한 하나 만들 수 있다.	필요한 정보를 알아낼 수 있는 포괄적인 질문과 구체적인 질문을 모두 만들 수 있다.	정보요구가 변함에 따라 질문을 수정, 추가, 삭제할 수 있다.
	4. 다양한 잠재적 정보원을 가려낸다.	몇 개의 정보원을 열거하고, 각 정보의 종류를 설명할 수 있다.	정보요구를 충족시킬 다양한 정보원을 짧은 시간에 가능한 한 많이 찾을 수 있다.	다른 정보요구에 맞추어 전 영역의 정보원을 사용할 수 있다.
	5. 정보를 찾아낼 수 있는 성공적인 전략을 개발하여 사용한다.	필요한 정보를 식별하고 찾아내는 방법을 기술할 수 있다.	필요한 정보를 입수하기 위한 계획을 수립하고 적용할 수 있다.	정보가 필요한 다양한 경우에 정보 입수 계획을 수립하고 수정할 수 있다.
1.2 정보를 비판적이고 능숙하게 평가한다.	1. 정확성, 관련성, 포괄성을 결정한다.	정확성, 관련성, 포괄성에 대한 정의를 내리거나 사례를 들 수 있다.	하나의 주제와 관련된 정보원을 비교 대조하여 정확성, 관련성, 포괄성을 판단할 수 있다.	다양한 주제와 정보문제와 관련된 정보와 정보원의 정확성, 관련성, 포괄성을 판단할 수 있다.
	2. 사실, 의견, 관점을 구분한다.	다양한 정보원과 저작물이 사실, 의견, 관점을 포함하고 있음을 이해한다.	사실, 의견, 관점이 어떻게 다른지 설명할 수 있다.	정보문제 해결에 사실, 의견, 관점을 활용할 수 있다.
	3. 부정확하고 잘못된	정보원과 저작물에서	부정확하고 잘못된 정	정보원과 저작물에서 정

기준	지표	숙련도		
		초보	능숙	모범
	정보를 가려낸다.	부정확하고 잘못된 정보를 가려낼 수 있다.	보가 그릇된 결론을 만들어내는 이유를 설명할 수 있다.	보의 부정확성, 편견, 오류의 정도를 판정할 수 있다.
	4. 해결할 정보문제나 질문에 적합한 정보를 선정한다.	정보문제 해결에 활용할 수 있는 정보를 가려낼 수 있다.	정보문제 해결에 활용할 다양한 정보원에 포함된 정보를 분석할 수 있다.	정보문제 해결을 위해 수집한 정보를 정확성, 관련성, 포괄성 측면에서 통합할 수 있다.
1.3 정보를 정확하고 창조적으로 활용한다.	1. 실제적인 적용을 위해 정보를 조직한다.	정보를 정리하는 몇 가지 방법(예: 연대순, 주제별, 분류 체계 등)을 기술할 수 있다.	정보문제에 따라서 다양한 방법으로 정보를 정리할 수 있다.	정보문제 해결을 위하여 다양한 정보원으로부터 얻은 정보를 효과적인 방법으로 정리할 수 있다.
	2. 새로운 정보를 자신의 지식과 통합한다.	새로운 정보와 사상을 인지하고 이해한다.	이미 알고 있는 것과 새로운 정보를 통합하여 결론을 도출할 수 있다.	새로운 의미를 창출하기 위해 자신의 기존 지식과 다양한 정보원으로부터 추출한 정보를 통합할 수 있다.
	3. 정보를 비판적 사고와 문제 해결 과정에 적용한다.	정보요구를 충족하는 정보를 찾아낼 수 있다.	정보문제를 해결하기 위해 다양한 정보원을 사용할 수 있다.	정보문제 해결을 위해 정보를 활용한 창조적인 학습 방법을 고안할 수 있다.
	4. 정보와 사상을 적절한 형태로 만들어내고 전달한다.	다양한 정보전달 방법을 이해한다.	정보의 특징, 정보 수용자의 특징을 고려하여 적절한 정보 전달 방법을 선택할 수 있다.	가장 적절한 정보 전달 방법을 선택하고, 그 이유를 설명할 수 있다.

- 영역 2 : 자기주도학습 : 정보 리터러시를 갖춘 자기주도 학습자는

기준	지표	초보	능숙	모범
2.1 개인의 흥미와 관련된 정보를 지속해서 추구한다.	1. 다양한 차원의 개인의 행복과 관련된 정보(예: 직업, 친목, 건강, 오락 등)를 추구한다.	가끔 개인의 흥미나 행복과 관련된 정보를 추구한다.	일반적으로 자신이 알고 있는 것 이외에 개인의 흥미나 행복과 관련된 정보를 추구한다.	개인의 흥미와 행복과 관련된 정보를 찾기 위해 다양한 정보원을 조사할 수 있다.
	2. 개인의 흥미와 관련된 정보 결과를 토대로 해결책을 설계, 개발, 평가한다.	개인의 흥미와 관련된 기초 정보를 정리하고 제출할 수 있다.	개인의 흥미와 관련된 정보 결과와 해결책을 고안할 수 있다.	개인의 흥미와 관련된 정보 결과와 해결책의 질을 평가할 수 있다.
2.2 문학과 기타 창조적인 정보 표현물을 감상한다.	1. 유능한 독서 동기를 갖춘 독자이다.	소설의 다양한 사례를 설명하고 토의할 수 있다.	소설과 다른 작품을 선정하여 읽고, 문학적 구성, 주제, 인물을 분석할 수 있다.	작품을 열심히 읽고 작품의 강점과 단점을 평가할 수 있다.
	2. 다양한 형태의 창조적 표현물이 담고 있는 정보로부터 의미를 끌어낸다.	영화, 연극, 기타 정보의 창조적 표현을 설명하고 토의한다.	다양한 형태의 창조적 표현물이 담고 있는 정보를 분석하고, 설명할 수 있다.	정보의 다양한 창조적 표현물에 대한 강점과 단점을 평가할 수 있다.

기준	지표	숙련도		
		초보	능숙	모범
	3. 다양한 형태로 창의적인 결과를 개발한다.	정보와 생각을 간단히 창의적인 방법으로 표현할 수 있다.	정보와 생각을 형태를 달리하는 몇 가지 방법으로 통합하여 표현할 수 있다.	정보와 생각을 형태를 달리하는 다양한 방법으로 통합하여 창의적인 방법으로 표현할 수 있다.
2.3 정보 추구와 지식 창출에서 수월성을 추구한다.	1. 개인의 정보 추구 과정과 결과의 질을 평가한다.	정보 추구 단계를 회고하여 정보문제 해결에 가장 유용했던 것을 설명할 수 있다.	문제 해결 단계를 평가하고, 해결 결과를 평가할 수 있다.	문제 해결 각 단계를 평가하고, 정보 추구 과정과 결과 증진 방안을 마련할 수 있다.
	2. 생산한 지식을 수정, 개선, 갱신할 수 있는 전략을 마련한다.	수정, 개선, 갱신에 필요한 기본 전략을 설명할 수 있다.	적절한 수정, 갱신, 개선 전략을 선정하여 적용할 수 있다.	부족한 지식을 인식하고, 이를 보완하기 위한 적절한 전략을 선정하여 적용할 수 있다.

• 영역 3 : 사회적 책임 : 학습 공동체와 사회에 적극적으로 이바지하는 정보 리터러시를 갖춘 학생은

기준	지표	초보	능숙	모범
3.1 민주사회에서 정보의 중요성을 인식한다.	1. 다양한 정보원, 상황, 학문, 문화에서 정보를 추구한다.	정보문제를 해결하기 위해서 몇 개의 적절한 정보원을 확인할 수 있다.	정보문제를 해결하기 위해서 다양한 관점을 포함하고 있는 여러 가지 정보원을 사용할 수 있다.	다양한 상황, 학문, 문화를 담고 있는 정보원을 찾고, 정보문제를 해결하기 위해서 유용도를 평가할 수 있다.
	2. 정보의 공평한 접근 원칙을 존중한다.	모든 학생이 정보, 정보원, 정보기술에 접근할 수 있는 것이 왜 중요한지 그 이유를 설명할 수 있다.	정보, 정보원, 정보기술을 효과적으로 사용하여 다른 사람도 이용하도록 할 수 있다.	학급 동료들과 함께 다른 사람이 정보, 정보원, 정보기술에 공평하게 접근할 수 있는 전략을 제안할 수 있다.
3.2 정보와 정보기술을 윤리적으로 활용할 수 있다.	1. 지적 자유의 원칙을 존중한다.	지적 자유에 대한 정의를 내리거나 예를 들 수 있다.	지적 자유와 관련된 상황(예: 학교도서관에서 도서나 비디오에 대한 항의)을 분석할 수 있다.	지적 자유의 원칙이 무시된다면 사회에서 어떤 일이 발생할지 예측할 수 있다.
	2. 지식재산권3)을 존중한다.	지식재산권 존중의 예를 들 수 있다.	지식재산권을 존중해야 하는 상황(예: 기말논문 작성, 멀티미디어 작품 개발 등)을 분석하여 필요한 단계를 결정할 수 있다.	정보 해결 결과물 제작 시에 표절을 피하고자 출처를 정확하게 밝히고, 적절한 허가를 받아 본문과 이미지를 복사하고 활용한다.
	3. 정보공학기술을 책임감 있게 사용한다.	정보통신 하드웨어와 소프트웨어, 통신망 사용에 대한 학교 정책의 기본 목적을 진술할 수 있다.	학교의 정보통신 하드웨어와 소프트웨어, 통신망을 사용하여 능률적으로 적절한 정보를 탐색할 수 있다.	정보문제 해결 시에 정보통신 하드웨어와 소프트웨어, 통신망 사용에 대한 학교의 지침을 준수한다.

---

3) 「지식재산기본법」(법률 제18873호) 제3조(정의)에서 정한 지식재산과 지식재산권의 의미는 다음과 같다. 지식재산이란 인간의 창조적 활동 또는 경험 등에 의하여 창출되거나 발견된 지식·정보·기술, 사상이나 감정의 표현, 영업이나 물건의 표시, 생물의 품종이나 유전자원(遺傳資源), 그 밖에 무형적인 것으로서 재산적 가치가 실현될 수 있는 것을 말한다. 신지식재산이란 경제·사회 또는 문화의 변화나 과학기술의 발전에 따

기준	지표	숙련도		
		초보	능숙	모범
3.3 정보를 추구하고 생산하기 위해 집단에 효과적으로 참여한다.	1. 지식과 정보를 다른 사람과 공유한다.	정보문제에 관련된 특정 사실, 의견, 입장을 찾아 전달함으로써 집단적 노력에 공헌할 수 있다.	정보원을 사용하여 집단 과제에 직접 이바지할 수 있는 정보와 개념을 선택할 수 있다.	자신의 지식과 정보를 집단 내 다른 사람의 지식과 정보에 통합할 수 있다.
	2. 다른 사람의 아이디어와 배경지식을 존중하고, 그들의 공헌을 인정한다.	다른 사람의 의견을 정확하고 완전하게 기술할 수 있다.	모든 집단 구성원의 생각과 정보에 대한 중요성을 지원할 수 있다.	정보 해결 결과에 대한 집단 구성원의 역할 분담을 정리, 통합할 수 있다.
	3. 정보문제를 확인하고 해결책을 찾기 위해서 다른 사람과 직접 만나거나 정보공학기술을 통해서 협동한다.	집단으로 정보문제를 해결할 때 자기 생각을 직접 또는 정보공학기술을 이용하여 적절하고 효과적으로 표현할 수 있다.	다른 사람과의 토론에 직접 또는 정보공학기술을 이용하여 참여하여 정보문제를 분석하고 해결 방안을 제시할 수 있다.	다른 사람과의 토론에 직접 또는 정보공학기술을 이용하여 적극적으로 참여하며, 정보문제에 대한 집단 구성원의 정보와 생각을 통합하여 해결 방안을 마련할 수 있다.
	4. 정보 해결 결과물과 해결 방안을 설계, 개발, 평가하기 위하여 직접 또는 정보공학기술을 활용하여 다른 사람과 협동한다.	단순한 정보 해결 결과물을 제작하고 평가하기 위하여 다른 사람과 직접 또는 정보공학기술을 활용하여 함께 일할 수 있다.	복합적인 정보와 생각들을 전달하는 정보 해결 결과물을 제작하고 평가하기 위하여 다른 사람과 직접 또는 정보공학기술을 활용하여 함께 일할 수 있다.	다양한 형태의 정보를 통합하는 복잡한 정보 해결 결과물을 제작하고 평가하기 위하여 다른 사람과 직접 또는 정보공학기술을 활용하여 함께 일할 수 있다.

(출처: AASL & AECT, 1998a의 내용을 도표화함)

2.3 정보·기술 리터러시

디지털 도구의 확산에 따라 일상생활과 학습 그리고 직업 환경에서 성공할 수 있는 중요한 역량으로서 정보·기술 리터러시가 등장했다. 정보·기술 리터러시는 두 가지 측면에서 접근할 수 있다. 첫 번째 관점은 정보·기술 리터러시를 워드 프로세싱, 스프레드시트, 컴퓨터 기본 작동(파일 관리, 프로그램 실행 등) 그리고 웹 브라우저, 전자메일 시스템과 같은 인터넷 도구와 프로그래밍 언어에 대한 간단한 지식 등 도구(tools)의 사용 능력을 강조하는 것이다. 두 번째 관점은 공학기술, 시스템, 인프라 작업 등을 피상적인 설명 수준, 자세한 분석 수준 그리고 엔지니어링 수준에서 다루는 방법을 이해하는 데 중점을 둔

라 새로운 분야에서 출현하는 지식재산을 말한다. 지식재산권이란 법령 또는 조약 등에 따라 인정되거나 보호되는 지식재산에 관한 권리를 말한다.

것이다(Lynch, 1998). 일반적으로 정보·기술 리터러시는 웹 브라우저, 이메일, 워드 프로세싱, 스프레드시트 소프트웨어와 같은 공학기술을 이용하여 정보를 탐색, 수집, 관리, 변환 및 교환하는 능력을 의미하며, 컴퓨팅 사고력을 종합한다는 점에서 디지털 리터러시와 관련이 깊다.

학생의 컴퓨터·정보 리터러시 및 컴퓨팅 사고력을 측정하고 비교 분석하는 연구를 수행하고 있는 국제 컴퓨터·정보 리터러시 연구(International Computer and Information Study: ICILS)가 제시한 평가틀을 보면, 컴퓨터·정보 리터러시의 주요 영역은 '컴퓨터 사용의 이해, 정보 수집, 정보 생산, 디지털 의사소통'이다. 그리고 컴퓨팅 사고력의 주요 영역은 '문제의 개념화와 해결 방안의 운영'이다.

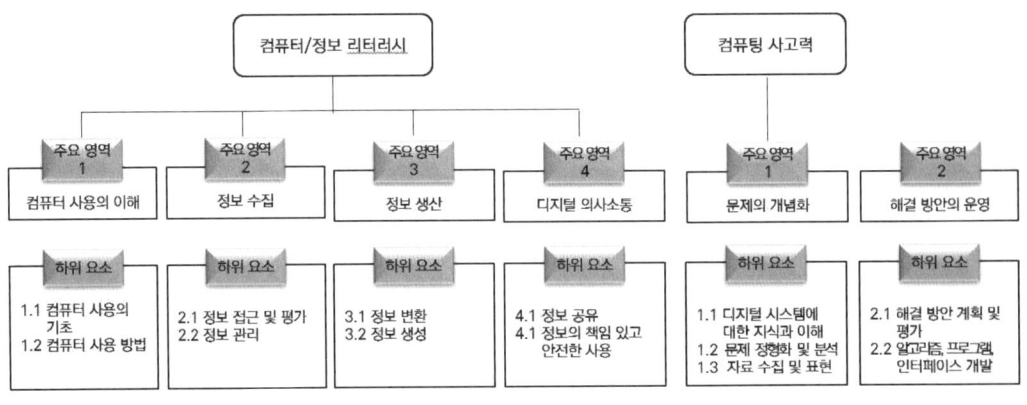

(출처: 박기현 외, 2023, 137)

[그림 3-6] ICILS 평가틀

캔자스주 교육부(Kansas State Department of Education)(2022)는 탐구기반학습 기반으로 운영할 수 있는 「도서관·정보·교육공학 교육과정 내용 기준」(Curricular Contents Standards for Library, Information and Technology)를 발표하였다. 이 기준은 정보 리터러시 신장을 위한 학습자의 인지적, 기술적 능력과 정보원과 도구 사용 능력을 6가지로 구분하고 있다. 6가지 능력은 정보의 가치와 목적을 결정하는 '정보 가치'(information value), 정보요구 충족을 위해 필요한 과업의 범위를 아는 '정보 탐색'(information as exploration), 새로운 이해를 위해 문제를 추구하고, 학습하고, 조사하는 '탐구를 위한 정보 조사'(information research as inquiry), 정보를 식별하고 평가하는 '정보 권위'(information as authority), 결과물의 용도와 한계를 인지하고 구분하는 '정보 포맷'(information format) 그리고 비학문적, 학문적, 전문적 대화에 적극적으로 참여하는 '정보 대화'(information as conversation) 등이다. 이들 6가지 능력을 취학 전(유치원), 1~2학년, 3~5학년, 6~8학년, 9~12학년별로 나누어 살펴보면 다음 〈표 3-8〉과 같다.

〈표 3-8〉 도서관·정보·기술 리터러시 교육과정 내용 기준(캔자스주 교육부)

○ 취학전(Pre-K): 유치원까지, 유치원생은 ……할 것이다.

영역	내용	코드
정보 가치	• 도서의 앞표지, 뒤표지, 표제지를 구분한다. • 이야기의 주요 사건을 다시 말하기 위해서 캐릭터, 설정, 삽화를 구분한다. • 관점을 이해한다(예: 화자, 배경). • 친숙한 이야기에서 캐릭터의 모험과 경험을 비교 대조한다. • 다른 유형의 텍스트와 상호작용한다. • 정보원을 가려낸다(예: 인쇄자료, 전자자료, 인적자원).	P.1.1 P.1.2 P.1.3 P.1.4 P.1.5 P.1.6
정보 탐색	• 개인의 흥미와 관련된 정보를 찾는다. • 텍스트에 실린 정보를 바탕으로 질문에 답한다.	P.2.1 P.2.2
탐구를 위한 정보 조사	• 구체적인 주제와 관련된 정보원에서 정보를 모은다. • 간단한 정보 문제나 정보요구를 기술한다.	P.3.1 P.3.2
정보 권위	• 저자와 삽화가를 구분한다. • 제시된 텍스트에서 정보요구를 위한 적절한 정보원을 가려낸다.	P.4.1 P.4.2
정보 포맷	• 텍스트의 주요 세부 정보에 관해 질문하고 답한다. • 새로운 정보를 얻기 위해 새로운 포맷(format)의 정보를 이용한다.	P.5.1 P.5.2
정보 대화	• 목적과 이해를 가지고 크고 작은 모둠 독서 활동에 적극적으로 참여한다. • 다음에 일어날 이야기를 예측하고 공유한다.	P.6.1 P.6.2

○ 1~2학년(Grades K-2): 2학년 말까지, 학생은 ……할 것이다.

영역	내용	코드
정보 가치	• 과제에 적합한 정보를 인식한다(예: 소설, 비소설). • 소설의 다양한 예를 설명하고 토론한다. • 저자와 삽화가의 역할을 구분한다. • 민속의 특징을 구분한다(예: 동화, 전래동화, 민담). • 이야기와 삽화의 요소를 구분한다(예: 캐릭터, 문제, 배경, 중심 생각, 사건의 흐름). • 기쁨과 개인의 성장을 위한 정보를 얻기 위하여 다양한 유형과 길이의 미디어를 보고, 듣고 상호작용한다. • 다양한 정보원에서 사실, 의견, 관점을 구분한다. • 이야기 속 캐릭터의 아이디어를 정확하고 완전하게 묘사한다. • 개인적 경험과 이야기 속 캐릭터의 경험을 비교하고 대조한다. • 개인의 흥미와 관련된 정보를 찾아 평가한다.	G.2.1.1 G.2.1.2 G.2.1.3 G.2.1.4 G.2.1.5 G.2.1.6 G.2.1.7 G.2.1.8 G.2.1.9 G.2.1.10
정보 탐색	• 도서관(library media center)의 위치를 찾아낸다. • 도움을 받아 자료를 대출하고 제때 반납한다. • 도서관의 배치와 기본 조작을 이해한다. • 도서관의 자료, 시설과 설비에 대한 당연한 존중과 주의를 보여준다. • 원하는 정보를 얻기 위하여 도서의 구성 요소를 알고 이용한다. • 소설과 비소설을 설명한다. • 개인의 흥미를 위한 정보를 전반적으로 찾아 평가한다.	G.2.2.1 G.2.2.2 G.2.2.3 G.2.2.4. G.2.2.5 G.2.2.6 G.2.2.7
탐구를 위한 정보 조사	• 자신감을 갖고 광범위한 질문을 만들어낸다. • 정보의 필요성을 인식한다. • 모둠 상황에서 기본적인 정보문제 해결모형의 단계를 따라 한다. • 선행 지식과 보고, 읽고, 들은 자료에서 얻은 새로운 지식의 통합함으로써 결론을 도출할 수 있는 지식과 능력(skills)을 설명한다.	G.2.3.1 G.2.3.2 G.2.3.3 G.2.3.4

영역	내용	코드
정보 권위	• 문제나 질문에 적절한 정보의 위치를 찾아 선택한다(예: 소설, 비소설). • 간단한 참고정보원을 가려낸다(백과사전, 지도, 북마크 된 웹사이트, 지역사회 전문가). • 정확한 정보의 예를 정의하고 제공한다.	G.2.4.1 G.2.4.2 G.2.4.3
정보 포맷	• 기본적인 탐색 모델의 단계 관련 지식을 이해하고 설명한다. • 새로운 정보를 얻고 제공하는 다양한 포맷을 이용하고 평가한다. • 지침에 따라 다양한 정보원에서 관련 정보를 모으기 위해 노트를 작성한다. • 모둠 상황에서 정보를 조직할 수 있는 기본적인 지식과 능력을 보여준다. • 모둠의 성공에 기여할 수 있는 정보를 생산하고 공유한다(예: 적절한 텍스트를 공유한다. 적절한 그림을 공유한다). • 아이디어와 원작을 삽화로 그리고, 의사소통하고, 출판하는 데 디지털 도구와 미디어 정보원을 활용한다. • 다양한 포맷(format)에 담긴 복잡한 시각 및(또는) 구두 메시지를 해석한다(예: 그림에 대한 시 쓰기, 노래 가사 삽화 그리기). • 인터넷 안전 규칙을 이해하고 이용한다.	G.2.5.1 G.2.5.2 G.2.5.3 G.2.5.4 G.2.5.5 G.2.5.6 G.2.5.7 G.2.5.8
정보 대화	• 선행 지식과 보고, 읽고 또는 들은 자료에서 얻은 새로운 정보를 통합함으로써 결론을 도출할 수 있는 지식과 능력을 설명한다. • 자신의 말로 정보를 적절하게 정보를 표현하는 것의 중요성을 설명한다. • 타인의 아이디어를 정확하고 완전하게 묘사한다. • 지적 자유의 기존 개념을 이해한다. • 간단한 서지사항을 가지고 정보원의 저자에게 신뢰성을 부여하는 것의 의미를 이해한다(예: 저자와 서명).	G.2.6.1 G.2.6.2 G.2.6.3 G.2.6.4 G.2.6.5

○ 3~5학년(Grades 3~5) 5학년 말까지, 학생은 ……할 것이다.

영역	내용	코드
정보 가치	• 정보를 얻기 위하여 다양한 유형과 길이를 가진 디지털 자료와 독립적으로 상호작용한다. • 다른 유형의 정보원이 다른 목적에 사용될 수 있음을 이해한다(예: 책, 데이터베이스, 정기간행물, 웹사이트). • 사실, 의견, 관점의 차이를 설명한다. • 다른 사람의 관점, 아이디어를 존중하고, 다른 사람의 기여를 인정한다. • 자신의 정보요구, 흥미 그리고 행복과 관련된 다양한 정보원을 탐색한다(예: 영양 섭취, 건강한 놀이, 습관). • 읽고, 듣고, 본 자료들을 연계한다. • 사실주의 소설, 역사소설, 판타지, 과학소설, 전설, 우화 그리고 다양한 문화와 시기를 반영하고 있는 정보 텍스트의 특징을 가려내고 대응한다. • 정보, 산문 그리고 텍스트의 이야기 유형별 독서 전략을 구분한다. • 캐릭터, 배경, 주제 그리고 줄거리에 포함된 이야기 요소를 분석한다. • 개별적으로 또는 소집단에서 읽은 책에 대한 반응을 전달한다.	G.5.1.1 G.5.1.2 G.5.1.3 G.5.1.4 G.5.1.5 G.5.1.6 G.5.1.7 G.5.1.8 G.5.1.9 G.5.1.10
정보 탐색	• 자료를 확인하고 예약(보유) 방법을 이해하고 다른 사람과 자료를 공유한다. • 목록을 이용할 때 주제명 표목, 키워드, 저자명, 서명을 가려내고 이용한다. • 도서관의 주제 분류와 정보 위치를 이해한다. • 부록, 참고문헌, 용어집, 저작권 일자, 출판사, 표제지, 목차, 색인, 서문 등 책의 일부 식별과 이용을 확장한다.	G.5.2.1 G.5.2.2 G.5.2.3 G.5.2.4
탐구를 위한 정보 조사	• 정보요구 변화에 맞추어 질문을 재정의한다. • 최소한의 안내로 개별적으로 기본 문제해결 모형의 단계를 따라 한다. • 새로운 학습 맥락에 따라 배경지식을 활용한다. • 추가 정보요구를 결정한다.	G.5.3.1 G.5.3.2 G.5.3.3 G.5.3.4

영역	내용	코드
	• 하나 이상의 정보원과 하나 이상의 포맷(format)로부터 주어진 주제에 아이디어를 결합함으로써 정보를 적용할 수 있는 지식과 정보를 설명한다.	G.5.3.5
정보 권위	• 가장 적절한 정보를 담고 있는 참고정보원을 찾아 선별한다(예: 책, 데이터베이스, 웹사이트). • 정보원의 최신성, 신뢰성, 권위를 평가한다. • 정보를 얻기 위하여 책의 일부를 식별하고 활용한다. • 관련성과 정확성을 검증하기 위하여 세 개의 정보원을 비교 대조한다.	G.5.4.1 G.5.4.2 G.5.4.3 G.5.4.4
정보 포맷	• 다양한 정보원에서 얻은 관련 정보를 활용하기 위하여 노트를 작성한다. • 정보를 찾아 분석하기 위하여 탐색 모델을 실행한다. • 온라인 도구를 사용하고 정보를 과제나 프로젝트에 적절한 시각적 방법(예: 그래픽 조직자, 스토리 맵)으로 조직한다. • 안내에 따라 정보표현을 위해 목적과 청중을 고려한다. • 새로운 지식(understanding)을 표현하는 데 가장 적합한 정보 형태를 선택한다. • 인터넷 안전 예방(예: 개인정보, 암호 등)을 이해한다.	G.5.5.1 G.5.5.2 G.5.5.3 G.5.5.4 G.5.5.5 G.5.5.6
정보 대화	• 모둠 안에서 다른 사람과 아이디어를 토론하고, 경청하고, 적절한 때 아이디어를 바꾼다. • 다른 사람의 관점과 아이디어에 정중하게 응답하고, 각자의 기여를 인정한다. • 도움을 받아 자신의 말로 정보를 요약하고 바꾸어 말한다. • 기본적인 인용을 포함한 참고문헌을 작성하여 신뢰를 부여한다. • 표절을 정의하거나 예시를 제시한다. • 지적 자유를 정의하거나 예시를 제시한다.	G.5.6.1 G.5.6.2 G.5.6.3 G.5.6.4 G.5.6.5 G.5.6.6

○ 6~8학년(Grades 6~8) : 8학년 말까지, 학생은 ……할 것이다.

영역	내용	코드
정보 가치	• 어떻게 다른 관점이 논란이 많은 이슈에 포함된 사실과 의견에 영향을 끼치는가를 밝혀낸다. • 모둠의 모든 구성의 아이디어와 정보를 고려하는 것을 장려한다. • 안내에 따라 다양한 형태에 담긴 정보를 분석, 설명하고, 시각/구두 메시지에 담긴 부분과 전체의 관련성을 인식한다. • 문헌을 읽고 장단점을 평가한다. • 독서를 평생 추구할 것으로 인식한다. • 다양한 문화와 시대를 대표하는 자서전, 드라마, 단편, 신화의 특징을 식별한다. • 다양한 저자와 삽화가의 독특한 스타일을 인식한다.	G.8.1.1 G.8.1.2 G.8.1.3 G.8.1.4 G.8.1.5 G.8.1.6 G.8.1.7
정보 탐색	• 자신의 정보요구, 흥미 그리고 행복(예: 영양 섭취, 운동, 습관)과 관련된 정보원을 탐색한다. • 다른 사람이 사용할 수 있도록 정보원을 효율적으로 이용한다. • 인쇄자료와 전자정보원의 일부와 기능(즉 색인, 목차, 용어, 텍스트 특징 등)을 종합적으로 이용한다.	G.8.2.1 G.8.2.2 G.8.2.3
탐구를 위한 정보 조사	• 사실 확인을 넘어서는 본질적인 질문을 만든다. • 정보 문제나 요구를 기술하는 능력을 검토하고 확장한다. • 고급 탐색 기술과 질문들을 실행한다. • 정보 문제나 질문을 해결할 수 있는 다양한 관점을 찾는다. • 자기주도적으로 정보문제 해결모형을 다양한 일상과 학습 상황에서 직면하는 중요한 문제에 적용할 수 있는 지식과 능력(skills)을 설명한다. • 새로운 의미를 만들어내기 위해서 다양한 출처로부터 얻은 주제와 관련 정보를 종합하고 분석하기 위한 지식과 능력을 설명한다. • 주장을 뒷받침하는 증거인 데이터를 읽고 이용한다. • 어려움에도 불구하고 정보 탐색을 지속함으로써 정서적인 회복력을 보여준다.	G.8.3.1 G.8.3.2 G.8.3.3 G.8.3.4 G.8.3.5 G.8.3.6 G.8.3.7 G.8.3.8

영역	내용	코드
정보 권위	• 학습 주제와 개인적인 지식을 위하여 다양한 정보원의 정보를 독립적으로 이용한다.	G.8.4.1
	• 관점, 편견, 정보의 가치나 의도를 위하여 정보원을 평가한다.	G.8.4.2
	• 부정확한 정보와 허위 정보를 가려낸다.	G.8.4.3
	• 정보의 정확성과 관련성을 검증하기 위하여 다양한 정보원과 포맷을 비교하고 대조한다.	G.8.4.4
	• 적절한 출처 표기(attribution)를 통해 타인의 원래 아이디어를 존중한다.	G.8.4.5
정보 포맷	• 탐색 모델을 사용하여 정보를 찾아 조직할 수 있는 지식과 능력을 설명한다.	G.8.5.1
	• 디지털 도구를 활용하여 프로젝트나 결과물을 관리하고 조직하기 위한 전략을 수립한다.	G.8.5.2
	• 메시지와 청중에 가장 적합한 형태로 독립적으로 정보를 전달한다.	G.8.5.3
	• 도구를 이용한 역량 및 콘텐츠 지식을 보여줄 수 있는 다양한 방법을 선택한다.	G.8.5.4
	• 공통 결과물을 생산하기 위하여 집단 내에서 정보를 찾고, 능동적으로 의사소통하고 통합한다.	G.8.5.5
	• 독특한 정보 생산물의 계획, 생산 그리고 평가를 위하여 선행 정보와 새로운 정보를 적용한다.	G.8.5.6
	• 일차 및 이차 정보원을 이용하여 프레젠테이션을 제작한다.	G.8.5.7
	• 웹사이트와 소셜미디어(예: 암호, 개인정보 등)의 안전하고 법률적이며 윤리적이고 책임감 있는 이용을 실천한다.	G.8.5.8
정보 대화	• 문서를 참조할 때 적절한 편집 유형을 활용한다.	G.8.6.1
	• 지식재산권을 존중하는 데 필요한 절차를 결정하기 위하여 정보원과(또는) 결과물을 분석한다.	G.8.6.2
	• 표절을 피하기 위하여 독립적으로 자신의 말로 정보를 종합하고 다른 말로 바꾸어 말한다.	G.8.6.3
	• 표절을 피하기 위하여 텍스트와 이미지 정보원을 정확하게 인용한다.	G.8.6.4
	• 수정 헌법 1조의 권리(First Amendment rights)와 책임감 그리고 지적 자유에 대한 토론에 참여한다.	G.8.6.5
	• 모든 집단 구성원의 아이디어와 정보를 고려하는 것을 장려한다.	G.8.6.6
	• 이슈에 관해 하나 이상의 출판된 관점이 존재할 수도 있다는 점을 인정한다.	G.8.6.7

○ 9~12학년(Grades 9~12) : 12학년 말까지, 학생은 ……할 것이다.

영역	내용	코드
정보 가치	• 사실, 의견, 관점을 모으고, 자신의 일(예: 에세이, 보고서, 발표)에 적절하게 적용한다.	G.12.1.1
	• 개인의 지식에 차이가 있음을 인정한다.	G.12.1.2
	• 정보 결과물 생산에 모든 집단 구성원의 기여를 이해하고 장려한다.	G.12.1.3
	• 다양한 유형의 인쇄 정보원과 데이터베이스, 인터넷 사이트, 전자책 그리고 정부 정보원을 포함한 전자정보원의 가치를 평가한다.	G.12.1.4
	• 실생활 상황(예: 구직, 아파트 임대, 내과의사 선택)에서 정보에 접근하고 검토하고 평가하고 이용한다.	G.12.1.5
	• 다른 소설 장르와 문체로 쓰인 저자의 작품을 탐색한다.	G.12.1.6
	• 복합한 형태의 문학적 표현을 이해한다.	G.12.1.7
	• 학습과 개인적 즐거움을 위하여 다양한 자료를 읽는다.	G.12.1.8
	• 읽고 문학의 강점과 약점을 평가한다.	G.12.1.9
	• 즐거움을 위해 규칙적으로 독서한다.	G.12.1.10
정보 탐색	• 새로운 정보를 인식하고 이해하기 위하여 실생활 상황에서 정보에 접근하고, 검토하고, 평가하고 이용한다.	G.12.2.1

	• 정보문제 해결 능력을 개인적인 삶에 적용한다.	G.12.2.2
	• 자신의 정보 생산물과 해결책의 질을 판단한다.	G.12.2.3
	• 정보원에 대한 평등한 접근성을 강화하기 위한 전략을 적극적으로 지원하고 (또는) 창조한다.	G.12.2.4
	• 학업 이외 질문과 관심(예: 지역사회 봉사, 단체 협상)과 학업 관련 질문과 관심(예: 교육 목적 관련)에 답하기 위한 정보를 찾음으로써, 다양한 형태와 장르를 시도함으로써 그리고 학문적 요구사항을 넘어서려는 의지를 보여줌으로써 동기를 입증한다.	G.12.2.5
탐구를 위한 정보 조사	• 문제나 정보요구를 기술하는 능력을 검토하고 확장한다.	G.12.3.1
	• 정보요구 변화에 따라 질문과 탐구를 수정한다.	G.12.3.2
	• 정보에 접근하고 탐구를 수행하는 데 필요한 공학기술 도구에 숙달한다.	G.12.3.3
	• 정보 문제나 질문을 해결하는 데 유용한 외부 정보원을 평가한다(예: 지역 대학, 정부 기관, 상호대차).	G.12.3.4
	• 학습 주제에서 지식을 찾을 때 문제해결 모형을 수행하고, 실생활과 연계한다.	G.12.3.5
	• 정보에 접근하고 조직하기 위한 대체 시스템을 알고 이용한다(예: 정부 정보원, 데이터베이스, 디지털 장서, 소셜미디어).	G.12.3.6
	• 수집한 정보의 차이나 약점을 평가한다.	G.12.3.7
	• 증거의 기초가 되는 데이터를 읽고 이용한다.; 데이터를 분석하고 평가한다; 타당하고 신뢰할 만한 주장을 한다.	G.12.3.8
	• 자신이 탐색 중인 정보의 효용성과 탐색 절차를 모니터하고, 필요에 따라 조정한다.	G.12.3.9
	• 어려움에도 불구하고 정보 탐색을 지속함으로써 정서적 회복성을 보여준다.	G.12.3.10
정보 권위	• 질, 신뢰성, 최신성, 요구에 대한 적정성 그리고 사회 문화적 관점에 기초하여 정보를 선택하고 평가한다.	G.12.4.1
	• 관련 정보와 비관련 정보의 차이점을 설명한다.	G.12.4.2
	• 서로 충돌하는 사실, 불일치 그리고(또는) 거짓 주장이 다수의 정보원에서 발견된다는 점을 깨닫는다.	G.12.4.3
	• 정보를 발견하고, 수집하고 처리하는 데 관련된 문화적 맥락과 개인의 편견을 인식하고 이해한다.	G.12.4.4
	• 패턴을 발견하고, 데이터를 신뢰할 수 있고 타당한 결론으로 조작하기 위하여 데이터를 수집하고, 분석하고, 표현하는 데 디지털 도구를 이용한다.	G.12.4.5
	• 적절한 일차정보원과 이차정보원을 선택한다.	G.12.4.6
	• 새로운 의미를 만들기 위해 다양한 정보원과 형태에서 도출된 복잡한 주제 관련 정보를 분석하고 종합하고 평가할 수 있는 지식과 능력을 보여준다.	G.12.4.7
	• 정보의 사회적 특징과 시간의 경과에 따라 정보가 어떻게 변하는지를 이해한다.	G.12.4.8
	• 적절한 출처 표기(attribution)와 인용을 통해서 다른 사람의 독창적인 아이디어를 인정한다.	G.12.4.9
	• 다양한 유형의 권위(예: 학문적 경험, 사회적 또는 정치적 지위나 직책 또는 역사적 사건 참여와 같은 특별한 경험)를 구분한다.	G.12.4.10
정보 포맷	• 다른 사람이 보고, 이용하고 평가할 수 있는 새로운 방법으로 정보를 조직하기 위해서 적절한 정보 도구와 다른 정보원을 사용한다.	G.12.5.1
	• 의사소통하고 정보와 아이디어를 전달하기 위해서 그리고 결과물의 유효성을 평가하기 위해서 다양한 포맷을 활용한다.	G.12.5.2
	• 콘텐츠는 포맷의 영향을 받는다는 점을 인식한다.	G.12.5.3
	• 의도된 청중; 프레젠테이션 포맷의 요구; 제시하는 핵심 아이디어를 이해한다.	G.12.5.4
	• 진정한 실제 상황에 적용할 수 있는 결과물을 생산한다.	G.12.5.5
	• 수집하고 공유하는 데 소셜 네트워크와 정보 도구를 사용하고, 개별 목적을 충족하는 장소에서 결과(work)를 발표한다.	G.12.5.6

	• 개인의 관심 주제와 관련된 자신의 정보 생산물과 해결책의 질을 평가한다.	G.12.5.7
	• 정보와 컴퓨터 공학을 윤리적이고 책임감 있게 사용한다.	G.12.5.8
	• 긍정적인 디지털 정체성과 평판을 적극적으로 강화한다.	G.12.5.9
정보 대화	• 연구 보고서 본문 인용을 포함하는 적절한 참고문헌을 작성한다.	G.12.6.1
	• 표절을 피하기 위해 텍스트와 이미지 정보원을 적절하게 인용한다.	G.12.6.2
	• 목적 달성과 평생학습을 추구하기 위한 사회적 또는 지적 학습자 네트워크의 일원으로 참여하고 협업한다.	G.12.6.3
	• 의사소통과 새로운 이해를 효과적으로 검증하는 데 말하기와 쓰기 능력을 이용한다.	G.12.6.4
	• 공식 비공식 상황에서 다른 사람에게 아이디어를 발표함으로써 리더십과 자신감을 보여준다.	G.12.6.5
	• 지역과 배경이 다른 학습자와 지역적으로 세계적으로 협업함으로써 문화적 이해를 구축한다.	G.12.6.6
	• 증거가 변화를 뒷받침할 때 새로운 아이디어에 개방성을 유지한다.	G.12.6.7
	• 모둠 구성원 간의 실질적인 대화와 공유를 거쳐 모둠이 정보 합의에 도달하도록 돕는다.	G.12.6.8
	• 이슈에 관한 하나 이상의 출판된 관점을 식별하고 평가한다.	G.12.6.9

(출처: Kansas State Department of Education, 2022)

2.4 디지털 리터러시

디지털 리터러시는 데이터와 정보가 디지털화되어 컴퓨터로 처리되는 상황에서 디지털에 대한 이해와 문제해결능력이 필요하다는 인식에서 등장하였다. 디지털 리터러시는 '디지털 지식과 기술에 대한 이해와 윤리의식을 바탕으로, 정보를 수집, 분석하고 비판적으로 이해, 평가하여 새로운 정보와 지식을 생산, 활용하는 능력'이다(박기현 외, 2023). 한국교육학술정보원(2006)은 디지털 리터러시를 '디지털화된 정보와 테크놀로지를 숙지하여 필요한 기술과 지식을 습득하고, 지식 창출을 위해 신뢰성 있는 정보원에서 필요한 정보를 수집하여 수집된 정보를 인지적으로 처리하며 이를 상호작용할 수 있는 능력'으로 정의하였다. 그리고 디지털 리터러시를 갖추면 정보의 필요성을 이해하고 다양한 미디어와 테크놀로지를 통해 흩어져 존재하는 정보를 식별할 수 있으며, 디지털 미디어와 테크놀로지를 활용하여 정보에 적절히 접근하여 수집하고 학습에 적용하여 효율적이고 효과적인 학습 과정을 경험할 수 있다고 보았다. 나아가 디지털 사회에서 양질의 커뮤니케이션을 수행하고, 올바른 규범을 준수하는 성숙한 시민으로 성장하도록 돕는다는 점을 강조하였다. 한국교육학술정보원(2023)은 국가 수준 교육과정에 명시된 디지털 리터러시(디지털 소양)의 개념을 구조화하고, 〈표 3-9〉에서 보는 바와 같이 내용 체계의 대영역, 세부 요소 등을 학습 요소와 수행 기대로 구체화하였다.

〈표 3-9〉 디지털 리터러시 내용 체계(한국교육학술정보원)

대영역 (4개 영역)	세부 요소 (10개 요소)	세부 요소 설명	학습 요소 (22개 요소)	세부 학습 요소 (55개 요소)
I. 디지털 기기와 소프트웨어의 활용	1-1. 디지털 기기의 활용	디지털 기기를 조작하는 데 필요한 기본 원리와 기능을 이해하고 활용한다.	하드웨어의 이해와 활용	1-1-1. 하드웨어의 구조와 기능 1-1-2. 정보 입출력 및 저장
			네트워크의 이해와 활용	1-1-3. 네트워크 연결 및 인터넷 사용 1-1-4. 기타 통신의 이해와 활용
	1-2. 소프트웨어의 활용	소프트웨어의 기본 원리와 기능을 이해하고 다양한 작업에서 소프트웨어를 활용한다.	소프트웨어의 이해	1-2-1. 소프트웨어 구조 1-2-2. 소프트웨어 구조에 따른 기능
			소프트웨어의 선택과 활용	1-2-3. 소프트웨어의 탐색과 선택 1-2-4. 소프트웨어의 관리 1-2-5. 소프트웨어의 융합적 활용
	1-3. 인공지능의 활용	다양한 문제해결과정에 인공지능 기술이 탑재된 도구를 활용한다.	인공지능 개념과 활용 분야 이해	1-3-1. 인공지능의 개념과 원리 1-3-2. 인공지능의 활용 분야
			인공지능의 도구적 활용	1-3-3. 인공지능 도구의 특성 1-3-4. 인공지능 도구 활용
II. 디지털 정보의 활용과 생성	2-1. 자료의 수집과 저장	사용 목적을 고려해 자료를 수집하고, 비판적 시각으로 정확성을 평가하여 효율적으로 저장/관리한다.	디지털 자료의 수집 이해와 선별	2-1-1. 디지털 자료 수집 방법의 이해 2-1-2. 디지털 자료의 수집 2-1-3. 수집한 디지털 자료의 신뢰성 파악 2-1-4. 목적에 필요한 디지털 자료와 정보 선별
			디지털 자료의 저장과 관리 및 소비	2-1-5. 디지털 자료의 저장과 분류 2-1-6. 디지털 자료의 관리 2-1-7. 디지털 자료와 정보, 콘텐츠의 소비
	2-2. 정보의 분석과 표현	정보와 데이터를 효과적으로 전달하기 위해 데이터를 분석, 종합, 시각화한다.	디지털 정보와 데이터의 해석과 표현 및 활용	2-2-1. 디지털 정보와 데이터의 종합과 해석 2-2-2. 디지털 정보와 데이터의 분류 2-2-3. 디지털 정보와 데이터의 분석
			디지털 정보와 데이터의 해석과 표현 및 활용	2-2-4. 디지털 정보와 데이터의 종합과 해석 2-2-5. 디지털 정보와 데이터의 시각적 표현 2-2-6. 디지털 정보와 데이터의 판단
	2-3. 디지털 콘텐츠 생성	디지털 미디어를 통해 제공될 수 있는 다양한 유형의 콘텐츠를 생성한다.	디지털 미디어의 특성 이해와 선택	2-3-1. 디지털 미디어의 이해 2-3-2. 디지털 미디어의 선택
			디지털 콘텐츠 기획과 창작	2-3-3. 디지털 콘텐츠의 기획 2-3-4. 디지털 콘텐츠의 편집과 창작
III. 디지털 의사소통과	3-1. 디지털 의사소통	디지털 환경에서 정보를 비판적으로 분석하고, 정보 공유,	디지털 의사소통 방법의 이해와 공감	3-1-1. 디지털 의사소통을 위한 방법의 이해 3-1-2. 디지털 정보 공유 방법 선택

대영역 (4개 영역)	세부 요소 (10개 요소)	세부 요소 설명	학습 요소 (22개 요소)	세부 학습 요소 (55개 요소)
문제해결		의사결정 참여, 협업을 수행한다.	디지털 의사소통과 협업	3-1-3. 디지털 의사소통을 위한 공감 3-1-4. 디지털 의사소통과 협업 3-1-5. 사회적 의사결정 활동 참여
			온라인 이슈/갈등 예방 및 대응	3-1-6. 온라인상 부정적 이슈 예방 3-1-7. 온라인상 이슈 발생 시 대처 3-1-8. 온라인 갈등 감지 및 예측 3-1-9. 온라인 갈등 원인 파악 및 해결
	3-2. 디지털 문제해결	문제해결 방안을 구안하고, 디지털 도구를 활용하여 실행한다.	문제 공감 및 정의	3-2-1. 문제 파악 및 공감 3-2-2. 디지털 도구를 활용한 문제 정의
			문제해결 방안 도출	3-2-3. 문제 해결 아이디어 공유 3-2-4. 문제 해결 방안 수립
			문제해결 및 성찰	3-2-5. 디지털 도구 활용 문제 해결 실천 3-2-6. 문제 해결 결과와 과정의 성찰
Ⅳ. 디지털 윤리와 정보 보호	4-1. 디지털 윤리	디지털 사회의 성숙한 시민으로서 타인을 배려하고, 예절과 윤리를 실천한다.	디지털 자기관리	4-1-1. 디지털 기기 사용 시 건강 관리 4-1-2. 디지털 기기 사용 시 자기 절제 4-1-3. 디지털 자기 정체성 관리 4-1-4. 디지털 평판 관리
			디지털 인간관계 관리	4-1-5. 디지털 예절의 실천 4-1-6. 사이버 폭력 예방 및 대처
	4-2. 디지털 정보 보호	자신과 타인의 정보를 보호하기 위한 방법을 실천한다.	디지털 준법의 이해와 실천	4-2-1. 디지털 준법의 이해 4-2-2. 사이버 범죄 예방과 대처
			개인정보와 저작물의 보호	4-2-3. 개인정보 보호 4-2-4. 디지털 저작물 보호

(출처: 한국교육학술정보원, 2023, iii-iv)

그리고 이를 〈표 3-10〉에서 보는 바와 같이 학년 급별 학습활동으로 분류하였다. 이것은 디지털 리터러시가 전 교과 영역에 걸쳐 침투 방식으로 운영되는 범 교육과정임을 보여주는 것이다. 또한, 한국교육학술정보원은 2018년부터 국가 수준 초·중학생 디지털 리터러시 수준 측정 검사 도구를 개발하고 검사 결과를 발표하고 있다.

〈표 3-10〉 디지털 리터러시 구성 체계의 학년 군별 학습활동 분류

대영역 (4개 영역)	세부 요소 (10개 요소)	학습 요소 (22개 요소)	세부 학습 요소 (55개 요소)	학년 군별 학습활동			
				초 1~2	초 3~4	초 5~6	7~9
I. 디지털 기기와 소프트웨어의 활용	1-1. 디지털 기기의 활용	하드웨어의 이해와 활용	1-1-1. 하드웨어의 구조와 기능 1-1-2. 정보 입출력 및 저장	생활 주변에서 다양한 디지털 기기를 체험한다. 키보드와 마우스를 이용하여 정보를 입력하고 스크린으로 출력한다.	스마트 패드와 PC의 차이와 공통점을 찾는다. 스마트 패드와 PC에서 동일한 역할을 하는 입력 출력 장치를 연계한다.	스마트 패드와 PC 와에 전자칠판, 키오스크, 네비게이션 등 일상생활에서 사용되는 디지털 기기를 탐색한다. 활용 목적에 따라 간단한 주변장치와 함께 디지털 기기를 활용한다.	입력 장치로 사용되는 센서와 이를 활용한 사례를 탐색한다. 강아지 인식 마이크로칩 DNA, 생체 저장 장치 등에 관해 탐색한다.
		네트워크의 이해와 활용	1-1-3. 네트워크 연결 및 인터넷 사용 1-1-4. 기타 통신의 이해와 활용	무선 네트워크를 연결하여 인터넷을 사용한다.	유선 네트워크와 무선 네트워크의 차이점을 탐색한다. 인터넷 속도를 확인한다.	무선 네트워크와 블루투스 차이를 탐색한다. 블루투스 활용 사례를 탐색한다.	스마트폰을 테더링(tethering)하여 인터넷을 이용한다. 사물인터넷 의미와 사례를 탐색한다.
	1-2. 소프트웨어의 활용	소프트웨어의 이해	1-2-1. 소프트웨어 구조 1-2-2. 소프트웨어 구조에 따른 기능	하드웨어와 소프트웨어 역할을 탐색한다. 자주 사용하는 소프트웨어와 사용 목적을 탐색한다.	윈도즈와 오피스 프로그램, 바이러스 백신 프로그램의 역할을 탐색한다.	소프트웨어 구조를 탐색한다. 모바일 앱, 윈도 설치형 프로그램, 웹 애플리케이션의 차이점을 탐색한다.	OS 종류와 특징을 탐색한다. 컴파일러의 역할을 탐색한다.
		소프트웨어의 선택과 활용	1-2-3. 소프트웨어의 탐색과 선택 1-2-4. 소프트웨어의 관리 1-2-5. 소프트웨어의 융합적 활용	포털 사이트를 활용하여 검색한다. 교사가 만들어 놓은 패들렛에 정보를 입력한다.	크롬 브라우저를 설치한다. 교사에게 파일 첨부한 메일을 발송한다. 파워포인트 또는 구글 슬라이드를 활용한다.	화면캡처 및 녹화 프로그램을 활용한다. 사진 편집 도구를 활용한다. 이미지 편집 도구를 활용한다. 동영상 편집 도구를 활용한다.	자동 번역되는 크롬익스텐션을 추가한다. 클라우드를 활용하여 공동 작업 문서를 만들고 권한을 설정하고, 공유한다. 웹 편집 도구를 활용한다.
	1-3. 인공지능의 활용	인공지능 개념과 활용 분야 이해	1-3-1. 인공지능의 개념과 원리 1-3-2. 인공지능의 활용 분야	빅스비, 쉬리 등 인공지능과 대화하는 경험을 한다. 실생활 속 AI를 활용한 서비스, 기기 등을 탐색한다.	AI 큐레이션 서비스의 장단점을 탐색한다. AI가 만든 페인팅 음악을 감상한다.	머신러닝과 딥러닝의 차이를 탐색한다. 딥러닝 AI에게 필요한 빅데이터 수집 방법을	생활 속 문제를 해결하기 위한 AI를 기획한다. AI 산업에서 지원해야 할 사

대영역 (4개 영역)	세부 요소 (10개 요소)	학습 요소 (22개 요소)	세부 학습 요소 (55개 요소)	학년 군별 학습활동			
				초 1~2	초 3~4	초 5~6	7~9
				나 경험한다.		의논한다.	항과 규제해야 할 사항을 논의한다.
		인공지능의 도구적 활용	1-3-3. 인공지능 도구의 특성 1-3-4. 인공지능 도구 활용	AI 드로잉 게임을 활용한다. AI 드로잉 도구를 활용한다.	AI 번역기를 활용한다. AI 페인팅 도구를 활용한다.	AI 더빙 프로그램을 활용한다. AI 동영상 제작 도구를 활용한다.	AI 학습 프로그램을 활용한다.
II. 디지털 정보의 활용과 생성	2-1. 자료의 수집과 저장	디지털 자료의 수집 이해와 선별	2-1-1. 디지털 자료 수집 방법의 이해 2-1-2. 디지털 자료의 수집 2-1-3. 수집한 디지털 자료의 신뢰성 파악 2-1-4. 목적에 필요한 디지털 자료와 정보 선별	우리 주변의 실생활 등에서 문자, 숫자, 이미지, 소리 등 다양한 유형의 자료를 탐색한다. 다양한 종류의 앱을 활용하여 음악, 이미지, 음성, 위치 등을 검색한다.	목적에 따른 자료 수집 방법을 논의한다. 다양한 방법으로 자료를 수집하고, 수집한 자료의 출처를 확인한다. 수집한 자료를 비판적으로 평가한다.	디지털 자료, 데이터, 정보의 개념과 위계를 탐색한다. 설문조사 도구를 활용하여 필요한 자료를 수집한다. 수집한 디지털 자료와 정보의 신뢰성, 정확성을 파악하여 유용한 디지털 자료와 정보를 선별한다.	디지털 자료와 미디어와의 관계를 탐색한다. 목적에 따른 공공 데이터를 탐색한다. 목적에 따른 트랜드 데이터를 탐색한다. 다양한 디지털 자료를 융합하여 수집한다.
		디지털 자료의 저장과 관리 및 소비	2-1-5. 디지털 자료의 저장과 분류 2-1-6. 디지털 자료의 관리 2-1-7. 디지털 자료와 정보, 콘텐츠의 소비	목적에 알맞은 자료를 수집하여 디지털 파일로 저장한다. 수집한 자료를 문자와 이미지로 분류하여 폴더에 넣는다.	자료를 체계적으로 관리, 공유한다. 디지털 자료를 안전하게 폐기한다. 한쪽에 치우치지 않게 다양한 디지털 콘텐츠를 균형있게 소비한다.	비판적으로 점검한 자료를 디지털 파일로 저장한다. 자료를 체계적으로 관리 공유한다. 한쪽에 치우치지 않게 다양한 분야의 디지털 콘텐츠를 적절하게 소비한다.	자신의 클라우드에 디지털 자료를 저장하고 관리한다.
	2-2. 정보의 분석과 표현	디지털 정보와 데이터의 해석과 표현 및 활용	2-2-1. 디지털 정보와 데이터의 종합과 해석 2-2-2. 디지털 정보와 데이터의 분류 2-2-3. 디지털 정보와 데이터의 분석	디지털 정보의 공통점을 찾아 한 문장으로 표현한다.	디지털 정보와 데이터를 다양한 형태로 재조합한다.	디지털 정보와 데이터를 유형, 의미, 사용 목적에 따라 보다 작은 단위로 나누어 분해한다.	분류한 디지털 정보와 데이터를 분석한다.

대영역 (4개 영역)	세부 요소 (10개 요소)	학습 요소 (22개 요소)	세부 학습 요소 (55개 요소)	학년 군별 학습활동			
				초 1~2	초 3~4	초 5~6	7~9
		디지털 정보와 데이터의 해석과 표현 및 활용	2-2-4. 디지털 정보와 데이터의 종합과 해석 2-2-5. 디지털 정보와 데이터의 시각적 표현 2-2-6. 디지털 정보와 데이터의 판단	디지털 정보와 데이터를 그림으로 표현한다.	텍스트 정보를 분해하여 워드클라우드로 표현한다.	목적에 맞게 디지털 정보를 종합하고, 구조화한다. 분석한 결과들의 의미를 해석한다. 디지털 정보와 데이터 분석 결과를 그래프로 표현한다.	디지털 정보와 데이터 분석 결과를 종합적으로 판단하여 해석한다.
	2-3. 디지털 콘텐츠 생성	디지털 미디어의 특성 이해와 선택	2-3-1. 디지털 미디어의 이해 2-3-2. 디지털 미디어의 선택	옛날 사람들이 동굴벽화를 그린 이유를 탐색한다.	미디어의 개념과 발전 과정을 탐색한다.	디지털 미디어의 특징을 탐색한다. 유튜브, 틱톡, 블로그 등 디지털 미디어 채널별 콘텐츠를 편집한다.	콘텐츠 유통에 알맞은 디지털 미디어를 선택한다.
		디지털 콘텐츠 기획과 창작	2-3-3. 디지털 콘텐츠의 기획 2-3-4. 디지털 콘텐츠의 편집과 창작	이미지 등 간단한 콘텐츠를 편집 및 창작한다.	디지털 콘텐츠 생성을 위한 아이디어를 논의한다. 슬라이드 문서로 디지털 콘텐츠 아이디어를 정리한다.	디지털 도구를 이용하여 다양한 종류의 디지털 콘텐츠를 편집한다.	디지털 도구를 이용하여 다양한 종류의 디지털 콘텐츠를 창작한다. 디지털 콘텐츠를 사용 용도에 맞는 규격과 형식으로 변환한다.
Ⅲ. 디지털 의사소통과 문제 해결	3-1. 디지털 의사소통	디지털 의사소통 방법의 이해와 공감	3-1-1. 디지털 의사소통을 위한 방법의 이해 3-1-2. 디지털 정보 공유 방법 선택 3-1-3. 디지털 의사소통을 위한 공감	문자 메시지와 전화 통화의 장단점을 탐색한다.	디지털 정보를 공유할 수 있는 다양한 방법을 탐색한다.	목적과 환경에 따른 디지털 의사소통 방법을 탐색한다. 디지털 의사소통시 상대방이 처한 환경을 이해할 수 있는 방법을 논의한다.	디지털 의사소통에서 맥락을 이해하기 위한 방법을 탐색한다.
		디지털 의사소통과 협업	3-1-4. 디지털 의사소통과 협업 3-1-5. 사회적	디지털 투표를 통하여 의사를 결정한다.	디지털 의사소통 환경에서 상대방의 입장을	디지털 도구를 이용하여 효율적으로 분업한	디지털 도구를 이용하여 효율적으로 협업한다.

대영역 (4개 영역)	세부 요소 (10개 요소)	학습 요소 (22개 요소)	세부 학습 요소 (55개 요소)	학년 군별 학습활동			
				초 1~2	초 3~4	초 5~6	7~9
			의사결정 활동 참여		존중하고 배려하는 표현을 탐색한다. 학급 LMS 등을 활용하여 의사 소통에 참여한다.	디지털 도구를 활용하여 문제해결 방안을 찾는다.	사회적 의사결정이 이루어지는 온라인 활동을 찾아 보고 의견을 제시한다.
		온라인 이슈/갈등 예방 및 대응	3-1-6. 온라인상 부정적 이슈 예방 3-1-7. 온라인상 이슈 발생 시 대처 3-1-8. 온라인 갈등 감지 및 예측 3-1-9. 온라인 갈등 원인 파악 및 해결	오해가 생겼던 경험을 이야기하고 오해가 생긴 이유를 논의한다.	단체 문자에서 오해가 발생할 만한 상황을 이야기하고, 오해가 생기지 않는 방법을 논의한다.	온라인 의사소통 과정에서 발생할 수 있는 문제를 파악해보고, 예방하기 위한 방법을 논의한다.	온라인 의사소통 과정에서 문제 발생 시 대처 방법에 관해 탐색한다.
	3-2. 디지털 문제해결	문제 공감 및 정의	3-2-1. 문제 파악 및 공감 3-2-2. 디지털 도구를 활용한 문제 정의	주어진 상황 속에서 문제가 무엇인지 찾는다.	문제를 다르게 정의했을 때 발생 가능한 상황을 탐색한다.	디지털을 활용하여 주어진 문제를 이해하고 공감한다.	디지털 도구를 활용하여 자료를 수집, 분석하여 문제를 정의한다.
		문제해결 방안 도출	3-2-3. 문제해결 아이디어 공유 3-2-4. 문제해결 방안 수립	주어진 문제를 해결할 수 있는 아이디어를 논의한다.	주어진 문제를 해결할 수 있는 다양한 아이디어 중 가장 적합한 아이디어를 토론한다.	주어진 문제를 해결하기 위한 방안을 모색하고 계획을 수립한다.	문제해결에 도움이 되는 디지털 도구를 선택한다.
		문제해결 및 성찰	3-2-5. 디지털 도구 활용 문제해결 실천 3-2-6. 문제해결 결과와 과정의 성찰	무작위 선택에 대한 문제를 디지털 도구를 활용하여 해결한다(돌림판, 사다리 타기 등).	디지털 도구를 활용하여 주어진 문제를 해결한다.	디지털 도구를 활용한 문제해결 결과와 과정을 공유하고 평가하고 성찰한다.	평가하고 성찰한 내용을 반영하여 문제해결 과정을 개선한다.
Ⅳ. 디지털 윤리와 정보 보호	4-1. 디지털 윤리	디지털 자기관리	4-1-1. 디지털 기기 사용 시 건강관리 4-1-2. 디지털 기기 사용 시 자기 절제 4-1-3. 디지털 자기 정체성 관리	디지털 기기 사용 시 자세를 바르게 한다.	유해한 디지털 콘텐츠를 차단한다. 자신의 디지털 기기 사용 패턴을 점검한다. 디지털 기기를 학습 외 목적	온라인상의 자신을 존중하며, 자기 정체성을 정립하고 관리한다. 디지털 발자국을 긍정적으로 관리한다.	디지털 프로필을 관리한다.

대영역 (4개 영역)	세부 요소 (10개 요소)	학습 요소 (22개 요소)	세부 학습 요소 (55개 요소)	학년 군별 학습활동			
				초 1~2	초 3~4	초 5~6	7~9
4-2. 디지털 정보 보호			4-1-4. 디지털 평판 관리		으로 사용할 때 사용 시간을 스스로 관리한다.		
		디지털 인간 관계 관리	4-1-5. 디지털 예절의 실천 4-1-6. 사이버 폭력 예방 및 대처	온라인상 지켜야 할 예절을 탐색하고 실천한다.	디지털 정보 또는 콘텐츠를 윤리적으로 생산하고, 소비하고, 공유한다.	다양한 사이버 폭력 예방법과 대처법을 탐색하고 실천한다.	주변에서 사이버 폭력이 발생했을 시 방관하지 않고 해결에 도움이 될 수 있도록 노력한다.
		디지털 준법의 이해와 실천	4-2-1. 디지털 준법의 이해 4-2-2. 사이버 범죄 예방과 대처	디지털 환경에서 주의해야 할 것과 이유를 이야기한다.	어린이에게 발생한 사이버 범죄 사례와 예방법을 탐색한다.	사이버 범죄 의심 시 대응 방법을 탐색한다.	사이버 범죄 유형을 파악하고, 앞으로 발생 가능한 사이버 범죄 유형을 예측하여 발표한다.
		개인정보와 저작물의 보호	4-2-3. 개인정보 보호 4-2-4. 디지털 저작물 보호	해킹, 바이러스의 위험성을 탐색한다.	저작권법의 의미와 중요성에 관해 탐색한다.	해킹 바이러스 등으로부터 개인정보를 보호하는 방법을 탐색하고 실천한다. OCL의 바른 사용법을 탐색한다.	개인정보, 가명정보, 익명정보의 차이와 특징을 탐색한다. 바른 인용 방법과 절차를 탐색한다.

(출처: 한국교육학술정보원, 2023, v-viii)

한편, 국립어린이청소년도서관은 초·중등 사서교사와 함께 어린이와 청소년을 위한 디지털 리터러시 역량 강화 교수-학습자료집을 개발했다(김강선 외, 2023; 박민주 외, 2023). 이 자료집은 〈표 3-11〉에서 보는 바와 같이 디지털 리터러시의 내용 체계를 3개의 학습 영역과 10개의 핵심 개념 그리고 36개의 학습 내용 요소를 포함하고 있으며, 각 학습 내용 요소별 지도 시기를 학년별로 제시하였다.

〈표 3-11〉 디지털 리터러시 내용 요소(국립어린이청소년도서관)

학습 영역	학습 개념	학습 내용 요소	학년							
			초1	초2	초3	초4	초5	초6	중1	중2	중3
1. 학교 도서관 리터러시 (학교 도서관 이용교육)	(가) 학교 도서관의 이해	1. 책의 역사			○	○			○		
		2. 도서관의 역사					○	○	○		
		3. 학교도서관의 자료 이용 범위					○	○	○	○	
		4. 학교도서관 이용규칙	○	○	○	○	○				
		5. 학교도서관 이용 예절				○	○				
		6. 학교도서관 시설과 자료 위치/기기 사용	○	○	○	○	○		○		
		7. 교육과정과 학교도서관	○	○	○	○	○		○		
	(나) 도서관 자료의 구성과 특징	1. 독서로					○	○			
		2. 도서관 자료 이용 방법			○	○	○	○	○	○	○
		3. 한국십진분류법(KDC) 이해					○	○	○		
		4. 청구기호의 이해					○	○	○	○	
	(다) 독서의 즐거움	1. 독서 태도 및 자세	○	○	○	○					
		2. 독서 위생 및 습관	○	○	○						
		3. 독서 흥미 및 경향 진단			○	○		○			
		4. 독서 능력 및 독서 수준 측정					○	○			
		5. 책의 구조(구성 요소)	○	○	○	○					
		6. 올바른 도서 선택				○	○	○	○		
		7. 장르별 독서 방법(문학 읽기)	○	○	○	○	○	○			

예시) [학습 영역 1]의 [핵심 개념(다)] 중에서 [학습 내용 요소 6] '올바른 도서 선택'은 초등학교 4학년부터, 중학교 1학년까지 수업에 활용하기 적합함

학습 영역	학습 개념	학습 내용 요소	학년							
			초1	초2	초3	초4	초5	초6	중1	중2	중3
2. 정보활용 리터러시 (정보활용교육)	(가) 현대사회와 정보이용	1. 지식정보 사회의 변화와 정보활용능력		○	○	○	○	○			
		2. 학교도서관을 활용한 정보문제해결					○	○		○	○
	(나) 정보매체의 이해와 활용	1. 사전과 도감			○	○					
		2. 백과사전 활용법			○	○	○				
		3. 인터넷 자료 활용법					○	○	○		
		4. 신문 잡지 및 기사 조사 방법(정기간행물)						○	○		
		5. 전자도서의 이용						○	○		
		6. 영상자료(1인 미디어)						○	○		
		7. 문학과 비문학	○	○	○	○	○	○			
		8. 인쇄자료와 디지털 자료					○	○	○	○	○
	(다) 정보활용 능력	1. 정보이용교과정 1단계-정보 과제 정하기									
		1) 배경지식 활성화 전략			○	○	○	○	○	○	
		2. 정보이용과정 2단계-정보 찾아 이해하기									
		1) 자료 탐색 전략	○	○	○	○	○	○	○	○	○

학습 영역	학습 개념	학습 내용 요소	초1	초2	초3	초4	초5	초6	중1	중2	중3
2. 정보활용 리터러시 (정보활용교육)	(다) 정보활용 능력	2) 자료 유형별 읽기 전략			○	○	○	○	○	○	○
		3. 정보이용과정 3단계-정보 종합 표현하기									
		1) 자료 구조화 전략			○	○	○	○	○	○	
		2) 구체화 전략(매체별 표현하기)			○	○	○	○	○	○	
		4. 정보이용과정 4단계-정보이용과정 되돌아보기									
		1) 결과 평가 및 과정 평가			○	○	○	○	○	○	
		5. 올바른 정보 공유와 사용									
		1) 참고문헌 표기법				○	○	○	○	○	○

예시) [학습 영역 2]의 핵심 개념(나) 중에서 [학습 내용 요소 2] '백과사전 활용법'은 초등학교 3학년부터, 6학년까지 수업에 활용하기 적합함

학습 영역	학습 개념	학습 내용 요소	초1	초2	초3	초4	초5	초6	중1	중2	중3
3. 디지털 미디어 리터러시 (멀티 리터러시)	(가) 사회변화와 디지털 미디어 리터러시	1. 디지털 미디어 사회와 전통사회 변화 비교					○	○	○		
		2. 미디어 매체와 디지털 정보 환경					○	○	○		
	(나) 디지털 미디어 정보의 이해	1. 디지털 미디어의 종류와 특징									
		1) 온라인 포털					○	○	○		
		2) 1인 미디어						○	○		
		3) SNS					○	○	○		
		4) 빅데이터								○	
		5) 인공지능(알고리즘, 필터버블, 딥페이크 등 연계)								○	○
	(다) 디지털 미디어 정보의 이용	1. 디지털 미디어 정보의 수용과 비판적 이해									
		1) 허위정보 판단하기					○	○	○		
		2) 미디어 매체별 특징에 따라 분석하기					○	○		○	
		3) 디지털 미디어 정보의 비판적 분석					○	○			○
		2. 디지털 미디어 정보 콘텐츠의 생성									
		1) 디지털 기기의 활용					○	○	○		
		2) 디지털 미이어 콘텐츠 제작						○	○	○	○
		3) 디지털 미디어 환에서의 협력적 의사소통(협업 활동)						○	○		
	(라) 디지털 미디어 정보의 이용 윤리	1. 미디어 사회와 디지털 시민성									
		1) 디지털 미디어 정보의 생비자					○	○	○	○	
		2) 정보 공유와 저작권					○	○	○	○	
		3) 개인정보와 사생활 보호					○	○	○	○	
		4) 사이버 폭력					○		○		
		5) 온라인 중독					○				○
		6) 미디어 매체 이용 예절 및 태도					○	○	○	○	

예시) [학습 영역 3]의 [핵심 개념(다)] 중에서 [학습 내용 요소 1-3] '디지털 미디어 정보의 비판적 분석'은 중학교 3학년부터 수업에 활용하기에 적합함

2.5 미디어·정보 리터러시

UNESCO는 1982년 「그륀발트 선언」(Grünwald Declaration)에서 발표한 미디어 리터러시와 2003년 「프라하 선언」(Prague Declaration)에서 채택한 정보 리터러시를 통합하여 2008년에 미디어·정보 리터러시(Media and Information Literacy: MIL)라는 개념을 소개했다. 미디어·정보 리터러시란, '모든 형태의 정보와 미디어 콘텐츠에 접근하고, 수용하고, 비판적으로 평가하고, 창작하고, 이용하고, 전파할 수 있는 능력'을 의미한다. 미디어·정보 리터러시 등장은 소셜미디어 플랫폼의 성장에 따른 허위, 가짜 뉴스의 확산, 코로나-19 팬데믹 상황에서 늘어난 건강 정보의 중요성, 언론과 표현의 자유, 정보 접근, AI 등 디지털 신기술의 등장 그리고 세계 시민성 교육과 밀접한 관련이 있다(유네스코 한국위원회, 2022). 즉 미디어·정보 리터러시의 등장 배경에는 허위 정보가 개인의 기본권을 침해하고, 민주주의와 건전한 거버넌스 그리고 사회적 결속을 위협한다는 인식이 자리 잡고 있다. 교사를 위한 MIL 교육과정 준거(The MIL Curriculum Framework for Teachers)을 살펴보면 〈표 3-12〉와 같다.

〈표 3-12〉 UNESCO의 교사를 위한 MIL 교육과정 준거

핵심 교육과정 영역	민주적 담론을 위한 미디어와 정보에 대한 지식	미디어와 정보 평가	미디어와 정보의 생산과 이용
정책과 비전	미디어와 정보에 능숙한 교사 준비	미디어와 정보에 능숙한 학생 준비	미디어와 정보에 능숙한 사회 육성
	→	→	→
교육과정과 평가	미디어, 도서관, 아카이브 그리고 다른 정보 제공자에 대한 지식과 기능 및 이를 이용하는 데 필요한 조건	미디어 텍스트와 정보원을 평가하는 데 필요한 기준 이해	정보와 미디어 텍스트의 생산 방법, 정보와 미디어 텍스트 생산의 사회적 문화적 맥락, 시민의 사용, 사용 목적 등 탐색 능력
	→	→	→
교육 방법	미디어와 정보의 교실 수업 통합	문제해결을 위한 미디어 콘텐츠와 다른 정보 제공자 평가	이용자 제작 콘텐츠 교수-학습용으로 이용
	→	→	→

미디어와 정보	인쇄 기반 미디어-신문, 잡지 등, 정보 제공자-도서관, 아카이브, 박물관, 도서, 저널 등	방송 미디어-라디오, 텔레비전 등	뉴미디어-인터넷, 소셜네트워크, 전달 플랫폼(컴퓨터, 휴대전화 등)
	→	→	→
조직과 관리	교실 조직 지식	미디어·정보 리터러시를 통한 협동	정보 리터러시의 평생 학습 적용
	→	→	→
교사 전문성 개발	시민 교육, 전문가 집단 참여, 사회 거버넌스를 위한 MIL에 대한 지식	전문 학습을 위한 미디어와 정보원 평가와 관리	리더십과 모범 시민; 교사와 학생 발달을 위한 MIL 촉진과 이용 옹호

(출처: UNESCO, 2011, 23)

특히, UNESCO는 청소년에게 필요한 미래 핵심역량으로 미디어를 비판적으로 평가하고 받아들이며, 신뢰할 수 있는 정보를 식별하는 미디어·정보 리터러시를 강조하고 있다. 청소년은 MIL을 통해 '사실에 기반해 결정을 내릴 수 있는 능력'을 함양할 수 있으며, 이는 '복잡한 환경문제 해결에 필요한 비판적 사고'와 '문제해결능력', '기업가 정신'으로 이어진다. UNESCO(2013)의 「글로벌 미디어·정보 리터러시 평가 준거」(Global Media and Information Literacy Assessment Framework: country readiness and competencies)를 살펴보면 다음 〈표 3-13〉과 같다.

〈표 3-13〉 UNESCO의 글로벌 미디어·정보 리터러시 평가 준거

역량 1: 정보와 미디어 콘텐츠에 대한 필요성을 인식하고, 탐색하고, 접근하고, 검색하기

주제 영역	역량	성취 기준
정보요구의 정의와 표현	미디어·정보 리터러시를 갖춘 사람은 다양한 정보원에 담긴 정보와 미디어 (콘텐츠)의 특성, 역할, 범위를 결정하고 표현할 수 있다.	1. 정보와 미디어 콘텐츠에 대한 요구를 인지한다.
		2. 정보와 미디어 콘텐츠에 대한 요구를 정의한다.
		3. 미디와 정보 제공자의 필요성과 중요성을 인식한다.
		4. 요구를 실천으로 옮기기 위해서 핵심적이고 관련 있는 개념, 지식(disciplines), 주제와 연결된 정보요구를 결정하고 구체화한다.
		5. 다양한 유형의 정보요구, 다양한 정보원(다른 사람, 그룹, 기관, 개체)을 필요로 하는 문제, 무언가가 생기고(come), 발생하고(arise), 생성되거나 획득된 장소(예, 도서관, 기록 보관소, 미디어, 인터넷)를 이해한다.
		6. 사람, 그룹, 기관과 같은 다른 이들의 도움 없이는 해결할 수 없는 다양한 정보요구와 문제를 추측한다.
		7. 일반적 진술/질문을 형성하기 위해 다른 개인, 그룹, 기관이나 수준과 연계하고 상담한다.
		8. 정보요구에 기반해 명확한 방식에 의해 어떤 기술적 방법으로든

주제 영역	역량	성취 기준
		표현된 모든 방식의 발화, 기록, 유형, 구조, 표현으로 활성화된 일반적 진술/질문을 형성한다.
		9. 정보요구에 기반한 일반적인 진술/질문을 능동적인 진술/질문의 형태로 진술하고(formulate), 명시적이고 효율적인 방식의 기술(technique)을 사용하여 말로 표현하고, 기록하고, 유형화하고, 구성하고, 표현한다.
정보와 미디어 콘텐츠 탐색하고 찾기	미디어·정보 리터러시를 갖춘 사람은 정보와 미디어 속 콘텐츠를 탐색하고 찾을 수 있다.	1. 적합한 정보, 미디어 속 콘텐츠, 정보 제공자, 의미, 도구를 찾기 위한 탐색 전략을 개발한다.
		2. 정보와 미디어 속 콘텐츠를 찾고 접근할 수 있는 정보 생산자와 미디어 관련 기관의 역할과 기능을 이해한다.
		3. 어떤 형태의 기기/도구든 현실 세계나 가상의 공간에 상관없이 정보와 미디어 속 콘텐츠가 있을 수 있는 장소와 위치를 탐색, 결정, 설정한다.
		4. 정보와 미디어 속 콘텐츠의 저자, 생산자, 조직, 배포자를 확인하기 위해 탐색한다.
		5. 메타데이터의 기능을 이해한다.
		6. 정보원 유형, 날짜, 유형, 저자, 제공자, 수신자, 키워드, 태그, 용어 등으로 잠재적 정보원을 확인, 구분하고 우선순위를 정한다.
		7. 정보 제공자와 미디어가 제공하는 다양한 정보와 미디어 속 콘텐츠, 유형을 충분히 활용한다.
		8. 정보와 미디어 정보원의 유형을 구별한다.
		9. 어떤 유형의 정보와 미디어 정보원이 필요한지 결정한다.
		10. 정보와 미디어 속 콘텐츠 위치를 찾는 중요하고 적절한 도구를 안다.
		11. 기술적, 법적, 경제적, 사회-문화적, 정치적, 또는 기타 이유에 의해 정보와 미디어 속 콘텐츠에 접근하는 것의 한계, 도전, 가능성을 인식한다.
		12. 필요한 경우 탐색 전략을 수정한다.
		13. 적합한 도구를 활용해 정보원에 접근한다.
정보와 미디어 콘텐츠 및 미디어와 정보 제공자에 대한 접근	미디어·정보 리터러시를 갖춘 사람은 필요한 정보와 미디어 콘텐츠뿐만 아니라 미디어와 정보 제공자에 효과적이고 효율적이며 윤리적으로 접근할 수 있다.	1. 정보와 미디어 콘텐츠에 접근하기 위한 방법과 전략을 결정한다.
		2. 위에서 형성된 방법과 전략을 적용해 요구되는 정보와 미디어 콘텐츠를 습득하기 위한 가능성, 비용, 시간, 혜택 그리고 적용 가능성을 결정한다.
		3. 정보, 문서, 미디어 콘텐츠, ICTs, 다른 미디어와 정보 제공자에 대한 윤리적 접근과 관련된 기본적 법률, 규정, 정책, 권리, 원칙을 준수한다.
		4. 정보에 접근하는 것과 관련된 규칙, 법률, 규정의 중요성을 인정한다.
		5. 정보와 미디어 콘텐츠 접근에 대한 제약을 이해한다.
		6. 정보와 미디어 콘텐츠에 접근하기 위한 다양한 도구를 활용한다.
		7. 다양한 미디어와 다른 정보 제공자에 의해 선택된 정보와 미디어 콘텐츠에 접근한다.

주제 영역	역량	성취 기준
		8. 자기표현, 창의성, 사회적, 정치적 참여를 위해 인터넷을 활용하는 것을 포함해 미디어와 다른 정보 제공자에게 접근한다.
정보와 미디어 콘텐츠의 검색/보관/수집/보유	미디어·정보 리터러시를 갖춘 사람은 다양한 방법과 도구를 활용해 정보와 미디어 콘텐츠를 탐색하고 임시 보관할 수 있다.	1. 가장 적합한 정보와 미디어 콘텐츠를 다양한 형식 속에서 탐색하는 데 다양한 시스템과 도구를 활용한다.
		2. 정보를 탐색하기 위해 다양한 형식의 질의어를 활용한다.
		3. 다양한 유형의 정보를 탐색한다.
		4. 적합한 기술과 도구를 활용해서 탐색한 정보와 미디어 콘텐츠를 선택, 조직, 보관한다.
		5. 보관한 정보와 미디어 콘텐츠에 대한 요구사항, 규정, 활용하는 방법을 이해한다.
		6. 탐색한 정보와 미디어 콘텐츠가 미래에 유용할 것인지 추측한다.
		7. 정보와 미디어 콘텐츠 보관에 대한 기본적 요구사항을 적용한다.

역량 2: 정보와 미디어를 이해하고, 진단하고(assess), 평가하기(evaluate)

주제 영역	역량	성취 기준
정보와 미디어의 이해	미디어·정보 리터러시를 갖춘 사람은 미디어와 정보 제공자의 사회적 필요성을 이해한다.	1. 미디어와 정보 제공자가 그들의 역할을 수행하기 위해 필요한 원리와 조건을 이해한다.
		2. 정보를 제공하고, 가르치고, 영향을 미치고, 즐겁게 하기 위한 미디어와 정보 제공자의 사회적 역할과 기능을 이해한다.
		3. 미디어와 정보 제공자가 사회적으로 지닌 의미를 인지한다.
		4. 미디어와 정보 제공자의 업무와 이들의 영향력이 모니터링될 수 있고 모니터링되어야 한다는 점을 이해한다.
		5. 미디어, 정보와 관련된 윤리 및 권리의 개념과 국제적 전문적 기준을 안다.
		6. 정보와 미디어 콘텐츠 자체가 가진 영향력을 인지한다.
		7. 정보와 미디어 콘텐츠가 어떻게 다른 형식으로 다르게 표현(represent)될 수 있는지를 식별한다.
		8. 정보와 미디어 콘텐츠의 소유자와 제작자를 식별하고 구별한다.
		9. 저작권과 저자의 권리를 이해한다.
		10. 다른 이의 저작물을 활용할 때 저작권과 저자의 권리를 밝히는 것의 중요성을 인식한다.
		11. 정보와 미디어 콘텐츠뿐만 아니라 미디어와 정보기관의 편집 독립성과 검열에 대해 안다.
		12. 다양한 방법으로 정보와 미디어 콘텐츠를 해석하는 청중/이용자에 대해 인식한다.
		13. 모든 정보와 미디어 콘텐츠에 대해 다양한 관점이 존재함을 안다.
		14. 미학적 기준과 형식을 적용해서 정보와 미디어 콘텐츠를 감상한다.
		15. 다양한 미디어와 정보 플랫폼의 코드와 장르를 이해한다.
		16. 미디어와 정보 제공자의 홍보의 중요성을 이해한다.

주제 영역	역량	성취 기준
정보와 미디어 콘텐츠, 미디어와 정보 제공자 평가	미디어·정보 리터러시를 갖춘 사람은 미디어와 정보 제공자를 사회적으로 평가할 수 있을 뿐만 아니라 검색된 정보와 정보원에 대한 진단을 위한 기초적 기준을 평가, 분석, 비교, 표현, 적용할 수 있다.	1. 검색된 정보와 미디어 콘텐츠 및 정보원에 대한 평가 기준을 정의한다(목적, 대상자, 저작권, 신뢰성, 중요성, 제공자, 관련성, 현용성(currency), 신뢰성, 완전성, 정확성, 일정, 범위(scope), 범주(coverage)) 2. 미디어와 다른 정보 제공자뿐만 아니라 정보와 미디어 콘텐츠에 대한 평가를 위한 기본적 측정(assessment) 기구(instrument)/도구를 제작하거나 활용한다. 3. 검색한 정보와 미디어 콘텐츠에서 아이디어, 키워드, 개념, 메시지, 주제와 같은 주요 요소를 선택하고 요약한다. 4. 지속 가능한 발전의 맥락에서 정보와 미디어 콘텐츠의 목적과 중요성을 이해한다. 5. 검색된 정보와 미디어 콘텐츠를 해석하고 연결하고 자신만의 언어로 재진술한다. 6. 편집의 독립성을 구분하고, 정보와 미디어 콘텐츠 및 미디어와 다른 정보 제공자의 검열을 인지한다. 7. 검색된 정보와 미디어 콘텐츠에 대한 목표 이용자를 기술한다. 8. 다양한 홍보 메시지, 절차, 기법, 기준과 직업 규약(code of practice)을 식별하고 분석하고 구별한다. 9. 다양한 도구를 사용하여 추가 정보원, 방법, 검색 전략을 식별하고 검증한다.
정보와 미디어 콘텐츠, 미디어와 정보 제공자 평가	미디어·정보 리터러시를 갖춘 사람은 수집된 정보와 미디어 콘텐츠와 정보원, 그리고 미디어와 정보 제공자를 사회적 맥락에서 평가하고 인증할 수 있다.	1. 평가 기준과 적합한 도구를 정의한다. 2. 평가의 한계와 주체를 인식한다. 3. 관련된 요구/주제/문제를 식별하고 통합하며 추가 질문을 한다. 4. 미디어와 정보 제공자뿐만 아니라 수집된 정보와 미디어 콘텐츠, 정보원을 검토한다. 5. 미디어와 정보 제공자뿐만 아니라 수집된 정보와 미디어 콘텐츠, 정보원을 평가한다. 6. 다양한 미디어와 정보원으로부터의 정보를 비교한다. 7. 평가를 위한 정보와 미디어 콘텐츠의 수명 주기의 중요성을 이해한다. 8. 다양한 기법을 활용해 수집된 정보와 미디어 콘텐츠로부터 결론을 도출하고 판단한다. 9. 결론에 대한 논거를 제공한다.
정보와 미디어 콘텐츠 조직	미디어·정보 리터러시를 갖춘 사람은 수집한 정보와 미디어 콘텐츠를 종합하고 조직할 수 있다.	1. 자신만의 노트와 요약을 받아 적고 기록할 수 있다. 2. 초기의 요구/문제/이슈/질문을 수정하고, 개선하고 구조화하고 범위를 좁힌다. 3. 정보와 미디어 콘텐츠를 그룹화하고 조직한다. 4. 선택된 정보와 미디어 콘텐츠를 색인화하는 것의 중요성을 이해한다. 5. 정보와 미디어 콘텐츠의 조직을 위한 도구와 형식을 활용한다. 6. 향후 사용을 위해 평가에 근거한 관련된 정보와 미디어 콘텐츠를 저장한다. 7. 정보와 미디어 콘텐츠를 한 형식에서 다른 형식으로 변환한다. 8. 종이, 오디오, 비디오 같은 다양한 형식으로부터 정보와 미디어 콘텐츠를 종합한다.

역량 3: 정보와 미디어 콘텐츠의 생성, 활용, 모니터링

주제 영역	역량	성취 기준
지식의 창조와 창의적 표현	미디어·정보 리터러시를 갖춘 사람은 혁신적, 윤리적, 창의적 방법으로 특정 목적에 따라 새로운 정보와 미디어 콘텐츠나 지식을 생산/제작할 수 있다.	1. 기존의 정보와 미디어 콘텐츠가 독창적인 생각, 실험, 분석과 결합하여 새로운 정보와 지식을 생산할 수 있음을 인식한다. 2. 새로운 정보, 미디어 콘텐츠나 지식의 목적과 형식을 지원하고 문제를 해결하는 방식으로 수집된 정보와 미디어 콘텐츠를 조직한다. 3. 성별, 인종, 나이, 능력 등 표적 청중(target audience)이 가진 사회-문화적 측면의 중요성을 고려한다. 4. 도구와 형식을 사용하여 수집된 정보와 미디어 콘텐츠를 새로운 맥락(사전지식)으로 내면화하고, 통합하고 형성하고 표현한다. 5. 생산과정을 성찰하고, 필요한 경우 수정한다. 6. 윤리적 방법으로 새로운 지식 창출을 하기 위한 국제적 기준, 요구사항, 권고사항을 적용한다. 7. 특정 대상자에게 접근하기 위한 정보 접근 기준과 권장사항의 중요성을 인식한다. 8. 정보 접근 기준과 권고사항을 적용하여 정보와 미디어 콘텐츠를 맞춤화한다. 9. 다양한 형식으로 새로운 지식을 창조하고 미적으로 표현하기 위해 다양한 도구를 사용한다. 10. 새로운 지식이 다양하고 광범위한 목적과 결과를 가져올 수 있음을 인식한다.
미디어와 ICTs를 통해 윤리적, 효율적 방법으로 정보, 미디어 콘텐츠와 지식 주고받기	미디어·정보 리터러시를 갖춘 사람은 적합한 채널과 도구를 활용해 윤리적, 법적, 효율적 방법으로 정보, 미디어 콘텐츠, 지식을 주고받을 수 있다.	1. 새로운 지식이 공유되고 배포되고 소통에 활용되어야 함을 안다. 2. 대상자의 규모와 유형에 따라 정보와 미디어 콘텐츠, 지식의 소통, 배포, 공유를 가장 잘 지원할 수 있는 소통의 매체, 형식, 라이센스를 선택한다. 3. 정보, 미디어 콘텐츠, 지식의 소통, 배포, 공유의 목적에 따라 정보와 커뮤니케이션 기술(technology)과 애플리케이션을 다양하게 활용한다. 4. 대상자의 맥락적 상황에 따라 정보, 미디어 콘텐츠, 지식을 식별, 복제, 소통, 배포, 공유한다. 5. 정보, 미디어 콘텐츠를 윤리적인 방법으로 주고받는다. 6. 정보, 미디어 콘텐츠를 합법적인 방법으로 주고받는다. 7. 자신의 업무, 개인적 데이터, 시민의 자유, 개인정보 보호 및 지적 권리를 보호하는 방법을 안다. 8. 가상 세계에서 지식을 주고받고, 배포하고, 공유하는 결과와 위험을 인식한다. 9. ICTs와 미디어 플랫폼에서 이용자와 피해자/가해자/방관자/증인의 상호 의존성을 이해한다. 10. 다양한 미디어와 도구를 통해 정보, 미디어 콘텐츠, 지식을 공유한다.
활발한 시민으로 사회적 공공 활동 참여	미디어·정보 리터러시를 갖춘 사람은 윤리적이고, 효과적이며 효율적인	1. 다양한 미디어와 정보 제공자를 통해 사회-공공 활동에 참여하고 연계되는 것의 중요성을 인식한다. 2. 가상 세계를 포함한 사회-공공 활동 참여에 따르는 위험과 결과에

	방법으로 다양한 수단을 통해 자기표현, 문화 간 대화, 민주적 참여를 위해 미디어와 정보 제공자와 관계를 맺을 수 있다.	대해 인식한다.
		3. 다른 크리에이터, 제작자, 이용자, 정보 제공자, 대상자와 실제로나 가상에서 다양한 방법으로 공유하고 소통한다.
		4. 다양한 수단과 도구를 통해 사회 공공적 활동에 연계하고 참여한다.
정보와 미디어 콘텐츠, 지식의 생산과 활용 및 미디어와 다른 정보 제공자에 대한 영향 모니터링	미디어·정보 리터러시를 갖춘 사람은 생산되고 배포된 정보, 미디어 콘텐츠, 지식은 물론 기존의 미디어와 다른 정보 제공자의 영향을 분석할 수 있다.	1. 공유된 정보, 미디어 콘텐츠 및 지식을 모니터링하는 것의 필요성과 중요성을 안다.
		2. 의도된 영향의 효과를 정기적으로 평가하기 위해 모니터링 수단/메커니즘과 정책/도구를 사용하거나 수립한다.
		3. 질, 영향력, 관행의 무결성(integrity of practices)과 같이 공유된 정보, 미디어 콘텐츠, 지식에 대해 분석하고 판단한다.
		4. 대상자가 정보, 미디어 콘텐츠, 지식에 어떻게 반응하는지와 그것의 영향력을 식별하고 분석한다.
		5. 이용가능한 정보와 미디어 모니터링 서비스와 도구를 알고 사용한다.
		6. 모니터링 결과가 새로운 정보, 미디어 콘텐츠 및 지식의 개선이나 생성에 사용되는 방법을 안다.
		7. 미디어 소유권과 그 의미를 모니터링하는 방법을 안다.
		8. 공공 관련 서비스 제공 기관의 기능과 역할, 그리고 이러한 기관이 대상자와 의사 결정에 미치는 영향력을 이해한다.
		9. 공공 관련 서비스와 로비스트의 기능을 모니터링한다.
		10. 필요한 경우 실제 결과와 의도된 결과의 비교를 기반으로 정보와 미디어 콘텐츠를 다시 수정하고(redirect) 재구성한다(recast).
		11. 감사(appreciation)나 불만 사항을 전달할 수 있는 방법과 장소를 안다.

(출처: UNESCO, 2013; 원문 번역: 전남대학교 박주현 교수)

IFLA(2015)의 「학교도서관 가이드라인」(School Library Guidelines)에서는 리터러시 및 독서 교육(Literacy and Reading Promotion)과 함께 미디어·정보 리터러시 교육을 학교도서관의 필수 역할로 정하고 있다. 그리고 미디어·정보 리터러시 교육의 목적을 '변화하는 세상에서 학생이 책임감 있고 윤리적으로 정보를 찾고 사용할 수 있는 학습자와 시민으로 살 수 있도록 양성하는 것'이라고 설정하고, 교수-학습 영역에서 사서교사가 지도하는 미디어·정보 리터러시 교육의 범주(The MIL curriculum framework)를 다음과 같이 제시하고 있다.

- 민주적 사회적 참여에 필요한 미디어와 정보에 대한 지식과 이해
- 미디어 텍스트와 정보 출처에 대한 평가(누가 그것을 만들었는지, 누구를 위해 만들어졌는지, 메시지는 무엇인지에 초점을 맞춤)
- 미디어와 정보의 제작과 사용

한편, 광주광역시교육청(2023)이 고등학교(3학년) 선택과목으로 승인한 「미디어·정보 리터러시」 교과의 내용 체계는 '미디어와 콘텐츠의 이해, 미디어와 콘텐츠의 접근과 탐색, 미디어와 정보의 분석과 평가, 정보와 미디어 콘텐츠의 생산, 정보와 미디어 콘텐츠의 윤리' 등 5개 영역으로 구성되어 있다. 각 영역별 핵심 개념과 일반화된 지식, 내용 요소 그리고 기능을 살펴보면 다음 〈표 3-14〉와 같다.

〈표 3-14〉 광역광역시교육청 「미디어·정보 리터러시」 교과 내용 체계

영역	핵심 개념	일반화된 지식	내용 요소	기능
미디어와 콘텐츠의 이해	• 미디어 • 리터러시 • 정보와 미디어 콘텐츠	• 미디어는 저장된 물리적인 물체이다. • 리터러시는 읽고 쓰는 능력과 특정 영역에서의 역량을 의미한다. • 콘텐츠(정보)는 미디어에 저장되어 있다.	• 다양한 리터러시의 개념 • 미디어 및 미디어 기관의 기능 • 미디어의 특징과 종류 • 콘텐츠의 특징과 유형	구별하기, 이해하기 설명하기, 이용하기
미디어와 정보의 접근과 탐색	• 정보문제 • 미디어와 정보 접근 • 정보 탐색 • 정보원	• 필요한 정보가 무엇인지에 따라 접근하고 탐색하는 미디어를 결정해야 한다. • 오픈 엑세스는 정보 접근 및 공유를 통해 지적 자유와 알 권리를 옹호한다.	• 검색엔진과 정보검색 • AI와 정보 탐색 • 정보문제 해결 과정 • 미디어와 정보원 • 오픈 액세스	문제해결하기 필터링하기 표현하기, 접근하기 검색하기, 확인하기 탐색하기, 분석하기 저장하기, 활용하기 이해하기, 수강하기
미디어와 정보의 분석과 평가	• 멀티미디어 • 신뢰성 • 허위 정보 • 메시지 • 평가 전략	• 인간은 시각, 청각, 후각, 촉각을 통해 정보를 수용하고 분석할 수 있다. • 적절한 전략과 모형을 통해 정보를 분석하고 평가해야 한다.	• 미디어 콘텐츠의 유형에 따른 분석 • 허위 정보와 정보 평가 • 광고, 기사, 피싱 식별 • 정보와 정보원 평가 전략과 평가 모형	적용하기, 평가하기 식별하기, 예방하기 이해하기, 해석하기 종합하기, 비교하기 조직하기, 저장하기 종합하기, 읽기
정보와 미디어 콘텐츠의 생산	• 글쓰기 • 시각적 표현 • 디지털 생산 • 표현의 자유 • 정보 활용	• 세계시민으로서 문제와 문제해결 결과를 표현하고 공유해야 한다. • 세계시민으로서 디지털 세상에서 자신의 의견을 표현할 수 있어야 한다.	• 다양성 존중 • 미디어로 표현과 생산 • 디지털 기기 활용 • 앱, 소프트웨어, 플랫폼, AI이용 • 미디어를 통한 참여	인식하기, 실천하기 표현하기, 활용하기 공유하기, 참여하기 태도갖기
정보와 미디어 콘텐츠의 윤리	• 표절 • 검열 • 지적 자유 • 공정이용	• 다른 사람이 생산한 미디어 콘텐츠를 존중해야 한다. • 정보 접근과 공유의 자유는 인권으로 존중되어야 한다.	• 지식재산권 • 표절과 출처 • 검열과 알 권리 • 정보독점과 정보 접근 금지 • 공정이용	이해하기, 실천하기 실행하기, 사용하기 조정하기, 태도갖기

※ ○○고등학교. 3학년 생활/교양 영역. 6학점 편성
(출처: 광주광역시교육청, 2023)

그리고 영역별 성취 기준은 〈표 3-15〉와 같다.

〈표 3-15〉 광역광역시교육청「미디어·정보 리터러시」교과 성취 기준

(1) 미디어와 콘텐츠의 이해
- 이 단원은 미디어와 콘텐츠, 관련 기관, 전통적 미디어와 디지털 미디어에 대한 지식을 살펴본다.
[12○○01-01] 미디어·정보 리터러시와 관련된 개념들을 이해하고 개념 간의 차이점을 구별할 수 있다.
[12○○01-02] 정보와 미디어 콘텐츠를 찾고 접근할 수 있는 정보 생산자와 미디어 관련 기관의 역할과 기능을 이해한다.
[12○○01-03] 언론사, 플랫폼 회사, 도서관 등과 같은 미디어와 정보 제공자의 사회 규범적 역할과 역할을 수행하기 위해 필요한 조건과 환경을 이해한다.
[12○○01-04] 공공 관련 서비스 제공 기관의 역할과 기능, 그리고 그것이 대상 이용자의 의사결정에 미치는 영향력을 이해한다.
[12○○01-05] 실생활에서 사용하고 있는 미디어의 종류를 기준에 따라 구별할 수 있다.
[12○○01-06] 정보와 미디어 콘텐츠의 특징을 알고 유형을 구분할 수 있다.
[12○○01-07] 미디어와 콘텐츠의 영향력과 순기능 및 역기능을 이해한다.
[12○○01-08] 미디어의 순기능과 역기능을 이해한다.
[12○○01-09] 미디어가 인간관계와 사회생활에 미치는 영향을 이해한다.
[12○○01-10] 다양한 미디어와 정보 플랫폼의 규칙과 장르를 이해한다.
[12○○01-11] 책, 신문, 잡지, 라디오, 텔레비전 등의 전통적 미디어의 발달 과정을 설명할 수 있다.
[12○○01-12] 다양한 기능의 앱이 있음을 알고 일상생활과 업무, 재미를 위해 필요한 앱을 사용할 수 있다.
[12○○01-13] 주변에 있는 인공지능과 로봇의 종류를 알고 이용할 수 있다.
[12○○01-14] 미디어 소유권과 그것이 주는 의미를 분석하는 방법을 이해한다.
[12○○01-15] 정보를 선택하고 제공하는 기자와 사서 등의 사회적 역할과 책임을 이해한다.
[12○○01-16] 다양한 기능의 대표적인 플랫폼을 알고 이들 플랫폼의 특징을 이해한다.
[12○○01-17] 소셜미디어와 플랫폼이 수익을 창출하기 위해서 인공지능을 이용하는 방법을 이해한다.

(2) 미디어와 정보의 접근과 탐색
- 이 단원은 정보문제 해결 과정을 이해하고 미디어와 정보의 접근과 탐색에 필요한 지식과 기능을 익힌다.
[12○○02-01] 정보문제 해결 과정과 단계를 이해하고 정보문제 해결 과정과 단계에 따라 정보문제를 해결할 수 있다.
[12○○02-02] 필요한 정보가 무엇인지를 이해하고 글로 표현할 수 있다.
[12○○02-03] 필요한 정보를 포함하고 있는 다양한 유형의 미디어와 정보원에 접근할 수 있다.
[12○○02-04] 적합한 정보원과 도구를 활용해 윤리적, 법적, 효율적인 방법으로 정보와 미디어 콘텐츠에 접근할 수 있다.
[12○○02-05] 검색엔진과 웹 브라우저의 특징을 알고 필요한 정보를 검색할 수 있다.
[12○○02-06] 정보원의 유형, 날짜, 저자, 제공자, 태그, 용어 등을 확인할 수 있다.
[12○○02-07] AI를 이용하여 필요한 정보를 탐색할 수 있다.
[12○○02-08] 탐색한 정보와 미디어 콘텐츠가 유용할 것인지를 추측하고 불필요한 정보를 필터링할 수 있다.
[12○○02-09] 개인의 요구에 따라 필요한 학업적 생활적 정보를 수집하여 읽거나 듣고, 정보의 내용을 분석할 수 있다.
[12○○02-10] 적합한 기술과 도구를 활용하여 필요한 정보를 수집하고 다양한 미디어로 저장 및 보관할 수 있다.
[12○○02-11] 정보를 탐색하기 위해 다양한 형식의 질의어를 활용할 수 있다.

[12○○01-12] 맞춤 추천 정보를 제공할 때 인공지능과 알고리즘이 편향된 정보를 제공할 수 있음을 이해한다.
[12○○01-13] 메타데이터를 확인하여 개인의 요구에 적합한 정보원에 접근할 수 있다.
[12○○01-14] 대규모 온라인 공개 강의 사이트에 접속하여 자신이 원하는 강의를 수강할 수 있다.
[12○○01-15] 교육 공개 자료 사이트의 종류를 알고 자신에게 필요한 사이트를 이용할 수 있다.
[12○○01-16] 오픈 액세스의 개념을 이해하고 다양한 종류의 오픈 접근이 있음을 알고 활용할 수 있다.

(3) 미디어와 정보의 분석과 평가
- 이 단원은 미디어와 정보원, 정보의 신뢰성을 평가하고 정보와 미디어 콘텐츠의 내용을 분석하고 평가하는 기능을 익힌다.
[12○○03-01] 검색된 정보와 미디어 콘텐츠, 정보원에 대한 평가 기준을 알고 적용할 수 있다.
[12○○03-02] 미디어와 정보 제공자와 정보와 미디어 콘텐츠의 신뢰성을 평가할 수 있다.
[12○○03-03] 허위 정보와 관련된 개념들을 이해하고 가짜 뉴스 평가 도구를 활용하여 정보의 신뢰성과 평가할 수 있다.
[12○○03-04] 광고와 기사, 피싱을 식별할 수 있다.
[12○○03-05] 다양한 피싱의 종류를 알고 일상생활에서 피싱을 예방한다.
[12○○03-06] 정보 및 영상 이미지가 전달하는 메시지를 분석하고 이해할 수 있다.
[12○○03-07] 인포그래픽의 신뢰성을 확인하고 정보를 비판적으로 해석할 수 있다.
[12○○03-08] 정보와 미디어 콘텐츠를 정리하고 종합할 수 있다.
[12○○03-09] CRAAP를 활용하여 정보원의 신뢰성을 평가할 수 있다.
[12○○03-10] 다양한 미디어와 정보원으로부터 특정한 정보를 비교할 수 있다.
[12○○03-11] 정보와 미디어 콘텐츠를 군집화하고 조직할 수 있다.
[12○○03-12] 선택된 정보와 미디어 콘텐츠를 색인화하고 저장할 수 있다.
[12○○03-13] 종이, 오디오, 비디오 같은 다양한 형식으로부터 정보와 미디어 콘텐츠를 종합할 수 있다.
[12○○03-14] 포털 사이트에서 제공하는 디지털 신문의 특징을 이해하고 신문을 읽는다.
[12○○03-15] 언론사가 편집한 신문과 인공지능이 추천한 뉴스를 비교해 보고 차이점을 안다.

(4) 정보와 미디어 콘텐츠의 생산
- 이 단원은 미디어를 통해 자신의 의사를 표현하고 콘텐츠를 조작 및 생산하는 기능을 익힌다.
[12○○04-01] 성별, 인종, 나이, 능력 등의 다양한 대상자가 가진 사회 문화적 측면의 중요성을 인식한다.
[12○○04-02] 윤리적 방법으로 새로운 지식을 창출하기 위한 국제적 기준과 요구사항 및 권고사항을 알고 실천할 수 있다.
[12○○04-03] 다양한 도구를 활용하여 다양한 형식의 새로운 지식을 창조하고 표현할 수 있다.
[12○○04-04] 정보, 미디어 콘텐츠, 지식의 소통, 배포, 공유의 목적에 따라 정보와 소통 기술 및 애플리케이션을 다양하게 활용할 수 있다.
[12○○04-05] 윤리적 방법으로 정보와 미디어 콘텐츠를 만들고 공유할 수 있다.
[12○○04-06] 가상 세계에서 지식을 소통, 배포, 공유하는 절차와 위험 요소를 인식한다.
[12○○04-07] 다양한 미디어와 도구를 활용해 정보, 미디어 콘텐츠, 지식을 공유한다.
[12○○04-08] 다양한 미디어와 도구를 통해 사회 공공적 활동에 참여한다.
[12○○05-09] 애플리케이션을 활용하여 디지털 기반의 사회적 의사소통을 통해 미래 사회에 참여하는 태도를 지닌다.

(5) 정보와 미디어 콘텐츠의 윤리
- 이 단원은 타인의 저작물을 존중하고 윤리적으로 사용하는 태도를 익히며, 동시에 정보의 독점과 검열이 인간의 정보 접근의 권리와 알 권리를 제한하고 있다는 것을 인식하여 지적 자유를 수호하는 태도를 기른다.
[12○○05-01] 저작권과 저자의 권리를 이해한다.

[12○○05-02] 다른 이의 저작을 활용할 때 저작권과 저자의 권리를 밝히는 것의 중요성을 인식하고 실천한다.
[12○○05-03] 편집의 독립성과 미디어와 정보 제공 기관뿐만 아니라 정보와 미디어 콘텐츠의 검열에 대해 이해한다.
[12○○05-04] 모든 정보와 미디어 콘텐츠에 대한 다양한 관점이 존재함을 이해한다.
[12○○05-05] 개인정보 보호의 개념을 이해하고 인터넷에서 개인정보를 보호하기 위한 전략을 실행할 수 있다.
[12○○04-06] 개인적 데이터, 시민의 자유, 프라이버시, 지적 권리를 보호할 수 있는 방법을 이해한다.
[12○○05-07] 가상 세계에서 지켜야 하는 디지털 윤리의 필요성을 이해하고, 가상 세계에서도 상대를 배려하는 태도로 디지털 미디어 언어를 사용한다.
[12○○05-08] 소셜미디어와 플랫폼의 개인정보 설정에 접근하여 개인정보 및 권한 등을 조정할 수 있다.
[12○○05-09] 디지털 흔적의 개념을 이해하고 디지털 공간에 남긴 기록의 특징을 이해한다.
[12○○05-10] 정보 접근과 공유는 알 권리를 보장하는 인간의 기본적인 권리임을 이해하고 실천하는 태도를 지닌다.

(출처: 광주광역시교육청, 2023)

3. 리터러시와 학교도서관 교육

다양한 리터러시의 핵심은 '미디어에 대한 지식을 바탕으로 미디어가 담고 있는 내용을 비판적 윤리적으로 활용하여 새로운 아이디어나 지식을 생산하고 의사소통에 참여하는 능력'이다. 학교도서관 교육 측면에서 리터러시는 '교수-학습활동에 투입하는 자료(미디어)와 자료가 담고 있는 내용인 정보를 활용하는 능력'이라고 볼 수 있다. 이러한 능력은 '협동수업을 통해 교수-학습을 개선하고 자기주도학습을 강화'하는 역할을 한다. 따라서 리터러시와 학교도서관 교육의 관계는 다음 [그림 3-7]에서 보는 바와 같이 교육과정에 투입되는 도서관 자원을 중심으로 도서관에 대한 것과 자료(미디어)에 대한 것으로 나누어 볼 수 있다.

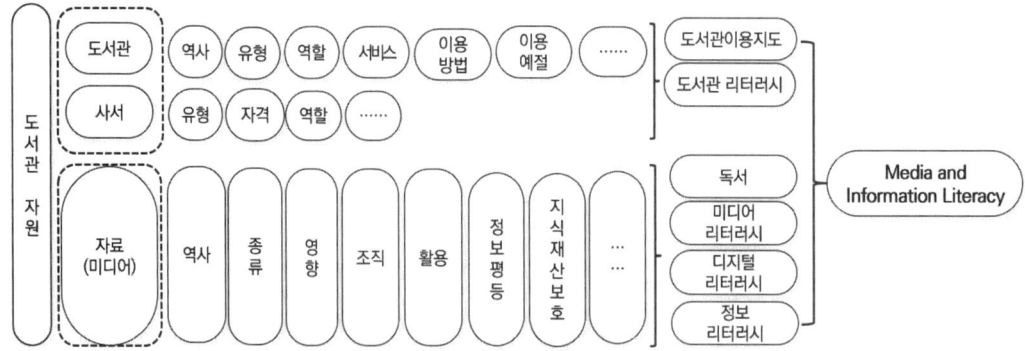

[그림 3-7] 리터러시와 학교도서관 교육의 관계

우선, 도서관 리터러시는 '도서관의 역사, 유형, 역할, 사서(유형, 자격, 역할 등), 서비스, 이용 방법, 이용 예절 등' 도서관 이용교육을 내용 요소로 구성할 수 있다.

<표 3-16> 도서관 이용교육 사례(초등학교)

○ 대상: 전 학년(1학기: 1~3학년, 2학기 4~6학년)
○ 시간: 교육과정 내 편성된 1시간 : 일반 교과(국어) 및 창의적 체험활동 시간 활용

학기	대상	활동 주제
1	1, 2, 3학년 (21개 반)	○ 입문기. 저학년 중심의 학생을 위한 내용 구성 ① 도서관 살펴보기 ② 도서관 이용 방법 ③ 도서관 책은 어떻게 찾을까? ④ 도서관 이용 예절 ⑤ 도서 검색하기
2	4, 5, 6학년 (22개 반)	○ 고학년 중심으로 도서관을 능동적이고 주체적으로 이용할 수 있는 내용 구성 ① 도서관 소독기 사용법 ② 도서 검색하기 ③ 한국십진분류표(KDC) 플래그 북 만들기

	1학기			2학기		
학년	일시	교과	학년	일시	교과
1	3월 19일(화) 1, 2, 3교시 3월 02일(수) 1, 2교시 3월 03일(목) 1교시	창체	4	11월 11일(월) 1, 2, 4교시 11월 12일(화) 2교시 11월 14일(목) 1, 3교시	국어
2	5월 14일(화) 2교시 5월 15일(수) 3, 4교시 5월 16일(금) 1, 2, 3교시	국어	5	12월 11일(수) 3, 4교시 12월 12일(목) 2, 3, 4교시 12월 13일(금) 1, 2교시	국어
3	5월 21일(화) 1, 4교시 5월 23일(목) 1, 2, 3교시 5월 24일(금) 1, 2, 4교시	국어	6	1월 29일(수) 2, 3, 4교시 1월 30일(목) 2, 4교시 1월 31일(금) 1, 3, 4교시	창체

(출처: 문화체육관광부, 2020, 84-85)

그리고 자료에 대한 리터러시는 '역사, 종류, (개인과 사회에 대한) 영향, 조직(분류와 목록), 활용 방법(검색, 독서, 정보리터러시 등)', 그리고 '정보 평등, 지식재산보호, 정보윤리' 와 '독서교육, 미디어 리터러시, 디지털 리터러시 그리고 정보 리터러시'를 위한 내용 요소로 구성할 수 있다.

<표 3-17> 학교(교사) 수준의 창의적 특색 활동 교육 사례(고등학교)

○ 도서관 이용교육 + 독서교육 + 정보활용교육 통합
○ 사서교사가 1학년 전체 학급을 대상으로 창의적 특색 활동 운영

학기	차시	수업 내용		세부 내용
1	1~2	도서관 이용교육	강의	• 연간 수업 안내 • 학교도서관 이용 안내 • 학교도서관 홈페이지 및 학술 D/B 안내 및 실습
	3~4	독서교육	활동	• 연간 독서계획 세우기 • 다양한 분야, 자신의 독서 수준에 맞춤
	5~12		활동	• 책 읽고 독서기록 작성 • 인상깊은 구절과 느낌 발표
	13~17		활동	• 북 토크 모둠활동 • 조별 선정 도서를 함께 읽고 토론 • 조별 프레젠테이션
2	1~9	독서교육	활동	• 2학기 독서계획 점검하기 • 다양한 분야의 책 읽기 • 독서기록 작성, 인상깊은 구절과 느낌 발표
	10	정보활용교육	강의	• Big 6 Skills를 통한 정보활용과정 지도
	11~15		활동	• 다양한 정보원을 활용한 주제 선정 • 논문 검색, 논문 읽기와 요약, 프레젠테이션 진행
	16~17	통합	활동	• 연간 활동 결과물 정리 • 생활기록부에 창제 특기사항 및 독서 활동 입력

(출처: 문화체육관광부, 2019, 89.)

알라메다 초등학교도서관(Alameda Elementary School, Portland, OR)(2023)은 도서관 리터러시 지도를 위한 교육과정(K-5 Library Curriculum)을 마련하고 있다. 학교 수준의 이 교육과정은 다음 <표 3-18>에서 보는 바와 같이 도서관과 자료 이용, 독서와 정보 리터러시 그리고 공학기술능력 등을 담고 있다.

〈표 3-18〉 Alameda 초등학교도서관의 도서관 리터러시 교육과정

구분	도서관 리터러시 교육과정

유치원	유치원생은 도서 대출, 도서관 능력 학습 그리고 이야기 듣기를 위해 일주일에 한 번 도서관을 방문할 것입니다. 저는 여러분의 자녀에게 가정에서 볼 수 있는 도서를 제공할 예정입니다. 자녀에게 다음 사항을 도와주세요.
	• 단 1권의 책만 대출할 수 있습니다. 자녀의 도서 수요를 보충하기 위해 공공도서관을 이용하십시오.
	• 책은 최대 2주 동안 대출할 수 있습니다. 대부분의 유치원생은 새 책을 선택하고 대출하는 시간을 놓치지 않기 위해 매주 책을 가져오는 것을 좋아합니다.
	• 자녀에게 책을 잘 관리하도록 상기시켜 주십시오. 손을 깨끗이 하고, 책갈피를 사용하십시오. (책의 모서리를 접지 마세요.)
	• 손상된 책은 학교에 보내 수리를 받으세요. 집에서 수리하지 마십시오. 손상된 도서는 상태에 따라 비용이 청구될 수 있습니다.
	• 자녀가 애완동물이나 동생의 손이 닿지 않는 안전한 곳에 도서관 책 보관 장소를 마련하도록 도와주세요.
	• 자녀가 책 반납을 잊어버린 경우, 다른 책을 대출하기 전에 연체된 책을 반납해야 합니다. 이는 자녀에게 실망스러울 수 있지만 책임감을 가르치는 데 도움이 됩니다.
	• 저는 귀하의 자녀 수업에서 다음과 같은 기대 행동을 지도할 것입니다.
	  - 안전하고 책임감을 갖고 서로를 존중하세요.
	  - 도서관 자료를 포함한 학교 자산을 존중하세요.
	  - 도서관에서는 조용한 목소리로 말하세요.
	  - 자료를 제때 반납하세요.
	  - 시간을 현명하게 사용하세요.
	※ 궁금한 점이 있으시면 vleong@pps.net으로 이메일을 보내주시는 것이 가장 좋습니다.

1학년	일 년 동안 저는 문화 다양성, 지리, 논픽션, 인성 교육에 관한 책을 읽습니다. 학생은 인종, 공감, 우정, 따돌림, 예절 및 문제해결에 관한 주제를 토론할 기회를 갖게 됩니다.
	1학년 학생의 도서관 리터러시 교육과정의 성취 기준(library expectations)은 다음과 같습니다.
	• 도서 반납
	• 책 찾기 능력 / 서가 표지 활용
	• 도서관 예절
	• 도서 선택 ※ 아래 내용을 참고하시기 바랍니다.
	• 도서 관리
	  - Captain Underpants, Ell Ray Jakes, Dyamond Daniel, A to Z Mysteries, Keena Ford, Geronimo Stilton 등과 같은 책을 소개할 때 학생은 저의 챕터 북토크를 즐길 것입니다. 학생이 챕터 북을 진지하게 읽기 시작할 때 대출한 책을 연장하는 과정을 배웁니다.
	  - 올해 우리는 Patricia Gallagher Award를 위해 다섯 권의 책을 읽을 것입니다. 모든 1학년과 2학년 학생은 자신이 가장 좋아하는 이야기에 투표할 수 있는 기회를 갖게 됩니다. 학생은 투표 결정을 내리기 위해 이야기의 메시지, 삽화, 캐릭터에 집중하여 독서를 합니다. 수상자는 5월 1일 발표됩니다.

구분	도서관 리터러시 교육과정
	※ 도서관에 계시는 동안 부모님이 도서 선택에 관해 공개 토론을 하시기 바랍니다. 저는 때때로 가족이 선택하기를 원하는 책을 선택해야 한다고 학생과 논의할 것입니다. 가족마다 다르기 때문에 학생은 가족의 기대를 충분히 인식해야 합니다. 자세한 내용은 여기 〈도서 선택에 대한 Dav Pilkey의 답변〉을 클릭하십시오.

2학년	저는 2학년 학생에게 수상 경력이 있는 많은 책과 작가를 소개해 줄 것입니다. 저는 문학을 장려하기 위해 칼데콧상 도서를 자주 선보일 것입니다. Caldecott 도서 목록을 보려면 여기를 클릭하십시오.
	- http://tinyurl.com/czg4lr
	또한, 동화, 명절, 다문화 전설, 설화 등 관심도가 높은 도서도 학생에게 큰 즐거움을 줄 것입니다.
	2학년 학생의 도서관 리터러시 교육과정의 성취 기준(library expectations)은 다음과 같습니다.
	• 도서 반납
	• 책 찾기 능력 / 서가 표지 활용
	• 도서관 예절
	• 도서 선택 ※ 아래 내용을 참고하시기 바랍니다.
	• 도서 관리
	  - 학생은 제가 Captain Underpants, Ell Ray Jakes, Dyamond Daniel, A to Z Mysteries, Keena Ford, Geronimo Stilton 등과 같은 책을 소개할 때 저의 챕터 북토크를 즐길 것입니다. 학생들이 챕터 북을 진지하게 읽기 시작할 때 책을 연장하는 과정을 배웁니다.
	  - 올해 우리는 Patricia Gallagher Award를 위해 다섯 권의 책을 읽을 것입니다. 모든 1학년과 2학년 학생은 자신이 가장 좋아하는 이야기에 투표할 수 있는 기회를 갖게 됩니다. 학생들은 투표 결정을 내리기 위해 이야기의 메시지, 삽화, 캐릭터에 집중하도록 요청받았습니다. 수상자는 5월 1일 발표됩니다.
	※ 도서관에 계시는 동안 부모님이 도서 선택에 관해 공개 토론을 하시기 바랍니다. 저는 때때로 가족이 선택하기를 원하는 책을 선택해야 한다고 학생과 논의할 것입니다. 가족마다 다르므로 학생은 귀하의 기대를 충분히 인식해야 합니다. 자세한 내용은 여기 〈도서 선택에 대한 Dav Pilkey의 답변〉을 클릭하십시오.

3학년	3학년이 도서관에서 배우는 내용은
	• 알파벳순 배열 능력
	• 사전 이용 능력
	• Mac ibook 컴퓨터 노트북 이용 능력 향상 (예: 터치/클릭 마우스, 워드 프로세스, 웹사이트 탐색 및 포털 사용)
	• Alameda 도서관 목록 사용 방법
	• 도서 찾기 능력
	• Google 애플리케이션 소개: 드라이브, 클래스룸, 문서, 슬라이드
	  - 도서관 과제와 도서 찾기를 기반으로 공학기술을 사용하는 것은 3학년 학생에게 새로운 경험입니다. 학생은 위의 능력을 천천히 향상시키고 있으며, 도서관에서 실습할 수 있는 더 많은 기회를 갖게 될 것입니다.
	  - 저는 문학 진흥을 위해 동화, 다문화 전설, 역사소설, 명절, 설화 등 관심도가 높은 책을 읽어줄 것입니다.

구분	도서관 리터러시 교육과정
4학년	4학년이 도서관에서 배우는 내용은 • 인터넷 안전! • Mac ibook 컴퓨터 노트북 이용 능력 향상 (예: 터치/클릭 마우스, 워드 프로세스, 웹사이트 탐색 및 포털 사용) • 중급 수준의 Google 애플리케이션 사용: 사진 및 동영상 기능을 사용하는 드라이브, 클래스룸, 문서, 슬라이드 • Alameda 도서관 목록을 스스로 사용하는 방법. 집과 학교에서 책 검색하기 • 풍부한 삽화를 가진 다양한 문학작품을 활용한 캐릭터 제작 쓰기 연습 • 참고문헌과 그 다양한 용도 및 형식 탐색(예: 인쇄 대 웹 기반) • 표절을 이해하고 참고문헌/참고문헌 인용이 중요한 이유 알아보기 • 과도한 정보에 '익사'하지 않고 연구, 글쓰기 및 탐색 능력에 도움이 되는 다양한 웹 기반 정보원에 접근하고 찾아보기 • 정보 수집 능력/노트 필기 능력 • 슬라이드쇼 프레젠테이션 능력 - 다행스럽게도 우리 4학년 학생은 열성적이고 욕심 많은 독자입니다. 4학년 담임교사는 학생이 각자의 읽기 능력에 맞는 책을 찾도록 권장합니다. 4학년 학생은 더 많은 책을 접할 수 있는 기회가 있으므로, 학습 독서와 함께 여가 독서를 위해 책을 선택하도록 권장합니다.
5학년	5학년이 도서관에서 배우는 내용은 • 인터넷 안전 수칙! • 고급 수준의 Google 애플리케이션 지침: 사진 및 동영상 기능을 사용하는 드라이브, 클래스룸, 문서, 슬라이드, 시트. • Mac 컴퓨터 노트북 이용 능력 신장 (예: 터치/클릭 마우스, 워드 프로세싱, 웹사이트 탐색 및 포털 사용) • 네트워크 액세스를 통해 교실 폴더에서 도서관 과제 찾기 • Alameda 도서관 목록 사용 방법. 집과 학교에서 책 검색하기 • iMovie를 이용한 영화 제작하기 • 참고문헌과 그 다양한 용도 및 형식 탐색(예: 인쇄 대 웹 기반) • 표절을 이해하고 참고문헌/참고문헌 인용이 중요한 이유 알아보기 • 과도한 정보에 '익사'하지 않고 연구, 글쓰기 및 탐색 능력에 도움이 되는 다양한 웹 기반 정보원에 접근하고 찾아보기 • 정보 수집 능력/노트 필기 능력 • 슬라이드쇼 프레젠테이션 능력 • 블로깅(Blogging) • 글로깅(Glogging) • Garageband 소프트웨어를 사용하여 음악 작곡하기. 슬라이드쇼 프레젠테이션에 음악 사용하기 - 5학년 학생은 도서관이 학생 정보원으로 게시하는 공유 웹사이트에 서평을 작성합니다. 저는 학생이 책을 추천하고 항상 읽도록 격려합니다!

(출처: Alameda Elementary School, 2023)

또한, 도서관 리터러시와 자료 리터러시를 종합하면 미디어·정보 리터러시 교육의 내용 요소를 구성할 수 있다. 미국 매사추세츠(Massachusetts)주 케임브리지(Cambridge) 교육구 산하 공립고등학교 도서관(Cambridge Rindge and Latin School: CRLS)(2024)은 다음 〈표 3-19〉와 같은 도서관 프로그램 학습자 역량 기준을 담은 「도서관 프로그램 학습자 준거」(Library Program Learner Framework)를 마련했다. 이 준거는 AASL 학교도서관 기준과 매사추세츠주 디지털 리터러시와 컴퓨터 과학 기준(Digital Literacy and Computer Science Standards)을 중심으로 디지털, 미디어, 텍스트, 시각 및 기술을 포함해서 다양하게 읽고 쓰는 능력을 아우르는 학습자 역량인 정보활용능력 신장에 중점을 두고 있다.

〈표 3-19〉 CRLS 도서관 프로그램 학습자 역량 준거

9학년 : 기기와 도구(mechanics and tools)	
학생은 숙달할 것이다.	• 조직적인 디지털 탐구 도구(예: 누들 툴스, 구글 드라이브 등)를 사용하여 다양한 인쇄 및 디지털 정보원 인용하기, 노트 작성하기, 정보 조직 및 공유하기 • 표절 정의하기, 인용 이유 설명하기, 모든 인용과 해석에 출처 달기 • 정보원의 신뢰성 평가하기(CARP test) • 정보를 종합하고 조직하기 위한 노트 작성하기(명확한 증거나 관련 정보를 얻기 위한 독서, 정보 인용하기, 해석하기, 분석하기)
학생은 시작할 것이다.	• 탐구 정보원에 접근하기 위하여 도서관 웹사이트 검색하기(예: 인용한 정보원에 있는 screencast vedio 접근) • 탐구나 자기주도 독서에 필요한 인쇄 정보원과 디지털 정보원에 접근하고자 도서관 장서(온라인 목록, 물리적 공간) 검색하기 • 데이터베이스와 구글에서 일차정보원과 이차정보원 검색하기 • 적절한 법률 규정에 따라 지식 재산을 이용하고 공유함으로써 저작권법 이해하기 • 정보를 종합하고 조직하기 위해 줄거리, 스토리보드, 스크립트 또는 레이아웃 작성하기
10학년 : 기초/중급 과정(basic/intermediate processes)	
학생은 숙달할 것이다.	• 데이터베이스와 구글에서 기초적인 키워드 탐색하기 • 탐구 정보원에 접근하기 위해 도서관 웹사이트 검색하기(예: 인용한 정보원에 있는 screencast vedio 접근) • 탐구나 자기주도 독서에 필요한 인쇄 정보원과 디지털 정보원에 접근하고자 도서관 장서(온라인 목록, 물리적 공간) 검색하기 • 데이터베이스와 구글에서 일차정보원과 이차정보원 검색하기 • 적절한 법률 규정에 따라 지식 재산을 이용하고 공유함으로써 저작권법 이해하기 • 정보를 종합하고 조직하기 위해 줄거리, 스토리보드, 스크립트 또는 레이아웃 작성하기
학생은 시작할 것이다.	• 탐구 주제 개발 및 재정의하기 • 교과 주제나 개인의 흥미 관련 탐구 질문 만들고 재정의하기 • 증거로 뒷받침되는 이론이나 주요 주장 개발하기 • 주석이 달린 참고문헌 작성하기 • 데이터베이스와 구글에서 고급 키워드 검색 실행하기

11학년 : 숙달 과정(advanced processes)	
학생은 숙달할 것이다.	• 탐구 주제 개발 및 재정의하기 • 교과 주제나 개인의 흥미 관련 탐구 질문 만들고 재정의하기 • 증거로 뒷받침되는 이론이나 주요 주장 개발하기 • 주석이 달린 참고문헌 작성하기 • 데이터베이스와 구글에서 고급 키워드 검색 실행하기
학생은 시작할 것이다.	• 학술적이고 실질적인 정보원을 탐구에 통합하기(학술 수준) • 독창적인 연구(인터뷰, 설문조사 등)를 수행하여 실생활 문제와 개인적 또는 학구적 관심 사항과의 연관성 파악하기
12학년 : 모든 능력 개선하기(refining all skills)	
학생은 숙달할 것이다.	• 학술적이고 실질적인 정보원을 탐구에 통합하기(학술 수준) • 독창적인 연구(인터뷰, 설문조사 등)를 수행하여 실생활 문제와 개인적 또는 학구적 관심 사항과의 연관성 파악하기

(출처: CRLS Library, 2024)

4. 정보문제 해결모형

4.1 의미와 구성 요소

학교도서관 교육을 통해 길러지는 정보 리터러시(정보활용능력)는 문제해결을 위한 정보 활용 단계(절차)와 각 단계에서 수행해야 하는 정보기술로 이루어지며, 이를 체계화한 것이 정보문제 해결모형(Information Problem Solving Models)이다. 정보문제 해결모형은 자료가 담고 있는 정보를 활용하여 문제(과제)를 스스로 해결하는 능력을 길러주는 학습전략으로 사고 과정, 탐색 과정 그리고 학습능력으로 이루어지며, 탐색 과정을 설명하는 단계는 도서관 프로그램이나 교수-학습설계 전략으로 활용할 수 있다.

사고 과정에 따라서 탐색 과정이 나뉘고, 각 과정에서 수행해야 할 구체적인 학습능력이 달라진다. 그리고 문제해결을 위해서 각 단계에서 수행하는 학습능력은 다음 〈표 3-19〉에서 보는 바와 같이 도서관 능력(Library Skills), 정보능력(Information Skills), 연구능력(Study Skills) 등 주도적으로 문제를 해결하는 학습자가 갖추어야 할 기본적이고 직접적인 학습전략으로 이루어지며 학습지로 개발할 수 있다.

〈표 3-20〉 학습능력의 구성 요소와 내용

구성 요소	내용
도서관 능력	• 도서관과 도서관이 소장하고 있는 자료 이해 • 책의 구성 요소 • 목록의 이용 방법 • 소설과 비소설 자료의 구분 방법 • 분류의 원리와 체계 • 정보원(학습자료)에 대한 소개
정보능력	• 해결할 과제를 분명히 이해한다. • 정보원(학습자료)을 어디서 구할 수 있는지 안다. • 정보의 관련 정도를 구분할 수 있다. • 정보를 종합한다. • 정보를 표현한다. • 해결한 과제를 검토한다.
연구능력	• 시간 관리 능력 • 학습 과제 조직 능력 • 정보 탐색 도구 활용 능력

(출처: Silva & Turriff, 1993, 65-67의 내용을 정리함)

정보문제를 해결할 때 사고 과정은 '왜 정보가 필요한가?'로 부터 출발하며, 정보문제를 해결하면서 처음 생각했던 것처럼 문제가 해결되지 않으면 그 전 단계로 되돌아가서 다시 생각할 수 있다. 탐색 과정은 자신이 원하는 정보를 가려내서 문제해결에 이용한 후 그 결과와 과정을 평가하는 과정이다. 따라서 정보문제를 잘 해결하기 위해서는 해결하고자 하는 정보문제를 이해하고 해결할 범위를 정하는 것이 중요하다. 범위를 정하는 것은 스스로 정보문제에 대해서 질문을 만들고 이 중에서 몇 개를 선택하는 활동이다. 만약에 주어진 정보문제에 대해서 내가 이미 알고 있는 것(배경지식)이 있다면, 다른 사람보다 쉽고 빠르게 문제의 범위를 정하고 정보를 찾을 수 있다. 학습능력은 해결하려는 정보문제에 따라서 그리고 이용하려는 정보원에 따라서 달라질 수 있다. 특히, 학습능력은 문제해결에 참여하는 학생이 갖고 있는 배경지식이나 수준에 따라서도 차이가 나타날 수 있는데 이를 잘 보여주는 것이 다중지능이다. 정보문제 해결모형에 포함되는 사고 과정, 탐색 과정, 학습능력의 구체적인 내용을 정리하면 다음 〈표 3-21〉과 같다.

〈표 3-21〉 정보문제 해결모형의 구성 요소별 내용

사고 과정	탐색 과정	학습능력 (도서관 능력/정보능력/연구능력)
• 왜 (나는) 정보가 필요한가?	• 이유를 생각하고, 정보의 필요성을 분명히 한다.	• 탐색 과정 일지를 쓰기 시작한다. • 브레인스톰, 의논하기, 생각지도 그리기
• 문제나 주제 또는 질문은 무엇인가?	• 문제 해결을 위한 중심 질문을 만든다.	• 단계마다 계속 일지를 쓴다. • 질문 만들기
• 이 문제나 주제 또는 질문에 대해서 내가 이미 알고 있는 것은 무엇인가? • 내가 찾아야 하는 것은 무엇인가?	• 배경지식과 질문을 관련짓는다. • 중심 단어를 가려낸다.	• 배경지식을 알 수 있는 일반적인 정보원을 이용한다. • 브레인스톰, 생각지도 그리기
• 내가 필요한 정보를 어디서 찾을 수 있을까? • 내가 물어볼 만한 사람이 있나? • 내가 원하는 정보가 교실이나 학교도서관에 있을까? • 내가 필요한 정보원이 내가 살고 있는 지역사회 안에 있을까?	• 꼭 필요한 정보원을 가려낸다. • 각각의 정보원에 접근한다.	• 이용 가능한 정보원을 생각해 본다. • 정보원의 종류, 위치 등을 생각한다. • 정보원을 어떻게 이용할지 점검표를 만든다.
• 어떻게 문제해결을 시작할까? • 중심 단어는 무엇인가? • 어디를 제일 먼저 갈까?	• 정보를 어떻게 찾을 것인지 계획을 세운다.	• 중심 단어(주제어)를 만들고, 주제어를 이용한 탐색 방법을 생각한다.
• 내가 발견한 정보원은 무엇인가? • 어느 것을 이용할까?	• 가려낸 정보원을 우선적으로 찾아본다.	• 필요한 사람을 인터뷰한다. • 도서관, 박물관 등 정보유통기관을 방문한다. • 정보원을 모은다. • 정보원을 읽고, 관찰하고, 체험한다.
• 이 정보원을 어떻게 이용할 것인가? • 이 정보원에서 내가 원하는 정보를 어떻게 가려낼 것인가? • 원하는 정보를 가려내는 방법은 무엇인가?	• 정보원을 이용하는데 가장 적합한 방법으로 원하는 정보를 담고 있을 것 같은 정보원을 먼저 골라 본다.	• 어떻게 탐색할지를 정한다. • 정보원을 검색해서 원하는 정보를 검색하고 정보원에 접근하고 원하는 정보를 가려낸다.
• 내게 필요한 정보는 무엇인가?	• 정보원에서 문제해결에 필요한 정보를 가려낸다.	• 가려낸 정보를 읽거나 시청한다.
• 노트 정리해야 할 정보는 무엇인가? • 어떤 정보가 중요한가? • 어떻게 노트 정리할 것인가? • 어떤 순서로 정리할 것인가?	• 찾아낸 정보가 필요한 것인지 평가하고, 선택하고, 정리한다.	• 질문(하위 주제)별로 정보원을 나눈다. • 개요 작성하기, 노트 정리하기
• 내가 원하는 정보를 찾았을까?	• 검색한 정보를 분석한다.	• 원래 필요한 정보인지를 검토한다.

사고 과정	탐색 과정	학습능력 (도서관 능력/정보능력/연구능력)
• 더 찾아봐야 하나?	• 문제해결과 연결 지어본다. • 정보를 해석하고 적합한지 추측하고, 종합한다.	
• 정보를 어떻게 이용하고 표현할까? • 내가 해결한 문제를 누구에게 전달해야 하는가? • 정보 전달을 위해서 내가 사용할 수 있는 방법은 무엇인가? • 어떻게 만들 것인가?	• 정보 전달 방법과 표현 방법을 결정한다. • 계획한 대로 정보를 조직한다.	• 적합한 정보표현 방법 생각하기 • 정보 표현법 결정하기 • 보고서나 발표 토론 다른 시청각 자료를 이용하여 정보 전달하기
• 과제를 다 해결했는가? • 내 의견은 반영되었는가? • 해결한 과제와 관련된 다른 문제는 없는가? • 내가 배운 지식은 무엇인가? • 내가 배운 기술은 무엇인가? • 개선해야 할 점은 무엇인가?	• 새로 알게 된 정보를 생활 속에서 활용한다. • 결과를 평가한다. • 과정을 평가한다.	• 결과 검토하기 • 탐색일지 검토하기 • 선생님, 가족 친구와 함께 검토하기 • 다음 과제 해결에 맞게 계획 변경하기

(출처: California School Library Association(CSLA), 1997, 23-34의 내용을 표로 정리함)

평생학습사회에서 교사가 학생에게 제공하는 가장 적절하고 가치 있는 교육적 역할은 스스로 자신의 문제를 해결할 수 있는 모형이나 전략을 제공하는 것이다. 이러한 모형은 학생의 비판적 사고능력을 개발하고, 자기주도적인 학습자로 키우기 위한 상징 체계(Symbolic System)나 도구(tool)에 해당한다. 그러나 중요한 것은 학생의 수준과 능력 그리고 배경 등이 다양하기 때문에 하나의 모형을 일률적으로 적용하기가 매우 곤란하다는 것이다(Doll, 2005). 학교도서관 교육에서 정보문제 해결모형은 두 가지 전략을 포함하고 있다. 하나는 수업의 설계 전략으로 활용할 수 있는 간접 전략인 정보문제 해결 단계(절차)이고, 또 다른 하나는 정보문제 해결에 필요한 자료 활용을 위하여 각 단계에서 적용할 수 있는 직접 전략인 학습능력이다.

4.2 9단계 정보능력 모형

영국의 사서교사 어빙(Ann Irving)은 1985년에 발표한 「범교과 교육과정을 위한 학습 및 정보능력」(Study and Information Skills Across the Curriculum)에서 9단계 정보능력 모형(Nine Step Information Skills Model)을 소개했다. 이 모형은 초등학생이 학습

과제를 잘 해결할 수 있도록 도와주기 위해 모든 교과 학습에서 활용할 수 있는 정보능력을 담고 있으며, Big 6 Skills의 기반이 되었다. 어빙은 탐색 과정이 일상생활의 필수적인 부분이며 평생학습과 직접적으로 연결되어 있다고 보았다. 또한, 교수-학습 유형의 개인차를 고려한 자원기반학습과 학생, 교사, 사서(교사)의 협동의 중요성을 강조했다.

1단계에서 학생은 교사가 부여한 과제를 자신의 수준에서 이해하고, 나름대로 학습 주제를 선정하게 된다. 2단계에서는 자신이 선정한 학습 주제를 해결하는 데 필요한 정보를 담고 있을 만한 가장 적합한 정보원이 무엇인지 생각한다. 정보원을 선정할 때 학생이 가장 중요하게 생각해야 하는 것은 이용하고자 하는 정보원에 대한 물리적 접근성(소장처, 시간제한 등)과 지적 접근성(독서 수준, 복잡성 등)이다. 3단계는 분류표(classification schemes)에 대한 지식을 이용하여 적절한 정보원을 찾는 활동이다. 따라서 분류 체계 이외에도 주제 색인, 목록, 청구기호 등에 대한 이해와 활용능력이 필요하다. 4단계는 독서, 시청, 청취 그리고 이해력 등을 바탕으로 정보원에 포함된 정보와 해결하고자 하는 과제와의 관련성과 적합성, 최신성 등을 판단하여 적합한 정보원을 선택하는 단계이다. 5단계는 적합한 정보를 담고 있다고 판단한 정보원을 훑어 읽기(scanning), 건너뛰며 읽기(skimming) 및 듣기(listening)를 통하여 자세하게 분석하는 단계이다. 6단계는 정보원이 담고 있는 정보를 유형별로 나누고, 성격에 맞게 노트를 작성하는 단계이다. 노트 작성은 정보의 성격에 따라서 글이나, 그래프, 표 등 다양한 기법으로 할 수 있어야 한다. 7단계는 노트한 내용을 나름대로 해석하여 과제 해결에 적합하도록 조직하고, 평가하고, 분석하고, 종합하는 가장 지적인 활동이 이루어지는 단계이다. 학생은 자신이 알고 있는 것과 읽고, 보고, 들어서 알게 된 새로운 정보를 연결하는 활동을 하게 된다. 8단계는 획득한 정보를 종합하여 해결하고자 했던 학습 주제에 적합한 형태의 결과물로 생산하는 단계이다. 결과물은 전통적인 방법인 보고서나 소논문(essay)이 될 수도 있는데, 중요한 것은 자신의 아이디어나 지식 등 과제 해결 결과를 적절하게 표현해서 다른 사람과 공유할 수 있도록 하는 것이다. 9단계는 교사나 다른 학생 또는 본인에 의한 평가 단계인데, 자신이 선정한 학습 주제를 해결하면서 학습한 내용을 스스로 평가하는 것이 중요하다. 특히, 자기평가는 학습능력을 기르는 데 꼭 필요한 활동이며, 반드시 과제 해결 각 단계에 대한 반성과 학습한 내용에 대한 평가가 포함되어야 한다(Thomas, 2004).

〈표 3-22〉 학습과 정보능력 9단계 모형

단계	활동	핵심 질문
1단계 과제 정의하기	• 정보요구를 분석하고 공식화한다.	• 내가 하고자 하는 것은 무엇인가?
2단계 정보원 선정하기	• 원하는 정보를 담고 있을 만한 정보원을 평가하고 식별한다.	• 정보원을 찾으러 어디로 가야 하나?
3단계 정보원 찾기	• 각 정보원을 추적하여 위치를 찾는다.	• 정보를 얻기 위해서 어떻게 해야 하나?
4단계 선택하기	• 각각의 정보원을 평가하여 취사선택한다.	• 내가 이용할 정보원은 어느 것인가?
5단계 효과적으로 활용하기	• 각각의 정보원을 평가하고 활용한다.	• 어떻게 정보원을 활용해야 할까?
6단계 기록하기	• 정보를 기록하고 정리한다.	• 정보를 어떻게 기록할까?
7단계 의미 만들기	• 정보를 해석하고, 분석하고, 종합하고 평가한다.	• 내가 필요해서 얻고자 하는 정보인가?
8단계 과제 표현하기	• 결과물을 작성하여 발표한다.	• 어떻게 과제를 표현할 것인가?
9단계 과정 평가하기	• 과제를 평가한다.	• 내가 얻은 성과는 무엇인가?

(출처: Doll, 2005, 84)

4.3 자유 탐구 모형

자유 탐구 모형(Free-Inquiry Model)은 1986년에 칼리슨(Daniel Callison)이 도서관 교육(library skills instruction)을 교육과정에 완전히 통합하여 교사와 사서교사가 협동수업을 통해 지도하도록 마련한 것이다. 따라서 이 모형에 기반을 둔 수업(lesson)은 선행 계획과 협조가 필요하다. 그러나 수업 목표는 미리 제시되지 않고, 교사와 학생이 함께 활동하는 동안에 개별적으로 만들어진다. 학생의 성취도 평가 역시 교사와 학생이 책임을 공유한다. 자유 탐구 모형에서 정보 탐색 자체는 학생이 고안한 질문에 기반을 두며, 질문에 대한 해답은 인적자원뿐만 아니라 정보 문서와 텍스트 등에서 찾는다. 이 모형에서는 정보원이 도서관 자료이든 도서관 밖 자료이든 정보원 평가를 강조한다. 또한, 학생과 사서교사, 학생과 교사 그리고 학생 상호 간 상호작용을 강조한다. 학생은 탐구를 진행하면서 탐구 과정별 활동 내용과 반성한 내용을 일지 형태로 작성한다. 이처럼 자유 탐구 모형은 특별히 제기된 문제의 해결 방안을 자기주도적으로 발견하는 데 필요한 학습능력 신장을 중시한다(Thomas, 2004).

<표 3-23> 교수-학습을 위한 자유 탐구 모형의 구성 요소

- 사서교사와 교사가 함께 수업을 설계하고 생각한다.
- 수업 목표는 가변적이며, 교사와 학생이 협의한다.
- 학생은 수업 과정을 작성하고 다른 사람과 공유한다.
- 수업 내용(content)은 학생이 도서관과 도서관 밖에서 자원을 탐색하여 만들고 답한 질문으로 나눈다.
- 교사는 수업의 방향을 제시하지만, 학생이 주도권을 갖고 자기주도적으로 활동하는 것을 장려한다.
- 학습 활동 시간은 유연하다.
- 또래 교수(peer tutoring)를 장려한다.
- 또래 상호작용과 모둠활동을 지원한다.
- 또래 및 부모와 프로젝트를 공유한다.
- 학생은 자신의 학습을 확장할 수도 있다.

(출처: Thomas, 2004, 29)

4.4 정보 탐색과정(ISP) 모형

ISP(Information Search Process) 모형은 쿨타우(Carol C. Kuhlthau)가 현장 경험을 토대로 도서관 능력(library skills)을 길러주기 위한 전통적인 도서관 이용교육을 정보능력(information skills)을 길러주기 위한 정보활용교육으로 발전시킨 모형이다. 1989년에 발표한 이후 10년 동안 학생의 정보 탐색과정 즉 정보이용 학습 과정을 도와줄 수 있는 가장 효과적인 방법을 현장 경험과 학문 연구를 통하여 보완하였다.

처음에는 고등학생이 학기 말 보고서(term paper)를 작성하기 위해서 주제와 관련된 정보를 탐색하는 것을 관찰하였으며, 점차 범위를 다양한 학교 과제, 대학과 공공도서관 간 협력을 통한 정보 탐색 등으로 넓혀갔다. 또한, 심리학, 교육학, 정보학 그리고 커뮤니케이션 분야의 이론적 틀을 관찰 결과에 접목하였다. 그 결과 정보 탐색자는 '과제 시작, 주제 선정, 주제 관련 정보 조사, 관점 구조화, 정보원 수집, 표현' 등과 같이 6단계의 인지 과정(six cognitive stages)을 통해서 관련 정보를 찾는 것으로 나타났다. 이후 교수 모델을 접목하면서 7단계 '평가'가 추가되었다.

- 1단계(과제 시작) : 학생에게 연구과제나 탐구 주제를 부여하면서 시작한다. 대부분 학생은 과제에 대한 배경지식이 없을 때 어떻게 과제를 수행할지 매우 불안해한다.
- 2단계(주제 선정) : 학생이 주어진 과제 중에서 탐색할 주제를 선택하거나 관심 있는 주제를 선택한다. 학생은 잠깐 이 단계에서 낙관적인 감정을 갖는다.
- 3단계(주제 관련 정보 조사) : 학생이 아직은 조금밖에 모르고 있는 과제와 관련된 정보를 조사하는 단계이다. 해결하고자 하는 과제와 조사한 정보가 일치하지 않으면 학생은 매우 큰 혼란을 겪는다. 특히, 자신이 적절한 주제를 선정했는지, 충분한 정보원을 갖고 있는 주제인지, 내가 과연 이 과제를 해결할 만한 능력을 갖추고는 있는지 의구심을 갖는 단계이다.
- 4단계(관점 구조화) : 조사한 정보를 학생이 주제에 대한 자신의 관점에서 이해하고 구조화하는 단계이다. 주제 범위를 좁히거나 재정의를 통해서 자신이 해결할 과제나 주제에 대해서 분명한 생각을 갖는 것이 다음 단계인 정보원 수집을 위해서 중요하다.
- 5단계(정보원 수집) : 주제와 관련된 정보원을 수집하는 단계이다.
- 6단계(표현) : 정보를 조직하고, 아이디어 사이의 관련성을 만들고, 연구 결과를 적절하게 전달할 수 있는 과제 해결 형태를 선택하여 표현하는 단계이다. 학생은 과제가 끝났다는 안도감과 함께 결과에 대한 불안감을 동시에 느낀다.
- 7단계(평가) : 탐구 과정과 결과를 평가한다.

쿨타우가 제시한 모델은 선형적인 것이 아니라 실제 정보 활용에서 학생이 처한 상황에 따라서 단계별 통합이 이루어질 수 있으며, 순서가 바뀌거나 반복적으로 진행될 수 있다. 이 모형은 각 단계에서 정보를 처리하는 데 필요한 시간을 포함하도록 구조화되지 못한 점, 그리고 많은 학생이 조사(exploration)와 수집(collection)을 혼동하는 문제점을 안고 있다. 이러한 혼란은 학생으로 하여금 너무 일반적인 특징을 가진 많은 정보 때문에 포기하도록 하든가, 표현을 위해서 노트를 조직하고 어떤 정보를 노트 작성에 사용할지 결정하는 데 너무 많은 시간을 허비하도록 만들 수 있다.

쿨타우는 또한 정보 탐색 과정에서 변하는 학생의 정서(affective)나 감정 변화(feeling process) 그리고 인지나 사고 과정(thinking process)에도 관심을 가졌다. 관찰 결과 정보 탐색자의 감정은 정보를 처리하면서 걱정(anxiety)에서 낙관(optimism)으로, 혼란(confusion)에서 명료함(clarity)으로, 불확실성(uncertainty)에서 자신감(confidence)으로, 불안감(apprehension)에서 만족감(satisfaction)으로 변한다.

ISP 모형은 정보 추구 과정에서 나타나는 학생의 분위기(Mood)를 유도적 분위기

(invitational mood)와 지시적 분위기(indicative mood)로 나누었다. 연구 결과 정보 탐색자는 유도적 분위기에서 주제를 탐색하고, 새로운 아이디어를 생각하고, 정보와 정보원을 탐색한다. 학생은 자신의 정보요구를 충족할 만큼 충분히 정보를 얻었다고 생각하면 지시적 분위기로 이동하여 표현을 통해서 정보 처리 과정을 마무리하고 과정을 평가한다. 유도적 분위기는 특히 시작과 조사 단계에서 학생이 자신의 주제를 이해할 때 중요하다. 따라서 사서(교사)는 학생의 정보 탐색 과정을 조언할 때, 초기 생각에서부터 자기 생각을 분명히 밝힐 때까지 유도적 분위기를 조성해야 한다. 쿨타우는 도서관이 소장하고 있는 정보를 활용해서 학생이 학습할 수 있도록 사서(교사)의 중재(intervention)가 필요하며, 이것은 학생을 단순히 정보원에 안내하는 것 이상이어야 한다고 강조함으로써 정보활용교육의 필요성을 역설했다.

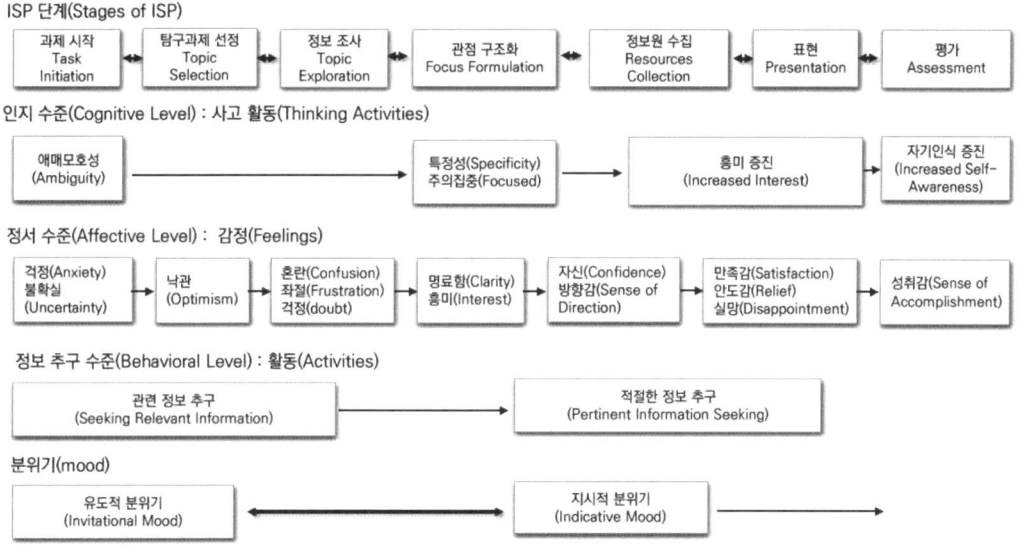

(출처: Thomas, 2004, 31의 내용에 7단계 평가를 추가함)

[그림 3-8] ISP 모형

4.5 정보문제해결 6단계 모형

정보문제해결 6단계 모형(Big 6 Skills)은 아이젠버그(Michael B. Eisenberg)와 버코위츠(Robert E. Berkowitz)가 1990년에 제시한 정보활용능력 개발을 위한 모델로, 초인지 모형(Metacognitive Scaffold) 정보문제해결전략(Information Problem Solving Strategy)

이라고도 한다. 이 모형은 기본적으로 과제 정의, 탐색 전략 수립, 정보 탐색 및 접근, 정보해석, 정보 종합 및 표현, 평가 등 6단계로 구성되어 있다.

그리고 각 단계를 순서대로 2개씩 묶은 Super 3, 각 단계를 2개의 하위 단계로 세분한 Little 12로 융통성 있게 변형할 수 있다. Super 3는 유치원에서 초등학교 2학년(k-2) 아동이 학습과제를 해결할 수 있는 능력을 길러주기 위해서 Big 6 Skills를 변형한 3단계 모형이다. 학생은 교사가 과제를 제시하면 단계별로 다음과 같은 질문에 답을 하면서 손쉽게 과제를 해결할 수 있다.

〈표 3-24〉 Super 3

단계	활동	Big 6 Skills
1단계 계획 세우기 (시작)	• 학생이 과제나 문제가 생겼을 때, 무엇이든 시작하기 전에 다음과 같은 생각을 해야 한다. - 내가 해야 할 일은 무엇인가? - 만약에 내가 과제를 잘 해결하면 그 결과는 어떤 모습일까? - 과제를 해결하기 위해서 내가 찾아보아야 할 것은 무엇인가?	• 과제 정의하기 • 탐색 전략 수립하기
2단계 실행하기 (중간)	• 중간에 학생이 읽고, 보고, 말하고, 그림을 그리는 등의 활동을 한다. - 어떻게 과제를 해결할까? - 내가 필요한 것을, 무엇을 이용해서 찾을 수 있을까? - 지금 내가 배운 것을 보여주기 위해서 무엇인가 만들 필요가 있을까?	• 정보 탐색 및 접근하기 • 정보 해석하기 • 정보 종합 및 표현하기
3단계 검토하기 (끝)	• 결과를 완성하고 제출하기 전에 학생은 멈춰서 생각해야 한다. 이 작업이 완료되었나? - 내가 해야 할 일을 했는가? - 이 결과가 괜찮다고 느끼는가? - 제출하기 전에 다른 일을 해야 하나?	• 평가하기

(출처: The Big 6 (2024. 10. 01.) http://thebig6.org; 2단계 실행하기의 활동 내용은 송기호 외, 2005, 55의 내용을 추가함)

초등학교 3학년 이상 학생의 정보문제해결을 돕기 위한 정보문제해결 6단계 모형(Big 6 Skills)의 단계별 활동 내용을 정리하면 〈표 3-25〉와 같다.

〈표 3-25〉 정보문제해결 6단계 모형(Big 6 Skills)

단계	활동 내용
1단계 과제 정의하기	• 내가 해결할 필요를 느끼는 과제는 무엇인가? ① 정보문제를 구체화한다. 　- 선생님이 무엇을 하라고 하셨는가? 선생님이 내주신 과제를 분명히 한다. 　- 과제에 대해서 잘 이해가 되지 않으면 선생님께 질문한다. 　- 선생님이 내주신 과제를 스스로 적어보고 맞는지 아닌지를 여쭤어본다. ② 정보문제 해결에 필요한 정보를 구체화한다. 　- 과제 해결에 필요한 정보는 무엇인가? 선생님이 공개적으로 필요한 정보를 알려준다. 　- 만약 선생님이 알려주지 않는다면, 찾아보아야 할 질문목록을 만든다.
2단계 탐색 전략 수립하기	• 내가 필요한 정보를 찾기 위해서 무엇을 활용해야 하는가? ① 이용할 정보원의 범위를 정한다. 　- 과제 정의하기에서 작성한 질문에 답을 제공해 줄 정보를 담고 있을 만한 정보원 목록을 작성한다. 　- 도서관에 있는 책, 백과사전, 웹사이트, 학습 과제에 대해서 충고해 주고 검토해 줄 사람이 누구인지, 그리고 무료로 이용할 수 있는 웹사이트와 통계자료 등을 생각해 본다. ② 먼저 이용할 정보원이 무엇인지 평가한다. 새로운 정보원이 있는지 찾아보고, 만약에 이용에 도움이 필요한 새로운 정보원이 있다면 선생님이나 사서 선생님 그리고 부모님께 도움을 청한다.
3단계 정보 탐색 및 접근하기	• 내게 필요한 정보를 어디에서 찾을 수 있을까? ① 정보원 찾기 　- 정보원이 어디에 있는지 안다. 각 정보원 옆에 정보원의 위치를 기록한다. 　- 시간 절약을 위해서 선생님이나 사서 선생님이 링크시켜 두었거나 북 마크해 둔 웹사이트를 이용한다. 　- 만약에 인적 정보원이라면, 어떻게 만날 것인지 어떻게 도움을 받을 것인지를 생각한다. ② 정보원이 담고 있는 정보를 찾아낸다. 　- 정보원을 찾았으면, 과제 해결에 필요한 정보를 얻어야 한다. 　- 우선, 정보원에서 정보를 찾는데 도움이 될 만한 중심 단어를 적는다. 　- 이 중심 단어는 정보 문제와 의미가 같은 단어(동의어)이거나 관련 단어이다. 　- 다음으로 활용할 정보원 목록을 작성한다. 정보원 옆에 필요한 정보의 위치(찾을 방법)를 기록한다.
4단계 정보 해석하기	• 과제 해결에 필요한 정보는 무엇인가? ① 정보를 살펴본다. 　- 읽기, 듣기, 시청하기, 만져보기 등 　- 잘 이해되지 않는 내용은 선생님이나 사서 선생님 등 어른의 도움을 받는다. 　- 책이나 기사, 인터넷 웹사이트 전체를 읽는 것이 아니라 필요한 정보를 담고 있는 부분만을 골라 읽는다. ② 정보원에서 필요한 정보를 가려낸다.

단계	활동 내용
	- 찾아낸 정보를 노트에 기록한다. - 노트에 정리한 후에 인용한 정보원을 기록한다. - 노트에 기록하는 동안 더 많이 찾아봐야 할 또 다른 질문이 생각났다면 목록에 추가한다.

5단계
정보
종합하고
표현하기
	• 과제를 어떻게 완성해야 하는가?
	① 다양한 정보원에서 찾아낸 정보를 조직한다.
	  - 노트에 기록한 정보와 자신의 아이디어, 의견 등을 정리한다.
	  - 초안 작성, 개요 작성, 스토리보드 등을 작성한다.
	② 정보를 표현한다.
	  - 만약에 선생님이 결과물을 지정해 주셨다면, 선생님이 제시한 지침에 따라서 책이나 웹사이트 등 여러 가지 정보원에서 찾아낸 정보에 자기 아이디어를 덧붙인다.
	  - 만약에 최종 결과물을 자신이 선택해야 한다면, 선생님이 과제를 내면서 제시한 기준을 생각해 보고, 자신의 과제에 가장 적합한 표현 방법이 무엇인지 결정한다.
	  예) 발표, 보고서 작성, 비디오나 오디오 테이프 제작, 정보기기와 프로그램 활용
	  - 작성한 결과물에는 반드시 자기 아이디어가 포함되어야 하고, 정보원에서 찾아낸 정보를 잘 요약하여 담아야 한다.

6단계
평가하기
	• 내가 수행한 과제 해결이 잘 되었는지를 어떻게 알 수 있을까?
	① 최종 결과물을 평가한다.
	  - 과제를 선생님이 요구한 대로 했는지 비교해 본다.
	② 정보문제 해결 과정을 평가한다.
	  - 과제를 해결하기 위해서 무엇을 했는지 생각해 본다.

(출처: The Big 6 (2024. 10. 01.) http://thebig6.org; 송기호 외, 2005, 55)

정보문제해결 6단계 모형(Big 6 Skills)은 사서교사를 위한 교과용 도서 개발은 물론 글쓰기 프로그램, 독서 논술 프로그램 등의 설계와 운영에 활용되고 있다. 이 중 정보문제 해결모형 전략을 적용한 (창의적) 글쓰기 프로그램 모형을 살펴보면 [그림 3-9]와 같다.

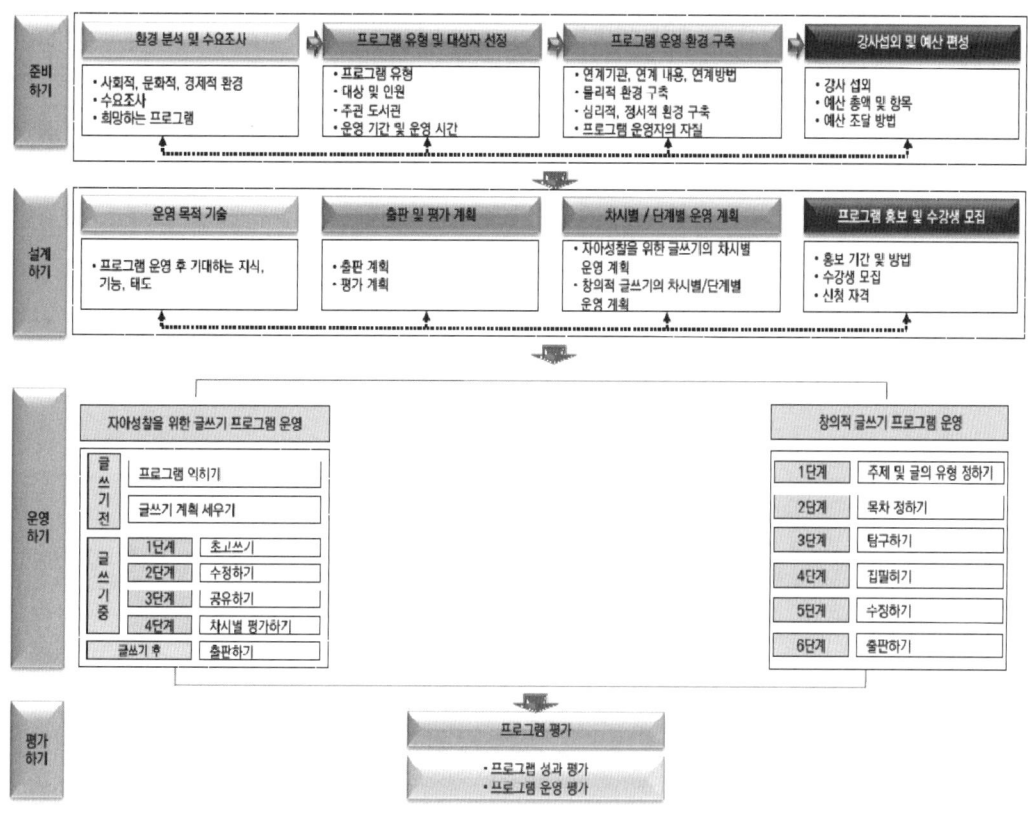

(출처: 변우열, 송기호, 2013, 214)

[그림 3-9] 정보문제 해결모형 전략을 활용한 글쓰기 프로그램 모형

4.6 지식 정보능력 개척 모형

파파스(Marjorie L. Pappas)와 테페(Ann E. Tepe)는 1997년에 지식 정보능력 개척 모델(Pathways to Knowledge Information Skills Model)이라는 K-12 정보능력 모형(K-12 information skills model)을 발표했다. Pathways 모델 또는 Pathways 전략으로도 불리는 이 모형의 특징은 학생 개인이 갖고 있는 정보요구나 정보문제에 적합하게 각 단계를 자유롭게 변형할 수 있는 비선형성(nonlinear)이라는 점 그리고 정보 탐색 과정을 전체적으로 보여준다는 점이다. 이 모형은 1998년에 AASL과 AECT가 함께 제시한 정보활용능력기준(Information Literacy Standards)에 영향을 주었다(Thomas, 2004; 고영만, 2010).

파파스와 테페는 정보활용에서 'literacy'를 개인의 특별한 세계관 및 사고 유형(cognitive styles)과 개인이 생각해 온 전략을 가장 잘 나타낼 수 있도록 스스로 전략망을 구축할 수 있는 능력으로 규정하였다. 이 모형은 〈표 3-26〉에서 보는 바와 같이 감상(appreciation), 사전탐색(presearch), 탐색(search), 해석(interpretation), 의사소통(communication), 평가(evaluation) 등으로 이루어져 있다. Pathways 모형은 일반적 전략과 이를 수행하는 데 필요한 구체적 전략을 포함하고 있으며, 각 일반적 전략에 포함되는 구체적 전략은 정보탐색자가 자신의 정보요구나 프로젝트에 적합한 전략을 선택해서 사용할 수 있다. 감상은 탐구 과제나 정보요구에 대한 초점을 만들어내는 역할을 한다. 사전탐색은 각 단계에서 정

〈표 3-26〉 Pathways 단계 및 전략

Pathways 단계	Pathways 일반적 전략	Pathways 구체적 전략(예)
감상	• 일반적 전략 없음(No general strategy)	• 읽기, 시청하기, 그림이나 예술작품 감상하기, 방문하기 등
사전탐색	• 개요 만들기(Develop an overview) • 관계 탐색하기(Explore relationships)	• 백과사전 이용하기, (개인 또는 모둠별) 브레인스토밍하기, KWL 차트 작성하기
탐색	• 정보 제공자 가려내기 　(Identify information providers) • 정보원 선택하기(Select information resources) • 관련 정보 찾기(Seek relevant information)	• 도구, 자원, 정보 제공자 가려내기 • 인쇄 정보원과 전자정보원에 대한 탐색 전략 세우기 　- Explore Search: 일반 주제 서핑, 웹사이트 하이퍼링킹하기, 목차, 장 제목이나 부제목 훑어보기 등 　- Browse Search: 주제 관련 참고문헌, 목록, 색인, 데이터베이스 검토하기 　- Hierarchical Search: ERIC 시소러스, subject trees나 야후와 같은 디렉터리를 이용해서 광범위한 주제에서 구체적인 주제와 관련된 지식의 본체 검토하기 　- Analytical Search: 키워드, 블리언, concept searching 등을 통해서 전자적으로 구체적인 텍스트나 원문 탐색하기 • 신뢰할 만한 정보원과 인적 정보원으로부터 정보 모으기 • 정보 기록하기
해석	• 정보 해석하기(Interpret information)	• 정보 조직하기 　- 소설의 줄거리, 인물 비교 차트, 이야기 구성요소 목록 만들기 　- 바꾸어 말하기(자기 말로 표현하기)

Pathways 단계	Pathways 일반적 전략	Pathways 구체적 전략(예)

		• 고차적 사고전략
		  - 분석하기, 비교하기, 대조하기, 분류하기, 평가하기, 결론 도출하기, 종합하기, 제목·패턴·트랜드 정하기
		• 정보 필터링하기
		  - 보고에서 관점을 뒷받침하는 다른 정보원 2개 포함하기
		  - 자신의 주제와 관련해서 2개 혹은 그 이상의 관점을 반영하고 있는 정보 찾기
		• 윤리적으로 정보 이용하기
		  - 지식재산권, 저작권 이해하고 실천하기
		  - 책임감을 갖고 정보 이용하고 존중하기

의사소통	• 정보 적용하기(Apply information)
	• 새로운 지식 공유하기(Share new information)
		• 정보 적용하고 새로운 지식 공유하기
		  - 보고서나 논문 쓰기
		  - 전달하려는 새로운 지식을 적절하게 보여줄 수 있는 포맷 선택하기(예: 시각. 시각/동작, 텍스트, 구술, 멀티미디어 등)
		  - 계획 세우고 결과물 만들기

평가	• 과정과 결과 평가하기 (Evaluate process and product)	• 탐색 과정 비판적으로 반성하기 • 탐색 결과 비판적으로 반성하기

(출처: Pappas & Tepe, 2002, 3-21의 내용을 정리함)

보 탐색자에게 구체적 전략에 대한 포괄적인 관점을 만들어 준다. 탐색은 탐색 전략을 수립하고 실행하는 단계로 기술(technology)의 급격한 변화가 정보 탐색자의 탐색 과정에 영향을 끼치고, 새로운 기술을 적용한 구체적인 탐색 과정이나 전략을 이해하지 못하는 경우가 생길 수 있다. 탐색에서 정보 도구 선택에 영향을 끼치는 기준은 주제가 최신 주제인가 아니면 역사적 주제인가 하는 '시기(time frame), 범위와 깊이(scope and depth), 주제의 지역 범주(location)'이다. 탐색을 통해서 주제에 대한 배경지식을 형성하거나 배경지식과 사전탐색을 통해 형성한 선행 지식을 연계할 수 있으며, 탐구 주제를 수정할 수도 있다. 해석 단계에서는 정보의 유용성을 평가하고 개인적인 의미(지식)를 만든다. 이 단계에서 중요한 것은 정보원이 담고 있는 관점이나 편견을 비판적으로 수용하고 정보를 윤리적으로 이용하는 것이다. 정보의 윤리적 이용은 의사소통 단계에서도 중요하다. 의사소통은 정보를 적용하여 새로운 지식을 구성하고 표현하고 공유하는 단계이다. 평가는 탐색 과정과 결과에 대해서 비판적으로 반성하는 것으로 학생이 자기주도 학습자로 성장하는 데 중요한 활동이다(Pappas & Tepe, 2002).

이 모델에서 구체적 전략은 [그림 3-10]과 같이 대부분 시각적 형태(graphic version)로 제시된다. 예를 들면, Pathways 모델을 활용해서 '동물의 서식지(Animal Habitats)'라는 주제를 해결하고자 하는 학생은 사전탐색 단계에서 '교사가 처음에 제시한 핵심 질문이나 본인이 알기를 원하는 것'에 초점을 맞추어 주제에 관한 질문을 만들어야 한다. 그리고 구체적인 탐구 질문을 만들거나 정보요구를 가려내야 한다. 이를 통해 학생은 탐색 과정에서 무엇에 집중해야 하는지 알 수 있다(Pappas & Tepe, 2002).

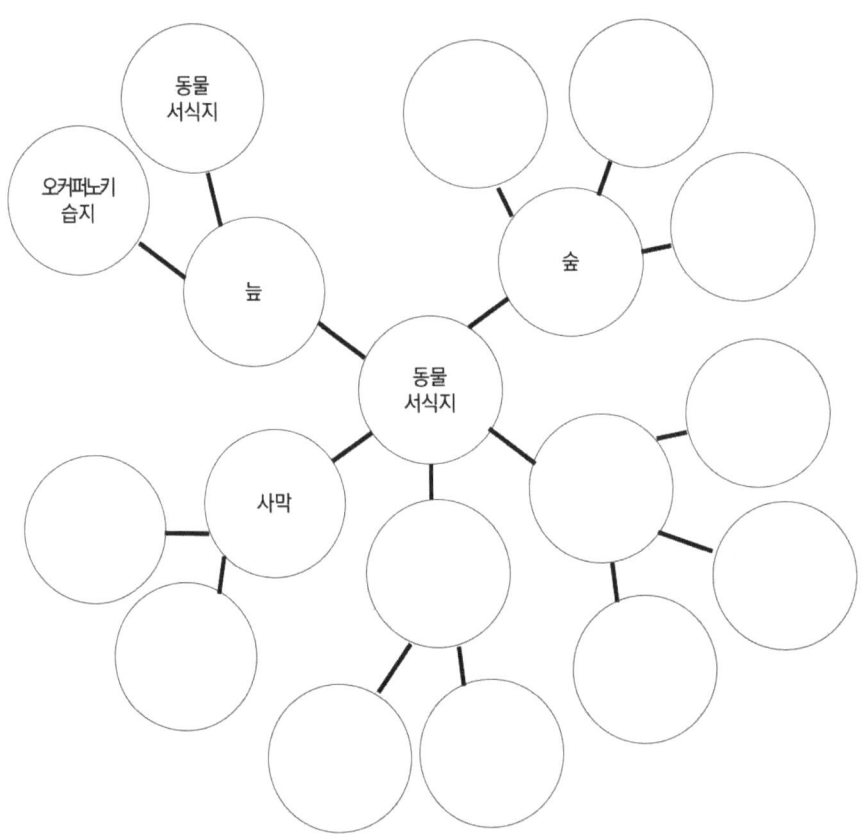

(출처: Pappas & Tepe, 2002, 7)

[그림 3-10] 동물 서식지 망

4.7 탐구기반학습 모형

탐구(inquiry)란 진실, 정보 또는 지식을 추구하는 것, 궁금한 정보를 찾아보는 것, 단순히 어떤 답을 추구하는 것이 아니라 오히려 질문이나 문제에 대한 적절한 해결 방안을 추구하는 것이다. 왜냐하면 답이란 없을 수도 있기 때문이다. 학교 교육에서 교과목의 내용은 매우 중요하지만, 그 자체가 목적도 아니고 전부도 아니다. 교과목의 지식기반인 배경 학문은 지속해서 확장하고 변하기 때문이다. 따라서 그 누구도 모든 것을 배울 수는 없다. 그러나 [그림 3-11]에서 보는 바와 같이 누구든지 전 생애를 통해서 계속해서 지식을 생산하고 검토할 수 있는 탐구능력과 더 나은 탐구 기술을 배울 수는 있다. 결국 탐구는 지식의 생산과 전달에 있어서 매우 중요하며 교육의 본질적인 요소이다. 학교는 이제 '아는 것(what we know)'이 아니라 '알도록 하는 방법(how we come to know)'에 초점을 맞추어야 하며, 학생 스스로 알고 있는 것을 확장할 수 있도록 해야 한다(Educational Broadcasting Corporation, 2024).

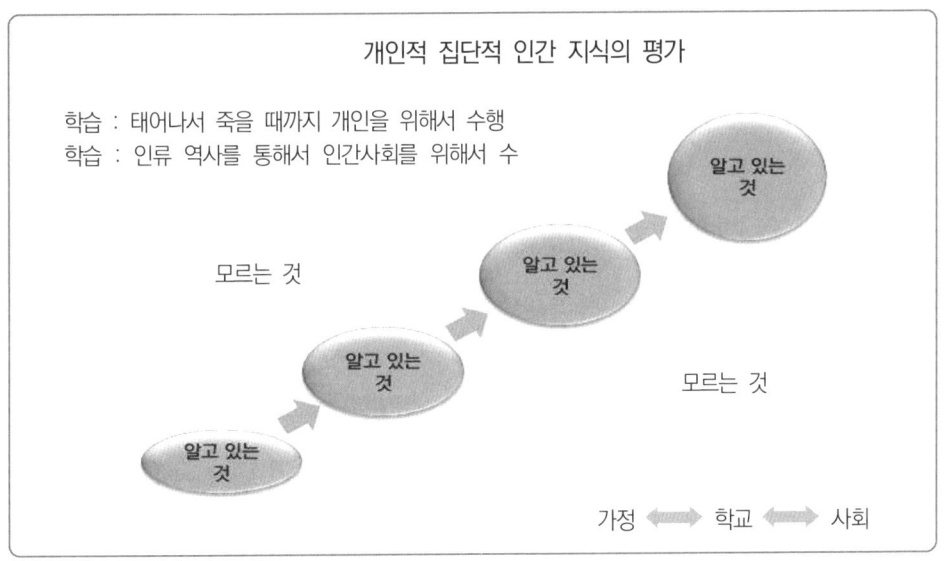

(출처: Educational Broadcasting Corporation, 2024)

[그림 3-11] 개인의 성장과 지식의 축적

탐구기반학습에서 교사의 역할은 학생 스스로 자신의 질문(탐구 과제)을 분명히 하도록 도와주고, 이 질문을 탐구를 수행할 수 있는 말로 만들고, 자신이 알게 된 새로운 지식을 통해서 탐구 결과를 해석하도록 도와주는 존재이다. 즉 교사란 유도된 경험을 통해서 학생이 자기 아이디어를 구성할 수 있도록 자극을 주는 존재라는 것이다. 탐구기반학습 모형은 〈표 3-27〉에서 보는 바와 같이 학습 과정에서 교사의 개입을 최소화하고 학생의 자기주도적인 활동을 강조한다는 점에서 기존의 정보문제 해결모형과 다르다. 그러나 해결 과정(process)을 가지고 있다는 점, 학습 모형(frame for learning)에 기반을 두고 있다는 점에서는 정보문제 해결모형과 일맥상통한다(Stripling & Hughes-Hassell, 2003).

〈표 3-27〉 탐구기반 학습 모형과 정보문제 해결모형 간의 본질적인 차이

탐구기반 학습 모형	정보문제 해결모형
• 인식을 가지고 질문과 반성하는 태도	• 인식
• 질문(question)으로 시작	• 정보문제, 정보요구(need)로 시작
• 연구 과정 개방: 질문을 계속 확장하면서 답을 찾는다.	• 연구 과정 폐쇄: 주어진 문제에 대한 답만을 찾는다.
• 학생 중심: 개별 학생 내부에서 새로운 지식을 습득하는 것이 목적이다.	• 학생이 중심 밖에 있음: 외부 문제에 대한 답이나 해결책을 발견하는 것이 목적이다.
• 답은 종종 비판적 사고와 관련이 있다.	• 답은 종종 아이디어의 배열과 선택과 관련이 있다.
• 과정이 산만하고, 순환적이다.	• 과정이 계획적이고 선형적이다.
• 개방형: 연구 결과가 학생을 새로운 질문과 경험으로 안내한다.	• 폐쇄형: 해결 결과가 보고서와 같은 최종 산출물로 나타난다.
학습 (student work) 학생 질문 학습 (student work)	학습 (student work) 정해진 정보문제 또는 요구 학습 (student work)

탐구기반학습에서 탐구 구조(inquiry framework)는 [그림 3-12]에서 처럼 각 각의 탐구 경험이 새로운 지식을 형성하고, 이 지식은 새로운 질문을 만들고, 다시 새로운 탐구를 만드는 나선형(순환) 구조이다.

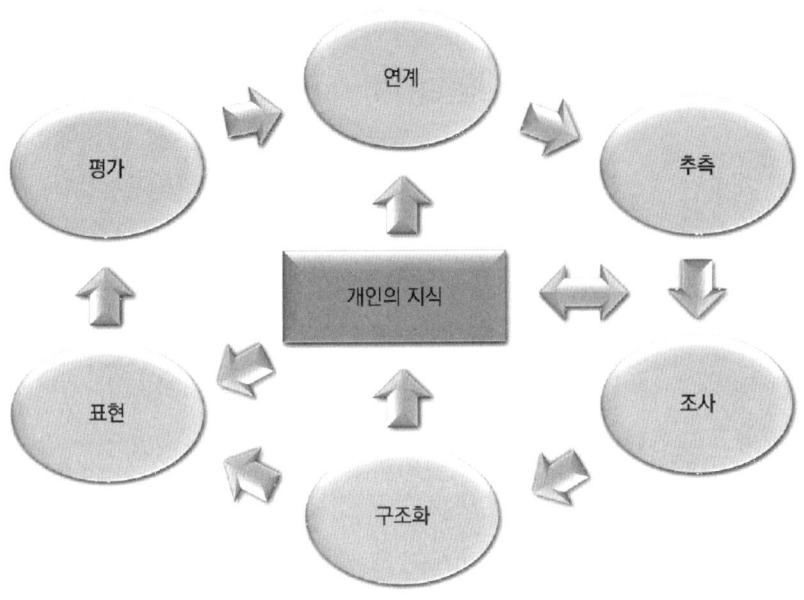

(출처: Stripling & Hughes-Hassell, 2003, 7)

[그림 3-12] 탐구의 나선형 구조

탐구기반학습에서 학생이 수행하는 탐구 과정은 〈표 3-28〉에서 처럼 '연계, 추측, 조사, 구조화, 표현, 평가' 등 6단계에 걸쳐서 이루어진다.

〈표 3-28〉 탐구 과정

탐구 과정	활동 내용
연계 (Connect)	• 자신 및 기존의 지식과 연계하기 • 새로운 학습 상황을 만들기 위해서 배경지식 얻기
추측 (Wonder)	• 질문 만들기 • 예견하기, 가설 세우기
조사 (Investigate)	• 질문에 대한 답을 찾고 가설을 테스트하기 위해서 정보를 찾아 평가하기 • 새로운 질문과 가설을 계발하기 위해서 정보에 관해서 생각하기
구조화 (Construct)	• 새로 얻은 지식을 기존의 지식과 연계하기 위하여 구조화하기 • 질문과 가설에 관한 결론 내리기
표현 (Express)	• 다른 사람과 학습을 공유하기 위하여 새로운 아이디어를 표현하기 • 새로운 상황과 배경에 지식을 적용하기
평가 (Reflect)	• 질문을 통해서 새로 얻은 지식과 자신의 학습 과정에 대해서 평가하기 • 새로운 질문 만들기

(출처: Stripling & Hughes-Hassell, 2003, 8)

4.8 독서기반 정보문제 해결모형

국내에서 개발된 정보문제 해결모형으로는 2006년에 국립어린이청소년도서관이 현장 사서교사 및 교과교사와 함께 개발한 초등학교 4~6학년용 5단계 정보문제 해결모형이 있다(송기호 외, 2005). 이 모형은 정보문제 해결모형의 3가지 구성 요소와 교과의 독서교육 모형, 탐구모형 그리고 Big 6 kills 등의 단계별 공통 요소를 통합하였다. 5단계는 〈표 3-29〉에서 보는 바와 같이 '나만의 문제 만들기, 정보원 찾아 가려내기, 정보 읽고 정리하기, 문제 해결하고 표현하기, 평가하기'와 같은 수행 과제로 구성되었으며, 각 수행 과제별로 2개의 세부 활동을 두고 있다.

〈표 3-29〉 독서기반 정보문제 해결모형의 단계별 활동 내용

단계	수행 과제	과제별 세부 활동 내용
1단계	나만의 문제 만들기	① 배경지식 확인하고 만들기 • 이 문제에 대해서 나는 얼마만큼 알고 있는지 생각한다. • 이 문제에 대한 배경지식이 없다면 미리 알아본다. ② 질문으로 문제 범위 정하기 • 문제에 대해서 알고 싶은 질문을 만든다. • 질문 중에서 꼭 해결하고 싶은 질문을 선택한다.
2단계	정보원 찾아 가려내기	① 정보원 찾기 • 과제 해결에 도움을 주는 정보원이 무엇인지, 어디서 어떻게 활용할 수 있는지 확인한다. ② 정보원 가려내기 • 우선 이용할 정보원을 정하고 정보원을 찾아 정리한다.
3단계	정보 읽고 정리하기	① 정보 읽기 • 찾아낸 정보원에서 꼭 필요한 정보를 가려낸다. ② 정보 정리하기 • 가려낸 정보를 정리하고 인용 표시를 한다.
4단계	문제 해결하고 표현하기	① 문제 해결하기 • 과제 해결 결과를 문제 해결 방법에서 정한 대로 생산한다. ② 해결한 문제 표현하기 • 과제 해결 결과를 다른 사람에게 전달하고 의견을 듣는다.
5단계	평가하기	① 결과 평가하기 • 자신이 정한 질문에 대해서 만족할 만한 답을 얻었는지 평가한다. ② 과정 평가하기 • 문제 해결 과정에서의 잘된 점, 부족했던 점을 평가한다.

(출처: 송기호 외, 2006, 116-117)

정보문제 해결모형이 담고 있는 절차와 학습기술을 활용하여 교과의 학습주제를 통합 지도할 수 있다. 독서기반 정보문제 해결모형을 자기주도학습에 작용하면 다음 〈표 3-30〉과 같다.

〈표 3-30〉 독서기반 정보문제 해결모형의 자기주도학습 적용(예)

1단계: 나만의 문제 만들기		
목 표	해결하고자 하는 문제를 이해하고 범위를 정할 수 있다.	
단 계	문제 해결 과정	문제 해결 사례 / 적용 방법
배경지식 확인하고 만들기	1. 학습문제 제시 유형 ※ 학생에게 학습문제나 정보문제가 발생하는 사례 ① 선생님이 구체적으로 지정해 주는 경우 ② 선생님이 범위만을 정해주는 경우 ③ 스스로 해결할 문제를 정하는 경우	①의 예) 돌고래에 대해서 조사해 오세요. ②의 예) 포유동물에 대해서 조사해 보세요. • 포유동물이 뭐지? • 어디에 사는 포유동물을 조사할까? • 바다에 사는 고래로 하자 • 고래 중에서도 돌고래로 하자 ③의 예) 사는 곳에 따른 동물들의 특징 조사하기 • 어디에 사는 동물을 알아보지? • 바다에 사는 동물에는 뭐가 있지? • 바다에 사는 포유동물에는 뭐가 있지? • 바다에 사는 포유동물 중에서 고래로 하자 • 고래 중에서도 돌고래로 하자
	2. 배경지식 확인하기 ① 주어진 학습문제에 대해서 이미 알고 있는 것은 무엇인가? ② 주어진 학습문제에 대해서 모른다면, 어떻게 할 것인가?	예) 나는 돌고래에 대해서 무엇을 알고 있는가? 예) 누구에게 물어볼까? 무엇을 찾아볼까? 물어보거나 찾아서 알아낸 학습문제에 대해서 적어본다.
질문으로 문제 범위 정하기	3. 학습문제 분명히 하기 ① 학습문제에 대해서 무엇을 알아볼 것인지 질문을 만든다. ② 질문 중에서 꼭 해결하고 싶은 질문을 선택한다.	예) 돌고래의 무엇에 대해서 알아볼까? • 돌고래가 사는 곳은? • 돌고래가 먹는 것은? • 돌고래는 새끼를 몇 마리 낳을까? • 돌고래는 얼마나 오래 살까? • 돌고래는 얼마나 빨리 헤엄칠까? • 돌고래는 얼마나 영리할까? • 돌고래는 어떤 종류가 있을까? 예) • 돌고래가 사는 곳은? • 돌고래는 얼마나 오래 살까? • 돌고래는 얼마나 영리할까?

		4. 학습과제 정하기 5. 학습문제와 관련된 단어 정리하기	예) 돌고래에 대하여 예) 포유동물, 바다 동물, 고래, 돌고래 　　돌고래-사는 곳 / 돌고래-수명 / 돌고래-지능
적용 능력			• 브레인스토밍 • 주제어(keyword) 만들기 • 질문 만들기
	2단계: 정보원 찾아 가려내기		
목 표		문제 해결에 필요한 정보원을 찾아 적합한 것을 가려내고 정리할 수 있다.		
단 계		문제 해결 과정		문제 해결 사례 / 적용 방법
정보원 찾기		1. 정보원 알아보기 　도서관이나 집 등에서 이용할 수 있을 것 　으로 생각되는 정보원을 적어본다. 　① 문제 해결에 도움을 줄 만한 정보원에는 　　무엇이 있을까? 　② 이 정보원을 어디에서 이용할 수 있는가? 2. 도서관이나 집에 실제 정보원이 있는지 이 　용할 수 있는지 확인한다.		인터넷(도서관)(집), 동물도감(학교도서관)(공공도서관), 부모님 선생님, 돌고래 - 사는 곳 - 수명 - 지능, 책(도서관), 비디오 자료(도서관), 신문 기사(인터넷)(도서관)
정보원 가려내기		3. 이용할 수 있는 정보원을 모은다. 　① 정보원이 있는 곳에 가서 원하는 정보 　　원을 찾아본다. 　② 검색어를 이용하여 정보원을 찾아본다. 　③ 이용가능한 정보원인지 알아본다. 4. 어떤 정보원부터 이용할 것인지 정한다.		• 주제어를 이용하여 도서관 목록을 검색한다. • 찾아낸 정보원을 종류별로 정리한다. | 정보원 | 어디에 있나요? | 어떻게 이용하나요? | 무엇이 있나요? | |---|---|---|---| | 책 | | | | | 신문 | | | | | 잡지 | | | | | 도감 | | | | | 사전 | | | | | 인터넷 | | | | | 비디오 | | | | | 인적 정보원 | | | |
적용 능력				• 도서관 능력 　- 정보원의 종류와 이용법 　- 목록 이용 　- 분류 이해 　- 서지 작성법 • IT 기술 　- 정보검색: 주제어 검색 • 정보원 평가 • 면담 요령 - 질의응답 요령

3단계: 정보 읽고 정리하기			
목 표	정보원에서 원하는 정보를 찾아 이해하고 정리할 수 있다.		
단 계	문제해결과정		문제해결 사례 / 적용 방법
정보 읽기	1. 찾아낸 정보원에서 필요한 정보를 가려낸다. ① 정보원에서 원하는 정보가 있는 곳을 알아낸다. ② 인터넷 사이트를 평가하여 적합한 것을 이용한다. ③ 찾은 정보가 문제해결에 적합한 내용인지 따져본다.		• 목차나 색인을 이용하여 원하는 정보를 찾는다. • 점검 독서나 건너뛰며 읽기를 통하여 원하는 정보를 찾는다. • 찾은 정보가, 돌고래의 사는 곳(서식지), 수명, 지능 등의 내용을 담고 있는지 자세히 읽는다.
정보 조직하기	2. 가려낸 정보를 정리한다. ① 가려낸 정보를 노트 정리한다. ② 적합한 정보로 판단한 내용을 해결하고자 하는 과제별로 모은다. ③ 가려낸 정보가 담긴 정보원을 기록한다.		• 찾아낸 정보를 기록한다. 예) 노트 정리 순서 돌고래는 1. 어디에 살까? 　① 김○○ (2024). 돌고래의 여행. 서울: ○출판사. ○-○. 　② 남○○ (2023). 돌고래의 생태. 서울: ○○출판사. ○-○. 2. 얼마나 살까? 　① 남○○ (2023). 돌고래의 생태. 서울: ○출판사. ○-○. 　② 박○○ (2024). 바다도감. 서울: ○출판사. ○-○. 3. 얼마나 똑똑할까? 　① 김○○ (2024). 동물도감. 서울: ○○출판사. ○-○. 　② 박○○ (2023). 바다도감. 서울: ○○출판사. ○-○. 　③ 바다이야기 (2024. 10. 10.). http://www.bada.co.kr - 표나 그림 그리기 등을 이용한다. - 문서작성프로그램을 이용한다. - 화면 캡처 기술을 이용한다. • 정리한 정보에 인용 표시를 한다.
적용 능력			• 점검 독서, 건너뛰며 읽기 • 검색 능력 - 주제어 검색 • 인터넷 정보원 평가 • 노트 정리법 • 인용 표시 • 문서작성프로그램 이용

4단계: 문제 해결하고 표현하기		
목 표	문제를 해결하여 적절한 방법으로 발표할 수 있다.	
단 계	문제 해결 과정	문제 해결 사례 / 적용 방법
문제 해결하기	1. 해결하고자 했던 학습문제를 해결한다. 각각의 정보원에서 찾아낸 정보를 종합한다. 2. 학습문제에 적합한 정보 생산 방법을 생각한다. 3. 해결한 학습문제를 생산한다. 4. 생산한 결과물의 오류를 점검한다. ① 오탈자는 없는가? ② 맞춤법이나 띄어쓰기는 정확한가? ③ 인용 표시는 제대로 했는가?	예) 돌고래의 　1. 사는 곳을 정리한다. 　2. 수명을 정리한다. 　3. 지능을 정리한다. 예) 보고서를 작성할까? 　파워포인트로 만들까? 　그림으로 그릴까? 예) 파워포인트를 이용해서 돌고래에 대해서 발표하자
해결한 문제 표현하기	1. 해결한 학습문제를 발표한다. 2. 발표한 내용에 대해서 다른 사람의 의견을 듣는다.	예) 파워포인트로 작성한 내용을 발표한다. 예) 다른 학생의 질문에 답한다. 　다른 학생의 주장이나 의견을 듣는다.
적용 능력		• 발표 능력 • 청취 능력 • 글쓰기 기술 • 컴퓨터활용능력

5단계: 평가하기		
목 표	문제 해결 결과와 해결 과정을 스스로 평가하고 잘못된 점을 수정할 수 있다.	
단 계	문제 해결 과정	문제 해결 사례 / 적용 방법
결과 평가하기	1. 자신이 정한 질문에 만족할 만한 답을 얻었는지 평가한다.	예) • 해결하지 못한 질문은 있는가? • 다른 사람이 이해하기 쉽게 내용을 전달했는가? • 다른 사람의 질문에 근거를 대서 잘 설명하였는가? • 스스로 해결 결과에 만족하는가?
과정 평가하기	2. 문제 해결 과정에서 어려웠던 점, 잘된 점, 잘못된 점을 평가한다.	예) • 문제 해결 단계에서 가장 어려웠던 점은 무엇인가? • 학습문제는 정하기는 쉬웠는가? • 정보원 찾기는 쉬웠는가?

		• 어려웠다면 어떤 정보원 찾기가 어려웠는가? • 정보원의 내용을 찾아서 이해하는 데는 어려움이 없었는가? • 찾은 정보를 잘 정리하였는가? • 찾은 정보를 활용하여 알맞은 방법으로 표현하고 전달하였는가? • 다른 사람의 글이나 주장 그림 등에 대해서 참고 인용 표시를 잘하였는가?
적용 능력		• 자기평가 방법 • 참고문헌 작성법

(출처: 송기호 외, 2006, 118-124의 내용 일부를 수정함)

제4장

사서교사의 학교도서관 교육 운영

1. 학교도서관 교육의 성격
2. 학교도서관 교육의 목표
3. 학교도서관 교육의 내용
4. 학교도서관 교육의 편성 및 운영 방법
5. 학교도서관 교육의 설계 및 운영

> 학교도서관 교육은 교사와 학생 개인의 특성뿐만 아니라
> 학교 지식의 범위와 전달 방법을 규정하고 있는 교육과정의 영향을 받는다.
> 학교도서관 교육은 도서관 자원과 자원의 활용 능력을 교수-학습 도구로 활용한다.
> 학교도서관 교육은 성공적인 메이커 교육과 경험 교육을 지원한다.
> 학교도서관 교육은 범교과적이다.
> 학교도서관 교육은 교과 교육과의 통합 교육과정을 지향한다.
> 학교도서관 교육은 통합 교육과정 운영 과정에서
> 새로운 교육 공동체를 만들고 지속 성장을 돕는다.

제4장 사서교사의 학교도서관 교육 운영

1. 학교도서관 교육의 성격

학교도서관 교육은 교사와 학생 개인의 특성뿐만 아니라 학교 지식의 범위와 전달 방법을 규정하고 있는 교육과정의 영향을 받는다. 절대적 지식관에 따라 교과 권위주의가 확대되거나 교사와 교과서 중심의 교수-학습 방법이 중심을 이루는 상황에서 학교도서관은 자료 보관실이나 자습실의 역할을 벗어나기 어렵다. 반면에 상대적 지식관에 따라 교사와 학생의 상호작용과 학교 지식의 확장에 필요한 역량 신장이 강조되는 교육과정에서는 도서관 자원을 교수-학습 도구로 활용하는 교육과정 운영이 중요하다.

학교도서관 교육은 도서관 자원과 자원의 활용 능력을 교수-학습 도구로 활용한다. 개별 교과 측면에서 학교도서관 자원을 도구로 활용하는 가장 일반적인 방법은 지도하고자 하는 학습주제와 관련된 자료를 제공받는 것이다. 또 다른 방법은 학습주제와 관련된 자료와 함께 자료가 담고 있는 내용의 활용 방법을 함께 제공받는 것이다. 이 경우에 사서교사는 학습주제 관련 자료의 선정·수집·제공 이외에 자료의 내용을 활용하는 방법을 교과의 학습주제에 적용하는 교육 정보서비스를 제공한다.

학교도서관 교육은 성공적인 메이커 교육과 경험 교육을 지원한다. 교육은 무언가를 말해주는 것만으로는 충분치 않고, 실제로 해보게 해야 한다. 학생이 문제 해결 결과로 얻은 아이디어를 직접 창작할 수 있어야 한다. 학생은 직접 해보는 경험을 통해 학습하고 싶어 하며 자율성을 갈망한다(Couch & Towne, 2019). 학교도서관 교육은 요구와 수준에 맞는 자료와의 상호작용을 통해 얻은 아이디어를 표현하고 공유하고 평가하는 경험을 제공함으로써 학습자에게 다양한 메이커 경험을 제공할 수 있다.

학교도서관 교육은 학생의 창의성 신장을 위한 자유로운 풍토를 제공한다. 창의력은 유용하면서 독특한 것을 만들거나 행하는 과정이다. 이 과정이 창의적 성공인 혁신으로 이어질 수 있는데 창의적인 과정에서 가장 중요한 부분은 창작물이나 창작자보다는 창의적 공간 풍토(climate)이다. 창의적 공간 풍토는 권위에 위협받지 않고, 혼자 마음껏 깊이 생각할 여유를 주고, 이타적으로 많은 사람을 배려하고, 자신의 열망을 추구할 수 있는 공간이다(김경희, 2019). 학교도서관 교육은 교사의 후원과 상호작용을 통해 다양한 배경과 수준에 맞는 자원을 스스로 활용하고 상대적 지식을 자유롭게 생산하고 공유함으로써 창의성을 길러줄 수 있는 자유로운 공간 풍토를 조성할 수 있다.

학교도서관 교육은 범교과적이다. 학교도서관 자원은 특정 교과나 이용자를 위한 것이 아니라 열린 접근성(open access)을 기반으로 교육 공동체 구성원 누구나 정보요구 해결에 활용할 수 있도록 설계된다. 또한, 학교도서관 교육이 제공하는 다양한 리터러시는 교사의 수업 방법 개선과 학습자 중심의 수업을 통해 학교 교육목표 달성과 평생학습능력 신장에 기여한다.

학교도서관 교육은 교과 교육과의 통합 교육과정을 지향한다. IFLA(2021)의 「학교도서관 선언」(School Library Manifesto)에서는 학교도서관의 사명을 '적극적인 협동을 통한 학교 공동체의 교수-학습을 개선 및 강화한다.'라고 밝히고 있다. 배경 학문의 연계 정도를 기준으로 학교도서관 교육과 교과의 통합은 개념, 방법, 절차를 중심으로 두 개 이상의 학문을 연결하거나 재구성하는 간 학문적 통합을 지향한다. 그리고 개별 교과 간 연계 정도에 따르면, 개별 교과가 지닌 공통 요소(개념, 원리, 방법)를 상호 관련짓는 기여적 통합이나 연결 원칙, 공통 문제, 상호 관심 영역을 기반으로 하는 융합적 통합 그리고 개인의 흥미와 사회적 요구에 따라 제기된 문제를 관련 개념이나 자료를 종합적으로 활용하고 표현하는 과정 중심의 기능적 통합으로 운영할 수 있다. 또한, 개발 주체 측면에서 보면, 학교의 필요나 교사의 재량으로 교육과정을 재구성하거나 범교과 학습에 필요한 학교(교사) 수준의 통합 교육과정이다.

학교도서관 교육은 통합 교육과정 운영 과정에서 새로운 교육 공동체를 만들고 지속 성장을 돕는다. 학교도서관 중심의 통합 교육과정은 개별 교과의 영역 특수적인 지식보다는 영역 보편적인 지식을 대상으로 한다. 학교도서관 교육은 범교과적인 방법적 지식을 매개로 교과 연계 주제와 수준별 교수-학습 자원 개발에 참여하는 교과 간 상호 협업하는 학습 공동체 형성을 선도하고 지속 성장을 뒷받침할 수 있다.

2. 학교도서관 교육의 목표

학교도서관 교육의 가장 큰 목표는 자원기반학습을 통해 교수-학습 방법을 지원하고 개선하는 것이다. 자원기반학습은 기존의 교사와 교과서 중심의 교실수업과는 달리 교수-학습 방법과 유형은 물론 학습자의 요구와 수준에 적합한 다양한 형태의 자원과 방법적 지식이 투입된다. 투입된 자원의 학습자 중심의 처리와 산출 과정을 통해 교수-학습 방법을 개선하고, 학생의 수업에 대한 관심과 참여를 높일 수 있다.

학교도서관 교육은 학습자 맞춤형 리터러시 역량 신장을 목표로 한다. 학습자 중심 학습에서 가장 중요한 것은 학생이 자신의 정보요구와 수준에 맞는 자료가 담고 있는 내용을 정확히 이해하고 과제나 정보요구 해결에 적용하고 새로운 지식을 형성할 수 있는 능력이다. 미디어센터로서 학교도서관은 다양한 자료를 기반으로 한 교육 활동을 통해서 학생이 스스로 학습과제나 정보문제를 해결하도록 지도함으로써 정보 리터러시를 길러줄 수 있다(AASL, 2019).

학교도서관 교육은 자기주도학습을 통해 다양성을 존중하는 주체적인 학습자 양성을 목표로 한다. 자기주도학습은 학생이 학습의 주체가 되는 교육으로 자신의 삶과 관련된 중요한 문제를 해결하는데 타인의 권위와 인격에 종속되지 않고 스스로 판단하여 주체적으로 결정하며 그 결과에 책임지는 인간이 되는 교육이다. 교사의 입장에서 자기주도학습은 학생의 자유를 받아들이는 교육으로 중요한 문제를 해결함에 있어서 다르게 생각할 수 있는 자유가 학생 모두에게 허용되고, 획일적인 기준 대신에 다양성이 허용되는 교육이라고 할 수 있다(이돈희 외, 1999).

학교도서관 교육은 학습자 중심 학습을 통해 신뢰감과 책임감 신장을 목표로 한다. 학교도서관 교육은 교사가 일방적으로 학습 내용을 전달하는 폐쇄적이고 획일적인 교실 상황과는 다른 개방적인 교육환경에서 진행된다. 교사는 학생의 능력, 흥미, 필요에 따라서 이용할 자료의 유형과 수준을 정하고, 맞춤형 탐구 과제를 제시함으로써 학생이 수업에서 성취감을 경험할 수 있게 도와준다. 이를 통해서 수업에 참여한 인적자원 간 상호작용이 활성화되고, 학생의 수업 참여를 촉진할 수 있으며, 협동학습이나 융통성 있는 수업 진행을 통해서 신뢰감과 책임감을 신장할 수 있다.

학교도서관 교육은 협동수업을 통해 새로운 정보와 지식을 생산하고 공유할 수 있는 학습능력 신장을 목표로 한다. 학교도서관 교육은 사서교사와 교과교사의 협동수업을 기반으로 이루어진다. 사서교사는 자료의 선정과 조직 및 제공이라는 기본적인 관리 업무 이외에 자료가 담고 있는 내용을 학생이 비판적으로 수용할 수 있도록 지도하는 교수자의 역할을 수행한다. 사서교사와 교과교사의 협동은 학습능력에 맞는 적절한 학습자료의 활용을 통해서 새로운 정보와 지식을 생산하고 공유할 수 있는 경험을 제공한다. 학생은 상호작용을 통한 학습주제의 해결 과정을 통해서 협동이나 타협과 같은 공동체 의식을 습득하고 지식과 정보의 윤리적인 사용능력을 신장할 수 있다(송기호 외, 2010).

3. 학교도서관 교육의 내용

교육 내용은 교과의 배경 학문을 배경으로 학교 교육을 통해서 학생에게 전달하고자 하는 지식을 의미하며, 학습자의 학교 및 일상생활과 미래 직업 환경에 도움이 될 만한 내용을 가려내어 편성한다. 교과별 교육 내용과 지도 순서, 운영 및 평가 방법 등은 국가 수준 교육과정을 통해 제시된다. 그러나 사서교사의 경우 문헌정보학을 배경으로 지도할 국가 수준의 교육 내용과 지도 순서, 운영 및 평가 방법 등이 마련되어 있지 않다. 그 이유는 제도적 측면에서 학교도서관이 「학교도서관진흥법」(법률 제18547호)에서 정의한 바와 같이 '학교에서 학생과 교원의 학습-교수 활동을 지원함을 주된 목적'으로 설치되었고, 사서교사가 「교원자격검정령」(대통령령 제34925호) 제4조 제①항 및 「교원자격검정령시행규칙」(교육부령 제319호) 제2조 제②항 〈별표 1〉에 표시 과목이 없는 비교수 교원 자격에 해당하기 때문이다.

그러나 「도서관법」(법률 제19592호)과 「학교도서관진흥법」(법률 제18547호) 그리고 「학교도서관진흥법시행령」(대통령령 제33343호)에서 학교도서관과 사서교사 등의 업무 및 역할 형태로 학교도서관 교육 내용과 방법을 제시하고 있다. 우선, 「도서관법」(법률 제19592호)과 「학교도서관진흥법」(법률 제18547호)에서 공통으로 정하고 있는 학교도서관의 교육적 역할은 '도서관 이용지도 및 독서교육 그리고 협동수업 등을 통한 정보활용의 교육'이다. 그러나 「학교도서관진흥법시행령」(대통령령 제33343호)에서는 사서교사 등의 업무 범위를 '독서지도 및 학교도서관 이용 방법 등에 대한 교육과 안내'로 제한하고 있다. 이들 법령에서 정하고 있는 학교도서관 교육 내용인 '도서관 이용교육, 독서교육 그리고 정보활용교육'은 학교도서관에 대한 교육이고, 교육 방법인 '협동수업 등'은 학교도서관활용교육에 해당한다.

<표 4-1> 법령에서 정하고 있는 학교도서관 교육의 내용과 방법

법령	학교도서관 및 사서교사의 업무 및 역할
도서관법	제40조(학교도서관의 설치 등) ② 학교도서관은 다음 각 호의 업무와 역할을 수행한다. 1. 학교 교육에 필요한 도서관 자료의 수집·정리·보존 및 이용 서비스 제공 2. 학교 소장 교육 자료의 통합관리 및 이용 제공 3. 시청각 자료 및 멀티미디어 자료의 개발·제작 및 이용 제공 4. 정보관리시스템과 통신망을 이용한 정보 공유 체제의 구축 및 이용 제공 5. 도서관 이용의 지도 및 독서교육, 협동수업 등을 통한 정보 활용의 교육 6. 그 밖에 학교도서관으로서 하여야 할 기능수행에 필요한 업무
학교도서관진흥법	제6조(학교도서관의 업무) ① 학교도서관은 「도서관법」 제40조 제2항에 따른 업무를 수행한다. ② 학교도서관은 제1항에 따른 업무수행에 지장이 없는 범위 안에서 지역사회를 위하여 개방할 수 있다. ③ 학교도서관은 학교와 지역사회의 실정에 맞게 학부모·노인·장애인, 그 밖의 지역주민을 위한 프로그램을 개발·보급할 수 있다.
학교도서관진흥법 시행령	제7조(사서교사 등) ③ 사서교사 등의 업무 범위는 다음과 같다. 1. 학교도서관 운영 계획의 수립에 관한 업무 2. 자료의 수집, 정리, 이용 및 예산 편성 등 학교도서관 운영에 관한 업무 3. 독서지도 및 학교도서관 이용방법 등에 대한 교육과 안내 4. 학교도서관을 이용하는 교사의 교수·학습지원

　　법령에서 정한 학교도서관 교육 내용은 교수-학습을 위해 학교도서관이 제공하는 자원의 활용(도서관 이용교육, 독서교육, 정보활용교육)과 이를 교육과정에 적용하는 방법(협동수업 등)을 담고 있다. 교육 내용(정보활용교육)과 방법(협동수업)이 분리되지 않은 것은 학교도서관 교육이 '교수-학습 개선 및 강화'(IFLA, 2021)을 위한 도구적 성격을 갖는다는 점을 보여주는 것이다.

　　학교도서관 교육의 핵심은 '자료(매체)에 대한 지식을 바탕으로 자료가 담고 있는 내용을 활용하여 새로운 아이디어나 지식을 생산하고 의사소통에 참여하는 능력을 신장하는 것'이다. 따라서 학교도서관 교육 내용은 자료에 대한 것, 자료의 내용(정보) 활용에 대한 것으로 구성할 수 있다. 송기호(2020)는 학교도서관 교육의 성격을 통합 교육과정으로 보고 그 목표를 '자주적 지식 생산능력 신장, 정보활용능력 습득, 도덕적 인간'으로 설정하였다. 그리고 내용 요소를 '유의미성, 타당성, 유용성, 학습 가능성, 경제성, 균형성, 내적 외적 관련성, 사회 가치 적합성' 측면에서 선정하였다. 그리고 [그림 4-1]에서 보는 바와 같이 교육 내용을 기초학습 기술과 문제해결능력으로 범주화하였다.

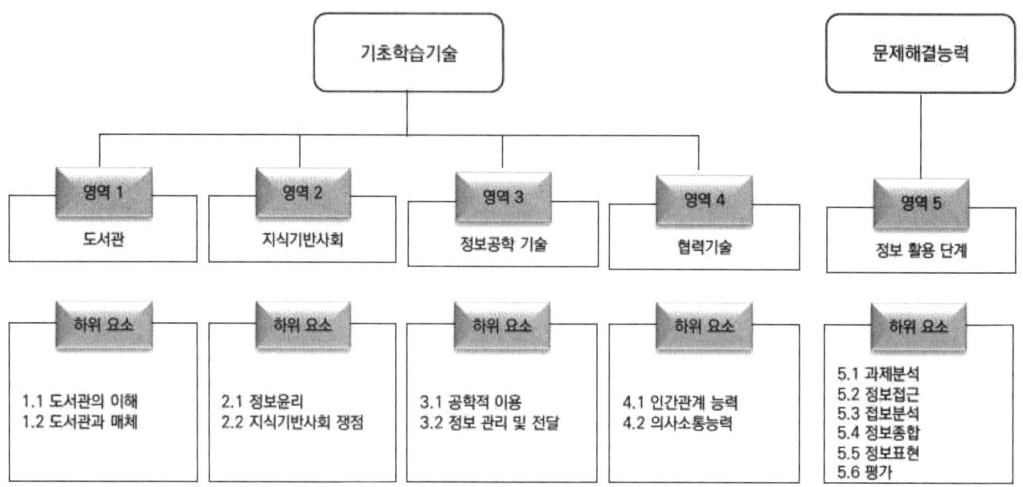

[그림 4-1] 학교도서관 교육의 내용 요소

우선, 기초학습기술은 지식기반사회, 도서관, 정보공학기술 그리고 협력기술 등으로 이루어진다. 그리고 문제해결능력은 새로운 지식을 생산하는 데 활용하는 자료가 담고 있는 내용인 정보의 활용 단계(과정)와 각 단계의 수행에 필요한 정보능력(Information Skills) 등으로 구성된다. 우선, 기초학습기술의 내용 체계는 다음 〈표 4-2〉와 같다.

〈표 4-2〉 기초학습기술의 내용 체계(예)

영역	대주제	하위주제	성취 기준		
			초등학교	중학교	고등학교
1. 지식기반사회	1.1 정보윤리	• 정보의 의미와 중요성 • 지적공유 • 사회윤리 • 지식재산보호	(초 01-01-01) 날씨 정보가 서로 다른 직업을 가진 사람들에게 어떤 의미가 있는지 설명한다. (초 01-01-02) 인터넷이 다른 사람과의 정보 공유에서 이로운 점과 해로운 점은 무엇인지 설명한다. (초 01-01-03) 지식재산이 법에 의해서 보호받는 이유를 조사한다.	(중 01-01-01) 지식기반사회의 특징을 탐구한다. (중 01-02-02) 자신의 글이 다른 사람에 의해 도용되었을 때 어떻게 대처해야 하는지를 알고 실천한다. (중 01-02-03) 지식재산을 보호하기 위한 여러 가지 법과 기관에는 어떤 것이 있는지 알고 자신의 문제해결에 활용한다.	(고 01-01-01) 개인정보의 의미와 중요성을 탐구한다. (고 01-01-02) 사이버범죄를 예방하기 위한 개인정보보호 방법을 조사한다. (고-01-01-03) 나라마다 지식재산의 보호 기간을 늘리는 이유를 설명한다.

영역	대주제	하위주제	성취 기준		
			초등학교	중학교	고등학교
	1.2 지식기반 사회 쟁점	• 정보의 개인적 사회적 이용 • 지적 자유 • 정보 평등	(초 01-02-01) 문제 해결에 정보를 활용한 경험을 설명한다. (초 01-02-02) 정보 불평등이 개인과 사회에 끼치는 영향을 조사한다. (초 01-02-03) 보고 싶은 만화책을 보지 못하거나, 좋아하는 게임을 하지 못했던 경험을 생각하고, 어떻게 불만을 해결했는지 설명한다.	(중 01-02-01) 정보가 견해를 지지하거나 거절하는데 사용될 수 있음을 이해한다. (중 01-02-02) 종이책의 발명 이전과 이후 사람들의 정보 접근에 어떤 변화가 있었는지를 조사한다. (중 01-02-03) 금서의 의미를 이해하고 왜 금서가 발생했는지 설명한다. (중 01-02-04) 동물농장을 읽고 정보의 독점이 가져오는 폐해를 설명한다.	(고 01-02-01) 정보 불평등이 발생할 수 있는 원인을 알아보고 그 해결책을 제시한다. (고 01-02-02) 한 사람의 잘못된 정보가 여러 사람에게 어떤 영향을 줄 수 있는지 사례를 들어 설명한다. (고 01-02-03) 개인이 알아낸 정보가 가치 있는 정보가 되기 위해서는 어떤 과정이나 절차가 필요한지 설명한다.
2. 도서관	2.1 도서관의 이해	• 유형과 역할 • 이용 예절과 위생	(초 02-01-01) 도서관에서 주는 안내문이나 게시판을 읽고 도서관이 하는 일을 설명한다. (초 02-01-02) 도서관이 우리 생활에 필요한 이유를 조사한다. (초 02-01-03) 도서관 이용 예절을 이해하고 안내문을 제작한다. (초 02-01-04) 도서관의 자료를 분실한 경우 어떻게 처리해야 하는지 설명한다.	(중 02-01-01) 학교도서관 이용이 학교생활에 어떤 도움을 주는지 발표한다. (중 02-01-02) 도서관 이용 예절을 이해하고 포스터를 제작한다.	(고 02-01-01) 장래 진학하고자 하는 대학의 도서관이 제공하는 서비스를 조사하고 학교도서관의 서비스와 무엇이 다른지 조사한다. (고 02-01-02) 도서관 이용 시 불편한 점을 정리하여 개선 방안을 담은 건의문을 작성한다.
	2.2 도서관과 매체	• 매체의 종류와 특징 • 매체 평가 • 조직과 배열 • 매체의 비판적 활용 • 서지 작성 • 외부 정보원 활용	(초 02-02-01) 매체가 개인의 일상생활에 끼치는 영향을 설명한다. (초 02-02-02) 일주일 동안 이용한 매체와 이용시간 및 목적을 정리하고 자신의 매체 이용을 평가한다. (초 02-02-03) 분류	(중 02-02-01) 대중매체가 청소년 문화에 끼치는 영향을 탐구한다. (중 02-02-02) 다양한 유형의 문학작품이 있음을 이해하고 올바른 감상법을 적용한다. (중 02-02-03) 같은 이야기가 어떻게 다양	(고 02-02-01) 매체가 사회에 끼치는 영향을 탐구한다. (고 02-02-02) 여러 가지 매체에 실린 그래픽이 담고 있는 정보를 해석한다. (고 02-02-03) 목적과 관점을 달리하는 매체

영역	대주제	하위주제	성취 기준		
			초등학교	중학교	고등학교
			번호를 이용해서 원하는 자료를 찾는다. (초 02-02-04) 읽은 책의 줄거리를 자신의 경험에 비추어 정리한다. (초 02-02-05) 여러 가지 사전의 종류를 알고 원하는 정보를 찾는다. (초 02-02-06) 동일한 정보도 다양한 형태로 전달될 수 있음을 설명한다. (초 02-02-07) 지역사회 공공도서관이 제공하는 서비스를 이용한다.	한 매체를 통해서 다양한 수용자에게 전달되는지 설명한다. (중 02-02-04) 실제 사건과 매체에서 재연한 사건 사이의 차이점을 구분한다. (중 02-02-05) 다양한 정보원의 서지사항을 작성한다. (중 02-02-06) 다양한 정보원을 이용하여 읽고 싶은 책 분류표를 작성한다. (중 02-02-07) 지역사회 청소년 관련 기관이 제공하는 서비스를 탐구한다.	를 비판적으로 사용한다. (고 02-02-04) 대중매체와 관련된 다양한 용어를 설명한다. (고 02-02-05) 역사적, 사회적 그리고 문화적 맥락 속에서 매체가 담고 있는 메시지를 해석하고 비판적으로 평가한다. (고 02-02-06) 매체가 담고 있는 메시지와 수용자 그리고 현실 간의 관계를 설명한다. (고 02-02-07) 자신의 진로와 관련된 공공기관이 제공하는 서비스를 탐구한다.
3. 정보 공학 기술	3.1 공학적 이용	• 정보 입출력 장치 이용 • 교육용 프로그램 이용 • 제작 기법	(초 03-01-01) 컴퓨터, 스캐너 등 정보 입출력 장치의 이용 방법을 설명한다. (초 03-01-01) 선생님이나 친구의 도움을 받아 그림이나 사진을 활용한 자기소개서를 만든다. (초 03-01-03) 문제해결과 발표에 디지털카메라, 컴퓨터 그리기 프로그램 등을 사용한다.	(중 03-01-01) 웹 기반 도구를 포함해서 정보탐색과 학습을 돕는 S/W, 시뮬레이션 등을 활용한다. (중 03-01-02) 최신 정보공학기술의 변화가 일상생활과 학교생활에 끼치는 영향을 사례를 들어 설명한다. (중 03-01-03) 학교나 교육기관이 제공하는 교육용 프로그램을 조사하여 과제 해결에 활용한다.	(고 03-01-01) 학습과 관련된 최신 정보공학기술 장치에는 어떤 것이 있는지 알아보고 일상생활과 학습활동에 활용한다. (고 03-01-02) 일상생활에서 많이 사용하고 있는 정보공학기술의 장단점을 비교한다. (고 03-01-03) 정보공학기술과 관련된 직업을 조사하여 표로 정리한다.
	3.2 정보관리 및 전달	• 원격정보통신망의 이용 • 정보공학기술을 이용한 정보관리 전달 • 멀티미디어를 이용한 정보 생산 • 정보공학기술의	(초 03-02-01) 학교도서관 누리집이나 DLS가 제공하는 전자책과 멀티미디어 정보원을 이용해서 과제를 해결한다. (초 03-02-02) 에듀넷을 이용해서 과제 해결에 필요한 정보를	(중 03-02-01) 중학생을 위한 사이버 독서 및 논술 교실을 조사하고 참여한다. (중 03-02-02) 독서포스터나 독후 감상화를 컴퓨터 그리기 프로그램을 이용해서 제작	(고 03-02-01) 토론이나 모둠활동을 위해 개인 누리집이나 소셜미디어를 활용한다. (고 03-02-02) 보고서나 발표 자료를 컴퓨터 그래픽 프로그램이나 멀티미디어를 활

영역	대주제	하위주제	성취 기준		
			초등학교	중학교	고등학교
		윤리적 합법적 이용	찾는다. (초 03-02-03) 사이버 독후감 대회에 참가할 작품을 컴퓨터 문서작성프로그램을 이용하여 작성한다. (초 03-02-04) 개인 누리집이나 블로그를 이용할 때 지켜야 할 예절을 조사한다.	한다. (중 03-02-03) 정보공학기술의 합법적이고 윤리적인 사용 방법을 구체적인 사례와 함께 설명한다.	용하여 제작한다. (고 03-02-03) 학교와 가정에서 정보공학기술을 합법적이고 윤리적으로 사용할 수 있는 구체적인 방법을 제안한다.
4. 협력 기술	4.1 인간관계 능력	• 상호 존중 • 역할수행 • 학습 공동체 참여	(초 04-01-01) 상황에 따라서 상대방의 기분을 좋게 하는 말과 행동을 한 경험을 발표한다. (초 04-01-02) 모둠학습에 참여하는 친구와 함께 모둠의 이름을 짓고 모둠을 상징하는 그림을 함께 그린다.	(중 04-01-01) 또래 친구의 어려움을 위로해 주는 말과 행동 사례를 조사한다. (중 04-01-02) 상황별로 예의 바른 행동과 무례한 행동을 구별한다.	(고 04-01-01) 상대방과 다른 의견에 대해서 대안을 제시할 때의 올바른 방법을 설명한다. (고 04-01-02) 모둠학습에서 자신의 역할을 이해하고 책임을 완수한다.
	4.2 의사소통 능력	• 자기 제시능력	(초 04-02-01) 자신을 소개하는 글을 써서 올바른 자세로 발표한다. (초 04-02-02) 만화의 좋은 점과 나쁜 점에 관한 주장하는 글을 써서 의견이 다른 친구를 설득한다. (초 04-02-03) 상황에 맞추어 싫거나 좋다는 감정을 나타내는 말과 태도를 이해한다.	(중 04-02-01) 이성교제에 대한 자기 생각을 글로 표현한다. (중 04-02-01) 면담의 절차와 지켜야 할 예절을 설명한다.	(고 04-02-01) 학생인권조례에 대한 자신의 입장을 글로 표현한다. (고 04-02-02) 자신의 생각을 청중과 매체를 달리하여 표현한 경험을 설명한다.

(출처: 송기호, 2020, 210-219의 내용을 일부 수정하여 재구성함)

그리고 문제해결능력의 내용 체계는 다음 〈표 4-3〉과 같다.

〈표 4-3〉 문제해결능력의 내용 체계(예)

학교급	대주제	하위주제	성취 기준	정보기술
초	5.1 과제 분석	• 정보문제 인식 • 선행지식과 연계 하기 • 정보요구 표현	(초 05-01-01) 질문으로 정보문제를 구체화한다. (초 05-01-02) 정보 탐색에 필요한 중심 단어를 가려낸다.	• 질문하기 • 중심 단어 가려내기
중			(중 05-01-01) 정보문제를 브레인스토밍으로 구체화한다. (중 05-01-02) 참고정보원을 활용하여 배경정보를 만든다.	• 브레인스토밍 • 참고정보원을 이용한 배경정보 만들기
고			(고 05-01-01) 의미망을 이용하여 정보문제를 구체화한다. (고 05-01-02) 정보문제와 관련한 중심 생각을 요약한다.	• 의미망 그리기 • 중심 생각 요약하기
초	5.2 정보 접근	• 다양한 탐색전략 이용 • 탐색도구 선정과 활용 • 정보원 식별	(초 05-02-01) 과제 해결에 적절한 정보원이 있음을 이해한다. (초 05-02-02) 사전을 이용하여 과제의 의미를 이해한다. (초 05-02-03) 분류표를 이용하여 서가에서 과제와 관련된 자료를 찾는다. (초 05-02-04) 과제와 관련된 비소설 자료를 찾는다.	• 사전 • 분류표 • 비소설
중			(중 05-02-01) 다양한 분류체계, 기본탐색기술, 검색엔진을 활용한다. (중 05-02-02) 텔레비전과 영화정보원에서 원하는 정보를 얻는다. (중 05-02-03) 설문과 면담을 통해서 인적정보원으로부터 필요한 정보를 얻는다. (중 05-02-04) 정보원을 이용하여 과제와 관련된 단어, 용어, 방법, 사건, 사실, 개념을 설명한다.	• 검색 엔진 • 텔레비전 • 영화 • 인적정보원
고			(고 05-02-01) 자신의 관점과 다른 관점을 담고 있는 정보원을 활용한다. (고 05-02-02) 온라인 목록과 D/B를 활용해서 주제어 탐색한다. (고 05-02-03) 다양한 검색엔진을 이용하여 확장 탐색을 한다. (고 05-02-04) 설문, 인터뷰, 사례 연구 등 정보를 수집하기 위한 다양한 방법의 장단점을 비교 설명한다.	• 온라인 목록 • D/B • 설문 • 인터뷰 • 사례 연구
초	5.3 정보	• 사실, 관점 여론의 구분	(초 05-03-01) 정보를 원인과 결과로 구분한다.	• 원인과 결과 구분 • 사실과 의견 구분

학교급	대주제	하위주제	성취 기준	정보기술
중	분석	• 분석 방법 • 평가 기준	(초 05-03-02) 사실을 전달하는 정보와 의견을 전달하는 정보를 구분한다.	
			(중 05-03-01) 사실과 거짓, 사실과 주장을 구분한다. (중 05-03-02) 판권지를 통해서 최신 정보와 오래된 정보의 차이점을 설명한다. (중 05-03-03) 이용가능한 정보원에서 가장 유용한 정보를 찾아 선택한다. (중 05-03-04) 정보원을 정확성, 관련성, 적합성, 권위, 포괄성에 의해 평가한다. (중 05-03-05) 다양한 유형의 문학작품이 있음을 이해한다.	• 사실과 거짓, 사실과 의견 구분 • 판권지 • 전자 및 인쇄 정보원 평가
고			(고 05-03-01) 정보원이 담고 있는 사실과 의견을 구분한다. (고 05-03-02) 과제와 관련된 지문에서 용어를 밝혀내고 재정의할 수 있다. (고 05-03-03) 과제와 관련된 다양한 비소설 자료로부터 얻은 정보를 비교하여 선택한다.	• 사실과 의견 구분 • 용어의 재정의 • 문학작품의 의미 해석 • 비소설 자료의 비교 선택
초	5.4 정보 종합	• 관점을 달리하는 정보의 이용 • 정보조직 • 중심 생각 요약	(초 05-04-01) 자신의 경험에 비추어 줄거리의 요점을 정리한다. (초 05-04-02) 일의 순서에 따라 내용을 정리한다.	• 줄거리 요점 정리 • 일의 순서에 따른 내용 정리
중			(중 05-04-01) 자료의 내용을 요약하여 자신의 말로 정리한다. (중 05-04-02) 원인과 결과로 나누어 정보를 종합한다.	• 회상, 요약, 변환 • 원인과 결과에 의한 정보 종합
고			(고 05-04-01) 상반된 의견에 대한 타당한 근거를 정리한다. (고 05-04-02) 표나 그래픽 조직자를 이용해서 정보를 요약한다.	• 의견에 대한 근거 정리 • 표나 그래픽 조직자 활용
초	5.5 정보 표현	• 청중과 정보 성격에 맞는 정보 표현 • 효과적인 표현 기술	(초 05-05-01) 자기 생각을 전달하는 여러 가지 표현 수단을 이해한다. (초 05-05-02) 그림으로 정보를 표현한다. (초 05-05-03) 만화로 정보를 표현한다.	• 그림일기 그리기 • 만화, 표 그리기
중			(중 05-05-01) 정보의 종류와 청중에 맞추어 표현 방법을 달리하여 정보를 전달한다. (중 05-05-02) 보고서로 정보를 표현한다. (중 05-05-03) 삽화와 표를 이용하여 정보를 표현한다.	• 보고서 쓰기 • 삽화 그리기

학교급	대주제	하위주제	성취 기준	정보기술
고	5.6 평가		(고 05-05-01) 청중과 정보의 종류에 따라서 표현 방법을 선택한다. (고 05-05-02) 주장하는 글쓰기로 표현한다. (고 05-05-03) 그래픽 조직자를 활용하여 정보를 표현한다.	• 주장하는 글쓰기 • 그래픽 조직자 활용
초		• 최종 결과물과 원래 계획 비교하기 • 정보 탐색과정 평가 • 개선책 마련 • 추가 탐색의 필요성 판단	(초 05-06-01) 정보문제 해결 결과 평가표를 작성한다. (초 05-06-02) 정보 탐색과정에서 느낀 점을 발표한다.	• 평가표 작성하기 • 문제해결 과정에서 느낀 점 발표하기
중			(중 05-06-01) 계획한 결론을 끌어내기까지 탐색을 반복적으로 수행한다. (중 05-06-02) 탐구일지를 작성하고, 탐색 과정에서 잘한 점과 부족한 점을 찾아내어 스스로 평가한다.	• 반복 탐색 • 탐구일지를 이용한 평가
고			(고 05-06-01) 과제 해결 결과와 과정을 상호평가한다. (고 05-06-02) 최종 결과물을 다른 교과의 학습 내용 및 일상생활과 연계한다.	• 기본탐색 수행하여 결론 도출하기 • 최종 결과물의 다른 교과 및 일상생활 연계

(출처: 송기호, 2020, 221-226의 내용을 일부 수정하여 재구성함)

4. 학교도서관 교육의 편성 및 운영 방법

　사서교사 측면에서 학교도서관 교육은 도서관과 자원에 대한 전반적인 이해와 자료의 내용(정보)을 문제 해결에 활용할 수 있는 정보활용능력 등을 지도하기 위한 교육 활동이다. 학교도서관 교육의 편성은 독립 방식, 침투 방식, 분산 방식 그리고 흡수 방식으로 할 수 있다. 학교도서관 교육은 사서교사(학교도서관에 대한 교육)와 교과교사(교과 교육과정)의 연계(통합)하는 수준에 따라서 단순협력, 일반협력, 밀접협력(Haycock, 1988)으로 나누거나 협조, 협력, 협동(Doll, 2005)으로 나눌 수 있다. 그리고 연계에 참여하는 교과(교사)의 수에 따라 교과 독립형(사서교사 1 : 교과교사 1)과 교과 연계형(사서교사 1: 교과교사 다수)으로도 운영할 수 있다(송기호 외, 2010).

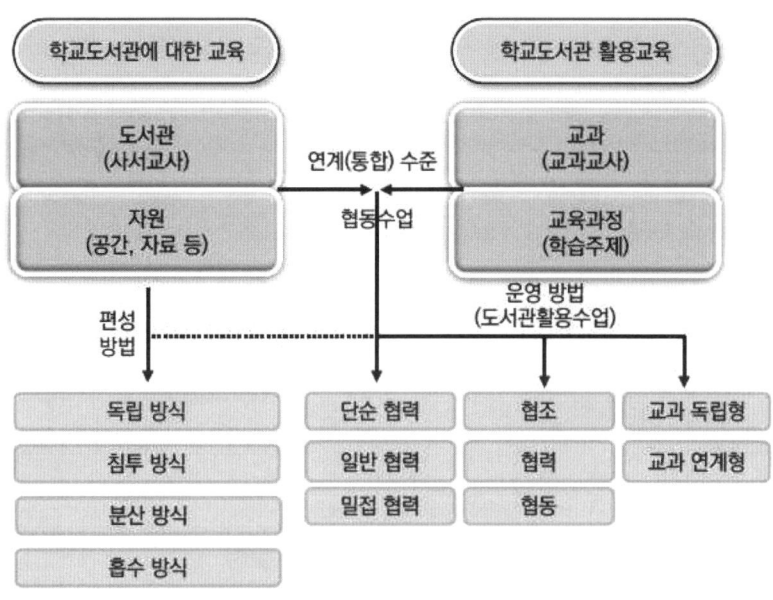

[그림 4-2] 학교도서관 교육의 편성 및 운영 방법

4.1 독립 방식

독립 방식(Separation Approach)은 학교도서관 교육을 위한 독립 교육과정을 국가 수준의 교육과정에 신설하고 독립 교과를 편성·운영하는 것이다. 이 방식은 학교도서관 교육의 체계성을 구축하고 교육시간 및 교육 자원을 확보하는 데 유리하다. 또한, 학교도서관의 교육적 역할을 공고히 할 수 있다. 반면에 정보활용교육 등 학교도서관 교육의 독립 교과 편제를 위해서 별도의 교과목을 신설하고, 그 결과가 교원 자격에 반영되어야 한다. 따라서 새로운 교육과정 개설과 교원 자격 등과 관련된 법령 개정이 선행되고, 학교도서관 확충과 사서교사 확보에 따른 예산 문제도 함께 해결해야 한다. 학습자 입장에서는 독립 교과 운영으로 수업 부담이 늘어날 수 있다.

학교도서관 교육을 독립 교과로 편성·운영하려는 시도는 학교도서관 미디어센터화와 더불어 전통적인 도서관 이용지도와 독서지도를 정보활용교육으로 확대 발전시키려는 노력에서 출발하였다. 또한, 「초·중등교육법」(법률 제19740호) 제21조 제①항(별표 1 교감·교장 자격기준)과 관련하여 1급 사서교사 자격증 소지자가 교감, 교장으로 승진하지 못하는 제도적 문제점을 해결하려는 방안이다.

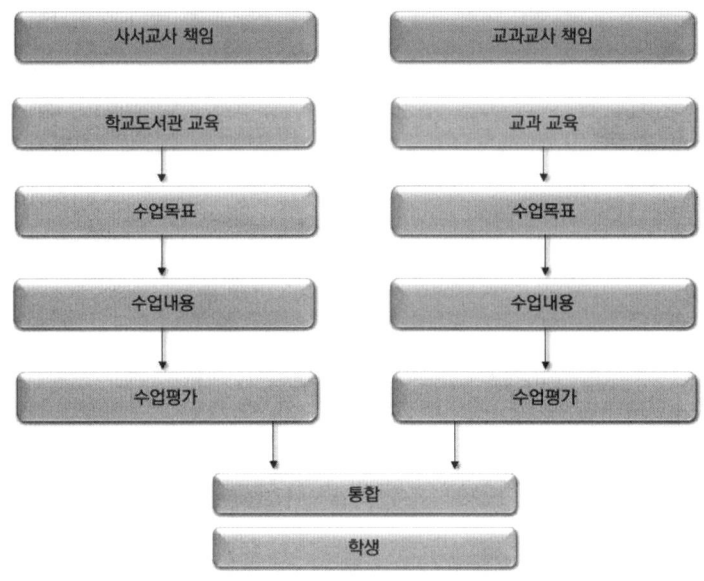

(출처: 송기호, 2020, 122)

[그림 4-3] 독립 방식의 학교도서관 교육 편성

국내의 경우 1995년에 서울특별시교육청 인정 교과서인 「고등학교 정보와 매체」(김용철 외, 1995)가 개발됨으로써 학교도서관의 교육적 역할이 형식적 교육과정 형태로 발전하는 계기를 마련하였다. 독립방식은 학교도서관 교육과 교과 학습주제가 직접적인 연계성을 갖지 못한 채 운영된다는 측면에서 분리지도 방식(Discrete Approach)라고 할 수 있다. 따라서 학교도서관에서 학습자료의 활용능력을 배우는 것이 모든 교과목에 필요한 능력이라기보다는 분리된 과목이라고 여길 수 있으며, 학생들에게 학습 부담을 줄 수 있다(Silva & Turriff, 1993). 독립 교과로 개발된 학교도서관 교육용 교과는 창의적 체험활동이나 교양 선택 과목 등으로 운영할 수 있다. 이 경우에는 단위 학교 교육과정 편성 운영이 교사 수급 문제나 교과 간 수업시수 배정과 연계되기 때문에 모든 학교에서 공통적으로 적용하기는 어렵다.

리터러시가 교육의 핵심역량과 연결되고, 학교 수준의 교육과정 편성이 강조되면서 디지털 리터러시나 미디어·정보 리터러시 교과와 같은 교육과정 개발이 다양화되고 있다. 마이애미 데이드 카운티 학군(Miami Dade County Public Schools)에서는 초등(Pre-K~Grade 5), 중등(grade 6~8), 고등(grade 9~12) 학교급별로 역량 기반 도서관 미디어 리터러시 교육과정(Competency Based Curriculum)을 두고 있다. 이 중 초등 교육과정을 살펴보면 다음 〈표 4-4〉와 같다.

〈표 4-4〉 역량 기반 도서관 정보 리터러시 교육과정

구분	영역	목적	역량
유아 (Pre-K)	I. 평생 독서	1. 스토리텔링 활동에 참가한다. 2. 읽거나 들려준 이야기를 듣는다. 3. 칼데콧상 수상 도서를 알아본다. 4. 동요를 즐긴다. 5. 그림을 통해 이야기를 이해한다. 6. 다양한 비인쇄 형태로 된 이야기를 이해한다. 7. 이야기, 시, 그림 또는 영화에 표현된 문화를 자신의 삶 그리고 주변 세상과 관련짓는다. 8. 도서를 선택하고 대출을 시작한다. 9. 지역사회 정보원을 이용한다. (예: 공공도서관)	A. 도서관 방문 중에 일어난 다양한 활동을 묘사한다.
	II. 사전 탐색전략	1. 정보 제공자를 식별한다. (예: 사서) 2. 정보요구를 확인한다. (예: Easy materials의 위치) 3. 자료의 적절한 관리 방법을 보여준다.	A. 사서의 이름을 부른다. B. 도서관의 Easy section을 찾을 수 있다.
유치원	I. 평생 독서	1. 스토리텔링 활동에 참가한다. 2. 읽거나 들려준 이야기를 듣는다. 3. 칼데콧상 수상 도서를 알아본다. 4. 동요를 즐긴다. 5. 그림을 통해 이야기를 이해한다. 6. 다양한 비인쇄 형태로 된 이야기를 이해한다. 7. 이야기, 시, 그림 또는 영화에 표현된 문화를 자신의 삶 그리고 주변 세상과 관련짓는다. 8. 도서를 선택하고 대출을 시작한다. 9. 지역사회 정보원을 이용한다. (예: 공공도서관)	A. 도서관 방문 중에 일어난 다양한 활동을 묘사한다.
	II. 사회적 책임감	1. 자료의 공유 접근 개념을 이해한다.	A. 기한 내 도서를 반납한다.
	III. 사전 탐색전략	1. 정보 제공자를 식별한다. (예: 사서) 2. 정보요구를 확인한다. (예: Easy materials의 위치) 3. 자료의 적절한 관리 방법을 보여준다.	A. 사서의 이름을 부른다. B. 기한 내에 훼손 없이 도서관 자료를 반납한다.
	IV. 탐색	정보원의 조직을 이해한다. (예: 자료의 서가배열, 하향식, 좌에서 우로, Easy materials의 배열)	A. 지정 Easy 서가에서 도서를 검색한다.
1학년	I. 평생 독서	1. 스토리텔링 활동에 참여하고 다른 사람과 문학을 공유한다. (예: 희극) 2. 독서 활동의 즐거움을 안다. 3. 문학상 수상 작품을 알아본다(예: FRA, 칼데콧상 등) 4. 동요, 짧은 이야기, 시 읽기를 즐긴다. 5. 특정 작가와 작품에 대해 관심을 갖는다. 6. 다양한 유형의 비도서 자료에 담긴 이야기를 즐긴다.	A. 좋아하는 책에 투표함으로써 FRA 아동문학상 선정에 참여한다. B. 자기주도적으로 책을 선택하고 대출한다.

구분	영역	목적	역량
1학년		7. 양질의 문학작품을 통해 문화를 탐험한다. 8. 개인 용도로 장서를 탐색한다. 9. 개별적으로 학교도서관 자료 이용을 시작한다. (예: listening center, 컴퓨터실) 10. 지역사회 자료를 이용한다. (예: 공공도서관)	
	II. 사회적 책임감	1. 자료의 공유 접근 개념을 이해한다. 2. 다른 사람과 함께 일하는 데 필요한 능력 개발을 시작한다.	A. 기한 내에 훼손 없이 도서를 반납한다. B. 또래와 정보원을 공유한다.
	III. 사전 탐색전략	1. 정보요구를 분명히 한다. (예: 비인쇄자료의 위치, 독서 활동 공간 위치, 시청 활동 공간 위치) 2. 적절한 행동이 보이고, 정해진 안내에 따른다.	A. 주의를 기울여 자료를 다룬다.
	IV. 탐색	1. 정보원의 조직과 조직 목적을 이해한다. (예: 도서의 위치를 알려주는 알파벳순 저자의 성, 전자목록 식별하기, 책등 식별하기, 서명과 저자명 그리고 삽화가 등 목서목록 용어 정의하기)	A. 저저명을 가지고 손쉽게 도서를 찾는다.
2학년	I. 평생 독서	1. 스토리텔링 활동에 참가하고 다른 사람과 문학을 공유한다. (예: 희극) 2. 독서 활동의 즐거움을 안다. 3. 문학상 수상 작품을 알아본다(예: FRA, 칼데콧 상 등) 4. 다양한 책 읽기를 즐긴다. (예: 시, 동화, 비소설) 5. 이야기의 구성 요소를 구분한다. (예: 배경, 등장인물) 6. 양질의 문학작품을 통해 문화를 탐험한다. 7. 개인적인 용도로 장서를 검색하고, 좋아하는 작가와 삽화가의 책을 찾아본다. 8. 흥미, 목적, 능력에 적합한 자료를 선택하고 이용한다. (예: Accelerated Reader 도서, 권장도서목록) 9. 개별적으로 학교도서관 자료를 이용한다. 10. 지역사회 자료를 이용한다. (예: 공공도서관)	A. 책 만들기, 역할극, 개작하기, 인형극 등을 통해서 다른 사람과 문학을 공유한다. B. 추천목록의 책 평가하기에 참여한다. C. 정기적으로 개인의 선호에 따라 책을 고르고 대출한다.
	II. 사회적 책임감	1. 자료의 공유 접근 개념을 이해한다. 2. 지적 자유의 개념을 이해한다. 3. 다른 사람과 함께 일하는 데 필요한 능력을 개발한다.	A. 기한 내 훼손 없이 책을 반납한다. B. 원작을 쓰고 자신을 저자로서 신뢰한다. C. 정보를 얻기 위하여 다른 사람과 협업한다.
	III. 사전 탐색전략	1. 정보요구를 분명히 한다. (예: 주제에 대해 질문한다. 참고정보원을 찾아본다. 다양한 전자정보원을 확인한다) 2. 적절한 행동을 보이고, 정해진 절차를 따른다.	A. 주제에 관한 질문을 만든다.

구분	영역	목적	역량
2학년	Ⅳ. 탐색	1. 정보원 조직과 조직의 목적을 이해한다. (예: 전자목록 식별하기, 목차와 색인 등 책의 구성 요소 이해하기, 서명과 저자명 그리고 삽화가 등 목서목록 용어 정의하기) 2. 정보 수집을 위하여 적절한 인쇄자료, 비인쇄자료, 전자자료를 이용한다. (예: 사전, 백과사전 지도)	A. 전자목록을 이용하여 주제 관련 자료를 가려낸다. B. 비소설 자료를 이용하여 표제지, 목차, 색인의 위치를 찾을 수 있다.
	Ⅴ. 적용	1. 자료 선정 기준을 이용하기 시작한다. (예: 주제, 독서 수준, 그래픽, 소설/비소설) 2. 복사 없이 자료를 이용한다. 3. 제한된 서지 데이터를 기록한다. (예: 저자명, 서명) 4. 질문에 답을 할 수 있는 적절한 정보를 선택한다.	A. 사전, 백과사전과 같은 다양한 정보원을 평가한 후에 질문에 답할 수 있는 적절한 정보를 선택한다. B. 정보를 수집할 때 키워드나 구절을 이용하여 질문에 답할 수 있다.
	Ⅵ. 의사소통	1. 정보와 아이디어를 조직한다. (예: 스토리 맵, 그래픽 조직자, 프레젠테이션, 보고서, 포스터, 책) 2. 정보와 아이디어를 표현한다. (예: 그리기, 보고서, 포스터, 책)	A. 쓰기, 말하기 또는 시각적 미디어로 정보를 전달한다.
3학년	Ⅰ. 평생 독서	1. 도서관 활성화 활동에 참여한다. 2. 개인 활동으로 독서를 선택한다. 3. 수상 작품을 읽는다. (예: Sunshine State, Coretta Scott King, Pura Belpré Awards) 4. 문학의 장르를 구분한다. (예: 우화, 동화, 민담, 설화, 미스터리) 5. 이야기의 구성 요소를 이해한다. (예: 배경, 등장인물, 플롯) 6. 듣기, 보기, 읽기를 통해서 양질의 문학작품을 즐기고 감상한다. 7. 양질의 문학작품을 통해서 문화를 탐구한다. 8. 흥미, 목적, 능력에 적합한 자료를 선택하고 이용한다. (예: Accelerated Reader 도서, 추천 도서목록, 잡지) 9. 지역사회 자료를 이용한다. (예: 공공도서관)	A. 분장, 인형놀이, 그림, 전시 또는 극화를 통해서 좋아하는 이야기나 시를 표현한다. B. 선정 목록의 도서를 읽고 평가한다.
	Ⅱ. 사회적 책임감	1. 자료 이용을 위하여 다른 사람의 권리를 존중한다. 2. 지식재산권의 개념을 이해한다. 3. 다른 사람과 함께 일하는데 필요한 능력을 기른다.	A. 기한 내에 훼손 없이 책을 반납한다. B. 저자의 공헌과 권리를 인식한다. C. 탐색 질문에 답하기 위해 다른 사람과 함께 일한다.
	Ⅲ. 사전 탐색전략	1. 다양한 질문 기술을 활용하여 정보요구를 분명히 한다. 2. 정보 수집 단계를 정한다.	A. 정보원의 위치를 알아내기 위해 목록 탐색으로부터 정보를 수집하는 데 필요한 일

구분	영역	목적	역량
3학년		3. 주제 탐색의 개념을 이해한다. (예: 키워드 또는 구)	련의 절차를 밟는다. B. 전자 탐색을 수행하기 위해 키워드를 사용한다.
	IV. 탐색	1. 정보의 구조와 구조를 이해한다. (예: 색인, DDC 분류 체계, 전자목록, 디지털 참고정보원) 2. 다양한 유형의 인쇄 정보원과 전자정보원에 접근한다. 3. 질문에 답할 수 있는 적절한 유형의 정보원을 선택한다. (예: 사전, 백과사전, 지도, 연감) 4. 정보를 수집하기 위해 적절한 인쇄 정보원, 비인쇄 정보원과 전자정보원을 이용한다. (예: 지도, 비디오테이프, 일정표, 온라인 데이터베이스, 인터넷 정보원)	A. 전자목록을 이용하여 주재 관련 자료를 가려내고 청구번호를 이용하여 자료를 찾는다. B. 전자정보원을 이용하여 주제 관련 정보를 검색한다. C. 정보원 목록에서 구체적인 질문에 답할 수 있는 가장 적절한 정보원을 선택한다.
	V. 적용	1. 사실과 의견을 구분하기 위하여 자료를 검토한다. 2. 정보 선택을 위한 개인적 평가적 기준을 만든다. 3. 평가적 기준을 이용하여 정보를 수집할 수 있는 적절한 인쇄 정보원과 비인쇄 정보원을 선택한다. (예: 독서 수준, 판권일) 4. 질문에 답할 수 있는 적절한 정보를 선택한다. 5. 저작권 위반 없이 정보원을 이용한다. 6. 정보를 조직하고, 서지사항을 기록한다. (예: 저자명, 서명, 출판사, 출판일)	A. 다양한 정보원을 평가한 후에 질문에 답할 수 있는 적절한 정보를 선택한다. B. 적절한 그래픽 조직자를 사용하여 노트를 작성한다.
	VI. 의사소통	1. 프로젝트 제작에 필요한 기법을 이해한다. 2. 적절한 기기와 보조장치를 선택하고 이용한다. 3. 정보와 아이디를 재조직한다. (예: 스토리보드, 웹, 그래픽 조직자) 4. 정보와 아이디어를 표현한다. (예: 쓰기. 워드 프로세서, 멀티미디어 보고서, 포스터, 책) 5. 탐색 과정과 결과를 평가한다.	A. 기기를 안전하고 조심스럽게 조작한다. B. 쓰기, 말하기 또는 적절한 공학 기술을 이용한 시각적인 형태로 정보를 전달한다.
4학년	I. 평생 독서	1. 개인 활동으로 독서를 선택한다. 2. 수상 도서를 읽는다. (예: Sunshine State, Coretta King, Pura Belpré 수상 도서) 3. 이야기의 구성 요소에 대한 이해를 확장한다. (예: 배경, 등장인물, 플롯) 4. 문학 장르를 구별한다. (예: 시, 희곡, 전기, 자서전, 신화, 유머, 사실주의 소설) 5. 듣기, 보기, 읽기를 통해서 양질의 문학작품을 즐기고 감상한다. 6. 양질의 문학작품 독서를 통해서 다른 문화에 대한 지식을 넓힌다. 7. 흥미, 목적, 능력에 적합한 자료를 선택하고 이용한다. (예: Accelerated Reader 도서, 추천 도	A. 교육과정 요구와 개인의 흥미에 따라 비소설 자료를 선택하고 대출한다. B. 다양한 문학 장르를 구분한다.

구분	영역	목적	역량
4학년		서목록, 잡지) 8. 정보와 여가 요구를 충족하기 위해 지역사회 정보원을 이용한다. (공공도서관, 박물관)	
	II. 사회적 책임감	1. 정보원을 이용하기 위하여 다른 사람의 권리를 존중한다. 2. 지식재산권의 개념을 이해한다. 3. 다른 사람과 일하는 데 필요한 능력을 기른다.	A. 기한 내에 훼손 없이 책을 반납한다. B. 저자나 출판자의 기여와 권리를 인정한다. C. 정보문제를 해결하기 위해 다른 사람과 일한다.
	III. 사전 탐색전략	1. 다양한 질문기법을 이용하여 정보요구를 분명히 한다. 2. 정보 수집 단계를 정한다. 3. 탐색전략을 이해한다. (예: 키워드, 구, 상호참조, 주제명 표목)	A. 정보원의 위치를 찾기 위해 목록으로부터 정보를 모으는 데 필요한 단계를 정리한다. B. 인터넷을 통해 지역이 구입한 데이터베이스를 이용하여 키워드 검색을 한다.
	IV. 탐색	1. 정보자원의 구조와 조직을 이해한다. (예: DDC 분류체계, 전자목록, 편람, 연감, 지도책) 2. 다양한 인쇄 정보원과 전자정보원에 포함된 정보에 접근한다. 2. 질문에 답할 수 있는 적절한 정보원을 선택한다. (예: 백과사전, 사전, 연감, 지도책, 서지 정보원) 3. 정보 수집에 적절한 인쇄 정보원, 비인쇄 정보원과 전자정보원을 이용한다. (예: 그래프, 다이어그램, 잡지, 온라인 데이터베이스, 인터넷 정보원)	A. 원하는 정보를 찾기 위해 인쇄 정보원, 비인쇄 정보원 그리고 전자 참고정보원의 구조적 특징을 이용한다. B. 자자명, 서명, 주제를 이용하여 전자목록을 검색하고 자료를 찾는다. C. 정보원 목록으로부터 구체적인 질문에 답을 줄 수 있는 가장 적절한 정보원을 선택한다.
	V. 적용	1. 시의적절성, 관련성 또는 사실과 의견의 구분을 위해 자료를 검토한다. 2. 자료 선정을 위한 개인적 평가적 기준을 마련한다. 3. 정보 수집을 위해 적절한 정보원을 이용하고, 서지 데이터를 기록한다. (예: 그래프, 다이어그램, 정기간행물) 4. 탐색 질문에 답하기 위해 정보를 선택하고 조직한다. (예: 파워 노트, 노트 카드, 2단 노트, 그래픽 조직자)	A. 탐색 질문에 답하는 데 필요한 사실을 검색한다. B. 적절한 조직자를 이용하여 노트를 작성하고, 서지 데이터를 수집한다.
	VI. 의사소통	1. 프로젝트 제작에 이용할 기법을 이해한다. 2. 적절한 기기와 보조장치를 선택하고 이용한다. 3. 정보와 아이디어를 이해하고 재조직한다. (예: 타임라인, 플로차트, 그래픽 조직자) 4. 정보와 아이디어를 표현한다. (예: 쓰기, 워드프로세스, 멀티미디어 보고서, 참고문헌, 투시	A. 기기를 안전하고 조심스럽게 조작한다. B. 쓰기, 말하기 또는 적절한 공학 기술을 이용한 시각적인 형태로 정보를 전달한다.

구분	영역	목적	역량
		화, 구두 발표, 팝업북) 5. 탐색 과정과 결과를 평가한다.	
5학년	I. 평생 독서	1. 개인 활동으로 독서를 선택한다. 2. 수상 작품을 읽는다. (예: John Newbery, Sunshine State, Coretta Scott King, Pura Belpré 수상 도서) 3. 이야기의 구성 요소에 대한 이해를 확장한다. (예: 배경, 등장인물, 플롯) 4. 문학의 장르를 구분한다. (예: 신화, 모험, 시, 과학 소설, 역사소설) 5. 듣기, 보기, 읽기를 통해서 양질의 문학작품을 즐기고 감상한다. 6. 문학작품을 통해 문화적 다양성을 이해한다. 7. 흥미, 목적, 능력에 적절한 자료를 선택한다. 8. 정보요구와 여가 요구를 위해 지역사회 정보원을 이용한다. (예: 공공도서관, 박물관)	A. 교육과정 요구와 개인의 흥미에 따라 비소설 자료를 선택하고 대출한다. B. 다양한 문학 장르를 구분한다.
	II. 사회적 책임감	1. 정보에 대한 공정한 접근을 위해 다른 사람의 권리를 존중한다. 2. 지식재산권의 개념을 이해한다. 3. 지적 자유의 개념을 이해한다. 4. 다른 사람과 함께 일하는 데 필요한 능력을 신장한다.	A. 도서관 자료를 기한 내에 훼손 없이 반납한다. B. 저자나 생산자의 기여와 권리를 인정한다. C. 정보 문제를 해결하기 위해 다른 사람과 함께 일한다.
	III. 사전탐색 전략	1. 다양한 질문기법을 이용하여 정보요구를 분명히 한다. 2. 정보 수집 단계를 정한다. 3. 탐색 용어를 이해하고 사용한다. (예: 키워드나 구, 주제명 표목표, 대안 용어)	A. 구체적인 주제에 대한 질문을 만든다. B. 인터넷을 통해 지역이 구입한 데이터베이스를 이용하여 키워드 검색을 한다.
	IV. 탐색	1. 정보원의 구조와 조직을 이해한다. (예: 전문 참고정보원, 시소러스) 2. 다양한 인쇄 정보원과 전자정보원에 포함된 정보에 접근한다. 3. 질문에 답하기 위해 적절한 유형의 정보원을 선택한다. (예: 백과사전, 사전, 연감, 지도책, 서지 정보원, 전문 사전) 4. 정보 수집을 위해 적절한 인쇄 정보원, 비인쇄 정보원 그리고 전자정보원을 이용한다. (예: 그래프, 다이어그램, 잡지, 온라인 데이터베이스, 인터넷 정보원)	A. 콘텐츠에 포함된 원하는 정보를 찾기 위해 인쇄 정보원, 비인쇄 정보원 그리고 전자 참고정보원의 구조적 특징을 이용한다. B. 저자명, 서명 그리고 주제를 이용하여 전자목록을 검색하고 자료를 찾는다. C. 정보원 목록으로부터 구체적인 질문에 답할 수 있는 가장 적절한 정보원을 선택한다.
	V. 적용	1. 시의적절성, 권위, 관련성 또는 사실과 의견의 구분을 위해 정보원을 검토한다. 2. 관련 정보원을 선택하기 위해 개인 기준과 평가 기준을 작성한다. 3. 탐색 질문에 답하기 위해 정보를 편집, 조직하고,	A. 탐색 질문에 답하는 데 필요한 사실을 검색한다. B. 적절한 조직자를 이용하여 노트를 작성하고 서지 데이터를 수집한다.

구분	영역	목적	역량
		서지 데이터를 기록한다. (예: 파워 노트, 2단 노트, 그래픽 조직자, 워드프로세서)	
	Ⅵ. 의사소통	1. 프로젝트 제작에 이용할 기법을 이해한다. 2. 적절한 기기와 보조장치를 선택하고 이용한다. 3. 정보와 아이디어를 재조직한다. (예: 개요 작성하기) 4. 참고문헌을 포함하여 정보와 아이디어를 표현한다. (예: 쓰기, 워드프로세서, 멀티미디어 보고서, 비디오 결과물, 구두 발표) 5. 탐색 과정과 결과를 평가한다.	A. 기기를 안전하고 조심스럽게 조작한다. B. 쓰기,. 말하기 또는 적절한 공학 기술을 이용한 시각적인 형태로 정보를 전달한다.

(출처: Miami Dade County Public Schools, 2017)

다음 〈표 4-5〉는 숭문고등학교에서 독립 교과로 편성한 「독서 포트폴리오 수업」지도 계획이다. 이 수업은 학교(교사) 수준의 교육과정으로서 사서교사가 1학년 전체 학급을 대상으로 진행하도록 편성되었다. 주목할 점은 학교도서관 교육 내용인 도서관 이용교육, 독서교육 그리고 정보활용교육을 아우르고 있다는 것이다.

〈표 4-5〉 독서 포트폴리오 수업 지도 계획

학기	차시	수업 내용		세부 내용
1	1~2	도서관 이용교육	강의	• 연간 수업 안내 • 학교도서관 이용 안내 • 학교도서관 홈페이지 및 학술 D/B 안내 및 실습
	3~4	독서교육	활동	• 연간 독서계획 세우기 • 다양한 분야, 자신의 독서 수준에 맞춤
	5~12		활동	• 책 읽고 독서기록 작성 • 인상깊은 구절과 느낌 발표
	13~17		활동	• 북토크 모둠활동 • 조별 선정도서를 함께 읽고 토론 • 조별 프레젠테이션
2	1~9	독서교육	활동	• 2학기 독서계획 점검하기 • 다양한 분야의 책 읽기 • 독서기록 작성, 인상깊은 구절과 느낌 발표
	10	정보활용교육	강의	• Big 6 Skills를 통한 정보활용과정 지도

11~15		활동	• 다양한 정보원을 활용한 주제 선정 • 논문 검색, 논문 읽기와 요약, 프레젠테이션 진행
16~17	통합	활동	• 연간 활동 결과물 정리 • 생활기록부에 창제 특기사항 및 독서 활동 입력

(출처: 문화체육관광부, 2019, 89)

4.2 침투 방식

침투 방식(Permeation Approach)은 모든 교육과정 운영과 학습활동에 학교도서관 교육목표를 적용하는 것이다. 즉 [그림 4-4]에서 보는 바와 같이 학교도서관 교육을 통해서 정보활용능력과 같은 기초 학습능력을 길러주기 위해서 국가 수준이나 시도교육청 수준의 교육과정에 학교도서관 교육을 개별 교과 교육과정 편성의 기준(메타 교육과정)으로 활용하는 것이다.

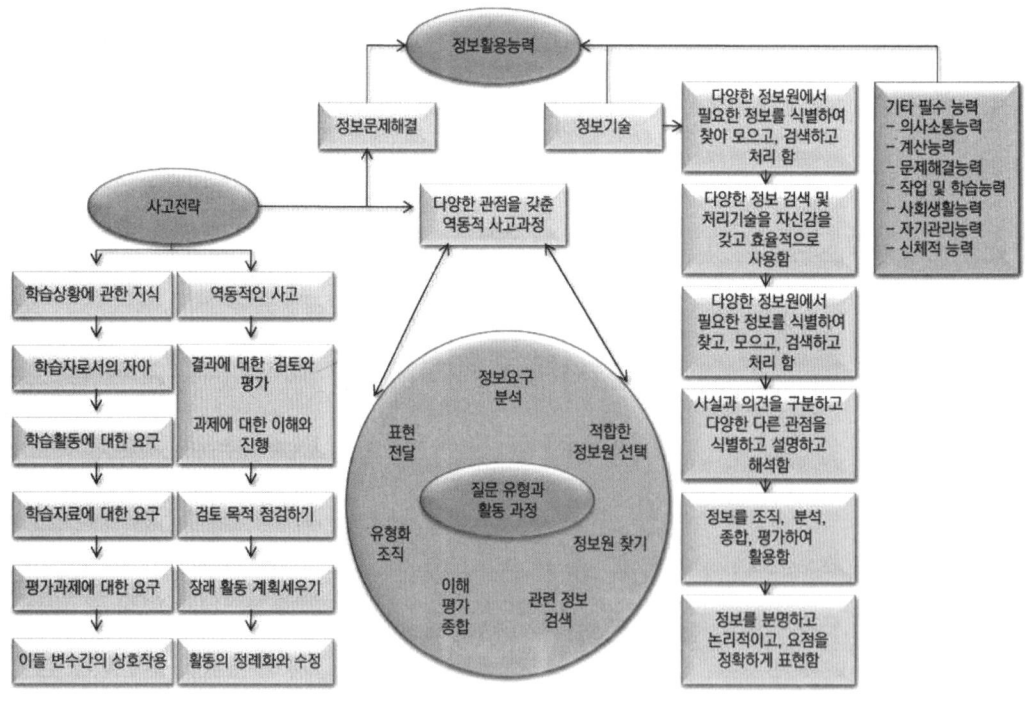

(출처: Moore, 2002, 23)

[그림 4-4] 정보활용교육의 메타 교육과정 편성(뉴질랜드)

이 방식은 교육과정 체제 정비 및 법률 개정에 대한 부담이 없는 반면에 학교도서관 교육에 대한 인식 전환과 교수-학습 방법 개선에 대한 의지가 필요하다. 특히, 사서교사와 교과교사의 협동수업을 위한 프로그램 개발, 협동수업 사례 연구 그리고 연수 등이 활성화되어야 한다. 그렇지 않으면 교육과정 운영에서 사서교사의 역할이 보조강사나 자료 제공자로 한정될 수 있다.

미국 유타주교육위원회(Utah State Board of Education)(2015)는 학교도서관 미디어 프로그램을 학생의 학업과 개인적 성공을 위해 꼭 필요하다고 규정하고, 사서교사의 역할을 교과교사와 협동을 통해 탐구학습을 제공하여 학생의 학업성취와 개인적 성장에 필요한 정보활용능력을 길러주는 것으로 밝히고 있다. 이를 실현하기 위하여 사서교사가 정보활용능력을 모든 교육과정에 통합 운영할 수 있는 주 차원의 「도서관 미디어 핵심 기준」(Utah Core State Standard for Library Media)을 마련하였다. 또한, 이 기준은 사서교사의 역할을 3개의 리터러시(독서 참여, 탐구와 정보, 미디어 참여)로 나누고, 교육 내용을 초등(K~5), 중등(6~12)별로 범위와 계열성에 따라 제시하고 있다. 이중 중등 학교도서관 미디어 핵심 교육과정을 살펴보면 다음 〈표 4-6〉과 같다.

〈표 4-6〉 유타주(Utah State) 중등학교도서관 미디어 핵심 교육과정

① 독서 참여(Reading Engagement)
• 도서관은 정보와 여가에 필요한 다양한 자료 제공을 통해서 자기주도적인 독서를 지원한다. 폭넓은 독서는 체력을 강화하고 학생들의 글로벌 인식을 넓혀준다.
• 목표는 개별 학생의 관심과 요구를 인식하고 다양한 읽기 수준에서 여러 형식, 장르, 언어로 된 자료를 제공하는 것이다.

Strand 1. 삶에 필요한 지적, 개인적 그리고 감성적 성장을 도와주는 독서
■ Standard 1. 평생학습과 독서의 즐거움을 위한 독서 습관을 형성한다.
a. 독서의 즐거움을 위해 다양한 포맷과 장르에서 텍스트를 선택한다.
b. 읽을 권리, 정보를 찾을 권리 그리고 자유롭게 말할 권리를 존중하면서 개인적인 관계를 맺는다.
C. 다양한 텍스트를 읽을 때 탄력성(resiliency), 인내심(perseverance), 체력을 보여준다.
d. 친구에게 독서 자료를 추천하는 것을 포함해서 독서와 학습 공동체에 이바지한다.
e. 가족, 이웃 그리고 지역사회 도서관과 연계한다.
■ Standard 2. 문학 텍스트와 정보 텍스트를 이해한다.
a. 문학 텍스트와 정보 텍스에 적절한 읽기 전략을 적용한다.
b. 읽고, 듣고, 보고 정보를 새로운 배경지식 생산에 통합한다.

② 정보와 탐구(Information and Research)
• 학생은 다양한 유형의 정보원으로부터 정보를 선택하고, 정보의 가치를 평가하고, 새로 발견한

지식을 문제에 적용하고, 대학과 직장 그리고 생애에 걸쳐서 학습과 업무수행, 문제해결을 위해서 정보를 준비하는 평생 능력(lifelong skills)이 필요하다.
- 목적은 학생에게 적용할 수 있는 다양한 단계의 탐구 과정을 지도하는 것이다. 학생이 탐구능력을 습득하면, 정보원과 공학기술(technologies)이 점점 더 복잡해지는 환경에서 정보 문제를 해결하는 데 자신감을 길러주는 것이다.

Strand 2. 정보 문제 재정의하고 정보요구 가려내기
■ Standard 1. 정보 문제를 재정의한다.
a. 정보 문제를 가려내기 위하여 과제를 분석한다.
b. 선생님과 다른 사람들로부터 설명을 구한다.
c. 관리 가능한 초점으로 주제를 선택하고 범위를 좁히거나 넓힌다.
d. 표적 청중, 과제의 조건 그리고 평가 기준을 고려하여 최종 생산물의 유형을 개념화한다.
■ Standard 2. 정보요구를 가려낸다.
a. 학생의 선행지식 측면에서 필요한 과제와 정보를 분석한다.
b. 탐구를 위한 정보의 양, 포맷, 위치 및 유형을 고려함으로써 일련의 중요한 질문을 정리하고 재정의한다.
C. 키워드 검색어를 선택하고 범위를 좁히거나 넓힌다.

Strand 3. 정보원 가려내기, 평가하기 그리고 선택하기
■ Standard 1. 다양한 범주의 일반적인 정보원과 구체적인 정보원을 결정한다.
a. 정보 탐색 전략을 마련한다.
b. 잠재적인 정보원과 접근 도구를 가려낸다.
■ Standard 2. 관련 정보원을 선택한다.
a. 인쇄 정보원과 디지털 정보원의 관련성, 정확성, 타당성, 신뢰성, 이용 가능성, 최신성, 권위, 시간제한 내 접근성 그리고 이용 편의성을 평가한다. 인쇄 정보원과 디지털 정보원을 평가한다.
b. 일차정보원과 이차정보원 간 차이점을 이해하고 적용한다.

Strand 4. 정보원 찾기 그리고 정보에 접근하기
■ Standard 1. 가려낸 정보원을 찾고 정보원에 포함된 정보를 평가한다.
a. 도서관의 구조(library layout), 분류체계, 그리고 대출 절차를 이해한다.
b. 도서관 목록, 웹 브라우저 그리고 데이터베이스의 이용 방법을 시연한다.
c. 일차정보원과 이차정보원, 일반 참고자료 및 주제 전문 참고자료, 학술기사와 대중기사를 검토함으로써 탐구 질문에 답을 줄 수 있는 다양한 관점을 가진 정보원을 찾는다.
d. 정보요구를 충족하기 위하여 잠재적인 디지털 정보원, 인쇄 정보원, 인공 정보원(artifacts sources) 및 인적 정보원을 찾는다.
e. 효과적인 탐색 기술과 고급 탐색 전략을 시연함으로써 탐색을 수정하고 초점을 맞춘다.
■ Standard 2. 정보원에 포함된 정보에 접근한다.
a. 목차, 색인, 키워드 탐색, 연관 주제를 사용한 관련 정보 접근 능력을 적용한다.

Strand 5. 정보에 관여하고 추출하기
■ Standard 1. 다양한 포맷의 정보원을 읽고, 듣고, 봄으로써 정보에 관여한다.

a. 탐구 과제 해결을 도와주는 증거를 수집하기 위하여 적절한 읽기, 보기, 듣기 기술과 전략을 사용한다.
b. 정보 관여하기와 넓고 깊이 있는 이해를 위한 다른 사람과의 협동을 통해서 선행지식과 새로운 정보를 연계한다.
c. 다른 사람에 대한 설문과 인터뷰를 통해서 정보를 수집한다.
d. 탐구 과제를 달성하는 데 필요에 따라 질문, 정보원 또는 전략을 변경한다.
e. 수집한 정보의 빈틈(gaps)이나 약점을 모니터하고, 필요하다면 추가 정보원을 찾는다.
■ Standard 2. 정보 문제에 해답을 제공하고, 과제의 요구사항을 충족하는 관련 정보를 추출한다.
a. 비판적 사고 기술을 적용하여 관련성, 정확성, 타당성, 신뢰성, 최신성, 권위, 완전성, 포맷, 관점 그리고 시의성 측면에서 정보를 평가하고 선택한다.
b. 사실과 의견을 구분하고, 편견, 선입견 또는 선전(propaganda)을 평가한다.
c. 정보원에 담긴 정보를 검증 및 비교하고, 차이점, 모순 그리고 데이터나 연구 유형을 기록한다.
d. 다양한 노트 작성 전략을 활용한다.
e. 초록 작성, 요약, 의역을 한다.
f. 허용된 인용 형식을 사용하여 적절한 출처를 기록한다.

Strand 6. 정보 조직하기, 종합 및 표현하기
■ Standard 1. 다양한 정보원으로부터 정보를 조직한다.
a. 학습 결과물에 대한 명확한 목적을 설정한다.
b. 결론을 뒷받침할 수 있는 정보를 분석하고 조직한다.
c. 공학기술과 기타 정보 도구를 사용하여 다양한 정보원으로부터 텍스트, 숫자 및 그림 정보를 통합하고 조직한다.
d. 선택한 정보가 내리려는 결론을 뒷받침하는지를 비판적으로 평가한다.
e. 윤리적 법률적 지침을 준수하여 정보를 사용하고, 표절과 저작권 침해를 피한다.
f. 학습 결과물의 초안을 만들고, 수정하고, 개선한다.
g. 과제 기준과 개인 표준(personal standard)을 포함하고 있는 현존 모델에 기반을 둔 질과 숙련도 평가 기준을 적용하여 학습 결과물을 완성한다.
■ Standard 2. 탐구학습 결과물을 표현한다.
a. 새로운 지식을 증진할 수 있는 다양한 미디어 포맷을 사용하여 탐구 결과물을 표현한다.
b. 공정한 사용과 CCL(Creative Commons License)을 고려하여 개별적으로 또는 협업을 통해 학습 결과물을 갱신하고 출판한다.

Strand 7. 과정과 결과 평가하기
■ Standard 1. 효과성과 효율성을 위해 과정과 결과를 평가한다.
a. 원래 과제 정의의 기준을 가지고 과정과 결과를 비교하고 평가한다.
b. 최신성, 타당성, 권위 그리고 과제 관련성이 있는 정보원을 선택할 수 있는 능력을 평가한다.
C. 탐구 과정에서 거둔 개인적인 성장, 공학기술 능력 신장, 협업 능력, 개인적인 성과를 반성한다.
d. 탐구 과정 중과 후에 시간 관리 능력의 신장을 평가한다.
e. 과정과 결과의 질과 효율성을 비판하고, 개선이 필요한 부분과 향후 어떻게 변경할 것인지 결정한다.

> ③ 미디어 참여(Media Engagement)
> - 정보에 입각한 결정을 내리기 위해 학생은 미디어에서 자신을 둘러싼 메시지를 성공적으로 분별하고 해석해야 한다. 교과교사(classroom teachers)와의 협동을 통해 이러한 능력은 광범위한 핵심 과목과 선택과목 전반에 걸쳐 교육과정 단위에 통합할 수 있다.
> Strand 8. 미디어 리터러시가 현대 시민의식과 정보에 입각한 의사결정에 필수적인 능력임을 보여준다.
> ■ Standard 1. 잠재적인 영향력과 장점 그리고 한계를 가진 미디어 관련 기본 용어와 개념을 이해하고 사용한다.
> ■ Standard 2. 개인적, 교육적, 전문적 용도에 따라 적절하게 미디어를 평가하고 선택한다.
> a. 신뢰할 만한 정보원을 참고하여 개인의 미디어 선택을 비판하고 평가한다.
> b. 교육적 개인적 그리고 직업적 필요에 따라 미디어 자료를 평가하고 선택한다.
> c. 소셜 네트워킹, 인터넷 게임, 문자 메시지 등 미디어에 할애하는 시간과 관심이 다른 활동과 균형을 이루고 있는지 확인한다.

(출처: Utah State Board of Education, 2015)

침투 방식은 정보활용능력과 같은 범교과적 학습능력을 모든 교과목의 기본적인 구성요소로 보는 교육과정 통합지도 방식(Integrated Cross-Curricular Approach)이라고 할 수 있다. 통합은 [그림 4-5]에서 보는 바와 같이 사서교사와 교과교사가 학업성취도 향상과 같은 공동의 목적을 달성하기 위하여 자신이 담당하고 있는 과목에서 학습능력을 지도하기에 적합한 내용이 무엇인지 가려내는 활동이 먼저 이루어져야 한다. 따라서 이 방법은 서로 다른 교과목 교사 간 밀접한 협력이 필요하며, 일반적인 내용과 실제 경험을 위한 환경을 연결하는 학교도서관 이용에 크게 의존한다.

성공적인 교육과정 통합지도를 위해서는 사서교사가 학생의 요구를 정확히 이해해야 하며, 사서교사와 교과교사 간의 협력을 통한 수업 진행 기회가 주어져야 한다. 교육과

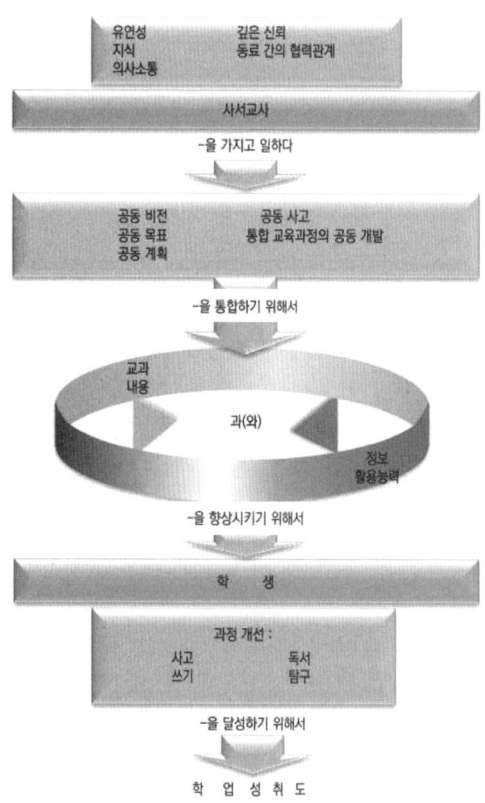

(출처: Callison & Preddy, 2006, 122)

[그림 4-5] 통합 교수 모형

정 통합지도 방법은 실제 수업과정의 일부로서 학습능력과 기술이 적용되기 때문에 학생에게 더 적합한 방법이며, 학생 중심의 과제 해결을 위해서는 구조화된 정보 탐색 방법이 꼭 필요하다. 또한, 학습능력 신장을 위한 교육과정 통합 방법은 학교 전체 교육과정 안에서 계획되어야 하며, 모든 교사가 학습능력 프로그램에 대해서 이해하고 지속적으로 노력해야 한다. 그리고 학생은 학습능력 습득이 자신을 효과적인 학습자로 만들기 위한 교육임을 인식할 필요가 있다(Silva & Turriff, 1993).

4.3 분산 방식

분산 방식(Dispersion Approach)은 다양한 교과 교육과정에 학교도서관 교육의 목표와 내용을 포함하는 것이다. 이 방법은 교육과정 편성이 쉽기 때문에 학교도서관 교육을 교과와 통합하여 지도하는 데 유리하다. 그러나 사서교사의 교수자 역할을 분명히 하기 위해서는 침투 방식에서처럼 사서교사와 교과교사의 협동수업을 위한 프로그램 개발, 협동수업 사례 연구 그리고 연수 등이 활성화되어야 한다. 분산 방식은 학교도서관 교육에 대한 인식이 낮고, 이를 수행할 전문 인력이 부족한 상황에서 주로 도서관 자료를 개별 교과의 학습주제와 연계하는 방법으로 오랜 전통을 갖고 있다.

〈표 4-7〉 학교도서관 교육과 교과 교육과정의 통합(예)

1학년 국어			
교육과정		이용지도 과정(가설)	
단원	목표	단원	목표
1학년			
추석	그림을 보고 이야기할 수 있도록 한다.	그림책	그림을 보고 이야기하며 즐길 수 있도록 한다. 똑똑한 발음으로 읽을 수 있도록 한다.
…중략…			
2학년 국어			
그림일기	간단한 문장을 끝까지 읽을 수 있도록 한다.	그림파일	간단한 문장을 끝까지 읽을 수 있도록 한다. 조그마한 소리로도 읽을 줄 알게 한다.
…중략…			

3학년 사회		
우리 고장	고장 생활의 유지와 발전을 돕는 여러 집단이나, 기관이 하는 일을 이해시키고, 그의 일에 협력하려는 마음씨와 공공시설을 소중히 다루는 태도와 능력을 기른다.	그림지도	그림지도 읽는 능력을 기른다.

… 중략 …

1학년 도덕		
착한 1학년	명랑·활발한 생활 가운데서도 선악의 구분을 알아서 이에 알맞은 언어 행동을 취할 수 있게 한다.	깨끗한 책	책을 잡는 법이나 넘기는 방법을 알고 바른 자세로 책을 소중히 다룰 수 있도록 한다.

… 중략 …

(출처: 교대도서관학연구회편, 1994, 259-262의 내용을 정리함)

분산 방식은 다음 [그림 4-6]에서 보는 바와 같이 개별 교과목들 내에 이미 학교도서관 교육과 연계성을 갖는 학습주제가 있을 때 통합지도 방법으로 발전하기 위한 혼합 지도 방식(Mixed Mode Approach)이라고 할 수 있다.

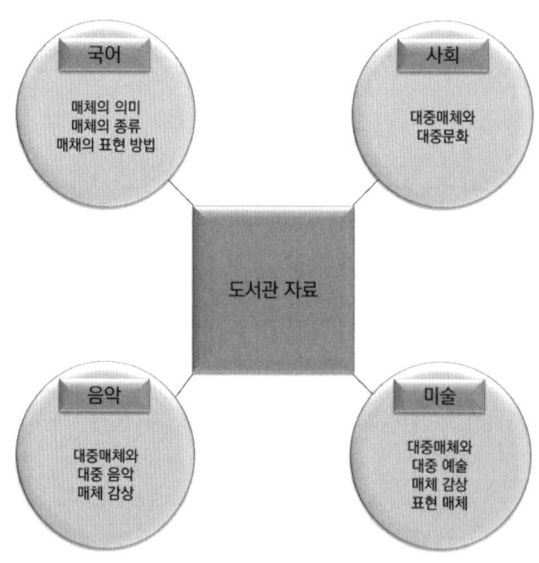

(출처: 송기호, 2020, 126)

[그림 4-6] 혼합 지도 모형

혼합 지도를 위한 학교도서관 교육과 교과의 주제 연계성 분석 사례는 다음 〈표 4-8〉과 같다.

〈표 4-8〉 혼합 지도를 위한 학교도서관 교육과 교과의 주제 연계성(예)

구분	교과		학교도서관 교육
	과목명	학습주제	
초 5	사회	• 정보화 시대의 생활	• 정보사회와 도서관의 미래 • 우리 학교도서관 이용 방법
	과학	• 날씨 변화	• 인터넷 활용 - 인터넷을 이용한 구름 사진 보기
	체육	• 질병 예방법	• 독서 위생
중1	사회	• 인류의 기원과 고대 문명의 형성	• 도서관의 역사 - 도서관의 의의와 역할, 도서관과 인류 문화 전달
	미술	• 미술품 감상	• 독후 감상의 표현 - 그림으로 표현하기
	체육	• 공중보건	• 도서관 이용 예절 • 독서 위생
고1	도덕	• 현대사회의 변화와 도덕 문제	• 정보사회와 도서관의 미래 • 도서관 이용 예절
	국어	• 전달 효과를 평가하며 듣기	• 시청각 자료의 활용 - 영화와 비디오의 감상과 표현하기
	사회	• 사회변동과 미래 사회	• 과학기술의 발달과 정보매체의 변화 - 매체의 종류와 특징
	과학	• 탐구: 과학자가 하는 일	• 사서의 역할
	기술·가정	• 가정생활의 설계	• 독서 생활의 설계(독서계획 세우기)

4.4 흡수 방식

흡수 방식(Absorption Approach)은 특정 교육과정에 학교도서관 교육의 목표나 내용을 포함시키는 방법이다. 흡수 방식은 분산 방식에 비해서 학교도서관 교육 연계 교과를 특정 교과 하나로 한정한 경우라고 할 수 있다. 이 방법은 기존 교과에서 학교도서관 교육을 포함하기 때문에 교육과정 편제는 쉽지만 학교도서관 교육의 독립성과 사서교사의 교육적 역할이 훼손될 수 있고, 정보활용능력 등을 체계적으로 지도하는데 한계가 있을 수 있다. 따라서 성공적인 운영을 위해서는 협동수업에 대한 이해와 연수가 필요하다. 흡수 방식은 학교도서관 교육의 내용과 교과 교육과정 간 연계성(공통성)을 분석하여 연계성이 높은 내용을 교과 교육에 흡수할 수 있고, 통합 교육과정으로서의 성격이 강한 기존 교과 교육과정에 학교도서관 교육의 내용을 흡수할 수도 있다. 예를 들면, 학교도서관 교육 대상인 자료가 국어 교과의 「매체 의사소통」과목으로 그 활용 방법의 하나인 독서가 「독서와 작문」으로 흡수되는 경우이다. 이상에서 살펴본 학교도서관 교육의 편성 방법을 정리하면 다음 〈표 4-9〉와 같다.

〈표 4-9〉 학교도서관 교육의 편성 방식

편성 방식	의미	장점	단점
독립 방식	• 학교도서관 교육을 위한 독립 교육과정을 국가 수준의 교육과정에 포함하고 독립 교과를 개발함 • 분리 지도 방식(discrete approach)	• 학교도서관 교육의 체계성 확보 • 교육시간 및 교육 자원 확보에 유리 • 학교도서관의 교육적 위상 강화	• 새로운 교육과정 및 교과 개설을 위한 법령 개정 필요 • 인적, 물적 자원 확보에 따른 예산 문제 • 정보활용능력을 범교과 학습능력으로 인식하지 못함 • 학습부담
침투 방식	• 모든 교육과정의 운영과 학습활동에 학교도서관 교육목표를 적용함 • 교육과정 통합지도 방식 (Integrated Cross-Curricular Approach)	• 교육과정 체제 정비 및 법률 개정에 대한 부담 없음 • 교과 학습주제와 정보활용능력의 통합지도로 학습 부담 경감	• 학교도서관 교육에 대한 인식 전환 필요 • 교수-학습 방법 개선 의지 필요 • 협동수업 기회 제공이 필요함 • 학생의 정보 탐색능력 사전지도 필요 • 협동수업에 대한 경험 부족 시 사서교사의 교수자 역할 한계
분산 방식	• 다양한 교과 교육과정에 학교도서관 교육의 목표와 내용을 포함 • 혼합 지도 방식 (mixed mode approach)	• 교육과정 편성이 쉬움	• 교과교사에 대한 연수 필요 • 사서교사의 교수자 역할 제한
흡수 방식	• 특정 교육과정에 학교도서관 교육 목표를 포함시킴		• 학교도서관 교육의 독립성 훼손 • 정보활용능력 등 학교도서관 교육의 체계적 지도 한계 • 협동수업에 대한 이해와 연수 필요

(출처: 이태욱, 유인환, 이철현, 2001, 71-72; Silva & Turriff, 1993, 69-70의 내용을 정리함)

5. 학교도서관 교육의 설계 및 운영

5.1 학교도서관 교육의 설계

성공적인 학습을 위해서는 교사, 학습자, 학습자료, 교수 활동, 전달체제(delivery system), 학습 및 수행 환경 등의 요소가 서로 밀접하게 상호작용해야 한다. 교수에 대한 체계적인 관점은 교수 과정에서 수업에 투입되는 모든 요소가 상호작용하며 중요한 역할을 한다고 본다. Dick & Carey(2009)의 체계적 교수설계 모형은 다음 [그림 4-7]에서 보는 바와 같이 교수설계 과정을 '교수 목표 규명-교수 분석-학습자 분석 및 상황 분석-성취 목표 기술-평가 도구 개발-교수 전략 개발-교수 프로그램 개발 및 선정-형성 평가 설계 및 실시-교수 프로그램 수정 및 보완-총괄평가 설계 및 실시' 등 10개의 과정으로 설명하고 있다.

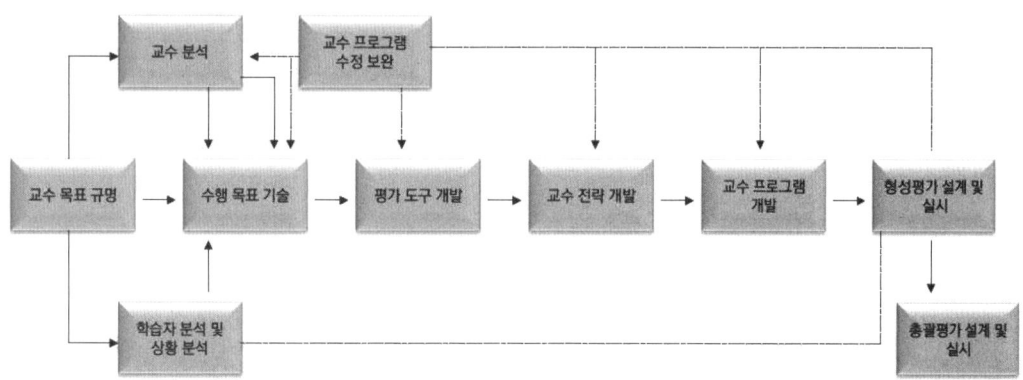

(출처: Dick, Carey & Carey, 2009)

[그림 4-7] 체계적 교수설계 모형

체계적 교수설계를 사용할 때 고려할 주요 특징은 다음과 같다(유동희, 2011).

- 학습자 중심이다.
- 목적 지향적이다.
- 유의미한 수행에 초점을 둔다.
- 성과를 신뢰할 수 있고, 타당한 방법으로 평가할 수 있다고 가정한다.
- 경험적이고 순환적이며 자기 교정적이다.

교수설계에서 수업 전략에 영향을 끼치는 요인은 지식의 전달 방식을 구성주의 관점에서 할 것인가 아니면 객관주의 관점에서 할 것인가이다. 이 밖에도 학습자 유형, 학습과제 유형, 학습 환경 조건, 개발 조건 등이 수업 전략에 영향을 끼친다. 이 중에서 학습과제 유형별 성격에 따른 수업 전략을 살펴보면 다음 〈표 4-10〉과 같다. 수업 전략 중 심화 방법은 기억의 대상이 되는 내용이 너무 많거나 어려워서 학생이 기억하는 데 어려움을 겪게 되어 자연히 흥미와 관심이 떨어질 때 활용한다. 원리학습에서 적용은 사건의 순서에 대한 이해를 특정 사례에 적용함으로써 어떠한 것이 발생하였다거니, 현재 발생하고 있다거나, 혹은 발생할 것이라는 점을 기술하는 수업 전략이다(유동희, 2011).

〈표 4-10〉 학습과제 유형별 성격에 따른 수업 전략

학습과제 유형	학습 원리	수업전략 원리			
정보처리학습	정보 처리 · 기억	일상적 방법		심화 방법	
		제시		군집화(chunking)	
				기억술(mnemonics)	
		연습		게임	
		정보 제공 피드백		동기 제공 피드백	
개념 학습	개념			일상적 방법	심화 방법
		제시	일반성	이름, 상위개념 결정적 특성	주의집중 표상의 다양성 알고리즘
			실례	결정적 특성을 보여줄 수 있으면서 새로운 것	실례의 숫자 난이도 증가 순서 주의집중 표상의 다양성 대응적 비례
		연습	연습	결정적 특성을 보여주며 새로운 것(다양성)	연습 문항의 숫자 난이도 증가 순서
		피드백	피드백	정보 제공	주의집중 표상의 다양성
				동기유발	칭찬, 격려
원리 학습	과정 · 인과			획득	적용
		설명		일반성 → 실례 관찰, 탐색	실례 → 연습
		발견		도움을 받아 실례 관찰, 탐색 → 일반화	실례 → 연습

학습과제 유형	학습 원리	수업전략 원리	
절차 학습	기능	일상적 방법	심화 방법
		일반성	주의집중, 대안적 표상, 기억술
		실례	난이도 증가 순서, 일반적 실수
		연습	설득(prompting), 피드백
관계 학습	이해	단계	방법
		수업 내용. 요구, 이해 유형 결정	목적, 학습자 현재 지식수준 분석
		사전지식 획득	
		제시	새로운 지식과 연결
		연습	재진술, 정교화(맥락, 비교와 대조, 분석, 사례화, 비유)
		피드백	확인, 교정
		보강	

(출처: 유동희, 2011, 16-17)

사서교사가 지도하는 학교도서관 교육도 체계적 교수설계를 통해 학습 성과를 높일 수 있다. 일반 교과와 달리 도서관과 자료에 대한 일반적인 이해와 리터러시를 중심으로 방법적 지식을 지도하는 학교도서관 교육을 위하여 Dick & Carey(2009) 교수설계 모형을 활용한 체계적 학교도서관 교육 설계 모형(안)을 마련해 보면 다음 [그림 4-8]과 같다.

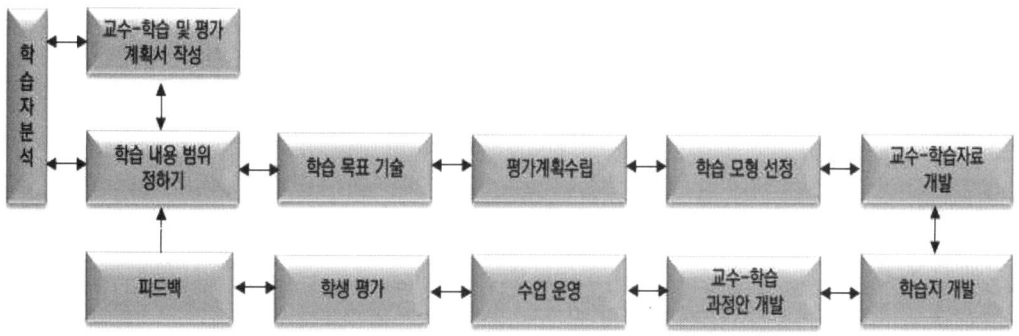

[그림 4-8] 체계적 학교도서관 교육 설계 모형(안)

체계적 교수설계를 통해서 수업을 구성하는 목표, 내용, 과정, 행동, 사회적 관계 그리고 공간 등을 명료하게 구조화할 수 있다. 수업이 명료하게 구조화되었는지 확인할 수 있는 지표를 살펴보면 다음 〈표 4-11〉과 같다.

<표 4-11> 수업의 명료한 구조화를 확인할 수 있는 지표

1차 지표(관찰 가능 지표)	2차 지표(부차적 지표)
• 교사와 학생이 서로 이해하기 쉬운 언어를 사용함 • 수업 참여자의 분명한 역할 분담 • 교사가 자신의 약속이나 선언을 얼마나 일관성 있게 지키는가? • 과제 설정의 명료성 • 수업의 매 진행 단계의 명료한 구획 • 교사 주도적 수업 단계와 학생 주도적 수업 단계의 분명한 구별 • 순조로운 리듬에 따른 수업 진행과 휴식 시간의 준수 • 규칙의 준수와 통상적인 의례의 활용 • 수업의 목적, 내용 그리고 방법에 대한 적합한 공간 배치	• 학생은 언제라도 자신이 무엇을 하고 있고 무슨 목표를 추구하고 있는지 설명할 수 있다. • 학생은 합의된 약속을 지키고 또 그에 따른 한계를 존중하는 데서 어려움을 느끼지 않는다. • 학생은 학습에서 교사의 도움을 받고 또 교사와 협력해서 작업을 할 준비가 되어 있다. • 수업 방해 요인이 적다. • 소음도가 작업 형태에 상응한다. • 학습 몰두 시간의 비율이 높다. • 수업이 안정적으로 진행되며, 산만하지 않다. • 계획의 수정은 별로 없으며 있더라도 합당한 이유가 있다.

(출처: Meyer, 2011, 54-55의 내용을 표로 정리함)

5.2 학습자 분석

교사가 수업을 설계하면서 알아야 할 학습자에 대한 정보는 출발점 행동, 주제에 대한 사전지식, 내용과 전달 체제에 대한 태도, 학습동기, 교육 수준과 지적능력, 일반적인 학습 선호도, 교수기관에 대한 태도 그리고 집단 특성 등이다.

<표 4-12> 학습자 분석의 범주와 알아야 할 정보

범주	알아야 할 정보
출발점 행동	• 수업 전에 학습자들이 학습목표와 관련된 특정 기능을 습득한 상태인가?
주제에 대한 사전지식	• 학생이 앞으로 배우게 될 주제에 대해 이미 무엇을 알고 있는가?
학습 내용과 전달 체제에 대한 태도	• 수업에서 다루게 될 내용에 대한 학습자의 사전 경험과 지식, 태도는 어떠한가? • 수업 방법에 대해서 학습자는 어떤 기대를 갖고 있는가? → 학습자는 사전 이해를 기초로 하여 새로운 지식을 구성함

학습동기	• Keller의 ARCS(Attention, Relevance, Confidence, Satisfaction) 모델 이용
	  - 이 수업의 목적이 얼마나 적절한가?
	  - 학습목표의 어떤 측면이 가장 흥미로운가?
	  - 학습목표 달성에 얼마나 자신감이 있는가?
	  - 학습목표를 성취한다면 얼마나 만족할 것 같은가?

범주	알아야 할 정보
교육과 능력 수준	→ 교사가 성공적인 교수의 가장 중요한 요인으로 인식하고 있음 • 학생의 성취 수준과 일반적인 능력은 무엇인가? → 학습자가 이미 경험한 교수 경험의 종류와 새롭고 다른 교수 접근에 대한 학습자의 대처 능력에 대한 통찰 제공
일반적인 학습 선호도	• 학습자의 학습능력이나 선호도, 새로운 학습 방법을 탐색하려는 의지는? • 학습자가 어떤 수업 방법에 익숙하고, 성공적이었는가?
훈련 기관에 대한 태도	• 교수를 제공하는 기관에 대한 학습자의 태도는? • 관리 방식이나 동료에 대해 건설적이고, 긍정적인 시각을 가지고 있는가? 또는 교수자의 지도력이나 능력에 대해 냉소적인 태도를 가지고 있는가?
집단 특성	• 학습자의 다양성 • 학습자 집단의 크기 • 학습자에 대한 일반적인 인상 → 학습자가 무엇을 알고 어떻게 느끼고 있는지를 알아내기 위한 상호작용이 필요함

(출처: Dick, Carey & Carey, 2009, 136-138)

특히, 학교도서관 교육은 학교도서관이 소장한 다양한 자료를 교수-학습매체로 활용한다. 따라서 학생의 다중지능이나 독서 흥미 발달 단계를 고려하면 적절한 자료를 선정하고 활용 전략을 마련하는 데 필요한 정보를 얻을 수 있다. 독서 흥미 발달 단계는 아동과 청소년의 성장과 즐겨 읽는 책의 종류에 따라서 구분할 수 있는데, 아동은 우화기(6~8세), 동화기(8~10세), 이야기기(10~12세)를 거친다. 그리고 청소년은 전기기(12~14세), 문학기(14세~) 그리고 사색기(17세~)까지 발달한다(김효정 외, 1997; 손정표, 2001; 변우열, 2015).

〈표 4-13〉 독서 흥미 발달 단계별 주요 특징과 독서 자료 및 독서 활동

학년	독서 흥미 발달 단계	특징	독서 자료 및 독서 활동
초등학교 1~2학년 (6~7세)	우화기	• 단순한 도덕성을 담고 있는 단문 형식의 우화를 좋아함 • 도덕성이 명백한 이야기를 즐김 • 생활 주변의 현실적인 대상에 흥미를 보임	• 이야기, 동화, 그림책 • 옛 이야기를 그림과 연관 지어 읽게 함 • 간단한 노랫말이나 동시 • 줄거리 다른 사람에게 전달하기
초등학교 3~4학년 (8~9세)	우화기 동화기	• 자신과 비슷한 또래가 등장하는 생활 동화에 관심이 많음 • 책에 대한 관심과 독서 수준에 개인차가 심하게 나타남. 책을 좋아하는 아이와 싫어하는 아이의 구별이 뚜렷해짐	• 현실과 관계 깊은 창작 동화 • 명작 동화 • 초보적인 전기 • 간단한 신화·영웅 이야기 • 생활 시나 간단한 극본 • 우리나라 옛 이야기·민화 등에 관

학년	독서 흥미 발달 단계	특징	독서 자료 및 독서 활동
		• 독서 편향 현상이 나타나기 시작하므로 다양한 읽을거리 제공이 필요함 • 사생활에 비밀 행동을 유지하려는 경향이 있어 모험 이야기를 즐기게 됨 • 만화에 대한 흥미가 절정에 이름 • 영웅과 인기인(스타)을 흠모함 • 스스로 책을 선택함 • 다독의 시대가 열림	심을 갖게 함 • 우리나라 고전·역사 이야기 등에 관심을 갖게 함 • 문제의식을 갖고 과학 도서를 대하도록 함
초등학교 5~6학년 (10~11세)	동화기 이야기기	• 독서 기술과 속도가 향상되어 자유로운 독서가 이루어짐 • 독서 자료나 목적에 따라 속독, 정독 등 적절히 읽을 수 있음 • 비판의식이 높아져 독서를 통한 문제 해결을 할 수 있고, 도서 선택 능력이 싹트기 시작함 • 어구의 인지가 빠르고 요점도 쉽게 파악함 • 지식 전달 도서에 흥미를 느낌 • 우정을 다룬 장편 소설이나 서정문학을 즐김 • 본격적인 문학작품을 접하게 됨 • 탐정 추리소설을 읽음 • 모험 새로운 과학이야기 등에 재미를 발견함	• 문학작품 • 공상과학 소설 • 예술, 탐험, 과학자 정신을 찾아 읽도록 함 • 우리나라 고전, 역사 이야기 등에 관심을 갖도록 함 • 시의 주제나 글의 중심을 잡고 읽도록 함 • 신문과 잡지를 골라 읽도록 함 • 위인전기를 읽고 공감하며 비판하도록 함
중학생 (12~14세)	이야기기 전기기 문학기	• 독서의 흥미가 깊어지며, 독서의 습관이 형성되고 독서의 태도도 점진적으로 세련됨 • 성인용 독서 자료를 읽기 시작하는 시기로 필요에 따라 도서를 선택하고 사고, 평가, 비교하고 이를 내면화함 • 여학생의 경우 특히 15세 전후부터 연애 소설을 읽기 시작하고 온화한 무드를 그린 작품을 좋아함	• 긴장감(스릴)이나 액션 작품과 같이 행동이 화려한 것을 그린 것보다는 내면생활의 저항을 그린 것에 흥미를 갖도록 함
고등학생 (15~17세)	문학기 사색기	• 특수한 문체나 수준 높은 독서 자료를 읽고, 본격적인 연구 독서를 함	• 기존 지식에 의심을 갖고 철학적 사색적인 입장에서 원리를 구명하고 비판하며 그러한 태도 의식 속에서 자신의 이상을 추구하고 자신의 의견을 펼쳐나가도록 함

(출처: 손정표, 2001, 34-79; 김효정 외, 1999, 24-25; 변우열, 2015, 204-210의 내용을 표로 정리함)

5.3 교수-학습 및 평가계획서 작성

학교도서관 교육을 위해서 어떤 내용을 누구를 대상으로 언제, 어떻게 지도하고 평가할 것인가를 담은 교수-학습 및 평가계획서를 먼저 작성한다. 이 계획서는 학교급과 수업 시수 등에 따라 작성 양식과 내용이 다를 수 있다.

〈표 4-14〉 교수-학습 및 평가 계획서(예)

학년	교과 담당 교사						
	1반	2반	3반	4반	5반	6반	7반
1							
2							
3							
4							
5							
6							

○학년	○○과	총 시수 : ○○시간

1 ○학년 교육과정 성취 기준, 평가 기준

1.1 지식기반사회 (예시)

교육과정 성취 기준	평가 기준	
(초 01-01-01) 날씨 정보가 서로 다른 직업을 가진 사람들에게 어떤 의미가 있는지 설명한다.	상	다양한 미디어에서 제공하는 날씨 정보를 찾아 서로 다른 직업에 끼치는 영향을 비교 설명할 수 있다.
	중	다양한 미디어가 제공하는 날씨 정보를 찾아 직업과 관련성을 말할 수 있다.
	하	날씨 정보가 일상생활에 끼치는 영향을 말할 수 있다.
(중 01-01-01) 지식기반사회의 특징을 탐구한다.	상	지식기반사회의 특징을 설명하는 자료를 찾아 사례를 분석하고 표로 정리할 수 있다.
	중	지식기반사회에서 특징을 담고 있는 다양한 자료를 찾아 사례를 제시할 수 있다.
	하	지식기반사회의 특징을 담고 있는 자료를 찾아 제시할 수 있다.
(고 01-01-01) 개인정보의 의미와 중요성을 탐구한다.	상	개인정보의 의미를 설명하고, 개인정보의 중요성을 사례를 들어 설명할 수 있다.
	중	개인정보의 의미와 중요성을 말할 수 있다.
	하	개인정보 사례를 말할 수 있다.

2 ○학년 교수-학습 운영 계획

가. 1학기

시기	단원명	수업 방법	평가 방법: 수업-평가 연계 주안점
3월			
4월			
5월			
6월			
7월			

나. 2학기

시기	단원명	수업 방법	평가 방법: 수업-평가 연계 주안점
8월			
9월			
10월			
11월			
12월			
( )년 1월			

※ 위 계획은 학사 운영 및 학교 상황에 따라 변경될 수 있음

3 ○학년 평가 운영 계획

가. 평가 방침(예)
  1) 학기 초에 학생들에게 수행평가 영역과 시기, 방법 등 수행평가 계획을 미리 공지한다.
  2) 학생들의 성취 수준 향상을 위해 재도전이나 재응시의 기회를 줄 수 있다.
  3) 평가는 주로 수업 중 학생이 수행하거나 교사가 관찰한 결과를 바탕으로 지식, 기능 태도 등 전반의 과정을 모두 고려하여 누적적이고 종합적으로 평가한다.
  4) 학생의 성장과 발달이 이루어지고 최종 성취 수준을 향상시킬 수 있도록 피드백을 제공한다.
나. 1학기 (※ 지필·수행평가의 평가 영역·요소·방법·횟수·반영 비율·기준 등의 항목 포함 작성)

1) 영역별 평가 배점 및 반영 비율

	평가 구분	지필평가				수행평가				합계 (%)
	횟수/영역	중간고사		기말고사		실험	서술형1	서술형2	포트폴리오	
		선택형	서·논술형	선택형	서·논술형					
○학년	영역 배점	100점	-	100점	-	100점	100점	100점	100점	
○학기	학기말 반영 비율								100%	100
	평가 시기	월		월						
	교육과정 성취 기준									

2) 수행평가 세부 기준 (※ 평가 방법·요소·기준·배점, 기본 점수 부여 여부 등의 항목 포함 작성)
- 예시

평가 영역/주제	(중 01-01-01) 지식기반사회의 특징을 탐구한다.		
평가 방법	☐ 프로젝트 ☐ 토의·토론 ☐ 실험·실습 ☐ 서·논술 ☐ 구술·발표 ☑ 포트폴리오 ☐ 자기평가 ☐ 동료 평가 ☐ 관찰평가 ☐ ( )		
평가 기준	상	지식기반사회의 특징을 설명하는 자료를 찾아 사례를 분석하고 표로 정리할 수 있다.	
	중	지식기반사회에서 특징을 담고 있는 다양한 자료를 찾아 사례를 제시할 수 있다.	
	하	지식기반사회의 특징을 담고 있는 자료를 찾아 제시할 수 있다.	
평가 요소	채점 기준	배점	합계
	① 주제에 적합한 자료를 수집하고 정리하였는가?	0~30	100
	② 주제에 대한 자신의 생각을 정리하였는가?	0~25	
	③ 자료의 의미를 밝히고 자료 간 연계성을 파악하였는가?	0~25	
	기본 점수	20	

다. 2학기 (※ 지필·수행평가의 평가 영역·요소·방법·횟수·반영 비율·기준 등의 항목 포함 작성)
1) 영역별 평가 배점 및 반영 비율

	평가 구분	지필평가				수행평가				합계 (%)
	횟수/영역	중간고사		기말고사						
		선택형	서·논술형	선택형	서·논술형					
○학년	영역 배점									
○학기	학기말 반영 비율									100
	평가 시기									
	교육과정 성취 기준									

2) 수행평가 세부 기준 (※ 평가 방법·요소·기준·배점, 기본 점수 부여 여부 등의 항목 포함 작성)

평가 영역/주제						
평가 방법	☐ 프로젝트　☐ 토의·토론　☐ 실험·실습　☐ 서·논술　☐ 구술·발표 ☐ 포트폴리오　☐ 자기평가　☐ 동료 평가　☐ 관찰평가　☐ (　　　)					
평가 기준	상					
	중					
	하					
평가 요소	채점 기준				배점	합계
						100

라. 수행평가 미응시자 점수 부여 기준

미응시 사유		수행평가 점수 부여 기준
전입, 재입학/재취학		
결 석	인정	
	질병	
	기타	
	미인정	
학업중단 숙려제 참여		
특수학급		
비고		

5.4 학습 내용 범위 정하기

좋은 수업 설계는 교사가 단원과 차시의 내용을 체계적이고 재미있게 조직할 수 있는 능력에 달려있다. 지도할 내용의 폭과 깊이를 결정하고 어떻게 내용의 초점을 맞추고 계열화하느냐 하는 것은 교사가 내려야 할 중요한 결정으로 수업계획에 직접적인 영향을 준다(Gunter, Estes & Mintz, 2010). 학습주제의 개념도는 교수 내용의 범위를 위계적으로 분석하여 지도 내용과 지도 순서를 정하는 데 활용할 수 있다(Dick, Carey & Carey, 2009).

위계적 분석은 학습주제가 하위 기능(요소)을 포함하고 있지 않은 경우와 하위 기능을 포함하고 있는 경우로 나눌 수 있다. 그리고 각 기능이 독립적인 관계인지 종속적인 관계인지에 따라 시각화할 수 있다. 우선 하위 기능을 포함하지 않으면서 상호 독립적인 학습주제는 [그림 4-9]와 같이 연속선상에 놓이게 된다.

[그림 4-9] 하위 기능이 없는 학습주제의 위계적 분석도

학습주제가 독립된 하위 기능을 포함하고 있는 경우에는 [그림 4-10]에서 보는 것처럼 '1'을 학습하기 전에 독립된 하위 기능 1.1, 1.2, 1.3을 선행 학습할 필요가 있다.

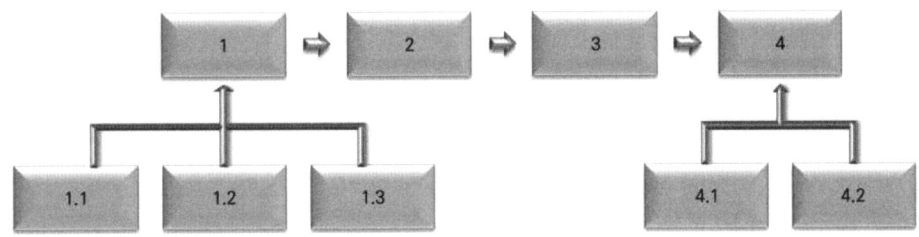

[그림 4-10] 독립된 하위 기능을 포함한 학습주제의 위계적 분석도

그리고 종속적인 하위 기능을 포함한 학습주제는 수직으로 시각화할 수 있다. 즉 기능 2를 수행하는 것을 배우기 위해서는 하위 기능 1을 먼저 학습해야 하고, 기능 4를 배우기 위해서는 하위 기능 1, 2, 3을 우선 배워야 한다. 만약 1의 학습주제를 달성하기 위하여 하위 기능 1.1, 1.2, 1.3, 1.4를 순서대로 배워야 한다면, 상위 기능의 순차적 하위 기능을 [그림 4-11]의 ⓒ과 같이 단계적으로 표시할 수 있다.

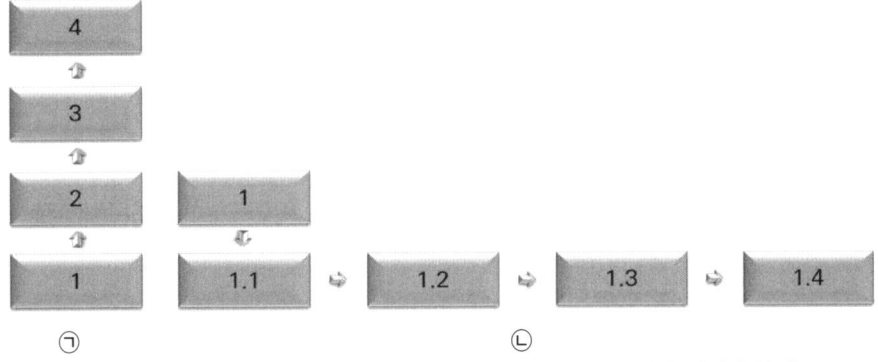

[그림 4-11] 종속기능과 순차적 하위 기능을 포함한 학습주제의 위계적 분석도

다음 [그림 4-12]는 '사이버 범죄 예방'이라는 하위 학습주제를 선정하기 위하여 학교도서관 교육의 학습주제인 '정보윤리'를 고등학교 1학년 도덕 교사와 사서교사가 공동으로 위계 구조로 분석한 개념도이다.

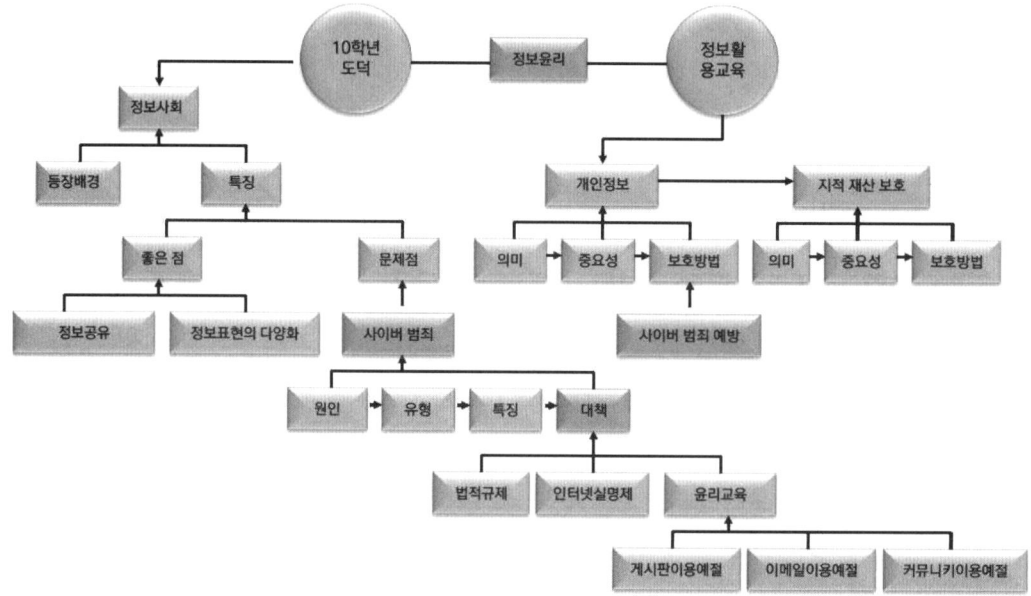

(출처: 송기호, 2007c, 108의 내용을 수정 보완함)

[그림 4-12] 하위 학습주제 선정을 위한 개념도 작성(예)

5.5 학습목표 기술

학습목표는 수업 과정의 최종 도달점으로 수업의 목적을 명료하게 하고 이를 교사, 학생, 학부모와 공유할 수 있도록 돕는다. 또한, 학습목표는 교육과정, 수업, 평가를 결정하는 기초가 된다. 학습목표는 알고(know), 이해하고(understand), 할 수 있다(be able to)(KUD)라는 형태로 진술할 수 있다. 이러한 학습목표 설계 전략은 수업의 목표와 평가, 수업 전략의 일관성을 보장하고, 학습활동을 예측할 수 있도록 도와준다는 측면에서 역행적 설계(Backward Design)라고 한다(Gunter, Estes & Mintz, 2010). KUD 형태의 학습목표 기술 사례를 살펴보면 다음과 같다.

- ■ '학생은 알 것이다.' 형태의 학습목표
  - 학생은 우리 학교도서관의 열람 방법을 안다.

- 학생은 비소설 자료의 분석 방법을 안다.
- 학생은 도서관 예절이 필요한 이유를 안다.
- 학생은 지식 재산의 보호 장치를 안다.
■ '학생은 이해할 것이다.' 형태의 학습목표
- 학생은 학교도서관과 공공도서관의 특징과 서비스 차이점을 이해한다.
- 학생은 학교도서관에서 이용할 수 있는 전자 자료를 이해한다.
- 학생은 독서 자료의 유형별 독서법 차이를 이해한다.
- 학생은 지식재산의 중요성을 이해한다.
■ '학생은 할 수 있을 것이다.' 형태의 학습목표
- 학생은 추천 자료를 이용하여 독서계획을 수립할 수 있다.
- 학생은 독후 감상 결과를 그리기로 표현할 수 있다.
- 학생은 독서 위생의 중요성을 알리는 표어를 제작할 수 있다.
- 학생은 보고서 작성에 이용한 자료의 서지사항을 기술할 수 있다.

학습목표 기술에 행위 동사를 사용하면 학습 결과 학습자가 어떤 행동을 해야 할 지를 자세하게 제시할 수 있다. 학생의 인지행동 유형에 따라서 학습목표 기술에 사용할 수 있는 행위 동사를 살펴보면 다음 〈표 4-15〉와 같다.

〈표 4-15〉 인지행동 유형별 행위 동사

인지행동	정의	행위 동사
기억하다	장기 기억으로부터 관련 정보를 인출한다.	확인하다 인지하다 회상하다 인출하다
이해하다	수업자료로부터 의미를 구성한다.	해석하다 바꾸어 설명하다 예시하다 분류하다 유목화하다 요약하다 일반화하다 추론하다 결론을 내리다 예측하다 비교하다 설명하다

인지행동	정의	행위 동사
적용하다	절차를 새로운 상황에 적용하다.	진행하다 실행하다
분석하다	자료를 부분으로 나누어 부분이 서로 그리고 전체와 어떠한 관계가 있는지를 결정하다.	변별하다 선정하다 조직하다 통합하다 개괄하다 구조화하다 귀인하다
평가하다	기준과 표준에 기초하여 판단을 내리다.	점검하다 비판하다 판단하다
창안하다	여러 요소를 일관된 전체 또는 새로운 구조로 함께 통합하다.	가설을 세우다 설계하다 구성하다

(출처: Gunter, Estes & Mintz, 2010, 74)

정보문제 해결모형과 연계하여 행위 동사로 기술한 초등학교 과학 교과의 학습목표 사례는 다음 〈표 4-16〉과 같다.

〈표 4-16〉 정보문제 해결모형과 연계한 초등학교 과학 교과의 학습목표 기술(예)

문제 해결 능력	초등학교
과제 분석	① 핵심 질문에 관련된 중심 생각을 요약할 수 있다. ② 과제를 해결하는 데 필요한 정보 탐색을 위해서 구체적인 질문을 만들 수 있다. ③ 선행 경험을 활용하기 위해서 핵심 질문에 관한 정보와 아이디어를 브레인스토밍할 수 있다. ■ 과학-3학년 1. 물체와 물질 - 학생이 알고 있던 물체와 물질에 대해 브레인스토밍할 수 있다. - 학생이 알고 있는 물체와 물질에 대한 배경지식을 확인하고 참고자료를 이용하여 부족한 배경지식을 만들 수 있다. - 학생 스스로 물질과 물체에 대한 과제를 분석할 수 있다.
정보 접근	① 과제해결에 적절한 정보원이 있음을 이해한다. ② 사전을 이용하여 과제의 의미를 이해한다. ③ 분류표를 이용하여 서가에서 과제와 관련된 자료를 찾을 수 있다. ④ 과제와 관련된 비소설 자료를 찾아서 이용할 수 있다. ■ 과학-3학년 1. 물체와 물질 - 물체와 물질을 구분하는 데 필요한 정보원에 접근할 수 있다. - 한국십진분류표를 이용하여 물체와 물질을 구분하는 데 필요한 정보원을 찾을 수 있다. - 학생 스스로 물체와 물질을 구분하는 데 필요한 정보원의 적합성 여부를 평가할 수 있다.

문제해결능력	초등학교
정보 분석	① 정보를 원인과 결과로 구분할 수 있다. ② 사실을 전달하는 정보와 의견을 전달하는 정보를 구분할 수 있다. ■ 과학-3학년 1. 물체와 물질 - 학생 스스로 순수과학 분야의 책을 읽고 필요한 부분을 찾을 수 있다. - 고체에 대한 자료를 인터넷 등 전자 자료를 통해 찾을 수 있다. - 기체의 특징에 대한 자료를 찾아 일상생활에 활용할 수 있다. - 공기에 대한 사실 정보와 의견을 전달하는 정보를 구분할 수 있다.
정보 종합 및 표현	① 자신이 해결한 정보문제를 말로 표현할 때 필요한 요령과 절차를 익혀서 여러 사람 앞에서 발표할 수 있다. ② 자신의 정보를 글로 표현할 때 필요한 요령과 절차를 익혀서 보고서나 주장하는 짧은 글을 쓸 수 있다. ③ 그림, 사진, 시각 자료를 활용하여 효과적으로 정보를 전달할 수 있는 방법을 익히고 자신의 주장이나 생각을 시각 자료로 제작할 수 있다. ④ 커뮤니티나 블로그, 개인 누리집 등 컴퓨터를 활용한 정보표현 요령을 익히고 해결한 정보문제를 다른 사람과 공유할 수 있다. ■ 과학-3학년 1. 물체와 물질 - 고체, 기체, 액체의 성질과 특징에 대해 표로 나타낼 수 있다. - 학생은 자신이 이용한 자료의 서지사항을 정확하게 기술할 수 있다. - 학생은 물질의 상태에 대한 특성에 대해 해결한 과제를 자신의 블로그에 올려 정보를 공유할 수 있다. - 액체가 고체로 변화하는 순서에 따라 내용을 정리할 수 있다. - 물질의 성질과 쓰임새에 대해 파워포인트로 제작하여 설명할 수 있다.
평가	① 선생님이 내주신 평가표를 작성할 수 있다. ② 정보 탐색과정에서 느낀 점을 적극적으로 발표할 수 있다. ■ 과학-3학년 1. 물체와 물질 - 학생은 물질과 물체에 대한 정보 탐색과정에서 느낀 점을 발표할 수 있다. - 학생은 물질과 물체에 대한 정보 탐색과정의 평가표를 작성할 수 있다.

(작성자: 사서교사 박성희)

    도서관 자료(교수-학습매체)를 수업에 활용하는 경우에는 ABCD 학습목표 기술 방법을 활용할 수 있다. 이 방법은 학습목표에 A(Audience : 학습 대상), B(Behavior : 학습 후 보여 주어야 할 행동), C(Condition : 수행이 평가될 조건), D(Degree : 최소한의 수행을 판단할 정확성 혹은 능숙성)를 구체적으로 기술한다. 학습목표의 핵심은 학습자가 수업 후에 갖게 될 새로운 능력을 진술할 동사이다. 따라서 동사는 '안다, 감상하다, 이해한다'와 같은 애매한 행동 동사보다는, '정의한다, 범주화한다, 시연한다'와 같은 관찰 가능한 행동으로 진술하는 것이 바람직하다. ABCD 학습목표 기술에 도움을 주는 행위 동사를 살펴보면 다음 〈표 4-17〉과 같다.

〈표 4-17〉 ABCD 학습목표 기술에 도움을 주는 행위 동사

감소하다	반복연습하다	시연하다	조작한다
개요를 말하다	발음하다	쓰다	조직하다
개정하다	배열하다	자모순으로 하다	준비하다
계산하다	번역하다	양분하다	지적하다
계획하다	범주화하다	예언하다	지키다
곱하다	분류하다	예증하다	진술하다
구별하다	선별하다	완성하다	짓다
구성하다	분석하다	위치를 정하다	짜다
그래프화하다	붙잡다	위치를 표시하다	차다
기술하다	비교하다	이끌어내다	참가하다
나타낸다	빻는다	이름을 정하다	채색하다
다이어그램으로 나타낸다	빼다	읽다	추론하다
대조하다	생산하다	입증하다	추정하다
더하다	생성하다	자르다	측정하다
던지다	선택하다	작동하다	치다
라벨을 붙이다	선별하다	잡다	입력하다
만들다	설계하다	재구성하다	페인트칠하다
말하다	설명하다	적용하다	평가하다
맞추다	설치하다	전환하다	표로 만들다
부합하다	세우다	정의하다	해결하다
명령하다	교정하다	제거하다	행하다
명세화하다	수정하다	제곱한다	확인하다
모으다	스케치하다	제시한다	흔들다
무게를 달다	스키타다	제안한다	
밑줄을 긋다	시간을 정하다	조각한다	

(출처: Smaldino, Lowther & Rusell, 2011, 60)

본시 학습주제인 '사이버 범죄 예방'에 대한 ABCD 학습목표 기술의 예는 다음 〈표 4-18〉과 같다.

〈표 4-18〉 ABCD 학습목표 기술(예)

○ 단원 : 정보윤리

- 개인정보의 의미와 중요성을 설명한다.
- 사이버 범죄를 예방하기 위한 개인 정보 보호 방법을 제안한다.
- 나라마다 지식재산의 보호 기간을 늘리는 이유를 토론한다.

○ 학습주제 : 사이버 범죄 예방

1. 학생은 인쇄자료와 인터넷 자료를 검색하여 사이버 범죄 관련 정보를 개인적, 제도적, 법적 측면에서 도표로 정리할 수 있다.
2. 학생은 인쇄자료와 인터넷 자료를 활용하여 사이버 범죄를 예방하는 방법을 A4용지 2장 분량의 보고서로 작성할 수 있다.

5.6 평가계획수립

수업이 학생의 발달에 어떤 영향을 끼쳤는가를 알 수 있는 평가 방법은 크게 규준참조검사(Norm-Referenced Test)와 준거참조검사(Criterion-Referenced Test)로 나눌 수 있다. 규준참조검사는 특정 학생의 성취를 전체 학생을 대표하는 표본집단(규준집단)의 성취와 비교하는 방법이다. 학생의 성취를 동일 연령이나 동일 학년 학생의 성취와 비교하고자 할 때는 규준참조검사의 정보가 유용하다. 준거참조검사는 특정 학생의 성취를 준거라고 불리는 절대적 기준과 비교하는 방법이다. 따라서 학생이 특정 기능을 습득하기 위하여 추가적인 지도가 필요한가를 결정할 때 유용하다(Borich, 2011).

학교도서관 교육에 참여한 학생은 다양한 자료를 자주적으로 활용하고 새로운 지식을 생산한다. 따라서 학생의 도서관 이용 변화, 독서활동 신장 정도를 평가할 수 있다. 그리고 정보활용능력, 탐구활동능력, 핵심역량 등을 평가할 수 있다. 평가 방법은 관찰을 통한 점검표, 객관식 문항 평가 그리고 서답형 문항 평가 등을 활용할 수 있다. 평가 문항을 선정할 때 〈표 4-19〉와 같이 학습목표(수업목표)에 포함된 행동 유형을 고려하면 효과적이다.

〈표 4-19〉 학습목표에 포함된 행동 유형에 따른 적합한 평가 문항

목표에 진술된 성취 행동 유형	평가 문항						
	완성형	단답형	연결형	선다형	서술형	산출물 개발	실제 수행 체크리스트
진술하기	☆	☆					
정의하기	☆	☆	☆	☆			
규명하기	☆	☆	☆	☆			
변별하기		☆	☆	☆			
선정하기		☆	☆	☆			
위치 알기		☆	☆	☆			
평가/판단		☆	☆	☆			
해결하기		☆	☆	☆	☆	☆	☆
토론하기					☆		☆
개발하기					☆	☆	☆
구축하기					☆	☆	☆
생성하기					☆	☆	☆
작동시키기/수행하기							☆
선택하기(태도)							☆

(출처: Dick, Carey & Carey, 2009, 2001)

5.7 학습 모형 선정

학습 모형이란 구체적인 학습 결과를 안내하는 단계별 절차로서 학생에 대한 지식, 학습 방법에 대한 지식에 기반을 두고 있다. 효과적인 학습 모형은 학습목표 및 평가계획과 일관성을 가져야 하며 학생이 학습 과정에 적극적으로 참여할 수 있어야 한다(Gunter, Estes & Mintz, 2010).

5.7.1 탐구기반학습

탐구기반학습(Inquiry-Based Learning: IBL)에서 탐구(inquiry)란 '진실이나 정보, 지식을 추구하는 것 또는 궁금한 정보를 찾아보는 것'을 의미한다. 즉 단순히 정해진 답을 찾아내는 것이 아니라 오히려 질문이나 문제에 대한 적절한 해결 방안을 추구하는 활동이라고 할 수 있다(Harada & Yoshina, 2004). 탐구기반학습에서는 학생 개인의 탐구 활동이 새로운 지식을 생산하고, 이 지식이 새로운 질문을 만들고, 다시 새로운 탐구 활동을 이끌어 가는 나선형(순환) 구조를 형성한다. 따라서 탐구기반학습은 지식 생태학과 협동적 학습 공동체에서 말하는 학습의 개념인 '관계 맺음'이나 '상호작용'에 적합한 학습 모형이라고 할 수 있다.

탐구기반학습은 문제를 발견하여 인식하고 가설을 설정하는 추측 과정부터 시작된다. 따라서 정보문제 해결모형을 탐구 절차로 활용할 때 문제기반학습에서 강조하는 비구조화된 문제를 탐구 과제로 활용하고, 자원기반학습에서처럼 다양한 상호작용이 가능한 인적·물적 자원을 충분히 활용할 수 있는 자주적인 학습 환경을 구축하는 것이 바람직하다. 또한, 사서교사는 학생이 탐구 절차를 적용하는 데 개입을 최소화하고, 시간의 제약을 받을 때는 발문과 같은 방법으로 학생의 문제 해결 과정을 촉진하는 역할을 수행하여야 한다. IFLA(2015)의 「학교도서관 가이드라인」(School Library Guidelines)에서는 탐구기반학습을 사서교사의 중요한 역할로 규정하고 있다. 그리고 탐구기반학습의 주안점과 절차 및 탐구능력을 다음 〈표 4-20〉와 같이 설명하고 있다.

<표 4-20> 탐구기반학습의 주안점 및 모형

탐구기반학습의 주안점
■ 학생은 정보를 추출하여 구조화한다. ■ 학생은 정보활용과정을 통해 탐구 결과물을 생산한다. ■ 학생은 자기주도적으로 학습할 수 있다. ■ 학생은 모둠학습에 효과적으로 참여한다. ■ 학생은 책임감과 윤리의식을 가지고 정보와 정보기술을 활용한다.

절차	탐구능력
계획 세우기 (Planning skills)	■ 탐구 질문하기 ■ 적절한 정보원에 대한 이해 ■ 정보 탐색 전략 수립 ■ 탐구 시간 설계
정보 접근 및 수집 (Locating and gathering skills)	■ 장서 조직 및 배가 이해 ■ 색인, 참고정보원, 인터넷, D/B 등 다양한 정보원의 정보 탐색 전략 ■ 설문, 면담, 실험, 관찰 등을 통한 정보 수집
정보 선택 및 조직 (Selecting and organizing skills)	■ 탐구 과제 해결에 필요한 정보의 평가 및 비판적 선별 ■ 저자의 권위, 출판년, 정보의 완전성, 최신성, 관점 등을 활용한 정보의 윤리적 선택
정보처리를 통한 개인적 지식 형성 (Processing information)	■ 다양한 정보원에서 수집한 정보의 통합 ■ 추론하기 ■ 결론 도출하기 ■ 선행 및 관련 지식과 탐구 과제의 연계
표현과 공유 (Representing and sharing)	■ 탐구 목적과 기준을 반영한 탐구 결과물 생산 ■ 발표 기술 ■ 청중에 대한 이해
평가 (Evaluating skills)	■ 탐구 결과의 탐구 계획 및 목적 충족 여부 평가 ■ 탐구학습의 강점과 약점 분석 ■ 개선 방안 및 향후 탐구학습에 주는 시사점 도출

(출처: IFLA, 2015, 41-42의 내용을 표로 정리함)

5.7.2 문제기반학습

문제기반학습(Problem-Basd Learning: PBL)은 소집단에 참여한 동료와의 협동을 통해서 학습문제를 해결하는 과정으로 구성주의 교육관의 대표적인 실천 전략이다. 따라서 학생이 문제 해결 과정에 주인의식을 갖고 참여하고 흥미와 관심이 지속할 수 있는 수업기술과 공동체적 지원이 필요하다. 문제기반학습이 성공을 거두기 위해서는 교육과정에서 다루는 학습주제나 내용에 대한 학생의 흥미와 요구를 파악해서 적절한 문제를 개발해야 한다. 이를 위해서는 교사가 자신이 다루는 교과의 지식이 일상생활의 어떤 상황과 연계될 수 있는가를 아는 것이 중요하다(조연순, 2006). 특히, 문제기반학습에서 다루는 문제는 학습을 구조적 혹은 비구조적 실제 문제 상황에서 시작할 수 있도록 하며, 정보처리능력, 문제해결능력, 창의적·비판적 사고능력, 자기주도 학습능력 그리고 다른 사람과의 협동 기술 등을 배양하는 데 도움을 준다. 구조적 문제는 해답을 비교적 분명하게 찾을 수 있는 것이다. 예를 들면 '학습자가 이미 알고 있는 수학 계산식을 활용할 수 있는 문장으로 표현된 수학 문제'이다. 반면에 비구조적 문제는 한 가지 이상의 해결안이 가능한 문제이다. 예를 들면, '학교 재활용 활동에 많은 학생이 동참하는 방법을 고안하라'는 문제는 매우 다양한 방안들이 도출될 수 있다. 문제기반학습의 장단점을 살펴보면 다음과 같다(Smaldino, Lowther & Russell, 2011).

□ 문제기반학습의 장점
- 적극적 참여 : 학습자는 일상생활의 학습경험에 적극적으로 참여한다.
- 학습 맥락 : 학습자는 문제를 해결하는 과정에서 맥락적 지식과 기능을 분명하게 이해한다.
- 복잡성 수준 : 시간의 경과에 따라 점진적으로 문제의 복잡성 수준을 조절할 수 있다.

□ 문제기반학습의 단점
- 문제 구성의 어려움 : 양질의 문제 상황을 개발하는 것이 어렵다. 따라서 문제를 개발할 때 동료 교사와 함께 혹은 웹 자원을 활용하여 만드는 것이 좋다.
- 나이의 적절성 : 교사가 학습자의 나이와 경험의 정도에 따라 문제기반학습을 통제하고 조절해야 한다.
- 시간 요구 : 문제 해결 수업을 준비하고 활용하기 위해서는 많은 시간이 필요하다.

문제기반학습에서 학생 스스로 해결할 문제를 분석하여 배경지식과 주요 개념을 이해하는 데 도움을 줄 수 있는 다양한 사고전략을 활용할 수 있다. 생각그물(마인드 맵)을 활용하여 '환경오염'을 분석하고 학습주제의 범위를 구체화한 사례를 살펴보면 다음 〈표 4-21〉과 같다.

〈표 4-21〉 생각그물을 활용한 주제 분석(예)

- 중심 이미지 표현 : 나타내고자 하는 주제를 종이 중앙에 함축적으로 나타낸다.
- 주가지 : 중심 이미지로부터 연결된 주가지는 굵게 표시하고, 그 위에 핵심 단어만 쓴다.
- 부가지 : 주가지로부터 연결된 부가지는 작고 가늘게 나타내고, 그 위에 핵심 단어, 그림, 기호 등으로 표현한다.
- 상호관련성을 찾고, 해결책을 마련한다.
- 아이디어를 주제별로 묶고 선으로 관계를 나타낸다.
  (예) 마인드맵을 활용한 주제 정하기 사례
- 환경오염에 대한 마인드맵 그리기

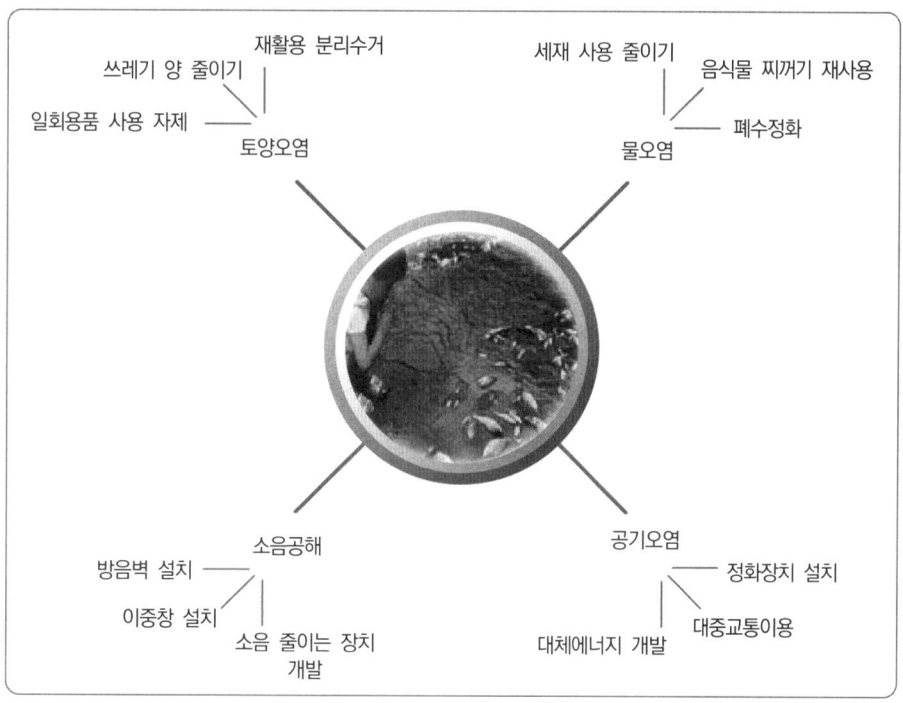

- 주제 정하기 : 물 오염 줄이는 방법

문제기반학습은 협동수업이나 정보문제 해결모형을 활용한 도서관 프로그램에 적용할 수 있다. 문제기반학습을 위한 학습설계 및 학습지(예)는 다음 〈표 4-22〉와 같다.

〈표 4-22〉 문제기반학습을 위한 학습설계 및 학습지(예)

학습주제	지구촌 문제의 해결을 위한 노력
학습과제	1. 식량문제 - 아직도 굶고 사는 지구촌 친구들이 있어요. 2. 종교문제 - 종교가 달라서 싸우고 있는 나라들이 있어요. 3. 환경문제 - 하나뿐인 지구를 위험에 빠뜨리는 환경오염을 막을 수 없나요?
학습목표	1. 지구촌의 여러 가지 문제가 발생하는 이유를 설명할 수 있다. 2. 신문과 전자신문을 이용하여 지구촌 문제의 사례를 조사하여 발표할 수 있다. 3. 지구촌 문제의 해결 방법을 발표하고 실천할 수 있다.
자료 활용	지구촌의 여러 가지 문제를 다루고 있는 신문 기사를 찾아 정리해 보고 문제 해결을 위한 노력을 보고서로 만들어보자.

작성자	( )학년 ( )반 ( )번 이름
학습과제	
자료 찾아 정리하기	1. 왜 문제가 발생하나요? 2. 어떤 사례가 있나요? 3. 문제 해결을 위해서 어떤 노력을 하고 있나요? 4. 내가 할 수 있는 일은 무엇인가요?

【보고서 자기 평가표】

성명	
학습주제	
평가일	

※ 자신의 과제 해결 결과를 가장 잘 설명하고 있는 항목에 ✓ 표시하세요.	전혀 그렇지 않다	그렇지 않다	가끔 그렇다	항상 그렇다
보고서에 포함된 정보는 정확하고, 명확하고, 완전하며, 현실성이 있고 상세하다.				
보고서가 짜임새 있고 읽기 쉽다.				
철자, 띄어쓰기, 문법이 정확하다.				
이해하기 쉽고 독창적이다.				
삽화가 다양한 색상을 이용해서 짜임새가 있다.				
삽화가 내용을 전달하는 데 도움을 준다.				
과제를 잘 계획하고 지시사항을 잘 지켰다. 정해진 시간 내에 과제를 해결하였다.				
의견				

5.7.3 프로젝트기반학습

프로젝트기반학습(Project-Based Learning: PBL)의 가장 큰 특징은 학습자 스스로 관심 주제를 선정한다는 것이다. 대부분의 학습 모형에서는 교사가 수업 전에 학생의 흥미나 관심을 조사하고, 교육적 효율성을 고려하여 학생의 수준에 맞는 학습주제나 문제를 미리 준비한다. 그러나 프로젝트기반학습에서는 주제 선정에 있어서 학생의 결정을 매우 중시한다. 프로젝트기반학습의 또 다른 특징은 학습 과정에서 생산한 결과를 전시 활동을 통해 공유한다는 점이다. 따라서 학생은 프로젝트를 수행하기 전에 누구를 대상으로 어떤 형태의 결과물을 생산할 것인지를 고려해야 한다(남소희, 2010).

프로젝트기반학습은 일반적으로 소집단을 통한 협동학습을 기반으로 이루어지며, 수업 운영에 많은 시간이 걸린다. 따라서 학생 상호 간에 협동적 관계 형성이 중요하며, 과제 해결에 필요한 다양하고 충분한 학습자료 제공과 자료 활용에 대한 사전지식을 갖추는 것이 중요하다. 학교도서관을 활용한 중학생 진로 교육 프로젝트 학습 모형을 살펴보면 다음 〈표 4-23〉과 같다.

〈표 4-23〉 학교도서관을 활용한 중학생 진로 교육 프로젝트 학습 모형

단계	학습 자원 활용	교과교사 활동	사서교사 활동	교수-학습전략
프로젝트 수행 준비	• 선경험, 선지식 확인 (예: 인터넷 검색 및 이메일 보내기, 직업과 산업의 의미 알기)	• 목표 설정 • 수행과정 안내 • 프로젝트 내용 분석 • 프로젝트 활동 기획 • 도서관활용수업모형 구안 • 정보 탐색 과제 협의 및 선정 • 도서관 활용 일정 조정 • 프로젝트 설계서 작성	• 프로젝트 수행 도구 마련과 활용 지침 준비 • 프로젝트 수행 환경 준비	• 사서교사-교과교사 협력 활동
프로젝트 수행	• 문헌조사 • 정보 탐색 • 모둠별 협의 • 전문가 면담 • 현장조사 • 브레인스토밍 • 조사 내용 역할 분담	• 프로젝트 목표 안내 • 모둠 설정 • 개별활동, 모둠활동 지도 • 협동학습 스캐폴딩	• 도서관 자료 이용법 안내 • 정보 탐색법 안내 • 자료검색, 정보 탐색 지도 • 학습 기자재 준비	• 전체학습 • 개별학습 • 협동학습 • 밀접협력형
결과물 정리 및 발표	• 문제 해결 및 목표 달성 • 결과 보고서 작성 • 프레젠테이션	• 발표 과정, 방법 안내 • 발표, 토론 활동 촉진 • 발표 결과 정리 및 종합	• 보고서 작성 코칭	• 협동학습 • 개별학습 • 일반협력형

단계	학습 자원 활용	교과교사 활동	사서교사 활동	교수-학습전략
성찰 및 평가	• 개인 성찰 노트 작성 • 상호평가 • 학교도서관 이용평가	• 수행 과제 결과물 평가 • 개안 활동 평가 • 프로젝트 종합 평가 • 도서관활용수업 평가	• 도서관 이용평가 • 자료 및 시설 정리	• 협동학습 • 개별학습

(출처: 이현주, 2008, 40)

5.7.4 집단 강의수업

집단 강의수업은 도서관과 관련된 특수한 개념을 지도하기 위하여 한 학급이나 학년 전체를 대상으로 하는 수업방식이다. 집단 강의수업에서는 특히 학생이 학습 내용에 흥미를 가질 수 있도록 배려해야 하고, 적절한 교사의 시범이 필요하다. 강의수업에서는 우선 학습목표를 분명히 하여 선행조직자(Advance Organizers)를 제시하고, 학생이 지닌 배경지식(사전지식)과 경험을 현재의 학습 내용과 연결할 수 있도록 자극하여 학습 의욕을 고취시킨다. 다음으로는 학습자료의 논리적 조직을 명확히 하고, 점진적 분화의 원리(일반적이고 포괄적인 지식을 먼저 제시하고, 점진적으로 세부적이고 상세한 지식으로 분화시켜 나감)를 이용하여 자료를 제시한다. 마지막으로 통합조정의 원리를 이용하여 적극적인 수용학습 분위기를 조성하고, 학습 내용에 대한 비판적 접근을 유도하여 학습 내용을 명료화한다(김진영, 2009).

〈표 4-24〉 David Ausubel의 선행조직자 모형을 이용한 강의수업 절차

단계	구체적인 활동 내용
문제 파악	• 학생과 우호적인 관계 형성 • 학습목표 제시 • 학습동기 유발 • 선수학습의 확인 및 처치 • 선행조직자의 이용
학습문제 해결	• 학습할 개념, 원리, 법칙 등 학습 내용 제시 및 설명 • 필요한 학습자료와 매체의 체계적인 제시 • 학습문제 해결 • 지속적인 주의집중 유지
일반화	• 문제 해결의 연습 및 여러 가지 예제의 적용 • 통합 조정의 원리 이용 : 전후 학습 내용을 서로 밀접하게 관련 맺도록 함 • 학습 내용의 강조 및 요약 정리 • 심화 및 확충 설명 • 차시 예고 및 과제 제시

(출처: 김진영, 2009, 85)

집단 강의수업을 위한 수업 설계 사례는 다음 〈표 4-25〉와 같다.

〈표 4-25〉 집단 강의수업 설계(예)

단 원 명	■ 도서관 이용하기
학습주제	■ 자료의 검색 방법
설정 의도	■ 분류란 도서를 이용자들이 쉽고 빠르게 찾아볼 수 있도록 같은 종류의 책을 같은 곳에 두도록 하는 것을 의미한다. ■ 분류의 체계를 이해하여 도서관 이용을 쉽게 하고, 직접 저자기호를 작성해 봄으로써 자료의 배열 체계에 대해 이해한다.
활동 목표	■ 한국십진분류표를 통하여 주어진 과제를 분류할 수 있다. ■ 저자기호표를 이해하여 이름을 저자기호로 나타낼 수 있다.

참고자료

■ 한국십진분류표

000 (총류)	백과사전, 신문, 도서관학, 향토자료, 퀴즈, 독서 등	500 (기술과학)	공업, 제조업, 농업, 기계, 의학, 가정학, 별명 등
100 (철학)	도덕, 사상, 논리학, 윤리학, 심리학, 철학 등	600 (예술)	건축, 조각, 미술, 음악, 체육, 오락, 사진, 만화 등
200 (종교)	각종 종교(불교, 기독교 등), 종파에 관한 자료, 신화	700 (언어)	각국의 언어(한국어, 일본어, 중국어, 영어 등)
300 (사회과학)	경제, 경영, 정치, 법률, 교육, 군사, 풍속, 속담 등	800 (문학)	각국의 문학(한국문학, 영미문학, 일본문학, 중국문학 등)
400 (순수과학)	물리, 화학, 생물, 천문학, 수학 등	900 (역사)	동양사, 서양사, 지리, 여행, 족보, 전기 등

■ 저자 기호표 - 이재철 저자기호 2표를 기준으로 작성

자 음 기 호		모 음 기 호	
1 ㄱㄲ	6 ㅇ	1 ㅏ	7 ㅜ(ㅝ ㅞ ㅟ ㅠ)
21 ㄴ	7 ㅈㅉ	2 ㅐ(ㅑ ㅒ)	8 ㅡ(ㅢ)
22 ㄷㄸ	81 ㅊ	3 ㅓ(ㅔ)	9 ㅣ
23 ㄹ	82 ㅋ	4 ㅕ(ㅖ)	
3 ㅁ	83 ㅌ	5 ㅗ	
4 ㅂㅃ	84 ㅍ	6 ㅘ(ㅙ ㅚ ㅛ)	
5 ㅅㅆ	9 ㅎ		

활동지						
이 름	( )학년 ( )반 이름 ( )					
분류 알아보기	1. 다음 라벨은 과연 어느 분야를 뜻하는 것일까?					
	순번	라벨	분야	순번	라벨	분야
	예시	813.6	☞문학	④	170	☞
	①	320	☞	⑤	213	☞
	②	913	☞	⑥	747	☞
	③	843	☞	⑦	549	☞
저자기호 알아보기	2. 저자기호 연습하기					
	〈예시〉 좋아하는 작가 이름 저자기호로 표현하기					
	① 내 이름 저자기호로 표현하기					
	② 우리 반 친구 1명의 이름을 저자기호로 표현하기					
	③ 좋아하는 연예인 이름 저자기호로 표현하기					
	④ 좋아하는 작가 이름 저자기호로 표현하기					

5.7.5 토론수업

토론수업은 공통 학습주제를 논의하거나 문제를 해결하기 위해 교사와 학생 또는 학생 상호 간에 일정한 규칙과 절차에 따라서 대화를 나누는 수업방식이다(김진영, 2009). 토론수업은 대개 찬반양론 형태로 1:1 짝토론, 모둠토론, 역할교환 등 다양한 방식으로 이루어진다. 토론수업을 하는 경우에는 몇몇 사람에 의해 토론이 좌지우지되거나 학생들의 소극적인 태도로 토론이 제대로 이루어지지 않도록 유의해야 한다. 모둠 토론수업을 위한 학습설계(예)와 평가용 학습지(예)는 다음 〈표 4-26〉, 〈표 4-27〉, 〈표 4-28〉과 같다.

〈표 4-26〉 모둠 토론수업을 위한 학습설계(예)

토론 주제: 정보사회와 도서관의 미래
정보통신 수단의 보편화와 정보의 데이터베이스화로 물리적 형태의 정보매체를 소장한 도서관의 소멸을 우려하는 목소리가 높다. 정보사회에는 물리적 형태를 갖춘 도서관 대신 컴퓨터만 놓여 있는 전자도서관(디지털도서관)만 존재하게 될 것이라는 주장이다. 과연 정보사회에는 전자 도서만 존재하게 될 것인가? 자신의 주장을 제시하고 주장에 대한 타당한 근거를 제시해 보자.

수업 절차	내용

모둠 구성	• 모둠의 크기는 모둠의 유형, 과제의 성격, 학습 재료의 특성, 과제의 기간, 물리적 환경 등을 고려하여 정한다.
	• 모둠의 크기는 작을수록 좋음 : 학습 기간이 짧으면 모둠의 크기는 작게 한다.
	  - 무임승차 예방, 상호작용의 기회 확대
	• 모둠의 성격
	  - 공식 모둠 : 글쓰기 과제 수행을 위한 모둠(동료 지도, 모둠학습, 공동 작가)
	  - 비공식 모둠 : 글쓰기 학습 중 특정 목적 달성을 위해 단기간 구성한 모둠, 특정 질문에 대한 답 찾기, 자료 해석하기, 브레인스토밍, 구성 검토하기, 문장 교정하기
	  - 토대 모둠 : 한 학기나 일 년 정도 논문 작성이나 보고서 작성을 위해 구성원이 모여서 활동하는 것

자신의 입장 정리하기	• 논쟁 주제에 대한 자신의 생각을 정리한다. 노트에 자신의 생각을 기록한다.
짝 토론	• 논쟁 주제에 대한 자신의 입장과 근거를 짝꿍과 이야기한다. • 입장이 다른 사람과 짝꿍을 이루어야 활발한 논쟁이 이루어질 수 있다.
모둠 토론	• 각자의 역할에 따라 논쟁 주제에 대하여 자유롭게 토론한다.
역할교환	• 서로의 입장을 바꾸어 토론한다. 이렇게 하면 다른 입장에서 생각할 시간을 갖게 되고 자신의 논리를 보다 객관적으로 이해할 수 있다.
모둠의 의견 만들기 및 발표	• 전체 모둠 의견을 정리하고 이를 전체 학급에서 발표한다. 모둠 의견을 만드는 과정에서 활발한 논의가 이루어질 수 있고 모둠 의견을 도출하는 과정에서 변증법적인 방법을 통해 보다 논리적인 주장을 정리할 수 있다.

〈표 4-27〉 모둠 토론수업 자기 평가표(예)

성 명	
학습주제	

자신의 협동 정도를 가장 잘 설명하고 있는 항목에 ✔ 표시하세요.	전혀 그렇지 않다	그렇지 않다	가끔 그렇다	항상 그렇다
나는 다른 사람의 의견을 경청한다.				
나는 아이디어를 다른 사람과 공유한다.				
나는 과제 수행을 방해한다.				
나는 과제를 분담한다.				
나는 다른 친구의 과제 해결을 돕는다.				
나는 주어진 역할을 잘 수행한다.				
나는 다른 친구들과 함께 과제 해결에 참여한다.				
의 견				

〈표 4-28〉 모둠 토론수업 평가표(예)

성 명	
학습주제	

평가 항목	평가 기준(예)	평가		
		그렇다	보통이다	아니다
① 교재(자료) 준비	개인적으로 답을 작성한 탐구 질문과 기타 참고자료를 준비했는가?			
② 자유로운 발표	모둠의 장은 모둠원들에게 자유롭게 의사 표현을 하도록 허용하였는가?			
③ 균등한 참여	모둠의 장은 모둠원들에게 토론에 골고루 참여할 기회를 제공했는가?			
④ 적극적인 참여	자신의 의견을 적극적으로 활발하게 발표했는가?			
⑤ 타인 의견 경청	소란을 피우지 않고, 다른 사람의 의견에 귀를 기울였는가?			
⑥ 합리적인 태도	자신의 결함을 인정하고 타인의 결함을 비판적으로 검토했는가?			
⑦ 창의성	모둠별 기록지의 내용이 참신하고 독창적인가?			
⑧ 논리성	모둠별 기록지의 내용이 체계적이며 논리적으로 구성되어 있는가?			
⑨ 내용 충실도	모둠별 기록지에 기록한 내용이 타당하고 주제와 관련성이 있는가?			

(출처: 조성민, 2000, 69, 122의 내용을 수정 보완함)

5.7.6 협동학습

협동학습은 학생들이 협동하여 공부할 수 있도록 상호 유기적인 학습구조를 만들어 수업을 진행하는 방식이다. 협동학습은 소집단이나 전체 학습 집단 안에 속한 학습자끼리 협동을 통해 학습목표에 도달함으로써 학습의 효과를 극대화할 수 있다. 협동학습을 위해서는 적합한 학습주제를 우선 선정해야 하고, 학습 과정에서 모둠원 모두가 동등한 참여와 협동이 이루어질 수 있도록 지도해야 한다.

대표적인 협동학습 모형에는 직소(Jigsaw), 직소(Jigsaw) II, 성취과제 분담 모형, 모둠 경쟁학습, 모둠보조 개별학습, 집단조사, 함께 학습하기 등이 있다. 이 중에서 직소(Jigsaw)는 복수의 이질 집단이 모둠별로 학습 내용을 한 영역씩 나누어 학습한 후에 다른 모둠의 학습을 책임지는 방법이다. 이 방법은 과제 해결의 상호 의존성이 높지만, 보상 의존성은 낮은 것이 특징이다. 직소(Jigsaw) II는 모든 학생이 전체 학습자료와 과제 전체를 읽되 특별히 관심 있는 주제를 선택한 후에 그것을 전문가 집단에 가져가서 철저하게 학습한 후 다시 소속 모둠으로 돌아와서 가르치는 방식이다. 기존 직소(Jigsaw)의 개별 보상에 집단 보상이 추가된 형태로 인지적이고 정의적인 학습목표 달성에 효과적이다(김진영, 2009). 협동학습을 위한 수업 설계(예)는 다음 〈표 4-29〉와 같고, 학습지(예)는 〈표 4-30〉, 〈표 4-31〉 평가지(예)는 〈표 4-32〉, 〈표 4-33〉과 같다.

〈표 4-29〉 협동학습을 위한 수업 설계(예)

수업 절차	내용
학습목표 설정	• 교사가 수업 목표에 따라 구조화한 교과 내용을 열린 상황 이야기로 만든다.
교사의 배경 설명	• 수업하고자 하는 내용에 대한 기본적인 배경을 설명한다.
학습 과제지 배포	• 상황 이야기가 있는 학습지를 배포한다.
개인 의사결정	• 자료를 활용하여 자신의 입장을 정리한다.
집단 의사결정	• 모둠 토의를 통해 모둠 전체 의견을 만장일치제로 만든다.
각 모둠 발표	• 전체 학급에서 각 모둠의 의견을 발표하고 교사가 정리·보완한다.
평가	• 단원이 끝난 다음에 개인 평가를 실시한다.

〈표 4-30〉 협동학습을 위한 학습지(예)

지도 영역 : 도서 자료의 종류와 특징
열린 상황 이야기(기본 배경)

문명의 어머니라는 종이가 정보화라는 이름으로 위기설에 빠져있다. 산업사회에서 정보사회로 이행하는 과정에서 등장한 고성능 컴퓨터와 전자 기록 매체, 영상문화 등의 위협 때문이다. 또한, 방대한 저장 능력과 하이퍼텍스트 고속 검색 기능을 갖춘 데이터베이스가 강력한 경쟁자로 등장했으며, 전자 출판·전자결재·온라인 문학·전자화폐 등은 종이 문화의 전통 영역을 빼앗아 탈 종이화라는 큰 흐름으로 이어지는 전환점이 되지 않겠나 하는 우려를 낳고 있다. 그렇다면 종이의 시대는 끝나고 있는 것일까?

의사결정 노트			
작성자	( )학년 ( )반	이름	

■ 주제 : 종이의 미래

나의 의견	근거

모둠 의견	근거

〈표 4-31〉 발표계획 점검표(예)

성 명	
학습주제	

계획 세우기	
목적은?	
청중은?	

발표 설계			
• 명확하고 논리적인 정보인가?		• 아이디어에 대한 근거가 적당한가?	
• 요점을 정리한 노트 카드가 필요한가?		• 포스터, 모형, 도표 등이 필요한가?	
• 모자, 코트 등 복장은?			

발표 유의사항
☐ 노트 카드를 읽지 않는다. ☐ 고개를 들고 청중을 바라본다. 청중과 눈을 맞춘다. ☐ 강조하기 위해서 적절한 몸짓을 사용한다. ☐ 목소리 크기와 속도에 변화를 준다. ☐ 뒷자리에 앉은 청중이 들을 수 있도록 큰 소리로 말한다.

발표 내용 요약	
도 입	
요 점 1	
요 점 2	
요 점 3	
결 론	

〈표 4-32〉 글쓰기 결과물 점검표(예)

성 명	
학습주제	

해당란에 ✔ 하세요.	전혀 그렇지 않다	그렇지 않다	가끔 그렇다	항상 그렇다
결과물에 포함된 정보가 정확하고 명료하며 현실성과 상세성을 갖추고 있다.				
내용이 잘 짜여 있고, 읽기 쉽다.				
맞춤법, 띄어쓰기, 문법 등이 정확하다.				
창의적이고 내용 이해가 쉽다.				
과제 해결 계획을 잘 세우고 지침을 준수하였다. 정보 전달 방법이 적절하다.				
의 견				

〈표 4-33〉 글쓰기 결과물 상호 평가표(예)

성 명	
학습주제	

	미숙 1	보통 2	3	능숙 4	
[정보] 사용한 정보가 부정확하고, 불분명하며 상세하지 못하고 표절로 보여 신뢰할 수 없다.					사용한 정보가 정확하고 분명하며 상세하며 신뢰할 만하다.
[체계] 내용이 짜깁기에 가깝고, 맞춤법이나 띄어쓰기 문법 등에 오류가 많아 이해하기 어렵다. 독창성이 부족하고 논리적이지 못하다.					내용이 짜임새가 있고, 맞춤법이나 띄어쓰기 문법 등이 정확하여 읽고 이해하기 쉽다. 독창적이고 논리적이다.
[수준이나 의견제시] 수준이 낮고 자신의 의견을 담고 있지 못하다.					수준이 높고 자신의 의견이 분명하며, 다른 사람이 이해하기 쉽게 정보를 전달한다.
[과제 해결 기초] 현실감, 상세성이 부족하고, 과제 해결에 필요한 계획을 제대로 세우지 못한다. 정보 전달에 적절한 매체를 사용하지 않는다. 지침을 준수하지 않는다.					현실성이 있고 정보가 상세하다. 과제 해결에 필요한 계획을 적절히 세우고, 정보 전달에 적합한 매체를 사용할 수 있다. 지침을 준수한다.
[글쓰기로 표현하기] 논리적이지 못하고 표현이 불분명하다. 띄어쓰기, 맞춤법, 문법 등에 오류가 많아 내용 이해가 어렵다.					글이 짜임새가 있고 표현이 분명하여 이해하기 쉽다. 띄어쓰기, 맞춤법, 문법 등에 오류가 없다.
	1 미숙	2 보통	3	4 능숙	
의 견					

5.7.7 모둠학습

모둠학습은 주어진 학습과제나 학습목표를 소집단으로 구성된 구성원이 공동으로 노력하여 목표에 도달하게 하는 방법이다. 모둠별 구성 인원은 구성원 모두가 능동적으로 참여할 만하고, 짝 활동에서 동등한 참여가 가능한 4명이 이상적이다. 모둠은 동질적 모둠, 이질적 모둠, 무작위 모둠 등으로 나눌 수 있다. 모둠학습을 위한 학습설계(예)는 〈표 4-34〉와 같고, 학습지(예)는 〈표 3-35〉. 평가지(예)는 〈표 3-36〉과 같다.

〈표 4-34〉 모둠학습을 위한 학습설계(예)

단원명	우리 학교도서관의 시설과 자료
수업 주제	학교도서관 홍보 광고 만들기
설정 의도	학생이 직접 도서관 홍보 광고를 만들어봄으로써 도서관이 어떤 곳인지 스스로 깨닫고, 학교도서관에 대한 애정을 갖도록 한다.
활동유형	모둠학습
학습목표	1. 우리 학교도서관의 시설과 자료 현황을 파악하여 학습활동에 활용할 수 있다. 2. 학교도서관의 역할을 이해하고 학교생활에 활용할 수 있다.
수업 절차	내 용
모둠 구성	능력별, 성별이 이질적인 학생들로 모둠을 구성한다.
수업과제 부여	모둠이 수행할 수업과제를 부여한다.
협동학습	모둠 구성원이 협동하여 과제를 해결한다.
발표	완성한 과제를 발표한다.
평가	발표 내용에 대한 자기평가와 모둠평가를 실시한다.

〈표 4-35〉 모둠학습을 위한 학습지(예)

성 명		작성일	
학습주제			

☞ 작성 요령
- 자신의 생각을 근거를 들어 기록한다.
- 찬성과 반대의 의견에 대한 자신의 입장을 근거를 들어 기록한다.
- 주제에 대해 가정을 세우고 그 결과를 추론한다.

개인 의사결정	
의견 / 추론	근거

모둠 의사결정	
의견	근거

〈표 4-36〉 발표 결과 자기 평가표(예)

성 명	
학습주제	

자신의 과제 해결 결과를 가장 잘 설명하고 있는 항목에 ✔ 표시하세요.	전혀 그렇지 않다	그렇지 않다	가끔 그렇다	항상 그렇다
과제 해결 결과에 포함된 정보는 정확하고, 명확하고, 완전하며, 현실성이 있고 상세하다.				
과제 해결을 위해 계획을 잘 세우고, 알아낸 정보를 전달하는데 적합한 방법을 선택하였다.				
분명하게 또렷하게 발표하였다.				
발표 내용에 맞추어 몸동작을 취하였다.				
복장이나 장면을 적절히 설치하였다.				
지시사항과 발표시간을 잘 지켰다.				
의 견				

5.8 교수-학습자료 개발

학교도서관 교육의 가장 큰 특징은 학습주제와 관련된 다양한 맞춤형 자료를 활용한다는 것이다. 따라서 수업방법과 자료 이용에 따른 시간적 경제적 비용 등을 고려하여 교수-학습에 필요한 적절한 자료를 선정하는 작업이 매우 중요하다. 자료 선정은 우선 비용과 설비 이용 가능성 그리고 학습자의 특성을 고려하여 유형을 결정한 후에 목록과 평가지를 활용한 간접평가를 한다. 그리고 시연과 대표 학생을 대상으로 한 직접평가 과정을 거친다. 학생이 참여하는 직접평가는 자료의 유용성을 확인할 수 있는 가장 좋은 방법이지만 시간과 자료의 제한으로 실제 적용하기가 곤란한 측면이 있다. 학습자료 선정 절차 및 기준을 살펴보면 〈표 4-37〉과 같다.

〈표 4-37〉 교수-학습자료 선정 절차 및 기준

선정 절차		활동 내용	선정 기준

간접 평가	1. 자료 유형 선정	학습에 도움이 되는 가장 적절한 매체나 자료의 유형을 선정한다.	○ 비용
			○ 설비의 이용 가능성
			○ 학습자 특성
			• 정보 구조화에 대한 선호도
			  예) 구조화가 낮은 자료 : 만화
			  예) 구조화가 높은 자료 : 사진
			• 학습 유형에 대한 선호도
			  예) 집단학습, 개별학습
			• 정보 수용에 대한 선호도
			  예) 시각, 청각, 촉각 등

	2. 자료 확인	다양한 목록에서 자료를 확인한다.	○ 주제 영역별 자료 목록 활용 ○ 출판물 목록 활용 ○ 사서교사 : 온라인 목록 시스템 구축 및 제공
	3. 자료에 대한 평가 찾아보기	자료의 사용 설명서나 실물을 보고 시연할 자료를 결정한다.	○ 사용 설명서 정보 확인 • 이용할 수 있는 학년(연령) 수준 • 기술 사양 ○ 평가지 활용 • 주제별 자료 평가지 활용 • 서평지 ○ 평가지 활용 시 주의 사항 • 평가의 내용이 학생의 관점에서 기술되었는가? • 학습목표와 관련이 있는가?
직접 평가	4. 시연	수업 전에 실물 자료를 시연하여 학습자 특징에 적합한지, 교육목표 달성에 적합한지를 판단한다.	○ 적절성 : 학습자와 교육목표에 적합한가? ○ 정확성 : 교육목표 달성에 방해가 되는 부정적인 정보를 담고 있는지는 아는가? ○ 주제의 구조화 정도 ○ 붙임 자료 유무와 질적 우수성 ○ 기술적 특성 : 기술적 결함이 학습목표 달성을 방해하는가? ○ 물리적 특성 • 포장이 적절한가? • 내구성을 갖추고 있는가? • 해체 비용이 무료인가?
	5. 학습자와 함께하는 자료 평가	수업 전에 대표 학생을 선발하여 자료의 적절성을 평가한다.	○ 얼마나 많은 학생이 학습목표에 도달하였는가? ○ 학습목표 달성을 어렵게 한 요인은 무엇인가? ○ 학습목표 달성을 못 한 학생의 공통점은 무엇인가? ○ 자료의 단점을 보완하기 위한 교사의 조치는 무엇인가?

(출처: Turner & Riedling, 2003, 179-191의 내용을 도표화하고, 내용 일부를 수정함)

CARP을 활용하면 다음 〈표 4-38〉과 같이 수업에 활용하는 자료(정보원)를 평가할 수 있다. CARP는 최신성(Currency), 권위(Authority), 관련성(Relevance)과 신뢰성(Reliability), 목적/관점(Purpose/Point of View) 등을 기준으로 자료(정보원)을 평가하는 방법이다.

〈표 4-38〉 CARP 활용 수업자료(정보원) 평가 기준

기준	상세 기준
최신성	① 언제 정보가 생산 또는 게시되었는가? ② 정보가 수정되거나 업데이트되고 있는가? 언제 되었는가? ③ 당신의 주제가 최신 정보를 필요로 하는가? 아니면, 오래된 정보여도 되는가? ④ 사이트 링크는 잘 작동하는가?
권위	① 저자나 창작자는 누구인가? ② 저자나 창작자의 적(credentials)은 무엇인가? 주제 관련 글을 쓸 자격이 있는가? 그들에게 연락이 가능한가? ③ 그들은 어떤 단체나 조직에 소속되어 있는가? ④ 출판사나 후원자는 누구인가?
관련성과 신뢰성	① 정보가 당신의 주제와 관련이 있거나 질문에 대한 대답에 도움이 되는가? (참고 : 그렇다고 정보가 당신의 주장과 일치한다는 의미는 아니다.) ② 당신의 연구에 적합한 수준의 정보가 있는가? ③ 대상은 누구인가? ④ 정보의 출처는 어디인가? 저자가 참고문헌이나 출처를 제공하고 있는가? ⑤ 정보가 검토되었거나 참조되었는가? 누구에 의해 검토되고 참조되었는가? ⑥ 연구에 이 정보원을 사용하는 것이 편안한가? 교사가 정보원을 받아들이겠는가?
목적/관점	① 독자에게 전달하는 정보의 목적은 무엇인가? - 정보 전달, 교육, 판매, 오락, 설득? ② 저자나 후원자가 자신의 의도나 목적을 명하게 밝히고 있는가? ③ 정보는 사실인가? 의견인가? 선전인가? ④ 관점이 객관적이고 공정해 보이는가? ⑤ 저자나 후원자는 어떤 편견을 가지고 있는가? - 정치적, 이념적, 문화적, 종교적, 제도적, 개인적? ⑥ 어떤 광고를 담고 있는가? 광고가 다루는 주제와 어떤 관련이 있는가? ⑦ 웹사이트 - URL/도메인이 목적에 대해 전하는 바는 무엇인가? (예: .com-영리 기관, .edu-교육기관, .gov-정부기관, .org-조직 - 그러나 어떤 종류의 조직인가?)

(출처: Northwest University Library, 2024)

도서관에 수입한 자료의 교과 연계성을 사전에 분석하면, 교사와 학생의 지적 접근성을 향상할 수 있고, 자원기반학습에 필요한 자료 선정을 보다 효율적으로 할 수 있다. 도서 자료의 경우 교과 연계 도서 정보는 자료의 서지사항과 교과 학습주제와 관련된 내용 및 활용 방안 등이 포함된다. 학교 급별 교과 연계 도서 정보 작성 사례를 살펴보면 다음과 같다.

〈표 4-39〉 초등학교용 교과 연계 도서 정보 작성(예)

단원정보	학교급	학년	과목	학기	대단원	중단원	소단원	학습주제
	초등	4	체육	공통	보건	신체의 성장과 발달		뼈와 근육
도서정보	도서명		저자		출판사	출판년	쪽수	가격
	뚱뚱한 감자는 즐거워		모건스틴, 수지		해와 나무	2009	168	7,500
교과활용방안	뚱뚱한 자신이 겪은 여러 일화와 고민을 통해, 날씬한 몸매에 집착하는 풍토가 오히려 음식에 대한 왜곡된 개념을 갖게 하는 부정적인 현실에 대해 비판한다. 음식에 관한 시와 재치 있는 문장을 통해 삶의 긍정적인 면과 유쾌함에 대해 말한다. 또한, 몸의 무게에 대해 지나치게 고민하는 현대사회에서 자신의 진정한 정체성은 무엇인지 고민해 볼 기회를 제공한다. 딱딱한 내용의 교과서 대신 학생들이 쉽게 감정 이입할 수 있는 도구로써 문학작품을 활용해 보자. 주인공이 살을 빼기 위해 여러 가지 시도를 벌이는 일화에서 내용을 발췌하여 학생에게 읽을 자료로 제공한다. 글을 읽고 떠오르는 생각과 느낌을 친구들과 나누어 보도록 하여 균형 있는 몸을 위해 필요한 것이 무엇인지 스스로 깨달을 기회를 제공한다.							

(제작자 : 이○경. 인천 천마초등학교. 교사. 2009년 KERIS 교과 연계 도서 정보 구축 사업 참여)

〈표 4-40〉 중학교용 교과 연계 도서 정보 작성(예)

단원정보	학교급	학년	과목	학기	대단원	중단원	소단원	학습주제
	중등	1	도덕	2	행복한 가정			가족 간의 정·배려
도서정보	도서명		저자		출판사	출판년	쪽수	가격
	엄마를 부탁해		신경숙		창비	2008	320	10,000
교과활용방안	생일상을 받으러 상경한 노모의 실종을 주제로 결국 가족들의 기억 속에 어느 순간 잃어버린 '엄마'에 대한 기억을 하나씩 풀어나가며 끝없는 회한과 반성으로 이어지는 책이다. 또한 우리의 생활 속에서 '엄마'라는 존재의 소중함을 깨닫고 더 늦기 전에 '엄마'를 마음속에 따뜻하게 품어보는 시간을 갖게 만드는 책이다. 가까이 있는 가족에게 더 무심하고 무뚝뚝하게 대해본 기억이 있을 것이다. 행복한 가정생활을 위해 가정 속에서 정을 느끼고 배려심을 키우는 데 도움을 줄 수 있도록 활용할 수 있다. 이 소설을 통해 가정에서 가장 희생적인 위치에 있는 엄마에 대한 배려, 나아가 가족 전체에 대한 배려와 사랑에 대해 느껴볼 수 있다.							

(제작자: 김○연. 인천고등학교. 사서교사. 2009년 KERIS 교과 연계 도서 정보 구축 사업 참여)

〈표 4-41〉 고등학교용 교과 연계 도서 정보 작성(예)

단원정보	학교급	학년	과목	학기	대단원	중단원	소단원	학습주제
	고등	2/3학년	세계사	공통		3. 아시아 사회의 변화와 근대		동아시아의 변화
도서정보	도서명		저자		출판사	출판년	쪽수	가격
	동아시아의 전쟁과 평화		이 삼성		한길사	2009	842	33,000
교과활용방안	이 책은 급격한 변혁의 시대였던 19세기, 아시아를 중심으로 서로 다른 문화가 대립하는 양상과 그 충돌이 낳은 결과에 관해 이야기한다. 이 책의 주된 내용은 중국을 중심으로 하고 있지만, 아시아 사회의 변화는 중국의 변화와 맞물려있음을 생각해 볼 때 미시적인 관점에서 아시아 사회의 변화, 근대를 살펴볼 수 있다. 〈3. 아시아 사회의 변화와 근대〉 단원 지도에서 서구 열강의 식민지 전쟁을 지도할 때 이 책의 '제4장 아편전쟁과 중국의 반식민지화, 제5장 중화 제국의 해체와 청일전쟁'은 중국 중심의 아시아 패권이 해체되는 과정을 상세하게 기술하고 있어 깊이 있는 단원 지도가 가능하다.							

(제작자: 소○문. 서울 우신고등학교 사서교사. 2009년 KERIS 교과 연계 도서 정보 구축 사업 참여)

5.9 학습지 개발

학습지를 활용하면 학생에게 학습의 방향을 제시하여 탐구 과정에서 시행착오를 줄일 수 있다. 특히, 탐구 활동은 일정한 절차에 따라 진행되기 때문에 표준 학습지를 개발한 후 학습목표에 따라 적절히 내용을 수정할 수 있다. 학습지는 학생 개인의 탐구 활동일지 역할을 하며, 자기평가와 과정 평가의 기초 자료로 활용할 수 있다. 또한, 나중에 전개할 탐구학습에서 개인의 장단점에 맞추어 학습활동을 개선할 수 있도록 도와주는 역할을 한다.

① 글의 구조에 따른 학습지 개발

수업에 도서자료를 활용하는 경우에 글의 구조에 따라서 학습지를 개발하면, 내용 이해와 정리 그리고 과제 해결에 효과적이다. 학생이 자주 접하는 교과서에서 볼 수 있는 글의 구조는 단순 나열, 순차적 나열, 분석, 원인과 결과, 비교와 대조, 정의, 그리고 유추와 예시 등이며, 글의 한 부분에 한 개 이상 사용되는 경우가 많다. 글의 구조 유형을 교과(학습주제)에 따라서 정리하면 다음 〈표 4-42〉와 같다.

〈표 4-42〉 교과서에 사용되는 글의 구조 유형

국어	수학	사회	과학	체육
원인/결과 비교/대조 예시	순차적 나열 단순 나열 분석 정의	원인/결과 단순 나열 예시 분석	순차적 나열 원인/결과 정의	비교/대조 단순 나열 정의

(출처: 이경화 외, 2007, 76-79)

㉠ 단순 나열

단순 나열은 특별한 순서가 없이 사실이나 사건을 나열한 목록을 말한다. 상위 정보가 주제나 사건이며, 그것에 대한 사실이나 특성이 하위 또는 뒷받침 정보가 된다. 단순 나열 관계를 나타내는 단어로는 '또한', '다른 것은', 그리고 '몇몇은' 등이 있다.

[단순 나열의 예]
　　최근에는 스트레스, 정신불안증, 대인공포증 등의 정신 치료는 물론 태아에서부터 죽음을 앞둔 환자를 위한 호스피 케어(임종 환자의 치료)에 이르기까지 인간이 전 생애에 걸쳐 겪을 수 있는 문제에 대해 '음악요법'(음악을 이용한 치료 방법)을 시행하고 있다.

음악은 사람의 마음을 평안하게 하고 정신을 안정시킨다. 아름다운 멜로디는 뇌를 이완시켜 마음을 온화하게 하며, 정신을 안정시킨다. 그래서 음악을 들려주면서 치료하면 통증을 줄일 수 있다. 음악에 의해 형성되는 이미지의 힘으로 병의 치료를 빠르게 하는 치료법이 개발된 것이다.
(출처: 문정화, 하종덕 (1999). 또 하나의 교육 창의성. 서울: 학지사, 138.)

※ 상위 정보(주제)와 하위 정보(뒷받침 정보)로 구분하여 표로 정리하시오.

상위 정보(주제)	음악요법(음악을 이용한 치료 방법)
하위 정보 (뒷받침 정보)	① 음악은 사람의 마음을 평안하게 하고 정신을 안정시킨다. ② ③

ⓒ 순차적 나열

순차적 나열은 연대순 혹은 다른 논리적인 순서대로 제시하는 방법이다. 상위 정보가 주제나 사건이고, 다음으로 사실이나 특성을 순서대로 제시하여 하위 정보를 나타낸다. 능숙한 독자도 읽기 지도에 사용되는 순차적 나열을 적용하면 보다 효과적인 읽기가 가능하다. 이 유형을 나타내는 단어로는 '첫째', '둘째', '다음은', '그 전에', '하는 중'에, '그런 다음', '마지막으로' 등이 있다.

[순차적 나열의 예]

정보처리이론은 학습이 이루어지는 과정 동안 정보의 흐름을 추적한다. 즉 학생이 정보를 어떻게 학습하고 처리하고 기억하는지에 대해 초점을 두고 있다. 정보처리는 세 가지 주요 단계로 구분될 수 있는데, 수용 단계와 처리 단계 및 표현 단계가 그것이다. 수용 단계에서 뇌는 신체 외부로부터의 입력을 우리의 감각을 경유하여 수용한다. 정보를 수용하는 감각기관의 종류에는 청각, 시각, 후각, 미각, 촉각, 자기 수용 기관, 진정 기관 등이 있다. 처리 단계에서 우리의 뇌는 서로 관련성이 없는 감각을 통하여 들어온 정보를 처리, 통합, 조직, 학습, 기억한다. 학습을 하기 위해서 뇌는 반드시 관련성 있는 자극에 주의를 집중해야 한다. 표현 단계는 우리의 뇌가 어떻게 근육에 메시지를 보내어 우리를 움직이게 하는지를 설명한다. 즉 어떻게 학습하였는가의 물리적 부분을 나타낸다. 표현 방법에는 쓰기, 말하기, 피아노 치기, 스포츠 하기, 정원 가꾸기 등이 있으며, 실제로 보고 측정할 수 있는 유일한 정보처리 부분이다.

(출처: Connell, J. Diane (2008). Brain-Based Strategies to Reach Every Learner. 정종진, 임청환, 성용구 옮김. 뇌기반 교수-학습전략. 서울: 학지사, 160-184.)

※ 정보처리 단계의 의미와 단계별 특징을 정리해 보자.

정보처리 단계	→	수용 단계	→	처리 단계	→	표현 단계
의미		뇌가 신체 외부로부터의 입력을 우리의 감각을 경유하여 수용한다.				뇌가 어떻게 근육에 메시지를 보내어 우리를 움직이게 하는지를 설명한다.
특징				뇌가 관련성 있는 자극에 주의를 집중해야 학습이 일어난다.		

소설의 내용을 정리하는 경우 〈표 4-43〉과 같은 줄거리 전개 노트를 활용할 수 있다.

〈표 4-43〉 줄거리 전개 노트(예)

성 명		작성일	
학습주제			
관련 교과			
책 이름			

☞ 작성 요령
∘ 시간이나 줄거리가 발생한 순서를 밟아 가면서 사건의 과정을 도식화한다.
∘ 하나의 사건이 어떻게 다음 사건으로 이어지는지를 이해하고, 각각의 사건이 중요한 이유를 분석한다.

등장인물 성격

배경

주요 논쟁거리(문제)

주요 사건	
절정	결말

ⓒ 분석

분석은 중심 생각이나 상위 정보를 먼저 취한 뒤, 하위 정보와 전체의 관계를 기술하는 방법이다. 이 유형을 나타내는 단어나 구(句)로는 '고려하다', '분석하다', '조사하다', '첫 번째 문단에서 제시하기를' 또는 '이 요소가 의미하는 바는' 등이 있다.

[분석의 예]

인간의 욕구는 크게 자연적 욕구와 의식적 욕구로 나눌 수 있다. 자연적 욕구는 그것에 대해 관심을 갖고 있지 않고, 일부러 의지를 발휘하지 않아도 자신도 모르게 일어나는 무의식적 욕구이다. 이에 반해 의식적 욕구는 인위적으로 의지를 발휘하고 자각적인 행위를 개입시키는 것이라서 비자연적 욕구라고 할 수 있다. 비자연적 욕구를 실현하기 위해서는 자연성을 넘어서는 삶의 조건과 사회적 조건이 필요하므로, 사회적 욕구라고 말할 수도 있다. 그래서 자연적 욕구와 비자연적 욕구, 자연적 욕구와 사회적 욕구, 무의식 욕구와 의식적 욕구로 욕구의 갈래를 나눌 수 있다. 이때 사회적으로 문제가 되는 인정 욕구는 비자연적 욕구에 속한다. 아울러 비자연적 욕구는 의식적 욕구이기도 하므로 인정 욕구는 의식적 욕구의 대표적 형태이기도 하다.

(출처: 이정은 (2005). 사람은 왜 인정받고 싶어하나. 서울: 살림, 13.)

※ 욕구의 종류를 시각적으로 정리해 보자.

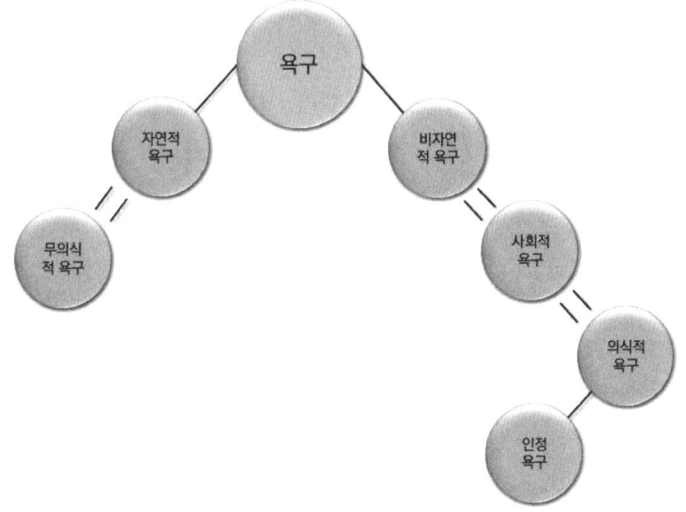

소설이나 비소설 작품의 내용이나 중요 사건을 육하원칙에 따라서 정리하는 경우 〈표 4-44〉와 같은 내용 분석용 리포트 노트를 활용할 수 있다.

〈표 4-44〉 내용 분석용 리포트 노트(예)

성 명		작성일	
학습주제			
관련 교과			
책 이름			

☞ 작성 요령
◦ 작품의 내용이나 중요 사건을 육하원칙에 따라서 정리한다.

누가		중요한 인물	
무엇을		중요한 사건	
어디서		중요한 장소	
언제		중요한 시간	
어떻게		중요한 방법	
그래서 무엇이		결말	

ⓔ 원인과 결과

원인과 결과 유형은 사건이나 결과를 취하고 나서 그 결과의 원인에 대하여 말하는 방법이다. 따라서 결과는 근거의 결론을 나타낸다. 이 유형을 상징하는 단어나 구절에는 '왜냐하면', '그러므로', '그렇기 때문에', '결론적으로' 그리고 '이로 인한 결과로는' 등이 있다.

[원인과 결과의 예]

학교 내 집단 따돌림과 가혹 행위를 당한 학생이 잇따라 스스로 목숨을 끊어 세밑을 씁쓸하게 만들고 있다. 지난 2일 ○○의 여고생이 집단 따돌림을 견디지 못해 자살하더니 지난 20일에는 △△의 한 중학교 2학년 남학생이 같은 반 학생 두 명에게 학대를 받은 끝에 극단적인 선택을 했다. 두 학생의 유서에서 드러난 그들의 고통을 생각하면 가슴이 먹먹해진다.

두 학생의 죽음은 학교 폭력의 구조적 문제를 고스란히 드러내고 있다. 학생은 점수 기계가 되어 있고, 그 스트레스를 이기지 못하는 학생은 좌절과 불안을 약자를 향해 쏟아내고 있다. 입시기관으로 전락한 학교는 궁지에 몰린 학생을 제대로 돌보지 못하고 있다.

실제 ○○의 여고생은 견디다 못해 자살 이틀 전 반장과 담임교사에게 고통을 호소했으나 도움을 받지 못한 것으로 밝혀졌다. △△ 중학생의 경우는 학생들에게 맞고 돈을 빼앗긴 것도 모자라 라디오 선으로 목을 묶인 채 끌려다니며 방바닥에 떨어진 과자를 먹는 모욕을 당했는데도 보복이 두려워 아무에게도 고백하지 못했다. 여고생은 자살하며 남긴 메모가 발견됐음에도 단순 자살로 처리됐다가 친척이 인터넷에 글을 올리면서 알려졌다고 한다.

한 청소년 단체의 '학교 폭력 실태 조사'에 따르면 학교 폭력을 당한 뒤 '자살 충동을 느꼈다'고 응답한 학생이 11.7%로 나왔다. 10대의 자살 상담 이유 1순위는 '따돌림 및 친구와의 불화'(27.9%)라는 통계도 있다. 집단 따돌림이나 폭력 양상도 다양해지고 있다. 교실을 넘어 사이버 공간에서의 폭력도 심해지고 있고, 장난처럼 놀리며 모욕을 주는 학대도 확산하고 있다고 한다. 물론 극단적인 선택을 한 학생에게도 견디고 이겨내려는 의지가 아쉬운 것이 사실이다. 하지만 이런 비극의 원인을 개인의 문제로만 돌리면 해결책이 나올 수 없다. 사회 전체가 함께 해결할 문제라는 전제 아래 경쟁 사회의 패러다임을 바꾸는 노력이 필요하다. 또 피해 학생을 보호할 수 있는 안전망을 구축하는 것도 시급하다. 모든 구호 조치는 피해를 파악하는 데서 출발하는 만큼 집단 따돌림이나 폭력의 사각지대를 허용해선 안 된다. 스마트폰 등을 통해 피해를 신고하거나 위치 정보를 남겨 도움을 받을 수 있도록 하는 것도 유용한 방안이다. 전문 상담 교사를 전 학교에 배치해 그들에게 도움의 손길을 내밀어야 한다. 무슨 수를 쓰더라도 집단 따돌림과 교내 폭력의 사슬을 끊어내야 한다.

(출처: 경향신문(2011. 12. 24.). 제23면, 사설)

※ 윗글에 나타난 학생 자살의 원인과 대책을 그림으로 정리하시오.

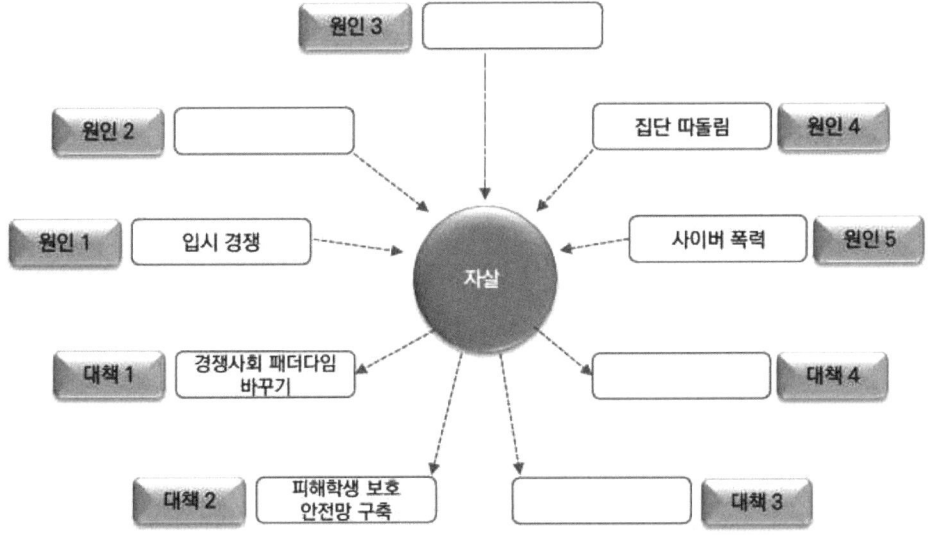

글의 내용을 원인과 결과로 나누어 분석하는 데 활용할 수 있는 학습지(예)는 다음 〈표 4-45〉와 같다.

〈표 4-45〉 원인과 결과 분석하기용 학습지(예)

성 명		작성일	
학습주제			
관련 교과			
책 이름			

☞ 작성 요령
- 독서 중에 원인과 결과를 설명하는 단어가 있는지 살펴본다.
- 원인과 결과를 설명하는 단어 전후 문장을 분석하여 기록한다.
  - 원인과 결과를 나타내는 단어(예) 왜냐하면, ~ 때문에, ~할 때, 그 영향으로, 그래서, 그 결과, 이러한 이유로, ~하기 위해서, 따라서 만약 그렇다면, 그렇지 않다면, 결과적으로, 결국 등

원인	

⇩

결과	

원인	

⇩

결과	

원인	

⇩

결과	

⑩ 비교와 대조

비교와 대조는 필자가 사실, 사건 또는 작품이나 필자 사이의 공통점과 차이점을 강조하고자 할 때 사용한다. 기본적인 비교와 대조는 상위 정보이고, 그리고 자세한 공통점과 차이점이 하위 정보이다. 이 유형을 나타내는 단어나 구절로는 '그것과는 대조적으로', '같은 맥락으로', '우선', '한편으로', '둘 중 하나' 또는 '유사하게' 등이 있다.

[비교와 대조의 예]

공부의 세계는 아무도 만나지 않고 아무것에도 부딪치지 않고 스스로를 깨닫지 못하는 세계이며 쾌락보다 고통을 존중하고 비판보다는 순종을, 창조보다는 반복을 중시하는 세계였다. 공부의 세계는 장래를 위해 현재를 희생하는 세계이며, 그 희생의 대가를 재산이나 지위, 권력에서 찾는 세계였다. 또한, 공부의 세계는 사람과 사람의 끈을 끊어버리고 경쟁을 부추겨 사람과 사람을 지배와 종속관계로 몰아가는 세계였다. 지금의 아이들은 이러한 공부 세계의 바보스러움을 잘 알고 있다.

이에 반해 배움의 세계는 대상이나 타자, 그리고 자기와 끊임없이 대화하는 세계이다. 자기를 내면에서부터 허물어뜨려 세계와 확실한 끈을 엮어가는 세계이다. 고독한 자기성찰을 통해 사람들의 연대를 쌓아 올리는 세계이다. 또는 보이지 않는 땅으로 자신을 도약시켜 거기에서 일어난 일을 자신의 것으로 연결하는 세계이다. 그리고 스스로의 행복을 위해서뿐만 아니라 행복으로 이어지는 많은 타자와 함께 행복을 탐구해 가는 세계이다. 이 같은 배움의 세계 입구에 아이들과 같이 서 있다고 해도 과언이 아닐 것이다. 앞으로 아이들과 더불어 아이들과 함께 배워가는 것, 그 실천 이외에는 방법이 없다.

(출처: 사토 마다부(左藤學) (2003). 學びから逃走する子どもたち. 손우정, 김미란 옮김. 배움으로부터 도주하는 아이들. 서울: 북코리아, 132-133.)

※ 글쓴이가 주장한 공부와 배움의 차이를 표로 비교하시오.

공부와 배움의 차이

공부	배움
◦ 경쟁을 부추겨 사람과 사람을 지배와 종속 관계로 몰아가는 세계	◦ 대상이나 타자, 그리고 자기와 끊임없이 대화하는 세계
◦	◦
◦	◦

한 작품 속에 나오는 인물이나 사건을 비교하거나, 서로 다른 작품에 등장하는 인물이나 내용을 대조할 때 사용할 수 있는 비교 대조하기용 학습지(예)는 다음 〈표 4-46〉, 〈표 4-47〉과 같다.

〈표 4-46〉 비교하기용 학습지(예)

성 명		작성일	
학습주제	책을 읽고 등장인물들이 어떤 성격을 가지고 있는지 이야기해 봅시다.		
관련 교과			
책 이름	우리들의 일그러진 영웅(이문열 작)		

☞ 작성 요령
○ 작품 속에 나오는 인물이나 사건을 비교한다.
○ 비교와 대조를 위해서 사용하는 단어(예) 또한, ~처럼, 그러나, 만약 ~이 아니라면, 그렇지 않으면, 둘 다 역시, 그러나, 반면에, 어느 것이라도 유사하게, 다른 점은, 반대로, 마찬가지로, 다른 한편으로, 비록 ~일지라도, 대신에, 공통점은 모두, 반대로(대조적으로) 등

엄석대	한병태
힘으로 반 친구들을 못살게 굴고 자신의 이익을 챙기는 아이다. 싸움도 잘하고 용의주도해서 자신의 나쁜 짓을 오랫동안 선생님께 들키지 않고 반을 자기 맘대로 움직인다.	자존심이 강하고 고집이 세서 엄석대에게 굴복하지 않고 맞서보지만, 결국 반 아이들에게 왕따를 당하고 담임 선생님에게도 신임을 잃는다. 결국은 엄석대가 적당히 잘해주자 넘어가 버린다.
윤병주	새로 온 담임 선생님
엄석대에게 라이터를 빼앗기지만 용기가 없어서 선생님께 말하지도 못한다. 선생님도 엄석대 편을 들어주는 것 같은데 괜히 솔직했다가 왕따를 당할까봐 무서워한다.	반 아이들을 주의 깊게 살펴서, 엄석대의 나쁜 짓을 알아채고 벌을 준다. 그러나 엄석대가 사라진 후에 일어나는 혼란에 대해서는 모른 척 내버려둬서, 아이들이 스스로 질서를 확립할 수 있게 만든다.

(가운데: 등장인물)

〈표 4-47〉 대조하기용 학습지(예)

성 명		작성일	
학습주제	홍길동전의 '율도국'과 허생전의 '무인공도'의 차이점을 정리하여 표현하기		
관련 교과			
책 이름	홍길동전, 허생전		

☞ 작성 요령
- 서로 다른 작품에 등장하는 인물이나 내용을 비교한다. (예: 홍길동전의 율도국과 허생전 무인공도 대조)
- 왼편에 하나의 예를 작성하고, 반대편에 대응되는 내용을 적어서 조화롭게 잘 조직된 단락이나 글을 쓰는 데 도움이 되도록 내용을 정리한다.

홍길동전의 율도국	허생전 무인공도
① 구체적인 지명을 가짐 → 율도국	① 사람이 살지 않는 막연한 장소 → 무인공도
② 관념적인 동경에 그치지 않고 절실하게 이루어 보고 싶은 사회상	②
③	③ 경제적 빈곤과 유통구조의 후진성 풍자
④ 사회 개혁에 대한 좌절 - 이상향으로 도피	④
⑤	⑤ 가족을 바탕으로 하는 농경 사회

ⓗ 정의

정의는 개념이나 주제를 설명하는 유의어를 사용하여 설명하는 방법이다. 정의 유형을 상징하는 단어나 구절로는 '~로 설명할 수 있다', '유의어는 ~이다', 그리고 '~와 같다' 등이 있다.

[정의의 예]

EQ는 대인관계를 형성하고 유지하는 데 큰 역할을 하는 지혜의 또 다른 형태다. EQ가 높은 사람은 자기 자신뿐만 아니라 다른 사람의 감정을 인식하고 스스로에게 동기를 부여하며 내면의 감정과 다른 사람과의 관계에서 감정을 통제할 줄 안다. 공포, 우울함, 분노와 같은 감정을 효과적으로 통제하고 자신의 기분을 다른 사람에게 전이하지 않는 사람은 다른 사람과 원만한 관계를 유지할 수 없다. …(중략)…

정서적인 태도와 패턴은 유년기에 형성된다. 조기교육이 중요한 것도 그런 이유 때문이다. 많은 부모가 뛰어난 능력만을 요구하는 사회에서 살아남을 수 있도록 어릴 때부터 자녀를 훈련하려 한다. 그러나 아이를 작은 괴물이 아니라 사회적이고 남을 이해할 줄 아는 아이로 성장할 수 있도록 세심한 주의를 기울여야 한다. 한마디로 아이의 감성 지능을 키워줘야 한다. …(중략)…

　부모와 자녀의 관계는 학업성취도에도 막대한 영향을 미친다. 다시 말해, 학업성적은 인지적인 능력보다는 정서적인 기본구조와 더 밀접한 관계를 맺고 있다. 선천적으로 뛰어난 재능을 지닌 아이 중에 사회적, 정서적 문제를 안고 있는 아이들도 적지 않다고 한다.

(출처: Mohr, Joachim, Pötzl, Norbert F. & Saltzwedel, Johannes (2012). Was Wir Heute Wissen Müssen. 박미화 옮김. 무엇이 과연 진정한 지식인가. 서울: 더숲, 116.)

※ EQ에 대해 읽고 글쓴이의 의견에 대한 찬성과 반대의 견해를 쓰고 그 이유를 정리하세요.

의견	찬성 이유 또는 반대 이유
☐ 찬성 ☐ 반대	

ⓢ 유추와 예시

　필자는 예시(자세한 예나 비슷한 상황)를 사용하여 주제나 개념을 설명한다. 유사정보는 예시의 한 가지 유형이다. 이 유형을 나타내는 단어나 구, 절로는 '예를 들어', '~와 같이', '~와 유사하게', 그리고 '~와 비슷하게' 등이 있다.

[유추와 예시의 예]

　연대의식은 기쁨이 아닌 고통에서 생긴다. 누구나 즐거운 일을 함께한 사람보다 고통의 순간을 함께 나눈 사람에게 더 친근감을 느낀다. 불행한 시기에 사람들은 연대의식을 느끼며 단결하지만, 행복한 시기엔 분열한다. 왜 그럴까? 힘을 합해 승리하는 순간, 각자 자기 공적에 비해 보상이 부족하다고 느끼기 때문이다. 저마다 자기가 공동의 성공에 기여한 유일한 공로자라고 생각한다. 그리고 서서히 소외감에 빠진다. 친한 사람을 갈라놓는 가장 좋은 방법은 그들에게 공동의 성공을 안겨주는 것이다. 얼마나 많은 가족이 상속을 둘러싸고 사이가 벌어지는가? 성공을 한 다음의 로큰롤 그룹이 함께 남아 있는 경우가 얼마나 되는가? 얼마나 많은 정치 단체들이 권력을 잡은 후 분열하는가? 벗들과의 우정을 간직하려면, 자기들이 실망한 일, 실패한 일을 자꾸 들먹이는 편이 낫다.

(출처: Werber, Bernard (2011). Nouvelle Encyclopédie du Savoir Relatif et Absolu. 이세욱, 임호경 옮김. 상상력 사전. 서울: 열린책들, 318.)

※ 연대의식에 대한 글쓴이의 중심 생각과 이를 뒷받침하는 근거를 찾아 정리하시오.

중심 생각
연대의식은 기쁨이 아닌 고통에서 생긴다.

근거 1	힘을 합해 승리하는 순간, 각자 자기 공적에 비해 보상이 부족하다고 느끼기 때문이다.
근거 2	
근거 3	

글을 읽고 중심 생각과 중심 생각을 끌어내는 데 사용한 중요한 근거를 담고 있는 문장을 찾아 정리할 수 있는 학습지(예)는 다음 〈표 4-48〉과 같다.

〈표 4-48〉 중심 생각과 근거 찾기용 학습지(예)

성　　명		작성일	
학습주제			
관련 교과			
책 이름			

☞ 작성 요령

- 각 단락을 읽고 중심 생각을 끌어내는 데 필요한 중요한 근거를 담고 있는 문장을 찾아 정리한다.
- 찾아낸 근거들을 바탕으로 중심 생각을 끌어낸다.
- 만약에 중심 생각*이 글의 첫 부분에 나온다면, 중심 생각을 먼저 적고 다음 단락에 나오는 구체적인 근거를 찾아 기록한다.

　*중심 생각: 글쓴이가 전달하고자 하는 중요한 관점

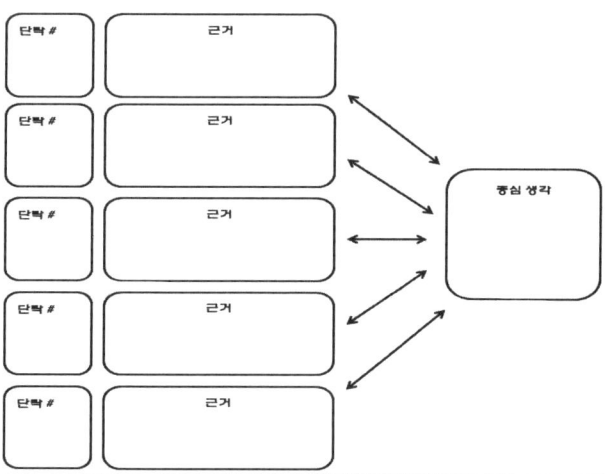

② 지식의 유형에 따른 학습지 개발

글의 구조와 함께 자료가 담고 있는 지식의 유형에 따라서 그래픽 조직자(Graphic Organizers)를 활용한 학습지 개발이 가능하다. 학습지 개발에 그래픽 조직자를 활용하는 이유는 다음과 같다(Chang, 2006).

- 수업 시작 전에 학생이 이미 알고 있는 것이 무엇인지 확인할 수 있다.
- 교사가 부여한 분석 기준에 맞추어 학생이 학습자료를 활용해서 학습주제를 스스로 해결하기 위한 계획을 세울 수 있다.
- 학습자료 내용을 비판적이고 분석적으로 이해할 수 있다.
- 학습자료를 통해서 알게 된 내용을 논리적으로 요약할 수 있다.
- 학습자료 내용을 어느 정도 이해했는지 확인할 수 있다.
- 새로 알게 된 정보를 이전에 배운 내용과 연계시킬 수 있다.

〈표 4-49〉 지식의 유형에 따른 그래픽 조직자 적용(예)

지식의 유형	그래픽 조직자(예)	지식의 유형	그래픽 조직자(예)
위계 구조	(피라미드: 탐구주제, 가설, 재료, 절차, 데이터, 결론)	순차적 지식	(물결 모양 순차 도형)
개념	(주제 중심 방사형 개념도)	순환적 지식	(동물 이름, 식물 이름 순환도)

(출처: Chang, 2006, 9, 27, 29, 31)

학습지에는 학습목표와 관련된 질문과 학생이 알아야 할 탐색 방법이나 매체 평가 기준과 같은 정보능력 등을 포함하여 활용도를 높일 수 있다. 학습주제 '왕따'를 정보활용과정에 맞추어 지도하기 위해서 개발한 학습지(예)를 살펴보면 다음 〈표 4-50〉과 같다. 이 학습지는 학생의 탐구노트로 활용할 수 있다.

- 학습주제 : 왕따
- 학습목표 : 왕따 문제를 주제로 한 역할극 대본을 쓸 수 있다.
- 학습유형 : 모둠학습

〈표 4-50〉 정보 활용 과정에 맞춘 탐구노트용 학습지 개발(예)

■ 1단계 : 나만의 문제 만들기

(   ) 모둠

| 학습활동 | '왕따'에 대해 모둠원이 알고 있는 것과 새롭게 알고 싶은 것을 적어봅시다. |

왕 따

우리 모둠원이 알고 있는 것은?	우리 모둠원이 새롭게 알고 싶은 것은?

■ 2단계 : 정보원 찾아 가려내기

( ) 모둠

학습활동 '왕따'문제 해결을 위해 찾아낸 정보원을 정리해 봅시다.

1. 도서 자료

서명	지은이	출판사	출판년	청구기호	적합성

2. 신문기사 및 학술지 기사

기사 제목	기자 / 저자	신문명 / 학술지명	쓰인 날	기타	적합성

3. 관련 사이트

사이트명	웹주소	사이트 관리자	검색 일자	적합성

■ 3단계 : 정보 읽고 정리하기

| 스프레드시트 | ( ) 모둠 |

학습활동　　　　　　　문제 해결을 위해 읽은 정보를 정리해 봅시다.
제목 :　　　　　　　　저자 :　　　　　　　읽은 날짜

■ 3단계 : 정보 읽고 정리하기

[정보분석을 위한 학습지(예) : 사실과 의견 구분하기]

성 명		작성일	
학습주제			
관련교과			
책 이름			

☞ 작성 요령
- 독서 중에 사실이나 의견을 나타내는 단어가 있으면 기록한다.
- 사실과 의견을 구분하여 기록한다. 그리고 그 의견이 글쓴이의 의견인지 아닌지를 구분한다.
  - 사실 : 입증되었거나 입증이 가능한 것
  - 의견 : 글쓴이의 개인적인 주장이나 감정
  - 사실과 의견을 구분하는 단어의 예: ~라고 생각한다, 아마도 ~로 보인다, 사실 ~라고 느낀다, ~라고 믿는다, ~에 따르면, 알려진 대로, 아마도, 틀림없이, ~임에 틀림없다, ~라고 할 수 있다, 말하자면, 의심의 여지 없이

☞ 사실 :

☞ 의견 :	누구의 의견인가?

■ 4단계 : 문제 해결하고 표현하기

우리 모둠의 왕따 문제 해결 방안을 소개합니다.
• 모임명 :
• 우리 모임의 사명 :
• 구체적인 실천 방안 :
• 특히 앞으로 일주일 동안 실천할 것 :
• 실천을 위한 맹세 :
• 모임원들의 서명 :

■ 4단계 : 문제 해결하고 표현하기(예)

왕따 주제 역할극 대본(예)

○ 제목 : "왕따 없는 세상에서 살고 싶어요."
○ 때 : 아침 등굣길
○ 곳 : 학교 앞 슈퍼, 교실
○ 등장인물 : 미순, 슈퍼 아주머니, 희숙, 경희, 소희 외 반 아이들 여러 명

(아침 등교 시간이라 여기저기 아이들이 분주하게 걷고 있다. 한 아이가 주춤거리다가 결심한 듯 학교 앞 슈퍼로 들어간다.)

미순 : 아주머니! 박하사탕 한 봉지 주세요.
아주머니 : 여기 있다. (의외라는 듯이) 아침부터 웬 박하사탕이니?
미순 : (얼굴을 붉히며) 네, 우리 반 친구들이 좋아하거든요.
아주머니 : 음! 그렇구나. 참 착한 녀석이구나. 친구들이랑 사이좋게 나눠 먹으렴.
　　　　　(미순 슈퍼를 나와서 터벅터벅 교문을 향해 걸어 들어간다. 왠지 힘이 없어 보이고 얼굴에는 수심이 가득하다. 교실 문을 조심스럽게 열고, 맨 뒤 구석 자리인 자기 자리에 가 앉는다. 반 친구들 그런 미순을 힐끔 쳐다보고 묘한 웃음을 짓는다.)
미순 : (슈퍼에서 산 사탕 봉지를 꺼내 아이들이 몰려있는 곳으로 가서) 희숙아, 경희야 이거 먹어. (희숙, 경희, 함께 모여 있는 아이들, 짜증스러운 표정으로 쳐다본다)
희숙 : 이게 뭔데?
경희 : 얘, 웃긴다. 우리가 뭐 거지냐? 이런 걸 먹게. 왜 이런 건 사 오고 난리야. 또 담임이 보면 뭐라고 하게. 담임은 사정도 모르고 또 우리가 너한테 이런 것 사 오라고 시킨 줄 알잖아. 에이, 짜증 나.
미순 : 담임 선생님 모르시게 먹으면 되잖아. 너희 주려고 내가 앞에서 사 왔어.
희숙 : (조소 띤 표정으로 미순이와 아이들을 번갈아 보며) 알았어. 먹어줄게. 흐흐흐.
경희 : 그래, 미순이가 우리를 위해 사 왔다는데 맛있게 먹자. 아참, 야! 미순아, 있다가 2교시 끝나고 이것 담치기 좀 해라. 담임한테 또 들키면 알지? 담임 모르게. (아이스크림, 지우개, 튀김 몇 개가 적힌 쪽지를 미순에게 건넨다.)
미순 : 응, 알았어.
　　　　　(다른 친구들 여기저기서 왜 우리는 안 주냐고 미순을 비웃으면서 뭐라고 한다. 미순이는 부끄러운 듯, 슬픈 듯한 표정을 하고 자기 자리에 가 앉는다.)
소희 : (옆에 앉은 미순이를 보고 얼굴을 찌푸리며) 아이고, 냄새야. 너 좀 씻고 다녀라. 어제 체육 시간에 그렇게 땀 흘리고 또 안 씻었냐. 아이고.
　　　　　(소희는 그런 말을 하면서 미순의 책상과 자신의 책상 사이를 벌린다. 미순은 그런 소희를 보면서 울상을 짓는다.)
미순 : 미안해. 내일은 꼭 씻고 올게.
　　　　　(미순, 죄지은 듯 움츠리며 한숨을 짓는다. 눈가에 눈물이 고인다.)

■ 5단계 : 평가하기
• 과정 평가

문제 해결 과정	잘된 점	잘못된 점
1단계		
2단계		
3단계		
4단계		

• 결과 평가

평가 내용 \ 모둠	1. 모둠	2. 모둠	3. 모둠	4. 모둠
전달하려는 내용(주제)이 이해하기 쉽게 잘 표현되었다.				
새로운 사실을 알게 되었다.				
모둠원의 역할이 분명하고 협력하였다.				
기타 의견				

※ 5점: 매우 잘함 / 3점: 잘함 / 1점: 부족함

학습과제 해결에 활용한 정보 탐색 능력을 평가하는 데 활용할 수 있는 학습지(예)는 〈표 4-51〉과 같다. 그리고 정보활용능력을 평가하는 데 활용할 수 있는 자기평가용 학습지(예)는 〈표 4-52〉, 〈표 4-53〉과 같다.

〈표 4-51〉 정보 탐색 능력 자기평가용 학습지(예)

성명	
학습주제	
평가일	

※ 자신의 정보 탐색을 가장 잘 설명하고 있는 항목에 ✓ 표시하세요.	전혀 그렇지 않다	그렇지 않다	가끔 그렇다	항상 그렇다
나는 정보를 탐색하기 전에 왜 정보가 필요하며, 찾아낸 정보를 어떻게 이용할 것인가를 생각한다.				
나는 학습주제의 범위를 넓히거나 줄일 수 있으며, 다시 기술할 수 있다. 또한 관련된 학습주제를 생각한다.				
나는 과제 해결을 위해서 이용할 수 있는 학습자료의 유형을 알고 있다. 그리고 학습자료를 탐색하기 전에 어떤 학습자료가 가장 적합한지를 생각한다.				
나는 정보를 찾기 위해서 도서관의 목록, 데이터베이스, 검색엔진 등과 같은 도구를 사용할 수 있다. 나는 학습자료의 탐색을 위해서 전략을 세운다.				
나는 학습자료를 이용하기 전에 자료가 원하는 정보를 담고 있는지 판단하기 위해서 누가, 언제, 어떤 목적으로 만든 자료인가를 검토한다. 그리고 정확한가를 살펴본다.				
나는 다양한 유형의 학습자료에 대한 이용법을 알고 있다.				
나는 학습자료의 색인, 목차, 도표, 스크롤바나 다른 탐색 도구를 이용하여 정보를 찾아낼 수 있다.				
나는 찾아낸 정보가 필요한 것인지 아닌지를 결정하고, 필요한 정보를 정리한다.				
나는 학습자료를 윤리적 사용한다.				
나는 정보를 베끼지 않으며, 학습자료를 신뢰한다.				
나는 정보를 정확하게 사용한다.				
나의 최종 결과물은 이해하기 쉽고 명료하고 유용한 정보를 담고 있다.				
나는 정보 탐색의 시간을 잘 관리하여 사용한다.				
의견				

〈표 4-52〉 정보활용능력 상호평가용 학습지(예 1)

성명	
학습주제	
평가일	

	미숙	보통		능숙	
	1	2	3	4	
【과제분석】 • 목적에 맞추어 학습주제를 구체화하지 못한다.					• 목적에 맞추어 학습주제를 구체화할 수 있다.
【정보접근】 • 학습자료의 특징을 이해하지 못한다. • 학습자료를 우연히 선택한다. • 학습자료의 이용법을 모른다. • 개별 학습자료의 위치를 모른다. • 학습자료를 찾는 데 탐색기술을 활용하지 못한다.					• 학습자료의 특징을 이해하고 적절한 자료를 선택한다. • 계획을 세워 학습자료를 찾는다. • 개별 학습자료를 찾을 수 있다. • 색인, 블리언 연산자, 다른 탐색 기술을 이용할 수 있다.
【정보처리】 • 학습자료가 담고 있는 정보를 평가하지 못한다.					• 과제 해결에 적절하고 관련성을 가진 정보를 선택할 수 있다.
【과제 해결 및 표현】 • 무분별하게 학습자료의 내용을 베낀다. • 정보를 비도덕적으로 사용한다. • 효과적인 방법으로 정보를 사용하지 못한다. • 전달하려는 메시지를 적절한 방법으로 전달하지 못한다.					• 과제 해결에 필요한 정보를 선택하고 비판적으로 활용할 수 있다. • 정보를 도덕적으로 사용한다. • 찾아낸 정보를 의미 있고 분명하게 조직하고 사용할 수 있다. • 메시지를 적당한 표현 방법과 매체를 이용해서 전달할 수 있다.
	1	2	3	4	
	미숙	보통		능숙	
의견					

〈표 4-53〉 정보활용능력 상호평가용 학습지(예 2)

평가일	
성명	
학습주제	

해당란에 ✔ 하세요.	전혀 그렇지 않다	그렇지 않다	가끔 그렇다	항상 그렇다
탐색전에 왜 정보가 필요한지를 이해하고, 어떻게 사용할 것인지를 생각한다.				
학습주제의 범위를 조절하고 관련된 주제를 알아본다.				
탐색전에 최선을 다해서 이용할 학습 자료 유형을 결정한다.				
도서관 목록, 데이터베이스, 검색엔진 등을 이용해서 정보를 찾는다.				
다양한 유형의 학습자료에 대한 이용법을 알고 있다.				
학습자료 색인, 목차, 도표, 스크롤바나 다른 탐색 도구를 이용하여 정보를 찾을 수 있다.				
누가, 언제, 왜 자료를 만들었는지와 같은 기준을 이용해서 적절한 학습자료를 사용한다.				
어떤 정보가 필요한지를 결정하고, 노트 정리한다.				
정보를 베끼지 않고 신뢰할 만한 학습자료를 이용한다.				
정보를 정확하게 사용한다.				
최종 결과물이 이해하기 쉽고, 명료하며, 유용한 정보를 담고 있다.				
시간 관리를 잘한다.				
의 견				

5.10 교수-학습과정안 작성

5.10.1 교수-학습과정안 작성 방법

교수-학습과정안은 한 시간의 수업을 효과적으로 진행하기 위해서 작성한 실제 수업의 사전 계획서를 의미한다. 교수-학습과정안이 중요한 이유는 다음과 같다(이지연, 2008).

- 학습목표에 맞는 수업을 할 수 있다.
- 수업의 일관성을 유지할 수 있다.
- 수업시간을 적절히 관리할 수 있다.
- 다양한 상황에 여유 있게 대응할 수 있다.
- 핵심적인 내용을 빠뜨리지 않고 분명하게 전달할 수 있다.
- 차시가 계속될수록 더 나은 수업을 할 수 있도록 돕는다.

그리고 교수-학습과정안 작성 시 고려할 사항은 다음과 같다.

- 교수-학습목표를 분명하게 진술한다.
- 단원과 관련된 교육과정을 고려하여 작성한다.
- 수업시간을 고려하여 적절한 분량을 선택한다.
- 교과서 및 교사용 지도서, 기타 참고자료를 통한 교재연구를 충실히 하고, 도서관이나 인터넷, 지역사회를 통해서 구할 수 다양한 자료를 활용한다.
- 학습자의 선행학습 수준을 파악하고 흥미와 요구를 고려한다.
- 학습자의 개인차를 적절히 고려하여 교수 방법 및 과제를 선택한다.
- 선행학습과의 연계뿐만 아니라 타 교과, 후행 학습과의 관련성을 고려한다.
- 교수-학습활동을 고려하여 시간 배분을 적절히 하고, 예상치 못한 사태에 대비할 수 있도록 시간적인 융통성을 갖는다.
- 학교의 시설과 기자재 확보 상태 등을 확인한다.
- 학습목표 달성 정도에 대한 적절한 평가 방법을 계획한다.

우선, 단원 설계는 지도해야 할 학습 내용의 제목에 해당하는 단원명을 적고, 단원의 성격이나 단원 설정 이유를 기술한다. 단원 설정 이유는 학생관, 사회관 그리고 교재관 등을 고려한다. 다음으로는 단원의 지도목표(교수자) 및 학습목표(학습자)를 기술하고, 지도할 내용의 지식과 교과 구조상 위치를 제시한다. 그리고 단원 학습지도 상 유의사항과 본시 학습 내용이 대단원에서 차지하고 있는 위치를 기술한다. 단원 설계의 구성 요소 및 작성 방법은 다음 〈표 4-54〉와 같다.

〈표 4-54〉 단원 설계의 구성 요소 및 작성 방법

(1) 단원명
- 지도해야 할 학습 내용의 제목
  ☞ 간단명료하게 표현

(2) 단원의 성격 또는 단원 설정의 이유
- 이 단원을 학습해야 하는 이유 기술
- 학습자의 목적, 필요, 요구(학생관), 국가나 사회적 요구(사회관), 교과의 계열적 요구(교재관) 등을 고려하여 기술

(3) 단원의 지도목표 및 학습목표
- 교수자 : 지도목표 / 학습자 : 학습목표
- 학습목표 : 학습 후 학습자가 가지게 될 능력이나 결과물에 대한 교수자의 기대를 기초로 설정
  ☞ 학생이 수업을 통해서 달성할 수 있는 최종 행동
- 단원의 학습목표 : 이해, 기능, 태도로 나누어 기술. 관찰 가능한 행동목표로 간단명료하고 구체적이며 동일한 형식으로 기술
  ☞ Bloom의 교육목표 분류

지식(knowledge)	사실적 자료에 대해 기억한다. 인식한다. 기술한다. 기억한다. 암기한다.
이해(comprehension)	자료의 의미를 파악한다. 해석한다. 기술한다. 설명한다.
적용(application)	문제를 해결한다. 적용한다. 증명한다. 사용한다. 해결한다.
분석(analysis)	지식의 구조와 성분을 이해한다. 구분한다. 조사한다. 구별한다. 비교한다. 대조한다. 분류한다.
종합(synthesis)	결과를 종합하여 전체를 형성한다. 창조한다. 형성한다. 계획한다. 설계한다. 조직한다.
평가(evaluation)	문제에 대한 가치를 결정하거나 논쟁을 재해결한다. 논쟁한다. 평가한다. 예측한다. 제언한다.

(4) 단원 학습 내용의 구조
- 지도할 내용이 지식의 구조상 또는 교과의 구조상 어떠한 위치를 차지하고 있는지 기술

(5) 단원 학습지도상의 유의점
- 학습지도 과정에서 학습자의 선행학습 정도, 개인차를 어떻게 고려할 것인가?
- 학생의 능동적 참여를 어떻게 유도할 것인가?
- 학습목표 달성을 위해 필요한 인적, 물적 자원의 협조를 어떻게 구할 것인가?
- 안전사고 예방을 위해 어떤 조치를 할 것인가?

(6) 단원 학습지도 계획

☞ 본시 학습 내용이 대단원에서 어떠한 위치를 갖고 있는지 파악
- 본 단원을 지도하는 데 필요한 시간과 시간별로 다루어야 할 내용을 순차적으로 제시
- 단위 시간에 따라서 대단원을 몇 차시로 나누어 지도할 것인가?
- 지도할 주요 학습 내용과 수업 방법은 무엇인가?
- 준비해야 할 자료나 교수매체는 무엇인가?

단원 설계를 마치면, 본시 수업을 위한 교수-학습과정안을 작성한다. 본시 교수-학습과정안에는 본시 학습 단원명, 지도교사, 지도 학급, 지도 일시 및 장소, 차시, 교재 등을 적는다. 그리고 학습 방법과 학습목표를 기술한 후에 교수-학습 단계별 지도 내용과 활동 사항 그리고 지도상 유의사항을 기술한다. 이때 교수-학습 단계별 예상 소요 시간을 함께 설계한다. 본시 수업을 위한 교수-학습과정안의 구성 요소 및 작성 방법은 다음 〈표 5-55〉와 같다.

〈표 4-55〉 본시 수업을 위한 교수-학습과정안의 구성 요소 및 작성 방법

(7) 본시 학습지도 계획

( )과 교수-학습과정안 ※ 해당 교과명을 명시한다.			지도교사		
본시 학습 단원명	※ (대단원, 중단원), 소단원을 기재한다.			학습 방법	
학년/반	( )학년 ( )반		장소	차시	/
일시	( )년 ( )월 ( )일 ( )요일 ( )교시		교재	※ 본시 수업을 위해 필요한 수업자료나 교수매체를 명시한다.	
학습목표	※ 2~3개 정도 진술한다. 내용과 학습자 행동을 포함하여 구체적이고 분명한 행위 동사를 사용한다.				
지도단계	지도내용	교수-학습활동		시간(분)	관련 교수-학습자료 및 유의사항
		교사활동	학생활동		
도입	• 주의집중 • 동기유발 • 전시학습 확인 • 학습목표 제시 • 학습 개요 제시			5	• 질문은 누구에게 할 것인가? • 토의는 어떻게 진행할 것인가? • 도서관 이용(자료 활용) 경험 확인 • 학습과제 해결용 자료 안내
전개	• 자료 내용 탐색		• 자료 탐색 • 내용 분석	25~40	• 학습 내용 및 주제 전달 • 상호작용 • 피드백
	• 학습과제 해결		• 정리, 재구성		

	• 해결 결과 표현 및 평가		• 내용 조직 • 결과 표현 • 결과 및 과정 평가		
정리	• 요약 • 본시 학습 내용 핵심 강조 • 학습목표 달성도 평가 • 차시예고			5 ~ 10	• 학습자에게 질문할 시간을 준다.

(8) 평가

■ 단원 전체 또는 학업 성과, 지도상의 평가 등을 수업 전, 중, 후로 나누어 자세하게 기술한다.

5.10.2 교수-학습과정안 작성 사례

① 교육 실습용 교수-학습과정안

교육실습생이 중학교 독서 시간 운영을 위해 작성한 단원 설계 및 본시 교수-학습과정안 작성 사례는 다음 〈표 4-56〉과 같다.

〈표 4-56〉 교육 실습용 단원 설계 및 교수-학습과정안 작성(예)

(1) 단원명

■ 독서 활동의 실제

(2) 제재명

■ 인공지능 시대, 인간의 일

(3) 단원 설정의 이유

교육학자 에릭슨에 따르면, 청소년기(12~18세)의 주요 발달 과업은 자아 정체감 확립이다. 해당 시기의 청소년은 자신의 정체성을 탐색하고 미래의 직업 역할을 준비하게 된다. 그러나 현실적으로 많은 청소년이 입시 준비에 몰두하느라 자신의 진로에 대한 심도 있는 탐색을 하지 못하고 있다.
이에 따라 청소년기 학생은 자신의 정체성에 대한 혼란을 겪게 되고, 진로 선택에 어려움을 겪게 된다. 진로 고민은 단순히 직업 선택이 아니라 자신을 이해하고 발전시키는 과정이다. 따라서 이 시기에 학생이 다양한 진로 정보와 경험을 얻을 수 있도록 교육 현장에서의 적극적인 지원이 필요하다.
이전 차시에서 학생이 '나'에 대해 이해하고, 자신의 특징과 관심사를 파악하는 활동을 진행하였다. 또한, 자신의 관심 분야 직업 키워드를 설정하고, 빅데이터 분석 도구를 활용하여 직업 변화 동향을 파악하는 활동을 진행하였다.

이번 차시에서는 도서 자료 「로봇 시대, 인간의 일」을 읽고, 인공지능(AI) 시대에 대체되는 직업을 알아볼 수 있다. 또한, 해당 직업의 공통점을 파악하여 자신의 관심 분야 직업이 AI에 의해 대체될 가능성을 파악할 수 있다.

그리고 학생은 모둠별 토의 과정에서 사회적 상호작용을 경험하고, 자신의 진로 방향을 설정하는 데 도움을 받게 된다. 이를 통해 학생은 미래 사회변화에 능동적으로 대응할 수 있는 역량을 키울 수 있다.

(4) 학습목표

1. 읽기 자료를 읽고, 인공지능 시대에 대체되는 직업을 말로 설명할 수 있다.
2. 인공지능 시대에 자신의 관심 분야 직업의 진로 동향을 말로 설명할 수 있다.

(5) 단원 학습 지도상의 유의점

1. 학습지 작성 예시를 통해 학생의 활동 참여를 유도한다.
2. 모둠활동 및 개별 활동 시 순회 지도를 통하여 활동 달성 정도를 파악한다.
3. 학생 발표 시 다른 학생의 집중을 유도하고, 피드백을 제공한다.

(6) 단원 학습지도 계획

가. 지도 시간 계획과 내용

차시	제재	교수-학습 내용	교수·학습 형태	학습자료
1/3	타인과 구별되는 나를 표현하기	읽기 자료를 읽고 나의 진로를 이루기 위한 실천 계획 설명하기	강의식 및 문제해결학습	PPT, 학습지, 동영상
2/3	빅카인즈를 활용한 자신의 진로 트렌드 분석하기	빅카인즈를 활용하여 자신의 진로 트렌드 분석하기	강의식 및 문제해결학습	PPT, 학습지
3/3 (본시)	인공지능 시대, 인간의 일	(1) AI로 인해 대체될 직업 토의 (2) 자신의 관심 분야 직업의 진로 동향 파악	강의식 및 문제해결학습	PPT, 학습지

나. 학습활동 계획
① 전시학습 상기를 위한 간단한 퀴즈를 제시한다.
② 도서 「로봇 시대, 인간의 일」의 발췌 자료를 읽고, AI로 인해 대체될 직업을 작성하고, 기술의 발전이 인간의 일자리에 미치는 영향을 발표한다.
③ 인공지능 시대에서 자신의 관심 분야 직업이 존재할지 사라질지 생각해 보고, 존재 또는 사라진다면 그 이유를 설명한다.

다. 평가
수업 정리 단계에서 자기평가지를 제공함으로써 학생 스스로 본 차시 학습에 대한 성찰을 할 수 있도록 유도한다.

(7) 단원 연구

가. 관련 용어 정의

① 인공지능 (AI) : 인간의 지능이 가지는 학습, 추리, 적응, 논증 따위의 기능을 갖춘 컴퓨터 시스템. 전문가 시스템, 자연 언어의 이해, 음성 번역, 로봇 공학, 인공 시각, 문제 해결, 학습과 지식 획득, 인지 과학 따위에 응용한다. (표준국어대사전)
② 싱크 탱크 : 모든 학문 분야 전문가의 두뇌를 조직적으로 결집하여 조사·분석 및 연구 개발을 수행하고 그 성과를 제공하는 것을 목적으로 하는 집단 (시사상식사전)
③ 네스타(NESTA) : National Endowment for Science, Technology and the Arts, 영국국립 과학기술예술재단 (네스타 홈페이지)

나. 수업자료

① 구본권 (2015). 로봇 시대, 인간의 일. 서울: 어크로스.
☞ 출판사 서평 : 저자가 이를 통해 독자들에게 묻고 싶은 것은 '예술의 본질은 무엇인가', '공정한 판결에 따른 책임은 누구에게 있는가'다. 여기에는 예술은 결과물의 아름다움이 아닌 창작자의 의도와 가치를 표현하는 일이며, 기계가 아무리 공정한 판결을 내린다 해도 그 책임과 권한은 인간에게 있음을 잊지 말아야 한다는 의도가 담겨 있다. 효율로만 따질 수 없는 것이 인간의 일이며, 그것이 가장 극명하게 드러나는 분야가 예술과 정치다. 「로봇 시대, 인간의 일」에서는 인간의 약점이 인간을 인간답게 하는, 기계와 구별되는 최후의 요소임을 인지하고, 기계와 경쟁하는 것이 아니라 현명하게 기계의 도움을 받아 더욱 인간다운 삶을 추구해야 한다고 강조한다.
 (출처: 교보문고 (2024. 05. 01.) https://product.kyobobook.co.kr/detail/S000001934488)

☞ 일부 내용 발췌
- 자율주행차는 고령화 사회로 진입한 상황에서 더욱 주목받고 있다. 노인이 운전대를 잡지 않고 버튼을 눌러서 병원과 식당, 상점을 찾아갈 수 있다. 장애인이나 어린아이도 자율주행차를 전용 기사가 있는 차량이나 콜택시처럼 이용할 수 있다. 초등학생이 학교에서 학원으로 가기 위해 부모의 차를 기다릴 필요 없이 자율주행차를 불러서 혼자 이동할 수 있다. 운전 가능 연령이나 운전면허의 개념도 사라진다. 외출을 하려면 제약이 컸던 장애인은 전에 없던 이동의 자유를 누리게 된다(39쪽).
- 로봇이 일자리를 없앨 것이라는 전망과 우려는 역사상 신기술이 도입될 때마다 어김없이 등장한 '흘러간 유행가'라는 주장이다. 19세기 초 영국에서 산업혁명으로 방적기와 직물 기계가 도입되면서 노동자가 일자리를 잃어버리자, 기계 파괴에 나섰던 러다이트(Luddite) 운동이 있었지만, 산업화는 과거에 없던 새 일자리를 만들고 삶의 질을 높이는 긍정적 결과를 가져왔다는 논리다(140쪽).
- 디지털 기술은 18세기 프랑스혁명이 '앙시앵 레짐'을 전복시킨 것처럼 과거에 없던 새로운 세상을 열었다. 인공지능과 로봇, 자동화로 대표되는 컴퓨터 기술은 인류가 일찍이 경험하지 못한 미래를 예고하고 있다. …… 기계가 사람 대신 수고로운 노동을 하는 세상은 장밋빛 미래로 보이지만, 동시에 거대한 격차와 불평등의 시대이기도 하다. 준비된 소수에겐 기회이지만 그렇지 못한 다수에게는 불안과 위기를 가져올 산업구조와 고용시장의 변화가 이미 시작됐다. 거대한 변화의 물결을 멈추는 것이나 그로부터 피하는 것도 불가능하다. 최선을 다해 현재와 앞으로 닥칠 상황을 파악하고 대비하고 적응하는 것 외에 다른 길이 없다(360쪽).

② 사진 자료

(출처: 얼렁뚱땅 내 공간 (2024. 05. 01.) https://blog.naver.com/suyeon_1130/223390780487)

[사진 1] ○○국밥 보쌈 ○○점　　　　　　　　　[사진 2] 키오스크

- (사진 자료 선정 이유) 수업 초반 동기 유발용으로 사용할 예정이다. 해당 가게는 학생이 주말마다 학급 친구와 나가서 식사하는 장소이다. 학생에게 익숙한 장소로 이목을 집중시키고 가게 내부의 키오스크(Kiosk)에 대한 이야기를 진행할 것이다. 과거에는 계산대에서 직원이 직접 계산하던 시대에서 기술의 발전으로 직원이 키오스크로 대체됨을 말하고자 한다. 최신 기술은 인간의 삶에 편리함을 가져다주지만, 인간의 일자리를 위협하고 있을지도 모른다. 현재 우리가 당연하게 여기는 직업도 언젠가는 기계에 의해 사라질 수 있다는 점을 설명하기 위해 수업자료로 선정하였다.

(8) 본시 학습지도 계획

(독서)과 교수-학습과정안				지도 교사	정○○	
본시 학습 단원명	독서 활동의 실제 - 인공지능 시대, 인간의 일			학습 방법	강의, 토의, 문제해결학습	
학년/반	(01)학년　(04)반		장소	진로실	차시	3 / 3
일시	○○○○년 ○○월 ○○일 ○○일		교재	- 도서 자료 : 「로봇 시대, 인간의 일」 - 사진 자료 : 키오스크 - PPT, 학습지, 타이머		
학생 실태	(수업에 대한 흥미도) 여학생반으로, 학생들의 기본적인 수업 호응도가 높은 편이다. 또한, PPT 및 학습지의 구성과 디자인적 요소에 관심이 많은 것으로 관찰되었다. 그리고 토론, 토의 중심의 수업을 진행하였을 학생의 참여도가 높아진 점을 알 수 있었다.					
학습목표	1. 읽기 자료를 읽고, 인공지능 시대에 대체되는 직업을 말로 설명할 수 있다. 2. 인공지능 시대에 자신의 관심 분야 직업의 진로 동향을 말로 설명할 수 있다.					
인성 요소	정직, 책임, 존중, 배려, 협력, 공감, 소통, 나눔, 예절, 효					
학습 단계	교수-학습활동		시간 (분)	학습 자료	자료 및 유의사항	
	교사	학생				

도입	【인사】 인사로 분위기를 환기한다.	▶교사와 인사를 나눈다.	5	▶학습지 배부
	【전시학습 확인】 이전 시간에 학습한 내용을 퀴즈를 제시하여 확인한다.	▶이전 수업을 상기하며 대답한다.	PPT	▶학생의 대답을 듣고, 교사가 정리한다.
	【동기유발】 키오스크 사진을 제시하고, 인간의 직업적 역할이 변화하고 있음을 설명한다.	▶교사가 제시한 사진에 집중한다.	PPT	▶주의집중을 유도한다.
	【학습목표 제시】 학습목표를 학생과 함께 읽는다.	▶학습 목표를 읽으며 오늘의 수업 내용에 대해 인지한다.	PPT	▶교사와 학생이 함께 읽는다
전개	【수업 내용 전달】 학습활동 순서를 안내하고, 읽기 자료의 서지사항을 안내한다.	▶활동 순서를 인지한다.	10 PPT 학습지	▶PPT 자료를 활용
	【읽기 자료 제시】 읽기 자료를 제시하고, 소리 내어 읽도록 유도한다. 읽기 자료 내용을 교사가 정리하고, 〈활동 1 학습지〉 작성법에 대해 안내한다.	▶읽기 자료의 내용을 읽는다.		▶읽기 자료 읽는 순서 지도
	【활동 1】모둠 토의 및 학습지 작성 모둠 토의를 진행하며 학습지를 작성하고, 의견을 나누도록 지도한다. 학습지 작성 내용을 패들렛으로 공유한다(이름과 사진만 등록 유도).	▶모둠 토의를 진행하며 학습지를 작성하고, 발표를 준비한다.	12 학습지 타이머	▶순회지도
	☞ 활동 시 지도사항 - 순회 지도를 통해 활동 도달 정도 파악 - 휴대폰을 사용하여 이전 차시에서 사용한 빅카인즈와 같은 사이트에서 기사 검색이 가능함을 지도 - 패들렛 등록 조별 발표자 1명, 학습지 QR 또는 카톡 링크 활용			

	【활동 1】 토의 내용 발표 모둠별로 발표하도록 안내한다.	▶ 교사의 지도에 따라 발표한다.	8		▶ 발표할 순서 지도
	【활동 2】 학습지 답변 작성 학습지 활동 2 작성법에 대해 안내한다. 자신의 관심 분야 직업을 작성해 보고, 해당 직업이 존재하는가? 사라질 것인가?에 대한 답변을 작성한다.	▶ 자신의 관심 분야의 직업을 생각하며 학습지를 작성한다.	6	학습지 타이머	▶ 순회지도
	【활동 2】 활동 내용 공유 개별 발표를 지도한다.	▶ 교사의 지도에 따라 발표한다.	5	학습지	▶ 발표할 순서 지도
정리	【학습 내용 정리】 본시학습 내용을 간단하게 요약한다. 자기평가지를 제시하고 수업을 마무리 한다.	▶ 본 차시 활동을 상기하며 평가지를 작성한다.	4	평가지	▶ 수업 종료 후 평가지 제출 안내

【부록 1】 읽기 자료

학습 주제	인공지능 시대, 인간의 일	( )학년 ( )반 ( )번 이름 ( )

2015년 4월 영국 옥스퍼드 대학 칼 프레이 교수와 마이클 오즈번 교수는 영국의 대표적 싱크탱크인 네스타의 지원으로 「창의성 대 로봇」이라는 연구 보고서를 발표했다. 해당 연구는 미국 노동부의 분류에 따른 702개 직업군을 대상으로 각각의 직업이 컴퓨터와 자동화 등의 영향으로 대체될 위험성을 진단했다. 2010년의 직업군 중 47퍼센트가 10~20년 안에 컴퓨터 자동화의 영향으로 줄어들거나 사라질 위험에 처했다는 것이 연구의 핵심 결과다. 창의성 높은 21퍼센트의 직업군만 컴퓨터 자동화에도 안전할 것으로 조사됐다. 예술가, 건축가, 웹디자이너, 정보기술 전문가 등의 직업군이다. 이와 반대로 대부분의 직업은 컴퓨터와 자동화에 의해 자리가 대체될 것으로 전망됐다. 그 중 특히 취약한 직군은 교통, 물류, 제조, 건설, 사무 행정 분야이다.
증기기관의 발명으로 시작된 18세기 산업혁명이 제1의 기계 시대를 가져왔다면 디지털과 컴퓨터 기술은 제2의 기계 시대를 열고 있다고 말한다. 제1의 기계 시대에는 저임금 육체노동이 동력을 이용한 기계에 의해 대체됐지만, 제2의 기계 시대에는 그동안 인간 고유의 지적이고 정신적 작업으로 여겨졌던 업무를 컴퓨터와 자동화가 대체한다는 것이 특징이다. 이에 따라 변호사, 약사, 회계사, 세무사, 기자 등의 직종마저 위험에 처한 것이다.
반면 「닛케이 비즈니스」는 2013년 8월 로봇으로 대체가 불가능한 네 종류의 직업군을 설정했다. 첫 번째는 로봇으로 대체할 수 없는 작업을 하는 직업군이다. 영화감독, 작가처럼 감정과 경험이 중요한 창조적 직업이다. 두 번째는 자동화할 필요가 없는 직업이다. 프로야구, 프로축구 등이 여기 해당한다. 세 번째는 기계화 사회에 필수적인 직업이다. 로봇 디자이너, 프로그래머 등이다.

기본적으로 미래는 예측이 불가능한 영역이고, 그때 어떤 직업의 시장가치가 높을지도 알 수 없다. 그러나 미래의 모습이나 미래 사회 산업 지형을 예측하기 어렵다고 해서 미래에 대한 조망이 무의미해지는 것은 아니다. 미래학은 미래를 예측하는 것이 아니라 미래의 다양한 가능성을 전망하고 그에 대한 연구와 분석으로 미래에 대비하는 학문이다. 가능한 미래를 상상하고 대비하는 미래학의 관점에서 직업의 미래를 보면 미래의 직업이 놓일 기본적 틀은 파악이 가능하다. 이런 미래 환경에서 남들보다 일자리 경쟁에서 유리해지는 데는 몇 가지 팁이 있다.

첫 번째는 적극적인 최신 기술 수용과 이를 통한 새로운 과업의 발전이다. 인공지능, 로봇 기술, 자동화 구조와 질서를 탐구하고 적극적으로 수용해서 자신의 업무를 로봇 환경에 적응시키는 것이 중요하다. 미세수술에 수술용 로봇을 활용하는 것처럼 자신의 영역에 최신 기술을 접목할 방법을 찾아나가는 것이다.

두 번째는 직업을 유지, 개선, 탐색하기 위한 지속적인 학습과 재교육이다. 평생직장이나 종신직이 불가능한 환경에서 가장 필요한 능력은 유연성과 평생 학습자로서의 태도다. 아무리 자신의 직업 영역에서 최신 기술을 익히고 로봇을 능숙하게 활용하는 노력을 기울여도, 개인과 해당 직군의 대응을 넘어서는 기술적 변화에 직면할 수 있기 때문이다. 다양한 형태로 덮쳐오는 난국에서 유연성을 잃지 않고 창의적 방법을 찾아온 게 인류의 최대 장점이다.

마지막은 주위에서 함께 일하고 싶도록 덕성과 신뢰를 갖춘 사람이 되는 길이다. 로봇의 침투는 불가피하지만, 여전히 마지막 결정과 관리는 소수의 사람이 담당하게 된다. 대부분의 작업을 기계와 알고리즘에 위임하는 상황에서 주요하게 고려되는 작업자의 자질은 인간적인 덕목일 것이다.

(출처: 구본권 (2015). 로봇 시대, 인간의 일. 서울: 어크로스. 134-136, 146, 157-161)

【부록 2】학습지

학습 주제	인공지능 시대, 인간의 일	활동 1 모둠토의 패들렛	

☞ 활동 1. 읽기 자료를 읽은 후 모둠별로 토의해 질문 1과 질문 2를 작성해 봅시다.

(질문 1) AI로 대체될 것으로 예상되는 직업을 작성해 봅시다. 그 이유는 무엇인가요?

AI로 대체될 것으로 예상되는 직업	이유

(질문 2) AI 기술의 발전이 인간의 일자리에 미치는 긍정적인 측면과 부정적인 측면에는 무엇이 있을까요?

긍정적인 점	부정적인 점
예) 제조업 분야에서 AI 기반 자동화로 생산성 증대	예) AI 악용으로 인한 사회적, 윤리적 문제 발생

☞ 활동 2. 아래의 질문에 답해 봅시다.
(질문 3) 나의 관심 분야 직업을 하나 작성해 봅시다. 그리고 해당 직업은 AI 시대에 존재할까요? 사라질까요?
① 관심 분야 직업
② 해당 직업은 AI 시대에 (존재할 것이다. vs. 사라질 것이다.)
③ 해당 직업이 존재한다면, 또는 사라진다면 그 이유를 한 문장으로 작성해 봅시다.
예) 사서는 기술 발전에 따른 AI 리터러시 역량 강화와 정보요구를 도서관 서비스로 제공하는 직업이므로 사라지지 않을 것이다.

【부록 3】 평가지

학습주제
인공지능 시대, 인간의 일

※ 오늘의 수업을 상가하며, 자신의 태도가 어땠는지 스스로 평가해 봅시다.

구분	평가 내용	1 전혀 그렇지 않다	2 그렇지 않다	3 보통 이다	4 그렇다	5 매우 그렇다
1	나는 모둠별 토의에 적극적으로 참여하였다.					
2	나는 관심 분야 직업의 미래 전망에 대해 말할 수 있다.					

(지도안 작성자: 정의진 교생. 국립공주대학교 문헌정보교육과)

② 핵심역량 중심 교수-학습과정안

학교도서관 교육의 내용 요소 중 '기초학습기술'의 '도서관과 매체 영역' 하위 주제인 '매체의 종류와 특징'을 지도하기 위한 핵심역량 중심의 교수-학습과정안을 살펴보면 다음 〈표 4-57〉과 같다.

〈표 4-57〉 핵심역량 중심 교수-학습과정안

【성취 기준】

영역	대주제	성취 기준		
		초등학교	중학교	고등학교
2.2 도서관과 매체	• 매체의 종류와 특징	(초 02-02-01) 매체가 개인의 일상생활에 끼치는 영향을 설명한다.	(중 02-02-01) 대중매체가 청소년 문화에 끼치는 영향을 탐구한다. (중 02-02-03) 같은 이야기가 어떻게 다양한 매체를 통해서 다양한 수용자에게 전달되는지 설명한다.	(고 02-02-01) 매체가 사회에 끼치는 영향을 탐구한다. (고 02-02-05) 역사적, 사회적 그리고 문화적 맥락 속에서 매체가 담고 있는 메시지를 해석하고 비판적으로 평가한다.

【학습목표】
☐ 매체의 개인에 대한 영향 이해
  ① 매체가 개인에게 영향을 끼치는 이유를 정보 수용 측면에서 말할 수 있다.
  ② 과제 해결을 위해 제시된 매체를 구조화하여 비교할 수 있다.
  ③ 의사소통 도구로서 매체가 갖는 중요성을 이해한다.
☐ 매체의 긍정적인 이용 태도
  ① 매체의 부정적인 영향을 극복하기 위하여 균형 잡힌 이용 태도를 갖는다.
  ② 매체의 영향에 대한 다양한 의견을 비판적으로 수용할 수 있다.
  ③ 매체에 대한 개인별 선호가 배경지식에 따라서 다를 수 있음을 이해하려는 태도를 갖는다.
☐ 매체 이용의 실천 능력
  ① 매체 이용자가 갖추어야 할 역량을 이해하고 실천할 수 있다.
  ② 개인의 의견을 모둠 안에서 제시하고 다른 사람과 통합하여 결론을 마련할 수 있다.

【핵심역량】
☐ 협력적 의사소통 역량 : 다른 사람의 관점을 존중하고 경청하는 가운데 자신의 생각과 감정을 효과적으로 표현하며 상호협력적인 관계에서 공동의 목적을 구현하는 능력
☞ 매체가 개인에게 끼치는 영향에 대한 자신의 입장을 정하여 논리적으로 발표하고, 정보 이용자로서 갖추어야 할 역량에 대한 다른 사람의 의견을 경청한다.
☐ 지식정보처리 역량 : 문제를 합리적으로 해결하기 위하여 다양한 영역의 지식과 정보를 깊이 있게 이해하고 비판적으로 탐구하며 활용할 수 있는 능력
☞ 주어진 매체를 구조화하여 비교 분석하고 정리하는 경험을 쌓고, 배경지식을 동원하여 매체가 개인에게 끼치는 영향에 대한 자신의 의견을 논리적으로 정리함으로써 융합적 사고를 기른다.
☐ 공동체 역량 : 지역·국가·세계 공동체의 구성원에게 요구되는 개방적·포용적 가치와 태도로 지속가능한 인류 공동체 발전에 적극적이고 책임감 있게 참여하는 능력
☞ 모둠활동 과정에서 자신과 다른 사람의 의견을 조정하고 통합하여 공통의 의견을 도출할 수 있는 경험을 갖는다.

【수업 진행 방법】

☐ 도입 : 매체가 개인에게 영향을 끼치는 원인 이해
① 읽기 매체를 활용한 매체의 정의 및 가치 이해
▶ 「도서관법」에서 정한 매체의 정의 활용
② 매체의 유형에 따른 정보 수용 감각기관의 차이 이해
▶ M. 매클루언(McLuhan)의 「미디어의 이해」 활용
③ 개인의 매체 이용 경험을 토대로 정보 수용 감각기관의 차이 비교
☐ 전개 : 학습자 중심의 발표 및 토론수업
① 사회적 쟁점이 되는 인터넷 매체의 개인에 대한 영향을 특히 사고력 측면에서 비교
▶ 부정적 영향과 긍정적 영향에 대한 대표적인 주장을 학생이 읽고 표를 이용하여 비교 분석
▶ 인터넷 매체가 개인에게 끼치는 영향에 대한 의견 정리
▶ 사회적 쟁점에 대한 균형 잡힌 시각 형성
② 매체의 개인적 영향 공동 탐구
▶ 매체가 개인에게 끼치는 영향에 대한 의견 탐구
▶ 모둠활동을 통하여 매체가 개인에게 끼치는 영향에 대한 모둠 의견 도출
☐ 정리 및 평가 : 점검표를 활용한 평가
① 매체의 잘못된 사용 결과로 나타나는 미디어 중독의 원인과 대책 탐구
▶ 미디어 중독의 원인과 종류 이해하기
▶ 미디어 중독 해결 방안 이해하기
▶ 미디어 중독 해결을 위한 개인적인 역할 모색하기
② 점검표를 활용한 자기평가 및 모둠 상호평가
▶ 매체의 개인에 대한 영향 : 발표에 대한 자기평가 점검표 활용
▶ 모둠학습 상호 평가표 활용
☐ 매체 제시와 활용 및 평가 관련 안내
① 학생의 흥미와 사회적 쟁점을 고려한 매체 선정 및 제시
▶ 매체의 개인에 대한 영향과 관련하여 사회적 쟁점인 인터넷의 사고력에 대한 영향을 다룬 다양한 매체를 활용한다.
② 원인 이해 - 개인 의견 형성 - 모둠 의견 도출을 통한 문제 해결 경험 제공
▶ 매체가 개인에게 영향을 끼치는 원인(정보 수용 감각기관의 차이) 이해, 매체의 개인에 대한 부정적인 영향과 긍정적인 영향에 대한 이해와 자기 의견 형성을 통해서 지식정보처리 역량을 기른다.
③ 발표와 모둠활동 장려
▶ 학생이 매체가 개인에게 끼치는 영향에 대한 의견을 자유롭게 발표할 수 있도록 허용적인 분위기를 조성하고, 학생이 충분히 생각할 수 있는 시간을 준다.
④ 상호작용이 가능한 평가 도구 활용
▶ 경쟁보다는 상호작용을 통해서 학습 내용을 확인할 수 있는 개인별 점검표와 모둠별 상호평가 점검표를 활용한다.

【수업 설계】

도서관 매체는 아동과 청소년 서비스를 위한 가장 기본적인 수단이다. 따라서 매체가 개인과 사회에 끼치는 영향을 정확하게 이해하고 비판적인 이용 태도를 갖는 것이 매우 중요하다. 본 수업에서는 사회적 쟁점 중 하나인 인터넷의 사고력에 대한 영향을 바탕으로 매체가 개인에 끼치는 영향에 대한 개인의 주장을 논리적으로 발표한다. 그리고 매체의 개인에 대한 영향과 관련한 원인 이해, 개인 의견 형성 과정을 거쳐 모둠 의견 도출을 통한 문제 해결 경험을 갖도록 함으로써 지식정보처리 역량과 협력적 의사소통 역량, 공동체 역량을 신장할 수 있다.

- 학습주제 : 매체의 개인에 대한 영향
- 핵심역량 : 협력적 의사소통 역량, 지식정보처리 역량, 공동체 역량
- 주요 수업 방법 : 발표 및 토론
- 수업의 주안점
① 매체의 개인에 대한 영향이 발생하는 원인을 매체의 인간 확장 측면에서 설명할 수 있다.
② 과제 해결에 필요한 매체를 구조화하여 정리할 수 있다.
③ 수업 내용을 토대로 매체의 비판적 이용자가 갖추어야 할 역량을 설명할 수 있다.
④ 자신의 의견을 논리적으로 제시하고, 모둠활동을 통해 공통된 의견을 도출할 수 있다.

【수업 절차】

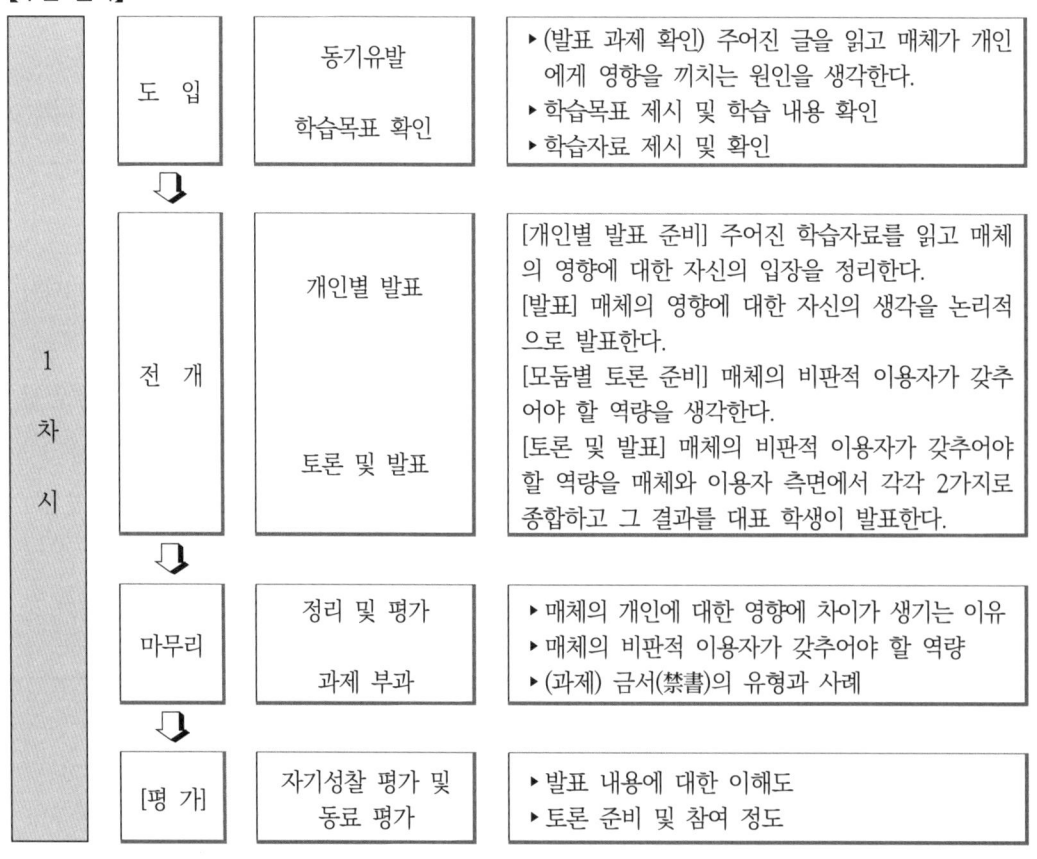

【수업의 실제】

 도 입

1. 동기유발
☞ (자료 1) 매체의 의미
[수업 전략] 도서관의 관점에서 매체의 의미를 이해하도록 한다.

> 인간의 감각 세계는 미디어(Media)를 통해 신체적 한계를 넘어 무한의 시공간으로 확대된다. 미디어의 역사가 구술(口述)의 세계에서 문자(文字)의 세계로, 문자의 세계에서 디지털 세계로 발전하면서 인간 공동체의 역사도 새로운 내용을 갖게 되었다(Bolz, 2011). Media는 '가운데의 것'을 뜻하는 라틴어 단어 'medium'의 복수형 명사로 어원인 'medius'는 '사이에 있다'라는 뜻이다. 미디어의 우리말 매체(媒體)는 중개하는(媒) 형체(形體) 또는 주체(主體)라는 의미이다. 도서관이 소장하고 있는 미디어인 자료(資料)란 바탕이나 밑천(資)이 되는 소재(料)라는 의미이다. 「도서관법」(법률 제19592호)에서는 자료를 '지식정보자원 전달을 목적으로 정보가 축적된 것'이라고 정의하고 있다.
> (출처: Bolz, Norbert (2011). ABC Der Medien. 김태옥, 이승협 옮김. 미디어란 무엇인가. 서울: 한울)

☞ (자료 2) 매체의 이해
[수업 전략] 매체의 개인에 대한 영향이 발생하는 원인을 생각해 보도록 한다. 각자 선호하는 매체를 2~3가지 떠올려보고, 매체의 내용을 수용할 때 주로 사용하는 감각기관의 차이를 생각해 보도록 한다.

> 매클루언(Marshall McLuhan)은 매체(미디어)가 단순한 의사소통을 위한 도구가 아니라 인간의 감각을 외부로 끌어내고 능력을 확장시킨다고 보았다. 특히, 매클루언은 인류 문화사를 미디어가 담고 있는 정보를 인간이 입수하는 형태에 따라서 구두(口頭) 중심의 원시부족시대, 문자(필사)시대, 구텐베르크 시대(개인주의 시대) 그리고 전기와 전자의 시대(재 부족화 시대)로 구분하였다. 각 시대별로 인간이 정보를 입수하는 데 사용한 감각기관의 변화를 살펴보면, 원시부족시대에는 인간의 시각, 청각, 후각 등 오감을 동시에 사용하는 복수 감각형 의사소통이 이루어졌다. 그러다 알파벳과 같은 표음문자가 생겨나면서 눈이 대표적인 감각기관이 되었으며, 감각기관의 불균형이 발생하기 시작했다. 그리고 활판 인쇄술의 보급으로 선형적이며 연속적인 방식으로 사물을 지각하게 됨으로써 인간은 시각에 의존하는 부분 감각형 의사소통 방식이 심화되었다.
> (출처: McLuhan, Marshall (2001). Understanding Media: The Extensions of Man. 박정규 옮김. 미디어의 이해: 인간의 확장 (개정판). 서울: 커뮤니케이션북스)

Q. 매클루언의 견해에 따르면 자동차의 바퀴는 (   )의 확장이고, 책은 (   )의 확장이고, 전자회로는 (   )의 확장이다.
Q. 매클루언의 견해에 따르면 매체(미디어)가 개인에게 영향을 끼치는 이유는 무엇인가요?

A.

2. 학습주제 및 학습목표 확인
- 매체가 개인에게 영향을 끼치는 원인
- 인터넷 매체의 개인에 대한 부정적 영향과 긍정적 영향
- 매체의 비판적 이용을 위해서 갖추어야 할 역량

전 개

1. 매체가 개인에게 영향을 끼치는 원인을 정보 수용에 사용하는 감각기관의 차이 측면에서 생각한다.
[수업 전략] 매체를 이용할 때 주로 사용하는 감각기관의 차이를 생각하면서 개인에게 끼치는 영향을 생각해 보도록 지도한다.
Q: (가)와 (나)의 매체는 개인에게 서로 다른 영향을 주는가?

(가)   (나)

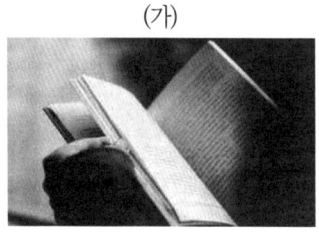 

인쇄매체   전자매체

(사진 출처: 네이버 이미지)

A. (가) 인쇄매체와 (나) 전자매체는 개인에게 서로 다른 영향을 끼칠 것이다.

왜냐하면, (   )

2. 인터넷 매체의 개인에 대한 부정적 영향과 긍정적 영향에 대한 글을 읽고 내용을 구조화하여 정리한다.
[수업 전략] 상반된 주장을 담은 두 자료를 읽고 표를 이용하여 내용을 비교하도록 한다.
☞ (자료 1) 인터넷의 부정적인 영향

> 카(Nicholas Carr)는 매클루언의 미디어 결정론적인 입장을 지지하며 매체는 생각을 전달할 뿐만 아니라 생각의 과정도 형성한다고 주장하였다. 그는 이러한 주장을 입증하기 위하여 지도나 문자 그리고 인터넷과 같은 매체가 인간의 사고와 기억 등에 끼치는 영향을 분석하였다. 카에 따르면 인터넷은 개인의 집중력과 사색의 시간을 빼앗고 있으며, 습관과 일상생활을 변화시키고 뇌의 기능 방식도 바꾸고 있다. 왜냐하면 인간의 사고, 인식, 행동 방식을 결정하는 유전자는 유년 시절의 경험을 통해서가 아니라, 삶의 방식에 따라서 사고를 반복함으로써 결정되기 때문이다.
> 예를 들면, 연구자들은 운전자들의 해마 앞부분의 넓이가 보통 사람보다 더 좁다는 것을 발견했는데 이는 명백히 뒤쪽 공간을 확보하기 위한 결과였다. 이어진 추가 실험은 해마 앞부분이 줄어든 결과, 다른 기억 업무의 수행에 필요한 자질이 감소함을 보여주었다. 연구자들은 런던의 복잡한 도로를 돌아다니기 위해 필요했던 지속적인 공간 처리는 '해마 내 회백질의 상대적 재분배와 연관되어 있다'라고 설명했다. 바이첸바움은 우리를 인간답게 만드는 요소는 우리가 지닌 것 중 가장 기계화하기 어려운 바로 그것이라고 믿게 되었다. 즉 우리의 사고와 신체와의 연결, 우리의 기억과 사고를 형성하는 경험, 감정과 공감을 위한 능력 등이 그러한 것들이다.
> (출처: Carr, Nicholas (2020). The Shallows (2nd ed.). 최지향 옮김. 생각하지 않는 사람들 : 인터넷이 우리의 뇌 구조를 바꾸고 있다 (개정증보판). 서울: 청림출판. 68, 332의 내용을 정리함)

☞ (자료 2) 인터넷의 긍정적인 영향

톰슨(Clive Thompson)은 인터넷의 긍정적 영향에 대한 입장을 피력하였다. 톰슨은 인터넷과 같은 매체를 '인체의 확장'인 디지털 도구(Digital Tools)라고 보고 두려워할 필요가 없다고 주장하였다. 즉 인터넷은 '확장된 두뇌'이고, 웨어러블 컴퓨터(wearable computer)는 '확장된 눈'이라는 것이다. 톰슨은 디지털 도구의 가치를 '① 완전한 기억, ② 생각의 공개, ③ 새로운 문해력(literacy), ④ 분산 기억, ⑤ 협업 지능, ⑥ 디지털 학교, ⑦ 주변 인식, ⑧ 연결성'과 같이 여덟 가지로 설명하고 있다. 인간의 사고력과 관련하여 그가 주장하는 인터넷의 긍정적 측면은 글쓰기 증가에 따른 인지력과 기억력 향상이다. 글쓰기 행위 자체가 인간의 기억력 향상에 도움을 주고, 특히 타인에게 공개되는 세심하고 분석적이고 격식을 갖춘 글을 쓰면서 인지능력에도 긍정적인 영향을 준다는 것이다. 또한, 문제 해결에 사고할 수 있는 인간의 두뇌와 두뇌의 확장인 디지털 도구를 활용하면 더 효과적인 문제 해결이 가능하다고 보았다. 왜냐하면 컴퓨터가 불필요한 정보를 저장하고 처리해 주면, 인간은 좀 더 직관력이나 통찰력과 같은 복잡한 사고를 할 수 있기 때문이다. 톰슨은 인간의 두뇌와 두뇌의 확장인 디지털 도구의 대표적인 사례로 그리스 신화의 반인반마(半人半馬) 켄타우로스(Centauros)의 이름을 딴 체스 협력 프로젝트인 켄타우로스를 들었다. 그러나 인터넷과 같은 디지털 도구를 효과적으로 이용하기 위해서는 텍스트에 대한 문해력(literacy)뿐만 아니라 사진, 동영상, 데이터 시각화와 같은 새로운 문해력을 갖추어야 한다.
(출처: Thompson, Clive (2015). Smarter Than You Think : how technology is changing our minds for the better. 이경남 옮김.생각은 죽지 않는다 : 인터넷이 생각을 좀먹는다고 염려하는 이들에게. 서울: 알키. 169-213의 내용을 정리함)

구분	인터넷의 부정적인 영향 - 카(N. Carr) -	인터넷의 긍정적인 영향 - 톰슨(C. Thompson) -
주장의 근거		
영향의 내용		

3. 두 주장에 대한 자신의 입장을 정하고 그 이유를 2~3가지 정도 정리한다.
[수업 전략] 자신의 입장을 뒷받침할 자료를 찾아 활용한다.

나의 입장	나는 (　　　　　　)의 의견에 찬성한다. 왜냐하면, ① ② ③

4. 자신의 입장을 이유를 들어 발표하고, 다른 사람의 발표를 경청한다.

5. 매체의 비판적 이용을 위하여 갖추어야 할 역량에 대해서 토론하고 발표한다.
   - 4인 1 모둠을 구성하고, 대표 학생을 선정한다.
   - 모둠별로 개인의 의견을 제시하고 토론한다.
   - 토론 결과를 토대로 역량을 정리하고 대표 학생이 발표한다.

[수업 전략] 매체 측면과 사람(이용자) 측면에서 매체의 비판적 이용자가 갖추어야 할 역량을 2가지씩 생각하도록 지도한다.

A. 매체의 비판적 이용을 위해서 갖추어야 할 역량을 매체 측면과 사람(이용자) 측면에서 다음과 같다.

매체 측면	▶ ▶ ▶
사람(이용자) 측면	▶ ▶ ▶

 수업 마무리(정리 · 평가 · 차시 예고)

1. 정리 및 평가

[수업 전략] 매체가 개인에게 끼치는 영향과 관련된 다양한 자료를 제공한다. 매체가 개인에게 끼치는 영향에 대한 이해를 바탕으로 매체의 비판적인 이용자로서 갖추어야 할 역량을 스스로 생각할 수 있도록 한다.

※ 다음 글을 읽고 지시문에 따라 자신의 생각을 정리하고 발표해 봅시다.

> 문제는 매체의 과도한 이용으로 일상생활, 학업, 대인관계 등이 지장을 받는 매체 중독(Media Addiction)이다. 매체 중독은 과다한 매체 사용으로 정신적, 신체적인 의존을 하게 되고, 개인의 충동조절 및 통제 능력이 상실되어 심리적·신체적·직업적 문제를 일으키는 상태이다. 매체 중독에 영향을 미치는 요인은 자존감, 충동성, 우울감, 고립감, 불안감, 가족관계, 친구와의 대화 단절, 학업성적, 과다 지출, 몰입, 현실도피, 오락, 관계 욕구, 지위 향상 욕구, 스트레스 해소 등이다. 매체 중독에는 텔레비전, 인터넷, 컴퓨터, 게임, 휴대전화 중독 등이 있다. 텔레비전 중독은 무의식적인 시청 습관, 시청에 대한 통제력 상실과 같은 과도한 텔레비전 의존 현상을 의미한다. 따라서 텔레비전 중독자는 뚜렷한 목적이나 동기 없이 습관적으로 텔레비전을 시청하고, 텔레비전을 생활필수품으로 여기기 때문에 텔레비전에 대한 친밀감이 높다. 디지털 융합이 텔레비전 시청 환경을 더욱 편리하게 만들면서 과다 시청 현상이 늘고 있는 추세이다. 인터넷 중독은 스스로 욕구에 저항하지 못하는 충동조절장애(impulse control disorders)로 금단과 내성이 생겨서 사회적·직업적 손상이 발생하는 상태이다. 인터넷 중독에는 게임중독, 채팅 중독, 커뮤니티·메신저 중독, 쇼핑 중독, 음악 중독, 정보검색 중독 등 다양한 하위 영역이 있다. 이 중에서 가장 심각한 것이 게임중독이다. 인터넷 중독의 원인으로는 개인의 성격과 사회·문화적인 요인, 가상공간의 특성 등이 있다. 휴대전화 중독은 편리한 의사소통 도구를 넘어 대인관계를 유지하고, 주요 표현 수단으로 간주되면서 휴대전화로부터 격리된 이용자가 불안감을 갖는 현상이다.* 아동과 청소년이 매체 중독에 빠지지 않도록 하기 위해서는 'YP(Youth Patrol)'와 같은 예방 교육 프로그램을 활용하고, 비판적 매체 수용 능력을 길러줄 수 있는 매체 교육을 활성화해야 한다. 또한, 독서 시간을 확보해서 게임의 재미와 독서의 재미 차이를 느낄 수 있는 기회를 마련해야 한다. 게임에서의 실패는 플레이어의 책임이기 때문에 스트레스를 유발하지만, 책 주인공의 실수와 위기는 독자와 무관하기 때문에 스트레스를 받지 않는다. 또한 게임에서 플레이어는 등장인물을 지배하기 때문에 동질감을 느끼기 어렵지만, 독자는 내용에 개입할 수 없기 때문에 객관적인 입장에서 등장인물과의 일체감을 형성할 수 있다.**
>
> * 설진아, 강진숙 (2015). 미디어교육. 서울: KNOUPRESS. 393-394.
> ** 와키 아키코(脇明子) (2006). 그림책에서 이야기책까지. 홍성민 옮김. 서울: 현민미디어. 162-171.

【지시문】 과도한 매체의 이용은 매체 중독을 일으킨다. 이를 예방하기 위해서 매체 이용자가 갖추어야 할 역량을 설명하시오. (200자)

2. 학업성취도 평가
① 인터넷 매체의 개인에 대한 부정적 영향과 긍정적 영향 발표에 대한 평가는 자기평가 점검표를 활용한다.

【발표에 대한 자기평가 점검표】

※ 자신의 과제 해결 결과를 가장 잘 설명하고 있는 항목에 ✓ 표시하세요.	전혀 그렇지 않다	그렇지 않다	가끔 그렇다	항상 그렇다
발표에 포함된 정보는 정확하고, 명확하고, 완전하며, 현실성이 있고 상세하다.				
발표 내용에 맞추어 상황이나 예시를 적절히 적용하였다.				
분명하게 또렷하게 발표하였다.				
발표 내용에 맞추어 몸동작을 취하였다.				
지시 사항과 발표 시간을 잘 지켰다.				
의 견				

② 매체의 비판적 이용자가 갖추어야 할 역량에 대한 모둠별 토론 활동에 대한 평가는 모둠학습 상호 평가표 점검표를 활용한다.

【모둠학습 상호 평가표】

※ 해당란에 ✓ 하세요.	전혀 그렇지 않다	그렇지 않다	가끔 그렇다	항상 그렇다
모둠원이 서로의 의견을 존중한다.				
모둠원이 아이디어를 공유한다.				
모둠원이 자신의 역할을 잘 수행한다.				
모둠원이 역할을 공정하게 나누지 않는다.				
모둠원이 서로 잘 돕는다.				
모둠원이 지시 사항(규칙)을 잘 지킨다.				
모둠원이 함께 과제를 수행한다.				
의 견				

3. 차시 예고
- 차시 학습주제 : 매체의 사회에 대한 영향
- 과제 : 금서(禁書)의 유형과 사례

5.11 수업 운영

5.11.1 교수법의 핵심 요소와 교사의 역할

성공적인 수업 운영을 위해서는 교수법 역량을 갖추고 훌륭한 교사의 역할을 수행해야 한다. 훌륭한 교사의 특징은 유머 감각을 갖추고 학생을 공정하게 대하고 의견을 존중하는 것이다. 그리고 학생과의 상호작용을 빈번히 하고 수업에 다양한 자료를 활용하고 유연성을 갖추고 있다. 또한, 진취적이고 전문성(실력)을 갖추고 있으며 수업에서 노련한 질문기법과 대화식 어투를 사용한다. 성공적인 수업을 위해서 교사가 실천해야 하는 교수법의 핵심 요소를 살펴보면 다음 〈표 4-58〉과 같다.

〈표 4-58〉 성공적인 수업 운영을 위한 교수법의 핵심 요소

교수법	내용
모든 학생의 성취를 기대한다.	• 모든 학생을 똑같은 방식으로 부른다. • 성차별 없이 모든 학생에게 피드백을 제공한다. • 교사의 질문에 학생의 답변을 유도한다. • 학생과 눈 맞춤을 자주한다. • 좌석 배치를 정기적으로 바꾸어서 누구나 교실 앞쪽에 앉을 수 있도록 한다.
열정적으로 수업에 참여한다.	• 목소리의 높낮이를 적절하게 조절한다. • 몸짓을 활용한다. • 교실을 적절히 돌아다닌다.
학습목표를 분명하게 한다.	• 학생의 성취 수준을 분명하게 설명한다. • 수업 의도를 명확하게 한다. • 불필요한 반복을 줄인다. • 수업 내용을 잘 이해하도록 적절한 피드백을 제공한다.
학생에게 기대하는 행동에 모범을 보인다.	• 검색 방법, 내용 분석, 요약 등 학습 기술에 대한 시범을 보인다. • 독서, 연구, 문제 해결을 위해서 노력하는 모습을 보인다.
학생의 수준에 맞추어 수업의 속도를 조절한다.	• 학생이 지루해하거나 내용 이해를 못 하는 일이 없도록 시간 배분을 적절하게 잘한다. • 지나치게 길게 설명하지 않는다. • 학습 내용이나 활동에 맞추어 수업 환경이나 설비 등을 배치한다. • 하나의 학습 요소를 마치면 내용을 요약한다.
적절한 학습자료, 수업전략 및	• 이전 학습에서 효과를 거두지 못한 자료, 전략은 피한다.

교수법	내용
기법을 활용한다.	• 수업 후 수업 계획과 내용을 반성한다. • 학교도서관에 들어온 새로운 자료를 활용한다. • 학습자의 특징과 수업 내용을 고려하여 자료를 선정한다.
학생에게 좋은 질문을 하고 대답할 시간을 준다.	• 주의집중, 학습 이해 확인, 평가를 위해서 질문을 사용한다. • 질문에 생각할 수 있는 시간, 경우에 따라서는 상의할 수 있는 시간을 준다. • 질문 순서를 정해 학생들이 예측할 수 있도록 질문을 하거나 무작위 질문을 병행한다.
학생의 학습 수행 정도를 평가한다.	• 객관적인 시각으로 교수-학습활동을 되돌아본다. • 수업일지 작성, 사례 보고서, 특이 사항 보고서 등을 작성한다. • 효과적인 교수법 점검표를 활용한다.

(출처: Smith, 2005, 81-86의 내용을 정리함)

학습자 중심 학습에서는 교사의 개입을 최소화하고 학생의 자기주도적인 활동을 충분히 보장해 주어야 하므로 사서교사와 교과교사는 후견인(tutors)의 역할을 수행한다. 따라서 학생의 과제 해결을 직접 도와주어서는 안 되며, 대신에 어려운 단어를 설명해 주거나, 내용을 이해하는 데 도움이 되는 삽화를 가르쳐주거나 정보 탐색 방법에 대한 시범을 보여주는 역할을 수행한다. 학교도서관 교육에 참여하는 교사가 후견인으로서 수행하는 역할을 정리하면 〈표 4-59〉와 같다.

〈표 4-59〉 교사의 후견인 역할

① 도와는 주되, 직접 해주어서는 안 된다.
② 문제 해결 과정에서 각 단계를 자세히 설명해 준다.
③ 어려운 단어는 설명해 준다.
④ 내용을 이해하는 데 도움을 주는 삽화(captions)를 알려준다.
⑤ 본문, 색인, 요약문 활용법을 지도한다.
⑥ 그림과 삽화에 담긴 정보를 알려준다.
⑦ 정보원의 문장 전체를 베껴 쓰지 않도록 한다. 문제에 대한 답을 찾을 수 있는 중심 단어를 알아내도록 도와준다.
⑧ 컴퓨터를 이용한 정보 탐색 방법을 보여주고, 스스로 컴퓨터를 활용할 수 있도록 한다.
⑨ 전자 백과사전에 실린 기사를 스캔하기 위해서 개요 버튼을 활용하도록 한다.
⑩ 꼭 필요한 내용만을 선택해서 인쇄하도록 한다.

(출처: Harada & Yoshina, 2004, 106)

5.11.2 효과적인 설명 전략

학교도서관 교육은 기본적으로 교과교사-사서교사-학생 상호 간 의사소통을 필요로 한다. 따라서 의사소통을 승진하고 학습 내용과 탐구 활동의 오류를 수정할 수 있는 효과적인 설명 및 질문 전략이 중요하다. 특히, 질문은 칭찬, 수업 분위기 조성, 교사에 대한 신뢰감을 형성할 수 있는 기회를 제공한다. 교사와 학생의 효과적인 의사소통에 필요한 설명 전략은 다음 〈표 4-60〉과 같다.

〈표 4-60〉 효과적인 설명 전략

단계		핵심 전략
사전 준비	계획하기	• 학습자의 요구, 가치, 배경, 지식, 수준, 오개념(誤槪念) 등을 분석한다. • 수업시간을 고려하고 학생이 해야 할 일을 명확히 한다. • 학습자에게 전달할 내용이 왜 중요한가와 그 근거를 구체화한다. • 가르칠 핵심 내용을 정리한다. • 설명할 전체 내용을 논리적, 계열적 순서로 조직한다.
	연습하기	• 중심 단어를 중심으로 설명하는 연습을 하고 문장을 읽듯이 말하지 않는다. • 머릿속으로 설명할 전체 내용을 순차적으로 그려본다. • 실제 수업할 장소와 같거나 비슷한 곳에서 연습한다. • 예상되는 질문에 대한 대답을 준비하여 연습한다.
	수업 매체 환경 준비하기	• 수업에 활용할 각종 수업자료를 준비한다. • 설명할 때 사용하기 좋은 위치에 필요한 교구를 배치한다.
설명 하기	전달	• 학습자와 대면해서 눈을 마주치고 교수자의 얼굴 표정을 보게 한다. • 칠판에 판서하면서 등을 보인 채 설명하지 않는다. • 한 곳에 계속 서 있기보다는 위치를 바꾸어 준다. 단, 지나치게 움직이는 것은 피한다.
	목소리	• 자연스럽게 대화체로 설명한다. • 준비한 자료를 그대로 읽는 것은 절대 피해야 한다. • 목소리에 변화를 주고 편안한 속도로 말한다. • 핵심을 제시한 후 잠시 멈추는 것은 강조하는 좋은 방법이다.
	시선 처리	• 학생과 시선을 완전히 마주친 후에 말한다. • 학생과 골고루 눈을 마주칠 수 있도록 노력한다. • 수업시간 동안 계속적으로 학습자와 시선을 마주치도록 노력한다.
	몸동작	• 친구와 활기찬 대화를 나누는 것과 같이 자연스러운 몸동작을 한다. • 호주머니에 손을 넣거나 손으로 깍지를 끼는 것은 피한다.
	시각 자료	• 대부분의 사람은 문자나 숫자보다 시각 자료 내용을 더 오래 기억한다.

단계		핵심 전략
		• 시각 자료로 언어 개념을 강조하고 명료화하며, 학습자가 요점을 기억할 수 있도록 활용한다. • 시각 자료도 과도하게 사용하는 것은 학습효과를 감소시킨다.

(출처: 이성흠, 이 준, 2009, 44-48)

그리고 효과적인 질문 전략을 정리하면 다음 〈표 4-61〉과 같다.

〈표 4-61〉 효과적인 질문 전략

질문 제기 전략	질문 대응 전략
① 핵심 질문을 미리 준비한다. • 예상 답변도 준비 • 논리적 순서에 따라 질문목록 작성 • 교수자 입장에서도 확실하지 않은 몇 개의 질문도 포함 • 융통성 있게 수업 중 발생하는 질문도 포함	① 학습자의 말을 경청한다. • 따뜻하고 개방적인 분위기 조성 • 칭찬, 고무, 격려, 관심 등의 수업 분위기 조성 • 눈 맞춤, 고개 끄덕임을 통한 신뢰감 형성
② 질문의 목적과 방법을 생각해 둔다. • 학습자의 지식 증대 목적 : 질문에 대한 즉각적인 대답 • 학습자의 사고능력 함양 : 스스로 질문에 대한 답을 찾도록 함 • 학습자의 사전 능력이나 지식 이해 목적 : 수업 초기에 질문 • 학습 내용 확인이나 정리 목적 : 수업의 마무리에 질문 • 수업 초기 : 어려운 질문은 피함 • 질문 방법 : 전체에게 할 것인가? 소집단에게 할 것인가? 논쟁 유도, 의견 합의 등에 따라서 방법 달리함	② 질문을 하거나 정답을 말하면 칭찬을 아끼지 않는다. • 아주 우수한 답이야, 정확한 답이야 → 열정적이고 아낌없는 칭찬 • 좋은 질문이다. 질문해 주어서 고맙다 → 질문 활성화
③ 얼굴 표정이나 몸동작에 주의한다. • 학습자의 질문에 관심 있는 태도를 보임	③ 질문을 반복하고, 쉬운 말로 바꿔 모든 학습자에게 말해준다. • 질문 내용의 진위 확인 : 교수자가 문제를 정확히 이해하고 있음을 보여줌 • 모든 학습자에게 질문의 내용을 공유함
④ 학습자가 명확하게 이해할 수 있도록 질문을 한다. • 어휘 수, 어휘의 수준, 배열순서 등 고려 • 학습자의 이해 수준 고려 • 구체적으로 질문하고, 정확하게 이해하지 못한 경우에는 쉽게 재질문 함	④ 질문을 이해하지 못한 경우에는 다시 질문하도록 요청한다. • 예를 들어볼래?, 내가 의미하는 것은 ○○이니? • 미안하지만, 내가 너의 질문을 제대로 이해하지 못하겠구나.

질문 제기 전략	질문 대응 전략
⑤ 개방형 질문으로 시작한다. • 토의 주제의 출발점 제공	⑤ 가능한 바로 답변을 해 준다. • 학습자가 만족할 만한 답변을 간결하고 명확하게 해줌 : 학습자에게 시선을 골고루 주면서 답변함 • 답변 후 질문자가 만족했는지 여부를 확인함 • 부가 설명, 구체적인 사례 제시를 통해서 이해를 도와줌
⑥ 발산형 질문을 한다. • 수렴형 질문 : 수업내용의 이해 확인과 주의 집중을 확인 • 발산형 질문 : 다양한 사고와 정보 도출, 수업 참여 촉진	⑥ 오답은 기술적으로 수정해 준다. • 네가 말한 것은 정답이 아닌 것 같구나 → 다시 말하거나 수정하도록 격려함 • 학습자가 답을 말하는 데 도움을 요청한 경우 → 교수자보다 다른 학습자가 도와줄 수 있도록 함
⑦ 다양한 사고 수준의 질문을 한다. • 낮은 수준의 질문 : 학습자의 준비와 이해 정도 평가, 내용 정리 및 요약에 적절함 • 높은 수준의 질문 : 학습자의 비판적 사고와 문제해결력 격려	⑦ 학습자가 자신의 질문에 대한 답을 스스로 찾을 수 있도록 격려한다. • 교수자가 질문을 다시 하면서 힌트를 제공하거나, 모든 학습자에게 질문을 다시 함
⑧ 간접적이고 단일한 질문을 한다. • 짧고 명료하게 제시함	⑧ 답변을 적절히 미루는 것도 필요하다. • 답변을 미루어야 할 경우 : 수업 시간이 부족한 경우, 답변이 너무 복잡한 경우, 다음 시간에 논의할 내용과 연관된 질문인 경우 • 수업과 관련이 없는 질문의 경우 : 학습자와 따로 약속을 정하여 답변을 제공함
⑨ 다양한 형태의 질문을 고려한다.	⑨ 질문에 대한 답을 모르는 경우에는 이를 인정한다. • 핑계를 대며, 그 자리를 모면하거나 성의 없이 대답하지 않음 • 모르는 것을 인정하고, 다음 시간에 정확한 답을 알려주겠다고 약속하고 약속을 지킴 • 좋은 질문이구나, 그러나 그것에 대해 잘 모르겠구나. • 확실하지 않은 데 이것에 대해 생각할 수 있는 기회를 주겠니?
⑩ 끼워 맞추기식 사고를 요구하는 질문은 자제한다. • 공식의 빈칸을 채우기보다는 학습자가 공식이 의미하는 것이 무엇인지를 이해할 수 있도록 함	⑩ 학습자에게 당혹감을 주지 않는다.
⑪ 질문을 한 후에는 생각할 시간을 준다.	

질문 제기 전략	질문 대응 전략
• 학습자의 대답을 기대하고 있음을 인식시킴 • 교수자 스스로 질문하고 스스로 답하지 않음 • 질문을 한 후 3~5초 정도 생각할 시간을 줌	
⑫ 힌트를 주면서 답을 유도한다. • 다른 학생을 호명하거나, 같은 질문을 반복하지 않음 • 답변할 수 있는 시간을 주면서 기다려 주고, 질문과 관련된 힌트를 제공하면서 올바른 답을 할 수 있도록 도와줌 • 쉽게 응답하고 남을 만큼 지나치게 많은 힌트는 주지 않음	
⑬ 호명한 후 질문을 하는 것은 피한다. • 질문은 가급적 전체를 대상으로 하고, 모든 학습자가 생각할 수 있는 시간을 줌 • 자발적으로 원하는 학습자를 먼저 지명	

(출처: 이지연, 2008, 93-117의 내용을 정리함)

다음 〈표 4-62〉와 같이 효과적인 교수법 점검표를 활용하면 자신의 수업을 평가하고 시행착오를 줄일 수 있다.

〈표 4-62〉 효과적인 교수법 점검표

점검 사항	평가	
	그렇다	아니다
학습목표를 명확하게 전달하고, 잘 이해하고 있는지를 확인했다.		
단원의 학습목표를 학생의 선행학습과 관련지어 설명하였다.		
질문에 답변할 기회를 주었다.		
학생의 질문을 존중했다.		
사례를 들어 쉽게 설명하였다.		
학생에게 스스로 생각할 시간을 주었다.		
학생의 나이와 특징을 고려하여 수업을 진행하였다.		
학생에게 충분한 활동 시간을 주었다.		
피드백을 통해서 오류를 바로잡아주고 자신감을 심어주었다.		
학습 내용이 잘 전달되었는지 확인하기 위하여 수시로 점검하였다.		

(출처: Smith, 2005, 86의 내용을 도표화함)

5.12 평가

학교도서관 교육은 자원을 학습 도구로 활용한다. 따라서 교육의 성과를 확인하기 위해서 학생의 도서관 이용, 독서 활동, 정보활용능력, 탐구능력, 역량 그리고 영향력 등을 평가할 필요가 있다. 평가는 관찰, 설문, 평가 도구 활용 및 평가 문항 개발 등을 통해서 학생의 변화와 교육목표 달성 정도를 확인할 수 있다.

5.12.1 학교도서관 이용평가

학교도서관 이용평가는 일반적으로 이용자의 도서관이나 사서에 대한 이해나 태도의 변화, 이용자의 도서관에 대한 기대나 선호도, 자료 이용 능력의 측정 등 세 가지 유형을 포함한다(한국도서관협회, 1994). 학교도서관 교육을 통한 학생의 도서관 이용 정도는 DLS를 활용해 자료 대출 권수의 증감, 유형별 이용도 변화, 학년별, 학급별, 개인별 이용 현황 등의 형태로 다양하게 측정할 수 있다. 점검표를 이용한 학교도서관 이용평가는 학생의 기초적인 도서관 자료 이용 습관, 도서관 이용태도, 기본적인 학습자료 이용 능력 등 도서관 이용에 대한 보다 광범위한 정보를 얻을 수 있는 평가 방법이다. 점검표는 장기간에 걸친 사서교사의 일상적인 관찰로 기록하며, 각 학생에게 적당한 항목에 표시(✔)한다. 점검표의 항목은 학교도서관 교육 내용에 따라서 달라질 수 있다.

〈표 4-63〉 학교도서관 이용 관찰 점검표(예)

관찰 항목	( )학년 ( )반 ( )번 이름 ( )								
	관찰한 월 일								
도서관 이용 횟수가 증가하였다.									
자료 이용이 편향되지 않고 균형 잡혀 있다.									
청구번호를 이용하여 자료를 찾을 수 있다.									
색인이나 목차를 활용할 수 있다.									
문제 해결을 위해 참고도서를 이용할 수 있다.									
이용한 자료의 서지사항을 기록할 수 있다.									
종합 평가									

5.12.2 독서 활동 평가

독서 활동 평가는 학교도서관 교육에 참여한 학생의 독서 수행 정보를 좀 더 광범위하게 얻을 수 있는 간접평가 방법이다. 점검표에 포함하는 내용은 기초적인 독서기술, 독서 자료를 이용하는 습관, 독서에 관한 일반적인 태도, 독서 흥미와 관심 등과 같이 다양하다. 관찰 대상은 지도하는 학급의 모든 학생을 한꺼번에 하는 것이 아니라 특정 대상만 3~5명 정도로 범위를 좁히는 것이 바람직하다. 기록은 즉시 해야 하며 양적이고 지속적으로 이루어져야 한다.

〈표 4-64〉 독서 활동 평가용 점검표(예)

( )년 ( )월 ( )일
( )학년 ( )반 ( )번 이름 ( )

※ 점검표는 장기간에 걸친 교사의 일상 관찰에 따라 기재하며, 각 학생의 적합한 항목에 표시(V)한다.

항 목	1 매우 그렇다	2 그렇다	3 보통 이다	4 그렇지 않다	5 전혀 그렇지 않다
알맞은 속도로 음독하지 못한다.					
음독할 때 음성의 크기가 적당하지 못하다.					
음독할 때 어구의 바뀜이 많다.					
음독할 때 반복하여 읽는 것이 많다.					
음독할 때 어구를 빼놓고 읽는 것이 많다.					
음독할 때 어구 사이에 넣는 것이 많다.					
음독할 때 행을 빼고 읽는다.					
지명되어 읽을 때 여러 사람 앞에서 큰소리로 읽지 못한다.					
묵독을 하면 음독할 때보다 빨리 읽지 못한다.					
다 같이 읽을 때 그 분위기에 휩쓸려 읽으려 하지 않는다.					
모르는 것을 책을 참고로 하여 해결하려 하지 않는다.					
만화만 읽고 다른 책은 읽으려고 하지 않는다.					
노는 시간에 밖에서 놀지 않고 혼자서 책만 읽고 있다.					
읽은 책의 내용을 주제로 하여 이야기하는 것이 흥미가 없다.					

5.12.3 정보활용능력 평가

학교도서관 교육의 핵심 내용인 정보활용능력 평가는 문제해결력 검사지, 메타인지검사지, 자기주도적 학습능력 검사지, 생애능력 검사지, 도서관이용·정보능력 검사지에서 정보활용능력과 관련된 문항을 추출하여 활용할 수 있다. 한국교육학술정보원(2003)의 정보활용능력 진단 도구와 초등학교 4~6학년용 정보활용능력 평가지(송기호 외, 2005)에 정보윤리 영역(이혜영, 2009)을 추가하여 개발한 정보활용능력 평가용 설문지는 다음과 같다.

〈표 4-65〉 정보활용능력 평가용 설문지

1. 과제 분석

설문 문항	평가 척도				
	5 매우 그렇다	4 그렇다	3 보통 이다	2 그렇지 않다	1 전혀 그렇지 않다
1-1 나는 해결해야 할 과제나 문제를 여러 번 되풀이해서 읽거나 생각해본다.					
1-2 내가 먼저 해결해야 할 과제나 문제의 핵심이 무엇인지를 확인한다.					
1-3 해결해야 할 과제나 문제를 내가 이해하기 쉬운 말로 바꾸어 본다.					
1-4 나는 새로 주어진 과제나 문제를 이전에 읽고 있었던 것과 관련지어 이해하려고 노력한다.					
1-5 나는 과제나 문제 해결에 있어서 애매모호한 상태에서 포기하지 않고 해결하기 위해 끈기 있게 노력한다.					

2. 정보 접근

설문 문항	평가 척도				
	5 매우 그렇다	4 그렇다	3 보통 이다	2 그렇지 않다	1 전혀 그렇지 않다
2-1 나는 과제나 문제 해결을 위하여 어떤 정보원을 이용해야 하는지 생각한다.					
2-2 나는 과제나 문제 해결을 위하여 이용하는 책, 신문, 잡지, 인터넷 등 다양한 정보원의 장점과 단점을 알고 있다.					

설문 문항					
2-3 나는 과제나 문제 해결에 필요한 정보원을 어디서 어떻게 이용할 수 있는지 알고 있다.					
2-4 나는 정보원을 선택하기 위하여 다른 사람이나 기관의 추천 내용을 확인하거나 자료의 서문이나 일러두기, 차례, 찾아보기 등을 미리 검토한다.					
2-5 나는 과제나 문제 해결에 필요한 정보를 얻기 위하여 인터넷뿐만 아니라 다양한 정보원을 이용한다.					

3. 정보 분석

설문 문항	평가 척도				
	5 매우 그렇다	4 그렇다	3 보통 이다	2 그렇지 않다	1 전혀 그렇지 않다
3-1 나는 이용한 정보원이나 찾아낸 정보의 종류에 따라서 읽기, 시청, 감상 등 적절한 방법으로 내용을 이해할 수 있다.					
3-2 나는 찾아낸 정보의 내용을 이해하기 위하여 이전에 배웠던 것을 다시 찾아보거나 다른 자료를 이용한다.					
3-3 나는 찾아낸 정보가 정확한지 그리고 믿을 수 있는 것인지를 판단할 수 있다.					
3-4 찾아낸 정보가 객관적인 사실인지 지은이의 주관적인 의견인지를 구분할 수 있다.					
3-5 나는 찾아낸 정보의 공통점과 차이점을 비교하거나 대조할 수 있다.					

4. 정보 종합 및 표현

설문 문항	평가 척도				
	5 매우 그렇다	4 그렇다	3 보통 이다	2 그렇지 않다	1 전혀 그렇지 않다
4-1 찾아낸 정보를 해결할 과제나 문제에 맞추어 종합할 수 있다.					
4-2 찾아낸 정보를 연대순, 계층별, 주제별로 정리할 수 있다.					
4-3 찾아낸 정보를 바탕으로 자신의 의견이나 새로운 아이디어를 만들어낼 수 있다.					
4-4 종합한 정보를 근거로 자신의 의견이나 아이디어를 전달하는 데 적극적으로 참여한다.					
4-5 자신의 의견이나 아이디어를 글쓰기, 말하기, 매체로 제작하기 등의 방법으로 표현할 수 있다.					

5. 평가

설문 문항	평가 척도				
	5 매우 그렇다	4 그렇다	3 보통 이다	2 그렇지 않다	1 전혀 그렇지 않다
5-1 과제를 해결한 후에 자신의 과제나 문제 해결 과정에 대해서 스스로 점검한다.					
5-2 처음 해결하고자 했던 과제나 문제가 계획대로 잘 해결되었는지를 확인한다.					
5-3 다른 사람의 의견이 내 의견과 다르더라도 긍정적으로 생각하고 수용한다.					
5-4 과제나 문제 해결에 사용한 절차와 결과를 다른 과제 해결에 다시 적용할 수 있는지 생각해 본다.					
5-5 과제나 문제를 좀 더 잘 해결할 수 있는 방법이 무엇인지를 다른 사람과 상의한다.					

6. 정보 윤리

설문 문항	평가 척도				
	5 매우 그렇다	4 그렇다	3 보통 이다	2 그렇지 않다	1 전혀 그렇지 않다
6-1 정보사회에서 지식 재산 보호의 중요성을 알고 있다.					
6-2 지식재산을 보호하기 위하여 법적인 장치가 필요하다고 생각한다.					
6-3 표절과 인용의 차이점을 알고 있다.					
6-4 과제나 문제 해결에 이용한 책, 신문, 잡지 등의 출처를 인용 형식에 맞추어 기록할 수 있다.					
6-5 인터넷에서 찾아 활용한 사진, 그림, 도표 등의 출처를 인용 형식에 맞추어 기록할 수 있다.					

평가 결과를 이용하여 학생 평가에 활용할 수 있는 도움말(예)을 점수대별로 살펴보면 다음 〈표 4-66〉과 같다.

〈표 4-66〉 정보활용능력 평가 결과표 도움말(예)

점수	발달 수준	도움말
150~131	우수합니다.	• 일상생활 또는 다른 과제에 정보문제 해결모형을 적용해 보세요. • 친구들에게 정보활용능력의 중요성에 대해 알려주세요.
130~111	잘했습니다.	• 나만의 문제 만들기에서 배경지식을 이용해 문제의 초점을 잘 맞추었네요. • 필요한 정보를 잘 찾았네요. 주제어 검색뿐만 아니라 디렉터리 검색도 이용하세요. • 읽고 정리하기가 잘 되었네요. 자신의 의견을 메모하는 것도 꼭 기억해요. • 해결책도 찾고 발표도 잘했네요. 만들어진 발표 자료를 홈페이지와 게시판에 올려보세요. • 열린 마음으로 마무리까지 잘했네요.
110~91	보통입니다.	• 자신의 정보문제 해결과정을 다시 한번 점검해 보세요. • 나만의 문제 만들기에서 문제를 정확하게 읽었는지 점검해 보고 다시 읽어보세요. • 다양한 정보원의 특성을 파악해 보세요. 주제어를 바꾸거나 합쳐서 다시 찾아보세요. • 읽은 내용이 문제 해결에 도움이 되는지 점검해 보세요. 필요하면 추가 탐색을 할 수 있어요. • 문제를 해결하고 표현하기에서 자신의 의견을 추가하여 해결 결과를 종합하세요. • 결과가 문제에 적합한지 점검해 보세요. 잘 모르는 내용은 선생님께 여쭈어보세요.
90~71	노력이 필요합니다.	• 정보문제 해결에 더 성실히 임해 주세요. • 나만의 문제 만들기에서 배경지식을 활용하도록 노력하세요. 백과사전에는 필요한 기초지식이 들어있어요. • 도서관을 자주 이용하도록 노력하세요. 도서, 신문, 잡지, 인터넷, 디지털 자료 등을 모두 이용할 수 있어요. • 어려운 내용도 읽고 이해하도록 노력하세요. 처음부터 잘하는 사람은 없답니다. 자꾸 하다 보면 익숙해지게 돼요. • 발표력을 높이도록 노력하세요. 표현의 형식을 바꾸어 보면 어떨까요. • 시간이 너무 낭비되지 않았는지 점검해 보세요. 지나온 발걸음을 되돌아보는 것은 중요해요. • 인터넷에서 내려받은 자료의 출처를 밝히는 노력이 필요해요.
70~0	반성이 필요합니다.	• 정보문제 해결 학습을 처음부터 꼼꼼하게 다시 해보세요. • 나만의 문제 만들기에서 흥미 있는 주제로 다시 정해보세요. • 사서 선생님께 정보원에 대해 문의해 보세요. • 충분한 시간을 가지고 찾은 자료를 읽어보세요. • 문제 해결하고 표현하기에서 할 수 있다는 자신감을 가지세요. • 평가하기에서 다른 사람과 의견을 나누어 보세요. 과제 해결은 친구들 그리고 선생님과 함께 하면 쉬워져요. • 지식재산보호를 위하여 과제 해결에서 이용한 자료의 출처를 밝히는 것이 중요해요.

(출처: 송기호 외, 2005, 172-173의 내용을 일부 수정함)

5.12.4 탐구학습능력 평가

탐구학습능력은 탐구능력과 탐구 결과 평가로 구분할 수 있다. 탐구능력 평가는 학업 성취도 측정보다는 자기평가나 상호평가를 통해 문제해결과정에서 정보능력을 과제 해결에 적절하게 적용하였는지를 판단하는 것이다. 그리고 탐구 결과 평가에서는 과제 해결 결과를 잘 이해하고 있는지 그리고 적절한 근거와 의견을 제시하고 있는지를 평가한다.

〈표 4-67〉 탐구학습능력 평가 기준(예)

수준 탐구능력	1	2	3	4
1. 질문을 만든다.				
• 질문은 단답형이다. • 탐구를 필요로 한다.	답변은 자세한 내용을 요구하지 않는다.	답변은 상세한 내용을 거의 요구하지 않는다.	답변은 어느 정도 상세한 내용을 요구한다.	답변은 매우 상세한 내용을 요구한다.
2. 정보를 수집한다.				
• 과제와 관련한 다양한 자료를 알고 있다. • 자료를 훑어본다.	과제 해결에 유용한 자료를 약간 확인하지 못한다.	과제 해결에 유용한 자료를 약간 확인한다.	과제 해결에 유용한 자료를 확인한다.	과제 해결에 도움을 주는 여러 종류의 자료를 확인한다.
3. 정보를 분석한다.				
• 과제 해결에 적합한 정보를 선정한다.	과제 해결에 유용한 정보를 선정하지 못한다.	과제 해결에 유용한 정보를 약간 선정한다.	과제 해결에 유용한 정보를 선정한다.	과제 해결에 필요한 여러 종류의 정보를 선정한다.
4. 정보를 종합한다.				
• 정보를 조직한다.	수집한 정보를 조직하지 못한다.	수집한 정보를 어느 정도 조직한다.	수집한 정보를 조직한다.	수집한 정보를 잘 조직한다.
• 중심 생각을 요약한다.	조금 상세하게 요약한다.	어느 정도 상세하게 요약한다.	상세한 내용으로 잘 요약한다.	상세한 내용으로 매우 적절하게 요약한다.
5. 결과를 표현하고 의사소통한다.				
• 정보의 성격에 맞는 표현 양식을 적용한다.	다른 사람이 이해하기 쉬운 방법으로 표현하지 못하고, 답변이 정확하지 못하다.	다른 사람이 어느 정도 이해할 수 있는 방법으로 표현하고, 조금 정확하게 답변한다.	다른 사람이 이해하기 쉬운 방법으로 표현하고, 정확하게 답변한다.	다른 사람이 이해하기 쉬운 방법으로 논리적으로 표현하고 정확하게 답변한다.

• 명확하고 정확한 언어를 사용한다.	적절한 문법, 어휘 철자법을 사용하지 못한다.	어느 정도 적절한 문법, 어휘, 철자법을 사용한다.	대부분 적절한 문법, 어휘, 철자법을 사용한다.	문법, 어휘, 철자법을 모두 바르게 사용한다.
• 탐구 결과를 이해하고 적용한다. • 결과를 잘 설명한다. • 의견을 포함한다. • 근거를 제시한다.	설명을 잘하지 못하고, 의견과 근거를 포함하려는 노력이 거의 없다.	어느 정도 설명을 하려고 노력하고, 의견과 근거를 포함하려고 노력한다.	설명을 잘하고, 의견과 근거를 포함하려는 노력을 상당히 한다.	설명을 완전하게 잘하고, 의견과 견해를 포함하려는 노력이 탁월하다.

(출처: 송기호, 2014, 245-247)
※ 탐구능력 평가 문항 1, 2, 3, 4 / 탐구 결과 평가 문항 5

5.12.5 핵심역량 평가

학교도서관 교육은 탐구 활동에 필요한 정보를 자기주도적으로 활용함으로써 협력적 소통 역량과 자기관리 역량 등 핵심역량을 신장하는 데 기여할 수 있다. 탐구 활동을 수행한 학생의 핵심역량 자기평가지(예)는 다음 〈표 4-68〉과 같다.

〈표 4-68〉 핵심역량 자기평가지

번호	내 용	전혀 그렇지 않다	그렇지 않다	보통이다	그렇다	매우 그렇다
1	나는 나에게 주어진 일에 열심히 참여하고자 한다.	1	2	3	4	5
2	나는 계획한 일을 끝까지 해결하고자 노력한다.	1	2	3	4	5
3	나는 필요한 정보를 찾아 문제를 해결할 수 있다.	1	2	3	4	5
4	나는 필요한 정보를 찾는 것이 재미있다.	1	2	3	4	5
5	나는 매체에 따른 의사소통의 특징을 정보를 찾아 알아낼 수 있다.	1	2	3	4	5
6	나는 새롭게 생각해 보는 것을 좋아한다.	1	2	3	4	5
7	나는 ( )을(를) 창의적으로 생각할 수 있다.	1	2	3	4	5
8	나는 창의적인 아이디어로 ( )을(를) 작성할 수 있다.	1	2	3	4	5
9	나는 ( )을(를) 찾아낼 수 있다.	1	2	3	4	5
10	나는 토론 할 때에 규칙을 지켜 토론할 수 있다.	1	2	3	4	5
11	나는 다른 사람의 의견을 끝까지 듣고 이해하여 설명할 수 있다.	1	2	3	4	5
12	나는 다른 사람들에게 나의 생각을 말하는 것이 즐겁고	1	2	3	4	5

	재미있다.					
13	나는 다른 사람과 협력하여 아이디어를 내는 것이 즐겁다.	1	2	3	4	5
14	나는 문제 해결할 때 혼자서 하는 것보다 함께 하는 것을 좋아한다.	1	2	3	4	5
15	( )을(를) 생각할 수 있다.	1	2	3	4	5

※ 탐구 주제: (   )

핵심역량 요소	문항 번호
자기관리 역량	1, 2
지식정보처리 역량	3, 4, 5
창의적 사고 역량	6, 7, 8
심미적 감성 역량	9
협력적 소통 역량	10, 11, 12
공동체 역량	13, 14, 15

(출처: 세종특별자치시교육청, 공주대학교, 2015)

5.12.6 프로그램 영향력 평가

IFLA(2015)의 「학교도서관 가이드라인」(School Library Guideline)에서는 학교도서관 평가의 한 방법으로 학교도서관이 운영한 프로그램의 영향력(Program Impact) 평가 방법을 제시하고 있다. 이 방법은 면담이나 평가지를 활용하여 학생들의 탐구 활동에 대한 학교도서관의 기여도를 알아보는 방법이다.

<표 4-69> 학교도서관 프로그램의 영향력 평가 방법

구분	방법
초등학생	■ 초등학생을 위한 평가 방법 : Library Power project • 프로젝트 종료 후에 면담하는 방법 • 프로젝트를 위해 어떻게 책과 컴퓨터를 활용했나요? 잘한 일은 무엇이고, 어떤 어려움이 있었나요? • 프로젝트를 어떻게 시작했나요?, 중간 부분에서는 무엇을 했으며, 어떻게 마무리 했나요?, 프로젝트의 시작과 중간 마무리 단계에서 느낀 점은 무엇인가요? • 무엇을 배웠나요?, 기억에 남는 것은 무엇인가요?, 여러분의 프로젝트를 교외에서도 공유했나요?, 여러분의 프로젝트를 교외 사람들이 좋아하는 것으로 만들 방법이 있나요?

중·고등학생	■ 중·고등학생을 위한 평가 방법 : Student Learning Impact Measure(SLIM) • 탐구 과정에서 3회에 걸쳐서 질문지를 작성하도록 함 • 탐구 주제에 대해서 알고 있는 내용을 쓰세요. • 탐구 주제에 얼마나 관심이 있나요? • 탐구 주제에 대해서 얼마나 알고 있나요? • 탐구 과제 해결 과정에서 가장 쉽게 발견한 것은 무엇인가요? • 탐구 과제 해결 과정에서 가장 어렵게 발견한 것은 무엇인가요? • 탐구 과제를 해결하면서 무엇을 배웠나요? (이 질문은 프로젝트 마지막에 한 번만 함)

(출처: IFLA, 2015, 47-49의 내용을 표로 정리함)

5.12.7 객관식 문항 평가

객관식 문항은 문항을 채점하는 방식이 객관적이라는 측면에서 선택형 문항이라고도 한다. 객관식 문항은 진위형, 연결형, 선다형, 완성형(괄호 넣기)과 같이 4가지 유형으로 나눌 수 있다. 객관식 문항의 유형별 특징과 개발 시 유의사항 그리고 개발 사례를 살펴보면 다음 〈표 4-70〉과 같다.

〈표 4-70〉 객관식 문항의 유형별 특징 및 개발 시 유의사항

유형	장점	단점	개발 시 유의사항
진위형	• 평가 문항이 짧다. • 넓은 영역을 망라할 수 있다. • 빨리 만들 수 있다. • 채점이 쉽다.	• 단순 암기식 지식을 강조하는 경향이 있다. • 과도한 추측을 허용하고 조장할 수 있다.	• 문맥에 맞지 않게 교과서에 있는 진술을 그대로 사용하거나 일부 수정하여 사용하는 것은 피한다. • 학생이 쓴 것을 알아보기 쉽게 참, 거짓에 동그라미 하게 한다. • 교사의 주관적 기준이 개입되지 않도록 명확하게 개발한다. • 참과 거짓 진술의 길이와 문항수를 비슷하게 구성한다. • 이중 부정문을 피한다. • 막연한 정도를 나타내는 용어(예: 오랫동안, 정기적으로 등)나 절대적인 의미를 가진 용어(예: 절대로, 오로지,

유형	장점	단점	개발 시 유의사항
			언제나 등)의 사용을 피한다. • 정답의 패턴이 고정되지 않도록 배열한다.
	(예) [1] 다음 글을 읽고 맞으면 (O), 틀리면 (X) 하시오. ① 옛날 사람은 종이만을 사용하여 기록을 남겼다. ( ) ② 책은 겉표지, 차례, 내용, 찾아보기 순서로 구성되어 있다. ( ) ③ 찾아보기를 이용하면 그 내용이 몇 쪽에 있는지 알 수 있다. ( ) ④ 도서관에서는 자료를 형태에 따라 열 개의 주제로 나누어 놓는다. ( )		
연결형	• 개발과 채점이 간편하다. • 사실 간의 연관을 측정하는데 적합하다. • 연관을 측정하는데 답지를 반복할 필요가 없으므로 선다형에 비해서 효율적이다. • 추측의 영향력을 줄일 수 있다.	• 중요하지 않은 내용을 묻는 경향이 있다. • 암기를 강조한다. • 많이 사용하는 OMR 답안지는 답란이 제한되어 있어서 연결형 문항의 목록수에 제한이 있다.	• 선택 목록과 설명 목록을 길지 않게 하고 내용의 동질성을 유지한다. • 선택 목록의 모든 내용은 설명 목록의 모든 내용에 그럴듯한 오답이 될 수 있어야 한다. • 설명 목록은 상대적으로 긴 구나 문장으로 기술하고, 선택 목록은 짧은 구, 단어, 기호로 구성한다. • 설명 목록에는 숫자를 붙이고, 선택 목록에는 기호를 붙인다. • 좌측에 설명문 우측에 선택문을 배치한다. • 선택 목록을 나열할 때 순서(예: 시대순, 번호순, 절차 등)를 부여한다. • 선택 목록이나 설명 목록의 수를 3개 정도 더 많게 작성하여 정답에 대한 추측을 줄인다. • 지시문은 선택과 설명을 어떻게 연결해야 하는지와 하나의 선택이 두 개 이상의 설명에 연결될 수 있는지 여부를 명시한다.

(예)

[1] (가)의 자료 유형에 해당하는 분류번호를 (나)에서 찾아 해당하는 기호를 (　) 안에 쓰시오.

(가) 자료의 유형	(나) 분류번호
① 한국 역사, 세계역사, 지도, 위인전 (　)	a. 000
② 여러 나라의 시, 동화, 소설, 일기 (　)	b. 100
③ 여러 나라의 낱말, 문법, 글쓰기 (　)	c. 200
④ 논리, 심리, 윤리, 예절 (　)	d. 300
⑤ 불교, 기독교, 천도교 (　)	e. 400
⑥ 도서관, 컴퓨터, 백과사전 (　)	f. 500
⑦ 경제, 사회, 법, 교육 (　)	g. 600
⑧ 의학, 농업, 건축, 우주 (　)	h. 700
⑨ 수학, 식물, 동물 (　)	I. 800
⑩ 미술, 사진, 음악, 연극 (　)	j. 900

선다형	• 지식에서 평가까지 여러 수준의 목표를 측정할 수 있는 융통성이 있다. • 정답의 개수만 세면 되므로 채점이 매우 객관적이다. • 학생에게 답지의 맞음 정도를 구분하도록 하는 최선답형 문항을 사용할 수 있어서 진위형처럼 절대적 참이 되지 않아도 된다. • 추측의 영향력이 줄어든다. • 통계적 분석이 용이하다. 따라서 문항이 모호한지 혹은 너무 어려운지를 점검할 수 있다.	• 문항을 만드는 데 많은 시간이 걸린다.	• 복수 정답이 생기지 않도록 주의가 필요하다. • 지문 단서를 피한다(동일한 용어나 비슷한 뜻을 가진 용어가 지문과 답지에 동시에 있어서 정답에 대한 단서를 제공하는 것을 피한다). • 문법적 단서를 제거한다. 예) 과(와), 이(가), 을(를), 은(는)을 함께 사용한다. • 답지에 용어 반복을 피한다. • 정답이 오답보다 1.5배 이상 길게 되지 않도록 한다. • 문항에서 꼭 필요한 경우가 아니면 부정문으로 물어보는 것은 피한다. • 모두 맞음을 사용하지 말고, 정답의 패턴을 제거한다.

(예)

[1] 다음 도서관 자료에 대한 설명으로 올바른 것은? (　)
① 인쇄자료는 전달할 내용을 글을 이용해 종이에 인쇄한 자료이다.
② 책은 새로운 정보를 빠르게 전달하는 데 어려움이 있다.
③ 영상자료는 어떤 장면을 볼 수 있으며, 자유로운 상상을 하기 쉽다.
④ 전자책은 휴대하기 쉽고 정서적인 안정감이 높다.
⑤ 전자자료는 인쇄자료에 비해 내용의 정확성과 신뢰성이 높다.

완성형	• 문항 개발이 쉽다. • 구체적인 답을 적어야 하므로 추측이 줄어든다. • 문항을 푸는 데 걸리는 시간이 선다형보다 짧아서 보다 많은 영역을 포함할 수 있다.	• 고차원적이지 못한 반응을 조장할 수 있다. • 채점하기 어렵다(지문이 너무 특정적이면 정답에 대한 단서를 제공하기 쉽고, 지문이 너무 일반적이면 정답이 여러 개일 수 있다). • 특히, 답이 짧은 경우에 고차원적인 능력이 아니라 특정 사실, 명칭, 장소, 사건의 암기 능력을 측정하는 경향이 있다.	• 한 단어 혹은 한정적인 진술을 요구하지 않는다. • 문항이 물어보는 것이 명료해야 한다. • 문항의 정답이 실제로 참이어야 한다. • 중요한 단어만 삭제한다. • 가능하면 빈칸 또는 괄호가 끝에 오도록 진술한다. • 계산이 필요한 문항이라면 사용하는 단위를 지시한다.
	(예) [1] 다음은 도서관 자료의 정리 규칙에 대한 설명이다. 괄호 안의 ㉠, ㉡, ㉢에 들어갈 규칙을 순서대로 쓰시오.		
	자료가 포함하고 있는 내용을 주제별로 나누고 모으는 활동을 (㉠)(이)라고 하고, 자료와 이용하는 사람을 연결하는 도구를 (㉡)(이)라고 한다. 그리고 자료의 종류와 주제, 위치 정보를 담고 있는 것을 (㉢)(이)라고 한다.		

(출처: Borich, 2011, 501-513의 내용을 정리하고, 사례를 추가함)

5.12.8 서답형 문항 평가

서답형은 학생이 정답을 고르지 않고 서술하는 평가 방법으로 응답 비제한형과 응답 제한형으로 나눌 수 있다. 응답 비제한형은 학생이 응답의 길이와 복잡성을 결정하는 것으로 분석, 종합, 평가 수준의 지적 복합성을 측정하는 데 효과적이다. 그러나 응답 분량과 응답을 조직하고 작성하는 데 많은 시간이 필요하다. 응답 제한형은 학생이 필요한 정보를 떠올리고, 적당한 방식으로 조직하고 타당한 결론을 도출하여 특정 기준에 맞추어 응답을 서술해야 하는 문항이다. 따라서 문항의 진술에는 학생의 응답에 지침이 되는 상세한 제한 사항과 채점 준거가 포함되어야 한다. 서답형 문항을 사용해야 하는 경우와 개발 시 고려해야 할 내용을 살펴보면 다음 〈표 4-71〉과 같다.

〈표 4-71〉 서답형 검사 상황과 개발 시 고려할 내용

검사 상황	개발 시 고려할 내용
• 관계 분석하기 • 입장 비교 대조하기 • 필요한 가정 진술하기 • 적절한 결론 확인하기 • 인과 관계 설명하기 • 예측하기 • 관점을 뒷받침하기 위한 자료 조직하기 • 장단점 지적하기 • 여러 출처로부터 얻은 자료 통합하기 • 항목, 산출물, 행동의 질이나 가치 평가하기	• 문항 개발 전에 학생이 사용하기를 원하는 정신작용(인지행동)을 확실히 한다. • 학생이 수행해야 할 과제가 명확하게 드러나도록 문항을 만든다. • 문항에 비교하기, 대조하기, 이유 쓰기, 독창적인 예 들기, 만약 ~한다면 어떤 일이 일어날지 예측하기 등과 같은 단어나 구를 포함한다. • 논쟁적인 문제를 다루는 문항은 어떠한 입장을 취하는가 보다는 입장에 대한 근거 제시를 요구하여 그 근거 제시 여부를 평가한다. • 선택적 문항은 사용하지 않고, 모든 학생이 동일한 문항을 풀도록 한다. • 학생이 끝까지 응답할 수 있도록 도움을 주고 문항의 답이 어느 정도 상세해야 하는지를 보여주기 위해 각 서답형 문항마다 적절한 응답 소요 시간과 분량 제한을 설정한다. • 각 문항이 교수목표와 연계되어 있는지 확인한다.

(출처: Borich, 2011, 512-518의 내용을 정리함)

서답형 문항을 일관성 있게 채점하기 위한 기준을 살펴보면 다음 〈표 4-72〉와 같다.

〈표 4-72〉 서답형 문항의 채점 기준(예)

기준	평가				
	1	2	3	4	5
내용	조사가 극히 제한적임, 사실과 관련된 자료가 거의 없음		조사가 상당 정도 이루어짐, 사실에 기반을 둔 것이 명백함		심화된 조사가 이루어짐, 사실 하나하나에 충분한 주의를 두었음
내용 조직	아이디어의 조직화가 거의 되어 있지 않음. 표현이 혼란스럽고 이해하기 어려움		아이디어의 조직화가 어느 정도 이루어짐. 그러나 논리적 순서가 개선되어야 함		조직화가 충분함, 아이디어는 논리적으로 연계되어 있고 서로가 서로를 뒷받침하고 있음
과정	아이디어에 대한 정당화나 뒷받침이 거의 없음, 최종 해결 방안이나 결정이 구체화되지 못했음		아이디어에 대한 정당화나 뒷받침이 어느 정도 있음, 최종 해결 방안이나 결정은 더욱 구체화되어야 함		아이디어에 대한 정당화나 뒷받침이 충분함, 최종 해결 방안이나 사실적 자료에 어느 정도 결정이 잘 구체화되었음

기준	평가				
	1	2	3	4	5
완전성	세부사항에 거의 주의하지 않음, 아이디어가 표면적이고 불완전함		세부사항에 어느 정도 주의함, 세부사항에 대한 주의를 강화해야 함		세부사항에 충분히 주의함, 아이디어가 철저하고 완벽함
독창성	응답이 독창적이지 않음, 새롭거나 창조적인 것이 없음		어느 정도 독창성이 있음, 보다 창조적이 되어야 함		응답이 독창적이고 창조적임, 새롭고 예상치 못한 아이디어가 많음

(출처: Borich, 2011, 519)

5.13 피드백

피드백은 학생에게 학습에 대한 정보를 제공하고 학습목표와 현재 상태의 차이를 좁혀 학습을 향상할 수 있는 교수-학습 방법의 하나이다. 특히, 형성적 피드백은 수업 종료 시점에서 최종 산출물에 대해서 제공되는 피드백과 달리 학생의 학습 향상을 목적으로 이루어지는 교사와 학생 간 상호작용 및 정보 일체로(박민애, 손원숙, 2021), 학생이 자신이 배워야 하는 것이 무엇인지를 알고, 자신의 현 상태와 목표를 비교하기 위하여 학습기준을 활용하며, 학습을 향상하기 위한 행동을 취하는 과정에서 일어난다. 피드백을 통한 학습 향상은 학습목표, 학생 학습활동과 수행 그리고 성취 기준이 모두 적절하게 연계성을 갖도록 설계된 수업에서 가능하다. 형성적 피드백이 효과를 거두기 위해서는 학생에게 피드백을 동일한 학습 주기 안에서 추가로 수행할 수 있는 기회로 제공하고, 추가로 이루어진 수행에 대한 피드백은 다음에 배워야 하는 학습목표 달성에 도움을 줄 수 있어야 한다(Brookhart, 2020).

좋은 피드백은 학생의 특성, 학습과제 및 교실 분위기에 따라 달라진다. 일반적인 피드백 전략은 때맞춤, 양, 제공 형태 그리고 대상을 고려해야 한다. 그리고 피드백을 줄 때 학생이 피드백을 활용할 수 있는 시간이 있는지 확인해야 한다. 피드백은 준거를 기준으로 명확하여야 하며, 학생 자신이 학습의 주인공으로 존중받고 있다는 생각이 들 수 있도록 설명적이며 긍정적인 어휘를 사용하는 것이 바람직하다. 그리고 학생과 교사 모두 피드백을 통해서 무엇인가를 배울 수 있어야 하고, 학생에게 학습을 향상할 수 있는 기회를 제공해야 한다(Brookhart, 2020). 서면 피드백은 학생의 글이나 답안 바로 옆에 써주거나, 채점 기준표 및 표지에 써줄 수 있다. 서면 피드백은 영구적이기 때문에 학생이 검토해 보고 다음에 다시 활용할 수 있다. 다만, 학습이 진행 중이고, 아직 개선이나 향상의 기회가 있다는 점을 느낄 수 있도록 점수나 등급은 최종 결과 통보 시점이 아니면 써 주지 않는 것이 좋다(김선, 반재천, 2021). 구두 피드백은 개별 구두 피드백과 집단 구두 피드백으로 제공할 수 있다. 개별 구두 피드백은 학생의 특정한 학습요구에 대하여 구체적인 피드백을 줄 수 있고, 자기방어와 체면 세우기 등으로 과제를 회피하는 학생에게 적합하다. 특히, 구두 피드백은 학생의 수업 참여를 관찰할 수 있는 기회를 제공하지만, 피드백을 결정할 시간이 짧고, 일단 말하고 나면 되돌릴 수 없기때문에 언제, 어디에서 피드백을 주어야 할지 고려할 필요가 있다. 피드백은 단순히 제공되는 것이 아니라 학생이 활용할 수 있는 기회를 제공해 주는 형성평가의 마지막 단계에 해당한다. 이때 학생의 피드백 활용능력을 향상하기 위한 전략을 활용할 필요가 있다(Brookhart, 2020).

- ○ 교사가 피드백을 제공하고 활용하는 방법을 직접 보여준다.
- ○ 피드백의 출처가 어디인지를 지도한다.
- ○ 자기평가 및 동료 평가 기술을 지도한다.
- ○ 피드백의 주인은 학생이기 때문에 피드백에 관한 관심을 높인다.
- ○ 자신의 질문에 답할 수 있는 능력과 자기조절 전략을 길러준다.
- ○ 학습목표와 우수한 과제나 수행의 준거를 명확하게 알려준다.
- ○ 가치 있고, 흥미 있는 과제를 사용한다.
- ○ 과제의 목적을 설명한다.
- ○ 지침을 명확하게 제공한다.
- ○ 명확한 평가 기준(rubrics)을 사용한다.
- ○ 자신만의 평가 기준(rubrics)을 개발하도록 하거나 교사의 평가 기준(rubrics)을 학생에게 친근한 언어로 바꾸도록 한다.
- ○ 수업에서 평가 기준(rubrics)을 활용할 수 있도록 수업을 설계한다.
- ○ 자신의 수행을 개선하기 위해 이전에 받은 피드백을 활용할 수 있도록 수업을 설계한다.
- ○ 복잡한 과제를 다시 수행할 수 있는 기회를 제공한다.
- ○ 조금 단순한 과제를 다시 수행할 수 있는 기회를 제공한다.
- ○ 자신이 받은 피드백으로 과제나 학업 수행을 개선할 수 있는 기회를 제공한다.

〈표 4-73〉 피드백 전략

피드백 전략		좋은 피드백을 위한 제안	전략의 예
때맞춤 (타이밍)	• 언제 • 얼마나 자주	• 사실적인(fact) 지식에 대해서는 즉각적 피드백 제공하기 • 학생의 사고와 처리에 대한 좀 더 포괄적인 고찰에 대해서는 지연된 피드백 제공하기 • 학생 간 격차가 생길 때까지 피드백을 지연시키지 말기 • 모든 주요 과제에 대해 가능한 한 자주 피드백 제공하기	• 시험지, 과제는 즉시 돌려주기
양	• 얼마나 많은 부분에 • 각 부분에 얼마나 많이	• 우선순위를 매겨 가장 중요하게 피드백을 줄 부분 고르기 • 주요 학습목표와 관련하여 피드백을 줄 부분 선택하기 • 학생의 발달 수준 고려하기	• 2~3가지 중요한 요점을 골라서 피드백하기 • 약점뿐만 아니라 강점에도 유사한 정도로 피드백하기
제공 형태	• 구두 • 서면 • 시연	• 피드백 내용에 가장 적합한 제공 형태 선택하기 : 학생의 책상을 지나가면서 주는 의견이면 충분한가? 아니면 의견교환을 위한 별도의 면담이 필요한가? • 가능한 경우 상호작용 피드백(학생과의 대화)이 가장 좋음 • 과제나 시험지 위에 서면 피드백 주기 • 어떻게 해야 하는가?가 중요하거나 학생에게 예시가 필요한 경우 시연하기	• 학생이 기억하고 검토할 수 있어야 하는 부분에 서면 피드백 사용하기 • 읽기 능력이 낮은 학생에게 구두 피드백하기 • 학생이 읽고 싶어 하는 것보다 전달할 정보가 많을 경우 구두 피드백 사용하기
대상	• 개별 • 집단/학급 전체	• 개별적인 피드백은 '선생님은 나의 학습을 가치 있다고 생각한다'라는 메시지를 보내는 것임 • 집단/학급 전체 피드백은 모든 학생이 공통적으로 이해가 가지 않는 내용이 있다면 다시 가르쳐 줄 수 있는 기회가 될 수 있음	• 개별적으로 의사소통하여 수행에 관한 구체적인 정보 제공하기

(출처: Brookhart, 2020, 25-36의 내용을 정리함)

피드백의 내용 선택은 초점, 참조 준거, 기능 및 유인가 등을 포함한다. 피드백의 내용과 좋은 피드백을 위한 제안을 정리하면 다음 〈표 4-74〉와 같다.

〈표 4-74〉 피드백 내용과 좋은 피드백을 위한 제안

	피드백 내용	좋은 피드백을 위한 제안
초점	• 과제 • 과정 • 자기조절 • 학생 개인	• 가능한 경우, 과제와 과정 그리고 그들의 관계를 설명하기 • 만약 교사의 의견이 자기효능감을 증진할 수 있다면, 그 학생의 자기조절에 대해 언급하기 • 학습자 개인에 대한 의견은 피하기
참조 준거	• 준거 참조 • 규준 참조 • 자기 참조	• 과제 자체에 대한 정보를 제공하면서 준거 참도 피드백 사용하기 • 학생의 수행 과정 또는 노력에 대한 정보를 제공하면서 규준 참조 피드백 사용하기 • 성공적이지 않은 학습자에게는 학습목표에 비해 얼마나 뒤처져 있는지의 피드백보다는 이전의 수행에 비해 자신이 얼마나 발전하고 있는지에 대한 자기 참조 피드백 사용하기
기능	• 설명적 • 평가/판단적	• 설명해 주기 • 판단하지 말기
유인가	• 긍정적 • 부정적	• 무엇을 잘했는지 설명하는 긍정적인 의견을 사용하기 • 수행에 대한 부정적인 설명을 할 때는 개선을 위한 긍정적인 제안을 함께 제공하기
명확성	• 명확 • 불명확	• 학생이 이해할 수 있는 어휘와 개념을 사용하기 • 학생의 발달 수준에 따라 피드백의 양과 내용을 조정하기
구체성	• 사소함 • 정확함 • 상당히 일반적	• 학생과 과제에 따라 구체적인 정도 조정하기 • 학생이 무엇을 해야 할 지 알 수 있도록 구체적으로 피드백하되, 너무 구체적이지는 않게 할 것 • 오류나 오류 원형 등에 피드백을 주지만, 하나하나 모든 오류(예: 교정 또는 정답 제공)를 수정해 주기 말기. 이렇게 하면 학생은 아무것도 하지 않게 됨
어조	• 함축적 • 학생이 듣게 되는 것	• 학생과 그 학생의 수행에 대한 존중을 나타내는 단어 선택하기 • 학생이 자신의 학습에 책임을 갖게 하는 단어 선택하기 • 학생을 생각하게 하거나 궁금해하게 하는 단어 선택하기

(출처: Brookhart, 2020, 26)

초점, 참조 준거, 기능 그리고 유인가를 고려한 보고서에 대한 좋은 피드백의 예를 살펴보면 다음 〈표 4-75〉와 같다.

〈표 4-75〉 좋은 피드백(예)

피드백	활용된 피드백 전략의 유형
이 보고서는 재활용에 동의하지 않는 독자를 설득하지 못할 것입니다. 환경에 미치는 영향과 재활용 비용에 대해 더 알고 싶습니다.	• 초점 : 과제 · 과정 • 참조 준거 : 준거 참조 • 기능 : 설명적 • 유인가 : 건설적 비판
이 보고서는 지난번 보고서보다 낫습니다. 우리가 신문을 재활용해야 한다고 생각한다는 것을 분명히 했습니다.	• 초점 : 과제 · 과정 • 참조 준거 : 자기 참조 • 기능 : 설명적 • 유인가 : 긍정적 · 건설적 비판

(출처: Brookhart, 2020, 46-47)

제5장

협동수업 기반 학교도서관활용교육

1. 협동수업의 의미와 장점
2. 협동수업에 영향을 끼치는 요인
3. 협동수업 유형
4. 협동수업을 위한 시간표 편성
5. 디지털 신기술 기반 학교도서관활용교육

사서교사와 교과교사의 협동수업은
학교도서관 교육과 교과 교육의 학습주제 간 연계성을 기반으로
공동의 학습목표를 달성하기 위해 통합 교육과정을 개발하고
공동으로 수업을 설계, 운영, 평가하는 것이다.
디지털 신기술 기반 교육환경에서
학교도서관이 교수-학습을 지원하고 개선하기 위해서는
자원에 대한 접근성을 강화하고,
학습자 중심의 디퍼 러닝(Deeper Learning)에 필요한 환경을 구축할 필요가 있다.
특히, 에듀테크 도입이 수업의 경계를 확장했다는 점에서
새로운 학교도서관활용교육 설계 모형이 필요하다.

제5장 협동수업 기반 학교도서관활용교육

1. 협동수업의 의미와 장점

1.1 협동수업의 의미

사서교사와 교과교사의 협동이 필요한 이유는 '많은 정보를 이해하고 다루어야만 하는 복잡한 사회생활을 준비하는 학생에게 유용하기 때문'이다(AASL & AECT, 1998b). AASL(2016)은 「학교도서관을 위한 적절한 인력 채용」(Appropriate Staffing for School Libraries)에서 협동을 '전문적인 교수 계획을 설계하고, 운영하고, 평가하기 위하여 교수팀의 일원으로 일하는 것' 정의했다. 그리고 2019년에 발표한 「학교도서관 시간표 편성에 관한 성명서」(Position Statement on School Library Scheduling)에서 '교과교사와 협동 및 공동 교수(Co-teaching)를 통해 이루어지는 사서교사의 교수활동은 모든 교과 교육과정의 필수 불가결한 요소이다'라는 '통합 도서관 철학'(Integrated library philosophy)을 제시했다. 또한, 「사서교사의 교육적 역할」(The Instructional Role of the School Librarian)(AASL, 2020)에서는 협동을 '교수활동을 위해 교사나 관리자와 함께 일하는 것'으로 정의했다. 그리고 사서교사의 역할 중 하나를 '협동'으로 제시하고, 사서교사는 '학업성취도 향상, 관점의 확대를 위해서 다른 사람과 효과적으로 일하는 데 필요한 협동 문화를 만들고 학습전략을 촉진하는 교수 파트너이며, 공동의 목적을 향해 함께 일한다.'고 설명했다. AASL(2020)이 설명하고 있는 사서교사의 협동과 관련된 구체적인 역할을 다음과 같다.

- 사서교사는 공동으로 가르치고, 학습 기회와 평가 전략의 계획과 실행을 공동으로 평가한다.
- 사서교사는 깊이 있는 학습을 위해 인쇄 리터러시, 원문 리터러시, 시각 리터러시, 정보 리터러시, 디지털 리터러시 실천을 장려하고 모델을 만들고 내재화한다.
- 사서교사는 학습자가 폭넓은 인식과 공동의 목적을 향해 다른 사람과 효과적으로 일하는 데 필요한 능력을 길러준다.
- 사서교사는 학습자가 자신은 물론 동료의 학업(work)을 건설적으로 평가하기 위해 함께 학습하도록 장려한다.

따라서 사서교사와 교과교사의 협동수업(Collaborative Instruction)은 학교도서관 교육과 교과 교육의 학습주제 간 연계성을 기반으로 공동의 학습목표를 달성하기 위해 통합 교육과정을 개발하고 '공동으로 수업을 설계, 운영, 평가하는 것'이다.

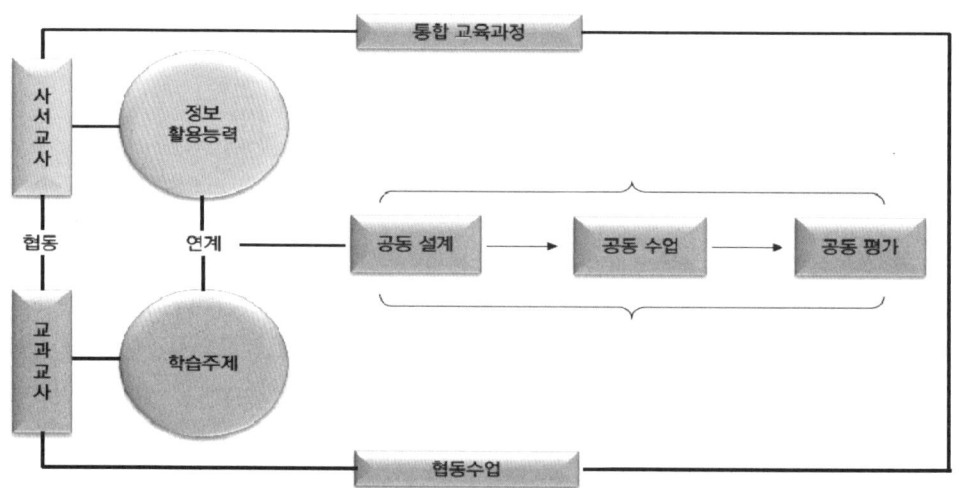

(출처: 송기호, 2018, 243)

[그림 5-1] 협동수업의 의미

협동수업의 가장 일반적인 적용 방법인 학교도서관활용수업(School Library Based Learning)은 「학교도서관활성화종합방안」(교육인적자원부, 2003)의 산물이다. 즉 활성화된 학교도서관의 교육적 활용 방안으로써 학교도서관활용수업을 추진하였으며, 「학교도서관 운영 편람」(교육인적자원부, 서울특별시교육청, 2003)에서 그 장점과 사례 그리고 운영 방법 등을 소개하였다. 이후 서울특별시교육청을 중심으로 학교도서관활용수업 연구학교가 운영되면서 점차 확산되었다.

정보활용교육 중심의 학교도서관 교육을 교과 교육과의 통합과 협동의 대상으로 인식하는 것은 미국의 학교도서관 기준의 변화 과정에 잘 나타나 있다. 즉 학생의 학습능력 신장을 위한 정보활용교육의 적용 방법이 독립적인 교육과정 운영(1945년 기준: 「School Libraries for today and tomorrow」)에서 교육과정 지원(1975년 기준: 「Media Programs-Direct and Schools」)으로 그리고 교과 교육과 정보활용교육의 완전한 통합(1988년 기준: 「Information Power: Guidelines for School Library Media Programs」)으로 변화하면서 나타난 역사적 산물이다. 국내도 「도서관법」(법률 제19592호) 제40조 제②항과 「학교도서관진흥법」(법률 제18547호) 제6조 제①항에서 학교도서관의 역할(업무) 중 하나로 '협동수업 등을 통한 정보활용의 교육'을 포함하고 있다.[1]

1.2 협동수업의 장점

협동수업은 실제 수업 과정의 일부로서 학습능력과 학습기술이 적용되는 교육과정 통합지도 방법으로 학생에게 더욱 적합한 수업이다(Silva & Turriff, 1993). 따라서 협동수업은 학교도서관 교육의 범교과적 속성을 교과 교육과정에 적용하는 방법 중 하나이며, 방법적 지식인 정보활용능력(Information Literacy)을 자기주도학습의 도구로 활용함으로써 교수-학습 방법 지원과 개선에 기여하고, 미래 사회에 대응할 수 있는 학습자 역량을 신장할 수 있다.

교과 교육과 학교도서관 교육의 통합 운영은 사서교사의 교수자로서의 위상을 강화하고, 교과의 학습목표 달성에 이바지할 뿐만 아니라 학생의 도서관 능력(Library Literacy)과 자신감을 증진하며, 학업성취도 향상에 기여하는 것으로 나타났다. 협동수업의 장점을 수업에 참여하는 사서교사, 교과교사, 학생 측면에서 살펴보면 다음 〈표 5-1〉과 같다.

---

[1] 학교도서관활성화사업(2003~2007년) 이전에 학교도서관의 업무를 담고 있던 「도서관및독서진흥법」(법률 제4746호)제35조의 내용은 '1. 학교 교육에 필요한 자료의 수집·정리·분석·보존·축적 및 그 이용, 2. 독서지도 및 도서관 이용의 지도, 3. 시청각 자료의 개발·제작 및 이용, 4. 기타 학교도서관으로서의 기능수행에 필요한 업무'이다. 학교도서관활성화사업 마지막 해인 2007년에 개정된 「도서관법」(법률 제19592호) 제38조는 학교도서관 업무를 '1. 학교 교육에 필요한 자료의 수집·정리·보존 및 이용서비스 제공, 2. 학교 소장 교육 자료의 통합관리 및 이용 제공, 3. 시청각 자료 및 멀티미디어 자료의 개발·제작 및 이용 제공, 4. 정보관리시스템과 통신망을 이용한 정보공유체제의 구축 및 이용 제공, **5. 도서관 이용의 지도 및 독서교육, 협동수업 등을 통한 정보 활용의 교육,** 6. 그 밖에 학교도서관으로서 해야 할 기능수행에 필요한 업무'로 정하였다. 이후 2007년 12월 14일에 제정되어 2008년 6월 15일부터 시행된 「학교도서관진흥법」(법률 제18547호) 제6조 (학교도서관의 업무) 제① 항에서 '학교도서관은 「도서관법」제38조에 따른 업무를 수행한다.'로 정하였다.

<표 5-1> 협동수업의 장점

구분	장점
사서교사	• 다른 교사에게 사무적이고 틀에 박힌 역할뿐만 아니라 중요한 협동 기술을 보여줌으로써 학교도서관을 학교 교육과정에 꼭 필요한 구성 요소로 인식하는 데 도움을 줌 • 사서교사의 중요성과 교육 리더로서의 중추적인 역할을 강화할 수 있음
교과교사	• 학생이 진정으로 관심을 갖고 필요로 하는 학습능력이 무엇인가를 파악하여 학생을 능동적인 학습자로 만들 수 있음 • 교과교사와 사서교사의 전문지식과 집중적인 시간 투자를 통해서 수업이 진행되기 때문에 교과 학습목표 달성에 기여함 • 유능하고 존경받는 스승의 자리를 확보할 수 있음
학생	• 도서관 이용 능력 신장 • 도서관 이용의 자신감 신장 • 반성적 사고 신장 • 정보활용능력 신장 • 학습의 주도권 확보 • 다양한 학습기회 제공 • 학습 전이능력 신장 • 사회적 상호작용을 통한 자주적 학습능력 강화

(출처: Thomas, 2004; Carletti, Suzanne & Willing, 1991; Milbury, 2005; Dickinson, 2006의 내용을 종합함)

2. 협동수업에 영향을 끼치는 요인

2.1 협동수업 저해 요인

협동수업은 사서교사와 교과교사의 인간관계 형성이 매우 중요하다. 즉 사서교사와 교과교사의 상호 신뢰, 호감, 동료애, 친화력, 존중, 상호인정 그리고 대화를 통한 파트너십 구축 정도에 따라서 수업의 수준과 질이 달라진다. 또한, 학교가 운영하는 교육과정의 특징과 학교장 등 인적자원의 협동수업에 대한 인식과 참여 정도도 영향을 끼친다.

협동수업의 해외 사례 연구를 분석한 결과(송기호, 2009), 사서교사와 교과교사의 협동수업을 저해하는 요소는 사서교사의 교육적 역할에 대한 이해 부족, 사서교사의 리더십 부족, 협동수업 사례 부족, 사서교사 부족, 교사의 시간 부족 그리고 학교장의 지원 부족 등이다. 반면에 사서교사와 교과교사의 협동수업 수준 향상에 영향을 주는 기본적인 요소는 교과교사와 사서교사의 흥미와 참여이다. 그리고 학습 개선을 위한 노력과 혁신, 교과 통합 정도에 따라서 협동수업 수준이 결정된다.

국내 사례 분석 결과(송기호, 2016), 사서교사는 학교도서관활용수업의 저해 요인으로 자료의 다양성 및 양적 부족을 가장 많이 지적하였다. 다음으로 사서교사의 준비와 연구 부족, 교과교사(담임교사)의 인식 부족, 교과교사(담임교사)와의 충분한 협의 부족, 자료 활용 시간 부족 그리고 수업에서의 사서교사 역할 제한 등을 문제점으로 꼽았다. 특히, 사서교사가 운영하는 수업과 교과와의 연계가 부족하고, 사서교사의 독자적인 수업 운영으로 다른 교과와의 연계(협동수업) 필요성을 느끼지 못하는 경우도 나타났다. 또한, 교과교사가 평소 개방적인 수업을 하고 있지 않기 때문에 다른 교사와 수업을 함께 한다는 것을 심리적으로 부담스러워하고, 수업 공유를 꺼리는 경향도 있으며, 교과교사의 수업권을 지키려는 심리 때문에 사서교사의 수업 참여가 어려운 경우도 있는 것으로 나타났다. 아울러 중·고등학교의 경우 하나의 교과를 담당하는 교사가 여러 명이면 교과 협의의 어려움으로 학교도서관 교육과 교과 수업 내용을 연계하기가 곤란한 경우도 발생하는 것으로 나타났다. 이상에서 살펴본 협동수업의 저해 요인을 참여 인력을 중심으로 정리하면 다음 〈표 5-2〉와 같다.

〈표 5-2〉 협동수업 저해 요인

구분	참여 인력별 저해 요인	공통 저해 요인	
사서교사	• 사서교사의 리더십 부족 • 사서교사의 준비와 연구 부족 • 교과 연계에 대한 인식 부족	• 교사와 사서교사의 협동적 관계(파트너십) 부족 • 협동수업 준비에 투입할 시간 부족 • 교사와 사서교사와의 충분한 협의 부족 • 협동수업에서 사서교사의 역할 제한 • 협동수업에서 자료 활용 시간 부족 • 동일 과목(학년)을 담당하는 여러 명의 교사와의 연계 곤란	• 사서교사의 역할 변화에 대한 이해 부족 • 협동수업에 대한 분명한 정의 부족 • 1인의 사서교사가 학교의 모든 교사와 협력하기 위해서는 많은 시간과 자원이 소요됨 • 자료의 다양성 및 양적 부족 • 학교도서관 시설 부족
(교과)교사	• 교과교사의 협동수업에 대한 인식 부족 • 수업 공유에 대한 부담감 • 수업권을 지키려는 심리		
교장 및 제도	• 예산 절감을 위해서 사서교사 대신 사무직원으로 대체하는 문제 • 학교장의 인식과 지원 부족 • 교육과정 및 교육청의 정책 및 지원 부족		

(출처: 송기호, 2021, 421)

2.2 협동수업 활성화 요인

협동수업을 활성화하기 위해서는 필요성에 대한 연수 실시, 사례 개발 및 인식 개선 노력이 중요하다. 그리고 교과교사(담임교사)와의 충분한 사전 협의 및 수업에서의 역할 명료화, 사서교사의 교육과정 분석 등 사전 준비와 전문성 신장 노력도 필요하다. 이 밖에도 교과교사(담임교사)와의 의사소통 및 관계 개선 노력, 사서교사의 교육과정(학년 협의회) 참석 및 수업시수 확보, 협동수업 주제에 맞는 다양한 자료 확보 노력을 기울여야 한다. 특히, 사서교사가 동료 교사에게 열심히 일하는 모습만 보여주기보다는 친밀감을 형성하여 협동수업의 기반을 마련해야 한다(송기호, 2016).

협동수업을 위한 통합 교육과정 개발에 학교장의 역할이 매우 중요하다(Farwell, 1998; Russell 2002; Montiel-Overall 2005). 왜냐하면, 학교장은 학교도서관 중심의 자원기반학습에 가치를 부여하고, 학교도서관이 학교 교육과정의 중심이라는 신념을 확산시키고, 교사와 사서교사 간의 협동 단계를 설정하고, 사서교사와 교과교사의 대등한 수업 참여를 보장하기 때문이다. 또한, 학교장은 학교도서관의 자원기반학습 환경 구축을 위한 재정과 인적자원을 지원하고 협동수업을 위한 시간표 편성에도 도움을 줄 수 있다.

훌륭한 학교장은 자신의 임무가 학생의 시험성적을 높이는 것이 일이 아니라 학생·교사·학부모·직원이 공통의 목적을 공유하는 공동체를 구축하는 일이라는 사실을 알고 있다. 그리고 변화의 가치를 인정하고 공동체 구성원에게 변화에 도전할 기회를 부여한다(Robinson, 2015). 협동수업의 성공적 운영을 위한 학교장의 역할을 정리하면 다음과 같다.

〈표 5-3〉 협동수업의 성공적 운영을 위한 학교장의 역할

- 교육과정 운영의 주요 관심사 가운데 하나로 학교도서관활용수업이나 자원기반학습을 선정하고 후원한다.
- 수업 지원을 위한 협력 조직을 구성하고 직접 참여한다.
- 학교도서관이 학교 교육과정 운영의 중심이라는 것을 인식하고, 이러한 신념을 교사와 학부모 등에게 확산시킨다.
- 학교도서관 운영에 필요한 자료, 시설, 기기 구매에 필요한 예산 편성을 지원한다.
- 학교도서관활용수업에 필요한 시간표 편성과 협동수업을 도와주기 위한 보조 인력을 지원한다.

교과교사는 협동수업 운영의 파트너로서 교과 교육의 목적과 목표를 자원기반학습에 맞게 설정하고, 학생이 도서관에 긍정적인 태도를 형성하는 데 영향을 끼친다. 또한, 협동

수업에 대한 학생의 학습 요구를 결정하고, 수업과 시간표 설계를 통해서 통합 교육과정 운영에 영향을 준다.

〈표 5-4〉 통합 교육과정의 성공적 운영을 위한 교과교사의 역할

- 자원기반학습을 위해서 교과 교육의 목적과 목표를 분명히 하여 수업을 조직하고 도서관 자원에 접근할 수 있도록 하며 그 결과를 평가한다.
- 학생이 도서관과 같은 학습 환경에 긍정적인 태도를 갖도록 지도하며 학생들의 학습 요구를 결정한다.
- 학생이 적절한 학습 유형과 학습 기회를 얻도록 도서관 수업과 시간표를 설계한다.

자원기반학습에서 교과교사가 교과의 학습주제를 학교도서관의 자원과 연계하여 활용하는 단계는 다음 〈표 5-5〉에서와 같이 수업에 학교도서관 자료를 활용하지 않고 사서교사의 수업 참여가 전혀 없는 단계에서부터 단원에 자료와 사서교사의 참여가 통합되는 단계로 점차 발전한다. 따라서 협동수업에 참여하는 사서교사와 교과교사의 관계성이 협동의 성패를 좌우하는 핵심 요소이다(Montiel-Overall, 2005).

〈표 5-5〉 자원기반학습에서 교과교사의 학교도서관 자원 활용 8단계

단계	학교도서관의 자원 활용 정도
1	학교도서관 자료를 이용하지 않고, 사서교사의 수업 참여도 없다.
2	상설 학급문고를 개설한다. 학교도서관과의 상호작용의 필요성을 약간 갖는다.
3	교실 수업에서 사용하기 위해서 학교도서관, 공공도서관이나 다른 기관으로부터 자료를 대출한다.
4	수업자료와 관련해서 사서교사의 제안이나 아이디어를 수용한다.
5	단원의 내용을 지도하기 위해서 학교도서관의 자료를 이용한다.
6	학교도서관을 보조기관으로만 보지 않고, 자료와 활동을 교과 단원에 통합한다.
7	교과수업에 사서교사를 교수 파트너로 참여시키고, 학생에게 정보활용능력 지도를 의뢰한다.
8	교육과정 변화가 이루어지도록 사서교사와 상담한다.

(출처: Montiel-Overall, 2005, 33)

학교에서 협동에 참여하는 인적자원 간 관계성 향상에 관여하는 속성을 살펴보면(표 5-6 참조), 상호 간의 '신뢰'와 '호감' 그리고 '동료애'와 '친화력'이 필요하며, '존중'과 '상호인정' 그리고 '대화'가 중요한 요소임을 알 수 있다. 따라서 성공적인 협동을 위해서는 사서교사의 전문성과 친화력 그리고 커뮤니케이션능력이 매우 중요하다.

〈표 5-6〉 관계성에 영향을 주는 협동 모델별 속성

Model A Coordination(협력)	Model B Cooperation(협조)	Model C Integrated Instruction (통합 교수)	Model D Integrated Curriculum (통합 교육과정)
• 낮은 신뢰 • 호감 • 친화력 • 최소한의/낮은 의사소통	• 낮은 신뢰 • 호감 • 친화력 • 동료애 • 취향의 공유 • 상호작용 • 보통의 의사소통	• 깊은 신뢰 • 호감 • 친화력 • 동료애 • 취향의 공유 • 존중 • 평등 • 전문지식을 인정하는 상호작용 • 많은 의사소통 • 빈번한 대화	• 깊은 신뢰 • 호감 • 친화력 • 동료애 • 취향의 공유 • 존중 • 평등 • 전문지식을 인정하는 상호작용 • 탁월한 의사소통 • 빈번한 대화

(출처: Montiel-Overall, 2005, 39)

  교과교사의 시간 부족은 교과 지도 이외의 시간을 교재연구, 학습부진 학생지도, 보고서 작성, 학습자료 수집, 학교 업무, 학년 단위 협의회 등에 사용하기 때문이다. 따라서 교과교사의 협동수업 참여를 촉진하기 위해서는 일과 중에 상호작용이 가능한 시간표 작성, 협동수업 준비와 자유로운 협력을 지원할 수 있는 보조교사(substitute teachers) 지원, 교실 배치, 방과 후 업무에 대한 적절한 보상과 지침을 제공할 필요가 있다(McGregor, 2003). 그리고 의미 있는 방법으로 실질적인 협동수업을 할 수 있는 더욱 설득력 있는 목표 설정이 필요하다(Bishop & Larimer, 1999; Leonard & Leonard, 2003).

  사서교사와 교과교사가 협동의 어려움을 극복하기 위해서는 교과교사보다는 교육과정 운영에 더욱 많은 유연성을 가진 사서교사가 교육과정 통합과 협동수업의 물꼬를 트는 노력을 하는 것이 바람직하다. 그리고 협동에 참여하는 사서교사는 통합 교육과정 운영에 참여하는 교과 교육과정을 충분히 분석하고, 교과교사는 사서교사가 어떻게 교육과정을 지원할 수 있는지에 대한 이해가 필요하다(Brodie, 2006).

  성공적인 협동수업 운영을 위하여 학교장의 관심과 참여 못지않게 중요한 요인은 사서교사의 리더십과 파트너십이다(Doiron & Davies, 1998). 특히, 사서교사의 리더십이란 '개인마다 아이디어와 목적(goal) 또는 비전(vision)을 갖는 과정이며, 그것을 다른 사람과 공유하는 것'이다(Kearney, 2000; Brodie, 2006). 사서교사가 리더가 되어야 하는 이유는 교수팀(teaching team)의 완전한 구성원 즉 교육과정의 동반자(curriculum partner)가

되기 위해서이다(Kearney, 2000). 이 밖에도 접근성(물리적·경제적·지적·심리적 접근성)에 기반을 둔 학교도서관 운영, 사서교사의 교수자·정보 전문가·프로그램 관리자로서의 역량 신장과 장학 체계 확립 등도 협동수업의 중요한 성공 요인이다.

3. 협동수업 유형

3.1 사서교사와 교과교사의 연계 정도에 따른 구분

3.1.1 사서교사와 교과교사의 연계 수준

국내에 처음 소개된 학교도서관활용수업 모형은 1995년에 한윤옥(1995)이 소개한 헤이콕(Ken Haycock)(1988)의 협력 프로그램 설계 모형이다. 이 모형에 따르면 사서교사는 우선 교과교사와의 공적·사적 만남을 통해서 학교도서관활용수업을 위한 파트너십을 형성한다(① 접근 시도). 그리고 학교도서관활용수업에 참여하기를 희망하는 교과교사와의 의견교환, 교과 교육과정 분석을 통한 관련 학습자료 수집, 선행 정보기술 분석 및 새롭게 적용할 정보기술을 위한 교수전략 개발 등을 통해서 교과교사와 함께 학생의 학업성취도 향상에 필요한 협동 교수 프로그램을 수립한다(② 협동 교수 프로그램의 계획). 마지막으로 이렇게 설계된 협동 교수 프로그램을 바탕으로 차시별로 학습목표 설정, 학습 내용의 결정 및 조직, 교수 방법 및 전략 결정, 학습활동 전개 및 평가 등의 구체적인 교수 활동을 계획하고 실행한다(③ 교수 활동 계획 및 실행).

「학교도서관 활성화 사업」(2003~2007년) 기간에 협력 프로그램 설계 모형은 단순 협력형, 일반 협력형, 밀접 협력형 등 3가지 유형으로 세분화되어 적용되었다. 단순 협력형은 사서교사가 단순히 교과교사가 요구하는 자료와 기기만 준비해 주는 형태이고, 일반 협력형은 사서교사가 단순한 자료와 기기 제공뿐만 아니라 교과수업에 참여하여 자료 활용과 기기 사용법 등을 지도하는 경우이다. 밀접 협력형은 사서교사가 지도하는 정보활용능력을 기반으로 교과교사가 학교도서관에서 교과수업을 전개하는 경우로 사서교사와 교과교사가 단원 설정에서 수업 운영, 평가에 이르기까지 협력하는 모형이다(교육인적자원부, 서울특별시교육청, 2003, 133-135).

(출처: 한윤옥, 1995, 265의 내용 일부를 수정함)

[그림 5-2] 협력 프로그램 설계 모형

    1~2주에 걸쳐서 도서관에서 학생의 탐구 활동 주제와 정보활용능력을 통합 지도하는 수업모형을 살펴보면(그림 5-3 참조), 사서교사와 교과교사의 연계는 점차 확대되며 최종적으로 통합 교육과정으로 발전한다.

    학교도서관 교육과 교과 교육과정의 통합 정도에 따라서 협동수업을 A(협력), B(협조), C(통합 교수) 그리고 D(통합 교육과정) 등 4단계 모형으로 구분할 수 있다(Montiel-Overall, 1995). 이 중에서 모형 C(통합 교수)는 학생이 쉽게 학습 내용을 이해할 수 있도록 정보활용능력, 참고서지교육 그리고 연구능력의 개발 등이 통합된 형태이다. 그리고 모형 D(통합 교육과정)는 교육목표를 공유한 사서교사와 교과교사가 함께 수업계획을 설계하고 학생을 지도한 후에 평가하는 활동으로 전 학년, 전 교과에 걸쳐서 교과 교육과정과 학교도서관 교육과정이 통합 운영되는 모형이다. 결국, 사서교사와 교과교사 간의 협동수업은 일정한 발전 단계를 거쳐 이루어짐을 알 수 있다.

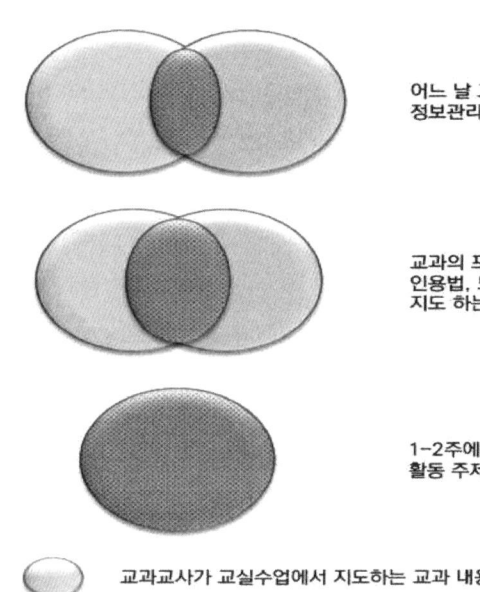

(출처: Stanley, 2001, 32)

[그림 5-3] Stanley의 통합 정보활용교육 모형

협조-협력-협동의 구분

- Oxford Learner's Dictionaries에 따르면
  - cooperation은 '함께 무엇인가를 하거나 공동의 목적을 향해 함께 일한다는 사실'을 의미한다. 예) 그들은 프로젝트에 cooperation을 제안했다.
  - coordination은 '어떤 것의 일부, 사람들의 집단이 효율적이고 조직적인 방식으로 함께 일하도록 만드는 행위'를 의미한다. 예) 목적은 서비스 coordination을 개선하는 것이었다.
  - collaboration은 '무엇인가를 만들거나 생산하기 위해 다른 사람이나 집단과 함께 일하는 행위'를 의미한다. 예) 새로운 비행기는 유럽의 산업과 기술 collaboration의 승리였다.
- 국립국어원 표준국어대사전에 따르면
  - 협조(協助)란 '힘을 보태어 도움', '힘을 보태어 돕다'라는 의미이다. 예) 수사에 협조하다.
  - 협력(協力)은 '힘을 합하여 서로 도움', '힘을 합하여 서로 돕다.'라는 의미이다. 예) 우리는 옆집과 협력하여 모내기를 제때 무사히 마쳤다.
  - 협동(協同)은 '서로 마음과 힘을 하나로 합함', '서로 마음과 힘을 하나로 합하다.'라는 의미이다. 예) 이후 두 마을은 과거의 불화를 씻고 돈독한 신의와 화목으로써 서로 협동하며 생업에 충실한다.
- 이처럼 협조(cooperation)는 '할 수도 있고, 하지 않을 수도 있음'을 내포하고 있고, 협력(coordination)은 '서로의 필요에 의해 정해진 기간에 서로 비슷한 도움을 주고받아 목적을 달성한다'를 그리고 협동(collaboration)은 '공동의 목적을 위해 장기간의 헌신과 노력을 함께 기울인다.'는 의미를 함축하고 있다.

(출처: Oxford Learner's Dictionaries (2024. 11. 29.). https://www.oxfordlearnersdictionaries.com; 국립국어원 표준국어대사전 (2024. 11. 29.). https://stdict.korean.go.kr

협동수업의 유형을 학교도서관의 교육 정보 봉사와 연계하면 다음 〈표 5-7〉에서 보는 바와 같이 고립(isolation), 협조(cooperation), 협력(coordination) 그리고 협동(collaboration) 등 4단계로 구분할 수 있다(Doll, 2005). 고립은 도서관을 방문하는 개별 이용자에게만 봉사를 하기 때문에 사서교사의 교실 수업에 대한 이해가 낮은 단계이다. 협조는 사서교사가 독자적으로 독서지도나 도서관 이용지도 등을 실시하기 때문에 여전히 다른 교과와의 연계가 이루어지지 않는 단계이다. 협력은 학교도서관 교육(정보활용교육)을 학급 단위로 도서관에서 별도로 실시함으로써 교과교사로부터 가치를 인정받는다. 그러나 교과 교육과정과는 별도로 운영하기 때문에 사서교사의 교육적 역할에 대한 확실한 인식을 보여주기에는

〈표 5-7〉 Doll의 학교도서관 교육 정보 봉사 4단계의 내용과 특징

봉사 단계	봉사 내용	특징
고립	• 도서관을 방문하는 개별 이용자에 대해서만 봉사함 • 학생의 자료검색 방법에 대한 질문이나 정보원에 대한 질문에 답을 하는 정도의 활동	• 학생의 도서관 이용 시간에만 봉사 - 정규 수업 시간, 문학 감상 시간 - 교과 과제 해결을 위한 학생의 개인 방문 • 사서교사의 교실 수업에 대한 이해 부족 • 학교 교육과정에 대한 기여도가 낮게 평가됨
협조	• 교과 단원 분석을 통한 자료 제공 • 독자적인 정규 교육과정 운영 - 도서관 이용지도, 정보활용교육(학교도서관 교육)	• 독자적으로 정보활용능력과 도서관이용능력을 지도함 • 교과수업과의 연계 없음 • 사서교사가 학교 공동체의 완전한 구성원으로 인정받지 못함 • 다른 교과와 연계한 정보활용능력 지도가 불가능함
협력	• 학교도서관 교육(정보활용교육)을 학급 단위로 도서관에서 실시함 • 개별 교과수업을 자세히 분석한 후에 수업자료를 정기적으로 제공함 - 다양한 학습자료 - 웹사이트 - 서지	• 여전히 교과교사와 사서교사가 별도로 활동함 • 학교 공동체에 적극적인 참여로 교과교사로부터 가치를 인정받음 • 사서교사가 교육과정 운영에서 수행할 수 있는 중요한 역할에 대한 확실한 인식과 수용이 여전히 부족함
협동	• 사서교사가 교과와 단원의 수업 설계, 학생지도, 평가에 전체 교사들과 협동하여 적극적으로 참여함 • 교과 교육과정을 통한 정보활용능력 통합지도	• 교과교사와의 정기적인 모임 • 불필요한 복사, 학습자료 중복 준비를 피할 수 있음 • 수준 높은 수업 진행 • 학생의 수업 만족도 향상 • 학생의 학업성취도 향상

(출처: Doll, 2005, 7-9의 내용을 정리하여 도표화함)

여전히 부족하다. 마지막 단계인 협동은 사서교사와 교과교사가 수업 설계, 학생지도 그리고 평가 방법을 함께 계획하고, 정보활용능력을 교과 교육과 통합하여 운영하는 단계이다. 따라서 자료의 불필요한 중복 복사나 준비를 피하고 학생의 수업 만족도를 높일 수 있다. 이 밖에 협동수업의 발전 단계를 보여주는 모형을 정리하면 다음 〈표 5-8〉과 같다.

〈표 5-8〉 협동수업의 발전 단계

연구자 (발표 연도)	발전 단계별 주요 내용			
	1단계	2단계	3단계	4단계
Montiel-Overall (1995)	■ Coordination • 사서교사가 교사와 학생의 교수-학습활동에 거의 참여하지 못함 • 참여한다 해도 사전 계획 없이 거의 즉흥적으로 이루어짐 • 예: 행사의 공동 운영	■ Cooperation • 학생의 학습 환경을 강화하기 위해서 교사와 사서교사가 더 밀접하게 일하기 시작하는 단계, 각자의 교육목표를 독립적으로 지도함	■ Integrated Instruction • 교과의 학습 내용과 학교도서관의 방법적 지식의 통합, 공통의 학습목표 설정	■ Integrated Curriculum • 교육과정 계획과 개발에 사서교사가 완전히 참여함 • 협동을 통해서 교과 영역과 정보활용능력과 같은 학교도서관 교육과정이 전 학년에 걸쳐서 통합됨
Farwell (1998)	■ 교과교사 도서관 운영과 상관없이 교과 교육과정을 운영함 ■ 사서교사 교과 교육과정과 상관없이 독자적으로 정보활용교육을 실시함	■ 교과교사 교과 수업을 지원하는 학생의 정보활용능력교육을 사서교사에게 요구함 ■ 사서교사 교과의 요구에 맞추어 정보활용교육 시간을 유연하게 운영함	■ 교과교사 사서교사와 정기적인 협력수업을 운영하고, 다른 교과교사와도 협력함 ■ 사서교사 교과교사와 정기적인 협력수업을 운영함. 교과교사와의 협동수업 계획수립에 참여함	■ 교과교사 미리 짜놓은 시간표에 따라서 도서관을 먼저 수업에 활용함 ■ 사서교사 교과의 학교도서관활용수업 시간표에 맞추어 정보활용교육을 실시함
Dickinson (2006)	■ 협조 [교과교사] • (학내망이나 전화로) 도서관에서의 자료 활	■ 협력 [사서교사] • 도서관에서 정보활용교육을 지도하는 학급	■ 협동 • 공동 수업 설계-공동 수업-공동 평가	

연구자	발전 단계별 주요 내용			
(발표 연도)	1단계	2단계	3단계	4단계
	용시간을 요청함 • 자료 활용수업을 진행할 단원(학습주제)에 대한 자료 요청 [사서교사] • 학습주제와 관련된 자료 제공	이 다른 교과 수업시간에 배우는 학습주제를 알고 있음 • 학습주제와 관련된 자료의 활용능력을 지도함 • 교과교사에게 학습주제와 정보활용능력의 연계 지도를 요청함 [교과교사] • 학생이 도서관 수업에서 사서교사에게서 배운 기술을 참고함 • 사서교사의 요청을 수용하거나 거부함		

(출처: 송기호 등, 2010, 314-315)

「학교도서관 활성화 사업」이후 학교도서관활용수업의 확산을 위해 당시 교육과학기술부와 대구광역시교육청 주관으로 현장 교사가 참여하여 장학 자료집 「학교도서관에서 배우는 기쁨 아는 즐거움」(송기호 외, 2010)을 개발하였다. 이 자료집은 통합 교육과정(송기호, 2007; 2008; 2010)에 기반을 두고 고정 시간표 하에서 학교도서관활용수업을 활성화할 수 있는 현실적인 방안을 마련하기 위한 것으로 사서교사와 교과교사의 연계 정도에 따라 협동수업을 구분하였다.

사서교사와 교과교사의 연계 정도에 따른 협동수업은 [그림 5-4]에서 보는 바와 같이 사서교사와 교과교사의 연계성이 전혀 없는 고립 단계에서 수업자료 제공과 같은 단순한 협력 단계를 거쳐 학습주제와 학교도서관 교육의 일부를 연계 지도하는 협력 단계로 발전한다. 그리고 학습주제와 학교도서관 교육이 통합 운영되는 협동 수준으로 진행한다.

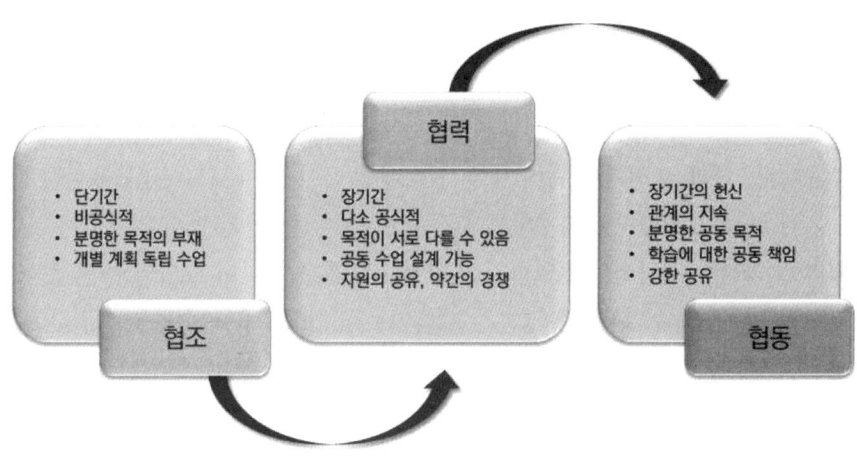

(출처: Harada & Yoshina, 2004, 26의 내용을 일부 수정함)

[그림 5-4] 협동수업의 발전 단계

3.1.2 협조

사서교사와 교과교사의 협조 수준의 연계 사례는 다음과 같다.

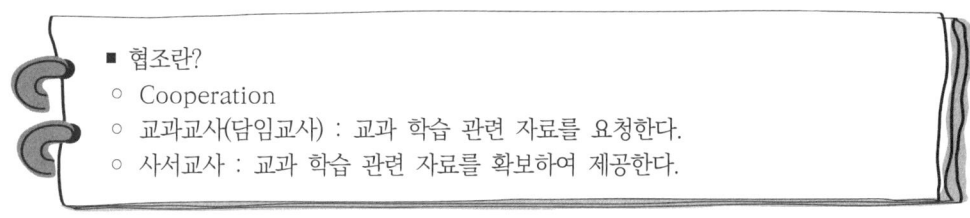

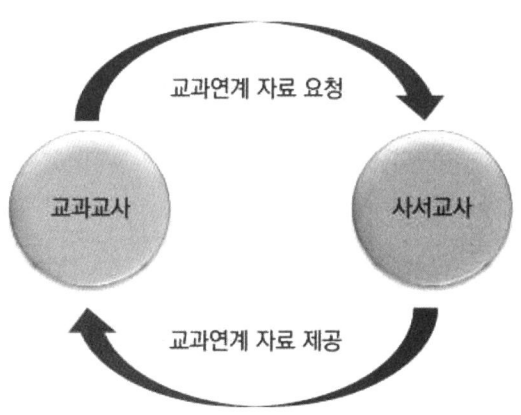

(출처: 송기호 외, 2010, 250)

[그림 5-5] 협조 수준의 연계 모형

[학습상황]

학교도서관은 15개나 되는 독립 건물 중 동쪽 끝에 위치해 물리적 접근성이 떨어진다. 쉬는 시간이면 바로 옆 전기동에 있는 학생들이 4층 도서관까지 달려오는 소리가 적막을 깨는 정도이다. 학과 중심의 실습이 많은 전문계의 특성상, 학교도서관활용수업에 대한 연수와 관련 자료의 제공에도 불구하고 관심을 보이는 선생님이 많지 않은 실정이다. 따라서 불리한 물리적 접근성을 보완하기 위하여 DLS를 활용하여 교과별 추천 도서를 제공하고 교과교사에게 수업자료를 장기간 대출하는 방법으로 교과수업을 지원하고 있다.

우선, 사서교사는 학교 「독서기록장」에 있는 추천 도서를 모두 구입하고, DLS의 교과 추천 도서에 탑재하여 도서관과 선생님 간에 커뮤니티를 형성하였다. 1학기 말에는 1학년 국어를 담당하는 최 선생님이 1달간(6월 중순~ 7월 중순) 「삼국지」 읽기를 수행평가 과제로 내주었다. 최 선생님은 미리 도서관을 방문하여 「삼국지」의 종류와 부수를 확인한 후에 추가 구입을 요청하였다. 사서교사는 최 선생님의 요청으로 학생의 학습능력과 독서수준을 고려하여 만화로 된 「삼국지」와 각기 다른 출판사에서 발행한 여러 종류의 「삼국지」를 구비하여 제공하였다. 사서교사는 도서관이 운영하는 '독후 감상화 그리기 대회'에 작품을 제출하도록 하여 우수 작품을 시상하였다.

1학년 사회를 담당하는 정 선생님은 2학기 첫 2주간 정치 단원 수업에 활용할 도서자료의 장기대출을 사서교사에게 요청하였다. 사서교사는 수업에 필요한 「알기 쉬운 정치 이야기」 30권을 확보하여 2주간 제공하였다(송기호 외, 2010, 249-250).

협조 수준의 학교도서관활용수업의 대표적인 사례는 개별 교과의 자원활용수업을 지원하기 위해서 서울특별시교육청이 2005년에 개발한 독서기반 교수-학습 모형이다. 이 모형은 〈표 5-9〉에서 보는 바와 같이 학습과제 해결을 위해는 각 교과의 단원(제재)과 관련하여 제시된 도서를 읽은 후 정리하도록 설계되었다. 수업은 과제 파악 단계, 개인 학습 단계, 계획 학습 단계, 공동 학습 단계 등 4단계로 이루어진다. 과제 파악 단계에서는 학습 독서 해결 방안 및 순서를 결정하고, 개인 학습 단계에서는 학생 개인별로 독서를 통해서 정보를 수집하고 정리하는 활동이 이루어진다. 계획 학습 단계는 미리 제시한 독서과제별 독서 자료에 대한 학생의 독서 정도를 점검한 후, 학생 상호 간에 독서 결과를 교환하고 학습과제의 해결 방법 및 절차를 모색하는 단계이다. 끝으로 공동 학습 단계에서는 독서 결과를 학습 내용과 연계하여 학생 스스로 과제를 해결하고, 그 결과를 정리하여 발표하고 평가한다.

〈표 5-9〉 독서기반 학교도서관활용수업을 위한 교수-학습 모형

| 과제 파악 단계 | • | 개인 학습 단계 | ⇒ | 계획 학습 단계 | 공동 학습 단계 |

단계	독서지도 단계	활동 내용
문제 인식	과제 파악 단계	① 학습독서 제시 ② 학습독서 해결 방안 및 순서 결정
	개인 학습 단계	③ 독서를 통한 정보의 수집, 정리 ④ 해결 내용 기록
수업 안내	계획 학습 단계	① 학습독서 확인 ② 학습독서 해결과 관련된 정보 교환 ③ 학습독서 해결 방법 및 절차
수업 전개		
수업 정리 및 발전	공동 학습 단계	① 학습 내용과의 연계 ② 개인 학습 결과의 발표, 토의 ③ 발표 내용 정리 ④ 학습독서의 해결
		① 학습 내용의 심화, 독서 체험활동과 연계 ② 적용, 평가

(출처: 서울특별시교육청, 2005)

중등학교 매뉴얼(서울특별시교육청, 2005a; 2005b; 2005c; 2005d; 2005e; 2005f; 2005g)을 보면, 다음 〈표 5-10〉에서 보는 바와 같이 각 교과의 단원별로 관련 도서자료를 내용과 함께 소개하고 다양한 독후 표현을 통해서 읽은 내용을 정리하도록 구성되어 있다. 단원별 추천 도서는 난이도에 따라 구성되어 있고, 심화학습이나 보충학습을 위한 추가 도서자료를 내용 설명과 함께 제시하고 있다. 이것은 수업시간에 학생이 자료를 읽고 학습과제를 해결한 후 그 결과를 발표할 수 있는 시간적 여유가 없기 때문인 것으로 보인다. 따라서 대부분의 교과에서 사전에 목록을 참고하여 책을 읽고 정리해 오도록 수업을 설계하고 있다.

〈표 5-10〉 중·고등학교 독서기반 학교도서관활용수업 매뉴얼의 교과별 구성 체계 및 학습 방법

교과	매뉴얼의 구성 및 교과교사의 역할	학교도서관의 역할 사서교사의 역할	학습 방법 주요 학습활동
도덕	• 교육과정 분석 • 필독 및 권장도서 선정 • 학습활동 계획수립 - 학습주제와 관련된 단원명을 제시하고, 해당 단원의 학습주제와 관련된 도서를 난이도와 함께		• 수업 전 : 학습주제와 관련된 책을 미리 읽고 정리해 오도록 한다. • 수업 중 : 학생이 읽어 온 내용을 발표시킨다. • 수업 후 : 더 읽을 도서목록을 해제와 함께 제시한다.

교과	매뉴얼의 구성 및 교과교사의 역할	학교도서관의 역할 사서교사의 역할	학습 방법 주요 학습활동
	제시 - 수업시간에 적용할 독서 활동 예시		
국어	• 대단원 단위로 학습목표에 적합한 수준별 도서의 내용 소개 • 교과 연계 독서지도 방법 소개 • 보충, 심화도서 제시		• 교과 관련 도서를 읽고, 독후활동을 통한 학습주제 이해 - 독후감 - 책 광고하기 - 등장 인물에게 편지쓰기 - 캐리커처 그리기
사회	• 학습과제 선정 • 과제에 적절한 도서자료 선정 • 학생들에게 학습과제 제시 • 도서자료를 활용한 과제 해결 • 해결한 학습과제 정리		• 학습단원 : 7학년 유럽의 생활 • 학습주제 : 남부 유럽의 자연환경과 산업 • 도서자료 : 알퐁스 도데 作 별
국사	• 선사시대 및 고대-고려시대-조선시대-근대사별 도서자료 선정 - 각 시대 개설서 - 당시 사람들이 쓴 책의 번역본이나 해설서 - 특정한 주제를 다룬 책 - 역사적 사건이나 인물을 다룬 소설이나 수필		• 역사신문 제작 • 역사극 공연 • 팸플릿 제작 • 역사 연표와 사전 사전 제작 • 주제 관련 정보조사 하기 • 감정 이입하여 글쓰기 • 역사지도 만들기 • 관련 드라마 비평하기 • 시대화 그리기 • 역사소설 읽기
과학	• 학년별 단원별 독서 주제 선정 • 주제 관련 수준별 도서 제시 • 독서지도 모형 제시 • 학습 주제별 학습지도안, 학습지 제공	• 독서환경 조성 - 자료 구입 - 자료 복사	• 학년 초에 받은 목록을 참고하여 수업 전에 단원 학습과 관련된 책을 미리 읽는다. • 책 내용 중에서 학습 단원과 연결지을 수 있는 부분을 찾는다. • 수업시간에 책을 찾아가면서 학습지를 작성한다.
수학	• 독서활동 유형 - 단원 - 수준별 도서 자료 연계 • 독서활동 유형 : 독서퍼즐 만들기 • 단원 : 수학 집합과 자연수 - 자연수 • 학습주제 : 수 이야기를 독서 퍼즐로 꾸미기 • 학습자료 : 4·5정의 수학나라(*)/방승희/동녘(11-19쪽)		• 수학퍼즐 만들기 • 나의 묘비명 만들기 • 수학자와 친구되기 • 독서신문 만들기 • 수학자 캐릭터 만들기 • 수학 포스터 만들기 • 수학자 연대기 만들기 • 보고서 쓰기

교과	매뉴얼의 구성 및 교과교사의 역할	학교도서관의 역할 사서교사의 역할	학습 방법 주요 학습활동

영어	• 학년별 단원별 추천 도서 제시
	• Teaching Guide
	  - 수업분량, 자료출처, 자료 내용, 교과 관련 주제, 학습 수준, 활동 내용, 활용 방법 안내
	  - Tips & Ideas : 자료 활용 방법, 작가 및 작품소개, 인터넷 사이트 소개
	• 학습지
			• 독서 전 활동
			  - 내용 예측하기
			  - 브레인스토밍
			• 독서 중 활동
			• 독서 후 활동
			• 독서 내용 정리

학습독서 기반 학교도서관활용수업은 학급담임이나 교과교사가 단위 교과의 수업시간에 교실이나 학교도서관 등에서 독서와 연계가 가능한 학습주제를 대상으로 실시한다. 교사는 한정된 수업시수를 고려하여 최소한 학습독서 지도 1주일 전에 도서를 다양한 방법으로 제시하여 학생들이 해결하도록 하고 그 결과를 교과수업 시간에 평가한다.

따라서 독서 자료 유형별 작품 이해, 정보획득, 분석 및 사회적 상호작용 등 독서능력 신장을 위한 학교도서관 교육이 단위 교과 수업시간과 독립되어 있으며 학생이 개별적으로 해결해야 할 과제로 남는다. 사서교사와의 협력 부족은 교과목별로 교과 관련 독서지도를 혼자서 담당해야 하는 교사는 물론 교과별로 활용해야 할 자료를 배정받는 학생 모두에게 큰 부담이 될 수 있다.

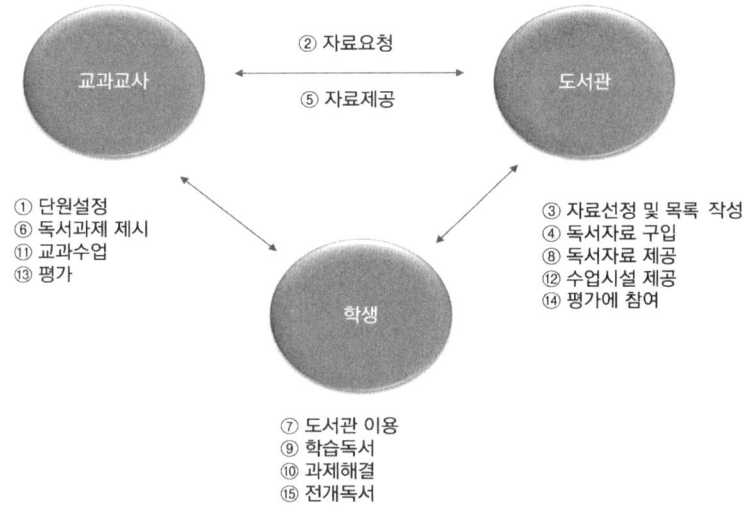

(출처: 서울특별시교육청, 2005a)

[그림 5-6] 학습독서의 지도 순서

학습독서 기반 학교도서관활용수업을 위한 중학교 과학 교과의 교수-학습지도안을 살펴보면 다음과 같다(서울특별시교육청, 2005a, 56-50).

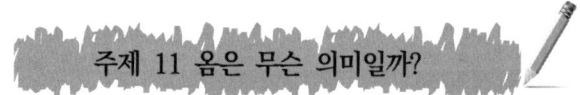
주제 11 옴은 무슨 의미일까?

■ 도서관에서 자료 찾기 / 개별 활동

1. 단원명 : 중학교 2학년 Ⅶ. 전기
2. 학습목표
   가. 전기 단원에 나오는 여러 가지 물리량을 구분할 수 있다.
   나. 전기 관련 과학자의 중요한 업적을 알 수 있다.
   다. 도서관에서 원하는 자료를 찾는 방법을 알 수 있다.
3. 도서 목록

도서명	저자	출판사	출판년도	비고
앗, 우리 집은 과학탐험대 3. 전기 없이는 못 살아(**)	테리 디어리, 바바라 앨런 / 송○○	주○○ 김○○	○○○○	112~-113쪽, 볼타에 관한 부분, 학교에서 일어나는 재미있는 에피소드 중심이고, 중간중간에 실험과 관련된 과학자들이 언급되어 있다.
천재 과학자들의 숨겨진 이야기(**)	아마다 히로타카 / 이○○	사람○○	○○○○	181~196쪽, 와트에 관한 부분

4. 준비물 : 활동지, 백과사전, 전기 관련 과학자들의 업적이 나와 있는 사이트
5. 지도 과정
   가. 사전 독서지도
   1) 전기 단원에 등장하는 여러 가지 물리량 즉 전류, 전압, 저항 같은 것들의 단위가 어떻게 정해진 것일까에 대한 의문을 가지게 한다.
   2) 그 단위들이 전기 분야에 업적을 남긴 과학자들의 이름임을 알게 하고, 그것들이 어떤 과학자들의 이름인지를 조사해 공책에 적어 오게 한다.
   3) 도서관에서 직접 찾아보게 하는 수업이므로 본시 학습 전에 학생이 도서관에 가서 어떤 도서의 어느 부분에 원하는 정보가 있는지를 미리 알아보게 해야 수업이 원활하게 진행될 수 있다.

나. 교수-학습활동
  1) 과제를 확인한다. 전류는 앙페르, 전압은 볼타, 저항은 옴, 전력은 와트, 전하량은 쿨롬 등임을 알아 왔는지 확인한다.
  2) 각 단위와 관련된 과학자들의 자료를 도서, 잡지, 인터넷 등을 이용하여 찾은 다음 각 과학자의 생애를 활동지에 정리한다.
  3) 정리가 되면 발표를 시키고 발표자가 질문을 받고 대답해 주게 한다.
  4) 과학사의 동시 발견에 관해 이야기해 준다. 과학사의 발견은 대부분이 동시 발견이지만 짧은 시간이라도 먼저 발견한 사람만을 기억해 주는 굉장히 냉정한 부분이 있음을 이야기하고, 우리나라의 과학자들도 이름을 남길 업적을 이룰 수 있었으면 하는 것과 학생들도 그런 꿈을 갖도록 용기를 준다.

6. 평가

등급 \ 항목	개별 활동지	활동 태도	발표
상	과학자의 생애와 업적이 잘 정리되었을 때	도서관에서 진지한 태도로 열심히 활동했을 때	발표자에게 가산점 부여
중	다소 부족했을 때	다소 산만했을 때	
하	활동을 하지 않았을 때	활동을 전혀 하지 않았을 때	

7. 지도상의 유의점
  가. 여러 전기 관련 물리량의 단위를 혼란스러워하는 학생에게 도움을 주기 위한 활동이다.
  나. 앙페르나 볼타 등은 도서로 찾을 때는 백과사전 이외에는 적당한 도서가 없기 때문에 인터넷에서 검색하여 정보를 얻는 것도 허용한다.
  다. 과학자의 업적이 중학교 2학년 학생들이 이해하기에는 다소 어려운 면이 있으므로 사전에 전기학의 역사에 대해 개략적인 이야기를 해주는 것이 필요하다.
  라. 도서관에서 자료를 찾고 정리하는 데 시간이 많이 필요할 수도 있으므로 수업은 2차시에 걸쳐서 실시하고, 발표는 다음 시간을 이용해도 되므로 도서관에서 활동이 충실히 이루어질 수 있도록 한다.
  마. 여러 학생이 같은 책을 보아야 하는 경우가 생기므로 도서관에 일괄 구입하여 비치한다.

8. 참고사항
  가. 단위에 나타난 과학자에 국한하지 말고 교과서에 등장하는 다른 전기 관련 과학자로 확대해서 활동하는 것도 가능하다. 쿨롬, 패러데이, 프랭클린 등의 과학자를 포함해도 좋다.

나. 유용한 사이트

1) ○○대 물리학과(http://phys.chungbuk.ac.kr): 물리 이야기 부분에 들어가면 과학사가 세기별로 정리되어 있고 그 시기에 활동한 중요한 과학자에 관한 이야기가 나와 있다.
2) 김○○의 과학 이야기(http://cont1.edunet4u.net/cobac2/): 중요 과학자와 그들의 업적이 잘 정리되어 있다.
3) 오○○의 에피소드 과학사(http://inepisode.com.ne.kr/index.html): 과학자 탐구 부분에 들어가면 각 부분의 우리나라 과학자의 인터뷰 기사와 과학자의 업적이 요약되어 있다.

【옴은 무슨 의미일까?】(개별 활동지)

( )학년 ( )반 ( )번 이름( )

단원명	VII. 전기
학습목표	가. 전기 단원에 나오는 여러 가지 물리량을 구분할 수 있다. 나. 전기 관련 과학자의 업적을 설명할 수 있다. 다. 도서관에서 원하는 자료를 찾을 수 있다.
내가 읽은 책	
준비물	필기도구, 사전 활동 정보

1. 자신이 조사하기로 한 과학자 이름과 그 이름이 사용된 전기량의 단위와 그 정의를 써보자.

   예) 아이작 뉴튼, N(뉴튼) - 힘의 단위 - 물체의 운동 상태를 변화시키는 원인

2. 1번에서 선택한 과학자의 일생을 정리한다.

   가. 어린 시절

   나. 활동 시절

   다. 업적

   라. 에피소드

   마. 인생관 또는 남긴 말 등등이 포함되도록

3. 이 수업을 통해 알게 된 점

4. 이 수업을 하면서 더 알고 싶은 점

3.1.3 협력

사서교사와 교과교사의 협력 사례는 다음과 같다.

- ■ 협력이란?
  - ○ Coordination
  - ○ 사서교사 : 교양 선택으로 학교도서관 교육 수업을 듣는 학급이 교과 수업시간에 배우는 학습주제를 알고 있다. 교과교사에게 학습주제와 정보활용능력의 연계 지도를 요청한다.
  - ○ 교과교사(담임교사) : 학생이 사서교사의 학교도서관 교육에서 배운 정보활용능력을 참고한다. 사서교사 연계지도 요청을 수용하거나 거부한다.

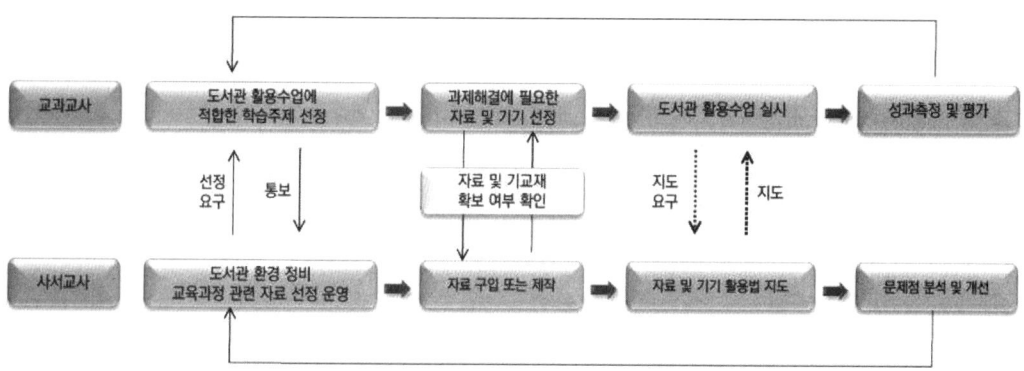

(출처: 개포고등학교, 2002, 22)

[그림 5-7] 협력 수준의 학교도서관활용수업 전개 모형

[학습상황]

인문계 고등학교 사서교사인 송 선생은 1학년을 대상으로 창의적 체험활동 시간을 이용하여 주당 2시간씩 교양 선택 과목으로 정보활용교육을 운영하고 있다. 이 과목은 도서관이용지도와 독서교육을 통합하여 학생의 정보활용능력을 길러주는 것을 목표로 하고 있다. 송 선생은 학생이 배운 정보문제해결능력을 교과에 적용할 수 있도록 도와주기 위하여 학교도서관활용수업을 운영하는 도덕, 국어 교과의 학습주제를 정보문제 해결모형의 실습과제로 제시하고 있다.

1학년 도덕 교사인 양 선생은 교과서에 등장하는 인물의 생애와 업적을 조사하는 수업을 도서관에서 실시하고자 한다. 양 선생은 학생이 사서교사와 함께 자료의 검색과 분석 및 종합 능력을 배우고 있음을 알고 있다. 양 선생은 반별로 모둠을 구성하여 다음과 같이 1시간용 학교도서관활용수업을 계획하였다(송기호 외, 2010, 251-252).

① 지도계획

- 지도 대상 : 1학년
- 지도 기간 : 8. 19 ~ 8. 24
- 지도 주제 : 인물탐구 - 이하응(흥선대원군)
- 학습 방법 : 조별로 주어진 소주제 중 두 개의 주제를 골라, 자료를 활용하여 그 내용을 정리하고, 이용한 참고자료를 기록해 본다.

② 학습 사례

- 학습주제 : 이하응(흥선대원군)
- 1학년(1반) 참여자 : 심○○, 장○○, 이○○
- 소주제
  1. 이하응이 살았던 당시의 국내외 시대적 상황은?
  2. 이하응의 실시한 주요 정책은?
  3. 이하응이 정책 수행 과정에서 보여주었던 소신을 어떻게 평가할 수 있는가?
  4. 당시와 같은 시대 상황이 오늘날 펼쳐지고 있다고 할 때, 여러분이 결정자라면 어떻게 결정할 것인가?
- 모둠별로 위의 4가지 소주제 가운데 두 가지를 골라서 그 내용을 정리하고, 이용한 참고 자료는 무엇인지 기록해 봅시다.
- 소주제 1 : 이하응이 실시한 주요 정책은?
  ① 왕권 강화 : 세도정치 척결과 서원 정리, 비변사 폐지 - 의정부와 삼군부의 기능 회복
  ② 혁신 정책
    ㄱ. 인재의 고른 등용
    ㄴ. 부패 관리 처벌
    ㄷ. 새로운 세금 정책
    ㄹ. 사회 악습과 사치 금지
  ③ 대전회통 편찬
  ④ 통상 수교 거부 정책 : 통상 수교 요구 거절, 천주교 탄압, 척화비 건립
- 소주제 2 : 이하응이 정책 수행 과정에서 보여주었던 소신을 어떻게 평가할 수 있을까?
  ○○ : 강대국의 제국주의적 침략을 일시적으로 막을 수는 있었지만, 세계 각국과의 교류를 지연시켜서 근대화 추세에 대응하지 못했다. 그러므로 나는 통상 수교 기부 정책에 반내한다.
  ◉◉ : 흥선대원군이 열강의 침략에 대비하여 나라를 지키려는 마음은 좋았지만, 그로 인해 우리나라의 근대화가 늦어지고 더 크게 봐서 일본의 식민지가 되는 불행을 낳게 되었다.
  □□ : 전국 곳곳에 퍼져있던 서원을 과감하게 철폐하고 통상 수교 거부 정책을 시행하는 등 그의 소신은 높이 평가할 만하다. 그러나 결과적으로 우리나라의 근대화를 지연시키는 계기가 되어 신중하지 못했던 점은 아직도 논쟁의 대상이 되고 있다.
- 이용한 자료 : 역사 사전, 인물 사전, 한국사 교과서

3.1.4 협동

사서교사와 음악교사의 협동 사례는 다음과 같다(전보라, 2022).

- 협동이란?
  ○ Collaboration
  ○ 사서교사와 교과교사(담임교사)가 학생의 자주적 학습활동을 도와주기 위하여 공동 수업 설계, 공동 수업 운영 그리고 공동 평가를 실시한다.
  ○ 학습주제와 학습 방법이 연계된 통합 교육과정을 운영한다.

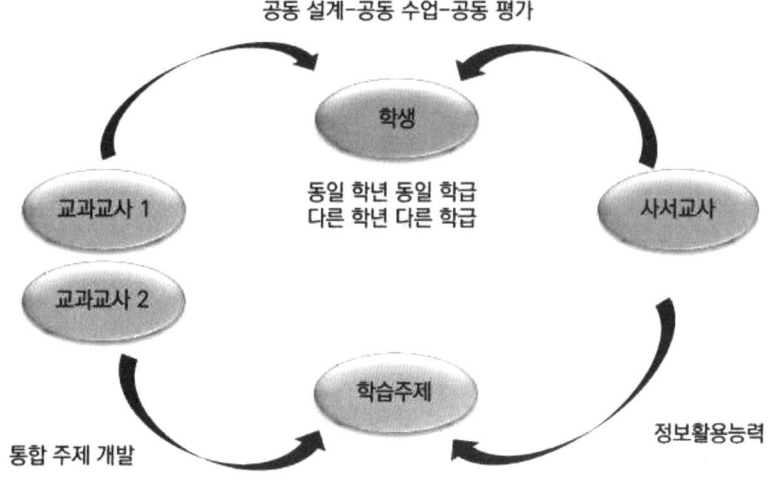

(출처: 송기호 외, 2010, 255)

[그림 5-8] 협동 수준의 관계 모형

① 2022학년도 1학기 음악 교과 협동수업 실시 계획

1. 수업 일정 : 7월 11일(월)~18일(월) 총 3차시×2개 학급=6차시

7. 6. 수	7. 11. 월	7. 12. 화	7. 13. 수	7. 14. 목	7. 18. 월
7교시 101 (2/4차시)	5교시 113 (2/4차시)	3교시 113 (3/4차시)	2교시 101 (3/4차시)	7교시 101 (4/4차시)	5교시 113 (4/4차시)

2. 수업 대상 : 1학년 1반, 13반
3. 지도교사 : 음악 교사 전○지, 사서교사 전○라
4. 수업 단원 및 주제 : 음악이 흐르는 사전 제작하기

성취 기준

[12음02-02] 다양한 종류의 음악을 듣고 음악의 특징을 비교하여 설명한다.
[12음02-03] 다양한 시대의 음악을 듣고 역사·문화적 배경과 관련지어 음악의 특징을 비교하여 설명한다.

학습목표

[1차시] 다양한 종류의 서양 음악을 감상하고, 음악의 특징을 비교하여 설명할 수 있다.
[2차시] 다양한 시대의 음악 요소와 개념을 구별하여, 키워드 1개를 선정하여 자료를 조사할 수 있다.
[3차시] 조사한 자료를 사전의 형식에 맞춰 조직 및 표현할 수 있다.
[4차시] 참여형 백과사전의 체계화 방식을 이해하고, 위키피디아를 편집할 수 있다.

대단원	중단원	학습주제
Ⅳ. 감상으로 만나는 음악	2. 서양음악사	- 중세와 르네상스 음악(350~1600) - 바로크 음악(1600~1750) - 고전음악(1750~1825) - 낭만음악(1825~1900) - 민족주의 음악(19세기 후반) - 인상주의와 20세기 음악(1900년~현재)

5. 진행 방법 및 유의사항
 가. 여러 시대의 음악을 이해하기 위해 시대별 역사와 문화적 상황에 대한 탐구 활동을 통해 음악에 대한 이해의 폭을 넓히도록 지도한다.
 나. 음악 교과 도서관활용수업의 주제 및 과제에 대해 사전에 안내한다.
 다. 진행 과정별 교사 역할

구분	음악교사	사서교사
사전 준비	- 교과 탐구 주제의 범위 및 한계점 설정 - 과정 및 산출물에 대한 평가 기준 설계 - 도서관 수업하러 오기 전 모둠 편성, 모둠별 주제 선택	- 탐구 주제 관련 도서 준비 - 주제 정보 길잡이(패스파인더) 제작 - 활동지 제작
수업 중	- 음악 교과 내용 학생 개별 피드백 - 과정 평가	- web 사전 종류 및 형식 - 음악 사전 내용 작성법 지도
수업 후	- 결과물의 정보 교과 내용 평가(주제에 맞게 내용을 구성했는지, 정확성 등)	- 결과물의 정보활용능력(사전의 형식 및 구성 준수 여부) 평가

6. 수업 진행 및 내용

차시	수업 내용	장소
1/4	서양음악 감상 및 음악의 특징 비교(전○지)	교과 교실
2/4	음악이 흐르는 사전 제작을 위한 서양음악 키워드 선정 및 자료 조사(전○지, 전○라)	도서관
3/4	음악이 흐르는 사전 정보 조직 및 표현(전○지, 전○라)	AI실
4/4	위키피디아에 추가 및 편집하기(전○지, 전○라)	도서관

② 음악 〈서양음악사〉 주제 정보 길잡이(패스파인더)

모둠	탐구 주제	관련 키워드	도서명	해제
1	중세와 르네상스 음악 (350년~1600년)	성요한 찬미가, 그레고리오 성가, 귀도 다레초, 아베마리아, 조스캥, 라소, 팔레스트리나, 선적 대위법	클래식, 고 음악과의 만남	1장~제5장 중세란, 교회와 음악, 기보, 악비 제6장 르네상스란, 유럽의 분열, 유럽의 통합, 마드리갈
			153 음악지식사전	55쪽 중세 음악(450~1450), 56쪽 르네상스음악(1450~1600)
			재미있는 음악사 이야기	63쪽 초기 기독교 음악(그레고리오 성가, 역사적 배경), 68쪽 중세 무어인들의 음악, 73쪽 노트르담 악파, 78쪽 음유시인들의 시대, 93쪽 종교 개혁과 악기 제조 기술의 발달, 99쪽 후기 르네상스 음악
			한 권으로 듣는 클래식	10~20쪽 토머스 탤리스, 윌리엄 버드, 거룩한 성체, 클라우디오 몬테베르디, 오케스트라:현악기
			한 권으로 배우는 음악 이야기	101쪽 악보와 계명창을 발명한 귀도 다레초
			음악 선생님과 함께하는 길라잡이 음악사 2	3장 중세음악, 4장 르네상스 음악
			김현경의 서양음악사 산책	17쪽 중세음악, 26쪽 르네상스 음악
2	바로크 음악 (1600~1750)	헨델, 비발디, 바흐, 텔레만, 퍼셀, 륄리, 알비노니,	클래식, 바로크 시대와의 만남 (바흐 헨델 비발디의 시대)	바로크 음악의 정의, 기원, 국가별 양식, 작곡가 리스트, 작곡가 출생지, 38쪽 디트리히 북스테후데, 오한 파헬벨, 장 바티스트 륄

모둠	탐구 주제	관련 키워드	도서명	해제
2		코렐리, 프레스코발디, 카치니, 파헬벨, 오라토리오, 푸가(Fuga), 화성적 대위법 통주저음의 시대, 기악의 발달, 오페라의 발전,	클래식과 함께하는 사회탐구	리, 마르크 앙투안 샤르팡티에, 14쪽 바흐, 무반주 첼로 모음곡 1번
			클래식 수업 4(헨델 멈출 수 없는 노래)	오페라의 거장 헨델, 헨델과 바로크 음악가들
			그림이 있는 음악 사전	26쪽 대위법, 46쪽 바로크 음악 정의
			음악 선생님과 함께하는 길라잡이 음악사	5장 바로크 시대, 화성음악에서 단성음악으로, 오페라의 탄생, 몬테베르디
			이지 클래식	94쪽 비발디, 106쪽 바흐, 128쪽 헨델
			오페라 아는 척 하기	33쪽~43쪽 초기 오페라, 오페라 용어
			클래식은 처음이라	31쪽 바흐★
			더 클래식	18쪽 바흐 무반주 첼로 모음곡, 26쪽 헨델 수상음악
			클래식의 오해와 편견	67쪽 바로크 음악의 개관
3	고전음악 (1750~1825)	하이든 모차르트 베토벤 보케리니	하이든, 그 삶과 음악	하이든의 어린 시절, 수련 기간, 창작의 시기
			베토벤, 그 삶과 음악	베트벤과 성악, 베토벤과 오케스트라, 베토벤의 생애
			위대한 작곡가들의 삶 1	163쪽 하이든, 233쪽 베토벤
			클래식 수업 1 (모차르트, 영원을 위한 호소)	모차르트의 음악성과 음악교육, 예술가와 자의식
			클래식 수업 2 (베토벤, 불멸의 환희)	43쪽 운명 교향곡 147쪽 전성기 음악
			클래식 악기 이야기	127쪽 프렌츠 호른 : 호른은 왜 기네스북에 올랐을까?
			나와 악기 박물관	호른의 종류
			어쩌다 클래식	10쪽 베토벤, 289쪽 하이든
			모차르트, 그 삶과 음악	232쪽 용어집 참조
			당신에게 베토벤을 선물합니다	베토벤 생애 전반, 대표적 작품 목록

모둠	탐구 주제	관련 키워드	도서명	해제
			클래식 수업 1. 모차르트, 영원을 위한 호소	모차르트의 삶을 통해 보는 음악의 기술적 조건, 영향
			클래식, 고전 시대와의 만남	7쪽 고전시대 음악의 구분 기준 87쪽 베토벤
4	낭만음악 (1825~1900)	슈베르트, 겨울나그네, 예술가곡(Lied), 베를리오즈, 고정악상, 로시니, 리스트, 푸치니, 브람스, 쇼팽, 차이콥스키, 바그너, 맨델스존, 슈만, 시벨리우스, 백조의 호수, 니콜로 파가니니	클래식, 낭만 시대와의 만남	16쪽 베토벤과 낭만주의 음악의 시작, 23쪽 베를리오즈, 27쪽 프란츠 리스트, 32쪽 쇼팽, 38쪽 슈베르트, 42쪽 맨델스존, 45쪽 슈만, 49쪽 요하네스 브람스, 57쪽 조아키노 로시니, 60쪽 주세페 베르디 65쪽 바그너, 79쪽 차이콥스키
			바그너, 그 삶과 음악	19세기 독일 오페라를 이끌었던 작곡가 바그너의 삶
			클래식수업 6. (베르디, 바그너, 역사를 바꾼 오페라)	민족주의 시대 베르디와 바그너
			하루 클래식 공부	6.7, 6.8 프란츠 리스트, 햄릿 작품 104, 마제파 작품 100
			말러, 그 삶과 음악	후기 낭만주의 사조 말러의 일대기
			리스트, 그 삶과 음악	리스트의 삶
			맨델스존, 그 삶과 음악	맨델스존의 삶
			푸치니, 그 삶과 음악	푸치니의 삶
			쇼팽 그 삶과 음악	쇼팽의 일대기
			내 친구 쇼팽	쇼팽 친구 리스트가 쇼팽 작품의 전반적 특징 및 삶을 소개.
			지금 이 계절의 클래식	113쪽 차이콥스키 호두까기 인형, 138쪽 푸치니, 132쪽 시벨리우스
			쇼팽의 낭만시대	쇼팽의 삶
			음악가의 생활사	241쪽 펜들 든 음악가, 비평가 베를리오즈
			차이콥스키, 그 삶과 음악	차이콥스키의 일대기, 19세기의 배경, 러시아의 문화적 배경
5	민족주의 음악 (19세기 후반)	드보르자크 보로딘, 신세계교향곡, 무소륵스키,	드보르자크, 그 삶과 음악	드보르자크의 일대기
			이불 속 클래식 콘서트	224쪽 드보르자크 〈카니발 서곡〉
			잘 나가는 모차르트	114쪽 스메타나, 드보르자크

모둠	탐구 주제	관련 키워드	도서명	해제
5		스메타나, 그리그, 러시아5인조	개런티는 얼마일까?	
			음악가들의 연주 여행 이야기	158쪽 비둘기를 사랑한 안토닌 드보르작
			알수록 다시 보는 서양음악 100	65쪽 미하일 글린카, 66쪽 스메타나 67쪽 러시아 5인조, 세자르 큐이, 드보르지크
			다정한 클래식	229쪽 스메타나 〈나의 조국〉
			올댓 클래식	342쪽 드로브자크, 347쪽 그리그(리리시즘)
6	인상주의와 20세기 음악(1900년~현재)	클로드 아실 드뷔시, 인상주의, 신고전주의, 쇤베르트, 스트라빈스키, 케이지, 슈톡하우젠, 버르토크, 전자음악, 12음 기법, 모리스라벨, 에드워드 엘가, 라흐마니노프	로드리고, 그 삶과 음악	시각장애를 극복하고 누구에게나 익숙한 수백곡의 관현악곡, 합창곡, 기악곡을 통해 보여준 로드리고의 삶을 다룬다.
			쇼스타코비치, 그 삶과 음악	교향곡, 오페라, 실내악, 영화음악에 이르기까지 다방면에 두각을 나타내며 역사의 굴곡을 통찰력 있게 담아낸 쇼스타코비치의 삶을 다룬다.
			클래식 잡학사전	78쪽 드뷔시, 97쪽 스트라빈스키, 104쪽 라흐마니노프
			차근차근 클래식	257쪽 드뷔시, 모리스 라벨, 이고르 스트라빈스키, 에드워드 엘가, 세르게이 라흐마니노프, 드보르자크
			스트라빈스키, 그 삶과 음악	스트라빈스키의 생애, 〈봄의 제전〉
			버르토크, 그 삶과 음악	버르토크가 20세기 음악에 미친 영향, 버르토크의 발견
			죽은자들의 도시를 위한 교향곡	〈교향곡 7번 레닌그라드〉에 관한 이야기. 쇼스타코비치의 간략한 전기
			오래되고 멋진 클래식 레코드	16쪽 스트라빈스키
			프로코피예프, 그 삶과 음악	소피에트 전체주의 시대에서 자신의 음악적 개성을 펼쳐나간 프로코피에프의 삶을 다룬다.
			WHY 악기와 소리	126쪽 전기악기
			클래식, 현대 음악과의 만남	32쪽 신고전주의
			증언(드미트리 쇼스타코비치 회고록)	쇼스타코비치의 일생에 걸친 회고록

③ 차시별 학습지
- 서양음악사 수업 안내

1/4차시 음악실	2/4차시 도서관	3/4차시 AI실	4/4차시 도서관
- 음악과 도서관 수업 안내 - 모둠 편성 및 주제 선택	- 작곡가 또는 사조 선택 - 책과 web 사전에서 관련 정보를 찾아 읽고, 메모 - 해당 작곡가의 음악을 찾아 듣기 - 자료 조사+감상을 자신의 사전에 기록	- 서양음악사 사전을 아코디언 북에 정리 및 표현하기	- 위키피디아에 추가 및 편집하기

- 1단계 서양음악사 사전 계획서 작성(모둠별)
- 모둠별로 주제를 선택했다면, 구체적으로 계획서를 작성해 보자.
- 중간에 변경되는 경우도 있겠지만, 모든 일은 계획에서 비롯된다는 것을 잊지 말자.

1차시	탐구 주제	☐ 중세와 르네상스 음악 (350~1600) ☐ 바로크 음악(1600~1750) ☐ 고전음악(1750~1825)	☐ 낭만음악(1825~1900) ☐ 민족주의 음악(19세기 후반) ☐ 인상주의와 20세기 음악 (1900년~현재)	
	역할 나눔	역할	내용	학번/이름
		모둠장(편집장)	계획서에 맞게 진행되는지 총괄	
		표지 담당	삽화를 그리거나, 출력하여 표지 제작	
		후기 담당	한 줄 소감을 모아 후기에 기록	
		본문	전체가 담당, 1인당 1개의 키워드로 1쪽씩 작성	
2차시	사전제목			
	표제어 순서 (자모순)	(예시) 12음 기법→드뷔시→쇼스타코비치 〈7번 교향곡〉→슈톡하우젠→신고전주의		
	컨셉(특징)	(예시) 실제 동영상 또는 음악을 QR코드로 링크		

- 사전 보는 법 〈비판적으로 사전 읽기〉
1. 웹사전
- 웹사전과 종이사전의 차이점 : 웹사전은 종이사전에 있는 내용을 재가공해서 화면에 뿌려준다.
- 웹사전의 종류 : Daum 백과, Naver 지식백과 사전이 있으며, 둘 다 병행하여 활용하는 것이 좋다.
- 유사 백과사전 : 주인이 따로 없는 공동문서를 사용자가 수정해 나가는 형태. (예) 나무위키, 위키백과

정보원명	Daum 백과	Naver 지식백과 사전
URL	100.daum.net	terms.naver.com
특징	- 브리태니커 집필진 - 서구권 항목을 살펴볼 때 유용함 - 카테고리별, 추천 백과 서비스 제공	- 표제어 개수, 분량 압도적 - 세계 최대 수준, 서비스 품질 좋은 - 수천 종의 책을 검색해 주므로 부실한 사전이 함께 검색됨

2. 비판적으로 사전을 읽는 방법
- 웹사전은 잘 모르는 사안 및 단어를 개괄적으로 파악하는 데 사용한다.
- 웹사전은 일단 믿되, 그 정확성을 자신이 높여야 한다.
- 여러 책과 자료를 복합적으로 검색(구글 활용)하여 검증해야 한다.

음악 도서관활용수업	2차시	서양음악사 브레인 라이팅	
07. 06. ~ 07. 18.	학번	이름	

(모둠) 브레인 라이팅(BRAIN WRITING) 방법

1. 나눠준 종이에 모둠의 탐구 주제 '바로크 음악'하면 떠오르는 것을 4가지를 쓴다.
2. 오른쪽으로 돌리면서 친구가 적은 4가지를 보며 떠오르는 것을 4개씩 쓴다.
   - 앞 친구의 아이디어를 구체화하거나 보충하는 아이디어를 쓴다.
   - 앞 친구가 적었던 단어에서 연상되는 것이 없다면 탐구 주제와 관련하여 새롭게 다시 시작하는 단어를 쓸 수 있다.
3. 주의할 점 : 처음에 자신이 적은 4가지 단어를 반복해서 사용하면 안 된다. 중복되지 않는 단어를 선택하여 아이디어를 결합한다.
4. 이 과정은 자신이 작성한 단어가 적혀 있는 용지가 자신에게 돌아올 때까지 반복한다.

〈주제 :   〉

이름	키워드 1	키워드 2	키워드 3	키워드 4
	↓	↓	↓	↓

↓	↓	↓	↓	↓
↓	↓	↓	↓	↓
↓	↓	↓	↓	↓

5. 브레인라이팅에서 나온 단어 중 마음에 드는 것을 고르거나 다른 소재를 보태어 표제어를 정한다.

음악 도서관활용수업	2차시	'서양음악사' 브레인스토밍	
07. 06. ~ 07. 18.	학번		이름	

브레인스토밍(BrainStorming)

탐구 주제 :

1. 탐구 주제와 관련하여 단어를 연상하세요.
   (질 보다는 양, 비판 금지, 자유분방하게, 아이디어 결합하기)
2. 동그라미 칸에 번호를 쓴 후 연상한 단어를 쓰세요.

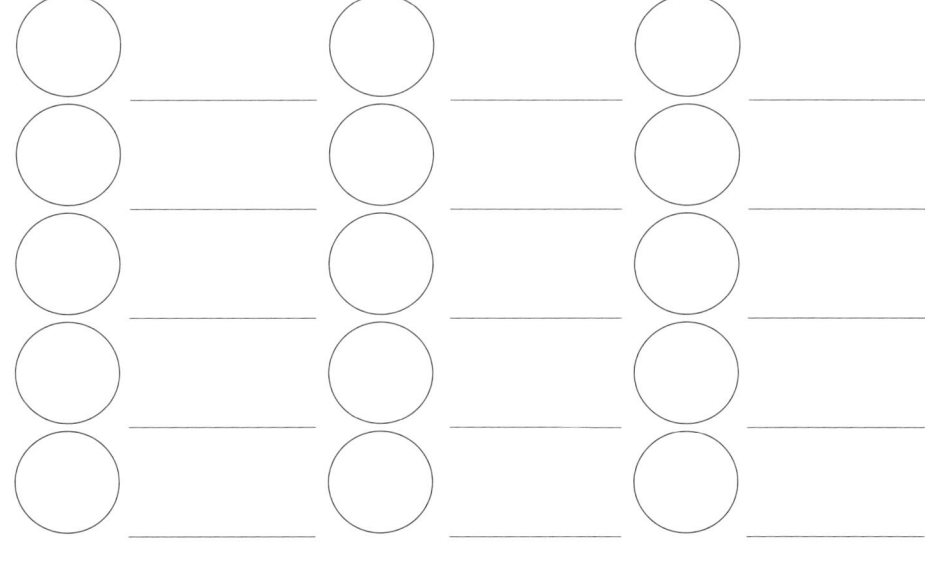

음악 도서관활용수업	2차시	'서양음악사 사전' 편찬하기	
07. 06. ~ 07. 18.	학번		이름	

■ 2단계 자료 조사 및 감상 : 시대의 특징, 역사, 문화적 배경을 조사하고, 관련 음악을 감상하기

표제어		
자료 조사	〈책〉을 읽고, 조사 내용 쓰기	☞출처-글쓴이 (출판년도). 책이름. 출판사 ☞예시 한혜란 (2022). 차근차근 클래식. 더좋은책
	〈네이버 지식백과, 다음 백과 web 사전〉을 읽고 조사 내용 쓰기	☞출처-사전 사이트 이름. 사전 이름, 사전주소 URL ☞예시-네이버 지식백과. 오페라 366. terms.naver.com

감상	찾아 들은 음악곡명		감상한 음악의 URL을 QR코드로 만들어 제출 [삽입]-[이미지]-[셀 내에 이미지 삽입]
			http://m.site.naver.com/0YNyc
	감상평		

↓ ↓ ↓

자료 조사 및 음악 감상한 내용을 통합하여 사전에 수록할 내용을 최종 정리하자(자료 조사+견해)

※ '분량'보다는 자신의 개성/주관적 견해/위키피디아(유사 백과사전)에 없는 내용/위키피디아에 실려 있는 내용 중 편집이 필요한 내용에 집중합니다.

음악 도서관활용수업	3차시	'서양음악사 사전' 편찬하기	
07. 06. ~ 07. 18.	사전 내용 쓰기	이름(학번)	

■ 3단계 '사전 기재 양식'을 참고하여 사전의 내용을 써봅시다. (아래 양식을 참고하되, 변형하여 활용가능함)

우리 모두의 백과사전

문서 토론　　　　　　　　　　　　　읽기　편집　역사보기

키워드 :

간단한 개요

나만의 해석

작곡가명 또는 사조명(한글/영어)

사진 또는 그림, 기타 관련 이야기

기본 정보

출생

사망

국적

직업

배우자

음악 도서관활용수업	4차시	'서양음악사 사전' 편찬하기	
07. 06. ~ 07. 18.	위키피디아 편집 & 평가	이름(학번)	

■ 4단계 참여형 백과사전의 체계화 방식을 이해하고, '위키피디아' 편집하기

1. 종류(위키방식의 편집 문서) : 위키백과, 나무위키
2. 위키백과의 체계화 방식
 - 위키위키(wiki wiki)는 하와이 말로 '빨리빨리'란 뜻
 - 위키 방식은 단순히 이야기하면 주인이 따로 없는 공동문서를 사용자들이 빨리빨리 서로 수정해 나가는 형태의 글쓰기
 - 누구나 수정, 아이디어 제시, 정보업데이트가 가능(지식공유의 경계가 없다)
 - [역사 보기]를 통해 편집 역사를 알 수 있으며, 동료 평가를 통해 신뢰도 확인 가능

Q. 실습 : 위키백과 편집하기
위키백과 접속(https://ko.wikipedia.org/) → 표제어 검색 → [편집] 버튼 누르고 내용 수정 → [역사보기] 클릭 → [선택한 판을 비교하기] → URL 복사하여 여기로 제출 ★(https://bit.ly/★

■ 5단계 평가

1. 자신의 '서양음악사 사전 편찬하기'를 되돌아보자. 다음 채점 기준표에 자신이 해당하는 부분에 빨간색을 칠해보자.

평가 요소	성취 수준		
	A 매우 뛰어남	B 달성함	C 힘을 내
역사 문화적 배경과 관련짓기	선정한 음악사조를 중심으로 역사, 문화적 배경을 이해하여 맥락에 맞게, 구체적으로 음악의 특징을 설명 및 소개했다.	선정한 음악사조를 중심으로 역사, 문화적 배경과 관련지어 음악의 특징을 설명 및 소개했다.	선정한 음악사조를 중심으로 역사, 문화적 배경과 관련짓지 못했으며, 음악의 특징 설명 및 소개가 제한적이다.
감상	조사한 내용을 토대로 선정한 음악사조의 음악을 감상 후 자신의 느낌을 독창적인 해석, 의견을 담아 사전에 기록했다.	조사한 내용을 토대로 선정한 음악사조의 음악을 감상 후 자신의 느낌과 해석을 사전에 기록했다.	조사한 내용을 토대로 관련 음악을 선정하지 못하였으며, 자신의 느낌과 해석에 대한 설명이 미흡했다.
사전 활용	다양한 자료에서 음악의 특징을 찾아, 조사, 감상, 해석한 내용을 구체적으로 사전에 기술했다. 참여형 백과사전에 다양한 종류의 권위 있고, 신뢰할 수 있는 정보원의 출처를 밝히며, 내용 추가 또는 편집에 참가했다.	여러 자료에서 음악의 특징을 찾아, 조사, 감상 내용을 사전에 기술했다. 참여형 백과사전에 다양한 종류의 정보를 활용하여 내용을 추가 또는 오류를 삭제하는 등 편집에 참가했다.	몇 개의 자료에서 내용을 선정하고, 선정한 음악사조와 관련 없는 내용을 포함했다. 참여형 백과사전의 편집 분량이 너무 적어 전달하려는 의미를 충분하게 전달하지 못했다.

2. '서양음악사 사전 편찬하기' 프로젝트를 계획 할 때 예상했던 것과 달라진 점은 무엇인가?

평가 요소	이유

3. B(달성함), C(힘을 내)를 받은 평가 요소는 무엇인가? 그 이유를 써보자.

평가 요소	이유

4. 위의 요소에 관해, 어떻게 하면 A로 갈 수 있을지 생각해 보고, A로 가기 위한 구체적인 방법을 50자 이상 적어보자. (모두 A인 경우 그렇게 생각한 이유를 써보자)

평가 요소	이유

5. 서양 음악사 사전 편찬하기에 관한 총평을 다음 질문에 관한 대답을 중심으로 3줄 정도 정리해 보자. (모든 질문에 답을 달아야 하는 것은 아니며, 쓸만한 이야기가 있는 질문을 중심으로 답을 하면 됩니다.)

수업을 통해 무엇을 알게 되었는가? → 궁금한 점은 무엇인가? → 궁금증을 어떻게 해결하였는가? → 배움을 발전시키기 위해 자신이 한 일은 무엇인가? → 어떻게 삶 속에서 배운 것을 실천할 것인가? → 이번 프로젝트에서 자신이 잘한 점은 무엇인가? → 이번 프로젝트는 자신에게 어떤 의미가 있는가?

이상에서 살펴본 사서교사와 교과교사의 연계 정도에 따른 협동수업의 수준별 특징을 사서교사의 수업 참여 정도(수업 상황)과 교과교사와의 관계 측면에서 정리하면 다음 〈표 5-11〉과 같다.

〈표 5-11〉 협동수업의 수준별 특징

수준	사서교사의 수업 참여 정도 (수업 상황)	교과교사와의 관계
협조	• 교과교사나 담임교사가 교과 관련 자료를 요청하면 사서교사가 확보하여 제공한다.	• 교사의 교수활동이 독립적이며 비공식적으로 단기간에 상호작용이 일어난다.
협력	• 사서교사가 학교도서관 교육 시간에 해당 학급이 교과 수업시간에 배우는 학습주제를 적용한다. • 교과교사가 학생들이 사서교사에게 배운 학습경험을 수업시간에 참고한다. • 사서교사와 교과교사가 개별 수업시간에 동일한 학습자료를 가지고 학생을 지도한다.	• 사서교사와 교과교사는 상호 간에 정보활용능력과 교과 학습주제의 연계 지도를 제안하거나 거절할 수 있다. • 서로 간의 제안을 받아들인다면 교사 간의 협력은 교수-학습 방법에 대한 공통의 목적을 갖고 공식적인 방법으로 장기간에 걸쳐서 진행된다.
협동	• 사서교사와 교과교사가 학생의 자주적 학습활동을 도와주기 위하여 수업을 공동으로 설계-운영-평가한다. • 교과의 학습주제와 방법적 지식인 정보활용능력이 통합 교육과정을 통해서 운영된다.	• 장기간에 걸친 노력으로 파트너십을 형성한다. • 교수-학습 방법 개선과 학습능력 신장이라는 공동목표 하에 분명한 역할과 책임을 갖는다. • 사서교사와 교과교사 간의 협동은 교과 간에 걸쳐서 지도할 수 있는 통합 학습주제의 개발로 '1:다(多)'로도 이루어진다.

(출처: 송기호, 2010, 115)

3.2 참여 교과수와 시간표 편성 방법에 따른 구분

3.2.1 등장 배경 및 유형

협동수업을 참여 교과 수에 따른 시간표 편성 방법으로 구분하게 된 계기는 고정 시간표만으로는 학교도서관 교육에 참여하는 교사의 수업 방법 개선과 학생의 자기주도 학습능력 신장에 한계가 있다는 경험에서 비롯되었다. 협동수업은 기본적으로 자원기반학습으로 진행되기 때문에 교사와 학생의 자료 활용 시간 확보가 중요하다. 자료 활용 시간은 학생의 자주적 학습능력과 문제해결능력 신장을 위한 것으로 고정 시간표 운영으로는 한계가 있다.

AASL과 AECT(1998b)에서 정보활용능력과 교과 교육과정의 통합 운영을 제시한 후

국내에서는 Big 6 Skills를 기반으로 학교도서관 교육을 운영하기 위한 인정 교과용 도서인 「정보와 도서관」이 개발되었다. 송기호(2008a)는 「고등학교 정보와 도서관」을 교양선택 과목으로 운영한 경험을 바탕으로 통합 정보활용교육과정 모형을 개발하였다. 이를 바탕으로 서울특별시교육청의 지원을 받아 교과교사와 함께 도서관 자료 활용 시간을 충분히 확보해 줄 수 있는 교과 연계형 도서관활용수업 설계 전략을 마련하고 수업에 적용하였다(송기호 외, 2008; 송기호 2008b). 또한, 교육부의 지원을 받아 학교급별 사서교사와 함께 수업 참여 교과수와 시간표 편성 방법에 따른 협동수업 설계 모형과 사례를 개발하고, 이를 장학 자료집인 「학교도서관에서 배우는 기쁨 아는 즐거움」(송기호 외, 2010)에 담았다.

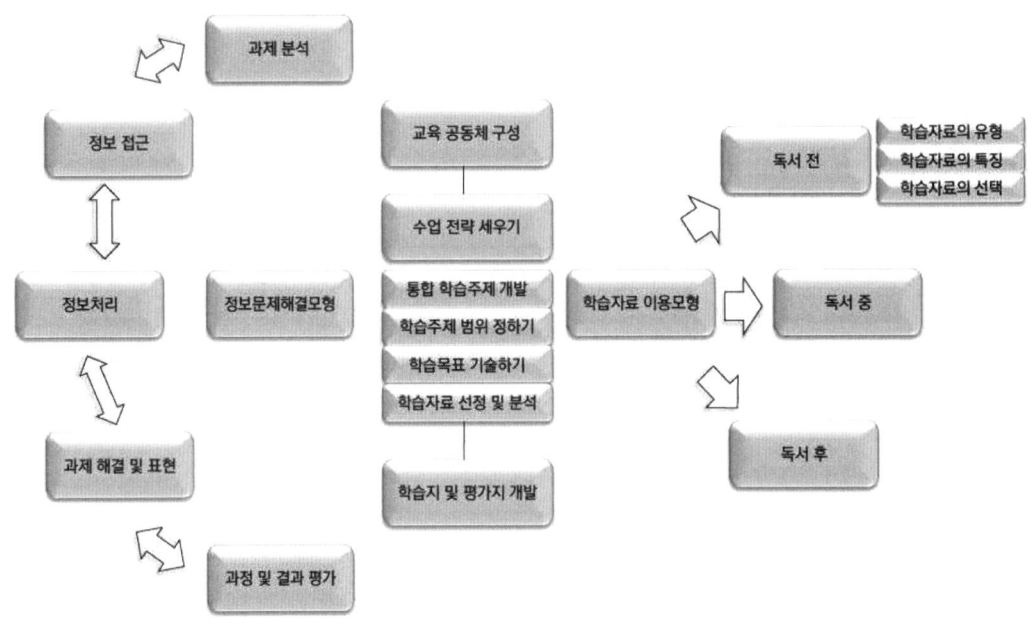

(출처: 송기호, 2008b, 168)

[그림 5-9] 교과 연계형 도서관활용수업 설계 전략

협동수업은 수업에 참여하는 교과수와 시간표 편성 방법에 따라서 '교과 독립형-고정 시간표, 교과 독립형-변동 시간표, 교과 연계형-고정 시간표, 교과 연계형-변동 시간표'와 같이 구분할 수 있다. 즉 학교도서관 교육이 제공하는 자료와 자료의 활용능력을 사서교사와 교과교사의 1:1 유형뿐만 아니라, 통합 학습주제(교과 연계 학습주제, 교과 융합형 학습주제)를 중심으로 여러 개의 교과가 1: 다(多)유형으로 운영할 수 있다.

제5장 협동수업 기반 학교도서관활용교육

〈표 5-12〉 수업 참여 교과수와 시간표 편성 방법에 따른 협동수업 유형

유형	참여 교사수	특징
교과 독립형	사서교사 1 + 교과교사 1	• 개별 교과의 고정 시간표를 중심으로 수업을 설계함 • 사서교사의 업무 부담이 적음 • 학생에게 충분한 자료 활용 시간을 제공하기가 곤란하기 때문에 학생의 수준별로 정보활용능력을 지도하기가 어렵고, 사서교사의 역할이 자료의 제공자로 제한될 수 있음 • 이러한 문제를 극복하는 방안으로 변동 시간표를 적용함(교과 독립-변동 시간표)
교과 연계형	사서교사 1 + 다수 교과교사	• 하나의 학습주제를 여러 개의 교과가 통합 지도하도록 설계함 • 고정 시간표를 그대로 적용하면서도 학급 단위로 학생에게 충분한 자료 활용 시간을 제공할 수 있음 • 개별 학생에 대한 수준별 지도가 가능하고 하나의 주제를 여러 측면에서 종합적으로 사고할 수 있는 기회를 제공할 수 있음 • 교과별로 학습주제의 지도 시기가 다르거나 담당하는 학급이 다른 경우에는 변동 시간표나 묶음 시간표 운영을 통해서 학습주제에 대한 정보활용능력 적용 시간을 통합할 필요가 있음 • 변동 시간표나 묶음 시간표 운영 시 여러 교과가 참여하는 만큼 시간표 편성에 어려움이 있을 수 있으며, 장기간에 걸친 학교도서관 활용수업 진행으로 수업에 참여하지 않는 교사와 학생들의 도서관 이용을 제한하는 문제가 생길 수 있음

3.2.2 교과 독립형

초등학교 5학년 과학 교과와 사서교사의 교과 독립형 협동수업 운영 사례는 다음과 같다(송기호 외, 2010, 41-50).

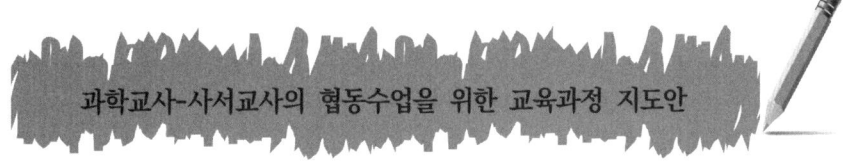

과학교사-사서교사의 협동수업을 위한 교육과정 지도안

개발 및 적용: 사서교사 백○희

① **학습 상황**

5학년 과학 전담 교사인 김 교사는 학기 말 평가도 끝나고 여름방학 전까지 수업 부담도 적어 과학 수업을 평소 이용하던 과학실이 아닌, 도서관에서 다양한 자료를 활용하여 운영하고 싶었다. 지난 시간에 했던 수업 내용을 평가에 대한 부담감 없이 복습할 겸 아

이들이 재미있어하는 활동을 다양하게 할 수 있는 참고도서를 확인하기 위해서 도서관을 방문한 김 교사는 사서교사와 대화를 하게 되었다. 사서교사는 김 교사의 이야기를 듣고 도서관에서 협동수업을 하면 어떠하냐고 제안하였고, 협동수업이 무엇인지 잘 몰랐던 김 교사는 사서교사의 자세한 설명을 듣게 되었다. 평소 수업을 좀 더 다양하게 하고 싶었던 김 교사는 도서관을 활용한 협동수업에 흔쾌히 동의를 하였고, 사서교사와 공동으로 교수설계를 하게 되었다.

② 준비 과정 및 준비 내용

수업시간을 우선 다른 학급과 조정하여 금요일로 배정하였다. 사서교사는 물의 순환과 관련된 참고도서를 모두 검색하여 부족한 내용에 대해서는 추가로 구입하였다. 또한, 참고 사이트 검색 및 관련 정보 검색에 따른 평가 척도를 김 교사와 협의하였다. 김 교사는 본시 수업 전에 차시예고 및 관련 내용에 대한 복습을 진행하고 사서교사와 합의된 평가 관련 척도를 학생에게 안내하기로 하였다. 모둠별 발표를 위해 실물화상기, 빔프로젝터, 마이크 등 다양한 시청각 기기도 사전에 준비하였다.

③ 수업 설계 및 운영상의 한계와 대처 방안 등

반별 학생의 학습 수준 차이에 따른 단계별 자료 선정이 중요하며 자료 구입 이전의 사전 계획서 작성을 통해 관련 주제에 대한 자료의 다양성을 확보하는 것이 필요하다. 자료를 수업시간에 맞추어 적절하게 확보하는 것이 필요하므로 자료 구입 계획을 유동성 있게 세워 둬야 한다. 또한, 모둠학습이므로 모둠원의 역할 분담이 중요하며 특히, 소외되거나 수업에 참여하지 않으려는 학생들에게 특별한 역할을 부여하여 모두가 협동하여 프로젝트를 수행할 수 있도록 지도하는 것이 필요하다.

④ 협동수업 설계

수업 설계	협동수업 초대하기	참여 교과	과학	참여 학급		5학년
		수업 주제	8. 물의 여행(6시간)	정보 활용 능력	적용 단계	정보 접근 및 분석 정보 종합 및 표현
			물의 순환 과정		학습 기술	요약하며 읽기 발표와 토론의 방법
		수업 기간	1일	수업 시간		과학 변동 시간표(5~6교시/6)

수업 설계	학습 자료 선정	인쇄자료	• 슈미트, 엘레오노레 (○○○○). 물의 여행. 서울: ○○○. • 매닝, 믹 & 그란스트룀, 브리타 (○○○○). 철썩철썩!첨벙첨벙!. 서울: ○○. • 테를리코프스카, 마리아 (○○○○). 물방울의 모험. 서울: ○○○. • 이○○ (○○○○). 물방울이 퐁퐁. 서울: ○○○. • 블랙번, 레이첼 (○○○○). 물방울이 된 루디. 서울: ○○○. • 드랄라, 에띤느 (○○○○). 물방울의 추억. 서울: ○○○. • 셰이퍼, 로라 (○○○○). 온 세상에 비가 내려요. 서울: ○○○. • 로커, 토마스 (○○○○). 온 세상 물의 왈츠. 서울: ○○○.
		시청각 자료	• 임○○. (○○○○). 물의 여행. [○○○ 자연다큐멘터리] [DVD] • 데라네트워크. 물의 여행. [음반] • 스크린에듀케이션, 신기한 스쿨버스 2. 날씨탐구 [DVD]
		전자자료	• 한국수자원공사(○○○○. ○○. ○○.) http://www.kwater.or.kr/ • 물포탈 워터(○○○○. ○○. ○○.) http://www.water.or.kr/ • 물사랑홈페이지(○○○○. ○○. ○○.) http://www.ilovewater.or.kr/
		시청각 교구	빔프로젝터, 오디오, 실물화상기, 마이크
	시간표 편성		• 과학 묶음 시간표(2시간)
	학습 목표		• DLS를 이용하여 원하는 자료를 찾을 수 있다. • 물의 순환과정을 조사하여 다양한 방법으로 발표할 수 있다.
	학습 모형		• 모둠학습, 프로젝트 학습
공동수업		교과교사	전 차시 복습, 모둠별 발표 형식 정하기
		사서교사	참고자료 준비, 자료검색법, 검색된 자료 평가법 안내
		학 생	관련 자료의 탐색 및 다양한 형식으로 발표하기
공동평가		교과교사	정보의 정확성과 결과물 평가
		사서교사	자료검색 절차 및 결과물 평가

⑤ 수업 운영 : (5~6교시/6) 협동수업 지도안

수업 단계		교과교사	사서교사	학생	자료
도입		• 출석 확인 • 모둠 구성 • 전시학습 확인	• 〈물의 여행〉 음반 틀기	• 모둠별로 자리에 앉기 • 음악 감상하기	• 〈물의 여행〉
	과제 분석	• 공기 중의 물은 어디로 이동하는지 발문 제시	• 정보 활용 학습목표 설명	• 질문 내용을 듣고 배경지식 점검하기	

수업 단계		교과교사	사서교사	학생	자료
문제 해결 단계	정보 접근	• 물의 순환과정을 담은 자료를 도서관에서 검색해 보기	• 도서관 자료검색법 안내 - DLS를 통한 자료검색법 - 검색어 선정의 중요성, 방법 설명 및 시연 - 다양한 정보원 안내	• DLS 검색 동영상 시청 및 검색 실행 • 서가에서 책 찾기	• DLS 기능 설명 동영상
	정보 분석	• 물의 순환 과정을 담은 정확한 정보인지 확인 - 전시 수업 시간에 배운 내용과 찾은 정보 비교 • 관련 주제의 추가 학습자료를 찾아보도록 지도		• 검색한 자료 찾기	• 관련 도서 • 관련 DVD
	정보 종합 정보 표현	• 모둠별 과제 학습지를 보고 틀린 정보나 관련 없는 정보 확인하여 수정	• 각 모둠별로 선택한 표현 계획에 따른 지도 - 시나리오 작성법, 가사 바꿔 부르기, 마인드맵 작성법, 만화의 표현 방법 설명	• 과제 학습지를 모둠원과 협력하여 작성하기 • 표현 계획에 따라 한 가지를 정하여 발표하기	• 각종 활동지
	평가	〈평가 요소〉 - 상, 중, 하 • 물의 순환과정을 정확히 이해하고 있는가?	〈평가 요소〉 - 상, 중, 하 • 적절한 자료를 찾았는가? • 정보 표현 방법은 올바른가?	• 물의 순환송을 듣고 활동지 기록하기 • 자기평가와 다른 모둠의 표현활동 평가하기	• 물의 순환송 • 활동지
수업 평가		• 형성평가 실시		• 형성평가 하기	• 형성평가지

【함께 해결하는 모둠 학습지】

(　　　　)모둠

모둠원 :　　　　　　　　　　　날짜 : (　　)년 (　　)월 (　　)일 (　　)요일

과 목			단원명					
학습 과제								
활용 도서	중점 관련 도서			지은이		출판사		연도
	심화 보충 도서			지은이		출판사		연도
				지은이		출판사		연도
전자자료								
시청각 자료								

조사할 내용	
활동 계획	
조사한 내용 및 알게 된 점	☞ Tip: 활동 계획은 모둠원들의 역할을 스스로 정할 수 있도록 안내한다.
표현 계획	만화로 표현하기　　마인드맵　　가사 바꿔 부르기　　역할극 하기

만화로 표현하기
(　　　)모둠

① 만화가 :	② 만화가 : ☞ Tip : 만화로 표현할 때 모둠원 한 명씩 한 칸에 그리도록 하며 이야기를 연결시킨다.
③ 만화가 :	④ 만화가 :
⑤ 만화가 :	⑥ 만화가 :

⑥ 평가하기

【과제 해결 결과 자기 평가표】

성 명	
학습주제	

성 명	
학습주제	

※ 자신의 과제 해결 결과를 가장 잘 설명하고 있는 항목에 ✓ 표시하세요.	전혀 그렇지 않다	그렇지 않다	가끔 그렇다	항상 그렇다
나의 과제 해결 결과에 이용한 정보는 정확성, 명료성, 완전성, 상세성을 갖추고 있다.				
나는 과제 해결에 신뢰할 만한 학습자료를 이용하였다.				
내가 수행한 과제 해결 결과는 다른 사람들이 이해하기 쉽고, 내가 배운 내용을 잘 담고 있다.				
과제의 표현 유형별 평가				
[표현 방법 선정] 나는 과제 해결을 위하여 계획을 잘 세우고, 해결 결과를 표현하는데 적절한 방법을 이용하였다.				
[그리기로 표현하기] 나는 다양한 색상을 사용하여 정성스럽게 제작하였다. 나의 작품은 독창적이다.				
[발표하기] 나는 큰 소리로 또박또박 발표하고, 시청각 자료를 활용하였다.				
[글쓰기로 표현하기] 나의 글은 현실감이 있고 창의적이다.				
내가 쓴 글은 읽기 쉽게 잘 쓰였으며, 표현력이 뛰어나다.				
내가 쓴 글은 맞춤법이나 문법이 정확하다.				
의 견				

3.2.3 교과 연계형

교과 연계형은 자료 활용 시간을 충분히 확보하기 어려운 고정 시간표의 한계를 극복하기 위한 현실적인 대안 모형이다. 교과 연계형은 하나의 학습주제를 여러 개의 교과가 통합 지도하도록 설계하기 때문에 고정 시간표를 그대로 적용하면서도 학급 단위로 학생에게 충분한 자료 활용 시간을 제공할 수 있다.

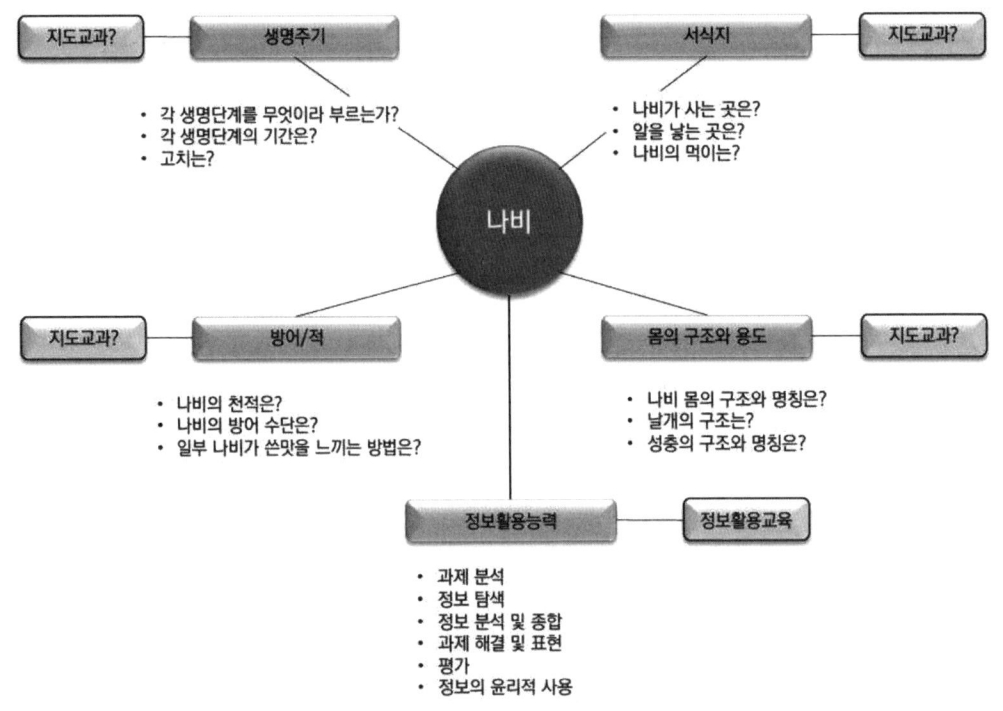

(출처: 송기호, 2020, 2003)

[그림 5-10] 교과 연계형 협동수업을 위한 통합 학습주제 개발(예)

교과 연계형은 여러 교과교사가 참여하기 때문에 협동적 학습공동체 구성이 선행되어야 하고, 교과를 아우를 수 있는 통합 학습주제 선정이 중요하다. 이 과정에서 사서교사의 중재자로서의 역할 및 리더십이 필요하다. 교과 연계형 학교도서관활용수업 운영 사례를 살펴보면 다음과 같다(송기호 외, 2008, 12-28).

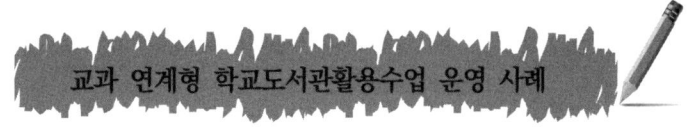

① 교육 공동체 구성 및 협동수업 전략

    수업전략은 '통합 학습주제 개발-학습주제 범위 정하기-학습목표 기술하기-학습자료 선정 및 분석'의 순으로 진행하였다. 통합 학습주제를 기반으로 하는 새로운 형식의 학교도서관활용수업에 참여할 교과교사 모집을 통해서 교육 공동체를 구성한 후, 수업전략 수립과 학습지 및 평가지 개발 과정은 주로 교내망과 협의회를 통해서 이루어졌다. 협의회는 교육 공동체 구성 이후 주 1회씩 총 3회에 걸쳐 운영하였으며, 1차 협의회에서는 통합 학습주제 개발의 필요성과 개발 방법을 협의하고, 학교도서관활용수업의 운영 목표를 설정하였다. 그리고 정보문제 해결모형과 학습자료 이용모형을 기반으로 학습지 및 평가지 개발에 착수하였다. 2차 협의회에서는 통합 학습주제 결정, 수업시간을 고려한 학습주제의 범위 결정 및 학습목표를 기술하였다. 3차 협의회에서는 학습자료를 선정하고 분석하였다. 그리고 개발된 학습지 및 평가지를 수정하고 개별 통합 학습주제 지도에 맞게 수정 적용하였다. 이상에서 살펴본 학교도서관활용수업 설계 과정별 협의 내용을 정리하면 다음 〈표 5-13〉과 같다.

■ 수업 설계 과정별 협의 내용

〈표 5-13〉 교육 공동체 구성과 협의 절차 및 내용(예)

협의과정	수업 설계 과정		적용원리 및 협의 내용	역할
참여 교과 모집	교육 공동체 구성		• 고정 시간표 운영을 통한 협동수업의 한계와 개선 방안 홍보 • 통합 학습주제 기반 협동수업 참가 희망 교사 모집 • 국어교사 1명, 국사교사 1명, 지리교사 1명, 사서교사 1명이 참여하는 새로운 교육 공동체 구성	사서교사
1차 협의회	수업 전략세우기	통합 학습주제 개발	• 협동수업의 운영 목표 설정	사서교사 + 교과교사
			• 통합 학습주제 개발의 필요성과 개발 방법 협의 • 국어 교과를 기준으로 교과 간 연계성	사서교사 + 교과교사

2차 협의회		학습주제 범위 정하기	• 주 1시간 총 3시간을 적용할 수 있는 학습주제 선정	교과교사
		학습목표 기술하기	• 통합 학습주제의 활동 내용을 담은 학습목표 기술	
3차 협의회		학습자료 선정 및 분석	• DLS 교과 연계 도서 정보 • 서울특별시교육청 독서지도 자료집 • 교과 연계 자료집(중·고등학교 교수학습 동반자)	사서교사 + 교과교사
1차~3차 협의회		학습지 · 평가지 개발 및 수정 적용	• 학습자료 이용 모형 - 그래픽조직자 • 정보문제 해결모형 - 정보활용과정 및 결과 평가지 • 통합 학습주제 실제 지도 내용에 맞추어 수정 적용함	사서교사 + 교과교사

(출처: 송기호 외, 2008, 14의 내용을 일부 수정함)

② 교육과정 지도 작성

교육과정 지도(Curriculum Map)는 교육과정 통합 운영에 참여하는 교과 간 학습주제나 학습 방법의 연계성을 분석한 결과이다. '통합 학습주제 개발 - 학습주제 범위 정하기 - 학습목표 기술하기 - 학습자료 선정 및 분석' 순으로 진행한 수업전략을 통해서 작성한 통합 학습주제 중심의 교육과정 지도는 다음과 같다.

■통합 학습주제 중심의 교육과정 지도

〈표 5-14〉 통합 학습주제 중심의 교육과정 지도(예)

순번	교과	국어	국사	한국 지리
1	교과 관련성 분석	• 국어(하) 1-(1) 고대 국어 - 10세기 말 지명 및 관직명의 변화 양상과 원인	Ⅱ. 2-1. 고대 국가의 성립 Ⅱ. 2-2. 삼국의 발전과 통치 체제 Ⅱ. 2-3. 대외 항쟁과 신라의 삼국 통일 Ⅱ. 2-5. 남북국 시대의 정치 변화 - 통일신라의 발전 - 남북국의 통치 체제 Ⅵ. 1-1. 학문과 사상, 종교	• 풍수지리로 본 도읍 입지 - 경주, 개경, 한양

순번	교과	국어	국사	한국 지리
			- 한자의 보급과 교육 - 역사의 편찬과 유학 보급	
	통합 학습주제	우리 지명의 이해		
	학습주제 범위 설정	고대 국어 / 신라의 중앙집권과 한자의 사용		
	학습목표	• 현재 쓰이고 있는 지도에서 한자로 표현된 지명을 찾아 우리말 지명으로 바꾸어 보고 그 지명의 유래를 찾아 새로운 고유어 지명 지도를 만들 수 있다.		
	학습자료	한국 언어지도 / 삼국시대 사람들은 어떻게 살았을까? / 한국 생활사 박물관 5: 신라 생활관		
2	교과 관련성 분석	• 국어(하) 5-(1) - 관동별곡 : 관동팔경의 여정, 견문, 감상	III. 3-3. 통치 체제의 정비 - 중앙 정치 체제와 지방 행정조직 - 군역 제도와 군사 조직 - 관리 등용 제도	• 조상들의 국토 인식 - 대동여지도
	통합 학습주제	대동여지도로 살펴본 정철의 행선지		
	학습주제 범위 설정	기행문 감상법 / 관동지방 / 양반과 노비 / 지방관 행차		
	학습목표	• 조선시대 지방관이 관동지방으로 여행을 하면서 참고할 수 있는 여행안내 소책자를 만들 수 있다.		
	학습자료	18C 19C 그림 속의 관동팔경/산문기행(조선의 선비 산길을 가다) / 고전문학 기행(손종흠) / 대동여지도 / 관동별곡 / 정선 목민심서(정약용) / 관아를 통해 본 조선시대 생활사 1(안길정)		
3	교과 관련성 분석	• 국어(상) 3-(2) - 봉산탈춤 : 양반 과장에 등장하는 취발이를 통해 보는 조선 후기 사회에 대한 이해	IV. 4-1. 서민경제의 발전 - 양반 지주의 경영변화 - 농민경제 변화 - 민영수공업의 발달 - 민영광산의 발달 IV. 4-2. 상품화폐 경제의 발달 - 사상의 대두 - 장시의 발달 - 포구 상업 - 대외 무역의 발달 - 화폐 유통 V. 4-1. 사회 구조의 변동 - 신분제의 동요	• 조선 후기의 상업의 발달 - 조선시대 정기시장 (5일장)

순번	교과	국어	국사	한국 지리
			- 중간 계층의 신분 상승 운동 - 노비의 해방 V. 4-2. 향촌 질서의 변화 - 양반의 향촌 지배 약화 - 농민층의 분화 - 관권의 강화	
	통합 학습주제	조선 후기 상품화폐 경제의 발달과 사회변동		
	학습주제 범위 설정	탈춤의 이해 / 탈춤에 등장하는 인물의 이해 / 조선 후기 사회, 경제 변동 / 황해도 지방 상업이 발달한 요인		
	학습목표	• 봉산탈춤에서 빠져있거나 간략하게 표현된 '취발이'의 행적을 조선 후기 사회·경제적 변화상을 참고로 일대기 형식으로 재구성할 수 있다.		
	학습자료	한국의 탈춤(조동일) / 탈춤(채희완) / 한국의 시장: 정기시장을 중심으로 / 정기시장의 구조와 기능변화 연구 / 조선시대 사람들은 어떻게 살았을까? 1(한국역사연구회) / 한국 생활사 박물관 10		
4	교과 관련성 분석	• 국어 하 2-(2) - 허생전 : 허생전에 나타난 연암 박지원의 사상	Ⅳ. 4-1. 서민경제의 발전 - 양반 지주의 경영변화 - 농민 경제 변화 - 민영 수공업의 발달 - 민영 광산의 발달 Ⅳ. 4-2. 상품화폐 경제의 발달 - 사상의 대두 - 장시의 발달 - 포구 상업 - 대외 무역의 발달 - 화폐 유통 Ⅴ. 4-1. 사회 구조의 변동 - 신분제의 동요 - 중간 계층의 신분 상승 운동 - 노비의 해방 - 가족 제도의 변화와 혼인 Ⅴ. 4-2. 향촌 질서의 변화 - 양반의 향촌 지배 약화 - 농민층의 분화 - 관권의 강화	• 상업과 유통의 변화 - 조선시대의 정기시장 (5일장) - 안성 부근의 정기시 • 제주의 식생 분포 • 제주도의 화산지형

순번	교과	국어	국사	한국 지리
	통합 학습주제	조선 후기의 정치·경제·사회·문화상		
	학습주제 분석	허생전에 반영된 박지원의 사상 파악 / 조선 후기 도고의 성장 / 조선 후기 양반의 분화 / 제주도의 지리적 특성		
	학습목표	• 허생전의 등장인물 '이완'과 '허생'이 조선 사회를 바라보는 관점을 학습한 후 이를 바탕으로 '이완' 또는 '허생'의 가상 대통령 선거 공약을 만들어 볼 수 있다(명분론 : 실용론).		
	학습자료	허생전 / 연암 박지원과 열하를 가다(최정동) / 잘 나가는 허생 팀장에게는 뭔가 특별한 성공법칙이 있다(전미옥) / 한국의 시장-정기시장을 중심으로 / 양반의 사생활(하영휘) / 양반(미야자마 히로시)		

③ **차시별 학습지 개발**

통합 학습주제 '조선 후기의 정치·경제·사회·문화상'을 지도하기 위한 1~3차시 학습지 및 평가지는 다음과 같다.

1차시 학습지

1. 다음은 허생과 이완의 대화를 재구성한 내용입니다. 이 내용을 잘 읽어보면, 조선 사회를 운영해 나가는 방법에 대한 허생과 이완의 생각을 알 수 있습니다. 허생과 이완이 각각의 논점들에 대하여 다음과 같이 생각하고 있는 이유를 제시해 준 도서자료를 참고하여 답해 봅시다.

허 생		이 완
"너는 나라의 신임 받는 신하로군, 내가 와룡 선생 같은 이를 천거하겠으니, 네가 임금께 아뢰어서 삼고초려를 하게 하여라."	** 논점 ** - 새로운 인재 등용 -	"어렵습니다."
"명(明)나라 장졸들이 조선은 옛 은혜가 있다고 하여, 그 자손이 많이 우리나라로 망명해 와서 정처 없이 떠돌고 있으니, 너는 조정에 청하여 종실(宗室)의 딸들을 내어 모두 그들에게 시집보내고, 훈척(勳戚) 권귀(權貴)의 집을 빼앗아서 그들에게 나누어 주게 할 수 있겠느냐?"	- 권세가 횡포 해결 -	"어렵습니다."

허 생		이 완
"우리 자제들이 유학가서 벼슬까지 하도록 허용해 줄 것과, 상인의 출입을 금하지 말도록 할 것을 간청하면, 저들도 반드시 기뻐 승낙할 것이다. 국중의 자제를 가려 뽑아 머리를 깎고 되놈의 옷을 입혀서, 그중 선비는 가서 빈공과(賓貢科)에 응시하고, 또 서인은 장사를 하면서, 저 나라의 실정을 정탐하는 한편, 저 땅의 호걸들과 결탁한다면, 한번 천하를 뒤집고 국치를 씻을 수 있을 것이다."	- 청의 문물 수용 -	"사대부들이 모두 조심스럽게 예법(禮法)을 지키는데, 누가 변발(辮髮)을 하고 호복(胡服)을 입으려 하겠습니까?"
"내가 말한 계책을 한 가지도 하지 못하겠다 하면서 북벌은 무슨 북벌인가?"	- 북벌의 추진 -	"명나라의 원수를 갚고 삼전도의 치욕을 씻기 위하여 청나라를 반드시 쳐야 합니다."

2. 다음은 '허생전'에서 찾을 수 있는 조선의 경제·사회적 현실의 모습들입니다. 질문을 읽고 도서 자료를 참고하여 물음에 답해 보세요.

★ 변씨는 조선시대 '역관'의 직업을 가졌던 실존 인물로 추측되기도 합니다. '역관'이란 조선시대의 통역관을 의미하지요. 이처럼 통역관인 변씨가 부자가 될 수 있었던 이유는 무엇인가요?	
★ 허생은 변씨의 돈을 빌려 많은 돈을 벌게 됩니다. 허생이 돈을 번 방법은 무엇이었나요?	
★ 조선 후기에는 실제로 허생과 같은 방법으로 돈을 벌었던 상인 집단들이 있습니다. 이들을 무엇이라 불렀을까요? 이들이 조선 후기에 성장할 수 있었던 이유는 무엇이었습니까?	
★ 허생이 물건을 사들이기 위해 내려간 '안성'은 여러 가지 산물이 모이는 일종의 커다란 정기시장이었습니다. 이른바 안성은 '장시'가 열렸던 곳이었지요. 이처럼 '안	

성'에 장시가 발달할 수 있었던 지리적 조건은 무엇이었을까요?	
★ 허생은 '조선은 배가 외국에 통하질 않고, 수레가 나라 안에 다니질 못한다.'고 이야기하고 있습니다. 허생이 말한 것처럼 조선의 유통로는 정말 취약했을까요? 조선시대에 실제 유통로의 발달 상황이 어떠했는지 조사해 봅시다.	
★ 허생이 변산반도에서 만난 '군도'들은 조선 후기 토지에서 밀려난 농민도 다수 포함되었을 가능성이 있습니다. 조선 후기 농민은 왜 토지를 떠돌아다니거나 도둑이 되었던 것일까요?	

[추가 참고도서]
 1. 노○○ (○○○○). 고전소설 속 역사 여행. 서울: 돌○○.
 2. 역사○○위원회 (○○○○). 역사신문. 서울: 사돌○○.
 3. 백○○ 외 (○○○○). 청소년을 위한 한국사. 서울: 두리○○○.
 4. 김○○, 김○○ (○○○○). 지도로 보는 한국사. 서울: 수돌○○.

2차시 학습지

1. 우리는 지난 시간에 '허생전' 속에 나타난 역사적 현실을 구체적으로 살펴보았습니다. 지난 시간에 살펴본 내용 가운데, 내가 조금 더 자세히 알고 싶은 주제를 3~4개 골라 도서자료를 읽고 좀 더 자세한 자료를 수집해 봅시다.

내가 이미 알고 있는 것?	조금 더 자세히 알고 싶은 것?	새롭게 알게 된 것?
예) 조선시대에는 역관이 대외 무역에 종사하여 부를 축적할 수 있었다.	예) 조선의 무역정책은?	

[추가 참고도서]
 1. 이○○ (○○○○). 송시열과 그들의 나라. 서울: 김○○. / 3장 북벌의 시대, 대동법의 시대
 2. 이○○ (○○○○). 조선 최대 갑부 역관. 서울: 김○○. / 2장 조선 초기 공무역과 사무역, 3

장, 역관은 어떻게 국제 무역을 주도 했는가, 5장 역관의 최대 경쟁자 상인이 등장하다.
3. 김○○ (○○○○). 책문. 서울: 소○○. / 1장 정벌이냐 화친이냐 – 선조, 2장 인재를 어떻게 구할 것인가? - 세종
4. 한국○○연구회 (○○○○). 조선시대 사람들은 어떻게 살았을까? 1. 서울: 청○○. / 12장 서울의 장사꾼들, 13장 장돌뱅이의 애환, 14장 역관들이 무역으로 거부가 되었다는데, 15장 광산으로 몰려드는 사람들, 17장 농민의 조세부담, 19장 농민의 하루살이 와 한해살이
5. 김○○ (○○○○). 조선 후기 경제사 연구. 서울: 선○. / 제3부 상공업의 발전
6. 김○○ (○○○○). 한국의 정기시장: 5일 시장의 구조와 기능. 서울: ○○연구원 / 제3장 조선시대의 시장과 그 정책
7. 대동여지도(안성 부근)

3차시 학습지

성 명		작 성 일	
학습주제	연설문 작성법을 익히고, 정책 연설문 작성하기		
관련교과	국어, 국사, 지리		

〈작성요령〉
☞ 연설문을 평가해 보며 연설문 작성법을 익힌 후, 자신이 선택한 정책에 대한 지지를 얻기 위하여, 말하기의 목적, 대상, 시간, 장소 등을 고려한 연설문을 작성한다.

1 다음에 제시하는 연설문을 읽고, 아래 표에 따라 평가해 봅시다.

♣ 연설문 사례 ♣

여러분, 저는 사형제 폐지에 대한 저의 생각을 밝히기 위해 오늘 이 자리에 섰습니다.
과거 어느 때보다 인권에 대한 의식 수준이 높아지면서 사형제 폐지에 대한 목소리도 커지고 있습니다. 저는 이번 기회에 사형제를 없애 생명 존중 문화를 정착시키고 진정한 민주 인권 국가로 대한민국을 자리매김해야 한다고 생각합니다.
1764년 세계 최초로 사형 폐지를 주장한 저서를 남긴 이탈리아의 법학자 체사레 베카리아는 이렇게 말했습니다. '법은 사람을 죽이는 것을 방지하는데 존재 가치가 있어야 하는데, 오히려 법이 사람을 죽이는 것을 허락하고 있다.' 이것은 사형이 법이란 이름의 살인 행위임을 지적하는 말이라고 생각합니다.
사형이라는 인위적 집행 방법은 잔혹하기 이를 데 없습니다. 기원전 5세기 로마법이 규정한 사형 방법에는 예수 그리스도에게 행한 십자가형을 비롯하여 화형, 익사형 등이 있었고, 우리나라에서는 사극에 흔히 나오는 사약(死藥)과 교수형, 참수형, 능지처참형 등이 있었고, 1894년 갑오경장 이후 현재까지는 교수형이 존속되고 있습니다. 또 얼마 전 미국 오클라호마시 연방 청사 폭파범 맥베이의 사형을 집행, 사형제 폐지 논란을 불러일으킨 미국에는 현재 약물 주입, 전기의자, 가스실, 교수형, 총살형 등 다섯 가지 방법이 있는데, 이 중 약물 주입이 가장 일반적으로 연방 정부와 36개 주가 채택하고 있습니다. 그러나 이러한 사형 제도는, 인간의 존엄성, 생명의 고귀함

에 대한 인식이 확산되면서 선진국을 넘어 전 지구적으로 폐지하자는 주장에 더욱 설득력을 더하고 있습니다.

사형이 무기형보다 범죄 억제 효과가 더 있다는 증거는 없는 것으로 알고 있습니다. 아무리 흉악범이라도 인간인 이상 참회와 반성의 기회는 주는 것이 좋다고 생각합니다. 실제로 많은 사형수는 수감 생활 중 자신의 과거를 참회해 장기를 기증하는 등 마지막 삶을 남을 위해 희생하는 모습을 보여주고 있습니다.

저는 '국가에 의한 살인 행위 방지'와 사형제의 비인도성, 국가 교화 기능의 포기, 사형과 흉악범죄 발생률의 통계적 무관함, 오판(誤判) 가능성, 정치적 악용 우려, 생명의 천부적 특성 등으로 인해 이러한 사형 제도 대신에 감형이나 가석방이 없는 종신형 신설을 통해 사형제에 대한 대안으로 삼는 것이 좋다고 생각합니다.

여러분 생각은 어떠하십니까? 법에 따른 합법적인 살인인 사형제가 이대로 존재해도 된다고 생각하십니까? 사형제 폐지에 대한 여러분의 생각을 이제는 행동으로 보여주어야 하지 않겠습니까?

♣ 연설문 평가 ♣

연설자는 ……	그렇다/아니다	평가의 근거
• 청중의 특성을 분명히 알고 있다.		
• 청중을 존중하는 화법을 사용하고 있다.		
• 자신의 주장을 분명히 드러내고 있다.		
• 자신의 주장에 대한 근거를 하나 이상 제시하고 있다.		
• 반대 의견의 문제점을 잘 설명하고 있다.		
• 억지스럽거나 거친 표현, 지나치게 감정적이거나 부정적인 표현을 사용하지 않았다.		
• 주제에 맞는 유머, 통계자료, 전문가의 말 등을 적절히 사용하고 있다.		
• 설득을 위한 표현(~해야 한다, 결코, 항상, 누구나, 명심해야 한다, 틀림없다 등)을 적절히 사용하고 있다.		
• 구체적인 행동을 촉구하며 인상 깊은 인사로 끝을 맺고 있다.		

② 1~2차시에 학습한 '허생 : 이완'의 정책 가운데, 자신이 지지하고자 하는 한 편을 선택하여 '○○ 을(를) 지지하는 정책 연설문'을 작성해 봅시다.
 □ 지지하는 정치인:
 □ 연설문 제목:

3.3 교육과정 기반 접근법

교육과정 기반 접근법(Curriculum-based Approach: CBA)은 학교도서관 교육과정(「정보와 도서관」)을 교과 교육과정과 연계하여 지도하기 위한 전략으로 제시되었다. 사서교사의 학교도서관 교육과정과 교과교사의 교과 교육과정이 연계된다는 점에서 교육과정 중심 협동수업 모형이라고 할 수 있다. 이 모형은 사서교사가 교육과정에 필요로 하는 자료를 단순히 제공하는 데 그치지 않고, 자기주도학습에 필요한 기초능력인 정보활용능력을 교과와 연계하여 지도하면, 각 교과가 추구하는 학습목표 달성은 물론 평생학습 사회에

〈표 5-15〉 교육과정 기반 접근법

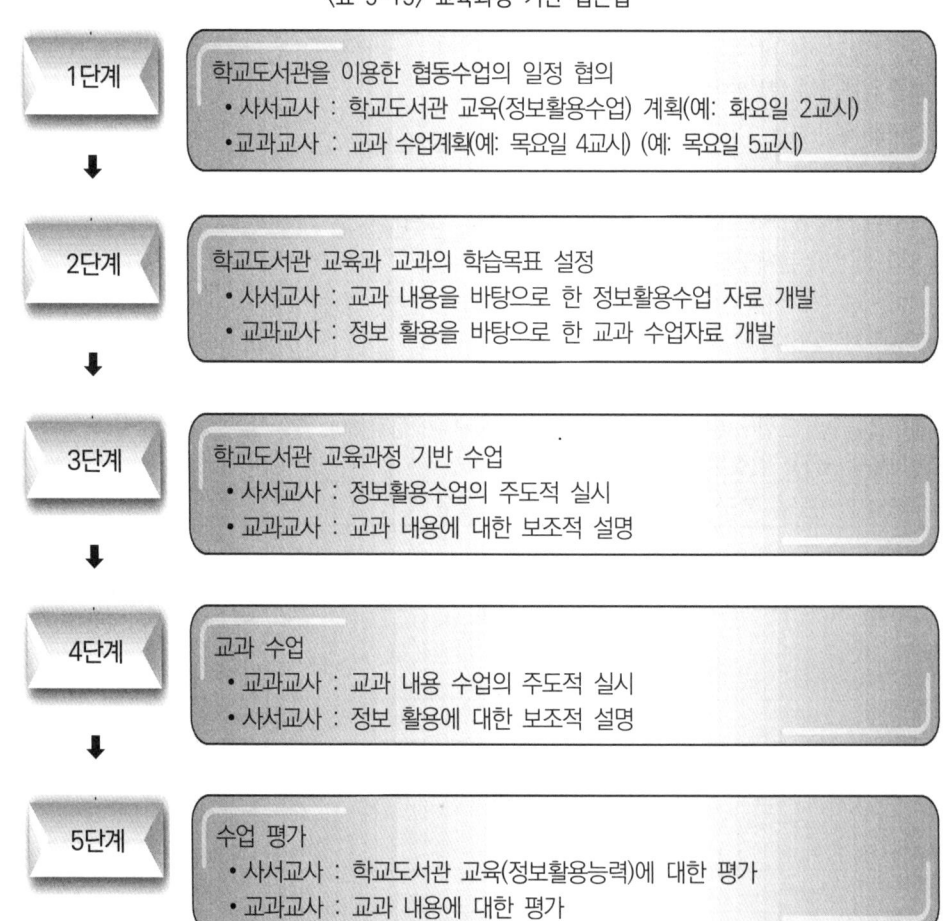

(출처: 함명식. 2003. 131의 내용 일부를 수정함)

서 요구하는 학습능력을 기르는데 크게 기여하리라 본다.

사서교사와 교과교사가 동일 학급을 지도하는 경우 수업 시간을 달리해서 주 강사와 보조 강사로 참여하는 경우 협력 수준의 협동수업을 운영할 수 있다. 교육과정 기반 접근법을 적용한 수업에서 사서교사와 교과교사는 본인의 교과 내용에 대해서는 주 강사로 상대 교과의 내용에 대해서는 보조 강사로 참여한다. 문제는 교과 연계가 가능한 학습주제의 선정과 충분한 수업시간 확보에 어려움이 있다는 것이다.

3.4 교육과정 통합형

3.4.1 의미와 성격

교육과정 통합형(Integrated Curriculum Approach)은 통합 교육과정에 기반을 두고 있다. 이 모형은 학교도서관 교육의 범교과적 속성을 실현하기 위하여 사서교사와 교과교사의 협동을 강화하고, 고정 시간표 운영의 한계를 극복하기 위해 교과 연계형 편성이나 변동 시간표 그리고 묶음 시간표 편성을 위한 교수설계 전략을 담고 있다. 교육과정 통합형은 학교도서관 교육의 중심 내용인 정보활용능력과 교과 학습주제의 연계로 학생의 문제해결능력, 자기주도 학습능력, 의사소통능력 등 기본적인 학습능력을 체계적으로 길러 줄 수 있다. 특히, 사서교사 입장에서는 학교도서관 교육을 통해 지도하는 정보활용능력의 방법적 지식, 영역 보편적 학습기술을 학생의 지식 형성에 직접 적용할 수 있다. 협동수업은 수업 설계와 운영 및 평가에서 사서교사와 교과교사의 관계 설정이 중요하며, 학교도서관 교육의 중심 내용인 정보활용능력과 교과 학습주제의 통합이 필요하다.

3.4.2 교과 연계 학습주제 기반 협동수업 설계

① 통합 교육과정 개발 및 운영 절차

협동수업은 학교도서관 교육과 교과교육의 통합(연계)을 기반으로 개발·운영되며, 학교도서관 자원을 활용한다. 따라서 성공적인 통합 교육과정 운영을 위해서는 도서관의 물리적 환경과 자원에 대한 접근성이 확보되어야 하며, 사서교사의 교육적 역할과 통합 교육과정 개발과 협동수업에 대한 교육 공동체 구성원의 인식과 역량이 갖추어져야 한다.

이를 기반으로 통합 교육과정을 개발하기 위해서는 먼저 통합(연계)의 기준이 되는 학교도서관 교육의 내용 체계를 명료화하고 교과 교육과정과의 공통성(연계성)을 확보해야 한다. 즉 학습주제 중심의 간 학문적 통합 교육과정을 운영하기 위해서는 범위와 계열성 그리고 공통성의 원리를 적용하여 교과 연계 학습주제(통합 학습주제, 교과 융합형 학습주제)를 개발할 필요가 있다. 다만, 국내에 아직 법적 구속력을 갖춘 학교도서관 교육과정 표준안이 존재하지 않음을 고려하여, 단위 학교 실정에 맞는 학교도서관 교육의 범위와 계열성을 설정할 필요가 있다. 그리고 이 기준을 토대로 기존 학교도서관 교육이 포함하고 있는 학습주제의 연결망 구조를 학교 급별, 교과 영역 및 학습주제별로 분석하여 통합 교육과정 개발에 필요한 범위와 계열성을 정리하여야 한다. 다음으로 여기서 추출한 학습주제와 교과 교육과정과의 공통성을 분석하면 교과 연계성을 갖춘 교육과정 지도를 완성할 수 있다. 끝으로 공통성을 갖춘 학습주제를 언제, 어떤 목표로 지도할 것인가를 정하기 위해서 수업시간과 학습목표를 설계하면 통합 교육과정 내용 설계가 마무리된다.

통합 교육과정 운영은 수업 설계와 교육과정 평가로 구성된다. 수업 설계는 통합 교육과정을 기반으로 교과교사와 사서교사가 실제 수업 운영 계획을 공동으로 마련하고, 공동으로 실행하고 평가하는 협동 활동이다. 따라서 협동수업이 원활히 이루어질 수 있도록 '홍보 및 요구 조사하기-수업계획하기-수업 운영하기-수업 평가하기'와 같이 설계할 수 있다. 교육과정 평가는 통합 교육과정 운영에 참여한 사서교사와 교과교사가 통합 교육과정의 개발과 수업 운영에 걸쳐서 나타난 문제점을 분석하여 더욱 발전적인 교육과정 개발에 이바지하는 활동이다. 이상에서 살펴본 통합 교육과정의 개발 및 운영 절차를 정리하면 [그림 5-11]과 같다. 그림에서 양방향 화살표(↔)는 서로 영향을 주고받거나, 환류가 가능함을 보여준다.

② 교과 연계 학습주제 개발하기

교수 파트너로서 사서교사의 역할은 교과의 학습과제에 맞는 정보활용능력 목표를 정확히 설정하여 교육과정에 참여하는 것이다. 이를 위해서는 개별 교과에 포함된 학습주제나 수록 매체를 분석하고 어떤 자료와 정보기술을 제공할 수 있는지 정확하게 파악하는 활동이 중요하다. 이를 통해서 교과교사와 사서교사가 학교도서관이 소장한 학습자료를 기반으로 학생의 탐구 역량 개발에 기여할 수 있는 협력의 방법과 내용을 이해할 수 있다.

교과 연계 학습주제는 교과 간 공통성을 부여하기 위한 활동으로 통합 교육과정의 중요한 개발 원리 가운데 하나이다. 교과 간의 공통성 분석은 [그림 5-12]와 같이 스캔 및

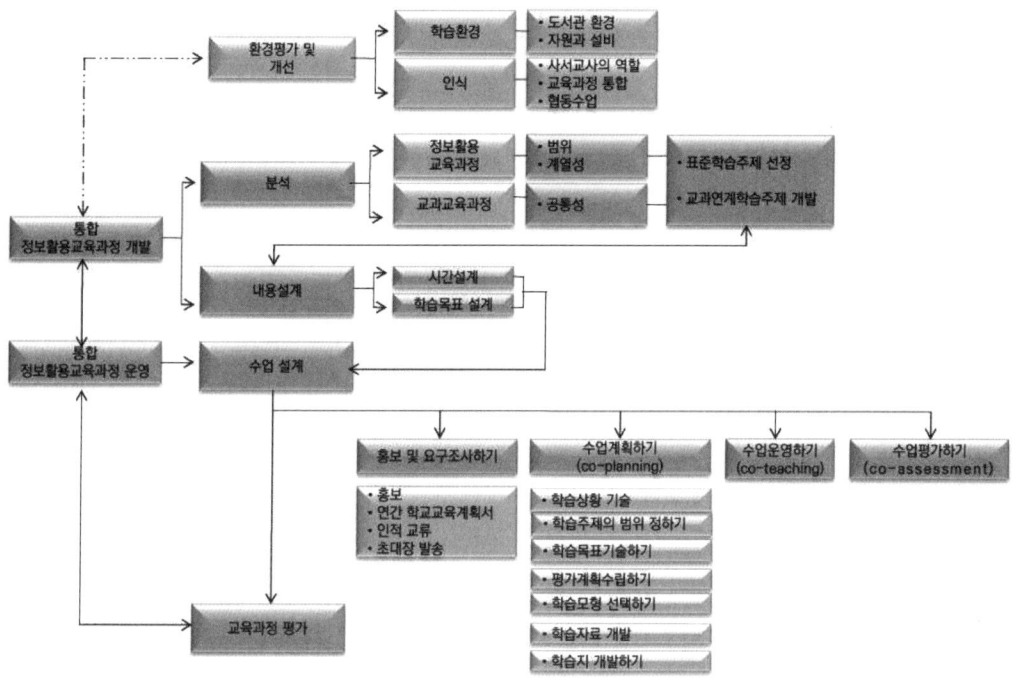

(출처: 송기호, 2008a, 48)

[그림 5-11] 교과 연계 학습주제 기반 통합 교육과정 개발 및 운영 절차

클러스터 분석(scan & cluster analyses)을 적용할 수 있다. 이 분석을 적용하면 학교도서관 교육(정보활용교육)의 어떤 학습주제가 어느 학년 어떤 교과와 관련되어 있는가를 보여주는 교육과정 지도를 작성하는 데 유리하다. 또한, 교과 간 학습주제의 연계성을 분석하고, 학교도서관활용교육을 위한 교수-학습공동체를 형성할 수 있다.

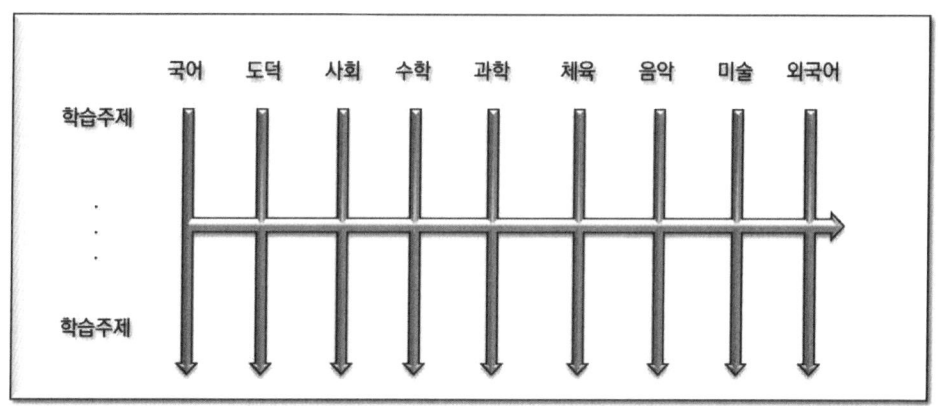

(출처: Drake & Burns, 2006, 114의 내용을 수정 보완함)

[그림 5-12] 수평 및 수직 스캔의 방법

분석 기준은 정보활용과정, 정보처리모형, 다중지능이론 등을 적용할 수 있다. 구체적인 공통성 분석 과정은 다음과 같다(송기호, 2010).

- 분석 기준으로 삼을 학교도서관 교육(정보활용교육)의 범위와 계열성을 정한다.
  - 지도 대상(학교급 및 학년)을 고려한다.
  - 지도 시간을 고려한다.
  - 지도할 내용의 범위와 계열성을 정리한다.
- 분석 대상 교과의 교육과정을 준비하고 분석 범위와 대상을 정한다.
  - 국가 수준의 교육과정 : 학습주제와 학습방법(학습기술), 범교과 학습주제
  - 교과용 도서 : 교과의 학습목표(학습주제 및 학습방법), 교과의 탐구학습 활동
- 교육과정을 스캔한다.
  - 국가 수준의 교육과정 : 교과 교육과정의 내용 체계 및 요소를 분석한다.
  - 교과의 학습목표 : 학습주제와 학습방법 등을 분석한다.
  - 교과의 탐구학습 활동 : 탐구 수행에 투입되는 자료, 탐구 방법(학습기술), 표현 방법 등을 분석한다.
- 학교도서관 교육(정보활용교육)의 영역별로 학습주제와 공통성(연계성)을 보이는 교과 교육과정의 학습 내용을 기록한다.
- 분석 대상별로 공통성(연계성)을 보이는 교과의 학습 내용을 종합한 후 교육과정 지도를 완성한다.
- 교육과정 지도를 보고, 학교도서관 교육(정보활용교육)의 어떤 학습주제가 몇 학년 어떤 교과의 학습 내용과 관련성을 갖는가를 확인한다.
- 연계성(공통성)을 부여하기 위한 추가 학습주제가 필요한지 여부를 판단한다.

교과 연계 학습주제 이외에 정보활용능력을 통합 지도할 수 있는 주제는 범교과 학습주제, 학생의 요구와 흥미에 따라 선정한 주제 등이 있다. 이러한 학습주제는 사서교사의 독립 수업 시수 확보 시 정보활용능력을 체계적으로 지도하는 데 유리하다.

교과용 도서의 탐구 과제를 분석한 사례는 다음과 같다(송기호, 2016).

- 교과용 도서에 포함된 탐구 과제를 분석한다. 탐구 과제를 학습 유형(개별학습, 모둠학습), 제시된 탐구 자료 유형(도서(읽기) 자료, 신문, 영화, 텔레비전, 인터넷 등), 탐구 활동 방법(조사하기, 방문, 인터뷰 등), 탐구 결과 종합 및 표현 방법(말하기, 글쓰기, 체험, 매체 제작 등)으로 구분하여 분석한다.

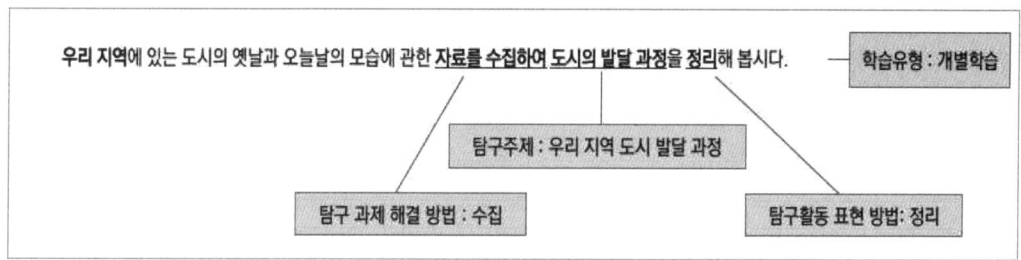

(초등 4학년 사회 교과용 도서 출처: 교육부, 2014, 89)

[그림 5-13] 교과용 도서 탐구 주제 분석(예)

- 제시된 탐구 자료 유형을 분석한다. 교과서에 자료를 수록하고 있는 경우(자료 수록형)와 탐구 과제 발문에 포함된 경우(자료 안내형)로 나누어 분석한다.

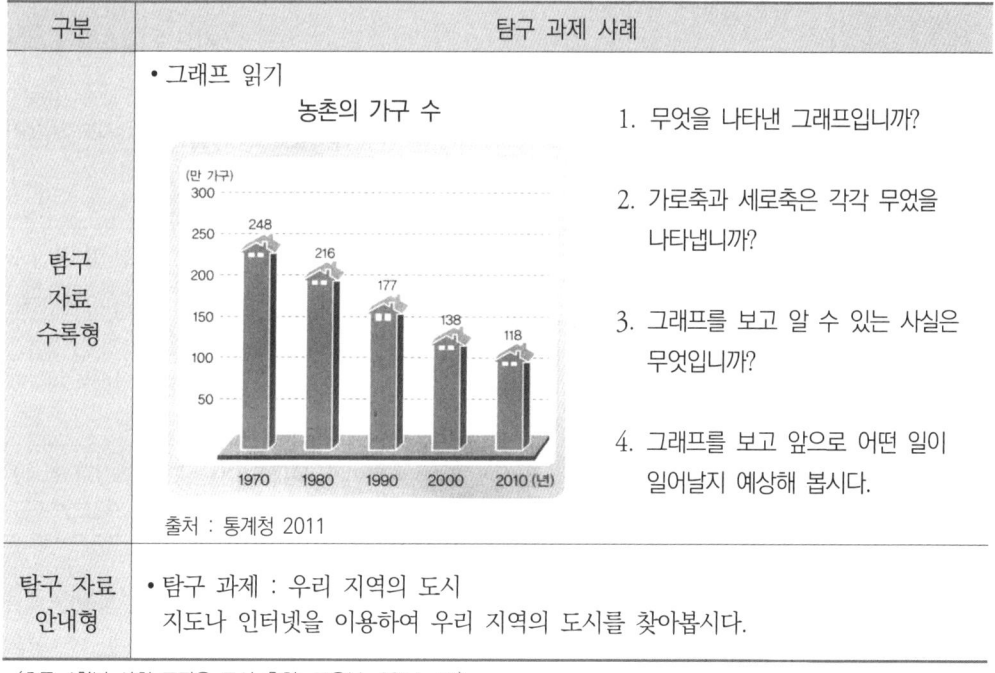

(초등 4학년 사회 교과용 도서 출처: 교육부, 2014, 77)

[그림 5-14] 교과용 도서 탐구 자료 유형 분석(예)

- 분석 결과를 초등학생용 4단계 정보활용과정(나만의 과제 만들기-정보원 가려내기-정보 읽고 정리하기-정보표현하고 평가하기)과 비교한다. 이를 바탕으로 초등학생의 사회 탐구 과제 수행 방법과 문제점 등을 분석한다.

〈표 5-16〉 교과용 도서 탐구 과제 분석을 통한 교육과정 지도 작성(예)

초등학교 4·5·6학년 정보활용과정 및 전략		초등학교 6-1 사회	비교 결과
정보 활용과정	정보활용전략	탐구 과제의 정보활용과정 요소	
1단계 나만의 과제 만들기	• 정보과제 정하기	• 정보과제(탐구 과제)가 이미 제시되어 있음	• 과제 분석은 과제에 대한 이해가 부족한 학생을 대상으로 선별적으로 실시할 수 있음
2단계 정보원 찾아 가려내기	• 정보원 찾기	• 텍스트와 시각자료(그림, 사진) 중심임	• 학생의 요구와 수준에 맞는 다양한 자료 개발이 필요함
	• 적절한 정보원 판단하기		• 정보의 적절성 평가 방법 지도가 필요함
3단계 정보 읽고 정리하기	• 정보원에서 필요한 정보 찾기	• 정보 분석하기(5개 과제)이지만, 텍스트와 그림 등 자료의 특징에 맞는 읽기 방법에 대한 설명(1개 과제)이 부족함	• 자료의 유형에 맞는 정보 분석 방법 지도가 필요함
	• 찾아낸 정보 정리하기	• 정리 방법에 대한 설명이 없음	• 정보 종합 및 조직하기에 대한 지도가 필요함
4단계 정보 표현하고 평가하기	• 정보의 성격에 맞추어 표현하기	• 쓰기(4개), 구술(4개) 중심임	• 과제의 성격에 적합한 정보표현 방법을 지도할 필요가 있음
	• 과제 해결 결과와 과정 평가하기	• 평가에 대한 설명이 없음	• 정보활용과정과 결과에 대한 평가 지도가 필요함

• 사서교사가 제공할 수 있는 교육적 역할을 도출한다. 분석 결과를 토대로 정보활용교육 차원에서 사서교사가 초등학교 「사회」 교과 운영에 교수 파트너로서 제공할 수 있는 교육 정보서비스 요소를 도출한다.

첫째, 교과서에 수록된 시각자료 및 텍스트의 읽기(분석) 방법을 지도하고, 학생의 흥미와 수준을 고려하여 다양한 탐구용 자료를 개발하여 제공한다.

둘째, 과제 해결에 적합한 정보원을 탐색하고 선별할 수 있는 전략을 지도한다.

셋째, 자료와 정보의 유형에 맞추어 정보를 분석하고 정리할 수 있는 학습지를 개발하여 제공한다.

넷째, 말하기와 글쓰기 이외에 정보표현을 위한 학습지를 개발하여 제공한다.
다섯째, 정보활용과정과 결과에 대한 평가 방법을 지도한다.

자유학기(학년)제 프로그램 운영을 위해 국가 수준의 중학교 '국어-사회-예술(음악·미술) 교육과정'에 포함된 핵심 개념, 일반화된 지식, 내용 요소, 기능 간 연계성을 분석하여 작성한 교육과정 지도 사례는 다음과 같다.

〈표 5-18〉 교과 연계 학습주제(통합 탐구 주제) 선정을 위한 교육과정 지도 작성(예)

순번	교과	국어	사회	예술
1	교과 관련성 분석	• 자료·매체 활용하기 (듣기 말하기-기능) • 한편의 글과 매체 (읽기-내용 요소) • 매체의 표현 방법, 의도 평가 (읽기-내용 요소) • 매체의 특징 (쓰기-내용 요소) • 문학과 매체 (문학-핵심 개념)	• 대중매체(내용 요소)	• 표현 매체(미술-내용 요소)
	통합 탐구 주제 (탐구 활동)	매체 (매체 사용 설명서)		
2	교과 관련성 분석	• 사회·문화적 화제 (내용 요소)	• 대중문화 (사회-내용 요소)	• 이미지와 시각문화 (미술-내용 요소)
	통합 학습주제 (탐구 활동)	문화 (특집 청소년 문화)		
3	교과 관련성 분석	• 감상·비평하기(문학-기능) • 맥락 이해하기(읽기-기능)	• 역사적 상황(정치·문화사 / 사회·경제사) 파악하기 (역사-지식, 기능)	• 음악의 문화적 배경 설명하기 (음악-내용 요소·기능)
	통합 학습주제 (탐구 활동)	작품 감상 (카르페 디엠)		
4	교과 관련성 분석	• 노래 (문학-내용 요소) • 아이디어 생산하기 (쓰기-기능)	• 경제 탐구하기 (사회-핵심 개념, 기능)	• 음악과 산업 (음악-내용 요소)

순번	교과	국어	사회	예술
5	통합 학습주제 (탐구 활동)	예술과 산업 (렛츠고 한류 탐험대!)		
	교과 관련성 분석	• 상호 교섭하기 (듣기·말하기-기능) • 사회·문화적 화제 (읽기-내용 요소)	• 자연·인간 상호작용 (사회-핵심 개념) • 지속 가능한 환경 (사회-핵심 개념)	• 자연과 환경 (미술-내용 요소)
	통합 학습주제 (탐구 활동)	환경 (지구 살리기 프로젝트)		
6	교과 관련성 분석	• 모방·창작하기 (문학-기능)	• 현대사회의 변동 (사회-핵심 개념) • 문화의 공간적 다양성 (사회-핵심 개념)	• 음악과 산업 (음악-내용 요소) • 미술과 다양한 분야 (미술-내용 요소) • 미술 관련 직업 (미술-내용 요소)
	통합 학습주제 (탐구 활동)	창작 (호모 루덴스)		

(출처: 송기호 외, 2016, 1-2)

③ 홍보 및 요구 조사하기

통합 교육과정 개발과 운영이 보편화되었거나 개발 단계에서부터 교과교사와 협력이 이루어질 때는 협동수업을 위한 교육 공동체 구성이 손쉬울 수 있다. 그러나 학교도서관 교육에 대한 법적 구속력 부족, 협동수업에 대한 인한 인식 부족, 수업시간 편성의 한계 때문에 사서교사가 미리 통합 정보활용교육과정을 개발한 경우에는 교과교사가 교육과정 통합 운영에 참여할 수 있도록 홍보하고 요구를 조사해야 한다.

홍보를 위해서 사서교사는 개발한 통합 교육과정을 학교 정규 교육과정에 포함하고, 교과교사와 개인적인 친밀감과 신뢰 관계를 형성하기 위해서 노력해야 한다. 그리고 협동의 가장 일반적인 어려움인 사전 협의 시간 부족 문제를 해결하기 위해서 일과 시간에서의 만남뿐만 아니라 수업 전·후 만남, 교무실 방문, 전자우편 등 다양한 방법을 활용할 필요가 있다(Brodie, 2006). 특히, 직원협의회, 부서 협의회, 학년 협의회, 교과협의회와 교사 동호인 활동, 직원 연수, 동료 장학 활동과 같은 다양한 공식, 비공식적인 교류에 참여하는 것이 바람직하다.

그리고 통합 교육과정을 적극적인 교육정보봉사 및 학교도서관 경영 목표로 설정하여 홍보와 마케팅 계획에 포함해야 한다. 이를 위해서는 '학교의 교육과정 편성'과 '연간 학교 교육계획' 수립 전에 통합 교육과정을 준비하는 것이 바람직하다. 홍보 및 마케팅 계획에는 통합 교육과정의 개발 목적, 운영 계획 및 방법, 교육과정 지도, 기대효과 등을 포함할 수 있다.

통합 교육과정 운영이 협동수업과 학생의 자기주도 학습능력 신장에 이바지하기 위해서는 협동수업에 참여하는 교과교사의 수업 방법, 개인적 성향 그리고 협동의 수준 등에 대한 요구를 사전에 파악하고, 수업 운영에 필요한 환경을 마련하는 것이 중요하다. 따라서 통합 교육과정 운영에서 지도하고자 하는 학습주제나 학습자료 그리고 수업일시와 장소, 수업에서의 역할 등을 협의할 수 있도록 사전에 초대장을 제작하여 발송하는 것이 좋다. 사서교사가 교과교사에게 보내는 '초대장'의 개발 사례는 〈표 5-19〉과 같다.

교과교사는 사서교사와의 만남과 홍보 자료를 활용하여 무슨 과목의 어떤 학습주제가 학교도서관 교육과 통합이 가능한가를 파악할 수 있다. 통합 교육과정 운영에 참여하기를 원한다면 언제, 어떤 학습주제를 중심으로 어떤 수준의 통합 운영을 원하는지 초대장을 참고하여 작성한 후 사서교사와 구체적인 수업전략을 협의할 수 있다.

〈표 5-19〉 협동수업 초대장(예)

					협동수업에 선생님을 초대합니다.		
성명	담당 교과	( )학년 ( )과	지도 대상 지도 시간	( )반 ( )명	( )월 ( )일 ( )교시	수업 장소	
				( )반 ( )명	( )월 ( )일 ( )교시		
				( )반 ( )명	( )월 ( )일 ( )교시		

① 통합 교육과정 운영에 적용하기를 원하시는 학습주제는 무엇입니까?

② 학습주제의 자기주도적 해결을 위해서 생각하고 계신 탐구 과제와 최종 결과의 표현 방법이 있다면 적어 주세요.

탐구 과제		최종 결과 표현 방법	

③ 협동수업에서 활용하길 원하시는 학습자료는 무엇인가요?
  □ 인쇄자료   □ 영상자료   □ 디지털 자료   □ 소프트웨어   □ 에듀테크   □ 기타(   )

원하시는 학습자료나 특별히 도서관에서 추가로 갖추어야 할 자료나 기자재가 있다면 구체적으로 알려주세요.

4 선생님께서는 협동수업에서 특별히 사서교사와 어떤 부분에서 협력하길 원하십니까?
　　□ 학생의 탐구학습 전체　　　□ 소집단 탐구학습 운영
　　□ 문제해결능력 지도　　　　□ 문제해결능력 일부
　　　　　　　　　　　　　　　　　□ 과제 분석　□ 정보 접근　□ 정보 분석
　　　　　　　　　　　　　　　　　□ 정보 종합　□ 정보 표현　□ 평가
　　□ 기타 (　　　　　　　　)

5 협동수업에서의 역할 설정은 어떻게 할까요? (☞ T : 교과 담임, L : 사서교사, C : 교과교사 + 사서교사)
　　□ 학습주제 및 목표 제시　　　□ 학습 모형 설명 및 모둠 구성
　　□ 학습방법 및 학습지 활용 설명　□ 수업 결과 및 과정 평가

6 협동수업 운영과 관련해서 제안 사항이 있나요?

7 수업전략을 협의하기 위해서 도서관을 방문하실 수 있나요? 아니면 인트라넷이나 전자우편을 통한 협의를 원하시나요?
　　□ 도서관 방문이 가능한 시간 :
　　□ 인트라넷이나 전자우편 이용 :　　　　　　　□ 전자우편 주소 :

☞ 협동수업 운영과 관련하여 궁금하신 사항이 있다면 연락주세요.
　　사서교사 : ○○○　　사무실 전화 : ○○○○　　□전자우편 주소 :

(출처: 송기호, 2020, 228의 내용 일부를 수정함)

앞서 살펴본 홍보 및 요구 조사하기 단계에서 사서교사와 교과교사의 역할을 좀 더 구체적으로 정리하면 다음 〈표 5-20〉과 같다.

〈표 5-20〉 홍보 및 요구 조사하기 단계에서 사서교사 및 교과교사의 역할

사서교사	교과교사
• 교과교사와의 신뢰 관계 구축 　- 다양한 협의 시간 마련 　- 공식 비공식 교류 • 홍보 　- 통합 교육(협동수업) 연간교육계획에 반영 　- 학교 교육과정 운영에 반영 　- 통합 교육과정(협동수업)의 장점과 운영 방법 　- 초청장 발송 • 교과 교육과정에 대한 이해 • 교과교사의 수업 내용과 방법 이해	• 사서교사와의 신뢰 관계 구축 • 통합할 수 있는 학습주제 확인 • 학습주제 관련 학습자료 확인 • 협동의 수준 확인 • 협의 가능 시간 확인 • 초대장 작성 및 회신 • 학생의 정보활용능력 등 자기주도 학습능력과 경험 이해 • 교수전략에 대한 이해 • 통합 교육과정(협동수업)에 대한 이해

(출처: 송기호, 2020, 229의 내용 일부를 수정함)

④ 수업 계획하기

홍보 및 안내를 통해서 협동수업에 참여할 교사를 모집하여 새로운 교육 공동체를 구성한 후에는 수업 계획을 위한 협의회를 갖는다. 통합 교육과정은 교육과정 통합에 참여한 교사가 공통성을 가진 학습 내용과 방법을 분석한 후에 중복되거나 유사한 내용을 통합하고 함께 수업에 참여한다. 따라서 통합 교육과정에 적합한 수업모형은 수업전략 수립과 수업 운영 및 수업 평가에 사서교사와 교과교사가 공동으로 참여하는 협동수업이다. 협동수업은 교과교사가 미리 짜놓은 수업 지도안에 사서교사가 문제해결능력 지도만 추가한다든지, 사서교사가 미리 짜놓은 학교도서관 교육 지도안에 교과교사가 단순히 교과 단원을 추가하는 형태와는 구분된다. 특히, 수업 운영에서 교과교사가 주로 교수자의 역할을 하고 사서교사는 보조자 역할을 하거나, 학생을 분반하여 문제해결능력과 교과 내용을 각각 지도하는 수업과도 구별된다(Dickinson, 2006). 즉 협동수업은 '공동 수업계획-공동 수업 운영-공동 수업 평가' 순서로 진행된다. 특히, 수업계획은 실제 수업 전에 교과교사와 구체적인 수업 운영 방법을 협의하는 과정이다. 따라서 통합 교육과정 참여 교사가 교육 공동체를 형성하여 '학습상황 기술, 학습주제의 범위 설정, 학습목표 기술, 평가계획 수립, 학습 모형 선택, 학습자료 개발, 학습지 개발' 등의 활동을 함께한다.

학습상황은 협동수업의 배경과 준비 과정 등을 학교와 도서관 형편 측면에서 설명함

으로써 교사 간 관계 형성에 실마리를 제공하려는데 목적이 있다. 또한, 교사 간 공동 설계-공동 수업-공동 평가의 협동 모형이 일반화되지 못한 상황에서 협동수업 준비 과정에서 나타날 수 있는 시행착오를 줄이는데 기여할 수 있다. 특히, 학습상황에 나타난 교사 간 관계 형성 과정과 방법 등 마케팅 전략은 협동수업에 참여하는 사서교사의 교육정보봉사 활동을 강화하는 데 활용할 수 있다. 교과교사 입장에서는 사서교사가 제공하는 학습자료 활용 기술이 교수 방법 개선을 위해서 제공받는 당연한 서비스라는 사실을 이해하는 데 도움을 줄 수 있다. 그리고 학습주제와 학습기술을 접목하기 위한 준비 과정에서 협동수업 운영에 적합한 학교도서관 경영 환경을 이해함으로써 학교도서관 활성화에 대한 공동체의 관심을 끌 수 있다. 학습상황 기술에 포함되는 내용은 협동수업이 이루어지는 학교 상황, 협동수업을 한 배경, 협동수업을 준비한 과정 및 내용, 학교장의 관심과 지원 내용, 도서관의 형편, 협동수업 설계 및 운영상의 한계와 대처 방안, 학생의 독서 및 정보활용능력 정도 등이다(송기호 등, 2010, 21).

협동수업은 한정된 자원과 시간을 이용해서 학습목표를 달성해야 한다. 따라서 학생의 수준과 수업시수를 고려하여 학습주제의 범위를 조정할 필요가 있다. 또한, 통합 교육과정에서 선정한 교과 연계성을 갖춘 학습주제를 실제 수업시간에 어느 정도까지 적용할지 하위 학습주제를 결정하는 것이 중요하다. 하위주제 선정은 통합 교육과정에서 정한 학습주제에 대한 개념도를 작성하는 것이 효과적이다.

하위 학습주제가 정해지면 통합 교육과정에서 설계한 학습목표를 바탕으로 하위 학습주제를 통해서 달성하고자 하는 본시 학습목표를 기술한다. 학습자료(교수매체)를 수업에 적용하는 경우에는 ABCD 학습목표 기술 방법이 많이 활용된다.

협동수업은 학생 스스로가 주도적인 학습능력을 갖추도록 하는 데 목적이 있다. 따라서 성공적인 수업이 되기 위해서 학생들은 '해결해야 할 과제가 무엇인가'를 알아야 하고, 무엇보다도 '과제를 해결해 가는 방법'을 알아야 한다. 학생에게 학습주제와 학습목표를 정확하게 전달하기 위한 효과적인 방법은 질문을 활용하는 것이다.

협동수업에 참여한 학생은 다양한 자료를 자주적으로 활용하고 새로운 지식을 생산한다. 따라서 탐구학습에 대한 평가계획을 마련하는 것이 바람직하다. 이 밖에도 도서관 이용 변화, 독서 활동(독서 능력과 태도) 신장 정도, 정보활용능력, 핵심역량 등을 평가할 수 있다. 평가 방법은 관찰을 통한 체크리스트, 객관식 문항 평가 그리고 서답형 문항 평가 등을 활용할 수 있으며, 자기평가나 상호평가가 가능하다. 또한, 협동수업의 학생에 대한 영향력을 면담이나 평가지를 활용하여 평가할 수 있다.

사서교사와 교과교사의 협동수업은 자료활용능력을 기반으로 다양한 학습자료를 과제 해결에 활용하기 때문에 자기주도 학습능력을 길러줄 수 있는 학습 모형을 선택해야 한다. 학교도서관에서 이루어지는 수업의 가장 큰 특징은 교과의 학습주제와 관련된 다양한 학습자료를 활용한다는 것이다. 따라서 수업에 투입되는 자료가 교사와 학생의 요구와 수준에 맞추어 적시에 제공될 수 있도록 접근성이 보장되어야 하며, 자료 활용을 도와줄 수 있는 학습지를 개발할 필요가 있다.

⑤ 수업 운영하기

협동수업의 성공적인 운영을 위해서는 교사는 학교도서관의 물리적 환경을 조성하고, 다양한 자료를 확보해야 한다. 또한, 학생 스스로 자신이 해결해야 할 교과 연계 학습주제(탐구 과제)를 분명히 할 수 있도록 도와주고, 자신이 알게 된 새로운 지식을 통해서 결과를 해석할 수 있도록 자율적인 활동을 충분히 보장해 주는 후견인(tutors)의 역할을 수행한다. 특히, 협동수업은 교과 간에 공통성을 가진 학습주제를 기반으로 공동 전략을 수립하여 운영하기 때문에 사서교사와 교과교사의 역할을 학습 방법과 학습 내용 지도로 엄격하게 구분하기 어렵다. 그러나 사전에 협동수업에서 주로 담당할 역할을 설정하여 혼란을 예방하는 것이 바람직하다. 협동수업 초대장에 포함하거나, 사전에 협의할 주요 역할 설정의 내용은 다음과 같다.

- 학습주제 및 학습목표는 누가 제시할 것인가?
- 학습 모형 설명 및 모둠 구성은 누가 할 것인가?
- 학습 방법 및 학습지 활용 방법은 누가 설명할 것인가?
- 수업 결과 및 과정 평가는 누가 어떤 방법으로 할 것인가?

⑥ 수업 평가하기

수업 평가는 학생에 대한 탐구능력 평가와 수업 만족도 평가로 나뉜다. 그리고 탐구능력은 우선 학업성취도 측정보다는 자기평가나 상호평가를 통해 문제 해결 과정에서 탐구 기술을 과제 해결에 적절하게 적용하였는지를 평가한다. 그리고 과제 해결 결과를 잘 이해하고 있는지, 적절한 근거와 의견을 제시하고 있는지에 대한 평가를 한다. 〈표 5-21〉과 같은 자기 평가표를 활용하여 탐구 과정을 평가할 수 있다.

<표 5-21> 탐구 과정 자기 평가표(예)

탐구 과정	자기평가 기준	평가 척도		
		아니다	그렇다	매우 그렇다
과제 분석	• 해결해야 할 탐구 과제의 핵심을 파악할 수 있다. • 탐구 과제를 브레인스토밍이나 개념도로 만들 수 있다.			
정보 접근	• 과제 해결에 적합한 다양한 정보원을 알고 있다. • 과제 해결에 필요한 정보를 여러 가지 검색기법을 동원하여 검색할 수 있다.			
정보 분석	• 사실과 의견을 구분하여 과제 해결에 적절한 정보를 선택할 수 있다. • 정확성, 적절성, 포괄성을 고려해 정보를 선택할 수 있다.			
정보 종합	• 다양한 정보원으로부터 얻은 정보를 이미 알고 있는 사실이나 정보와 정보 연계지어 결론을 내릴 수 있다. • 정보를 효율적으로 처리, 조직화하고, 필요한 경우 핵심 정보를 요약할 수 있다.			
정보 표현	• 다른 사람이 이해하기 쉬운 방법으로 탐구 결과를 표현할 수 있다. • 다른 사람의 질문에 대해 근거를 대서 답변할 수 있다.			
평가	• 원래 계획대로 과제를 정확히 해결하였다. • 과제 해결 과정이 효율적으로 이루어졌다.			

협동수업에 참여한 학생의 수업에 대한 만족도는 학습주제, 수업 활동에 대한 흥미, 자료와 도서관 환경에 대한 만족도, 과제 해결 절차의 적절성과 독서와 도서관에 대한 태도 변화 등을 통해서 확인할 수 있다. 학생의 협동수업 만족도를 알아보기 위한 평가지(예)는 다음 <표 5-22>와 같다.

<표 5-22> 학생용 학교도서관활용수업 만족도 평가지(예)

( )학년 ( )반 ( )번
이름 ( )

질문	전혀 그렇지 않다 (1)	그렇지 않다 (2)	보통 이다 (3)	그렇다 (4)	매우 그렇다 (5)
① 학습주제가 흥미로웠다.					
② 수업 활동이 재미있었다.					
③ 이용한 자료가 과제 해결에 도움을 주었다.					
④ 과제 해결 절차는 따라 하기 쉬웠다.					
⑤ 학습지는 과제 해결에 도움을 주었다.					

질문	전혀 그렇지 않다 (1)	그렇지 않다 (2)	보통 이다 (3)	그렇다 (4)	매우 그렇다 (5)
⑥ 선생님은 나를 공평하게 대해주셨다.					
⑦ 학교도서관 환경이 만족스러웠다.					
⑧ 스스로 학습과제를 해결하는 데 자신감을 느끼게 되었다.					
⑨ 독서의 중요성을 깨달았다.					
⑩ 학교도서관 이용이 증가했다.					
■ 학교도서관활용수업 참여 소감					
■ 학교도서관활용수업에 대한 건의 사항					

(출처: 송기호, 2018, 311)

⑦ 통합 교육과정 평가

협동수업의 지속성을 유지하고 발전시키기 위해서는 수업에 참여한 교사가 참여하는 철저한 사후 평가가 이루어져야 한다. 사후 평가는 교육과정 통합 운영에 참여한 사서교사와 교과교사가 상호 간의 수업 준비와 운영 그리고 평가 과정에서 발생한 문제점과 긍정적인 측면을 분석하고, 발전 방안을 마련하는 활동이다. 평가 활동에 〈표 5-23〉과 같은 교육과정 평가표를 활용하면, 다른 교과교사와의 협동수업에서 예상되는 시행착오뿐만 아니라, 동일 교과교사와의 차기 협동수업 준비에 걸리는 시간과 노력을 줄일 수 있다. 그리고 평가 결과를 통합 교육과정 개발과 운영 과정에 환류하면, 보다 발전적이고 교과 연계성이 뛰어난 통합 교육과정 개발에 도움이 된다. 무엇보다도 성공적인 협동수업에 대한 경험을 다른 교과들과 공유함으로써 사서교사와 교과교사의 동반자 관계 형성 방법을 제시할 수 있다.

〈표 5-23〉 통합 교육과정(협동수업) 평가표(예)

【통합 교육과정(협동수업) 평가표】							
참여 교과		수업일시			참여 교사		
탐구 주제		학습 모형			평가일시		
단계	평가 항목	평가 척도				개선 방안	
		아니다	보통이다	그렇다	매우 그렇다		
수업 준비	• 통합 교육과정 운영에 대한 홍보가 적절하다.						

	• 도서관 시설이 탐구학습 운영에 적절하다.					
	• 통합 교육과정의 내용 및 시간 편성에 만족한다.					
	• 교과 연계 학습주제(탐구 주제)의 범위는 학생의 수준에 적절하다.					
	• 학습목표는 적절하고, 학생들에게 정확하게 전달되었다.					
	• 학습 모형이 탐구 과제 해결에 적절하다.					
	• 개발한 학습지는 학생들의 탐구 활동에 도움이 되었다.					
수업 운영	• 수업 중 학생들의 수업 참여도에 만족한다.					
	• 수업 중에 교사 간에 역할 분담이 잘 이루어졌다.					
수업 평가	• 학생의 탐구 결과 및 과정에 대한 평가는 계획대로 이루어졌다.					
통합 교육 과정 운영 평가	• 학생의 교과 내용에 대한 이해가 늘어났다.					
	• 학생의 문제해결능력이 향상되었다.					
	• 도서관 자료가 탐구 과제 해결에 충분하고, 최신성을 갖추고 있다.					
총 평						

(출처: 송기호, 2020, 269의 내용 일부를 수정함)

3.4.3 통합 교육과정 운영 사례

초중고학교별 통합 정보활용교육론을 위한 지도안(예)는 [부록]과 같다. 도서관의 자유학기(학년)제 프로그램 운영에 적용하기 위하여 개발된 교과 연계 학습주제(통합 탐구 주제)(표 5-18 참조) 중심의 통합 교육과정 설계 사례를 살펴보면 다음과 같다(송기호 외, 2016, 6-29).

① 교과 연계 학습주제 지도를 위한 정보활용과정

교과 연계 학습주제 지도를 위한 교수설계는 '배경지식 형성하기- 탐구하기-탐구 결과 산출 및 평가하기'로 진행하였다. 그리고 탐구하기는 '문제 인식하기-정보분석 및 해석하기-정보 종합하기-활동별 평가하기'와 같이 4단계로 구성하였다.

(출처: 송기호 외, 2016, 3)

[그림 5-15] 통합 학습주제에 적용되는 정보활용과정

② 교과 연계 학습주제의 단계별 세분화(모듈화)

교과 연계 학습주제의 단계별 세분화(모듈화)를 통해서 탐구 활동을 강화하기 위하여 공통 탐구 주제를 탐구 활동으로 전환하고, 공통 탐구 주제(탐구 활동)를 3개의 하위 탐구 활동으로 세분화(모듈화)하였다. 그리고 차시별 탐구 활동의 체계성을 위하여 하위 탐구 활동을 2개의 학생 활동으로 세분화(모듈화)하였다.

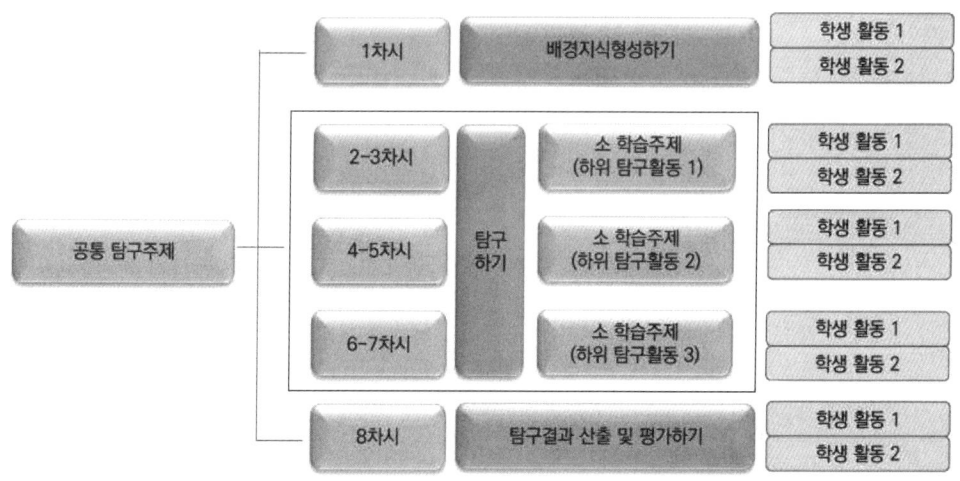

(출처: 송기호 외, 2016, 4)

[그림 5-16] 교과 연계 학습주제의 활동 중심 세분화 전략

③ 8차시 운영 계획 수립

교과 연계 학습주제 「매체」의 8차시 운영 계획(안)은 다음과 같다(작성자: 소○문).

〈표 5-24〉 교과 연계 학습주제 「매체」의 8차시 운영 계획(예)

탐구 활동	매체 사용 설명서			학습 방법	○	개별학습
					○	모둠학습
하위 탐구 활동	1. 시간을 기억하는 책 읽기					
	2. 순간을 유혹하는 미디어					
	3. 우리가 만드는 매체사용 설명서					
학습목표	• 매체의 유형과 종류를 이해할 수 있다.					
	• 미디어의 장단점을 이해하고 주도적으로 활용할 수 있다.					
평가 요소	○	자기관리 역량		○	지식정보처리 역량	
	○	창의적 사고 역량		○	심미적 감성 역량	
	○	협력적 의사소통 역량		○	공동체 역량	
학습자료						
차시 (운영시간)	탐구 활동 내용			지도상 유의사항	참고자료	
1(2)	나를 둘러싼 매체 환경	학생 활동 1	동일한 내용의 다양한 매체 표현 감상하기		〈도원결의〉 관련 자료	
		학생 활동 2	다양한 매체의 특징 알아보기			
2(2)	시간을 기억하는 책 읽기	학생 활동 1	머릿속으로 상상하고 표현하기			
3(2)		학생 활동 2	내가 기억하는 책			
4(2)	순간을 유혹하는 미디어	학생 활동 1	영상매체에서 지식 얻기		「EBS 아이의 사생활 II: 미디어」	
5(2)		학생 활동 2	나의 매체 관리 상황을 알고 대안 제시하기			
6(2)	우리가 만드는 매체사용 설명서	학생 활동 1	미디어 중독 문제 관련 사례 찾기			
7(2)		학생 활동 2	미디어 중독 예방을 위한 공익 UCC 만들기			
8(2)	미디어 활용·운영 계획 및 제작한 UCC 발표하기	학생 활동 1	나의 매체 활용 상태 진단 및 이용계획 발표하기			
		학생 활동 2	미디어 중독 예방 UCC 발표하기			

④ 차시별 운영 계획

■ 1차시 운영 계획 : '나를 둘러싼 매체 환경'을 탐구하면서 주제에 대한 배경지식 형성하기

〈표 5-25〉 교과 연계 학습주제 「매체」의 1차시 운영 계획

탐구 활동	나를 둘러싼 매체 환경		학습 방법	○	개별학습
				○	모둠학습
학생 활동	1. 동일한 내용의 다양한 매체 표현 감상하기				
	2. 다양한 매체의 특징 알아보기				
학습목표	• 매체의 다양성을 이해한다. • 특징에 맞는 알맞은 매체를 활용할 수 있다.				
평가 요소	○	자기관리 역량			지식정보처리 역량
		창의적 사고 역량	○		심미적 감성 역량
	○	협력적 의사소통 역량	○		공동체 역량
운영시간	활동 내용		지도상 유의사항		참고자료
도입 (15)	• 동기유발 • 학습목표 및 탐구 주제 확인 • 활동의 배경지식 질의				「고사성어사전」
전개 (60)	(40)	다양한 매체 유형 알기	- 동일한 내용의 다양한 매체 표현 감상하기	서로 다른 매체이지만 동일한 내용을 다루고 있기 때문에 감상에 집중력을 유지할 수 있도록 지도	다양한 자료에 실린 나관중의 「삼국지」 중 〈도원결의(桃園結義)〉 부분
	(20)	매체의 종류별 특징 알기	- 다양한 매체의 특징 알아보기		
정리(15)	정리 및 차시예고				
평가 관점	• 탐구 주제에 대한 문제의식이 형성되었는가? • 탐구 활동의 전체 과정을 이해하고 있는가?				

 수업 운영 방법

본 학습의 목표는 학습자가 접하는 다양한 정보습득과정이 매체(media)를 통해서 가능하다는 것을 이해하고, 매체의 종류와 특징을 알아보는 것이다. 매체 유형 자체에 대한 정보를 기계적으로 아는 것이 아니라 매체의 종류가 다양하다는 사실을 사전, 사후 학습활동을 통하여 직접 경험하고 스스로 정리할 수 있어야 한다. 본 학습을 통하여 매체가 정보를 표현하는 방법에는 시각(글·만화), 청각(라디오), 영상(만화·드라마) 등이 있음을 이해하고, 학습자 스스로 매체별 특징을 파악할 수 있도록 지도한다.

도입		
※ 주의집중	※ 동기유발	※ 전시학습 확인
※ 학습목표 제시	※ 학습 개요 제시	

◉ 동기유발 활동 : 동일한 내용의 다양한 매체 표현 감상하기

- 매체의 종류 자체를 제시하기보다는 학습자가 정보를 접하는 과정을 거꾸로 추적해 스스로 그것이 매체였음을 지도한다.
- 같은 내용을 서로 다른 매체에 담았을 때 학습자가 느끼는 다양한 생각을 공유하도록 지도한다.
- 단순히 잘 기억되고 이해된다고 좋은 매체로 단정 짓지 않도록 지도한다.

[배경지식] 도원결의(桃園結義)에 대한 고사성어 배경
유비(劉備), 관우(關羽), 장비(張飛)가 도원(桃園)에서 의형제를 맺었다는 이야기에서 비롯된 말로, 뜻이 맞는 사람끼리 하나의 목적을 이루기 위해 행동을 같이할 것을 약속한다는 뜻이다. 중국 원(元)과 명(明)의 교체기 때의 사람인 나관중(羅貫中)이 지은 「삼국지연의(三國志演義)」에서 비롯되었다.
(출처: 두산백과)

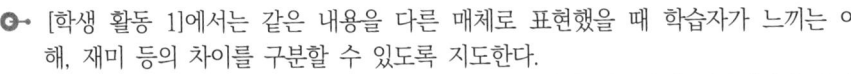

전개
※ 학습 내용 및 주제 전달　　　※ 상호작용　　　※ 피드백

- 학생 활동 1 : 다양한 매체 알기
- 학생 활동 2 : 다양한 매체별 특징 파악하기

- [학생 활동 1]에서는 같은 내용을 다른 매체로 표현했을 때 학습자가 느끼는 이해, 재미 등의 차이를 구분할 수 있도록 지도한다.
- [학생 활동 1]에서 같은 내용의 반복으로 수업에 대한 집중력이 떨어지거나 만화, 영화 등에만 집중할 수 있다. 따라서 매체의 제시 시간을 적절하게 조정한다.
- [학생 활동 2]는 너무 틀에 박힌 결과가 나오지 않고 다양한 의견이 나올 수 있도록 자율성을 준다.

[학생 활동 1] 다양한 매체 알기
1. 시각 매체 : 문자, 글을 통한 내용 확인하기
   - 장○○. 「삼국지 1 : 황건의 기」. 37-47.
   - 박○○ 역. 「삼국연의 1 : 도원결의」. 95-100.
   - 김○○. 「삼국지연의 1」. 31-35.
   - 이○○. 「삼국지 1 : 도원에 피는 의」. 169-182.
   - 황○○. 「삼국지 1 : 도원에서 맺은 의리」. 26-33.
2. 시각매체 : 그림을 통한 내용 확인하기
   - 이○○. 「만화 삼국지 1 : 복사꽃 핀 동산에서 형제가 되고」. 41-53.
   - 이○○. 「만화 삼국지 1 : 난세의 영웅들」. 43-60.
   - 천○○○. 「삼국지 1 : 천하를 꿈꾸는 영웅들」. 1-31.
   - 요○○○ 미○○○. 「만화 삼국지 1 : 도원결의」. 107-202.
3. 청각매체 : 소리(라디오)를 통한 내용 확인하기(유튜브 검색어 : 삼국지 도원결의)
   - 배○○. 배○○의 고전 열전. 삼국지 제02부 도원결의 (00'01" ~ 12'40")
     출처: (○○○○. ○○. ○○.) https://www.youtube.com/watch?v=yj4r87M6zG8

4. 영상매체 : 만화를 통한 내용 확인하기(유튜브 검색어 : 삼국지 도원결의)
  - EBS 만화 삼국지 1 : 도원결의 (05'40" ~ 11'40").
    출처: (○○○○. ○○. ○○.) https://www.youtube.com/watch?v=SJBWDLiMroc
5. 영상매체 : 드라마를 통한 내용 확인하기(유튜브 검색어 : 신 삼국지 2화)
  - CCTV. 신 삼국지 2화 (14'42" ~ 15'42").
    출처: (○○○○. ○○. ○○.) https://www.youtube.com/watch?v=NOzyY-V8078

[학생 활동 2] 다양한 매체별 특징 파악하기
1. 〈도원결의〉에 대한 내용을 문자, 소리, 영상 등 다양한 매체로 표현된 것을 보았습니다. 매체별로 특징을 자유롭게 이야기해 봅시다.
  ① 시각(문자), 청각(소리) 매체를 통해 〈도원결의〉 모습을 상상할 수 있습니까?
  ② 같은 시각 매체인 문자와 그림은 〈도원결의〉 모습을 상상하는 데 어떤 차이가 있습니까?
  ③ 시각(그림)과 영상(만화·드라마)을 통한 〈도원결의〉의 모습에는 큰 차이가 있습니까?
  ④ 시각(문자)과 영상(만화·드라마) 중 어떤 매체가 오랫동안 기억에 남을 것 같습니까?
  ⑤ 왜 시각(문자) 매체가 공부하는 데 중요하다고 할까요?

정리
※ 요약　　　　　　　　　　　　　※ 본시 핵심 학습 내용 강조
※ 학습목표 달성도 평가　　　　　※ 차시예고

◯ 수업 활동 1 : 매체의 종류를 정리한다.
◯ 수업 활동 2 : 매체의 종류별 특징을 정리한다.

◯ 하나의 정보를 전달하는 데 이용할 수 있는 매체의 종류를 발표하도록 한다.
◯ 개인별로 선호하는 매체가 존재하는 이유를 다중지능 측면에서 설명한다.
◯ 특정 매체만을 이용하는 경우에 나타날 수 있는 부정적인 효과를 매체 중독과 같은 예를 통해서 이야기하면서 매체의 비판적 이용이 중요함을 설명한다.
◯ 매체가 인간의 사고에 미치는 영향력을 설명하고 있는 참고자료를 안내하여 발전적인 독서를 유도한다.
  - Carr, Nicholas (2020). The Shallows (2nd ed). 최지향 옮김. 생각하지 않는 사람들: 인터넷이 우리의 뇌 구조를 바꾸고 있다 (개정판). 서울: 청림출판.
  - Thompson, Clive (2015). Smarter Than You Think : how technology is changing our minds for the better. 이경남 옮김. 생각은 죽지 않는다: 인터넷이 생각을 좀먹는다고 염려하는 이들에게. 서울: 알키.
◯ 차시 학습을 위해 어린 시절 읽었던 기억에 남는 책을 찾아오도록 한다.

■ 2~3차시 운영 계획 : 하위 탐구 활동 '시간을 기억하는 책 읽기' 수행하기

〈표 5-26〉 교과 연계 학습주제 「매체」의 2~3차시 운영 계획

하위 탐구 활동	시간을 기억하는 책 읽기				
학습목표	• 문자(시각 매체)를 통한 지식, 정보획득의 과정과 학습에 대한 중요성을 안다. • 어린 시절 읽은 책에 대한 기억을 통해 책 읽기의 즐거움을 안다.				
학생 활동	1. 머릿속으로 상상하고 표현하기		학습 방법	○	개별학습
					모둠학습
	2. 내가 기억하는 책		학습 방법		개별학습
				○	모둠학습
평가 요소		자기관리 역량	○	지식정보처리 역량	
	○	창의적 사고 역량		심미적 감성 역량	
	○	협력적 의사소통 역량	○	공동체 역량	
운영시간	활동 내용		지도상 유의사항	참고자료	
도입 (20)	• 학습목표 및 탐구 주제 확인 • 지식의 지속성의 방법 알기		학생 활동에 집중할 수 있는 분위기 조성한다.	- 한자카드 3장 「마법천자문」	
전개 (140)	(80)	머릿속으로 상상하고 표현하기	상상하며 읽기	읽기 자료에 대한 다양한 그림 표현이 나올 수 있도록 유도한다.	「반지의 제왕」
			읽은 내용을 표현하기		유튜브
			실제 원안과 비교해 보기		
	(60)	내가 기억하는 책	어린 시절 읽은 책 기억하기	어린 시절 읽은 책을 회상하고 정확하게 기억하고 있는지 스무고개 게임을 통해 확인한다.	
			스무고개 게임을 통한 책 회상하기		
정리(20)	정리 및 차시예고				
평가 관점	학습목표 설정에 따른 정확한 개인별, 모둠별 표현				

📚 수업 운영 방법

1. 본 학습의 주요 목표는 다양한 매체 가운데 시각 매체(문자)가 읽기 활동에 왜 중요한가를 아는 것이다.
2. 기억하기 어려운 한자어 3자와 그를 배경으로 한 「마법천자문」을 준비하고 활동을 위한 모둠을 나눈다.
3. [활동 1-1]은 그림(만화)으로 접한 지식과 직접 암기를 통한 지식이 우리 머릿속에 얼마나 오래 남는가를 확인하는 활동이다.
4. [활동 1-2]는 문자로 표현된 묘사 내용을 상상으로 해석해 그림으로 표현하는 활동이다. 자유롭게 상상할 수 있도록 분위기를 조성한다.

5. [활동 1-2]의 구체적인 묘사 대상은 '반지의 제왕'에 등장하는 골룸이다. 골룸 관련 영상을 보여주면서 자신이 문자를 해석해 표현한 그림과 비교하도록 한다.
6. 같은 내용을 문자로 표현한 내용이 개인적으로 해석이 매우 다양할 수 있음을 확인하고 그림, 영상을 통한 해석과의 차이와 의미를 지도한다.

도입

　※ 주의집중　　　　　　※ 동기유발　　　　　　※ 전시학습 확인
　※ 학습목표 제시　　　　※ 학습 개요 제시

○ 동기유발 활동 : 매체별로 배운 지식의 지속성에 대하여 예측하기

○ 만화, 영상 등을 통해 배운 정보는 이해하기는 쉽지만, 기억이 오랫동안 지속되지 않는다는 것을 직접 경험할 수 있도록 기획한다.
○ 한자어를 얼마나 많이 맞추느냐가 아니라 그림(만화)을 통해 배운 지식은 오래가지 않는다는 것을 아는 것이 중요하다.
○ [동기유발 활동]의 대상은 「마법천자문」의 본문과 해당 한자어가 아니더라도 연관 있는 영어단어 등으로 바꾸어 사용할 수 있다.
○ 활동 후에 바로 공부한 한자어를 확인하지 않고 다른 활동을 통하여 시간을 보내고 정리 단계에서 기억의 지속성 여부를 확인하도록 한다.

[동기유발 활동] 기억의 지속성 확인하기
1. 주어진 시간 (5분) 안에 모둠별로 다음 한자어를 쓰고 읽을 수 있도록 암기하시오.
　[예]
　　○ 讚
　　○ 讀
　　○ 擴

[모둠 1] 글을 통한 암기 모둠 : 한자 카드를 활용한 한자어 3자

[모둠 2] 그림을 통한 암기 모둠 : 「마법천자문」에 나오는 한자어 3자

전개(학생 활동 1)

　※ 학습 내용 및 주제 전달　　　※ 상호작용
　※ 피드백

○ 문제 인식하기 : 글자로 표현된 정보를 그림으로 표현하기
○ 정보분석 및 해석하기 : 인물에 대한 묘사를 머릿속에서 해석하기
○ 정보 종합하기 : 해석한 추상적 내용을 그림으로 재구성하기
○ 활동별 평가하기 : 원안(原案)과 비교를 통하여 자신의 활동 평가하기

- 읽기 자료를 읽은 후 다양하고 참신한 그림 표현이 나올 수 있도록 유도하는 것이 중요하다.
- 새롭게 그려내기 어렵다면 기존의 만화, 영화의 캐릭터를 상상해 그리도록 한다.
- 정확하게 본문을 읽고 표현했는가 보다는 글을 머릿속으로 해석하는 과정을 알게 하는 것이 중요하다.

[활동 1] 머릿속으로 상상하고 표현하기
1. 다음은 소설의 어떤 등장인물을 묘사한 글입니다. 읽어보고 직접 상상해서 그려보세요.

몹시 역겹게 생긴 조그마한 괴물이었다. 그는 크고 평평한 발을 노삼아 작은 보트를 저어 가다가 희미한 빛을 뿜는 두 눈에 눈먼 고기가 보이면 긴 손가락으로 잡아 날 것으로 먹어 치웠다. 여린 달빛을 받아 가파르고 거의 반들반들해 보이는 벼랑 표면을 따라, 작고 시커먼 물체 하나가 가느다란 사지를 벌린 채 움직이고 있었다. 그 부드럽게 착 달라붙은 손과 발톱은 -(중략)- 갈라진 틈과 붙잡을 데를 찾고 있었다. 마치 먹이를 찾아 헤매는 어떤 커다란 벌레인 양 끈적끈적한 발로 그냥 기어 내려오는 것처럼 보였다. 게다가 냄새로 길을 찾는 것처럼 머리부터 내려오고 있었다. 이따금 천천히 머리를 치켜들어 바짝 여윈 기다란 목 위로 내밀기도 했다. 그가 냄새를 맡느라 킁킁대는 소리가 들렸다. 간간히 귀에 거슬리는 쉿쉿거리는 숨소리가 들려왔는데 그 소리는 마치 저주처럼 들렸다. 그가 머리를 치켜들고 침을 뱉는 소리도 들리는 것 같았다.

-(중략)-

앙상한 목 위의 커다란 머리가 마치 무슨 소리에 귀를 기울이는 것처럼 이리저리로 축축 늘어졌다. 창백한 눈은 반쯤 눈꺼풀에 덮인 체였다. 분노와 역겨움이 가득한 그의 눈은, 여전히 혼잣말로 속삭거리고 쉿쉿거리면서 다시 움직이기 시작한 그 야비한 자에게 붙박여 있었다.

-(중략)-

그는 뼈와 가죽만 남은 형편없는 말라깽이가 되어 있었다. 그의 두 눈에서 거친 분노의 불길이 타올랐다.

(출처: 골룸 갈등 (2024. 11. 12.). https://www.youtube.com/watch?v=cccXAvKgH4Y)

♣ 윗글을 읽고 상상해서 그린 모습

♣ 위 그림을 그릴 때 참고한 본문의 내용을 적으세요.

2. 위 본문의 주인공을 묘사한 다음 영상의 모습과 비교해 보고 어느 정도 닮았는지를 서로 이야기해 보세요.
   ① 본문의 주인공이 [반지의 제왕 - 골룸]인걸 알았다.   [1 2 3 4 5]
   ② 내가 상상하며 그린 그림과 많이 닮았다.   [1 2 3 4 5]
   ③ 내가 그린 그림이 「반지의 제왕」 영상보다 더 가깝다.   [1 2 3 4 5]
3. 자신이 그린 주인공 그림(학습지)을 보여주며 왜 이렇게 그렸는지 본문(독서 자료)과 연관 지어 설명하세요.

전개(학생 활동 2)
※ 학습 내용 및 주제 전달   ※ 상호작용   ※ 피드백

- 문제 인식하기 : 오래전 읽은 책의 내용 정확하게 기억하기
- 정보분석 및 해석하기 : 게임과 모둠활동을 통하여 퀴즈 대상 도서의 정보 모으기
- 정보 종합하기 : 모은 정보의 종합을 통하여 대상 도서 맞추기
- 활동별 평가하기 : 대상 도서의 정답 유무로 활동 진행 여부 판단하기

- 모둠별로 스무고개를 위해 선정한 책이 보편적인 책이 되도록 유도해야 한다.
- 스무고개를 위해 선정한 책에 대하여 모둠원이 얼마나 많은 내용을 알고 기억하는가가 중요하다.

[활동 2] 내가 기억하는 책
1. [모둠별]로 지금까지 기억나고 있는 어린 시절(초등학교 1·2학년 포함) 읽었던 그림책을 한 권 정해보세요. 그다음 모둠원이 기억하는 주인공, 내용 등을 정리해 보세요.

그림책 제목	주인공	내용
예) 누가 내 머리에 똥 쌌어?	두더지	자기 머리에 똥을 싼 동물을 찾아 복수하는 내용

2. [모둠별]로 기억하는 그림책 제목을 상대편이 맞추도록 스무고개로 질문을 받습니다.

예) 그림책 제목 : 누가 내 머리에 똥 쌌어?	
① 주인공이 사람입니까?	⑪
② 우리가 먹을 수 있는 것들입니까?	⑫
③ 우리와 친숙한 동물이 주인공입니까?	⑬
④ 만화영화로도 만들어졌습니까?	⑭
⑤ 자동차, 로봇이 나옵니까?	⑮
⑥	⑯
⑦	⑰

⑧	⑱
⑨	⑲
⑩	⑳

정리	
※ 요약	※ 본시 핵심 학습 내용 강조
※ 학습목표 달성도 평가	※ 차시예고

◯- 수업 활동 1 : 어린 시절 읽었던 그림책에 대한 기억 더듬기
◯- 수업 활동 2 : 학습을 위한 읽기 자료의 성격 파악하기

◯- 정답을 맞힌 개수가 중심이 아니라 매체의 종류에 따라서 기억에 차이가 있을 수 있음을 이해하는 것이 중요하다.
◯- 차시 학습을 위하여 자신의 매체 이용 실태와 매체 중독에 대해 조사해 오도록 한다.
◯- 개인별 매체 이용 실태 분석을 위하여 〈질문지〉를 배부할 수 있다.

1. 〈도입〉에서 공부한 한자 3자를 지금까지 기억하는지 확인하려 합니다. 한자 모양, 소리, 뜻을 모두 적어 보세요.

① 한자 모양	② 소리 :	① 한자 모양	② 소리 :
	③ 뜻 :		③ 뜻 :
① 한자 모양	② 소리 :	맞춘 개수 : / 9가지 경우 (한자 모양, 소리, 뜻)	
	③ 뜻 :		

2. 모둠별(개인별)로 정확하게 기억한 한자어의 숫자를 확인해 보세요. 같은 한자어를 공부했음에도 불구하고 기억에 차이가 생기는 이유는 무엇일까요?

■ 4~5차시 운영 계획 : 하위 탐구 활동 '순간을 유혹하는 미디어' 수행하기

〈표 5-27〉 교과 연계 학습주제 「매체」의 4~5차시 운영 계획

하위 탐구 활동	순간을 유혹하는 미디어				
학습목표	• 영상매체에서 전달하고자 하는 지식을 정확하게 이해한다. • 매체의 역기능에 대하여 안다. • 자신의 매체 활용 상황을 진단하고 그에 대한 대책을 세울 수 있다.				
학생 활동	1. 영상매체에서 지식 얻기		학습 방법	○	개별학습
					모둠학습
	2. 나의 매체 관리 상황을 알고 대안 제시하기		학습 방법	○	개별학습
					모둠학습
평가 요소	○	자기관리 역량	○	지식정보처리 역량	
		창의적 사고 역량		심미적 감성 역량	
		협력적 의사소통 역량	○	공동체 역량	
학습자료					

운영시간		활동 내용		지도상 유의사항	참고자료
도입 (20)		- 내게 익숙한 매체 알기 - 자신의 매체 사용 실태 점검하기		질문지는 개별 배부한다.	질문지
전개 (140)	(70)	영상매체 에서 지식 얻기	미디어 관련 다큐 감상	단순 감상이 아닌 내용 파악을 위한 활동도 병행한다.	「아이의 사생활 II: 미디어」
			내용 요약을 위한 활동		
	(70)	나의 매체 관리 상황을 알고 대안 제시하기	다큐 감상문 적기	개별학습임을 고려하여 서로 토의하고, 점검하지 않도록 한다.	
			미디어의 건전한 활용 다짐하기		
정리(20)	정리 및 차시예고				
평가 관점	영상매체 속의 지식, 정보 파악 여부				

📚 수업 운영 방법

1. 본 학습의 목표는 전문가의 관점에서 보는 매체, 특히 게임으로 대변되는 영상매체 중독에 대한 다큐멘터리를 감상하고, 학생 스스로 영상매체를 효과적으로 이용할 수 있는 실천 방안을 만들 수 있도록 하는 것이다.
2. 단순한 다큐 감상으로 끝나지 않고 영상매체를 통한 지식 습득을 경험할 수 있도록 한다.
3. 다큐멘터리 감상 후 스스로 실천할 수 있는 구체적인 대안까지 모색하도록 지도한다.

도입
※ 주의집중　　　　※ 동기유발　　　　※ 전시학습 확인 ※ 학습목표 제시　　※ 학습 개요 제시

○- 동기유발 활동 : 자신의 매체 활용 상황 점검하기

- 질문지에 대한 솔직한 답변을 유도하는 것이 중요하다.
- 비난, 지도를 위한 활동이 아닌 스스로 반성하는 활동임을 강조한다.

[동기유발 활동] 내게 익숙한 매체 알기
1. 자유롭게 다음의 물음에 자신의 생각 이야기하기
   ① 나는 여가 시간을 어떻게 보내는가?
   ② 나는 스마트폰, PC를 통하여 여가 시간을 보낼 때는 무엇을 하는가?
   ③ 나는 스마트폰, PC를 통해 시간을 보낸 후 느끼는 감정은 무엇인가?
2. 자신이 가장 많이 사용하는 매체는 어떤 것입니까?
   ① (SNS, 웹툰, 쇼핑 등 게임을 제외한) 스마트폰, PC를 통한 인터넷
   ② 스마트폰, PC를 통한 온라인 게임
   ③ SNS, 메신저, 게임 등을 하기 위한 스마트폰
3. 자신이 생각하는 매체 조절 능력은 어느 정도라 생각합니까?
   - 매체(인터넷, 온라인 게임, 스마트폰) 사용하는 시간 정도 ①-②-③-④-⑤
   - 매체(인터넷, 온라인 게임, 스마트폰)에 대한 자기주도성 정도 ①-②-③-④-⑤
   - 매체(인터넷, 온라인 게임, 스마트폰)에 대한 중독 정도 ①-②-③-④-⑤

전개(학생 활동 1)
※ 학습 내용 및 주제 전달　　　※ 상호작용　　　※ 피드백

○- 문제 인식하기 : 영상정보의 지식 전달력 파악하기
○- 정보분석 및 해석하기 : 학습지를 활용하여 상영 다큐에서 지식, 정보 파악하기
○- 정보 종합하기 : 파악한 지식, 정보를 개인의 판단으로 적용하기
○- 활동별 평가하기 : 미디어 활용의 개인별 적용 가능성에 대해 판단하기

- 다큐멘터리 감상 자체에 빠지지 않고 영상매체를 통한 정보와 지식 얻기도 하나의 공부 방법임을 강조한다.
- 영상을 보고 [활동 1]의 학습지를 모두 채울 수 있도록 지도한다.
- 특히, 이 다큐에서 제시하는 여러 대안에 대한 반대 의견, 공감하지 못하는 부분 등을 자유롭게 표현할 수 있는 분위기를 조성한다.

[활동 1] 「아이의 사생활 II: 미디어」편 감상하기

1. 다음은 시청할 다큐멘터리를 보면서 내용을 정리하기 위한 질문입니다.

가. 이 다큐멘터리에서 제시한 인터넷 사용 시기는 어떻게 됩니까? 자신의 경우와 비교해 보세요.

기준 연령	연령별 인터넷 사용 내용	나는?
3세		(그렇다, 아니다)
6세		(그렇다, 아니다)
7세		(그렇다, 아니다)
10세 (초3)		(그렇다, 아니다)
11세 (초4)		(그렇다, 아니다)
14세 (중1)		(그렇다, 아니다)

나. 이 다큐에서 제시한 게임 입문 단계는 무엇입니까? 자신의 경우와 비교해 보세요.

입문단계	게임 유형	이 단계에 내가 한 게임은
1		(있다, 없다)
2		(있다, 없다)
3		(있다, 없다)
4		(있다, 없다)

다. 이 다큐에서 제시하는 게임중독에서 벗어나는 단계는 무엇입니까? 자신은 실천할 수 있습니까?

단계	제안한 내용	나는?
1		(그렇다, 아니다)
2		(그렇다, 아니다)
3		(그렇다, 아니다)
4		(그렇다, 아니다)
5		(그렇다, 아니다)
6		(그렇다, 아니다)

라. 다큐멘터리의 내용을 이해하고 정리하기 위해 추가할 내용을 자유롭게 적어보세요.

정리	
✵ 요약	✵ 본시 핵심 학습 내용 강조
✵ 학습목표 달성도 평가	✵ 차시예고

◐ 수업 활동 1 : 다큐멘터리 감상을 통하여 자신의 미디어 활용 상황을 되돌아보고 반성한다.
◐ 수업 활동 2 : 미디어 중독의 문제점을 이해하고 자신의 건전한 미디어 활용 방안을 구체화한다.

  ◐ 온라인 게임에 주도권을 넘겨주었다는 자책, 비난이 되지 않도록 유도한다.
  ◐ 미디어를 잘못 사용했을 때의 심각성을 깨닫도록 지도한다.
  ◐ 어려운 결심이 아닌 바로 실천할 수 있는 내용부터 결심하도록 지도한다.

4~5차시 활동이 미디어에 대한 개인의 반성이었다면 6~7차시는 동료들을 대상으로 하는 캠페인이다. 개개인의 미디어에 대한 반성, 공감을 전제로 해야 추후 차시 활동이 원활하게 이뤄질 수 있다. UCC 제작에 필요한 기초지식을 습득하도록 안내한다.

전개(학생 활동 2)		
✵ 학습 내용 및 주제 전달	✵ 상호작용	✵ 피드백

◐ 문제 인식하기 : 자신의 매체활용능력 되돌아보기
◐ 정보분석 및 해석하기 : 영상매체를 통한 정보 습득, 분석과 그 적용하기
◐ 정보 종합하기 : 개별 적용을 통한 '미디어 활용 계획안' 작성
◐ 활동별 평가하기 : '미디어 활용 계획안' 활용 발표의 동료 평가

  ◐ 다큐멘터리 감상은 내용 요약이 아닌 자신이 반성, 결심할 수 있는 구체적인 내용을 담을 수 있어야 한다.

[활동 2] 미디어에 대한 자신의 생각 변화를 정리하기

1. 「EBS 아이의 사생활 II: 미디어」 편을 보고 난 후 감상을 적어보세요.

2. 미디어 관련 다큐를 통하여 미디어에 대하여 새롭게 알게 된 사실을 적어보세요.

3. 미디어 주도권을 잡기 위하여 「아이의 사생활 Ⅱ: 미디어」에서 제안한 미디어 중독에서 벗어나기 위한 방안 중 내가 할 수 있는 약속과 실천을 정해보세요.

선택	EBS 다큐 제안 내용	나의 약속	
☐	1. 친구들과 운동을	하루 (	) 이상	
☐	2. 미디어 일지를	(	) 작성	(할) 것이다.
☐	3. PC 사용은	(	) 만	
☐	4. PC는 꼭 자신이 직접	(	) 후에 끌	
☐	5. 필요 없는 미디어는	(	) 후에 끌	
☐	6. PC를 쉬는 날은 일주일에	(	) 요일로 지정	

■ 6~7차시 운영 계획: 하위 탐구 활동 '우리가 만드는 매체사용 설명서' 수행하기

〈표 5-28〉 교과 연계 학습주제 「매체」의 6~7차시 운영 계획

하위 탐구 활동		우리가 만드는 매체사용 설명서				
학습목표		• 자신의 미디어 주도성에 대하여 이해한다. • 공익을 위해 잘못 사용된 미디어의 위험성을 표현할 수 있다.				
학생 활동		1. 미디어 중독의 문제 사례 찾기		학습 방법		개별학습
					○	모둠학습
		2. 미디어 중독 예방을 위한 공익 UCC 만들기		학습 방법		개별학습
					○	모둠학습
평가 요소	○	자기관리 역량		○	지식정보처리 역량	
	○	창의적 사고 역량			심미적 감성 역량	
	○	협력적 의사소통 역량		○	공동체 역량	
운영시간		활동 내용		지도상 유의사항	참고자료	
도입 (20)		• 미디어 자가 중독 점검하기 • 자신의 미디어 중독 수준 선언하기		점검은 철저하게 개인적으로 실시		
전개 (140)	(70)	미디어 중독의 문제 사례 찾기	미디어 중독의 문제 사례 찾기	중학생이 등장하는 문제 사례를 중심으로 찾는다.	빅카인즈 www.bigkinds.or.kr	
			미디어 중독 예방 UCC 콘티 제작			

	(70)	미디어 중독 예방을 위한 공익 UCC 만들기	영상 콘티 만들기	만들기 활동 시 산만해지지 않도록 지도한다.	신문지, 풀, 가위
			영상 콘티에 따른 UCC 제작하기		스마트폰
정리(20)		정리 및 차시예고			
평가 관점		• UCC 영상 제작 과정의 모둠원 참여 여부 • 사전에 제작한 콘티와 완성 UCC 영상과의 연계성 여부			

📚 수업 운영 방법

1. 본 학습은 게임중독의 폐해에는 어떤 것이 있으며 이를 예방하기 위하여 구체적으로 할 수 있는 일을 공익 차원에서 전달하는 구체적 실천 활동이다.
2. 전문 검색 방법을 활용하여 신문을 통해 확인할 수 있는 게임중독의 폐해와 구체적인 사례를 검색, 정리한다.
3. 영상매체의 특징과 제작 방법을 알고 가장 효과적인 의사 표현 방법으로 활용한다.

도입		
※ 주의집중	※ 동기유발	※ 전시학습 확인
※ 학습목표 제시	※ 학습 개요 제시	

 동기유발 활동 : 자신의 미디어 중독 수준 진단하기

> • 미디어 활용 자가 진단은 학습자 스스로를 돌아보는 객관적 지표임을 강조한다.
> • 진단 결과가 공유, 비난의 대상이 되지 않도록 솔직한 분위기를 조성한다.
> • UCC 제작 과정에서 무임승차하는 학생이 없도록 모둠 내에서의 역할을 정해줄 수 있다.

[동기유발 활동] 나의 미디어 중독 수준 진단하기
1. 자신의 미디어 활용 자가 진단을 해보세요.
   ① 인터넷 이용 자가 진단
      (출처: http://www.iapc.or.kr/dia/survey/addDiaSurveyNew.do?dia_type_cd=IAYS)
   ② 온라인 게임 자가 진단
      (출처: http://www.iapc.or.kr/dia/survey/addDiaSurveyNew.do?dia_type_cd=IAYS)
   ③ 스마트폰 이용 자가 진단
      (출처: http://www.iapc.or.kr/dia/survey/addDiaSurveyNew.do?dia_type_cd=PAYS)
2. 자신의 미디어 활용 수준을 진단하고 정리해 보세요.
   내가 가장 다루지 못하는 미디어는
   (인터넷 / 온라인 게임/ 스마트폰 중독)이며,
   진단 결과 (고위험 / 잠재적 위험 / 일반 사용자군)입니다.

제5장 협동수업 기반 학교도서관활용교육 373

전개(학생 활동 1)
※ 학습 내용 및 주제 전달　　　　※ 상호작용　　　　※ 피드백

- 문제 인식하기 : 미디어 중독의 폐해 파악하기
- 정보분석 및 해석하기 : 전문 정보원 검색을 통한 정보분석 및 요약하기
- 정보 종합하기 : 습득한 정보의 영상화를 위한 콘티 제작
- 활동별 평가하기 : 제작할 수 있는 콘티 작성 판단

- 미디어 중독의 폐해 사례가 자칫 자극적인 내용의 공유가 되지 않도록 유의한다.
- 자신의 자가 진단을 통해 미디어 중독 여부를 스스로 알 수 있도록 진지한 분위기를 조성한다.
- 콘티 만들기는 실현할 수 있는 내용으로 구성할 수 있어야 한다.

[활동 1-1] 미디어 중독의 문제 사례 찾기
1. 미디어 중독은 여러 사회 문제의 원인이 되기도 합니다. 다음 유형에 해당하는 그 사례를 찾아 내용을 정리해 보고 그 심각성을 생각해 보세요.
　가. 미디어 중독의 폐해 유형은 "학업 시간 단축, 폭력성 심화, 대인관계 기피, 경제적 손실, 절도 등 범법 행위" 등으로 정리할 수 있습니다.
　나. 위 유형을 키워드로 삼아 인터넷 포털 등에서 신문 기사를 검색해 보세요.
　다. 인터넷 포털 이외에도 뉴스만을 전문적으로 검색할 수 있는 정보원 빅카인즈가 있습니다.

문제 사례	신문기사 제목과 내용	출처
예) 범법 행위	"게임에 빠져서 생활할 수 없다." 30대 중국 동포 차 몰고 넥슨코리아 사옥 돌진	서울경제 (○○○○. ○○. ○○.).

[활동 1-2] 미디어 중독 예방 UCC 콘티 구성
1. [모둠활동] 미디어 중독의 폐해를 UCC로 만들려 합니다. 필요한 장면과 그 내용, 제목을 같이 토론해 구성해 보세요.

장면 제목	장면 구성	준비물
예) 밤샘 게임에 피곤	PC 앞에 앉아 있는 나 꾸벅 졸고 있는 나 다크서클의 내 얼굴 수전증으로 키보드를 치는 나	PC 화장품

전개(학생 활동 2)
✽ 학습 내용 및 주제 전달   ✽ 상호작용   ✽ 피드백

◉ 문제 인식하기 : 영상 제작 과정의 다양한 표현활동의 영향
◉ 정보분석 및 해석하기 : 콘티 내용의 구체적, 기술적 표현 방법
◉ 정보 종합하기 : 표현 내용의 시각, 청각의 영상화 통합
◉ 활동별 평가하기 : '미디어 중독 예방 UCC' 발표 동료 평가

◉ 영상 콘티 만들기 활동 시에 수업 분위기가 흐트러질 수 있음을 고려한다.
◉ 단순히 스마트폰 촬영에 초점을 두기보다는 관련 PC 프로그램 활용 등의 기술 습득도 포함한다.

[활동 2-1] 영상 콘티 만들기
1. 모둠별 [학생활동 3]에서 설정한 공익 UCC 제작을 위한 콘티를 구성해 봅시다.
   가. 글로 작성된 콘티를 직접 영상으로 찍기 전에 실제 화면을 구성하는 활동입니다.
   나. 준비물로는 사진이 많은 신문지와 가위, 풀입니다.
   다. 공익 UCC에 담고자 하는 주요 장면을 가장 잘 표현한 신문 속의 사진, 글자 등을 찾아보세요.
   라. 찾은 사진, 글자 등을 오려 UCC 제작을 위한 장면 표현에 맞춰 아래 필름 그림에 붙여 넣어 콘티를 완성하세요.

2. 모둠별로 만든 UCC 제작을 위한 영상 콘티 발표하기

[활동 2-2] 영상 콘티에 따른 UCC 만들기
   ◉ 직접 촬영하기 : 스마트폰의 카메라를 활용해 영상 콘티에 따라 직접 촬영하기
   ◉ 사진으로 만들기
      가. 영상 콘티의 장면을 다각도로 재현한 다량의 사진 찍기
      나. 찍은 사진을 알씨(ALSee)나 윈도무비메이커로 합성하기

제5장 협동수업 기반 학교도서관활용교육 **375**

정리
※ 요약　　　　　　　　　※ 본시 핵심 학습 내용 강조 ※ 학습목표 달성도 평가　　※ 차시예고

○― 수업 활동 1 : UCC 제작을 위한 선행 활동으로 콘티 작성의 타당성을 정리한다.
○― 수업 활동 2 : UCC 제작에 필요한 지식 습득 여부를 확인한다.

- ○― 단순 UCC 제작으로 그치는 것이 아니라 누리집, SNS 등을 통하여 함께 공유한다.
- ○― 콘티 내용과 UCC 화면과의 대조를 통하여 구체적인 실현 여부를 점검한다.
- ○― 제작한 UCC를 평가하고 부족한 부분을 보완해 오도록 안내한다.

UCC 제목 :	모둠 (　　　　)	
	아니다	그렇다
1. 내용을 정확하게 전달하고 있는가?		
2. 주제를 일관되게 표현하고 있는가?		
3. 화면 구성이 다양한가?		
4. 영상, 소리, 자막 등이 모두 잘 어울리는가?		
5. 다양한 자료를 활용하였는가?		

■ 8차시 운영 계획: 탐구 활동 결과 발표하기

〈표 5-29〉 교과 연계 학습주제 「매체」의 8차시 운영 계획

탐구 활동	미디어 활용 · 운영 계획 및 제작한 UCC 발표하기	학습 방법	○	개별학습
			○	모둠학습
학생 활동	1. 나의 매체 활용 상태 진단 및 이용계획 발표하기(개인 탐구 결과) 2. 미디어 중독 예방 UCC 발표하기(모둠 탐구 결과)			
학습목표	• 탐구 활동의 과정과 결과를 종합해 발표할 수 있다.			
평가 요소	○	자기관리 역량		지식정보처리 역량
		창의적 사고 역량		심미적 감성 역량
	○	협력적 의사소통 역량	○	공동체 역량

운영시간		활동 내용		지도상 유의사항	참고자료
도입 (15)		• 동기유발 • 학습목표 및 탐구 주제 확인			
전개 (60)	(30)	나의 매체 활용 상태 진단 및 이용계획 발표하기	탐구 결과 산출하기	개인별, 모둠별 탐구 결과 발표를 중복 발표자 없이 분배	영상 프레젠테이션 발표 환경
	(30)	미디어 중독 예방 UCC 발표하기	탐구 활동 평가하기	동료 평가지를 통하여 탐구 결과 평가	
정리(15)		정리 및 반성			
평가 관점		• 탐구 활동 과정 및 결과에 대한 자기평가 및 동료 평가 역량을 길러준다. • 모둠활동에 무임승차 하지 않고 공동체 의식을 갖고 참여하는지를 평가한다.			

 수업 운영 방법

본 학습은 그간 수행한 탐구 활동을 발표 위주로 표현하는 것을 목표로 한다.
개인별, 모둠별로 나눠 각 영역에 대한 성과물을 발표한다.
프레젠테이션이 목적이 아니라 이 결과를 얻기까지의 과정까지 포함하여 발표하도록 지도한다.
발표에 대한 평가는 〈동료 평가지〉를 근거로 실시한다.

	도입		
	※ 주의집중	※ 학습목표 제시	※ 학습 개요 제시

◦→ 동기유발 활동 : 2차시 ~ 7차시까지의 활동 정리, 발표 및 평가하기

[동기유발 활동] 우리는 매체에 대하여 무얼 배웠나?
1. 자신의 미디어 활용 자가 진단을 해보세요.
2. 자신의 미디어 활용 수준 진단을 정리해 보세요.

	전개	
	※ 학습 내용 및 주제 전달	※ 상호작용

[활동 1] 나의 매체 활용 상태 진단 및 이용계획 발표하기
  1. 나의 미디어 사용 현황 진단 발표
  2. 나의 미디어 주도권 잡기 다짐 발표

※ 나의 매체 사용 계획에 대하여 평가해 봅시다.

	발표자 ( )				
	1	2	3	4	5
1. 발표자의 매체 사용 계획은 진실성이 있다.					
2. 발표자의 매체 사용 계획은 실현 가능성이 있다.					
3. 주제에 대하여 진지하게 고민하였다.					
4. 자신의 계획을 잘 표현하였다.					
5. 대중 앞에서 말하기 방식을 잘 따랐다.					

[활동 2] 미디어 중독 예방 UCC 발표하기
  1. 모둠별로 제작한 공익 UCC 제작 배경 설명하고 상영하기
  2. 발표한 미디어 중독 예방 UCC에 대하여 평가해 봅시다.

	모둠 ( )				
UCC 제목 :	1	2	3	4	5
1. 내용을 정확하게 이해하였다.					
2. 주제를 일관되게 표현하였다.					
3. 화면 구성이 다양했다.					
4. 영상, 소리, 자막 등이 모두 잘 어울렸다.					
5. 다양한 자료를 활용하였다.					

정리
※ 요약   ※ 학습목표 달성도 평가

◐ 수업 활동 1 : 친구의 매체 사용 계획 응원하기
◐ 수업 활동 1 : 발표한 UCC 함께 공유하기

◐ 개인별로 작성한 매체 중독 예방 실천 계획을 칭찬한다.
◐ 모둠별로 제작 발표한 UCC를 SNS에 올리고 서로 댓글을 달아주도록 한다.
◐ 탐구 활동 과정에서 겪었던 경험을 얘기하면서 장점과 단점을 스스로 파악할 수 있도록 한다.

4. 협동수업을 위한 시간표 편성

협동수업을 위한 전통적인 시간표 편성 방법은 고정 시간표(Fixed Schedules), 변동 시간표(Flexible Schedules), 묶음 시간표(Block Schedules), 혼합 시간표(Combination Schedules) 등이다(Everhart, 2003; AASL, 2011). 통합 교육과정을 통해 자기주도학습을 위한 공정한 학습경험을 제공하는 학교도서관의 역할이 강조되면서 대응(감응) 시간표(Responsive Scheduling)(AASL, 2019) 편성이 등장하였다.

4.1 고정 시간표

고정 시간표는 매주 정해진 수업시간(same period)에 해당 학급이 도서관을 방문하는 형태로 주로 초등학교에 적합하다. 고정 시간표는 학교도서관 교육이 교과 교육처럼 학생에게 지도할 구체적인 범위와 계열성이 정해진 독립 교과로 진행되는 경우 협상 불가능한 도서관 방문 시간표로 운영된다. 교과교사는 수업계획이나 예습 복습을 위한 시간으로 학생을 도서관에 보내고, 사서교사는 학생이 도서관에 머무르는 동안에 교육과정과 학생의 수준에 따라서 정보교육이나 독서지도를 하고 자료 이용을 관찰한다. 때에 따라서 사서교사가 학생의 도서관 이용 시간을 지정하기도 한다. 고정 시간표는 교과의 도서관 활용 시간이 정해져 있고, 예측이 가능하다는 점에서 다음과 같은 장점이 있다.

① 사서교사가 모든 학생을 관찰할 수 있다.
② 사서교사가 몇 개의 도서관을 순환 근무할 때 유리하다.

반면에 고정 시간표는 자료를 활용하여 학생 스스로 과제를 해결하는 데 필요한 시간이 부족하다는 점에서 다음과 같은 단점을 갖는다.

① 수업시간 동안에 책을 대출해서 다 읽는다든지 하는 무엇인가 마무리할 시간이 부족하다.
② 제한된 시간에 학습능력을 지도하는 것이 너무 바쁘므로 사서교사 개별적으로 학생에

게 자료 선택이나 탐색 기술을 가르칠 수 없다.
③ 규율과 주의 문제를 초래하기 때문에 학생의 도서관 능력(library skills) 수준을 나눌 수 없다.

고정 시간표는 적은 학생 수나 큰 규모의 학교와 같은 요인의 영향을 덜 받기 때문에 성공적인 운영이 가능하다. 보조직원이 많은 규모가 큰 학교의 경우에는 교과교사와 사서교사가 함께 교육과정을 운영하는 고정 시간표를 채택할 수 있다. 이때 보조직원이나 자원봉사자는 다른 학급의 학생에게 열람 봉사를 수행한다.

변동 시간표 운영이 어렵거나 고정 시간표의 단점을 보완하기 위해서는 하나의 학습주제를 여러 개의 교과가 통합 지도하는 교과 연계형 협동수업이 적당하다. 교과 연계형은 사서교사와 2개 이상의 교과가 연계(통합) 학습주제를 기반으로 협동에 참여하는 수업 형태로 고정 시간표를 그대로 적용하면서도 학급 단위로 학생에게 충분한 자료 활용 시간을 제공할 수 있다. 따라서 개별 학생에 대한 수준별 지도가 가능하고, 하나의 주제를 여러 측면에서 종합적으로 사고할 기회를 제공할 수 있다. 그러나 교과별로 학습주제의 지도 시기를 조정하거나 교과교사의 담당 학급이 같아야 한다. 고정 시간표를 기반으로 하는 교과 연계형 협동수업은 여러 교과가 참여하는 만큼 시간표 편성에 어려움이 있을 수 있다. 또한, 장기간에 걸친 학교도서관활용수업 진행으로 수업에 참여하지 않는 교사와 학생들의 도서관 이용을 제한하는 문제가 생길 수 있다(송기호, 2008).

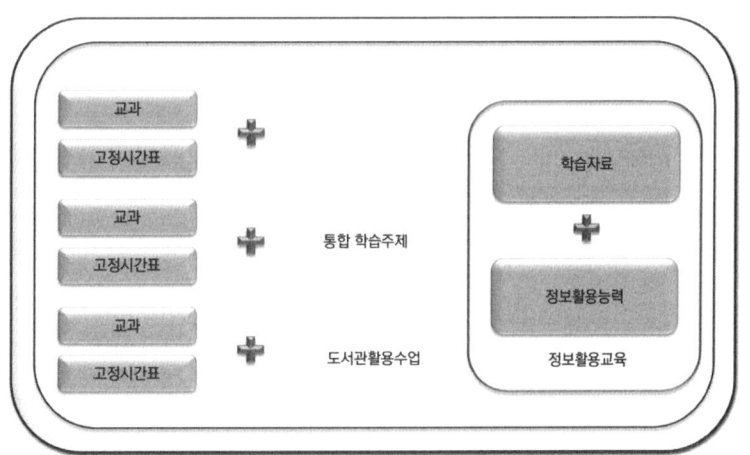

(출처: 송기호, 2008, 168)

[그림 5-17] 고정 시간표 기반 교과 연계형 학교도서관활용교육 모형

4.2 변동 시간표

변동 시간표는 학생이 도서관을 이용할 필요가 생겼을 때, 이용 시간을 편성하는 방법으로 주로 중고등학교에 적합하다. 변동 시간표는 학교도서관 교육과 교과 교육과정의 통합 운영(AASL & AECT, 1998b)을 위한 시간표 편성 방법이다. 변경 시간표를 운영하면 학생은 며칠 동안 계속해서 도서관에서 시간을 보내면서 교과교사와 사서교사의 도움으로 학습 단원(class unit)에 필요한 정보를 탐색하거나, 도서관 봉사를 이용하기 전까지 일주일 정도를 도서관에서 보낼 수 있다. 학생의 도서관 방문은 학급 단위로 이루어지기도 하지만 모둠별이나 개별적으로 이루어질 수 있다. 변동 시간표 운영의 성공 조건은 다음과 같다.

① 학교장이 학교도서관을 단순한 보조시설 이상으로 인식하고, 교과교사와 사서교사의 협력 가치를 인식하는 것이 중요하다.
② 사서교사와 교과교사가 교육과정 운영에 대해서 보다 폭넓은 협의 시간을 갖는다.
③ 사서교사는 교과교사와의 개별적인 만남보다는 교사협의회에 참석한다.
④ 고정 시간표를 운영하는 경우보다 교과교사와 사서교사 간에 더 많은 협력 활동이 필요하다.
⑤ 만일 변동 시간표를 채택한다면, 교과교사와의 협의를 위해서 전임 사서교사의 배치가 필요하다.

변동 시간표는 사서교사의 교육과정 참여 가능성을 높이는 데 효과적이며, 구체적인 장점을 살펴보면 다음과 같다.

① 교사는 학생의 자발적인 학습 동기를 이용할 수 있고, 학생의 흥미가 최고조에 이르렀을 때 도서관으로 보낸다.
② 교사는 사서교사와 협력하여 단원을 개발하고, 팀티칭을 할 수 있다.
③ 교사는 사서교사와 협력하여 정보활용능력을 교과 교육에 통합할 수 있다.
④ 학생은 평생 학습자로서 사용할 연구능력과 정보활용능력을 배울 수 있다.
⑤ 학생은 자주적으로 학습자료를 이용할 수 있다.
⑥ 학생은 다른 교과목과 학년 수준에서 다른 교과교사 및 학생과 상호작용이 가능하다.
⑦ 학생은 자신의 학습에 대한 책임감을 신장할 수 있다.

변동 시간표는 주로 프로젝트 학습에 적합하다. 그러나 사서교사가 모든 교과교사와 통합 교육과정을 운영하기란 사실상 불가능하므로 학교도서관 경영에 차질이 빚어질 수도 있다. 즉 협동수업에 참여하지 못한 교과교사가 지도하는 학생은 도서관에서 책조차 대출받지 못하거나 혼자서 도서관 이용능력을 배워야 하는 문제가 발생할 수도 있다. 변동 시간표의 단점은 다음과 같다(Johnson, 2001).

① 협동수업에 참여하지 못한 학생은 도서관 교육의 혜택을 받지 못한다.
② 교사가 교육과정에서 벗어나도록 할 수는 없다. 만약에 모든 교과목이 변동 시간표로 편성되면, 교사는 '내가 가르치고 싶은 것과 가르쳐야 할 때'에 대한 교수활동에 대해서 심리적으로 소외감을 느끼게 된다. 따라서 이미 정해진 교육과정은 지켜져야 한다.
③ 중요한 것은 연구가 아니라 독서이다. 모든 학생이 도서관을 규칙적으로 방문하여 자료를 대출하고 읽는 등 다양한 독서 체험을 함으로써 평생 자주적인 독자로 살아갈 수 있도록 하는 것이 수업시간을 이용하여 정보활용능력을 길러주는 것보다 중요하다.
④ 탐구 활동이 매일 있을 수는 없다. 변동 시간표를 이용한 수업은 교과교사와 사서교사가 학생이 학교에 다니는 동안에 순전히 광범위한 학습주제(big project)를 가지고 서로 협력하도록 한다. 그러나 실제 일상생활에서 계속해서 부딪치는 것은 사소한 탐구학습 주제이다.
⑤ 사서교사의 역할을 제한한다. 도서관의 사회적 책임은 교육(teach), 사회화(socialize) 그리고 장서의 보존(contain)이다. 변동 시간표 운영에서 충분한 보조직원의 도움이 없는 경우에 사서교사는 교육을 통한 학생의 사회화 이외에 장서 개발이나 프로그램 관리 등에 시간이 부족할 수 있다. 또한, 도서관을 활용한 학생의 예습과 복습시간 지도가 어렵다.
⑥ 사서교사의 업무 가중을 초래한다. 변동 시간표가 이론적으로는 그럴듯하게 들릴지 모르지만, 사서교사는 수업 후에 너무 많은 프로젝트나 교과목과의 협력으로 기진맥진하거나 짜증이 생길 수도 있다.

4.3 묶음 시간표

묶음 시간표는 다른 과목으로 이동하기 전에 한 과목에 투자하는 시간이 대부분 불충분한 중·고등학교에 적합한 형태이다. 묶음 시간표는 몇 개의 교과 수업시간이 묶음으로 통합되며, 집중적인 학습활동이 학생에게 유리할 것이라는 전제 아래 이루어진다. 묶음 시간표는 학생의 깊이 있는 연구 활동이 가능하도록 1일 7~8교시 수업시간을 3~4개의 단위로 묶음으로써, 한 번에 정보를 찾아 선택하고 읽고 분석할 수 있는 시간을 확보할 수 있다.

묶음 시간표는 학교의 교수법 변화와 학교도서관의 가치를 실현할 수 있는 기폭제가 될 수 있다. 90분 동안 수업시간을 운영하는 교사는 시간 조절, 개별화 학습, 다양한 학습자료 활용 방법 등을 필요로 하므로 더 손쉽게 사서교사와 협력할 수 있다. 묶음 시간표를 운영할 때 더욱 효과적으로 학교도서관을 활용하기 위해서는 먼저 사서교사가 개별학습과 교실에서 학교도서관의 자료 활용을 장려해야 한다. 그리고 창의적인 프로젝트를 사용하고, 학습 환경을 조성하며, 자료(매체) 이용능력을 기반으로 학습활동을 전개하여야 한다. 또한, 학교도서관에서는 팀티칭을 실시하고, 외부 도서관 자원과 전자자료 등을 활용해야 한다. 묶음 시간표 운영이 학교도서관에 끼치는 긍정적인 영향은 다음과 같다.

① 학교도서관 봉사에 대한 수요가 증가한다.
② 양방향 교수법(interactive teaching methods)과 프로젝트 학습이 늘어난다.
③ 도서의 예약이 증가한다.
④ 학교도서관이 다양하고 폭넓은 영역의 학습활동을 지원한다.
⑤ 학교도서관이 학교 전체의 학습 공간(learning lab)화되는 데 도움이 된다.
⑥ 개별 학생의 학습활동을 도울 기회를 제공한다.
⑦ 전자정보원 탐색을 심도 있게 지도할 수 있는 충분한 시간을 가질 수 있다.
⑧ 묶음 시간표를 지원하기 위해서 도서관을 쇄신하거나 개선할 기회를 가질 수 있다.
⑨ 교실에 D/B와 OPAC 등을 이용할 수 있는 네트워크 설비를 갖출 수 있다.

반면에 묶음 시간표 운영의 부정적인 영향은 다음과 같다.

① 사서교사의 업무량(pace of the day)이 증가한다.
② 묶음 시간표를 작성하는 데 시간이 많이 필요하다.

③ 도서관 경영 업무에 필요한 시간이 부족하다.
④ 묶음 시간표에 참여하고 있는 다양한 교과목에 대해서 봉사하고 있을 때 묶음 시간표에 참여하지 않은 이용자에 대한 봉사가 불가능하다.
⑤ 시간표 운영 변화에 대해서 교사가 불안해할 수 있다.
⑥ 일부 교사는 교과 학습자료에 맞추어 처음부터 학습과제(projects) 선정을 제한한다.
⑦ 학생이 집에서 자료를 더 많이 이용하게 되어 대출 건수가 줄어든다.
⑧ 여가선용 목적의 독서 기회가 줄어든다.
⑨ 도서관 공간 부족 현상이 나타난다.

4.4 혼합 시간표

혼합 시간표는 고정 시간표와 변동 시간표를 조합한 형태로써 중·고등학교에 적합하다. 혼합 시간표가 무엇인지 설명해 주는 몇 가지 시나리오를 살펴보면 다음과 같다.

① 초등학교 1~3학년은 고정 시간표로 지도하고, 4~6학년에게는 변동 시간표를 적용할 수 있다. 정보능력(information skills)이 탐구 단원에 통합된다. 저학년은 일 년 동안 동화책을 읽거나 대출 반납을 중심으로 다양한 도서관 능력(library skills)을 배운다.
② 교사의 도움으로 학년 초 몇 주 동안 고정 시간표를 운영한다.
③ 학생은 사서교사의 도움 없이 대부분 시간을 정규과목 이수에 사용하고, 여분의 예습 시간에 사서교사의 도움을 받는다. 이렇게 하면 사서교사가 시간표를 조정하고 학습 주제를 통합할 수 있으므로 변동 시간표의 개념을 유지할 수 있다.
④ 초등학교 2학년은 매주, 3~6학년은 격주로 준 변동 시간표(semi-flex schedule)를 운영하여 학생에게 더욱 많은 자유 시간을 준다. 이를 통해서 얻을 수 있는 장점은 다음과 같다.

- 독서광인 학생이나 난독증이 있는 학생에게 매주 자유 시간을 제공할 수 있다.
- 교사의 요구에 맞추어 소집단을 지도할 수 있다.
- 학습 전체나 개별 학생의 탐구 활동이 가능하다.
- 특별한 학습 과제를 수행 중인 학생을 지원할 수 있다.
- 꼭 필요한 경우에 한 학급이 일주일에 세 번씩 도서관에서 정해진 시간에 탐구학습을 할 수 있다.

- 저학년 학생이 매주 정해진 시간에 도서관을 이용할 수 있다.
- 저학년 학생은 매주 정해진 시간에 도서를 대출할 수 있다.
- 고학년 학생은 담임교사가 사서교사와 협력하는 것을 전혀 원하지도 않고, 학교도서관 활용수업을 계획하지 않아도 약간의 도서관 이용지도를 받을 수 있다.

4.5 대응 시간표

AASL(2019)이 「학교도서관 시간표 편성에 관한 성명서」(Position Statement on School Library Scheduling)에서 '대응 시간표'(Responsive scheduling)를 제시하면서 교과 교육과정의 요구에 맞는 유연한 시간표 편성이 강조되고 있다. 대응 시간표는 고정 시간표에 따라서 학교도서관에 수업을 예약하는 것이 사서교사와 교과교사의 협력과 공동 교육 기회는 물론 모범 사례 개발을 저해한다는 반성에서 생겨났으며, 학교도서관에 대한 유연하고(flexible), 개방적(open)이며 제한이 없는(unrestricted) 공정한 접근(equitable access)을 강조한다.

AASL(2019)은 이 성명서에서 '대응'(responsive)을 '요구에 따라 변하는 학교도서관 서비스를 제공할 자유를 가지면서 사서교사가 교수자와 학습자의 교육과정 요구를 신속하고 효과적으로 충족시켜 줄 수 있는 상태나 성향'으로 정의하였다. 그리고 대응 시간표를 '정보 탐색 전문가인 사서교사와 주제 전문가인 교사의 지도로 적시에 탐구, 교육, 공학기술 이용을 촉진하기 위해 필요에 따라 학교도서관을 방문할 수 있도록 유연하게 편성한 수업 시간'으로 규정하였다.

또한, 대응 시간표 편성에 필요한 대응 학교도서관(responsive school library)의 기본 요소를 '① 유연하고, 개방적이며 제한이 없는 공정한 접근, ② 요구 기반 학교도서관 및 도서관 자원, ③ 학교도서관 전자정보원에 대한 24시간 접근'으로 제시했다. 따라서 대응 시간표 편성이 성공을 거두기 위해서는 [그림 5-18]에서 처럼 학생의 다양한 수준과 요구에 적합한 학습경험을 제공할 수 있는 교육 공동체 차원의 자원 확보가 필요하며, 전문 인력, 공간 및 예산 마련 방안이 마련되어야 한다.

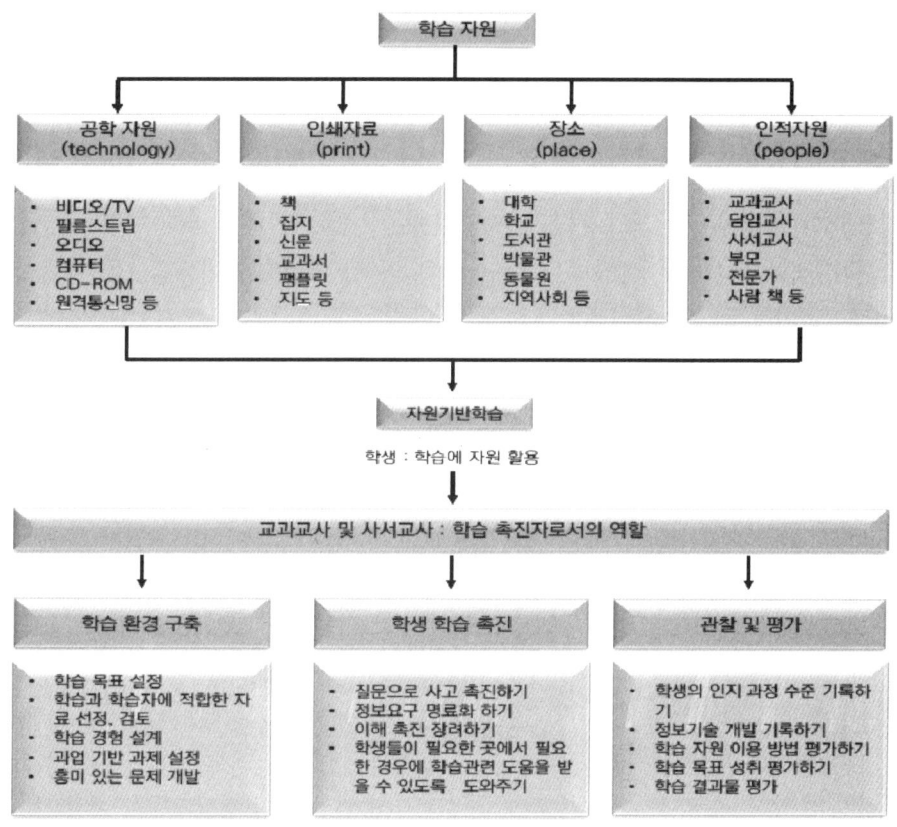

(출처: CSLA, 1997, 52의 내용을 일부 수정함)

[그림 5-18] 학습 자원의 유형과 교수자의 역할

5. 디지털 신기술 기반 학교도서관활용교육

5.1 디지털 신기술과 교육

수준별 맞춤형 교육에 필요한 다양한 학습경험을 물리적 경제적 제약 없이 제공하기 위해 학교 교육에 AI, Big Data, Cloud, AR/VR, 로봇 등 디지털 신기술을 접목한 에듀테크(EduTech) 도입이 활발하다. 에듀테크 활용 교육의 특징은 실감화(Realization), 연결화(Connection), 지능화(Intellctualization), 융합화(Convergence) 등이며, 코로나 팬데믹으로 인한 대면 교육의 공백을 대신하면서 발전하였다. 디지털 콘텐츠와 모바일 환경에 익숙한 Z세대는 다양한 스마트 기기와 새로운 에듀테크를 거부감 없이 활용하여 자기주도학습을 수행한다(양경화, 2023).

학교 교육에서 활용되는 에듀테크 서비스는 AI형 전자교과서를 비롯해 교수-수업자료 탐색 서비스, 온오프라인 평가 및 퀴즈 서비스, 온라인 수업 환경 제공 서비스, 온라인 강의 저작도구, 과목별 부가적으로 사용할 수 있는 온오프라인 교구 등이 있다. 교육부와 한국교육학술정보원(2023)은 「에듀테크 수업 활용 가이드북」에서 에듀테크를 학습 콘텐츠, 소통, 창작, 관리로 범주화하였다.

〈표 5-30〉 에듀테크 유형

대분류	중분류	소분류
학습 콘텐츠	교수학습 지원	수업 지원
		학습 지원
	자기주도학습	실감형 콘텐츠
		SW 교육
		AI 교육
소통	영상 활용	화상수업
	텍스트 활용	마인드맵
		실시간 협업
창작	자료 제작	저작도구
	영상 제작	영상 제작
관리	학급 운영	과제 관리
		일정 관리
		구성원 관리
	평가	교사 피드백
		AI 피드백

(출처: 교육부, 한국교육학술정보원, 2023, 10의 내용을 도표로 정리함)

에듀테크 기반 교육에서 학교는 온오프라인 연계를 통해 교수-학습 영역을 확장할 수 있는 환경을 조성하고, 학생을 교육의 핵심 주체로 인식할 필요가 있다. 그리고 교사의 역할은 단순한 지식의 전달자가 아니라 학습 촉진자, 학습경험 설계자로 변해야 한다. 교수-학습 방법도 맞춤형 학습, 몰입학습 그리고 다양한 온라인 학습이 도입될 것이다. 에듀테크 등 공학기술(technology) 기반 학습을 위해서는 다음 〈표 5-31〉에서 보는 바와 같이 학습 방법에 필요한 적절한 학습 환경을 갖추어야 한다.

〈표 5-31〉 공학기술 기반 학습 방법과 학습 환경

학습 방법	학습 환경
디퍼 러닝 (Deeper Learning)	• 온라인 정보검색 공간 • 관련 자료 비치 공간 • 발표할 수 있는 공간 • 개별학습 또는 소그룹 학습이 가능한 공간 • 제작 및 거치 공간 • 전시 공간
플립러닝 (Flipped Learning)	• 온라인 개별학습 공간 : 무선 인터넷 연결 공간, 개별학습 공간 • 오프라인 협력적 지식 구성 공간 : 온라인 정보검색 공간, 관련 자료 비치 공간, 발표 공간, 다양한 규모의 그룹 활동 공간, 제작 및 거치 공간, 전시 공간
협력학습	• 다양한 규모의 그룹 학습이 가능한 공간 • 일대일 동료 학습이 가능한 공간 • 토의·토론 좌석 배치가 가능한 공간 • 발표할 수 있는 공간 • 다양한 유형의 공간구성 요구
다양한 온라인 학습활동	• 무선 인터넷 연결 공간 • 온라인 정보검색 공간 • 다양한 규모의 학습공간 • (E-스포츠) 인터넷이 연결된 수행 공간과 각종 필요 기구 및 장비 보관 공간
몰입학습	• 학습의 내용으로서의 교실(space as content), 즉 공간 자체가 학습 대상이 되는 공간으로의 구성 요구 • XR(Extended Reality) 테크놀로지가 제시하는 시뮬레이션 상황 속에서 학습자가 탐구 활동에 몰입하도록 스크린이 바닥과 벽 등에 내재 되어 있는 환경 구축 • 또는 XR 테크놀로지 글라스의 진화와 발전에 따라 수행 기반 학습이나 놀이학습을 위한 공간으로 구성
맞춤형 학습	• 온라인 공간과 물리적 공간을 연계하여 테크놀로지를 기반으로 학습하는 유연한 학습 환경으로의 변화 요구 • 학생이 자신의 기기(device)를 가지고 학교의 모든 공간에서 무선 인터넷에 연결이 가능한 학교 환경 • 무선 인터넷이 연결된 공간 • 개별학습 공간 • 각종 전자기기 거치 및 충전 공간

(출처: 교육부, 17개 시도교육청, 한국교육시설안전원, 2021의 내용을 정리함)

교육부(2023)는 「디지털 기반 교육 혁신 방안」에서 디지털 기술 활용 교수-학습 모델을 '기본모형, 예습모형, 복습모형, 집중 케어 모형'으로 제시하였다. 기본모형은 사전 활동을 통해 학생의 수준을 파악하고 그에 적합한 학생 중심 활동을 부여함으로써 능동적인 학습을 유도하는 모형이다. 예습모형은 수업 전 진단평가를 진행하여 학생의 수준을 파악해 학습 내용을 전달하고 일반적인 수업 평가 방식을 활용해 성취도를 평가하는 것이다. 복습모형은 교실 학습 후 진단평가를 통해 학생의 학습 이해 수준을 점검하고 필요시 개별적 혹은 교사의 지도하에 복습하여 학습 주제에 대한 완전 학습을 지원하는 것이다. 그리고 집중 케어 모형은 학습 부진 학생, 취약 계층 학생 등의 학습 수준 진단 후 온라인 보충 학습, 튜터링 등을 제공해 학습 이해도를 제고(提高)하는 것이다.

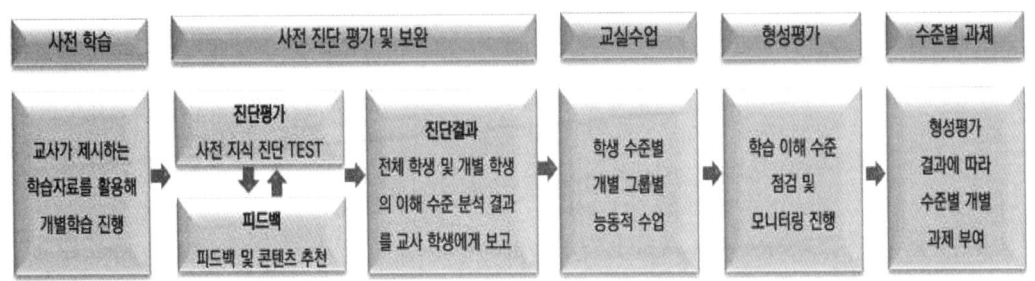

(출처: 교육부, 2023, 15)

[그림 5-19] 디지털 신기술 활용 교수-학습 기본모형

이 모형들의 특징은 플립러닝(Flipped Learning)을 기반으로 개별 학생에 대한 맞춤형 학습에 초점을 두고 있으며, 수업을 대면 수업(In-Class) 중심에서 사전 학습(Pre-Class), 추가 학습(사후 학습: Post-Class) 등으로 확대했다는 것이다. 또한, 공정한 학습기회 제공과 수업 방법 개선을 통해 학생의 자발적 수업 참여를 유도하고, 학업성취도 향상 및 독서 능력, 탐구능력, 정보활용능력 등 자기주도 학습능력 신장과 교사와 학생 간 신뢰 형성을 도모하고 있다. 초등학교 과학 교과의 탐구기반학습에서 에듀테크를 활용한 사례를 살펴보면 다음 〈표 5-32〉와 같다.

〈표 5-32〉 에듀테크를 활용한 초등 과학 탐구기반학습(예)

단계	에듀테크 및 ICT 도구	활용 방법
문제 인식	유튜브 영상	• 학습 내용에 대한 이해 및 동기부여
	인터넷 교수-학습자료	• 학습 내용에 대한 이해
	e 학습센터, 구글 클래스룸	• 학습 내용과 관련된 자료 제공
	디지털 교과서	• 학습 내용과 관련된 교과서 및 자료 읽기
	구글 문서	• 학습 내용과 관련된 이해 내용 인식에 대한 평가
자료수집	검색엔진	• 실험에 대한 준비 과정 및 자료 조사
	패들렛	• 실험에 대한 자료 조사 내용 공유

단계	에듀테크 및 ICT 도구	활용 방법
가설 설정	구글 문서	• 실험 계획서 또는 관찰 계획서 작성
	오토드로우	• 관찰 예상 결과 그림으로 표현
	구글 클래스룸, e 학습센터	• 관찰 계획서 공유
	패들렛	• 탐구학습을 위한 준비 과정 공유 및 아이디어 공유
실험 및 탐구학습 실행	키네마스터	• 관찰 또는 실험 과정을 영상으로 찍어서 편집
	실감형 콘텐츠 및 AR 마커, 가상현실, 구글 어스, 어스 3D, 홀로그램, VR	• 관찰 대상 심층 탐구, 가상의 세계로 관찰, 경험적 콘텐츠를 활용한 관찰 및 실험 등
	스마트 화분	• 직접 씨앗을 심고 센서를 통해 데이터 수집
	스마트 앱	• 데이터 수집, 측정, 분석 결과 제시
	과학 놀이터	• 다양한 과학 놀이 실험의 준비 및 결과 작성을 위한 템플릿 제공
	미세먼지 측정 오픈 API	• 미세먼지 데이터 수집 및 분석을 위해 API 이용
	챗봇(암석 분류 봇)	• 질의응답을 통한 탐구 활동
일반화 및 공유	구글 문서	• 관찰 기록 작성
	구글 프레젠테이션	• 실험 결과 발표
	오토드로우	• 자신이 관찰한 내용을 그림으로 표현
	구글 클래스룸	• 실험 결과 및 관찰에 대한 결과 공유
평가	카훗, 퀴즈N	• 실험을 바탕으로 학습 내용 평가 및 정리
	엔티미터	• 동료 평가

(출처: 한국교육학술정보원, 2022, 40-43의 내용을 종합함)

5.2 디지털 신기술 기반 학교도서관활용교육 설계 모형

디지털 신기술 기반 교육환경에서 학교도서관이 교수-학습을 지원하고 개선하기 위해서는 자원에 대한 접근성을 강화하고, 학습자 중심의 디퍼 러닝(Deeper Learning)에 필요한 환경을 구축할 필요가 있다. 특히, 에듀테크 도입이 수업의 경계를 확장했다는 점에서 새로운 학교도서관활용교육 설계 모형이 필요하다(송기호, 2024).

국가도서관위원회와 문화체육관광부의 지원으로 개발한 디지털 신기술 기반 학교도서관활용교육 설계 모형(송기호 외, 2023)은 ADDIE 모형을 기준으로 전문가 집단(교수, 교사, 에듀테크 전문가 등)이 에듀테크 기반 학교도서관활용교육 설계 과정에서 추가/수정할 단계, 단계별 수행할 일 그리고 설계, 개발, 운영 단계에 포함할 학습활동에 대해 기술한 내용을 정리한 결과(표 5-33 참조)를 반영하였다. 추가하거나 수정할 단계에 대한 의견은 없었고 단계별로 수행해야 할 일에 대한 의견을 살펴보면, 분석 단계에서는 학습자 및 교수자의 에듀테크 수용성 및 도서관 환경 분석이 사전에 이루어져야 한다는 점을 강조하였다. 설계 단계에서는 통합 학습주제 개발, 학습목표 설정, 평가계획 및 학습전략 수립이 이루어져야 하고, 개발 단계에서는 학습주제 관련 에듀테크 및 학습자료 선정이 필요하다는 의견이었다. 그리고 운영 단계에서는 상호작용 기반 수업 운영 및 평가(수업 평가, 과정 평가, 결과 평가)가 이루어져야 하며, 마지막 평가 단계에서는 학교도서관활용교육 참여 교사의 에듀테크 활용수업에 대한 효율성 및 적설성 파악 및 개선사항 정리가 필요하다는 의견이었다. 특히, 개발, 운영, 평가 단계에 포함할 학습활동에 대한 의견은 학생 수준별 학습주제 세분화 및 주제 관련 자료 소개를 위한 정보 파악, 학습주제 관련 자료수집 및 활용을 통한 과제 해결과 발표, 학습 결과 성찰 및 환류 등 탐구 활동 요소를 포함하는 것이었다.

〈표 5-33〉 디지털 신기술 기반 학교도서관활용교육 설계 모형 개발 전문가 의견(종합)

ADDIE 교수설계 모형	수행할 일	비고	
분석 단계 (Analysis)	• 수업 환경 분석(도서관 네트워크 확인) • 교수자 분석(에듀테크 활용 능력) • 학습자 분석(에듀테크 적용 능력) • 에듀테크 요구 분석	• 에듀테크 적응 시간을 고려한 교수-학습 전 단계에 충분한 시간 배정(교수자와 학습자의 셀프 모니터링 포함) • 학습자-학습자료 간 상호작용 중요	
설계 단계 (Design)	• 통합 학습주제 개발 • 에듀테크 사용 학습 목표 명세화 • 에듀테크 사용 평가계획 수립 • 에듀테크를 활용한 학습전략 수립	• 에듀테크 사용이 학습 목표 달성을 위한 도구인가? 아니면 에듀테크 사용 기술이 학습 목표 달성의 한 요소인가? 설정	[학습활동] • 학생 수준별 학습주제 세분화 및 주제 관련 자료 소개를 위한 정보 파악 • 학습주제 관련 자료수집 및 활용을 통한 과제 해결과 발표 • 학습 결과 성찰 및 환류
개발 단계 (Development)	• 에듀테크 및 학습자료 선정 • 수업지도안 작성		
운영 단계 (Implementation)	• 에듀테크 사용 협동수업 운영 • 에듀테크 적용 학습 멘토 지정 운영 • 수업 평가 : 과정 평가, 결과 평가	• 상호작용 촉진	
평가 단계 (Evaluation)	• 에듀테크의 (비)효과적 부분 파악 및 개선사항 정리 • 에듀테크의 적절성 평가	• 학교도서관활용교육 참여 교사	

(출처: 송기호 외 2023, 190-193의 내용을 정리함)

에듀테크 기반 학교도서관활용교육 설계 모형(안)의 특징은 다음과 같다.

첫째, 4단계 모형이다. ADDIE 모형을 따르되, 설계 단계의 (통합)학습주제 개발과 이를 반영한 에듀테크 및 학습자료 선정 그리고 수업지도안 작성이 밀접한 연계성을 갖는다는 점에서 설계와 개발 단계를 '사전 학습 및 개발 단계'로 통합하였다. 그리고 수업 운영 단계에 형성평가 활동을 두는 대신 평가 단계의 내용을 총괄평가 대신 학생과 교사의 학교도서관활용교육에 대한 만족도 평가와 성과 확산 및 공유로 설정하였다. 이는 일반 교과와 달리 학교도서관활용교육이 독립된 교육과정보다는 교과 연계를 통해 진행된다는 점을 고려한 것이다. 이를 통해 분석 단계, 사전 학습 및 개발 단계, 수업 운영 단계, 협동수업 평가 단계로 구성된 교수설계 모형을 마련하였다.

둘째, 플립러닝의 요소를 담고 있어서 학습 경계 및 협동의 확장이 가능하다. 에듀테크가 시공간을 초월하여 개별 맞춤형 교육 활동을 지원한다는 점을 고려하여 학습자 분석(분석 단계)을 통한 사전 학습(사전 학습 및 개발 단계), 대면 학습 및 형성평가를 통한 추가 학습(수업 운영 단계)을 포함하여 대면수업 중심에서 벗어나 학습의 경계를 확장하였다. 이를 통해 도서관 자료의 이용을 확대하고, 사서교사와 교과교사의 협동이 모든 학습 단계에 걸쳐서 이루어지거나 각 학습 단계를 선택하거나 각 단계를 묶어서 진행되도록 함으로써 교육과정과의 연계성을 확대할 수 있도록 했다. 이는 2022 개정 교육과정이 교사나 학교 수준의 학습자 맞춤형 교육과정 운영을 강화하고 있는 상황에서 사서교사의 독립 교육과정 편성 및 운영 기회가 확대될 것을 고려한 것이다.

셋째, 백워드 모형의 요소를 담고 있다. 사전 학습 및 개발 단계에서 통합 학습주제 개발과 평가계획(성취 수준)을 미리 수립하는 백워드 모형의 요소를 반영함으로써 학생 맞춤형 자료 개발이 이루어지도록 하였다.

넷째, 탐구기반학습 요소를 포함하고 있다. 학교도서관활용교육을 통해서 자기주도 학습능력을 신장할 수 있도록 탐구기반학습(IFLA, 2016)의 내용 요소를 각 단계에 반영하였다. 우선, 설계 단계에서 실시한 학습자 분석(자기주도 학습능력, 정보요구/흥미)을 바탕으로 사전 학습 및 개발 단계의 사전 학습 과정에서 수준별 학습 콘텐츠(자료)를 활용한 배경지식 형성 및 탐구 주제 만들기 활동을 제시하여 탐구기반학습의 계획과 정보 접근 및 수집 단계를 반영했다. 이어서 수업 운영 단계의 대면 학습 과정에서 정보분석 및 탐구 주제 적용을 통해서 탐구기반학습의 정보 선택 및 조직과 정보처리를 통한 개인 지식 형성이 이루어지도록 했다. 그리고 수업 운영 단계의 형성평가 과정에서 탐구기반학습의 표현과 공유 및 평가를 포함하였다.

다섯째, 교수 모형 단계별 독서로의 활용 방안을 담고 있다. 독서로가 제공하는 DLS(자료검색)와 추천 도서 그리고 독후활동 메뉴를 활용할 수 있는 방안을 제시하였다.

이상의 특징을 반영한 디지털 신기술 기반 학교도서관활용교육 설계 모형의 내용 요소를 정리하면 다음과 같다.

첫째, 분석 단계에서는 ① (통합) 학습주제 선정, ② 교수자 분석(협동수업 참여 교과 및 학년, 협동수업 시간, 협동 수준), ③ 도서관 수업 환경 분석(물리적 수업 환경, 도서관 자료 및 에듀테크), ④ 학습자 분석(자기주도 학습능력, 정보요구)이 이루어진다.

둘째, 사전 학습 및 개발 단계에서는 ⑤ 사전 진단 및 피드백(학습자 분석 연계), ⑥ 사전 학습(수준별 학습 콘텐츠 활용, 배경지식 형성, 탐구 주제 만들기), ⑦ 수업지도안 및 학습지 개발이 진행된다.

셋째, 수업 운영 단계에서는 ⑧ 대면 학습(수업 안내, 탐구 활동, 형성평가), ⑨ 추가 학습(학습주제 안내, 학습자료 안내)을 실시한다.

넷째, 협동수업 평가 단계에서는 ⑩ 학생 및 교사 평가(만족도 분석 및 개선 방안 마련), ⑪ 성과 확산 및 공유가 이루어진다. 이상에서 살펴본 이들 11가지 구성 요소를 체제이론에 따른 디지털 신기술 기반 학교도서관활용교육 설계 모형으로 정리하면 다음 [그림 5-20]과 같다.

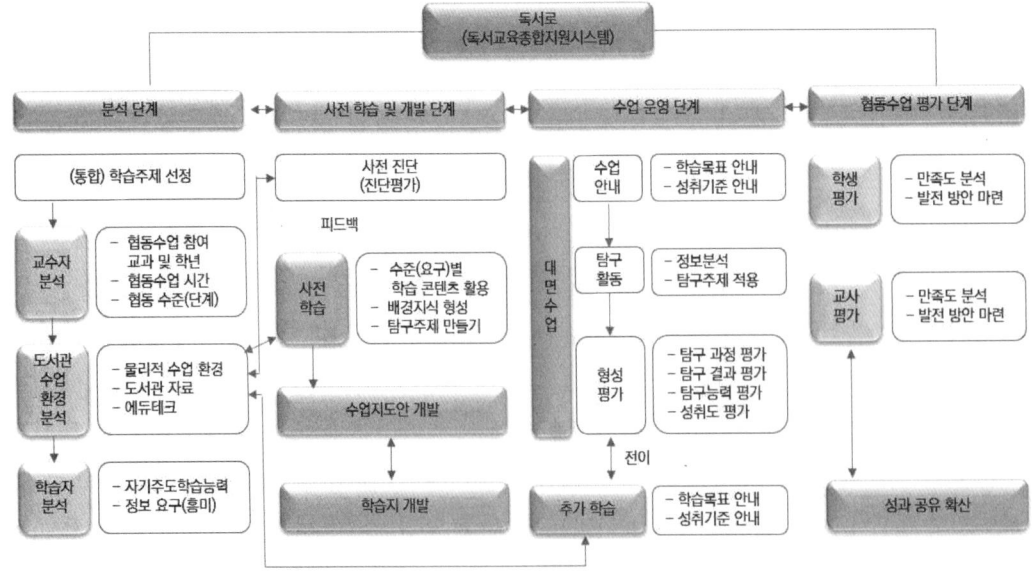

(출처: 송기호 등, 2023, 190; 송기호, 2024, 44)

[그림 5-20] 디지털 신기술 기반 학교도서관활용교육 설계 모형

디지털 신기술 기반 학교도서관활용교육 설계 시 고려할 사항은 다음과 같다.

〈표 5-34〉 디지털 신기술 기반 학교도서관활용교육 설계 시 고려할 사항

- 디지털 신기술 활용을 위한 학교도서관 환경을 조성해야 한다.
- 학습의 확장 : 사전 학습 - 대면 학습 - 추가 학습을 통한 맞춤형 교육을 실시한다.
- 독서로를 활용한다.
- 사서교사의 단독수업 기회 확장(창의적 체험활동, 자유학기제, 고교학점제)을 고려한 학습 단계별 협동수업을 수행한다.
  - ☞ ① 사전 학습 - 대면 학습 - 추가 학습에 걸친 협동수업
  - ② 사전 학습 - 대면 학습 단계에서 협동수업
  - ③ 추가 학습 단계에서 협동수업
- 수업 후 수업 참여 교사 및 학생의 학교도서관활용교육 만족도 평가를 실시한다.
- 탐구기반학습 : 학교도서관이 제공하는 다양한 자료(학습 콘텐츠)를 활용하여 새로운 지식을 형성하고 평가할 수 있는 탐구 기반(배경지식 형성 및 탐구 주제 선정(계획, 정보 접근 및 수집) - 탐구 활동(정보 선택 및 조직, 지식 형성) - 평가) 수업을 설계한다.

(출처: 송기호 외, 2023, 370)

디지털 신기술 기반 학교도서관활용교육의 통합 교육과정 성격은 다음과 같다.

〈표 5-35〉 디지털 신기술 기반 학교도서관활용교육의 통합 교육과정 성격

① 배경 학문 연계 정도 측면
- 다학문적 통합 : 인구문제나 환경문제 등과 같은 학습 주제의 해결에 개념, 절차, 방법을 달리하는 여러 학문이 동시에 참여하는 방법
- 간학문적 통합 : 개념, 방법, 절차를 중심으로 두 개 이상의 학문을 연결하거나 재구성하는 방법

② 개별 교과의 연계 정도 측면
- 기여적 통합 : 개별 교과가 지닌 공통 요소(개념, 원리, 방법)를 상호 관련짓는 방법
- 융합적 통합 : 연결 원칙, 공통 문제, 상호 관심 영역을 기반으로 하는 통합
- 기능적 통합 : 개인의 흥미와 사회적 요구에 따라서 제기된 문제를 관련 개념이나 자료를 종합적으로 활용하고 표현하는 과정 중심 교육과정

③ 개발 주체 측면
- 학교 및 교사 수준의 통합 : 학교의 필요나 교사의 재량으로 교육과정을 재구성하거나 범교과 학습을 위한 재량활동 교육과정을 개발하는 방식

(출처: 송기호 외, 2023, 371)

이 모형을 적용한 교수설계 과정별 활동 내용은 다음과 같다(송기호 외, 2023).

① (통합) 학습주제 선정

○ 통합 학습주제(교과 융합형 학습주제) 개발

사서교사	( )교과	( )교과	( )교과	( )교과
통합 학습주제					

유형별 통합 학습주제(교과 융합형 학습주제) 개발 방법

① 계열형 : (문학 교사): 역사소설 읽기 지도 + (역사 교사): 소설의 배경이 되는 역사적 시기 지도
② 공유형 : (사회 교사): 현장 학습 지도 + (국어교사): 답사 기행문 쓰기 지도 = 현장 답사 보고서 쓰기를 두 교사가 함께 지도함
③ 거미줄형 : (학습 주제): 우리 고장의 환경
　(사회 교사) : 환경오염 실태 + (국어 교사): 환경오염 예방 글쓰기 + 미술 교사 : 환경오염 예방 포스터 그리기 함께 지도
④ 실로꿴형 : (학습 주제): 사고기능 중 원인과 결과
　국어, 사회, 과학 교과에서 원인과 결과에 해당하는 단원이나 제재를 선택하여 통합지도
⑤ 통합형 : 통합 대상이 되는 교과들을 혼합하는 방법으로 각 교과에서 중복적으로 다루는 기본적인 요소(기능, 개념, 태도)를 추출해서 통합 단원을 구성함

(출처: Forgarty, 1998, 41-89)

○ 범교과 학습주제

국가 수준 교육과정의 범교과 학습주제

- 국가 및 사회적으로 요구되는 학습 내용이자, 여러 교과의 경계를 가로지르는 종합적이고 통합적인 학습 주제
- 범교과 학습 주제(10개) : 안전·건강 교육, 인성 교육, 진로 교육, 민주시민 교육, 인권 교육, 다문화 교육, 통일 교육, 독도 교육, 경제·금융 교육, 환경·지속가능발전 교육
- 국가 수준의 교육과정에 포함하여 교과와 창의적 체험활동 등 학교 교육 활동 전반에 걸쳐 다루도록 하고 있음
- 학교의 실정에 따라 다양하고 특색있는 운영과 각 교과 내에서 통합적으로 지도할 것을 권장함

	※ 독서로 활용
독서로	• (DLS) 공지/추천 도서 내 교사 추천 도서 메뉴는 교과 학습, 수행평가 대상 도서 대상일 가능성이 높으므로 범교과 학습주제에 참고할 수 있음 • (독서) 커뮤니티 메뉴의 주요 독후활동은 교과 학습, 수행평가 등에서 수행되는 교육 활동이므로 범교과 학습주제에 참고할 수 있음 • (독서) 추천 독후활동 메뉴의 추천 독후활동은 단위 학교에서 활발하게 이루어지는 교육 활동 유형임을 참고해 범교과 학습주제로 이어질 수 있는 대면 학습 방법으로 확대될 수 있음

② 교수자 분석(파트너십 형성)

참여 교과	참여 학년	참여 학급	시간	협동 수준(단계) (사전 - 대면 - 추가 학습)

※ 에듀테크 및 독서로 활용	
에듀테크	• 소통 도구는 범교과 학습주제 선정, 수업 교육과정 협의 등 대면 소통을 대신할 수 있는 에듀테크임. 기존 에듀테크 내 소통 도구 이외에 학내 메신저를 활용할 수 있음
독서로	• (DLS) 협력 교수자의 학교도서관활용교육 경험 여부와 DLS 내 자료 대출 상황 등은 파트너십 형성 가능성을 판단할 수 있는 주요 지표가 될 수 있음 • (독서) 커뮤니티 메뉴의 주요 독후활동은 교수자의 독후활동 개설, 운영 등을 파악해 협동수업과 다양한 교수학습 활동 등에 대한 관심을 판단할 주요 지표가 될 수 있음

③ 도서관 수업 환경 분석

○ 공간(시설, 설비) 분석

분석 내용	분석 결과		확보 방안
	확보	미확보	
• 온라인 개별학습 또는 모둠학습 공간			
• 대집단 학습공간(learning commons)			
• 제작 공간(maker space)			
• 전시 공간			
• 토의 토론 좌석 배치가 가능한 공간			

분석 내용	분석 결과		확보 방안
	확보	미확보	
• 온라인 정보검색 공간			
• 학습 도구 및 제작물 보관 공간			
• 전자기기 충전 공간			

(※ 확보 방안 : 임대, 상호대차, 제작 등)

○ 자료 분석

• 수준별 자료

수준	분석 내용			비고
	사전 학습용 (배경지식 형성)	대면 학습용 (탐구 활동)	추가 학습용 (전이)	
A				
B				
C				
D				
E				

• 정보요구(흥미)별 자료

흥미 (요구)	분석 내용			비고
	사전 학습용 (배경지식 형성)	대면 학습용 (탐구 활동)	추가 학습용 (전이)	

※ 독서로 활용	
독서로	• (DLS) 공지/추천 도서 내 교사 추천 도서 메뉴는 교과 학습, 수행평가 대상 도서 대상일 가능성이 높으므로 자료 선정에 참고할 수 있음 • (독서) 커뮤니티 메뉴의 주요 독후활동은 교수자가 교과 학습, 수행평가 등을 위하여 운영하며 독서토론 등 수행하는 교육 활동 주제에 부합하는 자료를 선정할 수 있음

제5장 협동수업 기반 학교도서관활용교육

○ 수업 활용 디지털 신기술(에듀테크) 분석

유형		에듀테크 사례	사전 학습 (배경지식 형성)	대면 학습	추가 학습
학습 콘텐츠	언어	번역 SW			
	AI	chat GPT, bard			
	수업 지원	유튜브			
소통	실시간 협업	줌, meets			
	메타버스	zep, 게더타운			
	텍스트 협업	패들렛, 멘티미터			
창작	자료 제작	미리캔버스, Canva			
	Office 도구	slides, sheets, docs			
관리	과제관리	클래스룸, 팀즈			
평가	퀴즈	forms, 카훗, 퀴즈앤, 띵커벨			

Tip! 에듀테크의 빠른 기능 개선 속도는 어느 특정 유형으로 일대일 대응이 되지 않을 수 있음. 초기 패들렛은 단순 텍스트 게시 수준의 협업 도구였지만 다양한 링크 설정, 멀티미디어 요인의 추가 등 기능이 확대됨에 따라 소통 도구에서 학습 콘텐츠 도구, 창작 도구 등으로 다양한 영역 설정이 가능해짐

○ 교수 모형 단계별 독서로 활용 방안

교수-학습활동	독서로	
	DLS - 사서교사 이용 (시스템상 경로)	독서로 * (시스템상 경로)
① (통합) 학습주제 선정		
② 협동수업(참여 교과, 학년, 시간) 분석	• 학교도서관활용교육 빈도와 에듀테크 도구 사용 유무 확인(공지·추천도서/학교도서관활용수업/리스트 보기)	
③ 도서관 교육 환경(공간, 자료, 에듀테크) 분석	• 자료 검색을 통해 자료 소장 유무 확인(소장 자료관리/통합관리/ 검색)	
④ 학습자 분석	• 학습자별 대출 이력 확인(대출 반납/이름 입력/ 확인/대출 이력/기간 설정/검색)	• 학습자의 대상 독서 자료 이해 수준 파악(독후활동/밸런스 게임) • 학습주제에 대한 배경지식, 생각 등 파악(독후활동/독서토론방)
⑤ 사전 진단 및 피드백	• 대출 이력 확인(대출 반납/이름 입력/확인/대출 이력/기간 설정/검색)	• 사전 진단 등 사전 학습 수준을 위한 독서퀴즈(독후활동/독서퀴즈대회)

⑥ 사전 학습	• 자료 검색 후 주제 독서(소장 자료관리/통합관리/ 검색)	• 수업 준비, 모둠 구성 등 소통을 위한 독서동아리(독후활동/독서동아리)
⑦ 지도안 및 학습지 개발		
⑧ 수업 안내		• 다양한 독후활동의 운영 지원(독후활동/학생 독후활동)
⑨ 탐구 활동	• 자료 검색 후 탐구 활동(소장 자료관리/통합관리/검색)	
⑩ 형성평가		• 사전 진단 등 사전 학습 수준을 위한 독서퀴즈대회(독후활동/ 독서퀴즈대회)
⑪ 추가 학습	• 학습자 수준에 맞는 읽기 자료 제시 (소장 자료관리/통합관리/검색)	• 다양한 독후활동의 운영 지원(독후활동/학생 독후활동)
⑫ 도서관활용교육 만족도 평가		
⑬ 성과 공유 및 확산		

* 2024년 개통한 독서로를 기반으로 제안함(분석: 광주대학교 노지윤 교수)

④ 학습자 분석 및 사전 진단(진단평가)

○ 학습자 분석을 위한 사전 진단 도구

학습자 분석 영역	학습자 분석 내용	비고
다중지능	• 언어지능, 논리·수학 지능, 공간지능, 신체운동지능, 음악지능, 인간친화지능, 자기성찰 지능, 자연 친화 지능, 실존적 지능 영역별 질문지 평가	
독서 흥미 발달단계 측정	• 학교급별(초등 저, 중, 고, 중등, 고등) 독서 흥미 발달 단계 상 특징 제시, 단계별 독서 활동 및 전략 내용과 비교	
학교도서관활용교육의 영향력 평가	• 초등(수업 종료 후 면담)과 중등(수업 전·중·후 질문지 작성)을 구분한 영향력 평가 방법 제시	
핵심역량 평가	• 자기관리역량, 지식정보처리 역량, 창의적 사고역량, 심미적 감성 역량, 협력적 소통 역량, 공동체 역량 등 6개 영역에 대한 질문지 평가	
정보활용능력 평가	• 과제 분석, 정보 접근, 정보분석, 정보 종합 및 표현, 평가, 정보 윤리 등 6개 영역에 대한 질문지 평가	

○ 학습자 분석의 범주와 알아야 할 주요 정보

범주	알아야 할 정보
출발점 행동	• 수업 전에 학습자들이 학습 목표와 관련된 특정 기능을 습득한 상태인가?
주제에 대한 사전지식	• 학생이 앞으로 배우게 될 주제에 대해 이미 무엇을 알고 있는가?
학습 내용과 전달 체제에 대한 태도	• 수업에서 다루게 될 내용에 대한 학습자의 사전 경험과 지식, 태도는 어떠한가? • 수업 방법에 대해서 학습자는 어떤 기대를 갖고 있는가? → 학습자는 사전 이해를 기초로 하여 새로운 지식을 구성함
학습 동기	• Keller의 ARCS(Attention, Relevance, Confidence, Satisfaction)모델 이용 - 이 수업의 목적이 얼마나 적절한가? - 학습 목표의 어떤 측면이 가장 흥미로운가? - 학습 목표 달성에 얼마나 자신감이 있는가? - 학습 목표를 성취한다면 얼마나 만족할 것 같은가? → 교사들이 성공적인 교수의 가장 중요한 요인으로 인식하고 있음
교육 수준과 지적 능력	• 학생의 성취 수준과 일반적인 능력은 무엇인가? → 학습자가 이미 경험한 교수 경험의 종류와 새롭고 다른 교수 접근에 대한 학습자들의 대처 능력에 대한 정보를 얻을 수 있음
일반적인 학습 선호도	• 학습자의 학습능력이나 선호도, 새로운 학습 방법을 탐색하려는 의지는? • 학습자가 어떤 수업 방법에 익숙하고, 성공적이었는가?
교수기관에 대한 태도	• 교수를 제공하는 기관에 대한 학습자들의 태도는? • 관리 방식이나 동료들에 대해 건설적이고, 긍정적인 시각을 가지고 있는가? • 또는 교수자의 지도력이나 능력에 대해 냉소적인 태도를 가지고 있는가?
집단 특성	• 학습자들의 다양성 • 학습자 집단의 크기 • 학습자들에 대한 일반적인 인상 → 학습자들이 무엇을 알고 어떻게 느끼고 있는지를 알아내기 위한 상호작용이 필요함

○ 학습자 분석(진단평가) 활동지

분석 영역	☐ 다중지능	☐ 독서 흥미	☐ 도서관활용교육의 영향력
	☐ 학습자 미래 역량	☐ 정보활용능력	☐ 기타 ( )
분석 방법	☐ 소통 도구	☐ 평가 도구	☐ 기타 ( )
학생명	학습자 분석 내용		

● 학습자 분석 결과는 학습주제에 대한 배경지식 형성에 필요한 자료(학습 콘텐츠)의 제공 및 모둠 구성에 활용할 수 있음

※ 에듀테크 및 독서로 활용	
에듀테크	• 학습자 분석의 평가 문항은 평가 도구(forms, 퀴즈앤 등)의 문항 기입 작성을 통하여 온라인으로 사용할 수 있음
독서로	• (DLS) 통계 메뉴의 이용 현황(대출, 활용, 게시물 등)은 학습자의 도서관 자료 이용 수준 파악을 위한 간접 진단평가 방법이 될 수 있음 • (DLS) 공지/추천 도서 메뉴의 교사 추천 도서에 대한 학습자의 대출 또는 활동 여부 파악은 학습자의 이용 수준 파악을 위한 간접 진단평가의 방법이 될 수 있음 • (독서) 커뮤니티 메뉴의 주요 독후활동은 학습자/학급의 참여, 커뮤니티 개설 현황 등을 파악해 사전 교육 활동 참여 수준을 확인할 수 있음

⑤ 사전 학습

○ 배경지식을 활용한 탐구 주제 만들기

• 탐구 주제 만들기

개별학습 주제	모둠학습 주제	공통 학습 주제

● 사전 학습은 대면 수업 활동의 이해를 돕기 위한 에듀테크(콘텐츠 도구 등)를 미리 제공함으로써 자발적인 학습을 이룰 수 있음

※ 에듀테크 및 독서로 활용	
에듀테크	• 콘텐츠 도구(유튜브 등)는 학습자 분석 이후 학습 주제 내용 보완을 위한 사전 학습 보완, 강화 등을 위한 도구로 사용할 수 있음 • 소통 도구(메타버스)는 콘텐츠 도구의 온라인 제시 등과 결합하여 학습자의 흥미와 관심을 유도할 수 있음
독서로	• (DLS) 공지/추천 도서 메뉴의 교사 추천 도서는 학습자 분석 이후 학습 주제 내용 보완을 위한 참고자료로 활용할 수 있음 • (독서) 커뮤니티 메뉴의 우리 학교 독서토론방은 대면 수업 이전 배경지식 점검 등과 같은 사전 학습의 공간으로 활용할 수 있음

⑥ 수업지도안 및 학습지 개발

수업지도안 작성 시 유의사항

- 교수-학습 목표와 성취 기준을 분명하게 기술한다.
- 수업 시간을 고려하여 적절한 분량을 선택한다.
- 도서관이나 인터넷, 지역사회를 통해서 구할 수 다양한 자료를 활용한다.
- 학생의 선행학습, 배경지식 수준을 파악하고 흥미와 요구를 고려한다.
- 학습자의 개인차를 적절히 고려하여 교수 방법 및 과제를 선택한다.
- 선행학습과의 연계뿐만 아니라 타 교과, 추가 학습과의 관련성을 고려한다.
- 교수·학습활동을 고려하여 시간 배분을 적절히 하고, 예상치 못한 사태에 대비할 수 있도록 시간적인 융통성을 갖는다.
- 학습목표 달성 정도에 대한 적절한 평가 방법을 계획한다.

【수업지도안 양식】

참여학급		학습 방법	개별학습	
학습 주제				
수업시간			모둠학습	

사전 학습

배경지식 형성을 위한 도서관 자료 및 에듀테크	
도서관 자료	에듀테크
배경지식 형성	

수준별 (요구별) 탐구 주제	○ ○ ○ ○

대면 학습

학습 목표	
성취 기준	A
	B
	C

수업 운영		활동 내용	지도상 유의사항	도서관 자료 및 에듀테크
수업 안내 ( )분		○ 학습 목표 안내 ○ 성취 기준 안내		
탐구 활동 ( )분	정보 분석			
	탐구 주제 적용			
형성평가 ( )분		○ 탐구 과정 평가 ○ 탐구 결과 평가 ○ 학습 이해 수준 점검 ○ 관찰 결과 피드백 ○ 탐구능력 평가 ○ 정보활용능력 평가 ○ 역량평가		
평가 관점		○ 탐구 주제에 대한 문제의식이 형성되었는가? ○ 탐구 활동의 전체 과정을 이해하고 있는가?		

추가 학습

관련 교과	
관련 활동	
○ 맞춤형(수준별) 과제 및 제시 방법	
○ 맞춤형(수준별) 자료 및 제시 방법	

KUD 학습 목표 기술(예)

- KUD : 알고(Know), 이해하고(Understand), 할 수 있다(be able to Do)(KUD) 형태로 학습 목표 기술하기
- 학생은 알 것이다(Know) 형태의 학습 목표
  - 학생은 우리 학교도서관의 열람 방법을 안다.
  - 학생은 비소설 자료의 분석 방법을 안다.

- 학생은 도서관 예절이 필요한 이유를 안다.
  - 학생은 지식재산의 보호 장치를 안다.
- 학생은 이해할 것이다(Understand) 형태의 학습 목표
  - 학생은 학교도서관과 공공도서관의 특징과 서비스 차이점을 이해한다.
  - 학생은 학교도서관에서 이용할 수 있는 전자자료를 이해한다.
  - 학생은 독서 자료의 유형별 독서법 차이를 이해한다.
  - 학생은 지식재산의 중요성을 이해한다.
- 학생은 할 수 있을 것이다(be able to Do) 형태의 학습 목표
  - 학생은 추천 자료를 이용하여 독서계획을 수립할 수 있다.
  - 학생은 독후 감상 결과를 그리기로 표현할 수 있다.
  - 학생은 독서위생의 중요성을 알리는 표어를 제작할 수 있다.
  - 학생은 보고서 작성에 이용한 자료의 서지사항을 기술할 수 있다.

(출처: Gunter, Estes & Mintz, 2010, 62-63; 송기호, 2018, 187)

정보활용능력의 학습 목표 기술(예)

[과제 분석]
  1. 정보의 필요성을 인식할 수 있다.
  2. 과제를 분석하여 구체화할 수 있다.
[정보 접근]
  1. 과제 해결에 적합한 정보원을 찾을 수 있다.
  2. 과제 해결에 필요한 정보를 담고 있는 정보원을 가려낼 수 있다.
[정보분석]
  1. 정보원의 종류별로 적합한 정보분석 방법을 적용할 수 있다.
  2. 찾아낸 정보의 질을 평가할 수 있다.
[정보 종합 및 표현]
  1. 분석한 정보를 성격에 따라서 정리할 수 있다.
  2. 정보 전달 대상과 과제의 성격에 따라서 효과적인 표현 방법을 활용할 수 있다.
[평가]
  1. 과제 해결 결과를 평가할 수 있다.
  2. 과제 해결 과정을 평가할 수 있다.

(평가 기준으로서의) 성취 기준 이해

- 교육과정 성취 기준
  - 학생이 교과를 통해 배워야 할 내용과 이를 통해 수업 후 할 수 있거나 할 수 있기를 기대하는 능력을 결합하여 나타낸 수업 활동의 기준을 의미한다.
  - 교수-학습활동의 기준으로서 학생이 각 교과 수업을 통해 배워야 할 내용(지식, 기능, 태도)과 이를 통해 할 수 있어야 하는 능력 또는 특성을 진술한 것이다.
- 평가 준거 성취 기준
  - 교육과정 성취 기준을 실제 평가의 상황에서 준거로 사용하기에 적합하도록 재구성한 것이다.

- 학생 입장에서는 무엇을 공부하고 성취해야 하는지, 교사 입장에서는 무엇을 가르치고 평가해야 하는지에 대해 보다 명료한 안내 역할을 한다.
• 평가 기준
- 평가 활동에서 학생들이 어느 정도의 수준에서 성취 기준에 도달했는지를 판단하기 위한 실질적인 기준이다.
- 각 평가 준거 성취 기준에 도달한 정도를 상/중/하의 세 단계로 구분하고 각 단계에 속한 학생들이 무엇을 알고 있고, 할 수 있는지를 기술한 것이다.
(예) A (상) : 지식, 기능, 태도에 대한 이해와 수행이 **우수한 수준**
   B (중) : 제시된 지식, 기능, 태도에 대한 이해와 수행이 **보통 수준**
   C (하) : 제시된 지식, 기능, 태도에 대한 이해와 수행이 **미흡한 수준**
• 단원/영역별 성취 수준
- 단원 또는 영역에 해당하는 교수-학습이 끝났을 때 학생이 성취하기를 기대하는 지식, 기능, 태도에 도달한 정도를 기술한 것이다.
- 교과별로 학업성적 평가 처리 방식을 몇 단계로 하느냐에 따라 그 단계를 5단계 (A-B-C-D-E), 3단계(A-B-C), 이수여부(P/F)로 구분한다.
- 각 단원에 포함된 교육과정 성취 기준 또는 평가 준거 성취 기준을 단순히 나열한 것이 아니라 단원 또는 영역 내 성취 기준을 포괄하는 전반적인 특성에 도달한 정도를 수준별로 구분해 진술한 것이다.

(출처: 이미경 외, 2017, 29-36)

> **그래픽 조직자를 활용한 학습지 개발**

• 그래픽 조직자 : 학습자료가 담고 있는 개념과 자료 이용자의 아이디어 간의 관계를 시각적으로 표현하는 원리
• 장점 : ① 선행 지식과 새로운 정보를 연계하기 쉽다. ② 구조화된 틀 안에 자신의 말로 생각을 표현할 수 있다. ③ 문맥의 관련성을 파악하고 이해하기 쉽다. ④ 정보표현의 기본인 논리적인 글쓰기를 돕는다. ⑤ 사고력(적용, 분석, 평가, 종합 등)을 키울 수 있다.

(출처: Chang, 2006)

- 제시된 학습 목표와 성취 기준은 실제 수업을 설계하는 과정에서 학습 주제와 교과 연계 등을 고려하여 선택적 또는 모두를 기술할 수 있음
- 대면 수업의 운영 시간표는 학습 주제와 교육 활동에 따른 고정 시간표, 묶음 시간표 등과 같은 시간표 편성 방법을 고려하여 융통성 있게 편성함
- 모둠 구성 시 모둠의 크기는 모둠의 유형, 탐구 과제의 성격, 학습자료의 특성, 탐구 활동(과제 수행) 시간, 물리적 환경 등을 고려해야 함
- 모둠의 크기는 작을수록 좋으며, 탐구 활동 시간이 짧을수록 모둠의 크기를 작게 하면 무임승차를 예방하고, 상호작용 기회를 확대할 수 있음

※ 에듀테크 및 독서로 활용	
에듀테크	• 학습 콘텐츠 도구는 대면 학습에서 학습 내용의 전개에 유용하게 사용될 수 있음. 특히, 학습자 분석의 결과에 따라 제공 콘텐츠의 수준을 조정해 제공한다면 개인별, 맞춤형 지원이 가능함 • 스마트 기기를 활용한 생산 도구(자료 제작, office 도구)의 활용은 대면 학습 과정에서 실물 활동지를 대체할 수 있음
독서로	• (DLS) 에듀테크가 on line 상황에서의 활동 도구임을 감안해 DLS 도서 검색을 통한 자료의 이용은 off line 실물 도구를 활용한다는 점에서 균형 잡힌 교수학습 매체의 활용이 될 수 있음 • (독서) 커뮤니티 메뉴의 주요 독후활동은 대면 학습의 실현을 위한 에듀테크 역할을 할 수 있음. 현재 시스템은 대개 텍스트 기반의 커뮤니티 운영을 중심으로 대면 학습을 지원할 수 있음

⑦ 대면 수업(대면 학습)

○ 수업 안내

성공적인 수업 운영을 위한 교수법
• 모든 학생의 성취를 기대한다. • 열정적으로 수업에 참여한다. • 학습 목표(성취 수준)를 분명하게 설명하고, 잘 이해하고 있는지 확인한다. • 탐구 절차, 학습자료, 학습지 작성법 등을 예를 들어 설명한다. • 학생에게 기대하는 행동에 모범을 보인다. • 학생의 수준에 맞추어 수업의 속도를 조절한다. • 적절한 학습자료, 수업전략 및 기법을 활용한다. • 학생에게 좋은 질문을 하고 대답할 시간을 준다. • 학생의 학습 수행 정도를 평가한다.

(출처: Smith, 2005, 81-86)

○ 탐구 활동

탐구학습에서 교사의 후견인 역할
• 도와는 주되, 직접 해주어서는 안 된다. • 탐구 과정(절차)을 설명해 준다. • 어려운 단어는 설명해 준다. 내용을 이해하는 데 도움을 주는 삽화를 알려준다. • 본문, 색인, 요약문 활용법을 지도한다. 그림과 삽화에 담긴 정보를 알려준다. • 정보원의 문장 전체를 베껴 쓰지 않도록 한다. 문제에 대한 답을 찾을 수 있는 중심 단어를 알아내도록 도와준다. • 컴퓨터를 이용한 정보 탐색 방법을 보여주고, 스스로 컴퓨터를 활용할 수 있도록 한다. • 전자 백과사전에 실린 기사를 스캔하기 위해서 개요 버튼을 활용하도록 한다. • 꼭 필요한 내용만을 선택해서 인쇄하도록 한다.

(출처: Harada & Yoshina, 2004, 106)

○ 형성평가(성취도 평가)

> **형성평가(성취도 평가)의 유형**
>
> - 학교도서관 프로그램 영향력 평가
> - 탐구 과정 및 결과 평가
> - 탐구능력, 정보활용능력(자기주도 학습능력) 평가
> - 핵심역량 평가
> - 성취도 평가

【학교도서관 프로그램 영향력 평가지】(초등학생용)

( )학년 ( )반 ( )번
이름 ( )

질문	답변
① 과제 수행을 위해 어떻게 도서관 자료를 활용했나요?	
①-1 잘한 일은 무엇인가요?	
①-2 어떤 어려움이 있었나요?	
② 과제를 어떻게 시작했나요?	
②-1 중간 부분에서는 무엇을 했나요?	
②-2 어떻게 마무리했나요?	
②-3 학습과제(탐구 과제)의 시작과 중간 그리고 마무리 단계에서 느낀 점은 무엇인가요?	
③ 과제 수행을 통해서 무엇을 배웠나요?	
③-1 기억에 남는 것은 무엇인가요?	
③-2 자신의 과제 해결 결과를 교외에서도 공유했나요?	
③-3 과제 해결 결과를 다른 사람이 좋아하는 것으로 만드는 방법이 있나요?	

(출처: IFLA, 2015, 48의 내용을 도표화함)

【학교도서관 프로그램 영향력 평가지】(중·고등학생용)

( )학년 ( )반 ( )번
이름 ( )

질문	답변		
	수업 전	수업 중	수업 후
① 학습주제에 대해서 알고 있는 내용을 쓰세요.			
② 학습주제에 얼마나 관심이 있나요?			
③ 학습주제에 대해서 얼마나 알고 있나요?			

질문	답변		
	수업 전	수업 중	수업 후
④ 학습주제 해결 과정에서 가장 쉽게 발견한 것은 무엇인가요?			
⑤ 학습주제 해결 과정에서 가장 어렵게 발견한 것은 무엇인가요?			
⑥ 학습주제 해결하면서 무엇을 배웠나요? (이 질문은 수업 후에 한 번만 함)			

(출처: IFLA, 2015, 48-49의 내용을 도표화함)

※ 에듀테크 및 독서로 활용	
에듀테크	• 형성평가 문항은 평가 도구(forms, 퀴즈앤 등)의 문항 기입 작성을 통하여 온라인으로 사용할 수 있음 • 형성평가 문항의 배포는 소통 도구(패들렛 등)를 통하여 온라인 활동이 가능하며 이들 도구의 활용을 통하여 높은 참여도를 유도할 수 있음
독서로	• (DLS) 기타/고객의 소리(VOC)는 이용자 의견을 수합하는 사서함 기능을 할 수 있음. 의견 수합 양식을 각종 교육 활동에 대한 평가지로 제공할 수 있다면 평가 도구로 사용할 수 있음 • (독서) 커뮤니티/묻고 답하기와 학교도서관 소식은 에듀테크의 평가 도구의 URL 또는 QR 코드 등을 관리자 공지 또는 게시물 작성을 통하여 제시할 수 있음

⑧ 추가 학습

○ 형성평가(성취도 평가) 결과를 활용한 학습 전이

관련 교과	
관련 활동	
맞춤형(수준별) 과제	
맞춤형(수준별) 자료	

※ 에듀테크 및 독서로 활용	
에듀테크	• 콘텐츠 도구(유튜브 등)는 학습자 분석 이후 학습 주제 내용 보완을 위한 사전 학습 보완, 강화 등을 위한 도구로 사용할 수 있음 • 생산 도구(자료 제작, office 도구)는 대면 학습 이후 보완 과제나 추가 학습 내용을 개별화해 제공할 수 있음 • 관리 도구(클래스룸, 팀즈 등)로 추가 학습을 위한 콘텐츠 제시와 결과물 제출 등을 비대면 상황으로 운용할 수 있음
독서로	• (DLS) 공지/추천 도서 내 교사 추천 도서 메뉴는 교과 학습, 수행평가 대상 도서 대상일 가능성이 높으므로 추가 학습 내용 선정 등에 참고할 수 있음 • (독서) 커뮤니티 메뉴의 주요 독후활동은 대면 학습의 실현을 위한 에듀테크 역할을 할 수 있음. 현재 시스템은 대개 텍스트 기반의 커뮤니티 운영을 중심으로 대면 학습을 지원할 수 있음 • (독서) 커뮤니티 메뉴의 우리 학교 독서토론방은 대면 수업 이전 배경지식 점검 등과 같은 사전 학습의 공간으로 활용할 수 있음

⑨ 만족도 평가 및 성과 공유

【학교도서관활용교육 만족도 평가지】(학생용)

(　)학년 (　)반 (　)번
이름 (　　　　)

질문	전혀 그렇지 않다 (1)	그렇지 않다 (2)	보통 이다 (3)	그렇다 (4)	매우 그렇다 (5)
1. 학습 주제가 흥미로웠다.					
2. 수업 활동이 재미있었다.					
3. 이용한 자료가 과제 해결에 도움을 주었다.					
4. 과제 해결 절차는 따라 하기 쉬웠다.					
5. 선생님은 나를 공평하게 대해주셨다.					
6. 학교도서관 환경이 만족스러웠다.					
7. 스스로 학습과제를 해결하는 데 자신감을 갖게 되었다.					
8. 에듀테크는 스스로 과제를 스스로 해결하는 데에 도움을 주었다.					
9. 독서로는 과제 해결에 도움을 주었다.					
10. 디지털 신기술 기반 학교도서관활용교육은 일반적인 자료만 활용하는 학교도서관활용교육보다 만족스럽다.					

• 학교도서관활용수업 참여 소감	
• 학교도서관활용수업에 대한 건의 사항	

(출처: 송기호, 2018, 311의 내용을 수정함)

【학교도서관활용교육 만족도 평가지】(교사용)

참여 교과		수업 일시		참여 교사	
탐구 주제		학습 모형		평가 일시	

단계	평가 항목	평가 척도				
		전혀 그렇지 않다 (1)	그렇지 않다 (2)	보통 이다 (3)	그렇다 (4)	매우 그렇다 (5)
분석	○ 탐구 주제가 학생의 수준과 요구에 따라 선정되었다.					
	○ 도서관 환경이 탐구학습 운영에 적절하다.					
	○ 도서관 자료가 탐구 과제 해결에 충분하고, 최신성을 갖추고 있다.					
	○ 학습자 분석이 잘 이루어졌다.					
	○ 에듀테크가 탐구학습 운영에 적절하다.					
	○ 에듀테크 운영에 어려움이 없었다.					
	○ 학습 모형이 탐구 과제 해결하였다.					
사전 학습 및 개발	○ 진단평가 결과가 학생에게 잘 피드백되었다.					
	○ 학생은 사전 학습을 통해 배경지식을 잘 형성하였다.					
	○ 수업지도안이 학습 목표 및 성취 기준에 맞게 잘 개발되었다.					
대면	○ 학생의 탐구능력이 향상되었다.					

수업	○ 학생의 탐구 결과 및 과정에 대한 평가는 계획대로 이루어졌다.					
	○ 학생의 교과 내용에 대한 이해가 늘어났다.					
	○ 형성평가 결과를 토대로 학생의 수준(요구)에 따른 추가 학습이 진행되었다.					
만족도	○ 신기술 기반 학교도서관활용교육이 일반적인 자료만 활용하는 학교도서관활용교육에 비하여 만족스럽다.					
	○ 독서로는 학교도서관활용교육에 도움이 되었다.					
개선 방안						

※ 에듀테크 및 독서로 활용	
에듀테크	• 만족도 평가 문항은 평가 도구(forms, 퀴즈앤 등)의 문항 기입 작성을 통하여 온라인으로 사용할 수 있음 • 학습 결과물 성과 공유는 소통 도구(패들렛 등)와 메타버스 등을 통하여 단위 학교 전반에 공유가 가능하며 학습자의 흥미와 관심도를 유도할 수 있음
독서로	• (DLS) 기타/고객의 소리(VOC)는 이용자 의견을 수합하는 사서함 기능을 할 수 있음. 의견 수합 양식을 만족도 평가지로 게시해 제공할 수 있음 • (독서) 대면 수업의 다양한 결과물은 추천 독후활동 내 추천 독후활동 메뉴와 커뮤니티 내 학교도서관 소식 메뉴에 탑재하여 시스템의 이용과 활용을 유도할 수 있음

5.3 디지털 신기술 기반 학교도서관활용교육 설계 사례

디지털 신기술 기반 학교도서관활용교육 설계 사례는 다음과 같다(송기호 외, 2023, 247-266). (개발자: 초등학교 사서교사 나희정)

① 분석 단계

○ 통합 학습주제(교과 융합형 학습주제)의 선정
- 국어와 미술 교과에 독서 중심 통합 학습주제를 설정해 창의적 체험활동 시간에 협동 수업을 실시함

〈표 5-36〉 통합 학습주제(교과 융합형 학습주제) 개발(초등)

통합 학습주제		• 표현의 적절성과 색의 변화를 고려해 책 띠지 디자인하기
학습 주제 범위 설정		• 광고 표현의 적절성 이해하기/ 색의 변화로 어울리게 표현하기/ 비판적 독서 활동/ 적절한 매체로 표현하기
학습목표		• 표현의 적절성과 색의 변화를 고려해 책 띠지를 디자인할 수 있다.
학습자료 (핵심 정보원)	도서 자료	• 이색 띠지 책(나의 엄마, 탄빵, 곰돌이 팬티, 버스) • (비)문학 도서 27권(인상 깊게 읽은 책을 학생이 자유롭게 선택)
	인터넷 자료	• 인터넷 서점(교보문고, 알라딘, 예스24 등) • DLS 대출이력 확인 • 이미지 검색엔진(구글, 네이버 등)
	기타 자료	• 책 띠지 50개 이상
에듀테크		
패들렛		• 학생이 디자인 프로그램으로 제작한 책 띠지를 공유하고 상호평가할 수 있는 온라인 게시판
Canva		• 다양한 템플릿을 제공해 색의 변화를 표현하거나 그림, 사진을 쉽게 삽입해 포스터, 프레젠테이션 등을 제작할 수 있는 디자인 프로그램
독서로		• 컴퓨터 등 정보매체에 익숙한 초·중·고등학생들이 자유롭게 책을 읽고 컴퓨터상에서 다양한 독후활동을 할 수 있도록 구성된 컴퓨터 기반 독서 활동 온라인 지원 프로그램으로, 학교도서관 정보 시스템과 연계해 대출이력 확인 가능

○ 교수자 분석
- 교과 융합형 협력수업에 따른 협력 교과교사와의 파트너십 형성을 위한 교수학습 환경을 분석함

〈표 5-37〉 파트너십 형성을 위한 교수학습 환경 분석표(초등)

참여 교과	참여 학년	참여 학급	시간	협동 수준(단계) (사전 - 대면 - 추가 학습)
국어, 미술, 창체	6학년	1학급(27명)	5차시	사전 - 대면 - 추가 학습

○ 학교도서관활용교육 환경 분석
- 학교도서관활용교육을 위한 공간 분석

〈표 5-38〉 학교도서관활용교육을 위한 공간 분석(초등)

분석 내용	분석 결과 확보	분석 결과 미확보	확보 방안
• 온라인 개별학습 또는 모둠학습 공간	○		
• 대집단 학습공간(learning commons)	○		
• 제작 공간(Maker space)		○	공용교실
• 전시 공간	○		
• 토의 토론 좌석 배치가 가능한 공간	○		
• 온라인 정보검색 공간	○		
• 학습도구 및 제작물 보관 공간	○		
• 전자기기 충전 공간		○	교실

- 수준별/ 흥미별 자료 제공

〈표 5-39〉 분석 내용에 따른 도서관 자료 제공 내용(초등)

분석 대상		분석 내용 사전 학습용 (배경지식 형성)	분석 내용 대면 학습용 (탐구 활동)	분석 내용 추가 학습용 (전이)	비고
수준별 도서관 자료	A	• 수업 ppt • 책 띠지를 두른 도서 5권(모둠별 1권씩 제공) • 독서로 도서 검색	• 책 띠지 50개 이상 • 초등 저·중학년용 도서 2종(바삭바삭 갈매기, 156층 나무집)	• 고학년용 (비)문학 도서자료 • 인터넷 검색(예스 24, 알라딘, 교보문고 등)	
	B		• 초등 고학년·청소년 도서 10종(스무고개 탐정과 마술사, 챗걸.1, 드레스의 주인, 고양이 전사들, 수상한 교장실, 외로움 반장, 푸른사자 와니니.6, 통일, 손에 잡히는 과학 교과서.11, 세계를 건너 너에게 갈게)		
	C		• 성인용 도서 6종(비가 오면 열리는 상점, 불편한 편의점, 불편한 편의점.2, 프로파일링 케이스 스터디,		

분석 대상		분석 내용			비고
		사전 학습용 (배경지식 형성)	대면 학습용 (탐구 활동)	추가 학습용 (전이)	
흥미별 도서관 자료			떨림과 울림, 해리포터와 비밀의 방.2) • 인터넷 자료(예스24, 알라딘, 교보문고 등)		
	A	• 수업 ppt • 책 띠지를 두른 도서 5권(모둠별 1권씩 제공) • 독서로 도서 검색	• 이색 띠지 그림책 4종(나의 엄마, 탄빵, 곰돌이 팬티, 버스) • 문학 그림책 1종(바삭바삭 갈매기)	• 고학년용 (비)문학 도서 자료 • 인터넷 검색(예스24, 알라딘, 교보문고 등)	
	B		• 동화·소설류 13종(156층 나무집, 스무고개 탐정과 마술사, 챗결.1, 드레스의 주인, 고양이 전사들, 수상한 교장실, 외로움 반장, 푸른사자 와니니.6, 세계를 건너 너에게 갈게, 비가 오면 열리는 상점, 불편한 편의점, 불편한 편의점.2, 해리포터와 비밀의 방.2)		
	C		• 비문학 도서 4종(통일, 손에 잡히는 과학 교과서.11, 프로파일링 케이스 스터디, 떨림과 울림)		

※ 에듀테크 및 독서로 활용	
독서로	- (DLS) 독서로 도서 검색

- 수업 활용 디지털 신기술 분석

〈표 5-40〉 협동수업 설계에 따른 도서관 제공 에듀테크 분석(초등)

에듀테크 유형		에듀테크명	사전 학습 (배경지식 형성)	대면 학습	추가 학습	비고
학습 콘텐츠	수업 지원	디지털 수업자료	○			
소통	실시간 협업	패들렛	○	○	○	
창작	저작도구	Canva	○	○	○	
관리	교사 피드백	패들렛		○	○	

※ 에듀테크 및 독서로 활용

에듀테크	• 출판사 제공 디지털 수업자료(사회) • 패들렛 • Canva

- 교과교사와의 수업 사전 협의

〈표 5-41〉 학교도서관활용교육 신청서

신청일	2023. 11. 14. (화) 15:00		신청자	6-2 담임교사
활용 유형	☐ 자료 요청 ☐ 학교도서관활용교육 ☑ 협동수업(사서교사 협력수업)			
교과 및 단원 (차시)	국어 6. 정보와 표현 판단하기 (3~4차시: 광고에 나타난 표현의 적절성 살펴보기)		수업 장소	도서관
			좌석 배치	모둠
학습목표	광고 표현의 적절성과 색의 변화를 고려해 책 띠지를 디자인할 수 있다.			
수업 활동	☑ 강의 ☑ 토의 / 토론 ☐ 독서 ☑ 조사 및 과제 해결 ☐ 기타 ( )			
학습자료 (교육 기자재)	※ 주제, 종류, 권수, 수준 등 - 도서 30권 (학생 선택) 대출 처리 - 다양한 책 띠지 30개 이상(이색 띠지 포함). 도서 거치대 30개 - 컴퓨터(패들렛), 빔프로젝터, 스크린, 무선 프리젠터, 와이파이 - 태블릿 PC(교실 준비)			
참조사항	※ 협동수업(사서교사 협력수업) 시 사서교사의 수업 참여 내용 및 방식 - 독서 및 정보활용교육(창체): 캔바(Canva) 이용교육 - 독서로 DLS에서 대출 이력 확인 지원			

	- 책 띠지 디자인을 위한 활동지 제작, 작성 지도
	- 캔바로 제작된 책 띠지 디자인 실시간 피드백, 정보활용 평가
수업 기간	2023. 11. 16. (목) ~ 2023. 11. 24. (금)

학교도서관활용교육 희망 시간표

시간 \ 요일	월	화	수	목	금
1				11. 16 창체 11. 23 국어	
2			11. 22 국어		
3					
4					
5					11. 24 국어
6					

○ 학습자 분석 및 평가 도구
- 협력수업에 참여하는 학습자를 대상으로 6개 영역의 핵심역량을 사전 분석한 후 사전 학습, 대면 수업 등 수업 설계에 반영함

<표 5-42> 역량평가 결과(초등)

번호	질문	합계	평균 (n=26)	역량 (평균)
1	나는 나에게 주어진 일에 열심히 참여하고자 한다.	99 /130	3.81	자기관리 역량 (3.81)
2	나는 계획한 일을 끝까지 해결하고자 노력한다.	99 /130	3.81	
3	나는 필요한 정보를 찾아 문제를 해결할 수 있다.	99 /130	3.81	지식 정보처리 역량 (3.57)
4	나는 필요한 정보를 찾는 것이 재미있다.	86 /130	3.31	
5	나는 여러 가지 의사소통 매체의 특징을 정보를 탐색해 알아낼 수 있다.	90 /125	3.60	
6	나는 새롭게 생각해 보는 것을 좋아한다.	93 /130	3.58	창의적 사고 역량 (3.59)
7	나는 책 띠지에 들어갈 광고 문구를 창의적으로 생각할 수 있다.	92 /130	3.54	
8	나는 새로운 아이디어로 책 띠지를 디자인할 수 있다.	95 /130	3.65	

9	나는 인상 깊게 읽은 책에서 적절한 광고 표현을 찾아낼 수 있다.	90 /130	3.46	심미적 감성 역량 (3.46)
10	나는 규칙을 지켜 토론할 수 있다.	100 /130	3.85	협력적 소통 역량 (3.70)
11	나는 다른 사람의 의견을 끝까지 듣고 이해하여 설명할 수 있다.	101 /130	3.88	
12	나는 다른 사람들에게 내 생각을 말하는 것이 즐겁고 재미있다.	88 /130	3.38	
13	나는 다른 사람과 협력하여 아이디어를 내는 것이 즐겁다.	98 /130	3.77	공동체 역량 (3.83)
14	나는 문제를 해결할 때 혼자서 하는 것보다 함께 하는 것을 좋아한다.	102 /130	3.92	
15	나는 나보다 남을 먼저 생각하고 행동할 수 있다.	99 /130	3.81	

- 6개의 핵심역량 요소를 탐구 활동 주제와 연계해 평가한 결과 공동체 역량(3.83)이 가장 높게 평가된 반면, 협력 수업의 학습 주제이자 심미적 감성 역량을 평가하는 9번 문항이 3.46으로 가장 낮게 나옴. 적절한 도서를 선택하고 광고 표현 기법을 학습하는 사전 학습 단계를 학습자 수준에 맞게 지도할 필요 있음

② 사전 학습 및 개발 단계

○ 사전 학습
- 협력수업을 시작하기 전에 책 띠지의 개념을 이해하고, 디자인 프로그램 에듀테크인 캔바(Canva)의 사용 방법을 익힘. 에듀테크를 활용한 책 띠지 만들기를 탐구 주제로 설정함. 책 띠지 만들기 활동을 통하여 국어와 미술 교과 주제로서 광고 표현을 배울 수 있음

〈표 5-43〉 탐구 주제 만들기 분석과 학습지(초등)

개별학습 주제	모둠학습 주제	공통 학습 주제
• 인상 깊게 읽은 책을 1권 선택하고 내가 출판사 대표, 마케팅 담당자, 저자라면 이 책의 어떤 점을 강조하여 홍보할지 생각하며 다시 읽기		• Canva 템플릿, 요소, 텍스트 입력 등 연습하기 • 광고 표현의 의도와 목적 알아보기

【탐구 주제 만들기】(개별 학습주제)

(   )

학습 주제 인상 깊게 읽은 책을 선택하고 내가 출판사 대표, 마케팅 담당자, 저자라면 이 책의 어떤 점을 강조하여 홍보하고 싶을지 생각해 봅시다.

제 목 :

인상적인 부분	이 책을 홍보할 때 강조할 부분

【탐구 주제 만들기】(공통 학습주제)

(   )

학습 주제 영상을 시청하며 광고 표현의 의도와 목적을 알아봅시다.

광고 영상 제목 : 중형차 백만 대를 버렸다 (2023. 12. 09.)
https://www.youtube.com/watch?v=Tqh5Q2ZBMsA

1. 한 해에 버려지는 음식물 쓰레기를 무엇과 비교했나요?

2. 자동차가 바다에 떨어지는 장면을 보여준 까닭은 무엇인가요?

3. 광고를 눈에 쉽게 띄게 하려고 광고의 글자와 색깔을 어떻게 표현했나요?

4. 소리를 들으며 광고를 보면 어떤 점이 좋은가요?

- 영상을 보며 인상 깊은 장면과 그 이유를 학생 스스로 찾아보도록 함
- 인상 깊은 책을 광고할 때 글씨체, 글씨 크기, 화면 구도와 색감, 반복되는 말 등 광고 표현 기법을 적용할 수 있도록 안내함

○ 수업지도안 개발

〈표 5-44〉 디지털 신기술 기반 학교도서관활용교육 1차시 수업지도안

참여 학급	6-2	학습 방법	개별학습	○
학습주제	다양한 띠지를 살펴보고 인상 깊게 읽은 책을 골라 띠지 디자인하기		모둠학습	○
수업 시간	1차시 (40분)			

【사전 학습】

	배경지식 형성을 위한 도서관 자료 및 에듀테크	
배경지식 형성	도서관 자료	에듀테크
	• 책 띠지를 두른 책 5권 (모둠별 1권씩 배부)	• 패들렛 • Canva
수준별 (요구별) 탐구 주제	• (창체) 디자인 프로그램 Canva 사용법 알아보고 템플릿, 요소, 텍스트 입력 방법 등 연습하기	
	• (창체) 인상 깊게 읽은 책을 골라 내가 출판사 대표, 마케팅 담당자, 저자라면 이 책의 어떤 점을 강조하여 홍보할지 생각하며 다시 읽기	
	• (국어) 동영상 시청하며 광고 표현의 의도와 목적 파악하기	
	• (미술) 포스터 물감을 이용해 명도와 채도 변화 표현하기	

【대면 학습】

학습 목표		• 인상 깊게 읽은 책을 골라 광고 띠지를 디자인할 수 있다.		
성취 기준 (교과)	A	• 인상 깊게 읽은 책을 정확히 분석하여 대상과 의도에 맞는 광고 표현을 만들 수 있다.		
	B	• 인상 깊게 읽은 책을 분석하여 대상이나 의도에 맞는 광고 표현을 만들 수 있다.		
	C	• 인상 깊게 읽은 책을 분석하지 못하거나 대상과 의도에 맞는 광고 표현을 만드는 데 어려움을 느낀다.		

수업 운영		활동 내용		지도 시 유의사항	도서관 자료 및 에듀테크
수업 안내 (5분)		• 학습 목표 안내 • 성취 기준 안내		• 이전 차시 환기 • 태블릿 PC 점검	• 패들렛 • Canva
탐구 활동 (30분)	정보 분석	책 띠지 분석 하기	• 책 띠지를 살펴보며 광고 표현과 의도를 분석해 접착 메모지에	• 책 띠지 분석을 통해 광고의 역할을 이해할 수 있도록 한다.	• 책 띠지 50개 이상(모둠별 10장씩 배부)

		적기 - 형식적 요소 : 색, 모양, 글씨체와 크기, 강조점 등 - 내용적 요소 : 핵심 문장, 주제, 작가, 시리즈, 서평, 추천평 등 광고할 책에 대한 정보 - 광고의 의도 : 설득을 통한 판매 • 사고 싶은 마음이 드는지 모둠원과 나누기	• 띠지 분석 시 과장되거나 허위 부분은 없는지 살펴보도록 안내한다.	
탐구 주제 적용	인상 깊게 읽은 책 분석하기	• 인상 깊게 읽은 책을 분석해 활동지 작성하기 - 서지 정보 : 제목, 저자, 출판사, 수상 이력 등 - 독후 감상 : 인상 깊거나 중요한 장면 - 광고 내용 : 광고 대상, 내용, 강조 방법 • 광고 기법이 잘 드러나도록 띠지 디자인하기	• 광고할 책에 대해 정확히 이해해 잘못된 내용이나 과장된 내용이 들어가지 않도록 지도한다. • 글씨체, 글씨 크기, 색의 변화, 그림, 사진, 반복되는 글 등으로 강조할 수 있도록 안내한다. • 인터넷 서점에서 책에 대한 정보를 추가로 얻을 수 있도록 안내한다.	• (비)문학 도서(학생 자율 선택) • 인터넷 자료(예스24, 교보문고, 알라딘 등 인터넷 서점 목록과 링크 제공)
형성평가 (5분)		• 탐구 결과 평가 - 활동지 하단의 자기평가 항목을 체크하며 탐구 활동 결과를 스스로 평가하기	• 3개의 항목 모두 점검할 수 있도록 순회 지도한다.	• 학생 선택 도서
평가 관점	○ 탐구 주제에 대한 문제의식이 형성되었는가? ○ 탐구 활동의 전체 과정을 이해하고 있는가?			

【추가 학습】

관련 교과	국어
○ 관련 활동	• 동영상 시청하며 광고 표현 기법 찾아보기 (IN PLASTIC 플라스틱 공익광고) https://www.youtube.com/watch?v=8ctValeR-gA • 선택한 도서의 내용과 책 띠지, 유사한 주제의 도서 띠지나 책 광고를 찾아보고 띠지 디자인 구체화하기

○ 맞춤형(수준별) 과제 및 제시 방법	• 활동지 확인 후 빠진 부분 보완하도록 안내 • 띠지 표현 시 글자 크기와 글자 색, 강조할 점 등이 잘 드러났는지 재확인하도록 피드백
○ 맞춤형(수준별) 자료 및 제시 방법	• 도서관에 마련된 띠지를 추가로 살펴보거나 온오프라인 서점을 방문해 다양한 띠지를 살펴볼 수 있도록 안내 • 그림책보다는 고학년 수준에 맞는 도서로 띠지를 제작할 수 있도록 도서 추천(한 학기 한 권 읽기 도서 포함)

※ 에듀테크 및 독서로 활용	
에듀테크	• 패들렛 • Canva • 인터넷 자료(예스24, 교보문고, 알라딘 등)
독서로	• 독서로 DLS 대출 이력 확인 독서로 DLS 도서 검색 • (독서) 학생의 독후활동 내용을 확인하며 인상적인 부분과 핵심 내용, 핵심 문장 등 탐색

〈표 5-45〉 디지털 신기술 기반 학교도서관활용교육 2~3차시 수업지도안

참여 학급	6-2	학습 방법	개별학습	○
학습주제	Canva를 이용해 책 띠지 디자인하기		모둠학습	
수업 시간	2~3차시(80분)			

【사전 학습】

배경지식 형성을 위한 도서관 자료 및 에듀테크		
배경지식 형성	도서관 자료	에듀테크
	• 학생 선택 도서	• Canva • 패들렛
수준별 (요구별) 탐구 주제	• (국어) 책 띠지를 분석해 표현 기법 찾기 • (국어) 인상 깊게 읽은 책을 분석하며 광고 표현 만들기	

【대면 학습】

학습 목표		Canva를 이용해 광고 표현의 적절성과 색의 표현 방법이 드러나도록 책 띠지를 디자인할 수 있다.		
성취 기준 (교과)	A	Canva를 이용해 광고 표현의 적절성과 색의 표현 방법이 드러나도록 책 띠지를 창의적으로 디자인할 수 있다.		
	B	광고 표현의 적절성이나 색의 표현이 드러나도록 Canva로 책 띠지를 디자인할 수 있다.		
	C	광고 표현의 적절성과 색의 표현을 드러내지 못하거나 Canva로 책 띠지를 디자인하는 데 어려움을 느낀다.		

수업 운영			활동 내용	지도 시 유의사항	도서관 자료 및 에듀테크
수업 안내 (5분)			• 학습 목표 안내 • 성취 기준 안내	• 이전 차시 환기 • 태블릿 PC 점검	• Canva • 패들렛
탐구 활동 (70)분	정보 분석	인상 깊게 읽은 책 분석하기 (보완)	• 지난 시간에 작성한 활동지를 다시 확인하며 부족한 부분 보완하기 - 서지 정보, 수상 이력, 독후 감상, 광고 내용 및 강조 방법 중 빠진 부분 보완하기 - 띠지를 표현할 때 글자와 배경색, 글자 크기 등을 표시하기	• 지난 시간에 작성한 활동지를 배부하며 보완점을 안내한다. • 광고할 책의 표지와 띠지의 색이 조화를 이루도록 지도한다. • 학생이 추가로 알아야 할 Canva의 기능을 설명한다.	•(비)문학 도서(학생 자율 선택) • 인터넷 자료(예스24, 교보문고, 알라딘 등 인터넷 서점 목록과 링크 제공)
	탐구 주제 적용	Canva로 띠지 디자인하기	• 활동지를 참고해 Canva로 띠지 디자인하기 • 완성한 결과물은 Canva 내 폴더에 저장하고 파일을 내려받아 패들렛에 올리기 • 책 띠지 전시를 위해 학생이 가져온 책 모아두기	• 폴더와 패들렛에 저장할 때 이름과 책 제목이 정확하게 입력되었는지 확인하도록 안내한다. • 외부에서 가져온 사진은 패들렛에 출처를 입력하도록 지도한다. • 책에 학생 이름을 부착해 보관한다.	• Canva • 패들렛

형성평가 (5분)	• 탐구 결과 평가	• 패들렛에 공유된 친구의 결과물을 살펴보며 공감과 댓글로 상호평가하기 • 친구의 작품을 보며 어떤 책일지 예상해 보기	• 패들렛
평가 관점		• 탐구 주제에 대한 문제의식이 형성되었는가? • 탐구 활동의 전체 과정을 이해하고 있는가?	

【추가 학습】

관련 교과	국어
관련 활동	• 책 띠지 전시회 감상하기
맞춤형(수준별) 과제 및 제시 방법	• 자신이 디자인한 띠지를 실물로 감상하며 잘한 점과 보완할 점을 스스로 찾아보도록 안내함 • 친구의 작품을 감상하며 칭찬할 점 찾기
맞춤형(수준별) 자료 및 제시 방법	• 책 띠지 전시 도서

※ 에듀테크 및 독서로 활용

에듀테크	• 패들렛 • Canva • 인터넷 자료(예스24, 교보문고, 알라딘 등)

○ 학습지 개발
- 대면 수업 내 탐구 활동을 위한 '책 분석 활동지'를 개발하여 제공함. 광고 항목은 예시를 주어 내용을 명확히 작성할 수 있도록 하고 학습 주제에 맞게 작성했는지 스스로 평가하도록 활동지 하단에 루브릭을 제시함

〈표 5-46〉 선택 도서 내용 분석 후 책 띠지 제작 활동지

【2023학년도 6학년 2학기 학교도서관활용교육】 인상 깊게 읽은 책을 골라 띠지를 디자인해 봅시다. -광고 표현의 적절성과 색의 변화 고려하기-	6학년 ( )반 ( )번
	이 름 ( )

서지 정보	제목		
	저자		☞ 저자가 쓴 다른 책
	출판사		
	받은 상 (수상 이력)	☞ 앞뒤 표지, 인터넷 검색	
독후 감상	인상 깊거나 중요한 장면		
광고	광고 대상	☞ 예: ○학년 친구들, 손○○ 선수의 팬, 추리소설을 좋아하는 사람들 등	
	광고에 들어갈 내용	☞ 저자 소개, 줄거리, 등장인물, 핵심 문장, 주제. 수상 이력 등	
	강조 방법	☞ 글씨체, 글씨 크기, 색의 변화, 그림, 사진, 반복되는 글 등	
띠지 표현 하기			
스스로 평가 하기	☐ 과장하거나 감추는 부분이 없는지 확인했나요? ☐ 책의 내용을 충분히 이해한 후 띠지를 디자인했나요? ☐ 광고할 대상에 어울리는 표현과 강조 방법을 사용했나요?		

③ 대면 수업 운영 단계

○ 수업 안내
- (배경지식 활성화) 사전 학습한 책 띠지의 광고 특징을 정보성, 압축성, 시각효과, 흥미성 측면에서 살펴보고 광고 표현을 분석하며 배경지식을 활성화함

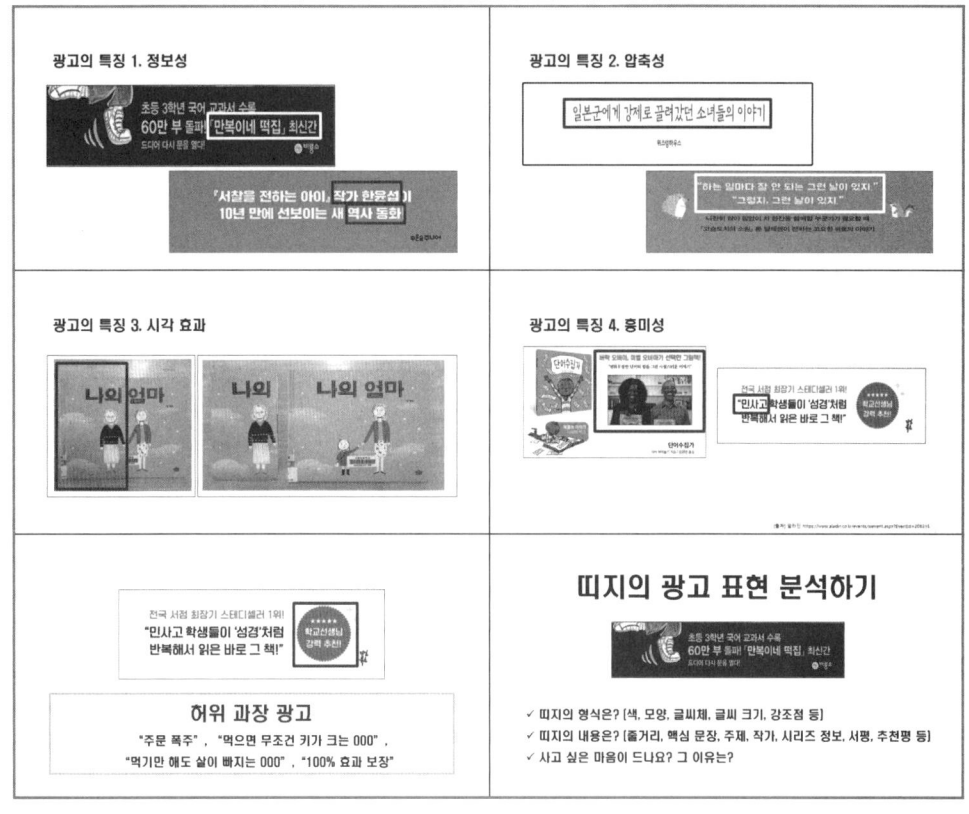

[그림 5-21] 광고의 특징과 표현 분석 수업을 위한 슬라이드 자료

○ 자료 조사 및 정보 분석하기
- (책 띠지 분석하기) 모둠별로 배부한 책 띠지를 살펴보며 광고 표현과 의도를 분석해 접착 메모지에 작성함. 형식적 요소(색, 모양, 글씨체, 글자 크기, 강조 방법 등)와 내용적 요소(핵심 문장, 주제, 작가, 시리즈, 서평, 추천평 등)를 파악해 광고 기법과 목적을 파악하도록 안내함

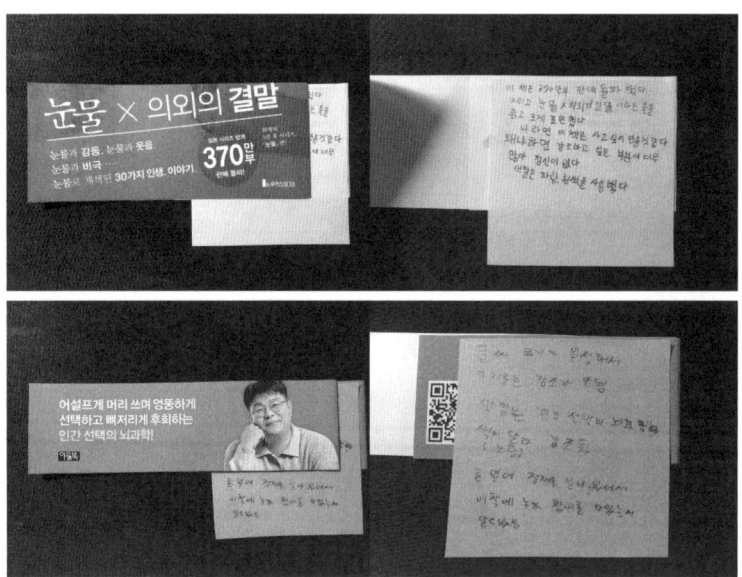

[그림 5-22] 책 띠지 분석 내용(학생 작성)

- (인상 깊게 읽은 책 분석하기) 띠지를 디자인할 책을 고르고 내용을 분석해 활동지를 작성함. 항목은 서지 정보, 독후 감상, 광고 내용 및 표현으로 구분하고 하단에 자기평가 항목을 추가해 탐구 활동 결과를 스스로 돌아볼 수 있도록 함

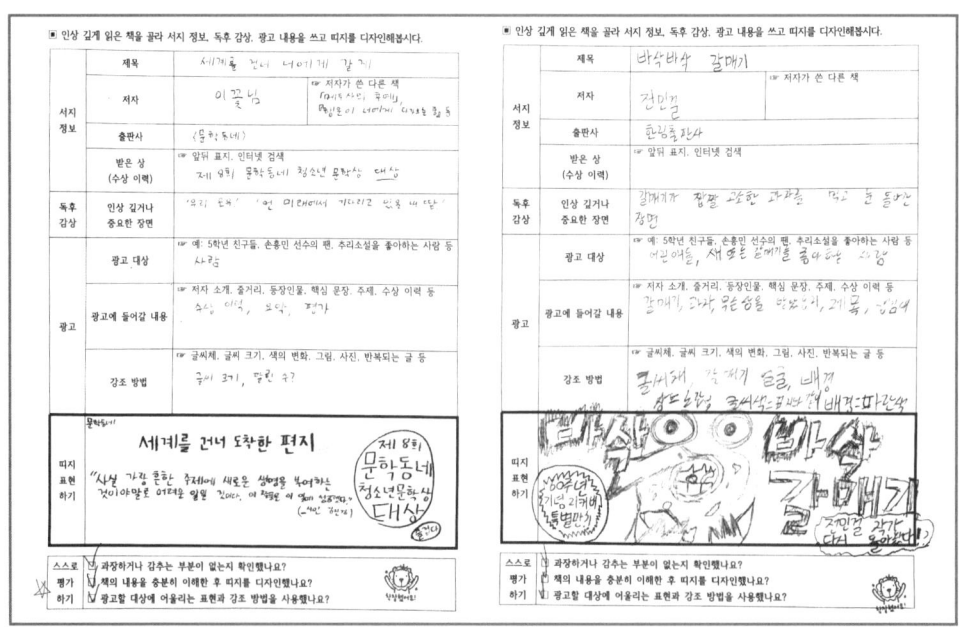

[그림 5-23] 선택 도서 내용 분석 후 책 띠지 제작 활동지 작성(예)

- (띠지 제작을 위한 Canva 사용법 추가 교육 실시) 학생이 작성한 책 분석 활동지 검토 후 Canva의 사진 배경 제거 효과 기능을 추가로 교육하고 외부에서 가져온 사진이나 그림은 패들렛 탑재 시 출처를 기록하도록 안내함

 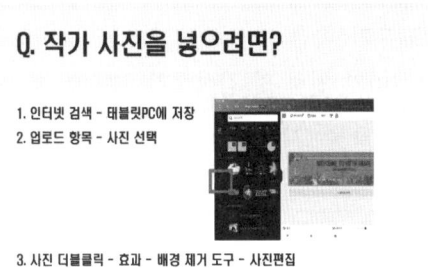

[그림 5-24] 띠지 제작을 위한 캔바 사용법 추가 교육

○ 자료 제작 및 공유하기
- (에듀테크 활용) 완성한 결과물은 제목을 학생명과 책 제목으로 수정하여 캔바의 내 폴더에 저장하고 파일을 내려받아 패들렛에 공유함

[그림 5-25] 개인 폴더에 저장된 학생별 책 띠지

○ 형성평가
- (자기평가, 동료 평가하기) 책 분석 활동지 하단의 자기평가 항목이 띠지 제작물에 잘 반영되었는지 스스로 평가하고, 패들렛에 공유된 친구들의 책 띠지를 감상하며 공감 버튼과 댓글로 칭찬함

○ 추가 학습
- (띠지 전시 및 감상하기) 자신이 디자인한 띠지를 실물로 감상하며 잘한 점과 보완할 점을 스스로 평가함. 또한 전시된 친구의 작품을 감상하며 잘한 점을 찾아 칭찬함

[그림 5-26] 패들렛을 활용한 책 띠지 감상하기(형성평가)

[그림 5-27] 책 띠지 전시회 관람 및 평가하기(추가 학습)

※ 에듀테크 및 독서로 활용

에듀테크	• 패들렛 • Canva • 인터넷 자료(예스24, 교보문고, 알라딘 등)
독서로	• 독서로 DLS 도서 검색

④ 협동수업 평가 단계

○ 학생 평가
- 수업에 대한 만족도, 도서관 환경 및 활용한 자료의 교육적 효과 등 학생을 대상으로 학교도서관활용교육 만족도(학생용) 조사를 실시함
- 학생 만족도 결과는 대체로 높게 나타남. 에듀테크 도구가 과제 해결에 도움을 줄 수 있으나 스스로 학습 과제를 해결할 때 도구를 다루는 능력의 차이가 자신감으로 연결될 수 있어 수업에 적용할 때 체계적인 도구 교육이 선행되어야 함
- 학교도서관활용교육의 참여 소감을 묻는 서술형 질문은 에듀테크 도구를 활용해 띠지를 직접 디자인하는 활동이 새롭고 즐거웠다는 긍정적 반응이 많았음
- 학교도서관활용교육에 대한 건의 사항으로는 인터넷 속도 개선, 업그레이드된 디지털 도구 제공 및 디자인 프로그램과 출력물의 색상이 다르다는 의견이 있었음. 잉크젯 프린터는 레이저 프린터보다 해상도가 떨어져 색이 다소 어둡게 표현되므로 고품질로 출력하거나 사진 용지를 이용하면 해상도를 높일 수 있음. 디자인 프로그램 내에서 띠지를 평가하면 책 표지와의 조화를 판단하기 어렵기 때문에 출력물을 확인해야 하는 수업의 경우 도서관 설비 확충 시 레이저 프린터를 구입하는 방안도 고려할 수 있음

〈표 5-47〉 디지털 신기술 기반 학교도서관활용교육 학생 만족도 조사 결과(초등)

번호	질문	합계	평균 (n=27)
1	학습 주제가 흥미로웠다.	109 /135	4.04
2	수업 활동이 재미있었다.	115 /135	4.26
3	이용한 자료가 과제 해결에 도움이 되었다.	108 /135	4.00
4	과제 해결 절차는 따라 하기 쉬웠다.	115 /135	4.26
5	선생님은 나를 공평하게 대해주셨다.	127 /135	4.70
6	학교도서관 환경이 만족스러웠다.	113 /135	4.19
7	스스로 학습과제를 해결하는 데 자신감이 생겼다.	93 /135	3.44
8	에듀테크(Canva, 패들렛 등)는 스스로 과제를 해결하는 데 도움이 되었다.	106 /135	3.93
9	독서로는 과제 해결에 도움을 주었다. (도서 검색, 대출 이력 확인 등)	101/ 130	3.88
10	디지털 기술을 이용한 학교도서관활용교육은 일반적인 자료만 활용한 학교도서관활용교육보다 만족스럽다.	109 /135	4.04

○ 교사 평가
- 탐구 주제, 도서관 환경, 학습자, 에듀테크 등 수업 환경 분석과 수업 실행, 결과에 대해 협력 교사를 대상으로 만족도 조사를 실시함
- 협력 교사는 디지털 신기술을 활용한 학교도서관활용교육에 대해 모든 항목을 매우 긍정적으로 평가함. 특히, 교실에서 교과서를 중심으로 한 수업이나 모둠 수업을 진행할 때보다 학생 개인의 수업 참여도가 눈에 띄게 높아졌음을 장점으로 언급했는데 평소 모둠활동 시 1~2명의 학생이 활동을 주도하고 나머지 학생은 적극적으로 참여하지 않는 무임승차 현상이 있었으나 에듀테크 도구를 활용한 협력 수업에서는 모둠 과제에 작은 기여라도 하려고 노력하는 모습을 보임

<표 5-48> 디지털 신기술 기반 학교도서관활용교육 교사 만족도 조사 결과(초등)

참여 교과	국어, 미술, 창체		수업 기간	2023.11.16.(목) ~ 11.24.(금)		참여 교사		김○중	
탐구 주제	표현의 적절성과 색의 변화를 고려해 책 띠지를 디자인하기		학습 모형	탐구학습 모형		평가 일시		2023. 11. 28. (화)	
단계	평가 항목		평가 척도						
			전혀 그렇지 않다 (1)	그렇지 않다 (2)	보통이다 (3)		그렇다 (4)	매우 그렇다 (5)	
분석	탐구 주제가 학생의 수준과 요구에 따라 선정되었다.							○	
	도서관 환경이 탐구학습 운영에 적절하다.							○	
	도서관 자료가 탐구 과제 해결에 충분하고, 최신성을 갖추고 있다.							○	
	학습자 분석이 잘 이루어졌다.							○	
	에듀테크가 탐구학습 운영에 적절하다.							○	
	에듀테크 운영에 어려움이 없었다.							○	
	학습 모형이 탐구 과제 해결에 적절하다.							○	
사전 학습 및 개발	진단평가 결과가 학생에게 잘 피드백되었다.							○	
	학생들은 사전 학습을 통해 배경지식을 잘 형성하였다.							○	
	수업지도안이 학습 목표 및 성취 기준에 맞게 잘 개발되었다.							○	
대면 수업	학생들의 탐구능력이 향상되었다.							○	
	학생의 탐구 결과 및 과정에 대한 평가는 계획대로 이루어졌다.							○	
	학생들의 교과 내용에 대한 이해가 늘어났다.							○	
	형성평가 결과를 토대로 학생의 수준(요구)에 따른 추가 학습이 진행되었다.							○	
만족도	신기술 기반 학교도서관활용교육이 일반적인 자료 활용 학교도서관활용교육에 비해 만족스럽다.							○	
	독서로는 학교도서관활용교육에 도움이 되었다.							○	
개선 방안			에듀테크 사용 시 교사가 학생 개인의 학습 상황을 전체적으로 확인할 수 있는 관리시스템이 도입될 필요 있음						

- 탐구 중심 수업을 에듀테크 활용 협동수업으로 설계할 때의 장점에 비해 교실에서 에듀테크 도구를 사용해 학생 개인별 활동을 할 경우 교사 1인이 에듀테크 도구 사용과 주제 활동 모두에 대한 질문 응대와 피드백이 어려울 수 있음. 교사가 학생 개인의 학습 상황을 전체적으로 확인하거나(예: 크롬북, 구글 Classroom) 개별, 맞춤형 학습 지원이 가능한 관리시스템이 도입될 필요 있음

○ 사례 평가
- 본 수업은 광고의 의도와 표현 방법을 이해하고 인상 깊게 읽을 책을 골라 책 띠지를 디자인하는 수업으로, 5학년을 대상으로 사서교사가 독자적으로 실시했던 미디어 리터러시 수업을 6학년 국어, 미술 교과와 연계해 에듀테크를 접목한 협동수업으로 재구성함. 필기도구와 채색 도구를 이용해 활동지에 띠지를 디자인했던 기존 수업은 디자인 앱 교육 없이 손쉽게 활동할 수 있고 수정도 간편하다는 장점이 있지만 채색 도구만으로는 띠지에 적합한 색을 표현하는 데 어려움이 있고 그림을 잘 그리지 못하거나 글씨체가 예쁘지 않다고 생각하는 아이들은 활동에 적극적으로 참여하지 않는 단점도 있었음. 디자인 프로그램 캔바는 색이 조화로운 템플릿을 제공하고 다양한 글씨체 사용 및 그림이나 사진의 삽입이 가능해 기성품에 가까운 다채로운 표현과 완성도 높은 작품 제작이 가능함
- 학생은 학교에서 디자인 프로그램을 사용해 프레젠테이션이나 포스터를 제작한 경험은 있으나 수업 시간에 사용법 교육을 별도로 받은 적은 없었음. 에듀테크를 활용한 교육은 디지털 도구 사용 능력의 차이가 결과물 제작과 표현에 영향을 줌. 캔바 사용법 교육을 사전에 실시하고 학습자 수준과 요구에 따라 추가로 교육을 진행해 결과물의 완성도를 높인 점은 긍정적으로 평가할 수 있음. 아울러 도서관 환경 분석을 통해 와이파이 출력을 점검하고 디자인 프로그램이 원활하게 구동되도록 노후 컴퓨터를 교체하는 등 에듀테크 기반 협동수업을 위한 사전 준비가 잘 이루어짐
- 캔바에서 수업 개설 후 협력 교사를 관리자로 초대해 학생 결과물을 함께 평가할 수 있도록 하고 학생 개인별 폴더 생성 시 작성자 권한을 편집용, 보기용으로 구분해 부여함. 내 폴더에 저장된 결과물은 자신만 수정·편집할 수 있어 안전한 활동이 가능함
- 디지털 도구로 자료를 제작할 경우 키보드와 마우스를 함께 제공하거나 크롬북과 같이 자판이 있는 디지털 기기를 제공하면 자료 제작 시간을 단축할 수 있음. 책 띠지 디자인 활동은 자판 입력보다는 디자인 요소를 선택(클릭)하는 작업이 많아 태블릿 PC 사용 시 펜을 제공해 제작 시간을 줄임
- 초등학교에서는 담임교사가 거의 모든 교과를 전담해 주제 통합이 수월한 편임. 그러

나 정해진 학습량(교과 진도)과 창의적 체험학습 시간을 활용한 범교과 주제 활동이 많아 협력 수업 전 별도의 협의 시간이나 에듀테크 도구 교육을 위한 사전 학습활동 시간을 마련하는 데 어려움이 있음. 따라서 탐구 중심 수업 중 도서관을 활용한 협동수업으로 진행될 수 있는 교과와 단원을 분석해 활용할 수 있는 자료와 에듀테크 도구, 협의 절차와 내용 등을 매뉴얼로 구성할 필요가 있음

부록: 초·중·고등학교별 통합 정보활용교육 지도안(예)*

○ 초등학교 운영 사례(교과 단독-고정 시간표)

다음은 초등학교 4학년 미술 교사가 사서교사와 함께 협동수업을 운영한 사례이다.

학습상황

[학교 및 도서관 상황]

A 초등학교는 도시 중심가의 비교적 소규모인 20학급 규모 500여 명의 학생이 재학 중인 학교이다. 도시 공동화 현상 및 저출산으로 인해 학생 수가 점점 줄어들고 있으며 유휴 교실이 점차 늘어남에 따라 다양한 특별실을 조성할 수 있는 여건이 조성되었다.

도서관은 2층 교실 2칸 크기로 리모델링되었으며 장서수는 대략 1만여 권이다. 사서교사가 도서관이용 교육을 비롯한 도서관활용수업을 담당하고 있으며 소집단 학습이 가능한 모둠학습실이 있다. 각 모둠 테이블에는 학생 6명이 앉을 수 있고 정보검색이 가능한 컴퓨터도 각 1대씩 비치되어 있다.

[학교장의 관심과 지원 상황]

학교 기본 운영비 중 학교도서관 자료 구입비 3% 이상을 확보하도록 하고 있으며, 그 외 기타 운영비도 최소한 1% 이상은 지원하는 등 도서관 활성화에 관심이 많다. 학년 초에 교직원 연수 등을 통해 도서관활용수업에 대한 사전 계획서 작성 및 도서관활용수업을 적극적으로 권고한다.

[협동수업 배경]

4학년 담임인 박 교사는 미술 수업에 필요한 팝업 책, 병풍 책, 헝겊 책 등 도서관에서 소장하고 있는 다양한 종류의 그림책을 대출하고자 도서관에 왔다. 사서교사와의 대화 중에 사서교사가 북아트에 관심이 많고 또 능숙하다는 이야기를 듣게 되었으며 협동수업에 대한 의견을 나누었다. 자신의 수업을 공개해야 한다는 부담감도 있지만 교원 평가제 시행에 따른 수업 공개 연습도 될 수 있을 것 같고 사서교사와 협동수업을 한다면 학생들과 좀 더 다양한 활동을 할 수 있을 것 같아 흔쾌히 시도해 보기로 하였다. 수업 시간은 총 6차시 중에서 도입 부분인 1차시에는 그림책의 종류와 책의 역사, 책의 구조와 명칭에 대해서 지도하고 2차시 이후부터는 본격적으로 책 만들기를 해보기로 하였다.

[준비 과정 및 준비 내용]

사서교사는 책의 역사와 관련된 동영상, ppt 자료, 관련 그림책을 준비하고 박 교사는 스토리보드, 이야기를 요약하는 법 그리고 책을 만드는 데 필요한 각종 도구를 준비하기로 했다.

[수업 설계 및 운영상의 한계와 대처 방안 등]

책의 역사와 구조, 명칭 등 책에 대한 전반적인 지식을 4학년 수준에 맞게 난이도를 조절해야 한다. 이야기책 만들기에서는 학생들이 책 자체를 만드는 것에 더 시간을 투자하는 경향이 있다. 따라서 학생들에게 이야기를 꾸며내는 것이 더 중요함을 충분히 인지시켜야 한다.

---

* 송기호 외 (2010). 학교도서관에서 배우는 기쁨 아는 즐거움. 대구: 대구광역시교육청, 25-31, 131-135, 225-229의 내용 일부를 수정 보완하여 정리함

[협동수업 설계]

협동수업 초대하기		참여 교과	미술	참여학급		4학년
		수업 주제	6. 상상 표현	정보 활용 능력	적용 단계	과제 분석, 정보 접근
			그림책의 세계		학습 기술	빈칸 채우기, 개념 연결 짓기
		수업 기간	3일	수업 시간		미술 단독 시간표(1/6)
수업 설계	학습 자료 선정	인쇄자료	• ○○편집부 (○○○○). 매달아 주는 헝겊 책 고양이. 서울: ○○. • 이○○ (○○○○). 장날. 서울: ○○ • 알론, 스티브 (○○○○). 냠냠 쩝쩝 꾸륵꾸륵 속 보이는 뱃속 탐험. 서울: ○○. • 리디, 로렌 (○○○○). 멋진 내 책 만들기. 서울: ○○아이. • 박○○ (○○○○). 어린이를 위한 책의 역사. 서울: ○○. • 오저스, 샐리 (○○○○). 이야기 쓰는 법. 서울: ○○북. • 구트리, 돈나 (○○○○). 스스로 만드는 책. 서울: ○○북. • 곽○○ (○○○○). 책 만들며 놀자. 서울: ○○예술샘.			
		시청각 자료	• EBS 교육방송 (○○○○). 다큐 프라임-피타고라스 정리의 비밀 1부 삼각형의 흔적 [DVD]			
		전자자료	• 에듀넷 (○○○○. ○○. ○○) http://www.edunet4u.net			
		시청각 교구	• 빔프로젝터, 실물 화상기			
	시간표 편성	미술 교과, 고정 시간표				
	학습 목표	○여러 가지 방법으로 만든 그림책이 있음을 안다. ○책의 구조와 명칭 및 책의 역사에 대해서 알 수 있다.				
	학습 모형	개별학습, 모둠학습				
공 동 수 업		교과교사	책 만들기 시연, 이야기 쓰기 지도			
		사서교사	그림책의 구조 및 명칭, 책의 역사에 대한 설명			
		학 생	책의 역사 및 구조와 명칭을 알고 직접 책 만들어 보기			
공 동 평 가		교과교사	이야기의 독창성 평가			
		사서교사	책의 역사, 명칭과 구조에 대한 이해 평가			

[1/6 차시 수업지도안]

수업 단계		교과교사	사서교사	학생	자료
도입 (5)		• 출석 확인 • 모둠 구성		• 모둠별 자리 앉기	
문제해결단계 (30)	과제 분석 (10)	• 수업 목표 제시 • 그림책에 대한 배경지식 확인 • 기억나는 그림책 이야기해 보기	• 다양한 종류의 그림책 보여주기 • 그림책과 일반 동화책의 차이점	• 배경지식 점검하기 • 기억에 남는 그림책 발표하기	• 활동지 • 팝업북 • 병풍 책 • 헝겊 북
	정보 접근 (15)	• 책의 역사 소개 • 그림책을 찾고 있는지 확인	• 그림책 검색법 지도 - KDC 분류기호, 별치기호 • 그림책을 찾아 구조와 명칭 설명 • 책의 역사 관련 동영상 상영 - 파피루스	• KDC 별치기호를 알고 그림책 검색하기	• PPT • 동영상
	평가 (5)		• 정보 접근 평가	• 자기 평가표 작성	• 자기 평가표
수업 평가 (5)		• 활동지 평가를 통한 이해도 측정(상, 중, 하)		• 책의 이해도 평가	• 평가지

【배경지식 확인을 위한 학습지】

기억에 남는 그림책은 무엇인가요?

4학년 (   )반 이름 (   )   (   )년 (   )월 (   )일

1. 그림책 제목은 무엇인가요?

2. 주인공은 누구였나요?

3. 줄거리는 어떻게 되나요?

4. 기억에 남은 이유는 무엇인가요?

부 록 439

【책의 구조와 명칭 확인 평가지】

책의 구조와 명칭
4학년 (　　)반 이름 (　　　　　　)　　　　(　　)월 (　　)일

부분	명 칭	역 할
1		
2		
3		
4		
5		
6		
7		
8		
9		
10		
11		
12		
13		
14		

【책의 역사 이해도 평가지】

책의 역사	
4학년 (　　)반　이름 (　　　　　　)	2010년 (　　)월 (　　)일

♣ 그림과 책의 재료 이름을 올바르게 이어보세요.

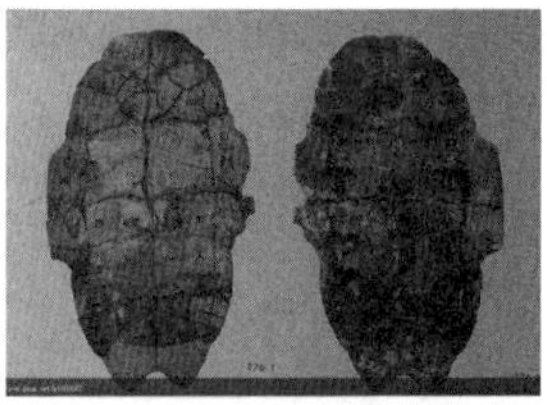

· 　　　　　　　·　죽 간

· 　　　　　　　·　파피루스

· 　　　　　　　·　양피지

· 　　　　　　　·　목 간

· 　　　　　　　·　갑골문자

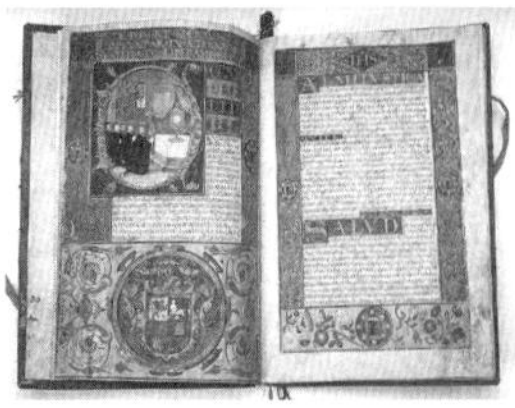

· 　　　　　　　·　점토판

【정보 탐색 자기 평가표】

학 반	( )학년 ( )반 ( )번
이 름	

자신의 정보 탐색을 가장 잘 설명하고 있는 항목에 ✓표시 하세요.	전혀 그렇지 않다	그렇지 않다	가끔 그렇다	항상 그렇다
나는 정보를 탐색하기 전에 왜 정보가 필요하며, 찾아낸 정보를 어떻게 이용할 것인가를 생각한다.				
나는 정보를 탐색하기 전에 어떤 학습자료가 가장 적합한지를 생각한다.				
나는 다양한 유형의 학습자료에 대한 이용법을 알고 있다.				
나는 학습자료의 색인, 목차, 도표 등으로부터 정보를 찾아낼 수 있다.				
나는 찾아낸 정보가 필요한 것인지 여부를 결정하고, 필요한 정보를 정리한다.				
나는 정보를 정확하게 사용한다.				
의 견				

○ 중학교 운영 사례(교과 연계-고정 시간표)

다음은 중학교 2학년 도덕 교과와 미술 교과가 각각의 고정 시간표를 이용하여 사서교사와 함께 협동수업을 운영한 사례이다.

학습상황

[학교장의 관심과 지원 상황]

사서교사의 존재에 따른 학교도서관 운영의 긍정적 변화를 실감하는 학교장은 사서교사에게 전적인 신뢰와 심리적 지지를 보내고 있다. 예산에 있어서도 학교 운영비의 3% 이상 자료 구입비 책정 등 이상적인 지원이 이루어지고 있다.

[협동수업 배경]

K 중학교 2학년 도덕 교사는 지난해 〈바람직한 국가 민족 생활〉 단원 중 (2) 우리 민족의 얼과 문화유산 수업 시 문화유산 신문 만들기를 하여 수행평가에 반영했다. 올해에는 새로운 형태로 수행평가에 반영해 보고 싶다는 막연한 생각을 하고 있었다. 점심시간에 2학년 미술을 담당하는 신규 교사와 수행평가와 관련한 이야기를 하다가 아이디어를 얻어 수행평가를 미술과와 협동하여 진행하기로 하였다. 구체적인 아이디어를 구상하던 중 도서관에서 우리 민족의 문화유산을 조사해 보고, 이를 소재로 관광 기념품을 만들어 홍보하기로 했다.

이를 위해 1차시에는 도덕 교사와 사서교사가 협동수업으로 수업을 진행하여 다양한 자료를 조사하여 소재로 할 민족 문화 유산을 선정하고, 제품 디자인과 관련한 자료를 분석하기로 했다. 2차시에는 사서교사와 미술 교사의 협동수업으로, 학생들은 제품을 디자인하고 홍보하기로 했다. 세 명의 교사는 수업 전에 미리 만나 학습주제를 선정하고, 공통 학습지도안과 학습지를 제작하는 등 협의했다.

[준비 과정 및 준비 내용]

사서교사는 한국 문화유산에 관한 자료를 조사할 수 있도록 관련 자료의 소장 수준을 되짚어 보았다. 문화재청 어린이 마당에 유네스코 등재 유산 등이 잘 정리되어 있으므로 이를 적극적으로 활용하기로 했다.

[협동수업 설계]

수업 설계	협동 수업 초대 하기	참여 교과	도덕-미술		참여 학급	2학년
		수업 주제	II. 바람직한 국가 민족 생활 (2) 우리 민족의 얼과 문화유산		정보 활용 능력	적용 단계	정보 접근 → 정보 분석 → 정보 종합 및 표현
			우리 문화유산 관광 기념품 만들기			학습 기술	참고자료 표기법 주제어 검색법
		수업 기간	2일		수업 시간	고정 시간표 2시간
	학습 자료 선정	인쇄 자료	• 국가○○청 (○○○○). 한국의 세계유산. 서울: ○○. • 국가○○청 (○○○○). 어린이문화재박물관. 서울: 사○○. • 배○○ (○○○○). 문화재에 얽힌 8가지 재미있는 이야기. 서울: ○○정신. • 장○○ (○○○○). 문화재를 알면 역사가 보인다. 서울: ○○비. • 최○○ (○○○○). 우리 문화유산 열두 가지. 시○○. • 이○○ (○○○○). 문화유산원정대. 서울: ○○북스. • ○○○위대한 유산제작팀 (○○○○). 위대한 유산. 서울: ○○스.
		시청각 자료	PPT
		전자 자료	• 어린이청소년국가유산청 (○○○○. ○○. ○○) http://kids.khs.go.kr/
		시청각 교구	빔프로젝터, 실물화상기
	시간표 편성		도덕, 미술 고정 시간표
	학습 목표		우리 문화 유산과 관련한 자료를 참고하여 문화유산 관광 기념품을 만들 수 있다.
	학습 모형		모둠학습
공동수업	교과 교사		문화유산의 가치 설명(도덕), 기념품 제작(미술)
	사서 교사		문화유산 관련 자료 탐색 및 참고문헌 표기법 지도
	학생		문화유산 관련 자료 탐색, 참고문헌 표기법 학습, 문화유산 관광 기념품 제작
공동평가	교과 교사		문화유산의 가치 이해 정도
	사서 교사		인터넷 정보원 기록 방법

[1~2차시 협동수업 지도안]

수업 단계			교과교사	사서교사	학생	자료
	도입 (5)		문화유산 관련 TV 프로그램 제시			MBC 느낌표 74434 문화재 환수 CF
1차시	문제해결단계	과제 분석 (10)	문화유산에 대한 가치 설명 후, 문화유산과 관련한 자료 참고하여 관광 기념품 제작 설명			PPT
		정보 접근 (10)		문화유산 관련 자료 탐색 지도	문화유산 관련 자료 탐색	인쇄 및 전자자료
		정보 분석 (20)	모둠 분담 지도	학습지 1 작성 지도 모둠 분담 지도	학습지 1 작성 문화유산 이해하기	인쇄 및 전자자료
2차시		종합 정보 정보 표현 (20)	모둠 분담 지도	참고문헌 표기법 설명	학습지 1 완성 문화유산 기념품 형태, 문구, 이미지 구상, 발표	실물화상기
		평가 (10)			탐색 과정 자기 평가	학습지
	수업 평가 (15)		문화유산의 역사적 가치 이해 정도 질문	인터넷 정보원 기록 방법 확인하기	자기 평가	학습지

[1/2 차시용 학습지]

참고한 자료(꼭 밝혀주세요.)

도 서

지은이	출판연도	제목	출판사	참고한 페이지
.	.	.	.	○○-○○
.	.	.	.	○○-○○
.	.	.	.	○○-○○
.	.	.	.	○○-○○

인터넷

사이트명	접속일	인터넷 주소
.	(○○○○. ○○. ○○.)	.
.	(○○○○. ○○. ○○.)	.
.	(○○○○. ○○. ○○.)	.

내가 찾은 우리 문화유산 관련 정보

유산 명	연대	역사적 가치

기념품 형태 (O 표하세요.)	엽서, 카드, 책갈피, 홍보지(소책자), 기타: _____	
계획	문구	
	이미지	
	크기	
	주요 판매 대상	

○ 고등학교 운영 사례(교과 연계-변동 시간표)

국어와 사회 교과가 연계하여 사서교사와 함께 협동수업을 진행한 사례이다.

학습상황

[협동수업 배경]

교사 독서 모임에서 최근 인상 깊게 읽은 소설 『고백』을 소개하였다. 규범이란 테두리 안에서 결코 해결할 수 없는 사원(私怨)을 양심과는 별도로 법 테두리 밖에서 풀어가는 이 소설에 대해 찬, 반의 결과가 명확하게 나뉘었다. 이야기 과정은 법과 양심이란 주제로 확대되었으며 이 소설을 통해 주인공의 처지에서 '법과 양심 사이의 갈등할 수 있는 다양한 상황'을 수업과 연계할 수 있지 않을까? 하는 공감대가 형성됐다. 독서 모임에서 친분이 있던 국어과, 사회과 선생님께 이 주제를 가지고 함께 협동수업을 하자고 제안했다. 위 주제에 대하여 두 교과교사는 단독 협동수업이라면 가능하겠지만 학습 내용의 공통점을 전제로 한 협동수업이 가능하겠는가에 의문을 품었다. 국어과에서 법, 양심을 주제로 한 단원은 없지만, 이들과 관련된 책을 읽고 그 내용을 토대로 사회 수업의 '규범'과 연계하면 가능하다는 방향으로 의견을 모았다.

[준비 과정 및 준비 내용]

국어 교사와 사서교사는 교사 독서 모임 과정에서 제안한 주제는 사회과와 상당히 연관이 있을 것으로 기대하고 사회과 교육과정 해설서를 분석했다. 사회과 단원 분석 후 핵심이 될 주제어로 '준법'과 '양심'으로 정했다. 이 주제어로 사회과 학습 내용 구성이 가능하다는 사실을 확인 후 국어, 사회 교과와 협동수업 주제로 설정했다. 국어과는 학습 내용의 주제와 직접 관련이 없으므로 사회과 학습의 실마리를 제공할 방법으로 문학작품 감상을 통한 독서 경험을 제공하기로 협의했다. 수업의 진행은 2차시 수업을 통합하여 진행하기로 했다. 사회 교사는 〈3. 사회생활과 법 규범〉의 단원 개관을 강의로 준비하고 단원에 관한 내용이 실제 사회에서 일어난 신문 기사를 소개하여 모둠별로 토의할 수 있는 주제를 선정하였다. 수업시간은 1학년 3반의 시간표 가운데 국어와 사회가 동시에 들은 수요일로 정하고 묶음 시간표를 만들기 위해 다른 교과교사에게 시간표 조정에 대한 양해를 구했다.

[수업 설계 및 운영상의 한계와 대처 방안 등]

수업이 진행되면서 국어, 사회, 사서 이 3명의 교사가 번갈아 내용을 강의하고 모둠별 학습을 진행하다 보니 매우 산만했다. 국어, 사회 교과의 연계성을 억지로 끼워 맞추다 보니 아이들이 혼란스러워 한 것 같다. 국어과 관련 문학작품을 검색 후 그 내용을 토대로 사회과의 '사회생활과 법 규범'을 연계하고, 사회과 주제와 관련된 신문 원문을 검색하는데 정밀한 검색 옵션을 모둠별로 찾지 못해 주제와 관련된 원문을 찾을 수 없었다. 교과 간의 협동수업에서 서로 인정할 수 있는 유기적인 연계 내용이 있어야 하며 그것을 자연스럽게 끼워 맞출 수 있는 수업기술 역시 필요하다.

[협동수업 설계]

수업설계	협동수업 초대하기	참여 교과	국어, 사회	참여 학급	1학년 3반 (29명)	
		수업 주제	양심과 법 규범 [국어] 4. 삶과 문학 [사회] 3. 사회생활과 법 규범	정보 활용 능력	적용 단계	정보 접근, 정보 종합 및 표현
					학습 기술	• 검색 엔진 이용 • 신문, 잡지 기사 검색 • 개요 작성, 보고서 쓰기
		수업 기간	1일	수업 시간	90분 수업	
	학습자료 선정	인쇄자료	• 도스토옙스키, 표도르 (○○○○). 죄와 벌. 서울: ○○책들. • 위고, 빅토르 위고 (○○○○). 레미제라블. 서울: ○○문화사. • 다카노 가즈아키 (○○○○). 13계단. 서울: ○○가지. • 마나토 가나에 (○○○○). 고백. 서울: ○채 • 오쿠노 슈지 (○○○○). 내 아들이 죽었습니다. 서울: ○○○○하우스			
		시청각 자료	• 영화 〈죄와 벌〉			
		전자자료	• BIGKINDS (○○○○. ○○. ○○). http://www.kinds.or.kr			
		시청각 교구	프로젝션			
	시간표 편성	국어과 사회과 수업 시간 조정				
	학습목표	• 주제를 기반으로 한 문학작품의 개관을 전자 자료를 통해 검색, 정리할 수 있다. • 사회의 주요 사건과 관련된 신문 기사 사례를 검색할 수 있다.				
	학습 모형	모둠학습				
공동수업	교과교사	학습목표 설정, 모둠별 탐구 활동 후 교과 연계 강의				
	사서교사	모둠별 탐구 활동 지원				
	학 생	교과별 학습지 작성				
공동평가	교과교사	교과 주제 연계성 평가				
	사서교사	정보검색 과정의 정확성 평가				

[(1차시) 협동수업 지도안]

수업 단계		교과교사	사서교사	학생	자료
도입 (15)		• 출석, 인사 • 주제와 교과 간 연계성 제시 ② [국어] 양심의 갈등을 다룬 문학작품 제시 (죄와 벌, 장발장, 13계단, 고백, 내 아들이 죽었습니다. 등) ④ [사회] 각종 법규 위반 관련 사례 제시 (의도적인 법규 위반이 아닌 양심과 관련된 법규 위반 사항들-교통 법규 위반, 기초생활질서 위반 등)	① 동기유발을 위한 영상자료(영화 죄와 벌) 상영	• 인사, 대답 ③ 모둠별 [국어] 과제를 위한 문학작품 선정	
문제해결단계	과제 분석				
	정보 접근 (25)		⑤ 전자자료(인터넷)를 이용한 [국어] 교과 과제 접근 방법 제시(다른 주제를 대상으로 시연) ⑦ BIGKINDS를 이용한 [사회] 주제 연관 기사 접근방법 제시(다른 주제를 대상으로 시연)	⑥ 인터넷 포털의 검색 엔진을 통해 [국어] 관련 학습지 작성 ⑧ 신문기사 DB를 통해 [사회] 관련 학습지 작성	학습지 1 [국어] 학습지 2 [사회]
	정보 분석				
	정보 종합 정보 표현 (25)	⑩ [국어] 모둠별 검색한 문학작품 내에 〈양심의 갈등〉 부분을 소설의 개연성과 연관 지어 강의, 정리		⑨ 모둠별 학습지 정리, 종합 및 발표	
		⑪ [사회] 양심과 어긋난 사례(신문기사)를 토대로 법규가 없는 사회의 혼돈을 지적하고 사회에서 법의 필요성을 강의, 정리			
	평가 (10)			⑫ 상호평가-자기평가	
수업평가 (15)		⑬ 교과 주제 연계성 평가	⑭ 정보검색 과정의 정확성 평가		

학습지 1 [국어과]

이름		작성 일자	
주제	법과 양심을 주된 내용으로 한 문학작품은?		

1. 전자 자료를 통해 찾은 위 주제를 담고 있는 문학작품은 무엇인가?

순위	검색한 문학 작품명	전자자료						
		지식in	카페 글	블로그	웹 문서	백과사전	인터넷 서점	개인 과제물
1	고백	○			○		○	
2								
3								
4								
5	…							

2. 위 자료 가운데 하나를 선택해서 '내용 정리하기'를 작성하시오.

책 이름			
쓴 사람		출판사	

법(양심)과 이 책의 어떤 내용이 관련이 있는가?
참고한 자료 출처

학습지 2 [사회과]

이름		작성 일자	
주제	양심을 따랐으면 어기지 않았을 법규 위반 사례들		

1. 전자 자료를 통해 찾은 위 주제를 담고 있는 신문 기사는 무엇인가?

	기사출처	기사 제목	기사 내용
1 (예시)	○○일보 (○○○○. ○○.○○)	만우절 해프닝	백화점 폭발물 설치 거짓 신고, 발신자 추적을 통해 용의자 검거 후 구속
2			
3			
4			
5			

참고문헌

강봉숙 (2023). 「학교도서관진흥법」 규정 인력 배치에 따른 지역 간 교육격차에 관한 연구. 한국문헌정보학회지, 57(3): 231-248. https://doi.org/10.4275/KSLIS.2023.57.3.23

강창동 (2003). 지식기반사회와 학교 지식. 서울: 문음사.

개포고등학교 (2002). 학습자료 이용지도 프로그램을 통한 자기주도적 학습능력 신장 방안. 서울: 개포고등학교.

고영만 (2010). 정보문해론 (개정판). 서울: 한국도서관협회.

곽병선 (1986). 교육과정. 서울: 배영사.

광주광역시교육청 (2023). 2024학년도 교육과정 편성을 위한 교과목 신설 과목.

교대학교도서관연구회 (1994). 학교도서관. 서울: 박문사.

교원자격검정령. 대통령령 제34925호.

교원자격검정령시행규칙. 교육부령 제319호.

교육부 (2014). 사회 4-1. 서울: 동아출판.

교육부 (2023). 디지털 기반 교육 혁신 방안. 세종: 교육부.

교육부, 17개 시도교육청, 한국교육시설안전원 (2021). 그린 스마트 미래 학교 도움 자료. 서울: 학교교육시설안전원.

교육부, 한국교육학술정보원 (2023). 에듀테크 수업 활용 가이드북. 출처: https://www.keris.or.kr/main/ad/pblcte/selectPblcteETCInfo.do?mi=1142&pblcteSeq=13594

교육인적자원부 (2003). 학교도서관활성화종합방안. 서울: 교육인적자원부.

교육인적자원부, 서울특별시교육청 (2003). 학교도서관 운영 편람. 서울: 서울특별시교육청.

국립국어원 표준국어대사전 (2024. 11. 29.). https://stdict.korean.go.kr

권은경 (2011). 학교도서관의 교육적 효과에 대한 중학생의 인지도 분석. 한국도서관·정보학회지, 42(1): 125-144.

김강선, 김정인, 박순혜, 박은하, 이선영, 이지영, 전우경, 정재연 (2023). 새로운 학교도서관 교육과정 디자인을 위한 어린이·청소년 디지털 리터러시 역량 강화 교수-학습자료. 초등학교용. 서울: 국립어린이청소년도서관.

김경희 (2019). Creativity Challenge: how we can recapture American innovation. 손성화 옮김. 4차 산업혁명 시대 창의 인재를 만드는 미래의 교육. 서울: 예문아카이브.

김대현 (1993). 학교에서의 통합 교육과정 개발. 한국교육. 20: 89-104.

김　선, 반재천 (2021). 학생의 배움과 성장을 지원하는 과정 중심 피드백. 대전: MAEC.
김용철, 박현주, 송기호, 이병기, 함명식 (1995). 고등학교 정보와 매체. 서울: 대한교과서.
김진영 (2009). 공학교육에서의 토론식 수업. 서울: 홍릉과학출판사.
김현주 (2008). 학교도서관을 활용한 중학생 진로 교육 프로젝트 학습 모형에 관한 연구. 석사학위논문. 전남대학교 교육대학원. 사서교육전공.
김혜련 (2005). 통합 교육과정의 교육 내용 조직에 적용된 계열성 원리 비교. 석사학위논문, 한국교원대학교 교육대학원.
김혜온 (2009). 다중지능이론의 비판적 성찰. 인간발달연구, 16(4): 1-19.
김효정, 김승환, 한복희, 송영숙 (1997). 독서교육의 이론과 실제 (개정판). 서울: 한국도서관협회.
나장함 (2005). 통합 교육과정에 대한 관점: 간 학문적 접근의 영재 및 범재 교육에 대한 시사점. 영재와 영재교육, 4(1): 25-45.
남소희 (2010). 프로젝트 수업을 활용한 고급 중국어 학습자 교수 방안. 석사학위논문, 숙명여자대학교 교육대학원.
노정임, 송기호, 유종열 (2017). 다중지능을 이용한 초등학교 도덕 교과서 탐구 과제의 교수학습 전략 분석. 한국문헌정보학회지. 51(2): 5-22.
도서관법. 법률 제19592호.
명지원 (2006). 기존 통합 교육과정의 한계와 그 극복으로서 홀리스틱 통합 교육과정. 한국홀리스틱교육학회지, 10(1): 17-32.
목영애 (2001). 디지털 문화와 교육. 서울: 문음사.
문순홍 (2006). 생태학의 담론. 서울: 아르케.
문정화, 화종덕 (1999). 또 하나의 교육 창의성. 서울: 학지사.
문화체육관광부 (2019). 2019년 전국도서관 운영 평가 우수사례집.
문화체육관광부 (2020). 2020년 전국도서관 운영 평가 우수사례집.
박기현, 온정덕, 정제영, 조용상, 김수환, 송석리, 정영식, 송은정, 조기성, 이동국, 이은상, 김지혜, 정훈 (2023). 디지털 교육 트렌드 리포트 2024. 서울: 테크빌교육.
박명규 (2004). 학교도서관 중심의 정보 교과 교육과정 모형. 박사학위논문, 연세대학교 대학원, 문헌정보학과.
박민애, 손원숙 (2021). 형성적 피드백이 고등학생의 수학성취에 미치는 차별적 효과 및 영향 요인 검증: 회귀 혼합모형의 적용. 교육과정평가연구, 24(4): 269-290.
박민주, 박보경, 이은주, 이정숙, 임정훈, 전보라 (2023). 새로운 학교도서관 교육과정 디자인을 위한 어린이·청소년 디지털 리터러시 역량 강화 교수 학습자료. 중학교용. 서울: 국립어린이청소년도서관.
박주현 (2020). UNESCO의 미디어와 정보 리터러시의 교육 내용 분석과 교육과정에 관한 연구. 한국문헌정보학회지, 54(2): 349-374.

박효정, 성용구, 신명희, 유승희, 이영만, 정재걸, 정종진, 정태희, 하대현 (2006). 다중지능이론과 수업. 서울: 양서원.

변우열 (2015). 독서교육의 실제 (개정판). 서울: 한국도서관협회.

변우열, 송기호 (2013). 도서관의 청소년 글쓰기 프로그램 모형 개발 서울: 국립어린이청소년도서관.

사토 마나부(佐藤學) (2003). 學びから逃走する子どもたち. 손우병, 김미란 옮김. 배움으로부터 도주하는 아이들. 서울: 북코리아.

사토 마나부(佐藤學) (2011). 敎育の方法. 박찬영 옮김. 아이들을 어떻게 가르칠 것인가. 서울: 살림터.

사토 마나부(佐藤學) (2016). 學校を改革する 學びの共同體の構想と實踐. 손우정, 신지원 옮김. 사토 마나부 학교개혁을 말하다. 서울: 에듀니티.

서울특별시교육청 (2005a). 중·고등학교용 과학과 독서지도 매뉴얼. 서울: 서울특별시교육청.

서울특별시교육청 (2005b). 중·고등학교용 국어과 독서지도 매뉴얼. 서울: 서울특별시교육청.

서울특별시교육청 (2005c). 중·고등학교용 국사과 독서지도 매뉴얼. 서울: 서울특별시교육청.

서울특별시교육청 (2005d). 중·고등학교용 도덕과 독서지도 매뉴얼. 서울: 서울특별시교육청.

서울특별시교육청 (2005e). 중·고등학교용 사회과 독서지도 매뉴얼」. 서울: 서울특별시교육청.

서울특별시교육청 (2005f). 중·고등학교용 수학과 독서지도 매뉴얼. 서울: 서울특별시교육청.

서울특별시교육청 (2005g). 중·고등학교용 영어과 독서지도 매뉴얼. 서울: 서울특별시교육청.

서울특별시교육청 (2005h). 학습능력향상을 위한 초등독서지도자료. 서울: 서울특별시교육청.

설진아, 강진숙 (2015). 미디어 교육. 서울: KNOUPRESS.

세종특별자치시교육청, 공주대학교. (2015). 미래 세상을 창조하는 우리들: 초등학교 교사용 지도서. 세종: 세종특별자치시교육청.

손정표 (2001). 신독서지도 방법론. 대구: 태일사.

송기호 (2006). 학교도서관 교육의 실제. 서울: 한국도서관협회.

송기호 (2007). 학교도서관 교육 활성화 전략으로서 통합 교육과정 개발에 대한 연구. 한국도서관·정보학회지, 38(4): 87-116.

송기호 (2008a). 교과 연계성 강화를 위한 학습주제 중심의 통합 정보활용교육과정에 대한 연구. 박사학위논문, 연세대학교 대학원, 문헌정보학과.

송기호 (2008b). 개별 교과의 고정 시간표를 이용한 학교도서관활용수업의 활성화 전략에 대한 연구. 한국비블리아학회지, 19(2): 165-186.

송기호 (2009a). 통합 정보활용교육과정론. 서울: 오름디엘스.

송기호 (2009b). 사서교사를 위한 학교도서관 경영 시론. 서울: 조은글터.

송기호 (2010). 학교도서관활용수업에서 사서교사와 교과교사의 협동수업 향상을 위한 교수설계 전략에 대한 연구. 한국비블리아학회지, 21(2): 111-127.

송기호 (2013a). 사서교사가 교육과정을 알아야 하는 이유. 학교도서관저널, 36: 26-33.
송기호 (2013b). 학교도서관 정보서비스 전개 방향과 활성화 전략. 한국비블리아학회지, 24(2): 49-67.
송기호 (2014). 사서교사를 위한 통합 정보활용교육론. 대구: 태일사.
송기호 (2016). 초등학교 사회 교과서 탐구 과제에 포함된 사서교사의 교육 정보서비스 요소 분석: 4·5·6학년 1학기 사회 교과서를 중심으로. 한국도서관·정보학회지, 47(3): 1-20.
송기호 (2017). 정보처리모형을 이용한 초등학교 도덕 교과서의 수록 매체 분석. 한국비블리아학회지, 28(1): 5-23.
송기호 (2018). 학교도서관 교육과 협동수업하기. 서울: 한국도서관협회.
송기호 (2020). 사서교사를 위한 통합정보활용교육론 (개정판). 대구: 태일사.
송기호 (2021). 학교도서관 운영의 실제 (개정 6판). 서울: 한국도서관협회.
송기호 (2024). 에듀테크 기반 학교도서관활용교육 설계 모형 개발. 한국문헌정보학회지, 58(1): 31-51.
송기호, 노지윤, 박주현, 소병문 (2023). 디지털 신기술 기반 학교도서관활용교육 방안 연구. 서울: 국가도서관위원회, 문화체육관광부.
송기호, 이승길, 이상훈, 이수경 (2005). 독서를 통한 정보활용능력 가이드 개발: 초등학생용. 서울: 국립어린이청소년도서관.
송기호, 우주연, 이영환, 이필수, 채주희 (2008). DLS 기반 통합 정보활용교육 프로그램 개발. 서울: 영신고등학교,
송기호, 강봉숙, 김혜연, 박성희, 박주현, 백은희, 유은혜, 허우정 (2010). 학교도서관에서 배우는 기쁨 아는 즐거움. 대구: 대구광역시교육청.
송기호, 유종열, 김도연, 허우정, 이경화, 소병문, 이승민 (2016). 도서관과 함께 엮그는 자유학기제. 서울: 국립어린이청소년도서관.
송민영 (2006). 홀리스틱 교육사상. 서울: 학지사.
양경화 (2023). 에듀테크 기반 교육환경 구축 방안. 전주: 전라북도교육청미래교육연구원, 전북교육정책연구소. (전북교육 2023-322. 교육정책연구 2023-001)
와키 아키코(脇明子) (2006). 그림책에서 이야기책까지. 홍성민 옮김. 서울: 현문미디어.
유네스코 프랑스위원회, 유네스코 (2007). Paris Agenda or 12 Recommendations for Media Education. Available: https://www.diplomatie.gouv.fr/IMG/pdf/Parisagendafin_en.pdf
유네스코 한국위원회 (2022). 세계시민을 위한 미디어 정보 리터러시 교안 개발 연구. 서울: 유네스코한국위원회. 출처: https://unesco.or.kr/wp-content/uploads/2024/06/세계시민을-위한-미디어정보리터러시-교안-개발연구.pdf
유네스코 한국위원회 (2024. 11. 13.). 모두를 위한, 모두에 의한 미디어 정보 리터러시에 관한 서울

선언문: 디스인포데믹에 대한 저항.

출처: https://www.gcedclearinghouse.org/sites/default/files/resources/210168kor.pdf

유동희 (2011). TRIZ를 활용한 수업설계 개선 연구. 박사학위논문. 경북대학교 대학원, 교육학과 교육과정 및 방법 전공.

유소영 (2004). 정보이용능력 기준과 정보 처리 학습 모형에 관한 연구. 한국도서관·정보학회지, 35(4): 251-269.

유영만 (2006a). 지식 생태학: 지식기반사회를 위한 포스트 지식경영. 서울: 삼성경제연구소.

유영만 (2006b). 교육공학의 학문적 지평 확대와 깊이의 심화(2탄). 서울: 원미사.

이경화, 박영민, 김승희, 김혜선, 윤숙현, 고진희, 김애연 (2007). 교과 독서와 세상 읽기. 서울: 박이정.

이돈희 (1996). 교과학과 교사의 자질. 사회과교육, 29: 3-11.

이돈희, 박순경 (1997). 교과학 기초 연구. 서울: 한국교육개발원.

이돈희, 강인애, 김태중, 김태한, 이무근 (1999). 지식기반사회와 교육. 서울: 교육부.

이미경, 박순경, 권점례, 백경선, 이근호, 김성혜, 김희경, 한혜정, 이주연, 김현정, 김현수, 박은아, 박주현, 변희현, 김현경, 김현정, 박영수, 서지영, 이경언, 최성희, 장경숙, 이용백, 김영춘, 김종윤 (2017). 2015 개정 교육과정에 따른 고등학교 교과별 평가 기준 개발 연구(총론). 서울: 한국교육과정평가원.

이성호 (2004). 교육과정 개발의 원리. 서울: 학지사.

이성흠, 이 준 (2009). 교육 방법 및 교육공학 (제2판). 서울: 교육과학사.

이신동 (1994). 정보 처리 이론의 한계와 신경망 이론. 교육문제연구, 6: 231-247.

이영만 (2001). 통합 교육과정. 서울: 학지사.

이영만, 홍영기 (2006). 초등 통합 교육과정. 서울: 학지사.

이정은 (2005). 사람은 왜 인정받고 싶어하나. 서울: 살림.

이지연 (2008). 교육 방법 및 교육공학. 서울: 서연사.

이태욱, 유인환, 이철현 (2001). ICT 교육론. 서울: 형설출판사.

이혜영 (2009). 대학생을 위한 정보활용능력 척도 개발 연구. 석사학위논문. 중앙대학교 대학원, 문헌정보학과.

전보라 (2022). 2022학년도 1학기 음악과 도서관협력수업 운영 계획. 서울: 신목고등학교.

정현선, 박유신, 전경란, 박한철 (2015). 미디어 문해력 향상을 위한 교실 수업 개선 방안 연구. (교육부 2015-12)

조성민 (2000). 인성과 창의성 개발을 위한 NIE 탐구공동체 활용 프로그램. 서울: 교육과학사.

조세경 (2001). 구성주의와 문제 중심 학습법. 영어교육, 56(4): 311-327.

조연순 (2006). 문제중심학습의 이론과 실제: 문제로 시작하는 수업. 서울: 학지사.

학교도서관진흥법. 법률 제18547호

학교도서관진흥법시행령. 대통령령 제33343호.

한국교원대학교 초등교육연구소 (1999). 구성주의와 교과 교육. 서울: 문음사.

한국교육학술정보원 (2003). 학교도서관 평가 적용 및 교육적 효과 측정연구. 서울: 한국교육학술정보원.

한국교육학술정보원 (2006). 21세기 지식정보 역량 활성화를 위한 디지털 리터러시 지수 개발 연구: 디지털 리터러시 프레임워크 구성. (연구자료 RM 2006-56)

한국교육학술정보원 (2022). 수업 사례 분석을 통한 에듀테크 활용 교수학습 모델 개발 연구. 대구: 한국교육학술정보원.

한국교육학술정보원 (2023). 교육과정 연계 디지털 리터러시 교육 가이드라인 개발 연구. (연구보고 CR 2023-1)

한국도서관협회 (1982). 도서관학 개론. 서울: 한국도서관협회.

한국도서관협회 (1994). 도서관정보관리편람. 서울: 한국도서관협회.

한국방송통신위원회 (2020). 디지털 사회에서의 미디어 리터러시 지수 개발 연구. 방송융합정책연구. (KCC-2-20-31)

한국언론학회 (2018). 4차 산업혁명 시대의 학교 미디어 리터러시 교육. 서울: 지금.

한숭희 (2001). 평생학습과 학습 생태계: 평생교육의 새로운 패러다임. 서울: 학지사.

한윤옥 (1995). 학교도서관의 협동 교수 프로그램에 관한 연구. 한국문헌정보학회지, 29: 257-279.

함명식 (2003). 사서교사 협동수업 모형 개발과 과정에 관한 3단계 연구. 정보관리학회지, 20(1): 121-144.

Alameda Elementary School (2023). K-5 Library Curriculum. Available: http://www.pps.net/Page/6288

American Association of School Librarians(AASL) (2011). Position Statement on Flexible Scheduling. Available: http://www.ala.org/aasl/advocacy/resources/statements/flex-sched

American Association of School Librarians(AASL) (2016). Appropriate Staffing for School Libraries. Available: www.ala.org/aasl/sites/ala.org.aasl/files/content/aaslissues/positionstatements/AASL_Position%20Statement_Appropriate%20Staffing_2016-06-25.pdf〉

American Association of School Librarians(AASL) (2018). National School Library Standards for Learners, School Librarians, and School Libraries. Chicago: ALA.

American Association of School Librarians(AASL) (2019). Position Statement on School Library Scheduling. Available: https://www.ala.org//sites/default/files/aasl/content/advocacy/statements/docs/AASL_Scheduling_Position_Statement.pdf

American Association of School Librarians(AASL) (2020). The Instructional Role of the School Librarian. Available: https://www.ala.org//sites/default/files/aasl/content/advocacy/statem

ents/docs/AASL_Position_Statement_Instructional_Role.pdf

American Association of School Librarians(AASL) & Association for Educational Educational Communications and Technology(AECT) (1998a). Information Literacy Standards for Student Learning. Chicago: American Library Association

American Association of School Librarians(AASL) & Association for Educational Educational Communications and Technology(AECT) (1998b). InformationPower: Building Partnerships for Learning. Chicago: American Library Association.

Armstrong, Thomas (2022). Multiple intelligences in the classroom (4th ed.). 김동일 옮김. 다중지능과 교육 : 현장 교사를 위한 다중지능 활용법. 서울: 학지사.

Bishop, Kay & Larimer, Nancy (1999). Literacy through collaboration. Teacher Librarian, 27(1): 15-20.

Bolz, Norbert (2011). ABC Der Medien. 김태옥, 이승협 옮김. 미디어란 무엇인가. 서울: 한울.

Borich, Gary D. (2011). Effective Teaching Methods : Research-Based Practice (7th ed.). 박승배, 부재율, 설양환, 이미자, 조주연 옮김. 서울: 아카데미프레스.

Breivik, Patricia S. (1998). Student Learning in The Information Age. Arizona: The Oryx Press.

Brodie, Carolyn S. (2006). Collaboration practices. School Library Media Activities Monthly, 23(2): 27-30.

Bronfenbrenner, Urie (1995). The Ecology of Human Development. 이 영 옮김. 인간발달생태학. 서울: 교육과학사.

Brookhart, Susan M. (2020). How to Give Effective Feedback to Your Students (2nd ed.). 손원숙, 노현종, 유신복, 신이나, 박상현 옮김. 현장 교사를 위한 효과적인 피드백 방법. 서울: 학지사.

Bundy, Alan (2004). Australian and New Zealand Information Literacy Framework: principles, standards and practice (2nd ed.). Adelaide: Australian and New Zealand Institute for Information Literacy.

Burke, Jim (2002). Tools for Thought: Graphic Organizers for Your Classroom. Portsmouth, NH: Heinemann.

California School Library Association(CSLA) (1997). From Library Skills to Information Literacy: Handbook for the 21st Century (2nd ed.). California: Hi Willow Research and Publishing.

Callison, Daniel & Preddy, Leslie (2006). The Blue Book: On Information Age Inquiry, Instruction and Literacy. Westport: Libraries Unlimited.

Campbell, Bruce (2012). Handbook of Differentiated Instruction Using the Multiple Intelligences:

Lesson Plans & More. 황윤한, 조영임 옮김. 다중지능을 활용한 개별화 수업. 서울: 아카데미프레스.

Carletti, Silvana, Girard, Suzanne & Willing, Kathlene (1991). The Library / Classroom Connection. Ontario: Pembroke Publishers.

Catts, Ralph & Lau, Jesus (2008). Towards Information Literacy Indicators. Paris: Unesco. Available: http://iasl.worldpress.com

Carr, Nicholas (2011). Shallows. 최지향 옮김. 생각하지 않는 사람들 : 인터넷이 우리의 뇌 구조를 바꾸고 있다. 서울: 청림출판.

Carr, Nicholas (2020). The Shallows (2nd ed.). 최지향 옮김. 생각하지 않는 사람들 : 인터넷이 우리의 뇌 구조를 바꾸고 있다 (개정증보판). 서울: 청림출판.

Chang, Marial L. (2006). Science Graphic Organizers & Mini-Lessons. New York: Scholastic.

Chartered Institute of Library and Information Professionals(CILIP). 2014. Defining information literacy for the UK. Available: http://www.cilip.org.uk/get-involved /advocacy/learning/information-literacy/Pages/definition.aspx

Connell, J. Diane (2008). Brain-based strategies to reach every learner. 정종진, 임청환, 성용구 옮김. 뇌 기반 교수-학습전략. 서울: 학지사.

Couch, John & Towne, Jason (2019). Rewiring Education: how technology can unlock every student's potential. 김영선 옮김. 공부의 미래 : 디지털 시대, 가르치고 배우는 일에 관한 모든 것. 서울: 어크로스.

CRLS Library (2024. 09. 25.). CRLS Library Program Learner Competencies. Available: https://sitesgoogle.com/cpsd.us/learn/teach/library-skills?authuser=0

Dick, Walter, Carey, Lou & Carey, James O. (2009). Systematic design of instruction (7nd ed.). 김동식, 강명희, 설양환 옮김. 서울: 아카데미프레스.

Dickinson, Gail (2006). Achieving National Board Certification for School Library Media Specialists. Chicago: American Library Association.

Doll, Carol A. (2005). Collaboration and the School Library Media Specialist. Maryland: The Scarecrow Press.

Doiron, Ray and & Davies, Judy (1998). Partners in Learning: Students, Teachers, and School Library. Englewood: Libraries Unlimited.

Drake, Susan M., & Burns, Rebecca C. (2006). Meeting Standards Through Integrated Curriculum. 박영무, 강현석, 허영식, 김인숙 옮김. 통합 교육과정. 서울: 원미사.

Educational Broadcasting Corporation (2024. 10. 01.). What is inquiry-based learning?. Available: http://www.thirteen.org/edonline/concept2class/inquiry/index.html

Everhart, Nancy (2003). Controversial Issues in School Librarianship: Divergent Perspectives. Worthington: Linworth Publishing.

Farwell, Sybil (1998). Successful models for collaborative planning. Knowledge Quest, 26(2): 24-30.

Fogarty, Robin (1999). Mindful School. 구자역, 구원희 옮김. 교사를 위한 교육과정 통합의 방법. 서울: 원미사.

Gardner, Howard (2007). Multiple Intelligence. 문용린, 유경재 옮김. 다중지능. 서울: 웅진지식하우스.

Gunter, Mary A., Estes, Thomas H. & Mintz, Susan L. (2010). Instruction: a models approach (5th ed.). 권낙원 옮김. 수업모형. 서울: 아카데미프레스.

Haycock, Ken (1988). Cooperative program planning a model that works. Emergency Librarian, 16(2): 29-38.

Harada, Violet H. & Yoshina, John M. (2004). Inquiry Learning through Librarian- Teacher Partnership. Worthington: Linworth Publishing.

Ingram, James B. (1995). Curriculum integration and lifelong education. 배진수, 이영만 옮김. 교육과정 통합과 평생교육. 서울: 학지사.

Irving, Ann (1985). Study and Information Skills Across the Curriculum. London: Heinemann Educational Books.

IFLA (2015). School Library Guidelines. (2nd ed.). Available: https://www.ifla.org/wp-content/uploads/2019/05/assets/school-libraries-resource-centers/publications/ifla-school-library-guidelines.pdf

IFLA (2021). IFLA School Library Manifesto (2nd ed.). Available: https://www.ifla.org/wp-content/uploads/2019/05/assets//school-libraries-resource-centers/publications/ifla_school_manifesto_2021.pdf

IFLA & UNESCO (1999). IFLA/UNESCO School Library Manifesto. Available:https://www.ifla.org/publications/ifla-unesco-schoolsto-1999/

Johnson, Doug (2001). It's good to be inflexible: are flexible library schedules better than fixed ones? not necessarily. School Library Journal, 47(11): 39.

Kansas State Department of Education (2022). Kansas PreK-12 Curricular Contents Standards for Library, Information and Technology. Available: https://www.ksde.org

Kearney, Carol A. (2000). Curriculum Partner: Redefining the Role of the Library Media Specialist. London: Green Wood Press.

Kuhlthau, Carol C. (2010). Guided Inquiry: School Libraries in 21st Century. School Libraries Worldwide. 16(1): 17-28.

Leonard, Lawrence & Leonard, Pauline (2003). The continuing trouble with collaboration: teachers talk. Current Issues in Education, 6(15): 1-10.
Available: http://cie.ed.asu.edu/volume6/number15/

Levine, Eliot (2004). One Kid at a Time: Big Lessons from a Small. 서울시대안교육센터 옮김. 학교를 넘어선 학교. 서울: 민들레.

Logan, Debra K. (2000). Information Skills Toolkit: Collaborative Integrated Instruction for he Middle Grades. Worthington, Linworth Publishing.

Lonsdale, Michele (2003). Impact of School Libraries on Student Achievement: aRev iew of the Research. Available: http://www.asla.org.au/siteldefaultsite/filesystem/documents/research.pdf

Lynch, Clifford (1998). Information Literacy and Information Technology Literacy: New Components in the Curriculum for a Digital Culture.
Available: https://www.cni.org/wp-content/uploads/2011/08/info-and-IT-literacy.pdf

Martinez, Tania O. (2024). Investing in School Libraries and Librarians to Improve Literacy Outcomes. Available: https://www.americanprogress.org/article/investing-in-school-libraries-and-librarians-to-improve-literacy-outcomes/

McGregor, Joy (2003). Collaboration and leadership. Curriculum Connections Through the Library. Englewood: Libraries Unlimited.

McLuhan, Marshall (2001). Understanding Media: The Extensions of Man. 박정규 옮김. 미디어의 이해: 인간의 확장 (개정판). 서울: 커뮤니케이션북스.

Meyer, Hilbert (2011). Was ist Guter Unterricht?. 손승남, 정창호 옮김. 좋은 수업이란 무엇인가?. 서울: 삼우반.

Miami Dade County Public Schools (2017). Competency Based Curriculum. Available: www2.dadeschools.net/students/cbc/library.asp

Milbury, Peter (2005). Collaboration: Ten important reasons to talk it seriously. Knowledge Quest. 33(5): 30-32.

Mohr, Joachim, Pötel, Norbert F. & Saltzwedel, Johnannes (2012). Was Wir Heute Wissen Mussen. 박미화 옮김. 무엇이 과연 진정한 지식인가: 인터넷과 SNS의 시대, 우리가 알아야 할 지식과 교양. 서울: 더숲.

Montiel-Overall, Patricia (2005). A theoretical understanding of teacher and librarian collaboration (TLC). School Libraries Worldwide, 11(2): 24-48.

Moore, Penny (2002). Information Literacy: What's it all about?. Wellington: New Zealand Council for Educational Research.

Northwest University Library (2024. 09. 26.). Evaluating Sources Using the CARP Test. Available: https://www.tbcs.org/uploaded/Library/Andrea_Lairson_ Library/CARP_Test.pdf

Oxford Learner's Dictionaries (2024. 11. 29.). https://www.oxfordlearnersdictionaries.com

Pappas, Marjorie L. & Tepe, Ann E. (2002). Pathways to Knowledge and Inquiry Learning. Greenwood Village: Libraries Unlimited.

Robinson, Ken (2015). Creative Schools. 정미나 옮김. 아이의 미래를 바꾸는 학교 혁명. 서울: 21세기북스.

Ryan, Jenny & Capra, Steph (2001). Information Literacy Toolkit. Chicago: ALA.

Russell, Shayne (2002). Teachers and librarians: collaborative relati onships. Teacher Librarian, 29(5): 35-38.

Scraper, Katherine & Scraper. Vickie L. (2006). Show Me: Graphic Organizers for Reading Comprehension across the Curriculum. Tucson: Good Year Books.

Shera, Jesse H. (1984). Sociological Foundation of Librarianship. 윤 영 옮김. 도서관의 사회학적 기반. 서울: 구미무역출판부.

Silva, Rufus De & Turriff, Alison (1993). Developing the Secondary School Library Resources Centre. London: Kongan Page.

Smaldino, Sharon E., Lower, Deborah L. & Russell, James D. (2011). Instructional Technology and Media for Learning (10th ed.). 이미자, 권혁일, 김도현, 박인우, 설양환, 손미, 송상호, 이수영, 최욱, 홍기칠 옮김. 교육공학과 교수매체 (제10판). 서울: 아카데미프레스.

Smith, Jane B. (2006). Teaching & Testing Information Literacy Skills. Worthington: Linworth Publishing.

Stanley, Deborah B. (2001). Practical Step to the Research Process for Elementary School. Englewood: Libraries Unlimited.

Stripling, Babara K. & Hughes-Hassell, Sandra (2003). Curriculum Connections Through the Library. London: Libraries Unlimited.

The Big 6 (2024. 10. 01.) http://thebig6.org

Thomas, Nancy P. (2004). Information Literacy and Information Skills Instruction. 2nd. ed. London: Libraries Unlimited.

Thompson, Clive (2015). Smarter than you think : how technology is changing our minds for the better. 이경남 옮김. 생각은 죽지 않는다 : 인터넷이 생각을 좀먹는다고 염려하는 이들에게. 서울: 알키.

Turner, Philip M. & Riedling, Ann M. (2003). Helping Teachers Teach: A School Library Media Specialist's Role (3rd ed.). Wesport: Libraries Unlimited.

UNESCO (1982). Grünwald Declaration. Available: http://www.unesco.org/new/leadmin/MULTIMEDIA/HQ/CI/CI/pdf/theme_media_literacy_grunwald_declaration.pdf

UNESCO (2003). Prague Declaration. Available: http://www.unesco.org/new/leadmin/MULTIMEDIA/HQ/CI/CI/pdf/PragueDeclaration.pdf

UNESCO (2005). The Alexandria Proclamation on Information Literacy and Lifelong Learning. Available: https://repository.ifla.org/handle/20.500.14598/3147

UNESCO (2011). Media and Information Literacy Curriculum for Teachers. Available: https://unesdoc.unesco.org/ark:/48223/pf0000192971

UNESCO (2013). Global Media and Information Literacy Assessment Framework: Country Readiness and Competencies. Available: https://unesdoc.unesco.org/ark:/48223/pf0000224655

UNESCO (2023). Empowering Youth for Sustainable Development: The Role of Media and Information Literacy in Promoting Green Skills. Available: https://www.unesco.org/en/articles/empowering-youth-sustainable-development?hub=701

Utah State Board of Education (2015). UTAH CORE STATE STANDARDS for LIBRARY MEDIA GRADES 6-12. Available: https://www.schools.utah.gov/curr/librarymedia/lm_utahcorestandards/SecondaryCoreStandards%206-12.pdf

Werber, Bernard (2011). Nouvelle Encyclopédie du Savoir Relatif et Absolu. 이세욱, 임호경 옮김. 상상력 사전. 서울: 열린책들.

Wine, Lois D., Pribesh, Shana, Kimmel, Sue C., Dickinson, Gail & Church, Audrey P. Impact of school librarians on elementary student achievement in reading and mathematics: A propensity score analysis. Library & Information Science Research, 45(3): 1-10. https://doi.org/10.1016/j.lisr.2023.101252

Wolf, Maryanne (2019). Readers, Come Home. 전병근 옮김. 다시, 책으로: 순간 접속의 시대에 책을 읽는다는 것. 서울: 어크로스.

Zurkowski, Paul G. (1974). The Information Service Environment Relationshipsand Priorities. Related Paper No. 5. Washington: National Commission on Libraries and Information Science.

색인

4차 산업혁명 · 71
9단계 정보능력 모형 · 122

ㄱ

가드너 · 46
간 학문적 기능 · 30
간 학문적 통합 · 148
개념도 · 352
개념적 지식 · 24
개입 구역 · 40
객관식 문항 · 271
거시체계 · 46
고립 · 294
고정 시간표 · 378, 379
공동체 · 288
공부 · 44, 221
공통 탐구주제 · 357
공통성 · 56, 285, 342
관계성 · 289
관계성 향상 · 289
교과 간 통합 · 53
교과교사 · 43, 284, 286, 287, 288, 289, 290, 292, 301, 341, 349, 355, 411
교과 교육학 · 41
교과 독립형 협동수업 · 323
교과 연계 도서 정보 · 212
교과 연계 학습주제 · 342, 357, 358
교과 연계성 · 212
교과 연계형 · 330
교과 연계형 도서관활용수업 설계 전략 · 322
교과 융합형 협력수업 · 411
교과학 · 42
교사 평가 · 430
교수 파트너 · 29, 283, 342
교수-학습 및 평가계획서 · 183
교수-학습공동체 · 343
교수-학습과정안 · 237, 239
교수-학습이론 · 60
교수법 · 256
교수설계 · 178
교수설계 과정별 활동 내용 · 394
교수자 분석 · 395
교육 공동체 · 148, 331, 384
교육 정보서비스 · 35, 59, 147
교육과정 · 57
교육과정 기반 접근법 · 340
교육과정 지도 · 332, 342, 347
교육과정 통합 · 52, 56
교육과정 통합 방법 · 53
교육과정 통합지도 방식 · 172
교육과정 통합형 · 341
교육과정 평가표 · 355
교육과정의 동반자 · 290
교육과정중심 협동수업 모형 · 340
교육관 · 28
구두 피드백 · 277
구성주의 · 39
구조적 문제 · 196

구체적 전략 ·················· 132, 134	도서관 자원 ························ 112
국립어린이청소년도서관 ············ 99, 138	도서관법 ······················ 150, 285
규준참조검사 ······················ 193	도서관활용수업 ················ 288, 322
그래픽 조직자 ····················· 226	독립 방식 ························· 159
그륀발트 선언 ············ 67, 70, 102	독서 활동 평가 ····················· 263
근접발달영역 ······················· 40	독서기반 교수-학습모형 ·············· 298
글쓰기 프로그램 모형 ················ 130	독서기반 정보문제 해결모형 ··········· 139
글의 구조 ························· 214	독서로 ····························· 392
기능론 ····························· 65	독서활동 평가 ····················· 263
기본모형 ·························· 387	독서흥미 발달 단계 ················· 181
기여적 통합 ························ 57	동반자 관계 ······················· 355
기초 문해능력 ······················ 81	듀이 ······························· 39
기초학습기술 ······················ 152	디지털 기술 활용 교수-학습 모델 ······· 387
	디지털 리터러시 ····················· 92
ㄴ	디지털 신기술 ····················· 385
내용 조직 원리 ····················· 55	디지털 신기술 기반 학교도서관활용교육 · 410
논리·수학지능 ······················ 47	디지털 신기술 기반 학교도서관활용교육
	설계 ··························· 393
ㄷ	디지털 신기술 기반 학교도서관활용교육
다중지능이론 ··················· 46, 49	설계 모형 ······················ 392
다학문적 통합 ······················ 57	디퍼 러닝 ························· 389
단순 나열 ························· 214	
단순 협력형 ······················· 291	**ㄹ**
단원 설계 ························· 239	리더십 ···························· 290
대면 수업 ··············· 388, 405, 425	리터러시 ················ 65, 112, 160
대응 ······························ 384	리터러시 생태계 ····················· 69
대응 시간표 ······················· 384	
대응 학교도서관 ···················· 384	**ㅁ**
대조 ······························ 221	맞춤형 학습 ······················· 388
도구 교과 ·························· 57	매체 ······························· 59
도서관 교육 ························ 22	멀티미디어 리터러시 ················· 67
도서관 능력 ··················· 125, 285	메타 교육과정 ····················· 168
도서관 리터러시 ··············· 113, 118	메타인지 지식 ······················ 25
도서관 미디어 핵심 기준 ············· 169	모둠학습 ·························· 209
도서관 자료 ······················· 191	묶음 시간표 ······················· 382

문제기반학습 195
미디어 112
미디어 리터러시 67, 70, 71
미디어 문해력 70
미디어·정보 리터러시 68, 102, 118
미시체계 46
밀접 협력형 291

ㅂ

방법적 지식 57
배움 25, 221
백워드 모형 391
버코위츠 127
범 교육과정 30, 57
범교과 학습주제 394
범교과성 57
변동 시간표 379, 380
보조교사 290
복습모형 388
분리지도 방식 160
분산 방식 173
분석 217
불변론 65
브론펜브레너 45
비고츠키 39
비교 221
비구조적 문제 196
비판적 사고 67

ㅅ

사고 과정 119
사서교사 26, 27, 28, 31, 33, 99, 173, 179, 283, 289, 290, 352, 380
사서교사의 교육적 영향력 35
사실적 사고능력 24

사실적 지식 24
사전 학습 388, 400, 416
사토 마나부 25, 44
사회기관 21
사회적 구성주의 39
사후 평가 355
상대적 지식관 29
상징 체계 122
상호작용 39, 44, 124, 147, 256
생각그물 196
생태 철학 43
서답형 274
서답형 문항 275
서면 피드백 276
선택형 문항 271
선행조직자 200
설명 전략 258
세계인권선언 69
셰라 21
수업 설계 186
수업 평가 353
수직적 조직 55
수평적 조직 55
순차적 나열 215
시각 리터러시 66
시간체계 46
시간표 편성 방법 321, 322
시·공간지능 47
신체·운동지능 47
실존지능 47

ㅇ

아이젠버그 127
알렉산드리아 선언 68, 78
어빙 122

언어지능	47	자료	27, 66, 112, 147, 150, 151, 212
에듀테크	386, 388	자료 리터러시	118
에듀테크 기반 학교도서관활용교육	391	자료 분석	396
에듀테크 기반 학교도서관활용교육 설계	389	자료 선정	210
연결망 구조	342	자연친화지능	47
연계 정도	57	자원	23, 35, 262
연계성	56, 176, 284, 296, 347	자원 활용 과정	25
연계성 분석	175	자원기반학습	289
연속체	80	자유 탐구 모형	124
열린 접근성	148	전통적인 시간표	378
영국도서관정보전문가협회	78	절차적 지식	30
예습모형	387	접근성	34, 291
예시	224	정보	25
외부체계	46	정보 리터러시	77, 78, 81, 119
원인과 결과	218	정보 탐색 능력	234
위계 구조	80	정보 탐색과정	125
위계적 분석	187	정보능력	152
유네스코	70	정보문제 해결모형	119, 122, 190
유도적 분위기	126	정보문제해결 6단계 모형	127, 130
음악지능	47	정보문제해결전략	127
응답 비제한형	274	정보원	123, 133
응답 제한형	274	정보처리이론	58
의사소통	258	정보활용과정	345
의사소통능력	81	정보활용교육	22, 30, 285
인간 발달 생태학	45	정보활용능력	25, 57, 77, 234
인간친화지능	47	정보활용능력 평가	264
일반 협력형	291	정보·기술 리터러시	85
일반적 사고능력	42	정의	223
일반적 전략	132	좋은 피드백	276, 279, 280

ㅈ

주르코프스키	77
준거참조검사	193
중간체계	46
자기이해지능	47
중재	127
자기주도 학습능력	66, 79
중재자	27
자기주도학습	23, 149
지시적 분위기	127
자기평가용 학습지	234

지식 생태학 ·································· 43
지식 정보능력 개척 모델 ················ 131
지식관 ·· 44
지식의 유형 ································· 226
지식의 표준 ··································· 28
직소 ·· 205
직접평가 과정 ······························ 210
질문 전략 ···························· 258, 259
집단 강의수업 ······················ 200, 201
집중 케어 모형 ····························· 388

ㅊ

창의적 공간 풍토 ························· 148
체계적 교수설계 모형 ··················· 177
체크리스트 ·································· 262
초대장 ································· 349, 353
추가 학습 ···················· 388, 407, 428
침투 방식 ······························ 168, 172

ㅋ

칼리슨 ··· 124
컴퓨터·정보 리터러시 ····················· 86
코메니우스 ···································· 66
쿨타우 ································· 40, 125
클러스터 분석 ······························ 343

ㅌ

탈학문적 통합 ································ 57
탐구 ···································· 135, 194
탐구 과정 ···································· 137
탐구 구조 ···································· 136
탐구 질문 ···································· 134
탐구결과 평가 ······························ 268
탐구과제 ····································· 344
탐구기반학습 ···················· 135, 194, 391

탐구기반학습 모형 ······················· 136
탐구능력 평가 ······························ 268
탐구학습능력 ······························· 268
탐색 ·· 133
탐색 과정 ···································· 119
테페 ·· 131
텔레비전 리터러시 ·························· 67
토론수업 ····································· 202
통합 교육과정 ············ 23, 28, 51, 52, 148,
    284, 288, 342, 349, 393
통합 도서관 철학 ························· 283
통합 정보활용교육과정 모형 ········· 322
통합 정보활용교육과정 평가표 ······ 355
통합 학습주제 ··············· 322, 335, 410

ㅍ

파트너십 ··························· 31, 290, 291
파파스 ··· 131
평가 문항 ···································· 193
평가 방법 ···································· 193
평가계획 ····································· 352
평생학습능력 ······················· 80, 148
포가티 ··· 53
프라하 선언 ························ 68, 78, 102
프로그램의 영향력 ······················· 270
프로젝트 기반학습 ······················· 199
프로젝트 학습 ······························ 381
프로젝트기반학습 ························ 199
플립러닝 ······························ 388, 391
피드백 ································· 276, 279

ㅎ

하위 기능 ···································· 187
하위 학습주제 ······························ 188
학교도서관 ···································· 35

학교도서관 가이드라인 ···· 33, 108, 194, 270
학교도서관 교육 ············· 22, 24, 30, 147,
    149, 151, 167, 181, 183, 210
학교도서관 교육 내용 ····················· 150
학교도서관 교육 설계 모형 ················ 179
학교도서관 교육의 편성 ··················· 158
학교도서관 교육의 핵심 ··················· 151
학교도서관 미디어센터화 ·················· 159
학교도서관 선언 ················· 26, 30, 148
학교도서관 이용 평가 ······················ 262
학교도서관의 영향력 ························ 33
학교도서관진흥법 ···················· 150, 285
학교도서관활용교육 ···················· 22, 389
학교도서관활용수업 ··················· 284, 287
학교도서관활용수업 모형 ··················· 291
학교장 ··································· 288
학생 평가 ································ 429
학습 공동체 ······························· 148
학습 도구 ································· 23
학습 모형 ······················ 136, 194, 353
학습 생태계 ································ 44
학습 촉진자 ································ 40
학습 환경 조성자 ··························· 40
학습기술 ·······························30, 43
학습능력 ······························119, 120
학습독서 기반 학교도서관활용수업 301, 302
학습모형 ································· 194
학습목표 ····························· 188, 191
학습목표 기술 방법 ······················· 191

학습상황 ············· 298, 305, 351, 435, 442
학습자 분석 ······························· 398
학습자료 선정 절차 ························ 210
학습주제의 개념도 ························· 186
학습지 ···························214, 227, 424
학업성취도 ···························· 33, 285
한국교육학술정보원 ··············· 92, 264, 386
한국방송통신위원회 ·························· 74
한국언론학회 ································ 71
핵심 가치 ································· 30
핵심역량 ············· 74, 103, 247, 269, 415
행위 동사 ································ 189
행위동사 ································· 189
협동 ······················· 31, 283, 289, 294
협동수업 ····· 124, 150, 285, 286, 288, 289,
    295, 296, 321, 341, 351, 352, 378
협동수업 만족도 ·························· 354
협동적 학습 공동체 구성 ··················· 330
협동학습 ································· 205
협력 ·································294, 305
협조 ··························· 294, 297, 307
형성평가 ································· 428
혼합 시간표 ······························· 383
혼합 지도 방식 ···························· 174
홀리스틱 ··································· 52
홍보 ····································· 348
후견인 ··································· 257
흡수 방식 ································ 175

저자 소개

□ 송기호(德巖 宋基珊)

국립공주대학교 사범대학 문헌정보교육과 교수로 문헌정보 교과교육론, 학교도서관 경영 실제, 아동 청소년 자료, 공공도서관 경영, 기록관리 등을 연구 및 지도하며 후배 사서교사 양성에 애쓰고 있다. 공주사범대학 문헌정보교육과를 졸업하고 연세대학교 대학원에서 통합 정보활용교육에 대한 연구로 문학박사 학위를 받았다. 1989년부터 2010년까지 서울특별시교육청 소속 공립 고등학교 사서교사로 재직하면서 독서교육, 정보활용교육 등의 교육 활동과 디지털자료실 설치 사업, 학교도서관 활성화 시범학교 운영을 통하여 학교도서관 교육과 교육과정 연계를 위하여 노력하였다. 성균관대학교, 경기대학교, 명지대학교, 연세대학교 교육대학원에서 독서교육, 학교도서관 경영을 강의하였다.

제3기 대통령소속도서관정보정책위원회 위원, 한국학교도서관협의회 회장, 한국도서관협회 이사 및 학교도서관전문위원장 그리고 부회장 등을 역임했다. 서울특별시교육청 도서관정책자문위원, 충청남도교육청 및 세종특별자치시교육청 학교도서관발전위원 등을 지냈다. 대학에서는 입학사정관실장과 입학본부장으로 봉사하였다. 한국교육학술정보원장상, 한국도서관상, 서울특별시교육감 표창, 교육부 장관 표창 등을 받았다.

□ 주요 저서
- 아동 청소년 자료의 이해와 활용(2024. 개정판. 태일사)
- 사서교사를 위한 통합 정보활용교육론(2020. 개정판. 태일사)
- 학교도서관운영의 실제(2021. 개정 6판. 한국도서관협회)
- 학교도서관교육과 협동수업하기(2018. 한국도서관협회)
- 사서교사를 위한 학교도서관 경영 시론(2010. 조은글터) 外

□ 주요 논문
- 에듀테크 기반 학교도서관활용교육 설계 모형 개발(2024)
- IB 국제 학교 구인 광고에 담긴 사서교사의 직무 및 역량 분석(2022. 공저)
- 정보처리모형을 활용한 중학교 특수 국어교과서 심화학습활동 수록 매체 분석(2020. 공저)
- 학교도서관 공간 영역 및 실내환경 요소의 구성 현황과 사서교사 인식 분석(2020. 공저) 外

학교도서관 교육론

2025년 1월 15일 인쇄
2025년 1월 25일 발행

지은이 _ 송기호
펴낸이 _ 김선태
발행처 _ 도서출판 태일사 (www.taeilsa.kr)
　　　　 대구광역시 중구 2·28길 26-5
　　　　 E-mail_taeilsa@hanmai.net
　　　　 전화 053-255-3602 ｜ 팩스 053-255-4374
등록일자 _ 1991. 10. 10
등록번호 _ 제 6-37호

정가 30,000원

ⓒ송기호 2025　ISBN 979-11-87268-85-7　　93020

※ 무단복사, 전제를 금하며 잘못된 책은 교환하여 드립니다.